UNIX System V

Das bhv Buch

Rudolf Boes

Bernd Reimann

UNIX System V
Das bhv Buch

Lektorat
Christoph Eiden

Layout
Stefan Oldenburg

Satz
Reemers EDV-Satz, Krefeld

Redaktion
Doris Hendricks

Umschlaggestaltung
Manfred Jondral

Farbreproduktion
DTK Digitale Technik & Kommunikation GmbH, Willich

Datenträger-Vervielfältigung
S ▪ I ▪ C ▪ S EDV Copy GmbH, Holzkirchen

Gesamtherstellung
Legoprint S.r.l., Trient

Die Informationen im vorliegenden Buch werden ohne Rücksicht auf einen eventuellen Patentschutz veröffentlicht.

Warennamen werden ohne Gewährleistung der freien Verwendbarkeit benutzt.

Bei der Zusammenstellung von Texten und Abbildungen wurde mit größter Sorgfalt vorgegangen. Trotzdem können Fehler nicht vollständig ausgeschlossen werden. Verlag, Herausgeber und Autoren können für fehlerhafte Angaben und deren Folgen weder eine juristische Verantwortung noch irgendeine Haftung übernehmen.

Für Verbesserungsvorschläge und Hinweise auf Fehler sind Verleger und Herausgeber dankbar.

Alle Rechte vorbehalten, auch die der fotomechanischen Wiedergabe und der Speicherung in elektronischen Medien.

Die gewerbliche Nutzung der in diesem Buch gezeigten Modelle und Arbeiten ist nicht zulässig.

Dieses Buch wurde der Umwelt zuliebe auf chlorfrei gebleichtem Papier hergestellt.

Copyright © 1994–1996 by
bhv Verlags GmbH
Postfach 30 01 62
41342 Korschenbroich
Germany
Telefon: (0 21 82) 851 - 01
Telefax: (0 21 82) 851 - 101
BTX: *bhv#

4. Auflage

ISBN 3-89360-323-9

Printed in Italy

Inhalt

Teil I Konzeption und Grundlagen 13

Einführung ——————————————— 15

Das Konzept dieses Buchs 17
- Wie man mit diesem Buch arbeitet 17
- Der Zugriff auf die Informationen 19
- Verwendung von Symbolen 20
- Schreibweisen 21

Einstieg in UNIX 23
- Vorwort 23
- Features 25
- Die ersten Schritte 43
- Das File-System unter UNIX 60
- Datei- und Verzeichnisnamen unter UNIX ... 70
- Drei Benutzerklassen: User, Group und Other ... 75

Dateibearbeitung unter UNIX 85
- Suchen einer Datei 87
- Suchen von Dateien (mehr zu find) 91
- Anzeigen eines Dateiinhalts mit pg und more ... 96
- Ausgabe von Dateien auf einen Drucker (lp, pr) .. 98
- Individuelle Begrüßung am System 101
- UNIX in der Bürokommunikation (mail, write) ... 102

vi ———————————————————————————— 115

    Editieren unter UNIX 117
        Überblick 117
        Der Editor vi 119
        vi-Kommandos 122

LINUX ———————————————————————————— 151

    Linux 153
        Die Bootdiskette 154
        Vorbereitungen 157
        Linux Installation 158
        Installation der DLD 173
        Installation von XInside Motif 2.0 178
        Installation von LILO 181
        Linux Systemkonfiguration 185
        An- und Abmelden an Linux 195
        Die mtools von Linux 196

Teil II Techniken und Praxis   199

    Shells ———————————————————————————— 201

        Die Shells unter UNIX 203
            Dynamische Verwaltung geöffneter Dateien 204

        Die Shell – Basiskonzepte 207
            Die Shell als Kommandointerpreter 208
            Online-Hilfen 213
            Ein-/Ausgabe 214

Redirection	218
Pipeline	224
Hintergrundprozesse	228
Abbruch eines Kommandos	230
Metazeichen	232
Shell-Scripts	241

Shell Feature — 247

Here Document (<<)	247
Das Environment	250
Kommandoausführung	251
Der Hash-Mechanismus	257
Das JOB-Konzept	260
Der Shell-Layer	264
Restricted Shell	268

Bourne Shell — 271

Die Bourne Shell — 273

Redirection	273
Variablen	277
Kontrollstrukturen	289
Funktionen	298
Wichtige Kommandos	302
Schlüsselwörter	309
Shell-eigene Kommandos	310

Korn Shell — 315

Die Korn Shell — 317

Start der Korn Shell	317
Variablen	318
Integer Arithmetik	322

History-Mechanismus 326
Alias-Mechanismus 330
Kommando-Ersetzung 334
Ein- und Ausgabe 335
Wichtige Kommandos 338
Funktionen 342
Kontrollstrukturen 343
Schlüsselwörter 345
Built-in-Kommandos 346
Shell-Variablen 348

C-Shell ——————————————————— 353

Die C-Shell 355
Login 355
Redirection 356
Hintergrundprozesse 358
History-Mechanismus 358
Alias-Mechanismus 365
Shell-Scripte 367
Variablen 368
Kontrollstrukturen 377
Schlüsselwörter 384
C-Shell-Variablen 384
Built-in-Kommandos 386

Druckerverwaltung ——————————————— 393

Das Drucker-System 395
Grundlegendes 396
Der Druckauftrag 396
Der Scheduler 399
Das Druckerinterface 400

Parameterübergabe an das Interface	401
Installation eines Druckers	402
Beispiel für ein Interface	406
Weitere Anmerkungen zum lp-System	411
Dateistruktur	412
Übersicht der Kommandos	413
Drucken im Netzwerk	414

awk 417

awk 419

Aufruf eines awk-Programms	420
Aufbau eines awk-Programms	421
Erste Beispiele	423
Records und Felder	424
Konstanten und Variablen	426
Standardvariablen	429
Operatoren	431
Ein- und Ausgabe	432
Funktionen	437
Kontrollstrukturen	441
Arrays	443
Bedingungen	445
Parameter aus der Kommandozeile	448
awk-Beispiel	448

Teil III Know-how für Fortgeschrittene 451

Systemverwaltung — 453

Systemverwaltung ... 455
- Schnittstellen ... 455
- Das Terminal ... 465
- Teminalanpassung ... 467
- User-Management ... 471

Das UNIX-Dateikonzept ... 483
- Dateitypen ... 483
- Dateisystem anlegen ... 489
- Logisches Dateisystem ... 494
- Dateisystem intern ... 498
- Dateisystemtypen ... 502
- Nutzung einer Floppy ... 503
- Reorganisation eines Dateisystems ... 505
- Network File System ... 506

Prozesse — 509

Die Prozeßverwaltung ... 511
- Was ist ein Prozeß? ... 511
- Signale ... 516
- Prozeßkonzept ... 524
- Benutzernummer UID ... 530
- Die Speicherverwaltung unter SVR4 ... 532
- Streams ... 535

Datensicherung — 539

Datensicherung — 541
- Das Kommando tar — 544
- Das Kommando cpio — 546
- Das Kommando volcopy — 547
- Das Kommando dd — 548

Vernetzung — 551

UNIX in Netzwerken — 553
- UUCP-Vernetzung — 553
- ISO-7-Ebenen-Modell — 559
- Das ISO-Referenzmodell — 573
- TCP/IP-Vernetzung — 582

Das SCCS-System — 643
- Dokumentversionen — 644
- Die SCCS-Kommandos in der Übersicht — 651

Teil IV Befehlsübersicht — 655

Befehle — 657

Befehlsübersicht — 659

Anhang — 915

Literaturverzeichnis — 917
Index — 919

Teil I

UNIX ist ein Betriebssystem, das die eigentliche Schnittstelle zwischen dem User und dem Computer darstellt. Es handelt sich um eine leistungsfähige Entwicklungsumgebung, die zunächst für Programmieraufgaben konzipiert war, inzwischen aber Plattform für jede Art von Anwendungssoftware ist. Aktuell ist zur Zeit System V Release 4, das einige signifikante Unterschiede zu seinen Vorgängern aufweist.

Im ersten Teil dieses Buches werden Sie in die grundlegenden Konzeptionen von UNIX eingeweiht. Theoretische Exkurse werden durch zahlreiche Praxisbeispiele erläutert. Hauptsächlicher Bestandteil ist der Umgang mit UNIX-Dateien, dem Dateisystem und dem Editieren von Dateien. Daneben finden Sie eine Installationsanleitung für die Linux-CD-ROM.

Konzeption und Grundlagen

Teil 1

Konzeption
und
Grundlagen

Einführung

1	**Das Konzept dieses Buchs**	17
1.1	Wie man mit diesem Buch arbeitet	17
1.2	Der Zugriff auf die Informationen	19
1.3	Verwendung von Symbolen	20
1.4	Schreibweisen	21
2	**Einstieg in UNIX**	23
2.1	Vorwort	23
2.2	Features	25
2.3	Die ersten Schritte	43
2.4	Das File-System unter UNIX	60
2.5	Datei- und Verzeichnisnamen unter UNIX	70
2.6	Drei Benutzerklassen: User, Group und Other	75
3	**Dateibearbeitung unter UNIX**	85
3.1	Suchen einer Datei	87
3.2	Suchen von Dateien (mehr zu find)	91
3.3	Anzeigen eines Dateiinhalts mit pg und more	96
3.4	Ausgabe von Dateien auf einen Drucker (lp, pr)	98
3.5	Individuelle Begrüßung am System	101
3.6	UNIX in der Bürokommunikation (mail, write)	102

1 Das Konzept dieses Buchs

Sicher haben Sie mit Computern bisher schon einige Erfahrung gesammelt, vielleicht unter DOS oder OS/2. Diese grundlegenden Kenntnisse werden in diesem Buch vorausgesetzt. Es bietet jedem einen guten Einstieg in das UNIX-Betriebssystem, sowie eine Vertiefung vorhandener Kenntnisse. Wenn Sie Ihr Wissen in einigen Spezialgebieten von UNIX vertiefen wollen, prüfen Sie bitte, ob dieses Buch Ihnen dabei behilflich sein kann. Wir haben uns bemüht, die populärsten Themen zu behandeln, um so den Leser in die Lage zu versetzen, mit Hilfe dieses Buches die gängigsten Probleme unter UNIX zu verstehen und zu lösen.

1.1 Wie man mit diesem Buch arbeitet

Der einfachste Weg, an ein so großes und damit zunächst auch unübersichtliches Gebiet wie das Betriebssystem UNIX heranzugehen, ist »Learning By Doing« (Lernen, während man arbeitet). Begeben Sie sich also am besten an ein Terminal, wenn Sie die ersten allgemeinen Beschreibungskapitel des Buchs durchgearbeitet haben, damit Sie die erklärten Schritte sofort nachvollziehen und die Resultate prüfen können. Sämtliche Vorgänge und Kommandos prägen sich so besser ein. Es steht natürlich jedem frei, Beispiele nach eigenem Geschmack anhand unserer Vorlagen zu entwerfen und damit sein Wissen zu vertiefen.

Es werden anfangs einige – zunächst unverständliche – Überraschungen auf Sie zukommen, die meist von unterschiedlichen Implementierungen des UNIX-Betriebssystems herrühren. Vermuten Sie deshalb bitte nicht gleich Fehler im vorliegenden Buch oder in Ihrem System. Wir raten dringend vom Drücken beliebiger

Tasten ab, für den Fall, daß Sie einmal nicht mehr weiterkommen. UNIX interpretiert Eingaben über die Tastatur vielseitiger als andere Betriebssysteme.

Vorsicht auch beim Ausschalten des Rechners: Ein UNIX-System muß vorher ordnungsgemäß angehalten werden (vgl. *shutdown*-Befehl)!

Wir haben uns bemüht, durch leichtverständliche und nachvollziehbare Beispiele die normale Frustration des Anwenders möglichst zu unterbinden. In den verschiedenen Kapiteln erklären wir Ihnen Dinge wie den Aufbau des Dateisystems und wie man sich darin bewegt, geben Hinweise zu UNIX-Befehlen und wichtige Informationen über die Dateiarten und Abläufe im Rechner. Wir gehen auch auf die Dienste ein, die UNIX bietet, um dem Anwender das Leben erheblich zu erleichtern, zum Beispiel bei der Steuerung automatischer Datensicherungen während der Nachtstunden. In diesem Bereich werden sicher nicht alle Kommandos von gleicher Wichtigkeit für Sie sein, und Sie müssen dann selber entscheiden, welche Sie nur überlesen, um von deren Existenz zu wissen, und welche Sie mehrmals überarbeiten wollen, um sie bis ins letzte Detail zu verstehen. Wir glauben, daß Sie mit Hilfe dieses Buchs in der Lage sind, innerhalb kurzer Zeit UNIX so weit zu bedienen, daß auch erfahrene Anwender beeindruckt sein werden.

Für Einsteiger anderer Betriebssysteme ist ein Kapitel dieses Buchs gedacht, das in Kürze die Grundsätze des Umgangs mit UNIX beschreibt. Sollten Sie also im Verlauf des Buchs an eine Stelle kommen, an der wie selbstverständlich Befehle benutzt werden, deren Bedeutung Sie nicht kennen, bearbeiten Sie bitte zuerst diese Einführung. Dort ist auch die sehr ausführliche Beschreibung des *vi*-Editors zu finden. Dieser Editor ist standardmäßig auf jedem UNIX-System zu finden und bietet ganz erstaunliche Möglichkeiten beim Editieren von Texten, auch mehreren gleichzeitig, die den meisten Benutzern gar nicht bekannt sind.

Im folgenden werden viele Fremdwörter wie *File, Multiuser System, User* u. ä. auf Sie einstürzen, die Ihnen sicher schon oft begegnet sind. Um auch nicht so versierten Anwendern die Arbeit zu erleichtern, werden die verwendeten englischen Begriffe dort, wo sie zum ersten Mal genannt werden, ausführlicher erklärt. Wir standen beim Schreiben des Buchs vor dem Problem zu entscheiden, welche Ausdrücke sich inzwischen im deutschen Sprachgebrauch unter den Computer-Benutzern in Englisch durchgesetzt haben und welche noch sinnvoll ins Deutsche übersetzt werden können. Wir haben uns oft für die Beibehaltung der englischen Begriffe entschieden, um Konsistenz mit anderen Publikationen zu wahren.

1.2 Der Zugriff auf die Informationen

Die vollständige Information nutzt wenig, wenn man keinen geeigneten Zugriff auf sie hat. In diesem Buch werden folgende Möglichkeiten verwendet:

Inhaltsverzeichnis

Im Inhaltsverzeichnis werden die Kapitelüberschriften aufgelistet. Diese wurden dem textlichen Inhalt des jeweils folgenden Abschnitts entlehnt. Auf eine abstrakte Wortwahl wurde zugunsten der Verständlichkeit verzichtet. Über das Inhaltsverzeichnis verschaffen Sie sich einen Überblick über die Gliederung des Buchs und können schnell auf Grundlagenthemen zugreifen.

Griffleistenregister

Über die Griffleisten am Rand des Buches ist es Ihnen möglich, ohne lange Suche im Inhaltsverzeichnis gezielt einen Themenbereich ausfindig zu machen. Unter Umständen werden mehrere Kapitel in einem solchen Register zusammengefaßt.

Sie finden auf der ersten Seite des Registers jeweils eine genaue Untergliederung der Kapitel, damit Sie wissen, was Sie in diesem Abschnitt des Buches erwartet.

Sachindex

Über den Index am Ende des Buchs lassen sich gezielt Informationen abrufen. Der Seitenverweis beinhaltet nur die Seiten, auf denen der Begriff auch tatsächlich beschrieben ist.

Querverweise

Querverweise im Text verbinden verwandte Themen im Buch miteinander und sind durch ein entsprechendes Symbol (☞) gekennzeichnet. Dadurch erhalten Sie einen raschen Zugriff auf das Umfeld einer Funktion oder eines Befehls.

1.3 Verwendung von Symbolen

Sie werden in diesem Buch immer wiederkehrende Symbole finden, die in Form von Icons neben einem Abschnitt auftauchen. Diese Icons weisen auf besondere Umstände oder Verfahrensweisen hin, die es zu beachten gilt.

Gefahr

Hier ist Vorsicht geboten! Die beschriebene Aktion kann zu Fehlfunktionen oder Datenverlusten führen! Diesen Abschnitt sollten Sie unbedingt lesen!

Wichtig

Ein wichtiger Aspekt, der bei der Ausführung bzw. Anwendung einer Aktion zu beachten ist. Hier kann es sich aber auch um weiterführende Möglichkeiten oder zusätzliche Optionen einer Funktion handeln. Sie finden dieses Icon ebenfalls, wenn der optimale Einsatz oder ein Tip beschrieben wird, wie Sie bestimmte Verfahrensweisen optimieren oder sinnvoll einsetzen.

Know-how

An dieser Stelle finden Sie Hintergrundwissen, das gerade dem ungeübten und unerfahrenen Anwender Verfahrensweisen erklärt, die der Profi bereits kennt. Entscheiden Sie je nach Interesse und Wissensstand, ob Sie diesen Abschnitt lesen wollen oder nicht.

CD

Dieses Icon symbolisiert einen Hinweis auf die dem Buch beiliegende CD-ROM. Für eine genaue Beschreibung der Daten auf der CD-ROM und deren Installation ☞ Kapitel 5 »LINUX«.

1.4 Schreibweisen

Nachfolgend finden Sie einen kurzen Überblick über die in diesem Buch verwendeten Schreibkonventionen.

Tastensymbole

[Taste] bezeichnet eine einzelne Taste, auch eine Buchstabentaste.

1.4 Schreibweisen

`Taste 1`+`Taste 2` bezeichnet eine Tastenkombination, d. h., Sie halten die erste Taste gedrückt und drücken *zusätzlich* die zweite Taste.

`Taste 1` `Taste 2` bedeutet dagegen, daß beide Tasten *nacheinander* gedrückt werden.

Und nun viel Spaß bei den ersten Schritten. Nur Mut!

September 1994

Rudolf Boes

Bernd Reimann

2 Einstieg in UNIX

2.1 Vorwort

UNIX ist ein Betriebssystem. Durch das Betriebssystem wird eine vorhandene Hardware für den Benutzer erst zum Leben erweckt, d. h. die Hardware wird durch ein Betriebssystem wie z. B. UNIX bedienbar. Es stellt die eigentliche Verbindung (Schnittstelle) zwischen dem Anwender und dem Innenleben des Computers dar. Das Betriebssystem verwaltet vorhandene Ressourcen, startet Programme und steuert den Dialog zwischen der Hardware und dem Benutzer. Das Betriebssystem UNIX wurde während der 70er Jahre in den Labors der amerikanischen Firma AT&T entwickelt und im Laufe der Zeit zu UNIX System V Release 3 erweitert, das über Jahre Standard war. Die zur Zeit aktuelle Version ist System V Release 4, die einige signifikante Unterschiede zu ihren Vorgängern aufweist.

Bei UNIX handelt es sich um ein äußerst leistungsfähiges Betriebssystem für mehrplatzfähige Computer, das zunächst als komfortable Software-Entwicklungsumgebung für Programmierer konzipiert war. Die Verbreitung von UNIX hat in den letzten Jahren sowohl in den USA wie auch in den europäischen Ländern enorm zugenommen. Das liegt an den Vorzügen, die dieses Betriebssystem gegenüber vergleichbaren hat: der leichten Erlernbarkeit dank neugestalteter Administrationsprogramme in SVR4 und der mausgesteuerten grafischen Oberflächen speziell in SVR4.2 und natürlich der Mächtigkeit von UNIX.

In den vergangenen Jahren war es nur möglich, UNIX auf relativ teuren Anlagen zu erwerben – ein Trend, der sich glücklicherweise inzwischen geändert hat. Die Zahl der geschätzten weltweiten Installationen liegt inzwischen bei über 3.000.000. Hierbei sind Anlagen verschiedenster Preisklassen berücksichtigt. Die preiswerteren Systeme sind schon in einer kleinen Ausbaustufe als echte Mehrplatzsysteme für ca. 25.000 DM erhältlich. Neue Computer auf Basis der Prozessoren 80386 und 80486 der Firma Intel liegen preislich bei ca. 10.000 DM, wobei jedoch nicht immer der gesamte Leistungsumfang des UNIX V 4 zur Verfügung steht.

Auf älteren Anlagen mit 80286-Prozessoren ist meist *XENIX*, ein UNIX-Derivat, zu finden. Da die Urheberrechte für den Namen UNIX bei der Firma AT&T liegen, dürfen nur Käufer einer Quell-Lizenz ihr portiertes UNIX auch so nennen, wenn sie sich mit dem Inhaber des geschützten Namens zusätzlich geeinigt haben. Die UNIX-Derivate (an spezielle Hardware der Hersteller von UNIX-Rechnern angepaßte Versionen des Originalsystems) tragen Namen wie *CTIX, CPIX, GENIX, HP/UX, OSx, UNX/VS, Ultrix, VENIX, SINIX, AIX, MUNIX, EURIX, Generics, 386ix, Solaris, UnixWare* usw., die für die einzelnen Firmen wiederum geschützt sind. Speziell für auf INTEL basierende Systeme gibt es *SCO UNIX, interactive UNIX, Coherent UNIX* usw.

Im Verlauf dieses Buches sollen die faszinierenden Möglichkeiten von UNIX in leichten und nachvollziehbaren Schritten erklärt werden. Gleichzeitig dient es aufgrund ausführlicher Tabellen und Stichwortverzeichnisse als Nachschlagewerk.

Es wird auf die leichte Programmierbarkeit der diversen Shells (*Shell, C-Shell, rsh* und *Korn Shell*) eingegangen. An dieser Stelle soll erwähnt werden, daß UNIX mit dem *sed*-Editor über ein ganz besonderes Tool verfügt, mit außergewöhnlichen Fähigkeiten bei der Suche von Text-Strings und dem Ersetzen von Text (besonders aus Scripts heraus), der aus mehreren Dateien gelesen wird. Sehr weit entwickelt sind die Scripts unter UNIX – ablauffähige Programme, die mit den Kommandos des UNIX-Betriebssystems (shell) probeweise sehr einfach erstellt und ähnlich leistungsfähig gestaltet werden können wie sonst C-Programme. Bei entsprechender Funktionsfähigkeit können sie anschließend mit einfachen Mitteln in die Programmiersprache C übersetzt werden.

Zur Formatierung von Texten dienen die beiden Utilities *troff* und *nroff*, auf die nicht näher eingegangen wird, da sie nicht leicht zu bedienen sind und es sicher bessere Programme im Public-Domain-Bereich (kostenlos bei privater Nutzung, kommerzielle Vermarktung solcher Produkte ist nicht erlaubt) gibt. Zum Finden von Dateien oder Textstrings in Dateien gibt es die hilfreichen Befehle *find*, *awk* und *grep*.

Darüber hinaus wird auf die immer ausgeprägteren Netzwerkdienste wie z. B. *ftp*, *tftp*, *telnet*, *RFS*, *NFS* und das darunterliegende sehr verbreitete TCP/IP-Protokoll in den *Ethernet*- und *Datex-P*-Netzwerken eingegangen. Mit Hilfe dieser Dienste ist sowohl Filetransfer von und zu, als auch Arbeiten auf einer entfernten (*remote*) Anlage sowie die Einbindung von DOS, Novell-PCs und Macintoshs möglich.

Die bisher erwähnten Befehle dienen nur als Beispiele. In diesem Buch sind natürlich viel mehr Kommandos des UNIX-Standards in irgendeiner Form beschrieben. Die Kommandos und Beispiele konnten wir auf Versionen von SVR4 austesten, die uns von den Firmen Comfood und Novell (UnixWare) kostenlos zur Verfügung gestellt wurden.

2.2 Features

Im ersten Teil dieses Kapitels beschreiben wir die Neuerungen im UNIX System V Release 4 (SVR4). Mit der jetzt vorliegenden Release 4 des System V von AT&T (SVR4) ist zwischen den bisher existierenden UNIX-Hauptvarianten vieles vereinheitlicht worden. Diese Varianten sind BSD, SunOS, XENIX und AT&T System V Release 3 (SVR3). BSD und SunOS stammen aus dem technisch/wissenschaftlichen Bereich, wo auch heute noch ihre Stärken liegen. Systeme mit diesen Betriebssystemen sind meist sehr leistungsfähige Grafik-Workstations unter XWindows. Xenix/SCO UNIX, Inter-

2.2 Features

active UNIX u. a. decken dagegen den unteren Leistungsbereich auf Basis von Intel-Prozessoren ab, sogenannte PC-UNIX-Systeme. UNIX System V von AT&T war für den Rest gedacht, z. B. kommerzielle Anwendungen und die Büroorganisation. Aus allen Varianten sind Teile in die neue Version eingeflossen. Mit ein Grund für die Zusammenlegung war sicherlich die enorme Leistungssteigerung bei der Hardware, die PC-Systeme in die Nähe früherer Workstations bringt, die wiederum inzwischen mit Großrechnern konkurrieren. Ebenso hat sich im Laufe der Zeit das ehemals typische Einsatzgebiet verändert – so sind grafische Workstations heute auch im Geschäfts- oder Buchhaltungsbereich zu finden, und Mehrplatzsysteme fungieren als Fileserver für PCs und Workstations. Ziel war es, mit SVR4 einen neuen gültigen Standard des UNIX-Betriebssystems für die Industrie zu schaffen, der alle Einsatzbereiche abdeckt. Dabei darf man nicht übersehen, daß einige Teile des Betriebssystems ganz neu entworfen wurden, um die Anforderungen verschiedener Gremien und Standards zu erfüllen (z. B. besseres Echtzeitverhalten).

Trotz dieser Änderungen ist es gelungen, die Lauffähigkeit der meisten Programme für ältere Versionen von UNIX zu erhalten, indem auf weitreichende Kompatibilität geachtet wurde. Die Eingliederung von Diensten anderer UNIX-Varianten erweitert natürlich die Möglichkeiten der SVR4, z. B. beim Betrieb von Diskettenlaufwerken oder im Bereich des TCP/IP-Netzwerks, dessen Unterstützung bereits lange Bestandteil des BSD UNIX war (siehe Abbildung 2.1). Neu ist hierbei die komplette Umstellung der Netzwerk-Software auf STREAMS (wird später erklärt).

Verändert mit SVR4 wurden:

➤ Zahl und Umfang der Befehle

➤ die Shell (Kommandointerpreter)

➤ Dateioperationen: Symbolische Links

➤ Aufbau des File-Systems: Fast File System + Virtual File System

➤ Verzeichnisstruktur

2 Einstieg in UNIX

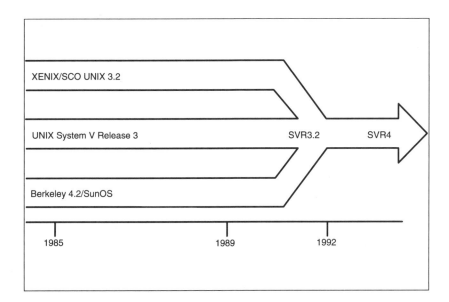

Abb. 2.1:
Zusammen-
wachsen der
UNIX-Richtungen

- Ein- und Ausgabe: STREAMS
- Speicherverwaltung: Memory Mapped Files
- Zugriff auf das System
- Prozeßverwaltung
- Systemverwaltung
- Systemsteuerung
- Netzwerkunterstützung in Form von Remote Procedure Calls (RPC) zur Unterstützung von NFS
- zeichenorientierte Benutzerschnittstelle
- grafische Benutzerschnittstelle (GUI, wesentlicher Teil von SVR4.2)
- Unterstützung internationaler Zeichensätze
- gleiches Zeit-/Datumsformat
- Zahlendarstellung

2.2 Features

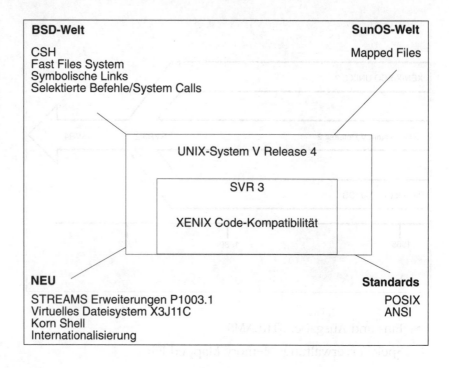

Abb. 2.2:
Aufbau des Basis-Betriebssystems unter Einbeziehung der Neuerungen diverser UNIX-Richtungen

Erweiterungen der Entwicklungsumgebung unter SVR4

Das bisher schon sehr komfortable Programmierumfeld von UNIX ist für SVR4 nochmals überarbeitet worden. Von Programmierern für Programmierer entwickelt, ist in UNIX die wichtige Voraussetzung erfüllt: eine sehr gute Programmierumgebung ist die Bedingung für sehr gute Programme. So gesehen ist UNIX tatsächlich als solches eine komplette Programmierumgebung, die keine zusätzlichen C-Compiler oder Hilfsmittel braucht, da es selbst zum größten Teil in C geschrieben ist.

In SVR4 ist die gute UNIX-Tradition fortgesetzt, das jeweils optimale Umfeld für die Schaffung und Nutzung von Software-Tools bereitzustellen.

War die Programmierumgebung bisher schon sehr gut, dient der größte Teil der neuesten Änderungen lediglich der geforderten Konformität mit anderen Standards wie POSIX und ANSI.

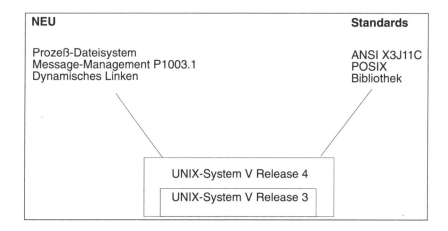

Abb. 2.3: Entwicklungssystem von SVR4

Ein allgemeiner Überblick über UNIX

Ein Computer besteht aus drei Schichten:

1. der Hardware (CPU = Central Processing Unit, Zentralrecheneinheit)

2. dem Betriebssystem (Operating System)

3. der Anwender-Software (Application Software)

Aus der Reihenfolge der Auflistung ist schon ersichtlich, welche Position das Betriebssystem in der Struktur eines Computers einnimmt. Es startet und überwacht die internen Vorgänge, die von der Hardware ausgeführt werden müssen, damit ein Tastendruck des Anwenders (Users) zu dem gewünschten Erfolg auf dem Bildschirm oder einem anderen Peripheriegerät (z. B. Drucker, Magnetband, Festplatte usw.) führt. Man kann die Arbeitsweise des Betriebssystems mit der des Unterbewußtseins des Menschen vergleichen, das auch eine Menge von Diensten startet, die nicht bewußt registriert werden. So wird nach dem bewußten Wunsch, einen Finger zu bewegen, eine Lawine von internen, unbewußten Befehlen ausgeführt, die schließlich zum gewünschten Ergebnis führen. Obwohl wir bewußt die Bewegung gestartet haben, wissen wir über die eigentliche interne Ausführung und die dabei involvierten Teile des Körpers nur wenig. Wir sehen das Resultat, und das interessiert uns eigentlich auch nur. Das Beispiel soll klarmachen, daß wir dem Betriebssystem im Rahmen seiner Möglichkeiten bestimmte Aufgaben mit bestimmten Optionen (Bedingungen) stellen können, die es für uns löst und uns das Ergebnis mitteilt, ohne uns im einzelnen zu informieren, wie dies zustandegekommen ist.

Man kann nun das UNIX-Betriebssystem in verschiedene Bestandteile zerlegen:

a) den Kernel (Kern), der von anderen Teilen des Systems aufgerufen wird, wie z. B. den Benutzerprogrammen. Der Kernel führt dann die gewünschten Aufgaben mit Hilfe der CPU (Central Processing Unit = zentrale Recheneinheit) und der zur Verfügung stehenden Peripherie aus.

b) die Shell, den Kommando-Interpreter von UNIX. Er übersetzt (interpretiert) die Kommandozeilen und sorgt für deren Abarbeitung.

c) die Dienstprogramme (Utilities), die zum Lieferumfang gehören und dem User erst die Arbeit mit dem System ermöglichen.

d) die Scripts, Programme, die aus UNIX-Kommandos bestehen und vom Benutzer selbst geschrieben werden können.

Sind solche lauffähigen Programme einmal in das System eingebunden, kann man sie von ursprünglichen UNIX-Programmen nicht mehr unterscheiden. So kann man das System ständig nach eigenen Vorstellungen erweitern, verläßt aber die Ebene des UNIX System V-Standards. Der User (Benutzer) muß sich genau merken, welche Dienste Eigenentwicklungen sind, damit es nicht zu Verwirrungen kommt, wenn Software auf anderen Systemen laufen soll, dies aber verweigert, weil bestimmte private Dienste auf der Zielanlage nicht bekannt sind.

Zum besseren Verständnis soll an dieser Stelle noch ein wenig mehr über den Kernel gesagt werden. Wer dieses Wissen bereits hat, kann die nächsten Abschnitte ruhig überspringen.

zu a) Die Hauptaufgaben des Kernels sind, wie bereits erwähnt:

➤ die Verwaltung des Hauptspeichers (er wird oft auch als Arbeitsspeicher bezeichnet; sein Inhalt, der zwischen 1 und 256 MB liegen kann, geht bei einem Abschalten des Rechners verloren. Zu beachten ist, daß nicht alle UNIX-Implementierungen für Intel-Prozessoren mehr als 16 oder 64 MB unterstützen). Die Verwaltung umfaßt insbesondere die Zuteilung von Bereichen des Hauptspeichers an die verschiedenen, gleichzeitig laufenden Programme.

➤ die Verwaltung des Massenspeichers (normalerweise ein Festplattenlaufwerk), in das in einstellbaren Intervallen von einigen Sekunden bis zu Minuten jeweils der Teil des Hauptspeichers übernommen wird, der die »lebenswichtigen« aktuellen Daten über die gerade bearbeiteten Dateien enthält (was z. B. bei einem Spannungsausfall sehr wichtig ist). Im Massenspeicher sind auch die System-Software, Anwenderprogramme und die eigenen Files (Dateien) aufbewahrt. Bei Bedarf werden sie in den Hauptspeicher geladen, wo dann die eigentliche Bearbeitung stattfindet. Auf der Festplatte ist in bestimmten reservierten Bereichen (in sogenannten *Partitions* (*partition* = Bereich, Einteilung) das Betriebssystem selbst installiert. Sind CD-ROMs angeschlossen, können diese zur Zeit nur gelesen werden.

➤ die Einrichtung der speziellen Struktur des UNIX-File-Systems auf den Festplatten, wobei verschiedene Blockgrößen erlaubt sind: 0,5 K, 1 K, 4 K oder 8 K, je nachdem, ob das File-System für Datenbankzugriffe, Fileserving oder viele verschiedene gleichzeitig laufende Applikationen optimiert sein soll. Mit dem unter SVR4 neu eingeführten Virtual File-System (VFS, aus BSD-UNIX übernommen) können auch File-Systeme mit unterschiedlichen Blockgrößen innerhalb eines Rechners unterstützt werden, was früher nicht möglich war.

➤ die Verwaltung der Ein-/Ausgaben von Daten von/auf die Peripheriegeräte mittels STREAMS.

➤ die Überwachung der Zugriffsberechtigungen der User auf Dateien.

➤ Die meisten der o. g. Dienste leistet der Kernel automatisch, ohne daß der Systemverwalter etwas einstellen muß.

> Ein File (Datei) ist eine begrenzte Ansammlung von Informationen, die als Einheit abgespeichert wird. Die Informationen können Kommandos, Buchstaben, Zahlen oder Steuerzeichen sein. Wichtig ist, daß man die Files kopieren, editieren, verlängern, kürzen, aneinanderhängen, umbenennen, neu anlegen oder löschen kann. Sämtliche Sonderzeichen wie z. B. Zeilenende- oder Tabulatorzeichen bleiben dem Benutzer normalerweise verborgen, um die Dateibearbeitung einfach zu machen. Die Sonderzeichen können aber sichtbar gemacht werden (z. B. im *vi*-Editor). Dies ist unter anderem dann sinnvoll, wenn sich Dateien nicht löschen lassen, obwohl man den kompletten sichtbaren Namen eingetippt hat und sich keines Fehlers bewußt ist. In diesem Fall hat sich meist ein unsichtbares Steuerzeichen eingeschlichen, das für den Computer Bestandteil des File-Namens, für uns aber nicht ohne einen kleinen Trick wahrnehmbar ist.

Da es sich bei UNIX um ein Multiuser- und Multitasking-System handelt, muß der Zugriff auf die CPU (Zentralrecheneinheit) sowohl für die Benutzer als auch für die zugehörigen Peripheriegeräte gesteuert werden, damit jeder einmal bedient wird und nicht einer ewig warten muß. Der Kernel kann bei der Verteilung der Prozessorleistung über bestimmte Parameter beeinflußt werden, falls dies zur Erhöhung der Rechenleistung einmal nötig sein sollte. Diese Änderungen können allerdings nicht im laufenden Betrieb vorgenommen werden, da erst ein neuer Kernel generiert und gestartet werden muß (Systemverwalter), bevor die Änderungen wirksam werden. Innerhalb dieser Aufgabenvielfalt ist es eher eine Nebenerscheinung, daß man mit dem Kommando *acct* über Informationen des Kernel auch eine Abrechnung der pro Benutzer verbrauchten Rechenzeit (User Account) ausführen lassen kann.

Wir haben weiter oben bereits gesagt, daß auch die UNIX-Tools oder Utilities (Dienstprogramme) und die Applikationen (Anwendungsprogramme) auf den Kernel zugreifen. Sie tun das unter Nutzung der sogenannten Systemcalls (Systemaufrufe, Schnittstellen für Programme). Mit dem Aufruf eines Systemcalls erhält der Kernel die Aufgabe, einen bestimmten Dienst für das aufrufende Programm auszuführen, indem er die dazu nötige Hardware auswählt und dafür sorgt, daß die gewünschten Daten bereitgestellt werden. Man kann sagen, daß die Systemcalls das Interface (Schnittstelle) zwischen den Applikations-(Anwendungs-)programmen und dem Kernel sind, da nur auf diesem Weg diese beiden Systembestandteile direkt miteinander arbeiten können. Die über 60 Systemcalls sind auf allen UNIX-Systemen gleich und müssen nicht an die jeweilige Hardware angepaßt werden, im Gegensatz zum Kernel, in den die Eigenheiten der jeweiligen Hardware eingearbeitet werden müssen. Die Systemcalls als Interface zum Kernel sind eigentlich das, was man als das UNIX-System versteht, und es ist der Kernel, der den eigentlichen Leistungsumfang bietet, ohne von einer bestimmten Hardware abhängig zu sein.

zu b) Die Shell ist der Kommandoentschlüsseler, mit dem der Anwender direkt kommuniziert. Sie nimmt Befehle sofort einzeln (hilfreich bei Tests von Einzelbefehlen, die man »mal eben« ausprobieren will) oder in Form eines Scripts entgegen und arbeitet die Kommandos nacheinander ab. Eine Kommandozeile besteht aus dem syntaktisch richtigen Befehl mit den entsprechenden Optionen und dem abschließenden Drücken der ⏎ -Taste.

zu c) Es gibt über 200 Dienstprogramme, die standardmäßig zum Lieferumfang von UNIX gehören und innerhalb des Systems durch

2.2 Features

Eintippen ihres Namens zur Ausführung gebracht werden können. Es ist am Anfang etwas schwierig, in dieser Menge die Kommandos zu finden, die zum gewollten Ergebnis führen, oder herauszufinden, ob zur Lösung des aktuellen Problems ein spezieller Befehl zur Verfügung steht. Erschwerend kommt hinzu, daß die mnemonischen Abkürzungen der englischen Sprache entlehnt sind und deshalb für Nichtengländer nicht immer ganz leicht nachzuvollziehen sind. Wir haben uns deshalb bemüht, den Ursprungsbegriff aus dem Englischen hinter der Abkürzung im Text aufzuführen und verständlich zu übersetzen. Im Anhang befindet sich eine Kommandoübersicht, in der diese Erklärungen zusammengefaßt sind.

Abschließend kann man sagen, daß UNIX wie die meisten übrigen Betriebssysteme drei grundlegende Funktionen bereitstellt:

1. UNIX liefert ein strukturiertes File-System, das bestimmte Bedingungen erfüllt.

2. UNIX ermöglicht es, Programme zu laden und auszuführen, ohne daß ein besonderer Aufwand getrieben werden muß. Der User hat so die Möglichkeit, Programme ablaufen zu lassen, die in C, Pascal, Fortran, Cobol, Business Basic geschrieben sein können, oder die einfache Scripts sind.

3. UNIX stellt eine Kommunikationsschnittstelle zwischen dem Computer und seinen Peripheriegeräten zur Verfügung. Peripheriegeräte können, wie schon erwähnt, Terminals, Drucker, Disketten- und Bandlaufwerke (Streamer- und Videotapes), Festplatten, Modems und ähnliches sein.

Darüber hinaus stellt UNIX noch zusätzlich zu Verfügung:

4. Multiuser (Mehrbenutzer)-Betrieb

5. Multitasking. Diesen Begriff direkt zu übersetzen ist nicht einfach, deshalb eine Umschreibung, was damit gemeint ist: Jeder einzelne Benutzer der Anlage kann gleichzeitig mehrere Jobs (Programme) ablaufen lassen. Dabei gibt es Vorder- und Hintergrundprozesse. Die Namen erklären eigentlich schon

das Wesentliche: während man in einer Datei editiert (Vordergrund, direkt über die Tastatur beeinflußbar), kann man durch einen vorher im Hintergrund gestarteten Prozeß z. B. eine andere Datei alphabetisch sortieren lassen oder neue Daten über das Bandlesegerät einspielen oder ein C-Programm kompilieren lassen etc. Sie sehen, der Phantasie sind nur wenige Grenzen gesetzt.

Eigenschaften von UNIX im Überblick

- Multi-User-Betrieb
- Timesharing-Betrieb
- interaktiver Betrieb
- geräteunabhängiges und hierarchisches File-System
- einfache Portierungsmöglichkeit
- virtuelle Speicherverwaltung (mit Demand Paging in SVR3)
- Virtual Memory Methode (VM) unter SVR4
- einfache Integrationsmöglichkeit in Netzwerken
- großes Angebot von Standardsoftware (Datenbanken, Textverarbeitung, Kalkulationsprogramme, Datex-P-Anschluß usw.)
- komfortable Entwicklungsumgebung für Programmierer (Shell, C, Fortran, Cobol etc.)

UNIX ermöglicht mehreren Benutzern gleichzeitiges Arbeiten am System (Multi-User-Betrieb), wobei man die Arbeitsbereiche gegen fremden Zugriff mit bestimmten Mechanismen schützen kann (Paßwort, Zugriffsberechtigung, Gruppeneinteilung). Benutzer unterscheidet das System eindeutig. Eine Doppelvergabe von Namen ist nicht möglich.

Jeder Anwender kann gleichzeitig mehrere Programme (Prozesse) vom System bearbeiten lassen, wobei jedoch nur ein interaktiver Prozeß im Vordergrund (dialogorientiert) arbeiten kann. Diese Beschränkung kann man zwar nicht aufheben, jedoch mit einer Software wie *MultiView Mascot* der Fa. JSB, GB, umgehen, indem man auf normalen Terminals mehrere Fenster (mit Programmen) öffnen

2.2 Features

kann, zwischen denen man hin- und herschalten kann, wobei die jeweilige Applikation an der Stelle wieder aufsetzt, wo vorher unterbrochen wurde. Auch die Umschaltung zwischen 7- und 8-Bit-»Fenstern« ist fehlerfrei. Eine mausgestützte Arbeit innerhalb dieser Fenstertechnik ist möglich, sofern statt der einfachen, zeichenorientierten Terminals sogenannte *AlphaWindow-Terminals* eingesetzt werden. Dieser neue Standard ist für farbige AlphaWindow-Terminals mit Maus ausgelegt. Noch besser ist der Einsatz grafischer *XWindow-Stationen* (über Ethernet angeschlossene XTerminals oder PCs), die nicht mehr an ASCII-Darstellung gebunden sind.

Doch zurück zum Multitasking. Die Behandlung mehrerer gleichzeitig zur Bearbeitung anstehender Prozesse wird abhängig von der Priorität dynamisch gesteuert. Die Priorität kann man bewußt setzen, um z. B. ein Programm schneller arbeiten zu lassen. Aus einem Programm kann man weitere Programme starten, wobei jeweils eine neue Shell eröffnet und nach Beendigung wieder geschlossen wird (Pipe). Bei dieser Arbeitsweise kann man z. B. verhindern, daß Zwischendateien bei Prozeßabläufen extra angelegt werden müssen. Über Messages und Semaphoren können mehrere Prozesse untereinander Informationen austauschen (Erklärung erfolgt weiter unten).

Im normalen Betrieb arbeitet der Anwender mit UNIX im Dialog interaktiv, d. h. auf ein Kommando hin erhält er entweder das Ergebnis oder eine entsprechende Fehlermeldung auf seinem Terminal. Das Lesen von Zeichen erfolgt hierbei normalerweise von der Tastatur, es sei denn, es werden Daten aus einer Datei benötigt (Redirection, Umlenkung), oder es soll die Ausgabe auf ein Peripheriegerät erfolgen.

Für die Erfassung der Arbeitszeit der einzelnen User am System steht ein Dienst zur Verfügung, mit dessen Hilfe Kosten für die Rechnerzeit erfaßt werden können (Accounting, bei Großfirmen und Rechenzentren üblich).

Die drei Arten von Dateien unter UNIX

Es gibt unter UNIX drei Gruppen von Dateien:
- normale Dateien (Files)
- Verzeichnisse (Directories)
- Gerätedateien (Special Files)

Alle diese Dateien sind in einer übersichtlichen Baumstruktur angeordnet und stellen das UNIX-File-System dar. Bezüglich der Anzahl der Dateien gibt es keine Einschränkung. Physikalisch können mehrere Festplatten eines Rechners in einem logischen Dateisystem zusammengefaßt sein, über das Netzwerk mit NFS oder RFS sogar mehrere Rechner, ohne daß der Anwender dies bemerkt. Die normalen Dateien sind solche, die z. B. bei der Arbeit mit einer Textverarbeitung erzeugt werden, die also lesbare Zeichen enthalten, oder aber Binär-Code ausführbarer Programme oder einfach Daten (Datenbank).

Verzeichnisse (Directories) oder Kataloge sind Dateien, die nicht zum direkten Arbeiten für den Anwender gedacht sind. Sie werden erzeugt oder aufgelöst, wenn er ein neues Verzeichnis anlegt oder ein altes löscht. Sie enthalten Informationen über das Verzeichnis selbst, die dort liegenden Dateien und freie Ressourcen (Inodes), die ständig vom System überwacht werden.

Eine besondere Eigenschaft von UNIX stellen die Gerätedateien dar, die jedes Peripheriegerät gleich behandeln, nämlich dem System gegenüber wie eine normale Datei, d. h. Ein- und Ausgabefunktionen bleiben wie bei normalen Dateien erhalten. Ein Drucker läßt sich so z. B. zum Test mit einem einfachen Kopierbefehl ansprechen, indem man den Inhalt einer Datei einfach auf die entsprechende Gerätedatei kopiert wie in eine normale Textdatei.

Arbeiten unter UNIX

Als eigentliche Arbeitsumgebung für UNIX-Anwender dient die Shell, der sogenannte Kommando-Interpreter, der sämtliche Kommandos in ihre Bestandteile zerlegt und zur Abarbeitung die nötigen Systemdienste anfordert. Die UNIX-Kommandos selbst kann man zum Programmieren in sogenannten Scripts verwenden. So ist ein einfacher Test von Programmabläufen möglich (Prototyping); auch die spätere Umsetzung in C-Programme bereitet keine großen Probleme. Auf dieser Ebene ist auch die Programmierung von Schleifen (*while, for, until*) mit ihren entsprechenden Bedingungen (*if, then, else*) sowie ein geschachteltes Aufrufen von Programmen mit Parameterübergabe möglich. Bitte bedenken Sie, daß dies alles bereits mit dem Betriebssystem ausgeliefert wird und keine extra Entwicklungsumgebung darstellt.

Dem Anwender stellt UNIX eine große Anzahl von Dienstprogrammen (Utilities) und Makros für alle möglichen Zwecke bereit. Je nach Hersteller sind über diesen Rahmen hinaus noch zusätzliche eigene Tools auf den Anlagen zu finden. Für alle Bereiche wie z. B. Dokumentationsverwaltung, Grafik, Programmentwicklung, Vernetzung, Textverarbeitung u. ä. stehen entsprechende Dienste zur Verfügung.

Unter UNIX ist es möglich, mit Programmen zu arbeiten, die größer sind als der zur Verfügung stehende Hauptspeicher. In diesem Fall wird nur der jeweils benötigte Teil des Programms in den Hauptspeicher geladen (Demand Paging in SVR3), und zwar in Dateneinheiten zu 4 KB, den sogenannten *Pages*. Durch diese Art der Verwaltung können Teile mehrerer Programme gleichzeitig im Arbeitsspeicher liegen und ausgeführt werden. In SVR4 wurde eine neue effizientere Methode der Speicherverwaltung aus dem SUN OS übernommen, das Virtual Memory (VM), mit einer neuen Art der Ein-/Ausgabe für Benutzerprogramme, die sogenannten abgebildeten Dateien (wird später genauer erklärt).

Darüber hinaus gibt es die Möglichkeit, Programme »reentrant« zu programmieren. Das bedeutet, daß ein Programm-Code einmal in den Hauptspeicher geladen wird, jedoch von mehreren Anwendern benutzt werden kann, anstatt das Programm entsprechend der Anzahl User entsprechend oft zu laden.

Als Netzkonzepte stehen standardmäßig *uucp* (Punkt-zu-Punkt-Kommunikation zwischen UNIX-Rechnern) und *Kermit* (als Public-Domain-Software) als Verbindung über serielle Leitungen oder Modems zur Verfügung. Darüber hinaus bietet sich die Möglichkeit, Vernetzungen auf Basis von Ethernet unter Verwendung des TCP/IP-Protokolls zu installieren. Hierbei können die Speicherkapazitäten aller beteiligten Systeme untereinander benutzt sowie LANs oder WANs (X.25, ISDN) eingebunden werden. Alle unterstützen als Protokoll TCP/IP und erlauben den Einsatz der typischen DARPA-Befehle wie *ftp*, *telnet* usw.

Die Vernetzung unter UNIX

Innerhalb der Netzwerke gibt es folgende Dienste:
- Remote Login
- File Transfer
- Remote File Access
- Remote Command Execution
- Interprocess Communication
- Gateways
- Network Mail System
- Network File System
- Remote File System
- Networkfile System

Darüber hinaus werden auch OSI-Protokolle bedient, weiter verbreitet ist jedoch die TCP/IP-Familie, die fast jeder UNIX-Anbieter unterstützt, was bei OSI nicht der Fall ist.

Übersicht über die UNIX-Welt

UNIX

- Systemsoftware
- Sprachen
- Bourne Shell
- MAKE
- C-Shell
- SHL
- Korn Shell
- C
- Editoren
- FORTRAN-77
- Debugger
- PASCAL
- C Programmierumgebung
- PROLOG
- SCCS
- COBOL
- AWK
- ASSEMBLER
- BASIC

Anwendungen

- Datenbanken
- Applikationen
- INFORMIX, inkl. SQL, 4GL
- Textverarbeitungsprogramme
- ORACLE
- Bürokommunikation
- UNIFY
- Kalkulationsprogramme
- INGRES
- CAD

- PPS
- Anwenderbezogene Software,
  z. B. Betriebsdatenerfassung, Statistiken, u. ä.
- Grafik
- Vernetzung
- GKS
- UNIX/UNIX Verbindung (UUCP)
- X WINDOWS
- ETHERNET/TCP-IP Verbindung (ARPA-Konvention)
- Fileserver für DOS PCs
- Business Graphics
- UNIX/IBM Verbindung (RJE, SNA, APPC)
- Unterstützung von Plottern
- DATEX-P (X.21, X.25 etc.)
- Merge (Mischung von MS-DOS und UNIX) usw.
- X400
- FDDI Anbindung

DOS im UNIX

Anzumerken an dieser Stelle ist sicherlich, daß bei der Einrichtung eines UNIX-Systems auf einem Intel-basierenden System in der Regel die Einrichtung einer DOS-Partition auf der Festplatte möglich ist. Dieser Bereich der Festplatte kann später ganz normal als DOS-Festplatte genutzt werden, wenn UNIX nicht gestartet ist, d. h. der Anwender kann festlegen, welches Betriebssystem zur Boot-Zeit gestartet werden soll. Zu diesem Zweck gibt es den Befehl *fdisk* sowohl unter DOS als auch unter UNIX, mit dem die gewünschte Boot-Partition aktiviert wird. Eleganter ist die Lösung, zur Boot-Zeit das zu startende Betriebssystem abzufragen (wie bei SCO und Interactive UNIX). Trotz der logischen Trennung des UNIX- und DOS-Bereichs erlauben einige UNIX-Derivate den Zugriff auf diesen DOS-Bereich, auch vom laufenden UNIX aus. Das gilt für Daten, nicht für Programme. Sollen DOS-Programme ausgeführt werden, muß ein DOS-Emulator gestartet werden, z. B. *Merge* oder *VPix*, der dann die Ausführung eines DOS-Programms erlaubt. Es gibt jedoch Einschränkungen bezüglich der Ablauffähigkeit von Programmen, die unter Umgehung des Betriebssystems direkt in den Speicher der Grafikkarte schreiben und deshalb schon innerhalb der DOS-Hardware z. T. auf Probleme stoßen. Trotzdem führen solche Aktivitäten einiger DOS-Applikationen nicht zu ernsthaften Problemen des Restbetriebs der Anlage, da UNIX gegen unerlaubte Zugriffe auf die Hardware über Vpix geschützt ist. Die DOS-Emulatoren sollten nur auf den Konsol-Terminals von Intel-Systemen gestartet werden, wo sie mit dem von DOS gewohnten Look & Feel laufen, also mit der vom PC gewohnten Darstellung. Wird eines der o. g. Programme auf einem ASCII-Terminal gestartet, gibt es die ersten Komplikationen bei den 7- und 8-Bit-Welten von DOS und UNIX und den unterschiedlichen Zeichensätzen. Der normale ASCII-Schirm wird mit einer Menge Ersatzzeichen beliefert, damit eine Darstellung näherungsweise klappt. Empfohlen wird daher die Nutzung von DOS-Emulatoren lediglich auf der Konsole. Wissen muß der Anwender auch, daß diese Programme pro Start einer DOS-Shell unter UNIX 640 KB Hauptspeicher belegen (nicht gerade wenig). Verblüffend bleibt trotz einiger Einschränkungen in der derzeitigen Version der o. g. Programme, daß alles mit DOS-Befehlen bedienbar ist, Festplatte (C:) und Diskettenlaufwerke (A:, B:) gehorchen den üblichen Laufwerksnamen. Auch die Drukker des Systems stehen dem DOS-Anwender zur Verfügung, die Druckaufträge werden jedoch für den Benutzer unsichtbar über das UNIX-Druckerspooling geleitet, um konkurrierende Ausdrucke auf das gleiche Gerät zu verhindern. Eine interessante Schnittstelle zwischen DOS und UNIX bildet die Möglichkeit, mittels VPix Daten zwischen laufenden DOS- und UNIX-Prozessen auszutauschen. So wird ein hoher Grad der Integration erreicht.

Eine andere Variante, DOS-Programme in der UNIX-Welt nutzen zu können, stellt eine DOS-Emulation namens *SoftPC* dar, die die Firma Motorola ihren Kunden anbietet. Auch für SUN-Systeme wird eine solche Software-Lösung angeboten. Weiteres zu dem Thema UNIX-/DOS-Anbindung finden Sie bei der Beschreibung der Netzwerke.

2.3 Die ersten Schritte

Hier sollen im Schnelldurchgang lediglich einige Grundlagen erklärt werden, die es Einsteigern von anderen Betriebssystemen erleichtern sollen, sich wenigstens an einem UNIX-System anmelden und darin ein wenig bewegen zu können. Die Kommandos sind grundlegende Hilfsmittel, um wichtige Informationen anzeigen zu lassen. Vollständige Beschreibungen der Befehle können im Rahmen dieses Buchs wegen des zu großen Umfangs nicht bearbeitet werden. Hier sei auf die Kommandosammlung verwiesen, die als getrenntes Buch im gleichen Verlag erhältlich ist oder auf die Original-AT&T-Handbücher. Dem fortgeschrittenen UNIX-Anwender werden die Erklärungen in den ersten Kapiteln etwas zu einfach sein; daher empfehlen wir in diesem Fall, diesen Teil zu überspringen und bei der detaillierten Beschreibung des File-Systems unter SVR4 weiterzulesen.

Am besten setzen Sie sich mit dem Buch an ein Terminal und probieren gleich alles aus, was beschrieben wird. Sollten Sie einmal nicht mehr weiterkommen, lesen Sie zunächst noch ein Stück weiter; vielleicht erhalten Sie die Lösung für Ihr Problem. Sollte dies jedoch nicht der Fall sein, wenden Sie sich an Ihren Systemadministrator (Systembetreuer), der Ihnen bei schwierigeren Fragen sicher weiterhilft. Man sollte sich von Anfang an genau merken, was man alles gemacht hat, damit der Administrator aufgrund einer guten Beschreibung schnell weiß, wo der Fehler liegt.

Wie das System organisiert ist

Wenn Sie Ihr Terminal einschalten, erscheint auf dem Bildschirm Text und das Wort *login:*, dahinter steht der Cursor (dies ist entweder ein blinkender Unterstrich oder ein helles Rechteck, das die Stelle auf dem Bildschirm markiert, an der bei Betätigung der Tastatur Zeichen eingefügt werden) und wartet auf eine Eingabe.

2.3 Die ersten Schritte

Das Wort »login« erwartet zuerst den Namen des Systembenutzers und anschließend dessen Paßwort.

Folgendes ist zum Beispiel auf dem Bildschirm zu sehen

Willkommen in UNIX SVR4

Login:

Bevor Sie mit der Arbeit anfangen, sollten Sie sicher sein, daß für Sie ein Benutzer auf dem System eingerichtet ist und daß Sie das zugehörige Paßwort kennen, da Sie sonst keinen Zugang zum System bekommen. In unserem Fall verwenden wir als Benutzernamen *dax*. Alle folgenden Beispiele beziehen sich auf diesen Benutzernamen und seine Arbeitsumgebung innerhalb des UNIX-Systems. Bitten Sie Ihren Systemadministrator, einen Benutzer mit Namen *dax* einzurichten.

Nehmen wir an, alles ist ordnungsgemäß vorbereitet, und Ihr Loginname ist *dax*. Da Klein- und Großbuchstaben im Gegensatz zu DOS unterschieden werden, wird unter UNIX vieles klein geschrieben, um unterschiedliche Schreibweisen als Fehlerquelle auszuschließen. Üblicherweise werden die Benutzernamen in Kleinbuchstaben eingegeben; überhaupt benutzt man auf Systemebene meistens Kleinbuchstaben, es sei denn, es ist ausdrücklich anders gefordert.

Tippen Sie jetzt *dax* ein, um sich am System anzumelden, und es erscheint vom System die Meldung *passwd:* als Zeichen dafür, daß jetzt das Paßwort (Geheimwort) des Users *dax* eingegeben werden soll (bei manchen Anlagen darf das Paßwort nicht unter 6 Zeichen lang sein und muß mindestens ein Zeichen enthalten, das kein Buchstabe ist, damit es nicht einfach durch Ausprobieren herauszufinden ist).

An dieser Stelle möchten wir kurz erläutern, wie unsere Beispiele zu verstehen sind. Die dünn gedruckten Passagen sind die Meldungen des Systems, das Fettgedruckte soll vom Anwender eingegeben werden. Der Ausdruck *CR* (Carriage Return = Wagenrücklauf) steht für das Drücken der ⏎-Taste.

Für den Rest des Buchs gilt die Vereinbarung, daß in Beispielen oder Befehlszeilen die fettgedruckten Stellen die Eingaben des Anwenders und das normal gedruckte die Systemmeldungen sind.

Nach dem Einschalten des Terminals erscheint der Text

Beispiel für den Login-Vorgang, kurz das »Login« genannt

```
Willkommen in UNIX SVR4
Login:
dax  ↵
passwd:
--------  ↵
```

In der letzten Zeile ist das Paßwort einzugeben, das bei der Eingabe *nicht* angezeigt wird.

Sollten Sie sich bei der Blindeingabe vertippt haben, was jedem hin und wieder passiert, dann erscheint die Meldung:

```
Login incorrect
Login:
```

und die gerade erklärten Schritte sind zu wiederholen.

Bei neueren UNIX-Systemen ist ein Paßwort für den Benutzer vom System zwingend vorgeschrieben. Dies ist aus Gründen der Datensicherheit eingeführt worden. Trotzdem kann es in Ausnahmefällen sein (wenn das Security System deaktiviert ist), daß Sie bereits nach Eingabe des Login-Namens Zugang zum System haben, da für Sie kein Paßwort hinterlegt ist, oder daß Sie bereits beim allerersten Einloggen aufgefordert werden, ein eigenes Paßwort festzulegen.

Wenn Sie Ihr Paßwort richtig eingegeben haben, erscheint (eventuell) ein Begrüßungstext und als letzte Zeile der Systemantwort der Prompt (hier: *$*) am Anfang einer Zeile.

```
$
```

2.3 Die ersten Schritte

Dieser Prompt erscheint immer dann, wenn das System eine Eingabe über die Tastatur erwartet bzw. annehmen kann.

Sie befinden sich jetzt im System und haben automatisch eine Shell (den Kommando-Interpreter) zur Verfügung gestellt bekommen. Sie können jetzt über die Kommandos der Shell mit der Anlage arbeiten.

Das Ausloggen

Bevor Sie nun irgend etwas tun, müssen Sie wissen, wie man das System wieder verläßt und wie Sie gestartete Kommandos abbrechen können.

Kommandos kann man in den meisten Fällen mit der `Entf`-Taste beenden, üblicherweise in allen Situationen. Sollten Sie sich bei der Eingabe einer Kommandozeile vertippt oder einen Befehl gewählt haben, den Sie jetzt doch nicht ausführen wollen, reicht das Drücken der `Entf`-Taste oder das gleichzeitige Betätigen der Tasten `Strg`+`X`. Die aktuelle Eingabe wird abgebrochen, und es erscheint eine neue Zeile. Eine Ausnahme bilden Anwendungsprogramme, die das Abbruchzeichen abfangen und seine Funktion aufheben. In diesem Fall ist das vom Programm festgelegte Abbruchzeichen einzugeben.

Wenn Sie Ihre Arbeit am System beenden wollen, müssen Sie das sogenannte *Logout* ausführen. Der Logout-Vorgang (das Verlassen der Anlage) wird durch Eingabe von

$ exit `↵`

oder einfacher durch gleichzeitiges Drücken der Tasten `Strg`+`D`,

$ `Strg`+`D`

angestoßen.

Der Befehl kann immer eingegeben werden, wenn der Prompt zu sehen ist, unabhängig davon, wo man sich gerade im File-System befindet. Nach erfolgreichem Ausloggen erscheint wieder der Begrüßungstext auf dem Bildschirm.

```
Willkommen in UNIX SVR4
Login:
```

Nun zum Umgang mit der Shell. Sie können für den Fall, daß Sie noch kein Paßwort haben oder das vorhandene Ihnen nicht gefällt, ein neues eintragen oder ein bestehendes ändern. Beides erledigt das Kommando *passwd* (Password). Ein anderer Weg, das Paßwort zu ändern, ist über das dialoggesteuerte Menüsystem *sysadm* gegeben, dessen Arbeitsweise weiter hinten im Buch beschrieben wird.

Wenn Sie den Befehl *passwd* eintippen und mit ⏎ bestätigen, wertet die Shell Ihre Eingabezeile aus, indem sie diese in ihre Bestandteile zerlegt. An der ersten Stelle einer Kommandozeile erwartet die Shell einen gültigen Befehlsnamen, in diesem Fall ist das *passwd*.

```
$ passwd ⏎
changing password for dax (=ändere das Paßwort für dax)
New password:
```
Beispiel

Jetzt muß das gewünschte Paßwort eingegeben und anschließend mit ⏎ bestätigt werden.

Damit Sie nicht einen Tippfehler in Ihr Paßwort einbauen können, da der eingegebene Text nicht auf dem Bildschirm angezeigt wird, wird die Eingabe des Wortes ein zweites Mal verlangt.

```
Re-enter new password:
```

Jetzt geben Sie das gewünschte Paßwort nochmals ein, und drücken Sie anschließend ⏎.

Erscheint anschließend der Prompt ohne Fehlermeldung, waren Ihre beiden Eingaben identisch. Wenn nicht, erscheint

```
They don't match; try again

$
```

und Sie müssen die Prozedur noch einmal von vorne beginnen.

Der Unterschied zwischen dem ersten Einrichten eines Paßworts und dem Ändern eines vorhandenen liegt in einer zusätzlichen Anfrage des Systems

```
Old password:
```

nach der die Eingabe des bisherigen Wortes erwartet wird; erst dann geht es mit der Anfrage nach dem neuen Paßwort weiter. Damit ist sichergestellt, daß niemand das Paßwort ändern kann, während der eingeloggte Benutzer gerade einmal nicht am Terminal sitzt.

Zusammengefaßt sieht der Bildschirm bei Einrichtung des Paßworts so aus:

```
$ passwd ⏎
changing password for dax
New password:
Re-enter new password:
$
```

Eine Änderung des Paßworts ist also kein Problem.

Erste Kontakte mit der Shell

Wir haben in der vorangegangenen Kommandofolge mit der Shell kommuniziert. Die Shell ist die Arbeitsebene für den direkten UNIX-Anwender. Als Benutzer einer Anwendungs-Software kommen Sie meist nicht bis auf diese Ebene hinunter, da Sie in Menüs und Masken arbeiten, aus denen heraus das Absetzen von Systemkommandos nicht möglich ist. Man hat dort nur die Möglichkeit, Daten oder Formeln einzugeben und zu ändern, die dann entsprechend bearbeitet werden, aber man kann den grundsätzlichen Ablauf des Softwarepaketes nicht beeinflussen. Beim Verlassen der Software werden Ssie automatisch ausgeloggt (vom engl. *Logging out*), d. h. Sie verlassen die Anlage unfreiwillig, haben aber keine Möglichkeit, dies zu verhindern.

Wenn Sie neu auf der Anlage sind, kann davon ausgegangen werden, daß Sie noch keine eigenen Files (Dateien) außer Ihrer Profilbeschreibung besitzen. Dies können Sie aber ganz einfach mit dem *ls*-Kommando (*list* = auflisten) selbst nachprüfen.

```
$ ls  ⏎
```
Beispiele

Entweder erscheinen jetzt Dateinamen, oder es erscheint wieder der Prompt (*$*), wenn keine Dateien vorhanden sind.

```
$ ls  ⏎
$
```

Die oben erwähnte Profilbeschreibung ist in einer sogenannten unsichtbaren Datei abgelegt. Diese Dateien beginnen unter UNIX mit einem ».«, wie die Datei *.profile*. Unsichtbare Files sieht man im Listing nur, wenn man den Befehl *ls* mit der Option *-a* (all) aufruft.

```
$ ls -a  ⏎
.profile
$
```

2.3 Die ersten Schritte

Optionen dienen dazu, einem Programm mitzuteilen, daß eine bestimmte Ausführungsvariante gewünscht ist.

Wie die ausführlichere Ausgabe von *ls* aufgebaut ist, wenn Dateien vorhanden sind, wird weiter unten beschrieben.

Wenn man wissen will, ob noch jemand auf der Anlage arbeitet, gibt man den UNIX-Befehl *who* (wer) ein.

```
$ who  ⏎
anton  tty001  Jan  5 12:00
dax    tty005  Jan  5 13:00
beate  tty003  Jan  4 08:00
```

Die erste Spalte zeigt die Namen aller eingeloggten User (Benutzer), die zweite, an welchem Port (seriellen Anschluß) sie arbeiten, den Tag des Einloggens und die Uhrzeit, wann die Sitzung begann. Bei *beate* steht das gestrige Tagesdatum, d. h. daß sie seit gestern bei der Anlage angemeldet ist, was aber nicht unbedingt heißt, daß sie so lange gearbeitet hat. Sie kann schlicht vergessen haben, sich ordnungsgemäß vom System abzumelden (Logout). Das Abmelden vom System sollte man nicht vergessen, wenn ein Accounting auf dem System läuft, das Rechnerzeit in Rechnung stellt.

Will man lediglich Daten über sich selbst abfragen, lautet die erweiterte Syntax des *who*-Befehls

```
$ who am i
```

Um festzustellen, in welchem Directory (auch als Katalog oder Verzeichnis bezeichnet) Sie sich befinden, können Sie den Befehl *pwd* (Print Working Directory = gib den Namen des aktuellen Directories aus) benutzen.

```
$ pwd  ⏎
/home/dax
$
```

Die Zeichenfolge */home/dax* nennt man *Path* (Pfad). Ein solcher Pfad beschreibt innerhalb von UNIX die Lage von Dateien und Directories, wie in diesem Fall die Stelle im File-System, an der sich *dax* gerade befindet.

Seit SVR4 arbeiten die Anwender unter einem Bereich mit dem Namen */home* und haben unterhalb von */home* als Homedirectory (Heimverzeichnis) üblicherweise, aber nicht zwingend, ein Directory mit dem eigenen Login-Namen. Als Homedirectory bezeichnet man das Verzeichnis, auf das man nach dem Einloggen (Login) vom System automatisch plaziert wird und dessen Eigentümer man ist. Eine genauere Erklärung zum Aufbau des UNIX-File-Systems finden Sie weiter hinten im Buch.

Sie haben also mit *pwd* herausgefunden, wo Sie sich im System befinden. Diesen Befehl werden Sie oft brauchen, da es häufig passiert, daß man mit einer Datei arbeiten will, sich aber nicht in dem Directory befindet, in dem die Datei tatsächlich liegt.

Mit *date* (Datum) gibt uns UNIX das aktuelle Datum und die Zeit an:

```
$ date ⏎
Mon Jan  4  12:30:35 MEZ  1993
$
```

Die erste Spalte beschreibt den Wochentag (Mon = Monday, Montag), die nächste den Monatsnamen (Jan = January, Januar), die dritte zeigt das aktuelle Datum, gefolgt von der Uhrzeit. MEZ heißt, daß die Mitteleuropäische Zeit (MEZ) eingestellt ist. Möglich wäre auch PMT (Pacific Mean Time) o. ä. Der letzte Eintrag ist der aktuellen Jahreszahl reserviert.

Als nächstes wollen wir uns den internen Kalender des Systems anschauen und anhand dieses Kommandos testen, was passiert, wenn ein Befehl mit falschen Optionen aufgerufen wird. Wir geben hier bewußt die nicht existierende Option *z* mit ein, um zu sehen, wie das System reagiert.

2.3 Die ersten Schritte

```
$ cal z  ⏎

usage: cal [month] [year]
$
```

Die Meldung des Systems bestätigt uns, daß das Kommando *cal* (calendar = Kalender) existiert, da nur der Gebrauch (usage) bemängelt wird, daß wir aber bei dessen Aufruf einen Fehler gemacht haben. Die Nachricht von UNIX sagt uns, wie wir den Befehl richtig eingeben müssen (Zeile mit *usage*...). Entweder muß das Kommando alleine eingegeben werden, dann gibt UNIX den aktuellen Monat aus, oder es können optional der gewünschte Monat (*[month]*) und/oder das Jahr (*[year]*) angegeben werden. *[month]* und *[year]* sind Optionen (gekennzeichnet durch die eckigen Klammern) des Kommandos, das bedeutet, sie müssen nicht unbedingt angegeben werden.

Unbedingt einzugeben sind dagegen die Argumente eines Kommandos, die bei *usage* außer dem Befehl selbst auch ohne jegliche Klammer aufgeführt werden; diese können Dateinamen o. ä. sein, mit denen ein Befehl arbeitet. Ein erneuter Versuch bringt die richtige Anzeige.

Bitte beachten Sie, daß bei der Eingabe von Befehlen, die aus mehreren Teilen bestehen, diese durch eine Leerstelle getrennt sein müssen, falls nicht anders in der Optionsliste gefordert.

UNIX versteht nämlich die nach einem Prompt ($) eingegebene Zeichenkette bis zur ersten Leerstelle als Kommandonamen. »cal11988« würde als Befehl mit dem Namen *cal11988* verstanden, und der existiert sicher nicht.

Richtig ist also:

```
$ cal 1 1988  ⏎
 S  M Tu  W Th  F  S
                1  2
 3  4  5  6  7  8  9
```

```
10 11 12 13 14 15 16
17 18 19 20 21 22 23
24 25 26 27 28 29 30
31
```

Die *1* im Befehl steht für den Januar des gewünschten Jahres *1988*.

Nun wollen wir uns ein wenig im System umschauen. Der Weg in ein anderes Directory führt über das *cd*-Kommando (change directory = Wechsle das Verzeichnis).

```
$ cd / ↵
$
```

Wie Sie kontrollieren, ob Sie auch dort angekommen sind, wo Sie hinwollten, wissen Sie ja jetzt bereits.

```
$ pwd ↵
/
$
```

Sie haben sich soeben unter den Hauptast des Unix-File-Systems begeben, die *Root* (/), von wo aus sich die Baumstruktur (wie ein Baum, der auf dem Kopf steht) der Unix-Dateien ausbreitet. Dieser Stamm des File-Systems ist mit / gekennzeichnet und wird *Root* (Wurzel) genannt. Immer wenn von Root im Zusammenhang mit dem Dateibaum die Rede ist, dann ist das Verzeichnis / ohne Zusatz gemeint (im Zusammenhang mit Usern dagegen der Superuser unter UNIX, der *root* heißt).

Mit *ls* (list) schauen wir uns an, welche Dateien dort liegen.

```
$ ls ↵
sbin dev etc export home mnt opt proc tmp usr var
$
```

Bei SVR4 liegen die genannten Namen unter der Root.

2.3 Die ersten Schritte

Wie weiter oben erwähnt, können unter einem Ast des File-Systems sowohl weitere Directories (Verzeichnisse) wie auch Dateien liegen. Mit den Dateien können Sie etwas anfangen, z. B. Editieren, nur Hineinschauen oder ähnliches, auf die Verzeichnisse jedoch nur wechseln (mit *cd*). Wie aber kann man feststellen, hinter welchem Namen sich was verbirgt? Die Antwort ist das *ls*-Kommando unter Verwendung einer Option, die dafür sorgt, daß der *ls*-Befehl seine eigentliche Aufgabe in einer bestimmten Variante ausführt. Wir geben jetzt *ls -l* (Option l für long, lang) ein:

```
$ ls -l  ↵
drwxr-xr-x  231    bin    bin    Aug 18 13:45 sbin
drwxrwxr-x  154    root   root   Aug 18 13:46 dev
drwxrwxrwx  12     root   root   Aug 18 15:06 etc
usw.
$
```

Das Zeichen in der ersten Spalte der Systemausgabe ist ein »d«, als Abkürzung für Directory. Dort steht im Falle einer Datei ein »—«. Die Namen der Directories bzw. Files stehen ganz rechts im angezeigten Text. Unter der Root liegen im allgemeinen nur Directories, wie in unserem Beispiel zu sehen ist.

Einrichten eines Directories (Verzeichnisses)

Als nächstes wollen wir selbst ein Directory einrichten. Ganz wichtig ist, daß man Directories nie direkt unter / (Root) einrichtet, da dort der Platz knapp ist und deshalb nur für Systemeinträge benutzt werden darf. Auf vielen Rechnern ist dies für normale Anwender auch gar nicht erlaubt. Wir gehen also wieder nach */home* zurück, da dort erfahrungsgemäß der meiste Speicherplatz frei ist. Der Befehl *cd* ohne Pfadangabe bringt den Anwender immer wieder in sein Home-Verzeichnis zurück.

```
$ cd  ⏎
$ pwd ⏎
/home/dax
$
```
Beispiel

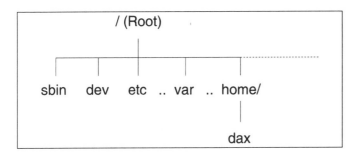

Abb. 2.4:
Der Aufbau des
File-Systems
(Auszug)

Das System hat nach Aufruf des Kommandos *cd*, ohne Angabe des Zieldirectories, das Homedirectory des Users *dax* als sogenannten Defaultwert (Vorbelegungswert) in den Befehl eingesetzt. Egal, an welcher Stelle man sich im System befindet, durch Eingabe von

```
$ cd  ⏎
```

gelangt man also immer wieder in sein Homedirectory.

Nun zum Anlegen eines eigenen Unterverzeichnisses mit dem Namen *test*. Auf UNIX dient *mkdir* (Make Directory = richte ein Directory ein) zur Erzeugung eines Verzeichnisses. Der Name Unterverzeichnis beschreibt bereits die Lage des neuen Directories, es wird unterhalb des aktuellen eingerichtet.

```
$ mkdir test  ⏎
$
```

Schon ist alles erledigt.

2.3 Die ersten Schritte

Zur Übersicht:

Abb. 2.5:
Einrichten eines
neuen Directories

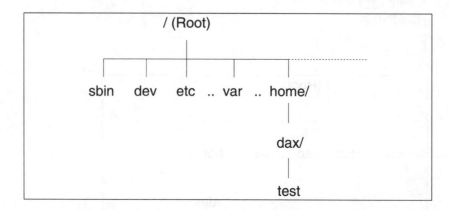

```
$ ls  ⏎
test
$ ls -1  ⏎
drwxrwxrwx 1    dax    other   Dec 27  14:20 test
$
```

Mit *cd* kann man dorthin wechseln und ein weiteres Subdirectory (Unterverzeichnis) anlegen.

Löschen eines Directories

Da wir nur einen Test gemacht haben, müssen wir den Eintrag aus dem System wieder entfernen, denn das Verzeichnis */home/dax/test* wird im Augenblick nicht benötigt. Das Kommando *rmdir* (Remove Directory = lösche Verzeichnis) ist dafür zuständig. Sind Dateien in dem angegebenen Directory, wird der Befehl nicht ausgeführt, statt dessen erscheint die Meldung *Directory not empty* (Verzeichnis nicht leer). Dies ist eine eingebaute Sicherheit, die verhindert, daß »ganz in Gedanken« das falsche Verzeichnis gelöscht wird, nämlich eins, das nicht leer ist.

Ein Hinweis an dieser Stelle: man sollte immer die nicht benötigten Daten wieder aus dem System entfernen, da auch der größte Speicher einmal voll wird, wenn jeder Benutzer seine Test- und Hilfs-Files irgendwo im System hinterläßt. Man vergißt sehr leicht, wo man Dateien oder Directories nur zum einmaligen Gebrauch eingerichtet hat, und hinterher weiß niemand, ob sie wichtig sind oder gelöscht werden können.

Zurück zum Löschen des Verzeichnisses: Beispiel

```
$ pwd  ↵
/home/dax
$ ls  ↵
test
$ rmdir test  ↵
```

Man sollte sich diese Befehlsfolge gut einprägen, denn Sie hilft zu verhindern, daß man aus Versehen etwas falsches löscht. Benutzt man nämlich den Befehl *rm* (Remove File = lösche Datei), der Dateien löscht, wird das Kommando kommentarlos ausgeführt, wenn eine Datei des angegebenen Namens im aktuellen Directory zu finden war und keinen Schreibschutz hatte!

Der Hintergrund ist, daß sich viele Namen großer Beliebtheit erfreuen, wie z. B. *test*, *otto* und einige andere. Diese Namen werden Sie in einem Mehrbenutzersystem mit Sicherheit vielfach finden, und deshalb können Daten auf »unerklärliche« Weise verschwinden, wenn die Files nicht geschützt sind und ein User versehentlich beim Löschen im falschen Verzeichnis stand. Ein gutes Mittel zur Vermeidung von kleinen bis großen Katastrophen ist die Verwendung von absoluten Pfadnamen (Full Pathnames, z. B. */home/dax/test*), die eindeutig sind, da sie von der Root an den eindeutigen Namen im System bezeichnen.

Es soll hier natürlich nicht der Eindruck entstehen, als könne jeder User alle beliebigen Files löschen. Vielmehr ist es wichtig, darauf hinzuweisen, daß eine gewisse Vorsicht nicht schaden kann.

2.3 Die ersten Schritte

Mehr Informationen zu diesem Thema folgen bei der Erklärung der Baumstruktur im UNIX-File-System.

Für die erste Begegnung mit dem System sollen diese Kommandos zunächst reichen. Wie Sie aus dem System herauskommen, wissen Sie ja bereits.

$ exit

oder

$ [Strg]+[D]

Die Kommandosyntax

Bevor wir nun zur Zusammenfassung der oben eingesetzten Befehle kommen, muß noch das Muster, die sogenannte Syntax, erklärt werden, nach dem die Kommandos eingegeben werden müssen. Eine typische Syntaxerklärung enthält zuerst den Befehl selbst mit seinen möglichen Optionen und den Teilen, die eingegeben werden müssen, und dann den beschreibenden Text. Die Optionen stehen in eckigen Klammern, und alles, was auf jeden Fall eingegeben werden muß – sozusagen die Grundausstattung eines Kommandos – steht ohne Klammern. In der Beschreibung der Kommandos tauchen an manchen Stellen die Sequenzen (2.0), (3.0) oder (4.0) auf. Es handelt sich dabei um den Hinweis, ab oder in welcher UNIX-Version ein Kommando oder eine Option verfügbar ist.

Beispiel:

Syntax:

Name	Optionen	Argumente
diff	[-cefh] [-b]	datei1 datei2

diff   ist der Name des Befehls

[-cefb] [-b]	sind die Optionen, die verwendet werden können. Die Klammern sind nicht einzugeben. Optionen müssen immer mit einem Bindestrich vorweg gekennzeichnet werden. Zusammenfassungen mehrerer Optionen hinter einem Bindestrich sind erlaubt. Sind die Optionen in der Syntax getrennt aufgeführt [-b], dürfen sie nicht hinter einem gemeinsamen Bindestrich stehen.
datei1 *datei2*	sind die Argumente. In diesem Fall müssen zwei Dateinamen angegeben werden, da *diff* zwei Files auf Unterschiede im Inhalt untersucht.

```
$ diff -ce    datei1 datei2
```
richtig

```
$ diff -cbe   datei1 datei2
```
falsch (wegen b)

```
$ diff -ce -b datei1 datei2
```
richtig

Klassifizierung der ersten Befehle

Auf die Verzeichnisse (Directories) wirken die Befehle

cd, mkdir, rmdir, pwd

und auf die Dateien (Files)

cp, mv, rm.

Die Kommandos *cp* (copy = kopieren), *mv* (move = bewegen) und *rm* (remove = löschen) sind hier nur zur Verdeutlichung erwähnt, sie werden an anderer Stelle ausführlicher erklärt.

In den weiteren Kapiteln sind die Kommandos oft nur namentlich erwähnt, da im zurückliegenden Kapitel der grundsätzliche Umgang mit den Kommandos erklärt wurde. Am Schluß des Buchs finden Sie detailliertere Beschreibungen der Kommandos. An den Stellen, an denen sie im Text erwähnt werden, steht nur eine Kurzbeschreibung zu der dort benutzten Funktion eines Kommandos. Schauen Sie also bitte in der Kommandobeschreibung nach, wenn Sie mehr über einen Befehl wissen wollen, oder benutzen Sie das Online Manual (*man*-Befehl), sofern die Manual Pages auf dem System installiert sind (in englisch!).

2.4 Das File-System unter UNIX

Nachdem nun grundsätzlich erklärt wurde, was UNIX alles kann, sollen detailliertere Informationen über den eigenlichen Aufbau erfolgen. Bereits weiter oben wurde erwähnt, daß der Verzeichnisbaum der File-Systeme unter SVR4 ein auf dem Kopf stehender Baum ist, mit der Wurzel (root) oben, den Ästen (Verzeichnisse, Directories) und daran den Blättern (Dateien). Mit SVR4 wurde die Verzeichnisstruktur mehr auf die gemeinsame Nutzung diverser Ressourcen über Netzwerke ausgelegt und die Existenz mehrerer Plattenlaufwerke innerhalb eines Rechners berücksichtigt. Das spiegelt sich auch in der neuen Verteilung der Partitionen bei der Grundinstallation wider. Verschiedene Dateitypen sind in getrennten Unterverzeichnissen untergebracht. So werden jetzt folgende File-Systeme getrennt eingerichtet:

/   *(root)* mit allen zum Systemstart nötigen Dateien.

/usr   ist umorganisiert und besteht jetzt aus gemeinsam nutzbaren Dateien, die während der Existenz eines unveränderten Systems statisch sind. Durch das System veränderte Dateien, die vorher in */usr* lagen, werden nach */var* gebracht.

/home   enthält die Home-Verzeichnisse der Anwender und deren Dateien.

/var   enthält sämtliche Files, deren Inhalt sich während der Existenz des Systems auf der lokalen Anlage ändern, z. B. alle Protokolldateien.

Zusätzlich gibt es mit SVR4 ein Verzeichnis /stand, in dem alle Files liegen, die für einen Systemstart nötig sind, der unabhängig vom Dateisystem ist.

Neben den sonst üblicherweise beschriebenen Dateitypen (normal, special, Directory) gibt es unter den erweiterten Netzwerkaspekten von SVR4 weitere Klassifizierungen der Dateien:

1. maschineneigene Dateien
   Dateien, die nicht von verschiedenen Rechnern im Netz gemeinsam genutzt werden sollen/können, da sie spezielle Konfigurationsdaten für die lokale Anlage enthalten. Solche Dateien liegen im Verzeichnis /sbin/init.d. Hier befinden sich Scripts, die den Startvorgang des Rechners und/oder das Accounting (Abrechnung der Rechenzeiten) festlegen. In SVR4 liegen die maschineneigenen Dateien des laufenden Systems im Root-Verzeichnis.

2. rechnerarchitekturunabhängige Dateien
   Dateien, die von der Architektur der Rechner abhängen, sind alle, die von anderen Maschinen gleichen CPU-Typs im Netz nutzbar sein sollen, insbesondere ausführbare Objektdateien. Sie liegen unter SVR4 im Verzeichnis /usr.

3. rechnerarchitekturabhängige Dateien
   Dateien, die keine Rücksicht auf die Architektur der verschiedenen Rechner nehmen müssen, sind im allgemeinen Datenfiles, z. B. im ASCII- oder einem der gängigen Datenbankformate, sowie Dateien, die im Rahmen von Online-Zugriffen netzwerkweit zur Verfügung stehen.

Damit nun Benutzer, die mit der älteren Verzeichnisstruktur von UNIX 3.x besser vertraut sind, sich im neuen SVR4 nicht verloren vorkommen, sind sowohl die alten als auch die neuen Namen der Verzeichnisse weiterverwendet worden. Wer genauer hinsieht, stellt fest, daß die alten Namen allerdings nur Links (Verweise) auf die neuen Einträge sind. Diese symbolischen Links sorgen auch dafür, daß Programme, die sich an der älteren Verzeichnisstruktur orientierten, auch in der neuen Umgebung lauffähig sind.

Der symbolische Link

Was in SVR4 ein symbolischer Link genannt wird, war früher einfach ein Link (Verweis, Befehl: *ln*), der allerdings weniger konnte. Sinn des Links ist es immer, eine Datei im File-System unter mehreren Namen ansprechen zu können, ohne jedoch deren Inhalt tatsächlich mehrmals als Kopie auf der Festplatte zu haben. Die Limitierung des alten Links bestand darin, daß Directories im Gegensatz zu den anderen Dateitypen nur einen Namen haben durften. Dateien mit mehreren Links hatten innerhalb einer Partition zu liegen, ansonsten meldete sich der *ln*-Befehl mit einem Fehler. Symbolische Links kennen diese Einschränkungen nicht mehr. Symbolische Links sind Dateien, die den Pfadnamen der Dateien enthalten, auf die sie verweisen. Zugriffe auf symbolische Links setzt der UNIX-Kernel in die richtigen Verweise auf die »echten« Dateien um. Erzeugt werden symbolische Links auf Dateien und Verzeichnisse mit der *-s* -Option des *ln*-Befehls oder dem neuen Kommando *link*.

Interessant ist die neue Möglichkeit, auch Directories mit symbolischen Links zu versehen. Diese Variante erlaubt es, komplette Strukturen eines bestehenden File-Systems über die eigentlichen Grenzen einer festen Partition hinweg zu vergrößern. Früher war der Wunsch oder die Notwendigkeit, über die Grenzen einer Partition hinweg Referenzen zu bilden, gleichbedeutend mit einer Neuaufteilung der Festplatte (alles löschen und wieder neu einspielen). Auch im Netz können symbolische Verweise dazu dienen, Dateien in anderen physikalischen File-Systemen (auf anderen Rechnern) zu linken. Vorstellbar ist es, ein System zu haben, auf dem sich lediglich die Links befinden, die eigentlichen physikalischen Daten aber verteilt auf den anderen Rechnern im Netz. Zu beachten ist allerdings auch, daß mit der Einführung der symbolischen Links einige Kommandos neue Optionen erhielten, die gerade die symbolischen Links entsprechend berücksichtigen, z. B. *cpio* bei der Datensicherung. Selbst das *link*-Kommando *ln* nutzt die Option *-s*, damit statt eines einfachen Links ein symbolischer Link gemacht wird. Für Programmierer sind zur Veränderung der symbolischen Links die Systemcalls *lchown, lstat, readlink* und *symlink* neu eingerichtet worden.

Das Root-File-System

Wie bereits weiter oben erwähnt, enthält das File-System in der neuesten Version einige Veränderungen gegenüber den älteren Strukturen. Hier ein Auszug:

[/]
/sbin /dev /etc /export [/home] /mnt /opt /proc /tmp [/usr] [/var]

Dabei enthalten die Verzeichnisse folgende Dateien:

/sbin	ausführbare Dateien, wichtig für Verwaltung und Ausführung
/dev	Dateien zur Steuerung zeichen- und blockorientierter Ein-/Ausgabegeräte; weitere Anmerkungen siehe unten
/etc	Konfigurationsbeschreibung der Anlage in den dort liegenden Dateien einschließlich Datenbank für diese Daten
/export	Hier wird laut Standard die root eines exportierten Dateibaums eingehängt.
/home	Hierunter liegen alle Verzeichnisse der Anwender.
/mnt	Mountpunkt für zeitweise eingehängte File-Systeme
/opt	Hierunter werden optionale Anwendungsprogramme installiert.

2.4 Das File-System unter UNIX

/proc In diesem Ast findet man Hinweise auf aktuelle Prozesse.

/tmp Verzeichnis für sämtliche temporär eingespielten Daten, wird bei jedem Systemstart leergemacht

/usr Standarddateisystem, in dem alle unveränderten, gemeinsam nutzbaren Dateien abgelegt werden

/var Dateisystem für nicht statische Dateien

Änderungen im Verzeichnis /dev

Mit Einführung von SVR4 hat das Verzeichnis */dev* (Devices = Geräte) einen neuen Aufbau erhalten. Die bisherige Struktur sah vor, daß bei Anlagen mit sehr vielen Terminals (echte oder Pseudo-Terminals über Netzwerk) alle entsprechenden Gerätetreiber-Dateien direkt unterhalb von */dev* verwaltet wurden. Um eine bessere Übersicht zu erhalten, sind die unterschiedlichen Terminal-Typen jetzt in verschiedenen Verzeichnissen unterhalb von */dev* abgelegt. Terminal-Dateien liegen jetzt unter */dev/term*, Pseudo-Terminal-Dateien unter */dev/pts*, von der Routine *layers* benutzte *xt*-Dateien unter */dev/xt* und von *shl* verwendete Dateien unter */dev/sxt*. Gleichzeitig erfolgte eine entsprechende Erweiterung der *ttyname*-Routine, die diese neuen Verzeichnisse mit durchsucht und das Anlegen neuer Verzeichnisse unter */dev* erlaubt. Andere Gerätedateien müssen sich nicht unter */dev/term* befinden. *ttyname* kann jetzt auch eine neue Konfigurationsdatei mit Namen */etc/ttysrch* lesen, deren Erstellung und Pflege Aufgabe des Systemverwalters ist. Ihr Inhalt sind die kompletten Pfadnamen der Verzeichnisse, die nach Reihenfolge der Eintragungen in der Datei *ttysrch* von *ttyname* durchsucht werden sollen. Existiert *ttysrch* nicht, erfolgt die Suche durch die Verzeichnisse, die systemseitig vorgegeben sind, nämlich: */dev/term*, */dev/pts* und */dev/xt*. Verläuft die Suche in diesen Directories ohne Ergebnis, erweitert sich die Prüfung auf */dev* und die restlichen Unterverzeichnisse von */dev*. Um die Kompatibilität zu älteren UNIX-Versionen und zusätzlichen

Programmen, die in /dev arbeiten, zu gewährleisten, steht ein Programm /usr/sbin/lnttys bereit. Mit dessen Hilfe ist es möglich, Links von der neuen /dev/term/x-Struktur auf die alten /dev/ttyx-Dateien zu erzeugen. Eventuell kann es notwendig sein, für die Lauffähigkeit der Zusatzprogramme die Datei /etc/ttysrch zu erzeugen bzw. so zu erweitern, daß zuerst das Verzeichnis /dev durchsucht wird, bevor es in den Unterverzeichnissen weitergeht, und *ttyname* auf jeden Fall den alten Namen der Terminal-Datei liefert, statt des neuen.

Man sollte auf jeden Fall unterhalb von /dev nur *eine* weitere Unterverzeichnisebene einführen, auch wenn von Systemseite her keine Einschränkung bzgl. tieferer Ebenen besteht.

Die File-Systeme /usr und /var

Nachfolgend sollen die Verzeichnisse /usr und /var näher erläutert werden.

Unterhalb von /usr liegen die Verzeichnisse:

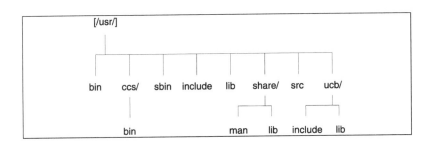

/usr/bin	Utilities des UNIX-Systems
/usr/ccs	C-Compiler und anderes zum Programmieren
/usr/ccs/bin	Dienstprogramme des C-Compilersystems
/usr/sbin	Programme zur Systemverwaltung
/usr/include	Include-Files für diverse Programme

2.4 Das File-System unter UNIX

/usr/lib	Programmbibliotheken sowie Datenbank, architekturabhängig
/usr/share	von mehreren nutzbare Files, architekturunabhängig
/usr/share/man	Manualseiten, falls installiert
/usr/share/lib	Datenbanken, architekturunabhängig
/usr/src	Bei Sourcecode-Lizenz liegen hier die Quellen der Utilities und Bibliotheken.
/usr/ucb	Programme für die Kompatibilität zu BSD-UNIX
/usr/ucb/include	Include-Dateien für die BSD-Kompatibilität
/usr/ucb/lib	Programmbibliotheken für die BSD-Kompatibilität

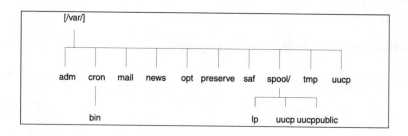

/var/adm	Administrationsdateien mit Protokollen und Accounting (Buchführung)
/var/cron	Dateien, die mit dem *cron*-Befehl zusammenhängen
/var/mail	Mailboxen der Systembenutzer
/var/news	allgemein hinterlegte Neuigkeiten für alle Benutzer
/var/options	Hier liegt eine Datei, die jedes Dienstprogramm im System kennt.

/var/preserve	Sicherungsdateien der Editoren *vi* und *ex*
/var/saf	Abrechnungsdateien des Service Access Facility (*saf*)
/var/spool	Directories temporär angelegter Files
/var/spool/lp	Verzeichnis für temporäre Druckerdateien
/var/spool/uucp	Warteschlange für *uucp*-Aufträge
/var/spool/uucppublic	von *uucp* abgelegte Dateien
/var/tmp	Verzeichnis für temporäre Dateien
/var/uucp	Status- und Protokolldateien des *uucp*-Dienstes

Vorteile des UNIX-File-Systems

Die Dateien und deren allgemeine, nicht spezielle Anordnung im UNIX-File-System haben gegenüber anderen Betriebssystemen so viele Vorteile, daß dieser Aufbau inzwischen auch von anderen Betriebssystementwicklern benutzt wurde (MS-DOS, OS/2). So wachsen z. B. die Files in ihrer Größe dynamisch, ohne daß irgendeine Vorstellung über die endgültige Größe eines Files bei dessen Erstellung nötig ist. Man sollte Dateien natürlich nicht ins uferlose wachsen lassen, aber außer Datenbanken und CAD-Files sind die Dateien meist nur zwischen 2 K und 1 MB groß.

Ein weiterer Vorteil ist, daß UNIX in diesen Dateien keine Struktur für deren Inhalt vorschreibt. Der Inhalt kann gegliedert und ausgewertet werden, wie der Benutzer es will.

UNIX bietet außerdem die Möglichkeit, den Files sogenannte *Permissions* (Zugriffsberechtigungen) zuzuordnen. Diese legen fest, wer außer dem Ersteller eine Datei noch lesen, beschreiben oder ausführen darf. Letzteres, wenn es sich um ein Script, also eine Kommandodatei handelt, deren Inhalt wie ein Programm abläuft, oder tatsächlich um ein Programm im ausführbaren Binär-Code.

2.4 Das File-System unter UNIX

Eine besondere Eigenart von UNIX ist die Behandlung von Ein- und Ausgabegeräten. Diese werden nämlich wie normale Files behandelt (☞ /dev-Verzeichnis). Kommandos, die Daten in Dateien bearbeiten, können also auch auf Drucker, Terminals oder andere Programme angewandt werden (z. B. *cat*, *cp*, *echo* usw.).

User an einem System haben (hoffentlich) die Gewohnheit, Files mit Namen zu versehen, die möglichst auf den Inhalt schließen lassen, damit sie sie später leichter wiedererkennen. Der Computer erkennt alle Dateien an einem bestimmten Zahlencode, da er mit den Dateinamen nichts anfangen kann und diese auch in verschiedenen Verzeichnissen doppelt vergeben werden dürfen. In einem UNIX-File-System existieren sehr viele Dateien unterschiedlichsten Inhalts, die alle vom System anhand eindeutiger Nummern verwaltet werden. Diese eindeutigen Nummern nennt man Indexnummern (Inodes).

Integrierte File-Systemtypen

Mit SVR4 wurde nicht nur die oben beschriebene Zusammenlegung unterschiedlicher Befehle, sondern auch die Unterstützung mehrerer File-Systemtypen durchgeführt. Neu ist dabei auch, daß diese verschiedenen File-Systeme alle in einem System installierbar sind und auch benutzt werden können, ohne daß der Anwender merkt, mit welchem Typ er gerade arbeitet. Folgende Arten sind zu finden:

s5   System V
Dateisystem nach den Prinzipien des AT&T System V (vor SVR4), in dem die Dateien in Datenblöcken von 0,5 k, 1 k bzw. 2 kBytes auf der Festplatte abgelegt sind. *s5* steht für System V File-System.

ufs   Unix File System
Diese Variante stammt aus dem Berkeley-UNIX (BSD) und legt alle Daten in 8 kByte-Blöcken auf der Festplatte ab.

Die eigentliche Bezeichnung ist »BSD Fast File-System«, was für CAD-Anwendungen sicher zutrifft, jedoch für ein System mit mehrheitlich kleinen Dateien nicht mehr unbedingt stimmt, da dann der auf 8 k ausgelegte Zugriffsmechanismus nicht mehr mit der höheren Geschwindigkeit gegenüber dem s5-System arbeitet. Jede Datei besteht aus mindestens 8 k, egal, ob diese Kapazität tatsächlich genutzt wird.

nfs   Network File System
Dieses Netzwerk File-System, das mehrere Rechner (auch unterschiedlicher Betriebssysteme) und deren File-Systeme im TCP/IP-Netzwerk transparent miteinander verbindet, stammt im Original von SUN Microsystems, die auch eine Variante für DOS anbieten, damit auch PCs in dieses netzwerkweite File-System integrierbar sind. Alle Daten im Netz stehen jedem (soweit es erlaubt ist, ☞ *mount*) zur Verfügung, was eingeschränkt auch für Peripheriegeräte gilt.

rfs   Remote File Sharing
Diese Parallelentwicklung zu *nfs* erlaubt auch den Zugriff auf Daten im gesamten Netzwerk, jedoch ist der Einsatz auf UNIX-Systeme beschränkt. In aktualisierter Form ist *rfs* im jetzigen *vfs* (Virtuelles File System) wiederzufinden.

fifos   First In First Out File System
Dieses File-System ist für den gemeinsamen Zugriff von Programmen auf die sogenannten *Pipes* (Fifo Filter) des Systems gedacht.

specfs   Special File System
Spezielles Dateisystem mit gemeinsam definierter Programmierschnittstelle zum Zugriff auf die Gerätetreiber.

bfs Boot File System
Hier liegen alle Programme, die für einen Systemstart nötig sind. Welches Dateisystemformat der Rest der Anlage hat, ist unerheblich.

proc Process
Dieses File-System dient dem Zugriff auf laufende Prozesse. Dinge wie der Zugriff auf den Adreßraum eines laufenden Prozesses sind hierüber möglich. Besonders für Programmierer ist dieser Bereich sehr hilfreich.

2.5 Datei- und Verzeichnisnamen unter UNIX

Gibt nun ein Benutzer einer Datei einen Namen, der zwischen 1 und 14 Zeichen lang sein darf, ordnet UNIX dieser Bezeichnung automatisch eine Zahl zu, die in der internen Verwaltung benutzt wird. Das System führt intern Tabellen über seine Dateien bzw. deren Inodes, die die Lage der Files innerhalb des File-Systems genau definieren.

Der lesbare Name einer Datei darf nur aus einer zusammenhängenden Zeichenkette (ohne Blanks!) bestehen:

neudatei	richtig
neu_datei	richtig
A9-d45yS	richtig
neu datei	falsch

Unter UNIX wird ein Unterschied zwischen Groß- und Kleinbuchstaben gemacht. Es ist im allgemeinen ratsam, sich auf eine Schreibweise festzulegen, da man sonst beim Suchen von Dateien auf Schwierigkeiten stoßen kann. Da zwischen den Namen von

Files und Directories für UNIX kein Unterschied besteht, verwenden einige Anwender für Directories Namen, die mit einem Großbuchstaben beginnen, oder die mit der Kombination »dir......« beginnen.

```
$ ls
Privat Briefe dirpost dirlast dirprobe text1 text2 text3
```
Beispiel

Diese Variante hat den Vorteil, daß im Listing eines Verzeichnisses alle Namen von Directories hintereinander erscheinen. Es ist durchaus zulässig, in einem Directory eine Datei anzulegen, die den gleichen Namen wie das Verzeichnis selbst trägt, ohne daß das System die Übersicht verliert; das passiert eher dem Benutzer. Es gibt im Zeichensatz von UNIX einige spezielle Character (Zeichen), die eine besondere Bedeutung für die Shell haben und deren Verwendung in Namen zwar nicht verboten, aber nicht ratsam ist. Es handelt sich um die Zeichen

```
<>{}[]()/\"!?$'*;-~
```

Achten Sie bitte darauf, daß Sie Namen immer so wählen, daß sie auf den Inhalt (egal ob Verzeichnis oder Datei) schließen lassen und keines der obengenannten Zeichen verwenden (deren Bedeutung wird im Kapitel über die Shell genau erklärt). Bei einer großen Menge von Dateien steht man sonst wie vor der Klingelleiste eines Hochhauses, die zwar die Nummern der Appartments trägt, aber nicht die Namen der Bewohner.

Man kann sich die Anordnung der Dateien und Directories im UNIX-File-System wie einen Baum vorstellen, der auf dem Kopf steht. Der in die Luft ragende Stamm ist die Stelle, an der alles zusammenläuft, dort ist die Root (Wurzel), die in der Kurzform mit dem Zeichen / dargestellt wird (☞ dazu die Skizzen im Abschnitt »Die File-Systeme /usr und /var«).

Unterhalb der Root sind alle übrigen Directories und Dateien angesiedelt. Die Directories (Verzeichnisse) kann man mit den Ästen eines Baums vergleichen, an denen die Files (Dateien) wie

2.5 Datei- und Verzeichnisnamen unter UNIX

Blätter hängen. Jeder Benutzer kann weitere Äste in dem System erzeugen (*mkdir*) und dort Files einrichten. Macht man das mittels des Kopierbefehls *cp*, ist Vorsicht geboten. Das kann nämlich zum Datenverlust führen, wenn zum Beispiel eine Datei (hier Quelldatei) in ein anderes Directory kopiert wird, wo bereits ein File (hier Zieldatei) dieses Namens existiert. Hat der Eigentümer der Zieldatei keine Schreibsperre für alle anderen Benutzer außer ihm selbst eingetragen, überschreibt UNIX die Zieldatei mit dem Inhalt der Quelldatei ohne weitere Anfrage!

Damit nicht alle Benutzer mit den gleichen Dateien arbeiten, gibt es die Homedirectories, in die die User nach dem Einloggen automatisch gebracht werden. Die Homedirectories sind für alle Benutzer verschieden (wenn beim Anlegen eines Users nicht ausdrücklich anders gewollt), also eindeutig. Dies hat den Vorteil, daß nicht alle Benutzer in der gleichen Ebene arbeiten und normalerweise jeder seine Daten in seinem eigenen Bereich ablegt. Die File-Struktur wird so entflochten, und Verwechslungen werden weitgehend vermieden.

Die hierarchische Struktur des UNIX-File-Systems bietet den Vorteil, daß Dateien mit Informationen zu einem Thema jeweils zusammen in einem Verzeichnis gruppiert werden können. Durch diese räumliche Zusammenfassung wird schon auf die Gemeinsamkeit der Files hingewiesen.

Es können aber auch Zusammenfassungen nach anderen Kriterien erfolgen, z. B. daß die Daten von jedem User in einem eigenen Directory abgelegt werden (s. o.).

Die Namen der Directories dürfen auch 14 Zeichen lang sein. Hier gelten die gleichen Vorschriften wie für Dateinamen. Verzeichnisse, die von mehreren Anwendern benutzt werden, tragen meist Namen, die auf deren Inhalt hinweisen, wie z. B. die Abkürzung eines Projektnamens.

Im Bild des umgekehrten Baums ist es nun so, daß jedem User ein eigener Ast gehört, an dem seine Dateien aufgehängt sind und dessen Zugriffsrechte er selber bestimmen kann. Wenn die Permissions im System entsprechend gesetzt sind, können die Anwender in den Verzeichnissen der anderen arbeiten, wobei jeder die Freiheit hat, den Kollegen nur das Leserecht für den eigenen Bereich einzuräumen, nicht aber das Schreib- oder das Ausführrecht. Man kann im Extremfall sogar alle Rechte für die anderen sperren, so daß niemand außer einem selbst (und dem Superuser) an die Daten herankommt.

Der Superuser, der über allen »normalen« Benutzern steht, darf alles. Seine Dienste werden üblicherweise nur dem Systemverwalter zugänglich gemacht. Kann ein normaler Anwender in die Rolle das Superusers schlüpfen, darf er fast alles, im positiven wie auch im negativen Sinn. Das Paßwort des Superusers wird aus diesem Grund häufig gewechselt, damit niemand tiefgreifende Änderungen am System vornehmen kann, der keinen offiziellen Auftrag dazu hat.

Die Zugriffsrechte auf Dateien

Die Kontrolle, was man mit einem File oder in einem Verzeichnis machen darf, liefert die Anzeige nach dem Kommando *ls -l*. Es erscheint z. B. folgende Darstellung:

```
-rwxr-xr--  12 dax other  12370 Dec 29 22:30 drucke
-rwxrwxrwx   3 dax blau     120 Jan 02 12:50 neudatei
-rwx------   2 dax other     25 Jan 05 21:55 nur_mir
```
Beispiel

Die Zeichen in den Spalten 2-10 sind die Permissions (Zugriffsberechtigungen) der Datei, die mit dem *chmod*-Befehl vom Eigentümer beliebig geändert werden können.

Die allererste Spalte der Ausgabe kennzeichnet, um welche Art Datei es sich handelt. Fünf Typen von Files gibt es:

d Es handelt sich um ein Directory.

\-   Es ist eine normale Datei.

2.5 Datei- und Verzeichnisnamen unter UNIX

b   Es ist ein Special File, ein sogenanntes Block Device (Gerät für Dateiblöcke), das die Daten in Blöcken auf Geräte wie den Plattenspeicher oder das Magnetband schreibt.

c   Es ist ein Special File, das Daten zeichenweise z. B. auf dem Terminal ausgibt, Character Device nicht in Blöcken (3.0).

p   Die Datei dient der Kommunikation zwischen Prozessen und arbeitet wie ein FIFO-Filter. FIFO heißt »First In First Out«: Was zuerst hineinkommt, geht zuerst hinaus.

t   Die Datei ist nach dem ersten Aufruf resident im Hauptspeicher, d. h. sie wird auch dann nicht ausgelagert, wenn sie nicht aktiv ist, was normalerweise der Fall ist (Swapping) (3.0). Das *Sticky Bit* ist gesetzt (4.0). Es handelt sich um einen symbolischen Link.

Die in den folgenden 9 Feldern stehenden Buchstaben haben die Bedeutung :

r   (read) Leseerlaubnis für die Datei

w   (write) Schreiberlaubnis für die Datei

x   (execute) Ausführerlaubnis für die Datei (Programm)

-     Erlaubnis nicht erteilt

s,S   (set) Setze Owner- oder Group-ID, dient bei ausführbaren Files zur Regelung des Zugriffsrechts. Anstelle des *x* im Gruppenbereich (mittlere Dreiergruppe) bedeutet ein *s*, daß alle anderen Benutzer des Systems, auch die, die nicht zur genannten Gruppe gehören, während der Ausführung des Programms in diesem File die gleichen Zugriffsrechte haben.

l   (locking) Datei ist solange verriegelt, wie sie benutzt wird (3.0)

Diese Buchstaben stehen jeweils in Dreiergruppen zusammengefaßt und steuern von links nach rechts die Rechte für den Eigentümer (Owner), für die Gruppe (Group), der er angehört, und für den Rest der Benutzer (Others), die auf der Anlage eingetragen sind. Es gibt innerhalb der Benutzer unterschiedliche Klassen, die unterschiedliche Rechte haben können. Eingestellt werden die meisten Permissions mit dem Befehl *chmod* (Change Mode).

2.6 Drei Benutzerklassen: User, Group und Other

Wieder soll das Büro als Vergleich dienen. Ein Mitarbeiter ist immer derjenige, der einen Ordner (eine Datei) im Original anlegt und im weiteren Verlauf der Arbeit als dessen Besitzer (User) angesehen wird, d. h. er ist dafür verantwortlich. Darüber hinaus entscheidet er, wer in seinem Ordner sonst noch lesen oder Informationen hinzufügen darf.

Übertragen auf UNIX hat der User – außer dem Superuser – die höchste Macht über seine eigenen Daten. Die Permissions, die er sich selber eingetragen hat, sind in der ersten Dreiergruppe des Listings zu sehen. Der Besitzer kann seine eigenen Rechte natürlich jederzeit ändern (*chmod*).

Oft arbeiten mehrere Personen in einem Team (Group) gleichzeitig an einem Projekt und müssen dementsprechend alle auf die gleichen Daten zugreifen können. In diesem Fall muß außer dem Besitzer noch eine bestimmte Personengruppe das Zugriffsrecht erteilt bekommen. Das geschieht in der zweiten Dreiergruppe des Listings (*chmod*). Die restlichen Angestellten (Others) des Büros haben mit diesem Projekt nichts zu tun, sie brauchen keinen Zugriff auf die Daten, könnten aber in Ausnahmefällen diese Möglichkeit eingeräumt bekommen. Ihre Rechte im UNIX-System sind in der dritten Dreiergruppe beschrieben. Das *chmod*-Kommando ist am Ende des Kapitels beschrieben.

2.6 Drei Benutzerklassen: User, Group und Other

Beispiel Betrachten wir nochmals die Anzeige aufgrund des Kommandos *ls -l*:

```
-rwxr-xr--   12 dax other    12370 Dec 29 22:30 drucke
-rwxrwxrwx    3 dax blau       120 Jan 02 12:50 neudatei
drwx------    2 dax other        25 Jan 05 21:55 nur_mir
```

Das Listing läßt sich mit den vorangegangenen Erklärungen recht einfach auswerten.

Die erste Spalte zeigt, daß *drucke* und *neudatei* Files sind und *nur_mir* ein Directory. Die Datei *drucke* darf der User (Eigentümer) lesen, beschreiben und ausführen (*rwx*). Sein Name steht in der dritten Spaltenkolonne (hier: *dax*). Diejenigen, die zur Gruppe *other* gehören, dürfen noch lesen und ausführen (*r-x*); der Gruppenname steht immer in der vierten Spaltenkolonne (hier: *other* oder *blau*). Alle anderen Benutzer der Anlage, sozusagen der Rest der Welt, dürfen nur lesen (*r--*). Der Name dieser dritten Kategorie von Usern ist nie aufgeführt, da es wirklich alle restlichen Benutzer sind, die Zugang zum System haben, unabhängig von Gruppenzugehörigkeit oder ähnlichem. Mit dem File *neudatei* darf hingegen jeder alles machen. *nur_mir* ist dagegen ein Directory (*drwx......*), in das nur der User *dax* lesend, schreibend und ausführend hinein darf. Alle anderen – außer dem Superuser – haben keinen Zugang (*------*).

Die genaue Beschreibung der Anzeige und weiterer Optionen ist bei der ausführlichen Erklärung des *ls*-Kommandos zu finden.

Erste Arbeiten im File-System

Ein wichtiges Problem ist die Frage, wie man an Dateien herankommt, die in anderen Ebenen (Directories, Verzeichnisse) als der eigenen liegen. Dazu gibt es die Angabe relativer und absoluter Pfadnamen. Weiter oben war ein weiteres Verzeichnis unter /home/dax angelegt worden, nämlich *test*, das wir schnell mit *mkdir* wieder erzeugen können.

Der absolute Pfadname (Full Pathname, Gesamtpfadname) für dieses Verzeichnis würde jetzt lauten:

/home/dax/test

Zum Wechsel von */home/dax* nach */home/dax/test* gibt es zwei Wege. Mit dem Kommando *cd* geht es wie folgt: Beispiele

1. mit dem absoluten Pfadnamen (Full Path)

   ```
   $ pwd
   /home/dax
   $ cd /home/dax/test
   $ pwd
   /home/dax/test
   ```

Das System sucht bei der Eingabe des Gesamtpfadnamens von der Root an durch die angegebenen Directories nach dem Zielnamen, hier */home/dax/test*.

2. mit dem relativen Pfadnamen (Pathname), bezogen auf den aktuellen Platz im System

   ```
   $ pwd
   /home/dax
   $ cd test
   $ pwd
   /home/dax/test
   ```

Bei Verwendung des relativen Pfads wird nur unterhalb des aktuellen Verzeichnisses nach einem Directory mit dem Namen *test* gesucht. Es wird oft dem / an erster Stelle im Pfadnamen nicht genug Beachtung geschenkt, und so kommt es leicht zu Verwirrung. Machen Sie sich bitte den Unterschied zwischen den beiden Suchvorgängen genau klar. Wenn man nicht sicher ist, wie der relative Pfadname lautet, sollte man immer den Full Pathname (Gesamtpfadnamen) angeben, auch wenn das umständlicher ist.

Steht übrigens am Ende eines Pfadnamens eine ausführbare Datei (ein Programm), wird sie bei Eingabe des Pfadnamens inklusive Datei ohne weitere Zusätze zur Ausführung gebracht.

Die Frage am Anfang des Abschnitts, wie man eine Datei sucht, deren Namen man zwar kennt, nicht jedoch das Directory, in dem sie liegt, beantwortet das *find*-Kommando. Mit diesem Befehl kann das gesamte File-System oder Teile davon nach einem Namen durchsucht werden. Man sollte *find* aber nur gezielt benutzen, da es einen großen Teil der Rechnerleistung für sich beansprucht, besonders dann, wenn der Superuser es benutzt. Ein Beispiel für den Aufruf des *find*-Kommandos zur Durchsuchung eines bestimmten Asts des File-Systems:

Beispiel   `$ find /home -name neudatei -print`

Dieser Befehl sucht nach einer Datei namens *neudatei* (nach *-name* muß der Suchname kommen) im Verzeichnis */home* und allen darunter liegenden, auch in *dax*, wo die Datei ja liegt. Nach erfolgreicher Suche wird der Name auf dem Bildschirm ausgegeben (*-print*). Eine genaue Erklärung des Kommandos kommt erst später, da für das Verständnis der Möglichkeiten von *find* mehr Übung im Umgang mit UNIX nötig ist.

Bearbeiten von Dateien und Verzeichnissen (cp, ln, mkdir, mv)

cp   Oft besteht die Notwendigkeit, einen Dateiinhalt zu verändern, um z. B. etwas auszuprobieren. Dabei kann es passieren, daß der ursprüngliche Zustand der Datei verlorengeht, da man so viel geändert hat, daß schließlich der Überblick fehlt, was original war und was nicht. Sinnvollerweise sollte man deshalb das Original kopieren, um die Tests an der Kopie vorzunehmen.

Zu diesem Zweck stellt UNIX das Kommando *cp* (copy = kopiere) zur Verfügung.

Wie die Baumstruktur unter UNIX aussieht, wurde bereits weiter vorne erklärt und wird an dieser Stelle als bekannt vorausgesetzt.

Der folgende Befehl

```
$ cp datei.org datei.neu
```

bedeutet, daß unter dem aktuellen Directory eine Kopie der Ursprungsdatei (*datei.org*) mit dem Namen *datei.neu* angelegt wird. In dieser neuen Datei können zu Testzwecken Änderungen vorgenommen werden. Stellen sich alle Änderungen als sinnvoll und richtig heraus, kann die Hilfsdatei auf das Original zurückkopiert und danach gelöscht werden.

An dieser Stelle soll noch einmal darauf hingewiesen werden, daß man alle nicht mehr benötigten Dateien aus dem System löschen soll, da sonst nach einer Weile niemand mehr weiß, welche Dateien nun eigentlich relevant sind und welche nur als Zwischenlösung dienten.

Es ist natürlich nicht nur möglich, Kopien unter dem eigenen Verzeichnis zu erzeugen. Ein User kann in jedes Directory eine Kopie schreiben, für das er Schreibrecht besitzt. Damit die Kopie in das gewünschte Verzeichnis gelangt, muß dem neuen Dateinamen der Pfad für das gewünschte Zieldirectory vorangestellt werden.

Beispiel

```
$ pwd
/home/heiko/texte
$ ls
datei.org     post      rechnung      miete
$ cp datei.org /home/edith/datei.neu
$ cd /home/edith; pwd
/home/edith
$ ls
datei.neu
```

Die Zeile mit *;* zeigt, wie man unter UNIX mehrere Kommandos hintereinander in einem Aufruf absetzen kann, wobei die Befehle der Reihe nach abgearbeitet werden. Das Beispiel zeigt, wie man die Originaldatei (*datei.org*) aus dem Verzeichnis */home/heiko/texte* unter das Ziel-Directory */home/edith* kopieren kann. Dort erscheint die Datei unter dem Namen *datei.neu*. Es ist natürlich möglich, ein File in ein anderes Verzeichnis zu kopieren und ihm dort auch den Namen der Ursprungsdatei zu geben. Die Eindeutigkeit bleibt erhalten, da immer der Dateiname in Verbindung mit dem Pfadnamen eine Datei innerhalb des File-Systems exakt beschreibt.

mv Möchte ein Benutzer eine Datei unter einem anderen Verzeichnis ansiedeln, ohne dabei das Original in seinem Bereich beizubehalten, könnte er zunächst die Datei dorthin kopieren und dann das Original löschen (*rm* bedeutet remove, d. h. entfernen).

Beispiel
```
$ cp datei.org /home/eric/datei.neu
$ rm datei.org
```

Diese beiden Schritte können auch in einem einzigen Befehl zusammengefaßt werden und werden durch das Kommando *mv* (move, bewegen, transportieren) ausgeführt. Zum Kopieren mit *cp* besteht allerdings ein wesentlicher Unterschied. Während durch die Kopie tatsächlich eine neue Datei (mit neuer Inode) erzeugt wird, ist dies bei *mv* nicht der Fall. Die Ursprungsdatei behält ihre frühere Inode und bekommt lediglich einen neuen (Pfad-)Namen zugewiesen (☞ *ls -i*).

Beispiel
```
$ pwd
/home/ulla
$ ls
telefon    text1    text2    text3    text4    text5
$ mv telefon /home/tel/telefonliste
$ ls
text1    text2    text3    text4    text5
$ ls /home/tel
telefonliste
```

Obiges Beispiel zeigt, wie die Datei *telefon* aus dem Verzeichnis */home/ulla* in das Directory */home/tel* unter den Namen *telefonliste* transportiert wurde. Das Original wurde aus */home/ulla* entfernt.

ln   Die bisherigen Kommandos haben jeweils eine Umlagerung der Datei (bei *cp* samt Inhalt) zur Folge gehabt, d. h. es wurde teilweise ein Dateiinhalt verdoppelt, um ihn in anderen Directories verfügbar zu machen.

Es gibt aber noch eine platzsparendere Methode, um den anderen Benutzern eine Datei zugänglich zu machen, den sogenannten *Link* (Link = Verbindung). Mittels Link können Dateiinhalte unter verschiedenen Namen zugänglich gemacht werden, obwohl der Inhalt physikalisch nur einmal im System vorhanden ist.

Links arbeiten in Vorgängerversionen von SVR4 nicht über File-Systemgrenzen hinweg, da die Inode-Verwaltung anders war. Hat man das File-System */usr* auf der Festplatte in der Partition 3 untergebracht und */home* in Partition 4, sind symbolische Links zwischen Dateien aus */usr* und */home* ab SVR4 (*ln -s ...*) möglich, obwohl physikalische Dateisystemgrenzen überschritten werden, die gleichzeitig interne Verwaltungsgrenzen darstellen.

$ ln /home/heike/fuer_alle /home/bernd/alle1   Beispiel

Für dieses Beispiel setzen wir voraus, daß *alle1* kein Verzeichnisname, sondern ein Dateiname ist. Dann ist das Ergebnis des obigen Kommandos, daß der gleiche Dateiinhalt nun unter zwei Namen abrufbar ist. Handelt es sich um ein Programm, kann es nach Einsatz des *ln*-Befehls sowohl unter dem Namen */home/heike/fuer_alle* als auch unter */home/bernd/alle1* gestartet werden.

Es kann jetzt auch mit den Editoren über beide Namen auf den gleichen Dateiinhalt zugegriffen werden, der physikalisch nur einmal im System vorhanden ist. Werden Änderungen unter dem ersten Namen gemacht, kann anschließend die Datei unter dem anderen Namen aufgerufen werden, und man sieht die Änderungen. Über unterschiedliche Zugriffsrechte bei Original und Link könnte die Arbeit mit dieser Datei für andere Benutzer als den

2.6 Drei Benutzerklassen: User, Group und Other

Eigentümer eingeschränkt werden, z. B. kein Schreibrecht auf den Link-Namen, so daß nur der Eigentümer den Inhalt des Originals verändern darf.

Anders ist das Resultat, wenn der zweite Name ein vorhandenes Directory statt einer Datei ist. Dann nämlich wird unterhalb dieses Verzeichnisses der gleiche Name wie der der Originaldatei angelegt, trotzdem ist auch in diesem Falle die Datei physikalisch nur einmal vorhanden.

Beispiel
```
$ ln /home/heike/fuer_alle /home/bernd/verzeichnis1
$ ls /home/heike
fuer_alle
$ ls /home/bernd/verzeichnis1
fuer_alle
```

Wie man sieht, hat die Datei nun zwei Namen. Daß es sich um den gleichen Inhalt handelt, ist über den Vergleich der Inode beider Namen möglich (Option *-i* des *ls*-Befehls).

Im Longlisting (*ls -l*) sieht man, daß in der ersten gefüllten Spalte nach den Permissions eine Zahl steht, die in diesem Beispiel 2 ist. Diese Zahl gibt an, wie viele Links auf diese Datei bestehen, d. h. an diesem Eintrag kann man feststellen, ob es sich um eine Datei mit mehreren Namen handelt.

Man kann den Unterschied zwischen den Kommandos *cp, mv, ln* wie folgt beschreiben:

cp   erzeugt wirklich eine neue Datei mit neuem Namen und dem Inhalt des Originals.

mv   erzeugt für vorhandene Files neue Namen, ohne die alten zu behalten, läßt aber den Inhalt unberührt.

ln   erzeugt zusätzliche neue Namen zu den bereits vorhandenen für eine Datei, ohne den Inhalt zu verändern.

Das elektronische Manual

man ist kein Kommando des UNIX-System V-Standards, trotzdem ist es auf vielen Anlagen zu finden.

Je vertrauter man im Umgang mit UNIX wird, desto mehr Befehle lernt man kennen. Nach einer gewissen Zeit kennen Sie zwar den Namen eines Kommandos, wissen aber nicht mehr, welche Option das Gewünschte leistet. Für diesen Fall sieht das System ein elektronisches Handbuch vor, in dem die Kommandos mit ihren Optionen erklärt sind. Bei den meisten UNIX-Versionen ist dieses Verzeichnis allerdings im englischen Originaltext hinterlegt. Den Zugang zu der internen Kommandoübersicht bietet der Befehl *man* (Manual = Handbuch), dem der Name des Befehls folgen muß, dessen Beschreibung gesucht wird.

`$ man ls | pg`   Beispiel

In diesem Fall würde die Erklärung des *ls*-Kommandos auf dem Bildschirm erscheinen, durch den Zusatz von *pg* (Pager) seitenweise (Verknüpfung über Pipe, »|«).

Am Schluß einer solchen Beschreibung erfolgt der Verweis auf andere Befehle und Systemdienste (Utilities), die mit dem Betrachteten in irgendeinem Zusammenhang stehen, wie es auch in den Handbüchern zu UNIX der Fall ist. Dabei gelten nach dem Standard von AT&T die Zuordnungen:

User's Manual	enthält die Kommandoübersicht (1)
Programmer's Reference Manual	Enthält Libraries und (2)-(5) Datenstrukturen
Administrator's Reference Manual	enthält alles, was man braucht, um die Anlage zu bedienen

Da es sich bei *man* nicht um ein UNIX-System V-Standard-Kommando handelt, ist es nicht auf allen Anlagen zu finden. Mit Hilfe des *find*-Befehls kann jede Anlage nach *man* durchsucht werden.

Neben *man* gibt es noch eine andere Möglichkeit, sich die Kommandosyntax auf dem Bildschirm anzeigen zu lassen. Die Eingabe des Befehls ohne Optionen und Argumente führt oft zu der Ausgabe:

```
$ cp
usage: cp file1 file2 ...
```

Bei Befehlen wie *ls* funktioniert das natürlich nicht, da sie ohne Argumente und Optionen arbeiten. In diesem Fall ist eine falsche Option zu wählen, z. B. -*y*. Die Shell nimmt dann an, daß der Benutzer einen Fehler gemacht hat, und gibt mittels *usage* (siehe weiter oben) zu dessen Hilfe eine genaue Syntaxbeschreibung aus. Diese Beschreibung ist nur hilfreich, wenn ein Befehl bereits in der Anwendung bekannt ist, da die Optionen nur aufgelistet, aber nicht weiter erklärt werden.

3 Dateibearbeitung unter UNIX

An dieser Stelle sollen einige Dienste näher betrachtet werden, die Suchvorgänge in ASCII-Dateien ermöglichen, bzw. es erlauben, mit den Inhalten von strukturierten Dateien zu arbeiten. Zu diesen Diensten gehören u. a. *grep, find, tail, head, cut, paste* und *sort*.

grep

find und *grep* sind die beiden wichtigsten und mächtigsten Suchbefehle unter UNIX.

Dateien im File-System lassen oft vom Namen her nicht auf den Inhalt schließen. Deshalb hat man unter UNIX einen Dienst eingerichtet, der das Durchsuchen der Dateiinhalte ganzer Directories nach Begriffen ermöglicht. Der Name des Kommandos ist *grep*.

$ grep otto *   *Beispiel*

Mit diesem Kommando werden die Inhalte sämtlicher Dateien (durch * werden alle gekennzeichnet) des aktuellen Directories nach der Zeichenkette *otto* durchsucht. Die Dateien selbst werden durch den Suchvorgang nicht verändert. Der Befehl *grep* durchsucht also Dateiinhalte, im Gegensatz zu *find*, der im File-System nach einem Dateinamen sucht (s. u.).

Natürlich bieten die zugehörigen Optionen einige Möglichkeiten, die Ausgabe nach bestimmten Wünschen zu organisieren oder auch den Suchvorgang nach bestimmten Kriterien zu gestalten. Man kann z. B. die Ausgabe des Dateinamens unterdrücken (*-h*), alle Zeilen ausgeben lassen, in denen das gesuchte Muster nicht vorkommt (*-v*) und ähnliches.

Zur Familie des *grep* gehören noch der *fgrep* (eine abgemagerte Version des *grep*) und *egrep* (eine erweiterte Ausführung).

egrep

Dieser Befehl benutzt ein sehr extensives Zeichenersetzungsschema (Full Regular Expressions) und kann nach mehreren Zeichenmustern gleichzeitig suchen. Er ist der mächtigste Befehl dieser Familie.

fgrep

Dieses Kommando sucht nur normale Zeichenketten ohne Ersetzungen durch Sonderzeichen. Auch *fgrep* kann nach mehreren Strings gleichzeitig suchen.

Eine ausführlichere Beschreibung finden Sie bei der Kommandobeschreibung, wo auch weitere Beispiele aufgeführt sind.

find

Eine wichtige Suchhilfe innerhalb des UNIX-Dateisystems stellt der Befehl *find* dar. *find* sucht im angegebenen Directory rekursiv nach Files, die die genannten Suchkriterien erfüllen, und führt anschließend die gewünschte Aktion aus. Rekursiv bedeutet, daß auch alle Zweige unterhalb des aktuellen Verzeichnisses durchsucht werden. Weiß man nicht, unter welchem Directory die Datei liegen könnte, muß als Pfadname / (root) eingegeben werden. Das gesamte File-System wird jetzt durchsucht, was entsprechend viel Rechenzeit kostet und den Rechner belastet. Man sollte versuchen, den Pfadnamen so genau wie möglich anzugeben. Gibt ein normaler Benutzer und nicht der Superuser (Root) den *find*-Befehl ein, kann es sein, daß nicht alle Verzeichnisse durchsucht werden können, da kein Leserecht in diesen Verzeichnissen besteht.

3.1 Suchen einer Datei

```
$ find / -name passwd -print
```
Beispiele

Es wird im gesamten File-System (/) nach der Datei mit dem Namen (*-name*) *passwd* gesucht und bei Erfolg der Gesamtpfadname ausgegeben (*-print*).

Sucht man nach einer Datei, deren Name nicht genau bekannt ist, oder nach mehreren Dateien mit ähnlichem Namen, helfen die Metacharacter. Zur Ersetzung der nicht eindeutigen Namensteile können *[ ]*, *?* und *** verwendet werden (☞ Kapitel 7.8, »Metazeichen«). Der so konstruierte Name muß in einfachen Hochkommata stehen (☞ hierzu Kapitel 7.8, »Metazeichen«).

```
$ find /home/dax/ -name '*.c' -print

/home/dax/out.c

/home/dax/anfang.c
```

So werden sämtliche Dateien im Directory */home/dax* gesucht, die auf ».c« enden.

Der Einsatz des *find*-Befehls läßt noch ganz andere Möglichkeiten zu, wenn die erlaubten Optionen richtig ausgenutzt werden. Mehr zu *find* weiter unten.

Es gibt aber auch weniger mächtige Dienste unter UNIX, die sehr hilfreich sind.

tail

Weiß der User ungefähr, in welchem File ziemlich am Schluß eine Textpassage steht, muß er nicht unbedingt *grep* anwenden, sondern kann sich mit

```
$ tail -20 handbuch
```
Beispiele

3.1 Suchen einer Datei

die letzten 20 Zeilen der Datei *handbuch* auf dem Bildschirm anzeigen lassen. Ist nicht ganz sicher, am Ende welcher Datei der gesuchte Text steht, kann man sich das Ende aller Files des aktuellen Directories anzeigen lassen.

```
$ tail -20 *
```

Auch hier sorgt das Ersetzungszeichen »*« dafür, daß der Schluß sämtlicher Files des aktuellen Verzeichnisses angezeigt wird (* steht wieder für alle Dateinamen). Vor dem jeweiligen Wechsel der Datei fragt das System an, ob weitergemacht werden soll. Mit ⌞Entf⌟ wird der Vorgang abgebrochen. Der Unterschied zu *grep*: Man sieht das komplette Stück der Datei, nicht nur einzelne, zusammenhanglose Zeilen, die das gesuchte Muster enthalten.

head

Was am Ende einer Datei gemacht werden kann, ist natürlich an deren Anfang auch möglich. Genauso gegensätzlich, wie Anfang und Ende einer Datei zueinander stehen, sind auch die Befehle benannt, die das jeweilige Ende bearbeiten. *tail* war für den Schluß zuständig, *head* (Kopf) für den Anfang. Um die Befehle noch ähnlicher zu machen, ist auch deren Syntax im Prinzip gleich.

Beispiel
```
$ head +20 text
```

gibt die ersten 20 Zeilen der Datei *text* auf dem Bildschirm aus, sofern diese 20 Zeilen lang ist.

cut

Will man nun aus einer Datei bestimmte Teile herauslesen, ohne daß der eigentliche Dateiinhalt verändert wird, z. B. eine oder mehrere Spalten, hilft das *cut*-Kommando (cut = schneiden). Mit seiner Hilfe läßt sich ein File vertikal nach bestimmten Kriterien weiterverarbeiten.

Beispiele
```
$ cut -c3-5
```

Dieser Befehl filtert die Spalten 3 bis 5 aus einer Datei heraus. Ist der Inhalt der Zeilen nicht durchgehend gleichartig aufgebaut, kann man auch bestimmte Felder aus den Zeilen heraussuchen lassen.

```
$ cut -f2-5 -d" "
```

So werden die Worte 2 bis 5 aus jeder Zeile gelesen, wobei als Trennzeichen ein Leerzeichen gilt (mit der Option -d» «, d für delimiter).

paste

Soll im Gegensatz zum gerade Beschriebenen der Inhalt mehrerer Dateien gemischt werden, findet der Befehl *paste* Anwendung. Mit seiner Hilfe können Zeilen gleicher Nummer von verschiedenen Files gemischt werden, wobei das Trennzeichen zwischen den Daten innerhalb einer Zeile selbst bestimmt werden kann (z. B. Leerzeichen, /, | o. ä.).

Hier noch einmal der Inhalt der Dateien:

```
$ cat namen1
Bernd
Thomas
Bruno
Alexander
$ cat namen2
Claudia
Astrid
Katharina
Angela
$ paste -d"!" namen1 namen2
Bernd!Claudia
Thomas!Astrid
Bruno!Katharina
Alexander!Angela
```

3.1 Suchen einer Datei

Die Namen vor *!* stammen aus *namen1*, die dahinter aus *namen2*, und zwar stehen sie in den Dateien jeweils in den gleichen Zeilen, d. h. *paste* schreibt den Inhalt einer Zeile aus der zweiten Datei hinter den Inhalt der entsprechenden Zeile der ersten Datei, unter Verwendung des definierten Trennzeichens.

Die Kommandos *cut* und *paste* finden meist Anwendung, wenn Tabellen, die in Dateien abgelegt sind, neu geordnet werden sollen.

Das mächtigere Kommando zum Umstrukturieren von Dateien ist jedoch *sort*. *sort* ordnet die Zeilen aller angeführten Dateien entsprechend der Wahl der Optionen und gibt das Ergebnis auf dem Bildschirm (Standard Out) aus. Ist kein Dateiname angegeben, werden alle Zeichen von Standard In (der Tastatur) gelesen. Vergleiche werden aufgrund von Optionen ausgeführt und auf jede eingelesene Zeile angewendet. Die Voreinstellung veranlaßt eine Sortierung der eingelesenen Zeilen in alphabetischer Reihenfolge.

Mögliche Sortierkriterien sind z. B. numerische, revers alphabetische, ganze Zeilen oder bestimmte Teile in Zeilen.

Beispiel für alphabetisches Sortieren

```
$ cat namen2
Claudia
Astrid
Katharina
Angela

$ sort namen2
Angela
Astrid
Claudia
Katharina
```

3.2 Suchen von Dateien (mehr zu find)

Weiter oben erfolgte der besseren Übersicht wegen lediglich eine kurze Erwähnung des *find*-Befehls, um die Auflistung der anderen Kommandos nicht zu weit auseinanderzuziehen. *find* hat die Syntax:

```
find "Directory-Pfadname" "Suchkriterium" "Aktion"
```

find sucht im angegebenen Directory rekursiv nach Files, die die gegebenen Suchkriterien erfüllen, und führt anschließend die gewünschte Aktion aus. Rekursiv bedeutet, daß alle Zweige, die unterhalb des aktuellen liegen, mit durchsucht werden. Weiß man nicht, unter welchem Directory die Datei liegen könnte, muß als Pfadname / (root) eingegeben werden. Das gesamte File-System wird dann durchsucht, was entsprechend viel Rechenzeit kostet und den Rechner belastet. Man sollte versuchen, den Pfadnamen so genau wie möglich anzugeben.

Suchkriterien

In der folgenden Beschreibung steht der Buchstabe n für eine ganze Zahl. Steht die Zahl alleine, ohne vorangestelltes + oder –, ist genau der Wert der Zahl n gesucht. Steht + davor, wird auch nach größeren Werten gesucht, entsprechend bei – nach kleineren.

```
-atime n
```
Beispiele

Sucht Files, auf die vor n Tagen zugegriffen wurde.

```
-links n
```

Sucht Dateien mit n Links (Verknüpfungen).

```
-mtime n
```

Sucht Files, die vor n Tagen verändert wurden.

3.2 Suchen von Dateien (mehr zu find)

`-name Datei`

Sucht nach der genannten Datei.

`-newer Datei`

Sucht Files, die nach der genannten Datei geändert wurden.

Aktionen

`-exec Befehl \;`

Führt den Befehl mit der gefundenen Datei aus. In der Anzeige umgeben die Klammern *{}* den gefundenen Dateinamen.

`-ok Befehl \;`

Wie *-exec*, jedoch muß die tatsächliche Ausführung des Befehls mit *y* bestätigt werden.

`-print`

Druckt den kompletten Pfadnamen der gefundenen Datei aus.

Bei diesem Kommando gibt es einige Besonderheiten zur Verbindung von Kriterien. Ein (von Leerstellen umgebenes) » ! « führt zur Negierung der Aussage des folgenden Kriteriums, wozu eine Aktion erforderlich ist, die ausgeführt wird. Gibt man mehrere Kriterien an, muß die Datei alle erfüllen, sonst wird sie nicht erkannt. Um von zwei Kriterien das eine oder das andere ausführen zu lassen, muß zwischen den beiden ein von Leerstellen umgebenes » -o « stehen.

Die hier aufgeführten Optionen sind nicht vollständig, sondern nur die wichtigsten.

1. Suchen einer Datei im Gesamt-File-System   Beispiele

   ```
   $ find / -name passwd -print
   ```

   Es wird nach der Datei *passwd* gesucht und der Gesamtpfadname ausgegeben.

2. Suchen der Datei *ttytype* im Bereich */etc*

   ```
   $ find /etc -name ttytype -print
   ```

   und Ausgabe des Pfadnamens.

3. Suchen nach einer Datei, deren Name nicht genau bekannt ist, oder nach mehreren Dateien mit ähnlichen Namen. Zur Ersetzung der nicht eindeutigen Namensteile können *[]*, *?* und *** verwendet werden. Der so konstruierte Name muß in einfachen Hochkommata stehen (☞ Kapitel 7.8, »Metazeichen«).

   ```
   $ find /home/dax/ -name '*.c' -print
   /home/dax/out.c
   /home/dax/anfang.c
   ```

   So werden sämtliche Dateien im Directory */home/dax* gesucht, die auf ».c« enden.

4. Suche nach Files, auf die vor 8 Tagen und mehr zugegriffen wurde, einschließlich Ausgabe der Pfadnamen.

   ```
   $ find /home/dax -atime +8 -print
   ```

5. Suche nach Files, die vor weniger als 10 Tagen verändert wurden, und Ausgabe der Pfadnamen.

   ```
   $ find /usr /home -mtime -10 -print
   ```

   Die Suche findet jetzt in 2 Directories statt, in */usr* und in */home*.

6. Löschen von Files, die seit mehr als 200 Tagen nicht benutzt wurden. Die Klammern *{}* ersetzen die Namen der gefundenen Files.

   ```
   $ find . -atime +200 -exec rm {} \;
   ```

3.2 Suchen von Dateien (mehr zu find)

Der ».« beschreibt das aktuelle Directory als den Ort im System, wo die Aktion ausgeführt werden soll.

7. Wie 6, jedoch mit jeweiliger Abfrage vor dem Löschen des Files.

   ```
   $ find . -atime +200 -ok rm {} \;
   ```

   Folgende Anfrage erscheint für jedes gefundene File auf dem Bildschirm:

   ```
   ... ./dateiname ?
   ```

   Soll tatsächlich gelöscht werden, ist mit *y* zu antworten, sonst mit *n*.

8. Umkehrung des Suchkriteriums mit »!«

   ```
   $ find /home/dax/ ! -name '*.c' -print
   ```

   Jetzt wird nach Namen gesucht, die nicht auf ».c« enden. Die Umkehrung ist natürlich auf alle Suchkriterien anwendbar.

9. Suche im Bereich */home/dax* nach Files, die größer als 3 Blöcke und kleiner als 5 Blöcke sind.

   ```
   $ find /home/dax -size +3 -size -5
   ```

10. Anwendung der »oder«-Option (*-o*) bei der Suche nach einem nicht genau bekannten Dateinamen (*mail* oder *umail*) unterhalb von */usr/bin*.

    ```
    $ find /usr/bin -name mail -o -name umail -print
    ```

11. Suche nach allen Files im aktuellen Directory, die in den letzten 30 bis 60 Tagen in irgendeiner Form benutzt wurden und Transport derselben in ein Subdirectory mit dem Namen *old*.

    ```
    $ find . -atime +30 -atime -60 -exec mv {} ./old \;
    ```

Dateibearbeitung mit dem Befehl *cat*

Das Kommando *cat* (concatenate = verketten) liest den Inhalt einer benannten Datei und gibt ihn auf dem Bildschirm (Standard Out) aus oder schreibt ihn in eine andere Datei (mittels Umlenkung mit »> *Datei*«). Es ist oft praktisch, sich den Inhalt eines Files unformatiert anzusehen, wenn man nur einen schnellen Überblick über den Inhalt braucht, oder die zeilenweise Übergabe eines Dateiinhaltes an ein nachfolgendes Kommando realisieren will.

```
$ cat datei
123456789
123456789
123456789
```

Beispiele

Drei Zeilen mit den Zahlen 1 bis 9 sind der Inhalt von *datei*.

Mit *cat* ist auch das Verketten mehrerer Files zu einem neuen möglich.

```
$ cat text1 text2 text3 > neudatei
```

Die Inhalte der Files *text1, text2, und text3* werden mittels *cat* nacheinander ausgegeben, jedoch nicht nach Standard Out (Bildschirm), sondern alle in *neudatei* geschrieben (umgelenkt).

Eine andere Anwendung ist die Eröffnung einer neuen Datei mit *cat*:

```
$ cat > neudatei
```

Das Zeichen > bedeutet, daß alle jetzt eingegebenen Zeichen, die normalerweise nach Standard Out (stdout, Bildschirm) gehen, über die Umlenkung (Redirection, >) in ein File mit dem Namen *neudatei* geschrieben werden, bis man die Zeicheneingabe mit [Strg]+[D] am Anfang einer Zeile beendet.

3.3 Anzeigen eines Dateiinhalts mit pg und more

Vor SVR4 war nur das Kommando *pg* (pager = Seitenformatierer) unter AT&T-UNIX vorhanden. Mit der Einbindung der BSD-Welt ist ab sofort auch das dort übliche *more* in SVR4 zu finden. Die nachfolgende Beschreibung trifft im wesentlichen auf beide Befehle zu. *pg* liest den Inhalt einer Datei und bereitet ihn so auf, daß die Ausgabe auf dem Bildschirm seitenweise erfolgt.

```
$ pg datei
$ more datei
```

starten beide die Ausgabe der ersten Bildschirmseite des Inhalts von *datei*. *pg* meldet sich anschließend in der letzten Zeile mit dem Prompt »:«, während der Prompt »*MORE 25%*« bei *more* gleichzeitig den augenblicklichen Standort innerhalb der Datei in Prozent vom Gesamtumfang der Datei angibt. Beide bieten eine Reihe interner Kurzbefehle, mit denen Sie beim Lesen einer Datei z. B. in beide Richtungen blättern, gezielt zu bestimmten Seiten springen und Text suchen können. Einfaches, seitenweises Vorwärtsblättern wird durch Eingabe von ⏎ (▭-Taste bei *more*) nach dem *pg*-Prompt angestoßen. Ist das Ende eines Files erreicht, erscheint die Meldung *EOF* und der Prompt. Im *pg* kann man jetzt zurückblättern. Eine Seite mit

: -

oder mehrere Seiten mit

: -2

natürlich nicht mehr Seiten als tatsächlich vorhanden sind, das führt zum Rücksprung auf die 1. Seite. Soll nicht um ganze Seiten, sondern nur um Zeilen im Text gewandert werden, muß man an die Zahl im obigen Beispiel noch ein *l* (Lines = Zeilen) anhängen.

: -21

Vorwärtssprünge werden analog durch ein »+«-Zeichen gekennzeichnet.

Verlassen wird *pg* oder *more* mit *q* für quit (Verlassen)

: q

Eine weitere Anwendung der Befehle dient der Aneinanderreihung von Einzeldateien in eine einzige große Datei, wobei die Einzeldateien jeweils durch einen Kopf gekennzeichnet sind:

$ pg datei1 datei2 datei3 zieldatei

Dabei wird der Inhalt von *zieldatei* überschrieben, falls die Datei bei Aufruf des Kommandos schon existiert und nicht geschützt ist. Der jeweilige Dateikopf hat die Form:

::::::::::::::
datei1
::::::::::::::

more läßt einen direkten Aufruf des *vi*-Editors aus der Anzeige einer Datei ohne Umweg über die Shell zu. Der Aufruf erfolgt einfach durch Drücken der Taste [V] während der Ausgabe mit *more*.

3.4 Ausgabe von Dateien auf einen Drucker (lp, pr)

Da die Daten nicht nur im Dateisystem liegen, sondern auch einmal zu Papier gebracht werden sollen, hat die UNIX-Welt einige Kommandos und Möglichkeiten vorgesehen, mit deren Hilfe der Anwender auf Knopfdruck diese Arbeit ausführen lassen kann.

Der Befehl *lp* (lineprinter = Zeilendrucker) ist die eine Variante. Ein Kommando der Form

Beispiele
```
$ lp datei
```

oder

```
$ lp /home/dax/datei
```

hängt den Druckauftrag in den sogenannten *Spooler* ein. Der Spooler ist eine Warteschlange, in der die Aufträge warten, bis sie zur Abarbeitung an die Reihe kommen. Diese Art der Datenausgabe ist nötig, da die Drucker zu langsam sind, um die Daten in der gleichen Geschwindigkeit wie z. B. ein Terminal zu verarbeiten. Müßte der User warten, bis sein Druckauftrag ausgeführt ist, ohne daß zwischendurch wieder der Prompt erscheint, der die weitere Arbeit mit dem System ermöglicht, wäre oft der Arbeitsplatz für längere Zeit blockiert. Der *lp*-Befehl wird im Zusammenhang mit dem Spooler später im Buch genauer erklärt.

Ein anderes Kommando, das außer der reinen Ausgabe einer Datei gleichzeitig eine einfache Formatierung vornimmt, ist *pr* (print = drucken). Dieser Befehl gibt allerdings den Inhalt einer Datei auf dem Bildschirm oder in eine andere Datei aus. Mittels der Verknüpfung von *lp* und *pr* über eine Pipe (|) kann direkt gedruckt werden (s. u.). Zur Funktion der Pipe ☞ Kapitel 7.6, »Pipeline«.

Die Formatierung, die von *pr* ausgeführt wird, macht in der einfachsten Stufe (ohne Optionen) folgendes: *pr* fügt über jeder Seite, die insgesamt eine Länge von 66 Zeilen hat, einen Header

(Header = Kopfteil) ein, der aus zwei Leerzeilen, einer Überschriftzeile mit dem Dateinamen, der aktuellen Seitennummer und zwei weiteren Leerzeilen besteht. In 56 der restlichen 61 Zeilen wird jeweils der eigentliche Dateiinhalt geschrieben. Die letzten fünf Zeilen pro Seite dienen als unterer Rand und bleiben leer. Auf dem Bildschirm erscheint nach dem Aufruf eines Files mit dem Namen »test«

```
$ pr test
```

folgender Aufbau:

```
(2 Leerzeilen)
Jan 23 15:45 1988 test Page 1
(2 Leerzeilen)
Dies ist ein Test des Printbefehls...
(56 Zeilen mit dem Dateiinhalt,
5 Leerzeilen)
```

Wie bekommt man nun diese übersichtlichere Form der Darstellung eines Dateiinhalts auf Papier? UNIX hat für solche Fälle eine besondere Einrichtung: das sogenannte *Piping* (in Befehlszeilen durch das Zeichen | dargestellt). Damit ist gemeint, daß man einige Kommandos hintereinanderhängen kann, um die Wirkung dieser Befehle nacheinander auf ein und denselben Datenstrom anzuwenden. Hierbei dienen die ausgegebenen Daten eines Befehls dem nachfolgenden als Eingabedaten.

```
$ pr test | lp
```

In diesem Beispiel wird zuerst die Formatierung der Datei test – wie oben beschrieben – vorgenommen, und anschließend an den eigentlichen Druckbefehl *lp* weitergegeben. Die Ausgabedaten des *pr*-Kommandos werden in diesem Fall nicht auf dem Bildschirm angezeigt, da sie sofort an den Befehl *lp* als zu verarbeitende Daten übergeben werden. Ein anderes Beispiel für diesen Mechanismus

3.4 Ausgabe von Dateien auf einen Drucker (lp, pr)

ist die Anzeige des Listings eines großen Directories, dessen Dateinamen nicht alle auf einen Bildschirm passen würden.

```
$ ls -l /etc | pr
```

Hier wird zuerst durch *ls -l* das bekannte ausführliche Listing des Verzeichnisses */etc* unsichtbar erzeugt, dann über das Kommando *pr* aufbereitet und auf dem Bildschirm ausgegeben. Alle Optionen, die *pr* bietet, können auf das Listing wie auf eine Datei angewendet werden. Die Funktion der Pipe wird im Kapitel über die Shell noch genauer erklärt.

Eine sehr interessante Leistung von *pr* ist das Zusammenmischen (merge) verschiedener Files. Dabei wird simultan aus jeder Datei eine Zeile gelesen und in einer bestimmten Spalte der Gesamtausgabe eingetragen. Das heißt, jeder Datei wird in der Ausgabe eine Spalte zugewiesen, und die Inhalte aller Files erscheinen spaltenweise nebeneinander. Will man z. B. die Dateien *name*, *datum* und *anzahl*, die einen dem Namen entsprechenden Inhalt haben sollen, spaltenweise mischen, kann man das Kommando

```
$ pr -m name datum anzahl
```

verwenden. In der ersten Spalte der Ausgabe erscheinen die Namen, in der zweiten das Datum, und in der dritten die Anzahl. Der Name der Dateien wird in der von *pr* erzeugten Überschriftenzeile jetzt nicht mehr angegeben. Die Bildschirmausgabe könnte so aussehen:

```
Jan    23   16:30   1988   Page 1
Kramer          12.07.87           205
Salfner         23.01.88            15
Schäfer         12.10.87           370
Janssen         06.01.88            95
```

Die Namen kommen aus der Datei *namen*, der Rest aus den beiden anderen Files.

3.5 Individuelle Begrüßung am System

Die Datei *motd*

Wie bereits weiter vorne beschrieben, sieht der User nach dem Login oft außer dem Systemprompt in der darüberliegenden Zeile zusätzlich einen Text auf dem Bildschirm. Wir hatten als Beispiel

```
Willkommen in der UNIX-Welt
$
```

Dieser Text liegt in der Datei */etc/motd* (motd = Motto Of The Day, Motto des Tages) und kann beliebig gestaltet sein. Ist der Text länger als eine Bildschirmseite, stoppt die Ausgabe nicht am Ende der ersten Seite (im Gegensatz zur Ausgabe mit *pg*), da die Ausgabe systemgesteuert über das *cat*-Kommando erfolgt. Es ist natürlich möglich, dieses Problem mit zusätzlichen Einträgen in den Startdateien zu lösen, aber nicht sinnvoll. Der Inhalt der Datei */etc/motd* ist dazu gedacht, (wie der Name schon ausdrückt) eine kurze Begrüßungsmeldung für jeden Benutzer auszugeben, der sich einloggt. *motd* wird bei jedem Einloggen gelesen. Änderungen sind sofort nach dem Abspeichern wirksam.

Das Kommando *banner*

Sicher hat jeder schon einmal gesehen, daß ein Benutzer von der Anlage mit Texten wie »Guten Morgen«, »Schon auf?« oder ähnlichem begrüßt wird. Die Buchstaben werden hierbei in einem übergroßen Format ausgegeben.

Erzielt wird dieser Effekt mit dem Befehl *banner*. Im ersten Fall wird es im File *.login* oder *.cshrc* (beide für die C-Shell), bzw. in der Datei *.profile* (für die Shell) im jeweiligen Homedirectory eines Benutzers eingetragen.

Die genannten Dateien sind Scripts, die beim Einloggen ausgeführt werden, wobei jede Shell nur die für sie bestimmte Datei auswertet und die anderen ignoriert.

Beispiel   `banner " " "Hallo"`

würde den Text »Hallo« auf dem Bildschirm erzeugen, wenn der User sich einloggt.

Es ist aber nicht nur möglich, sich begrüßen zu lassen, sondern auch beim Abschied kann ein Text auf dem Bildschirm ausgegeben werden.

Soll eine Nachricht beim Ausloggen erscheinen, muß diese im Fall der C-Shell in einem File mit Namen *.logout* im Homedirectory des Anwenders mittels *banner*-Befehl hinterlegt werden (☞ die Kommandobeschreibung zu *banner*). Für die Bourne Shell (*sh*) gibt es keine Datei, die beim Verlassen der Anlage gelesen wird.

3.6 UNIX in der Bürokommunikation (mail, write)

Auf einer Multiuser-Anlage (Mehrbenutzer-Anlage) können die Benutzer nicht nur nebeneinander, sondern auch miteinander arbeiten. Sitzen die User in unterschiedlichen Räumen, müssen sie normalerweise das Telefon benutzen oder ins andere Büro gehen, um mit Kollegen zu kommunizieren. Unix bietet zwei Möglichkeiten, die Kommunikation über das System abzuwickeln. Ein persönliches Gespräch ist natürlich immer vorzuziehen, aber es gibt bestimmte Fälle in der Bürokommunikation, für die UNIX uns sehr sinnvolle Hilfen zur Verfügung stellt. Für jede Nachricht z. B., die man an Kollegen vermitteln will, die gerade nicht an ihrem Platz sind, muß ein ganzer Apparat in Bewegung gesetzt werden, damit dies auch tatsächlich geschieht.

Der Mail-Dienst

Unter UNIX gibt es ein Programm mit dem Namen *mail* (Post), das einem Dienste wie die normale Post zur Verfügung stellt. Als Adresse dient der Login-Name des Empfängers und – im Falle eines Netzwerks – der Name eines Zielrechners. Jeder Benutzer hat nun ein eigenes (oder mehrere) Postfach (im Verzeichnis */var/mail* mit dem Login-Namen des Users, z. B. */var/mail/dax*), in dem die Nachrichten für ihn gesammelt werden und das nur er selbst lesen darf (oder jemand, der sich an seiner Stelle mit dem richtigen Paßwort einloggen kann).

Der Mail-Dienst läßt auch Rundschreiben an alle möglichen dem System bekannten User zu. Der Sinn dieses Programms ist, daß man immer dann, wenn man eine Information für einen Kollegen hinterlegen will, das auch sofort tun kann. Die Mitteilung wird im entsprechenden Postfach hinterlegt und bleibt dort so lange, bis der Empfänger sie weiterverarbeitet oder sie aufgrund einer Zeitüberwachung nach z. B. 30 Tagen gelöscht wird.

Ein Vorteil ist, daß man jede empfangene Post getrennt weiterverarbeiten kann, wie man will. Eine Kopie in eine Datei zur späteren Weiterbearbeitung mit den Editoren ist ebenso möglich wie das sofortige Löschen nach einmaligem Lesen. Der Kopiervorgang ist nötig, da man normalerweise nicht mit der Datei unter */var/mail* arbeitet, sondern mit einer Datei, die im eigenen Homedirectory liegt.

In den letzten Jahren sind die Leistungen durch Einbindung von lokalen Netzwerken und des deutschen sowie ausländischen Postnetzes in der Form erweitert worden, daß man national und international Nachrichten für bestimmte Personen hinterlegen kann. Wichtig ist, daß die Informationen nur von den Adressaten selbst gelesen werden können und nicht der Öffentlichkeit zugänglich sind.

Viele Firmen setzen diesen Dienst, *E-Mail* genannt, zur Kommunikation zwischen ihren Niederlassungen mit großem Erfolg ein und

3.6 UNIX in der Bürokommunikation (mail, write)

begrüßen es, daß die Mitarbeiter nicht wegen jeder internen Anfrage, die nicht unbedingt sofort bearbeitet werden muß, per Telefon in ihrer augenblicklichen Beschäftigung gestört werden.

Sehr praktisch ist auch die Einrichtung zum Verschicken ganzer Dateien. Wenn z.B. ein Kollege in Frankfurt sofort wichtige Informationen braucht, die sich in Köln in einer Anlage befinden, kann ihm umgehend geholfen werden. Es gibt keinen schnelleren Weg, Informationen, z. B. Programme, an anderer Stelle zur direkten Weiterverarbeitung zur Verfügung zu stellen.

Der Befehlsname zum Aufruf dieses internen Postdienstes ist *mail*. Mit UNIX System V Release 2.0 gab es eine Erweiterung des Maildienstes, die unter dem Namen *mailx* aufrufbar ist und bereits Editorfähigkeiten mit einschließt. *mailx* ist inzwischen das Kommando des UNIX-Standards von AT&T. Trotzdem ist *mail* immer noch auf den meisten Anlagen zu finden und wird bevorzugt benutzt, da dieser Befehl die grundsätzlichen Wünsche abdeckt und sehr einfach zu bedienen ist.

Nachrichten verschicken mit *mail*

Nehmen wir wieder an, daß unser Login-Name »dax« ist. Um nicht andere Benutzer der Anlage mit den ersten Versuchen zu stören, sollte man anfangs die Nachrichten an sich selber schicken.

Nach Eingabe des Befehls *mail* erwartet UNIX den Namen des Empfängers der Nachricht, in diesem Fall *»dax«*. Nach dem Absetzen des Befehls mit ⏎ springt der Cursor an den Anfang der nächste Zeile, ohne daß ein Prompt erscheint. Das System erwartet jetzt die Eingabe von Text in beliebiger Form, wobei folgender Hinweis wichtig ist:

Bei der Eingabe von Text kann man sich frei mit den Cursor-Tasten auf dem Bildschirm bewegen, um Korrekturen durchzuführen. Die Nutzung der Pfeiltasten erzeugt Steuersequenzen im Text, die jedoch innerhalb von Mail nicht sichtbar werden, auch nicht beim Verschicken. Speichert man jedoch die Nachricht in eine Datei ab und ruft diese mit einem Editor auf, werden die Steuer-Codes sichtbar (allerdings ohne die führende Escape-Sequenz) und machen den ursprünglichen Text unleserlich. Auf vielen Tastaturen können die Tasten »Zeichen einfügen«, »Zeichen löschen«, »Zeile einfügen« und »Zeile löschen« benutzt werden.

Der Abschluß einer Zeile wird durch ⏎ bestimmt. Ein einzelner Punkt am Anfang einer Zeile und anschließend ⏎ teilt dem System mit, daß die Texteingabe beendet ist.

Beispiel

```
$ mail dax
Willkommen als neues Mitglied in der Gruppe der UNIX-An-
wender.
Der Maildienst läßt eine Formatierung bei der Eingabe in
gewissen Grenzen zu.
Der Punkt in der folgenden Zeile markiert das Ende der
Nachricht.
.
$
```

Die beiden kurzen Zeilen ohne Satzende (Punkt) wurden mit ⏎ erzeugt. Nachdem die Information auf die Reise geschickt wurde, meldet sich UNIX mit dem Prompt zurück und erwartet weitere Befehle. Eine Meldung, außer im Fehlerfall, erfolgt nicht.

Das Verschicken einer ganzen Datei an Kollegen geschieht mit dem Kommandoaufruf:

```
$ mail dax root < Datei
```

Die Adressaten sind *dax* und *root*, die beide den Inhalt des Files *Datei* in ihr Postfach bekommen sollen. Das Zeichen < (< steht für Redirection, Umlenkung) sagt dem System, daß die Daten zur Ausführung dieses Befehls aus einer Datei und nicht von der Tastatur kommen. Als letztes Zeichen kommt aus dem File eine Dateiendemarke (EOF End Of File), an der UNIX erkennt, daß keine weiteren Daten mehr folgen werden und der Befehl ausgeführt ist. Auf dem Bildschirm erscheint wieder der Prompt »$«.

3.6 UNIX in der Bürokommunikation (mail, write)

Es gibt nun verschiedene Möglichkeiten, um zu erfahren, daß Post angekommen ist.

1. Der User ist noch eingeloggt und der Bildschirm nicht verriegelt (☞ Befehl *mesg*). In diesem Fall erhält er eine Nachricht einfach auf den Bildschirm geschrieben, egal was er gerade macht.

   ```
   Message from dax (tty012) [Mon Jan 11 13:23:52]..
   You have m a i l
   <EOF>
   ```

   Viele Benutzer, die sich gerade im Editor befinden und plötzlich die Information auf dem Bildschirm haben, bekommen zunächst einen Schreck, weil sie glauben, der Text stünde jetzt in der Datei, die gerade bearbeitet wird. Das stimmt aber nicht. Es sieht zwar so aus, aber nachdem man das entsprechende Kommando für den Neuaufbau des Bildschirminhalts gegeben hat (Strg + L im *vi*-Editor), steht dort wieder der ursprüngliche Text, der nicht mehr die Nachricht enthält.

2. Der User war nicht am System und erhält eine automatische Mitteilung von mail beim Einloggen:

   ```
   UNIX V 3.0
   Login:

   dax ⏎

   Willkommen in der UNIX-Welt
   You have mail
   $
   ```

Lesen der angekommenen Nachrichten

Einblick in das eigene Postfach erhält man einfach durch Eingabe des Befehls *mail* ohne weitere Zusätze.

Beispiel

```
$ mail
>From dax  Mon  Jan  4  1988  13:30
Willkommen als neues Mitglied in der Gruppe der UNIX An-
wender.
Der Maildienst läßt
eine Formatierung bei der Eingabe
in gewissen Grenzen zu.
Der Punkt in der folgenden Zeile markiert das Ende der
Nachricht.
?
```

Der Punkt, das interne Zeichen für das Ende der Information, wird natürlich nicht mit auf dem Bildschirm ausgegeben. Das Fragezeichen ist der Prompt des Maildienstes, der uns die Eingabe einiger Kurzkommandos zur Weiterverarbeitung der Nachricht ermöglicht. Die Befehle innerhalb von *mail* bestehen nur aus einem Zeichen und eventuell aus einem Datei- oder Benutzernamen. Die wichtigsten sind:

⏎	Nur Drücken der ⏎-Taste ohne irgendeinen Zusatz bewirkt, daß die Nachricht im Postfach bleibt und beim nächsten Aufruf von *mail* wieder mit erscheint. Wenn vorhanden, wird die nächste vorliegende Nachricht ausgegeben. Liegt keine weitere Nachricht vor, wird *mail* beendet, und der User befindet sich wieder in der Shell.
d	Löscht die gerade gezeigte Nachricht aus dem Postfach; sie ist damit nicht mehr im System.
m *Name(n)*	Sendet die Information an den (die) genannten Benutzer im System weiter.
q	Verlassen des Postfachs, wenn man die weiteren Einträge nicht lesen will, und Rückkehr zur Shell (»$«) zur nächsten Kommandoeingabe.

3.6 UNIX in der Bürokommunikation (mail, write)

|s| *Datei* Speichert die Information in die angegebene Datei und löscht sie aus dem Postfach.

|w| *Datei* Wie *s*, jedoch wird die Kopfzeile des Systems nicht mit in die Datei geschrieben.

|-| Zeigt die Nachricht vor der gerade gezeigten noch einmal.

Beispiele Gehen wir davon aus, daß wir noch im *mail*-Programm sind, und das Fragezeichen sehen.

? ⏎
$

Die Eingabe von ⏎ führt zurück auf die Shell, da keine weitere Nachricht im Postfach liegt, die sonst gezeigt würde.

? d
$

Die gerade gezeigte Nachricht wird gelöscht und die nächste würde angezeigt. Hier liegt keine weitere vor, deshalb springt UNIX automatisch auf die Kommandoebene zurück.

? m root

Die gezeigte Mail wird an den User mit dem Namen »root« (Superuser) geschickt und bleibt im eigenen Postfach erhalten.

? q

Der Anwender beendet *mail*, ohne weitere Nachrichten angezeigt zu bekommen, und kehrt zur Kommandoebene zurück.

? w post

Es folgt die Speicherung der Nachricht im File *post*, und der Eintrag wird aus dem Postfach entfernt.

Mail im lokalen Netzwerk

Im Unterschied zur Adressierung im eigenen System muß im lokalen Netzwerk außer dem Benutzernamen noch der Name des Zielrechners angegeben werden. Jeder Rechner in einem Netzwerk muß einen eindeutigen Namen als Adresse haben. Daß die bei einem Aufruf des Mail-Dienstes verwendeten Namen im Netz tatsächlich existieren, wird als selbstverständlich vorausgesetzt. Der Name des Zielrechners sei »unix2« und der Name des Adressaten auf dem »unix2«-System »daria«, dann muß der entsprechende Befehl bei Verschickung eines Files so aussehen:

```
$ mail unix2!daria
```
Beispiele

oder

```
$ mail unix2!daria < Datei
```

Der einzige Unterschied zum lokalen Betrieb ist der Aufruf mit der erweiterten Adressierung. An dem »!« erkennt die Shell, daß der erste Name einen anderen Computer bezeichnet und der zweite einen dortigen Benutzer. Im Falle einer Reihenschaltung von Rechnern kann die Nachricht vom ersten System durch ein zweites hindurch an einen Empfänger auf einer dritten Anlage geschickt werden. Falls der Name des dritten Computers »unix3« ist, wird eine Mail dorthin mit

```
$ mail unix2!unix3!martin
```

transportiert. Als Empfänger wird »martin« angesprochen.

Analog funktioniert auch die Kommunikation in überregionalen Netzen, die dann noch andere UNIX-Dienste zu Hilfe nehmen, wovon der Anwender aber nichts merkt, da dies intern geschieht.

Der erweiterte Maildienst *mailx*

Da der Austausch von Daten zwischen den Anwendern im System im Laufe der Zeit immer mehr Anhänger gewann, wurde mit UNIX

System V Release 2.0 der wesentlich komfortablere Mail-Dienst *mailx* implementiert. Ohne den Maildienst verlassen zu müssen, kann man jetzt

➤ UNIX-Shell-Kommandos absetzen
➤ ankommende Nachrichten sofort bearbeiten
➤ den *vi*-Editor zur Bearbeitung der Post nutzen
➤ den Mail-Dienst an die bequemste Arbeitsweise anpassen

Die Erläuterung des kompletten Umfangs von *mailx* würde den Rahmen des Buchs sprengen. Deshalb soll nur ein kurzer Einblick in die Bedienung von *mailx* gegeben werden.

Beispiel
```
$ mailx carla
Subject:
Verabredung zum Abendessen
```

Der eigentliche Aufruf ist analog dem von *mail*, das System stellt hier jedoch die Frage nach dem Thema der nachfolgenden Information. So wird kurz der Inhalt einer Botschaft beschrieben, damit beim späteren Bearbeiten der Einträge eine bessere Übersicht gewährleistet ist – vor allem deshalb, weil *mailx* die Möglichkeit bietet, nach diesen Themenzeilen zu suchen und sie auf dem Bildschirm auszugeben. Nach Eingabe der Kurzbeschreibungszeile bringt ⏎ den Cursor an den Anfang der nächsten Zeile, und das Eintippen des Textes kann beginnen. Wie bei *mail* können die Zeichen nun einfach eingegeben werden, wobei zunächst automatisch der primitive *mailx*-Editor gestartet wird (Ende mit Strg + D am Zeilenanfang). Man kann aber auch den komfortableren *vi*-Editor mit (~ = Tilde)

```
~v
```

aktivieren. Es gelten dann die Bedienungsvorschriften dieses Editors, bis er mit

```
ESC :wq
```

beendet wird.

Die Meldung des Systems

(continue)

bedeutet, daß *mailx* zu weiteren Arbeiten bereit ist.

Die Sequenz

[Strg]+[D]

schickt die Nachricht auf die Reise und beendet gleichzeitig das *mailx*-Programm. Man befindet sich wieder auf der Shell.

Außer dem Aufruf des *vi*-Editors (oder des *Ed* mit ~e) gibt es noch eine Reihe anderer Tilde-Befehle, die während der Texteingabe am Anfang einer Zeile im *mailx*-Editor abgesetzt werden können. Es kann auf diese Weise in eine Datei geschrieben (*~w Datei*), daraus gelesen (*~r Datei*), ein Shell-Kommando ausgeführt werden (*~! Kommando*) und ähnliches.

Einen Überblick über die gesamten Möglichkeiten verschafft zu jeder Zeit eine Hilfsfunktion, die mit

~?

aufgerufen wird (nicht zu verwechseln mit dem Prompt des *mailx*-Dienstes, dem *?* am Anfang einer Zeile).

Ein weiterer Unterschied zur alten Mail ist die Vorrichtung zur Erstellung von Kopfzeilen für die einzelnen Nachrichten.

Lesen der eingegangenen Post

Das Lesen der eingegangenen Post funktioniert wie bei *mail*, bietet allerdings auch hier wesentlich mehr Möglichkeiten. Als erstes erscheint nach dem Aufruf

```
$ mailx
```

eine Liste der angekommenen Post und anschließend der Mail-Prompt

?

Von hier kann man die Kommandos zum Löschen (*d*), Anzeigen einer bestimmten Nachricht (*p*) oder zum Verlassen (*q*) von *mailx* absetzen. Es gibt über 20 solcher Befehle innerhalb des Utilities *mailx*.

Kommunikation mittels *write*

Das zweite Programm, das eine Kommunikation zwischen den Benutzern einer Anlage zuläßt, trägt den Namen *write* (Schreiben). Dieses Programm ist allerdings im Gegensatz zu *mail* für den Dialogbetrieb gedacht.

Mit *write* kann der Benutzer nur arbeiten, wenn der Adressat eingeloggt ist, da keine Nachrichten hinterlegt werden können. Die Ausgabe erfolgt direkt auf dem Bildschirm. Da *write* keine Prüfung durchführen kann, ob die Nachricht tatsächlich angekommen ist, muß man selbst kontrollieren, ob der andere Dialogteilnehmer eingeloggt ist.

Das Kommando *who* gibt uns die gewünschte Auskunft. Wir gehen an dieser Stelle davon aus, daß der Kollege seinen Bildschirm nicht gegen diese Art der Kommunikation verriegelt hat, was unter UNIX durchaus möglich ist (☞ *mesg*-Befehl). Der Dialog wird eröffnet durch Eingabe von

Beispiel `$ write jane`

Auf dem eigenen Bildschirm positioniert sich der Cursor am Anfang der nächsten Zeile ohne Prompt. Alles, was man jetzt eintippt, wird nach dem Drücken von ⏎ auf den anderen Bildschirm transportiert (zeilenweise). Auf diese Weise können Nachrichten in einer Richtung oder in beiden Richtungen gleichzeitig übertragen werden.

Der Benutzer mit dem Namen *jane* erhält eine Nachricht auf dem Bildschirm, die folgendes Aussehen hat:

```
Message from dax on tty05 12 at 14:12 .....
```

Für den Dialogbetrieb ist zu beachten, daß es keinen Mechanismus gibt, der die Sendeberechtigung der beiden Teilnehmer regelt. Um eine Kollision der Informationen zu vermeiden, sollte man in der ersten Zeile der Eröffnung des Dialogverkehrs ein Zeichen definieren, das das Ende der eigenen Nachricht markiert. Die Verbindung unterliegt ähnlichen Regeln wie der Funkverkehr in der Luftfahrt, wo jeweils eine Nachricht durch das Wort *roger* beendet wird. Man könnte also eingeben:

```
$ write jane
Endezeichen ist %
Text
Text %
```

Beispiel

Der Gesprächsteilnehmer am anderen Ende weiß jetzt, daß er eine Nachricht absetzen darf, wenn das Prozentzeichen in einer Zeile erscheint. Umgekehrt gilt das gleiche für den Anrufer. Wenn man die Sitzung wieder beenden will, muß

`Strg`+`D`
`$`

eingegeben werden. Danach erscheint wieder der System-Prompt.

3 Editieren unter UNIX 117
3.1 Überblick 117
3.2 Der Editor vi 119
3.3 vi-Kommandos 122

4 Editieren unter UNIX

4.1 Überblick

Es gibt innerhalb dieses Betriebssystems einige Editoren, die jeweils für unterschiedliche Zwecke ihren Vorteil bieten. Mit Hilfe dieser Editoren können Dateien erzeugt und nach Belieben verändert werden. Allen Editoren ist gemeinsam, daß sie temporäre Kopien der Originaldatei anlegen, in denen zunächst die Änderungen vorgenommen werden, bevor das Original überschrieben wird. Am Schluß einer Editor-Sitzung werden diese temporären Dateien automatisch gelöscht, unabhängig davon, ob der Anwender den Inhalt auf die Originaldatei kopiert hat oder nicht.

Im Vergleich zu anderen Textverarbeitungsprogrammen wie Uniplex II Plus, Lex usw., die manchmal noch Datenbanken enthalten, wirken die UNIX-Editoren teilweise recht spartanisch. Trotzdem sind sie unverzichtbar, da sie Leistungen bieten, die diese komfortablen Textverarbeitungsprogramme nicht ausführen können, z. B. den Aufruf aus Scripts heraus, um per Programm Änderungen in Dateien vorzunehmen.

Die Namen der Editoren sind:

ed   ed ist zeilenorientiert und liegt meist in abgemagerten Betriebssystemversionen vor (z. B. in Hilfsbetriebssystemen auf Maintenance-Bändern, wo nur wenig Platz zur Verfügung steht). ed bietet nicht sehr viel Komfort, hat allerdings den Vorteil gegenüber den anderen Editoren, daß er unabhängig vom Terminal-Typ ist. Für seine Anwendung ist keine besondere Anpassung des Terminals nötig (wichtig für Systemadministratoren). Er eignet sich für die Einbindung in Shell-Programme, die den Inhalt von ASCII-Dateien automatisch verändern sollen. *ed* ist *edlin* unter MS-DOS ähnlich.

ex *ex* ist zwar auch zeilenorientiert, von der Leistung her jedoch viel umfangreicher als *ed*. *ex* ist eine Obermenge des *vi*-Editors. Der Aufruf *vi* startet eigentlich *ex*, jedoch im sogenannten *Visual Mode*, d. h. *vi* benutzt die Teile von *ex*, die die Arbeit mit ganzen Bildschirmseiten unterstützen.

vi Dies ist der Editor der Software-Entwickler und Spezialisten im System. Im Gegensatz zu den beiden anderen Editoren arbeitet *vi* mit der gesamten Bildschirmseite und nicht mit einzelnen Zeilen. Er ist für alle Arbeiten geeignet, besonders für die Software-Entwicklung, da er keine besonderen Formatierungszeichen in die Files einfügt, wie es die meisten komfortableren Textsysteme tun. So entstehen nämlich unerwünschte Effekte, die zu mancher Verwirrung führen, sei es, daß ein Programm abgebrochen wird oder nicht wie erwartet abläuft. Im Kommandomodus können fast alle Befehle von *ed* ausgeführt werden. Wenn z. B. in einer Datei ein Textstring überall durch einen anderen ersetzt werden soll, geschieht dies mit einem *ed*-Befehl. *ed* ist eine Untermenge von *vi*.

sed Der stream-orientierte Editor wird meist zur Bearbeitung von Dateien aus Scripts heraus verwendet.

Da *ex* im Vergleich zu den anderen Tools umständlich zu bedienen und unübersichtlich in seiner Darstellung auf dem Bildschirm ist, soll auf ihn hier nicht weiter eingegangen werden. Wer tatsächlich in die Lage kommen sollte, ihn benutzen zu müssen, muß sich in diesem Fall an das System-Manual halten. Zu bemerken ist noch, daß *vi* zwar eine Untermenge von *ex* darstellt, jedoch mit der Darstellung des gesamten Bildschirms arbeitet und nicht zeilenweise.

Wenn die Editoren zur Bearbeitung einer bereits vorhandenen Datei aufgerufen werden, legt das System automatisch eine temporäre Kopie an, in der dann zunächst die gewünschten Änderungen vorgenommen werden, ohne die ursprüngliche Datei zu verändern. Erst beim Verlassen des Editors wird der Inhalt der Originaldatei überschrieben. Für den Fall, daß man versehentlich einen Fehler beim Editieren gemacht hat, gibt es die Möglichkeit, den Editor zu verlassen, ohne daß die gemachten Änderungen in die Originaldatei übernommen werden. Sie werden einfach fortgeworfen.

Im Gegensatz zu »normalen« Textverarbeitungsprogrammen kann man bei den UNIX-Editoren nicht immer sofort und überall Zeichen einfügen, und Änderungen, die in formatierten Texten vorgenommen werden, können nicht während der Editorsitzung neu formatiert angezeigt werden. Für eine erneute Formatierung ist eine zusätzliche Bearbeitung der Datei außerhalb des Editors mit den Befehlen *nroff* oder *troff* nötig.

4.2 Der Editor vi

Es gibt bei allen UNIX-eigenen Editoren zwei unterschiedliche Betriebsarten, zwischen denen bei der Bearbeitung einer Datei hin- und hergeschaltet werden muß:

a) den Kommandomodus: hierin befindet man sich automatisch nach dem Aufruf des Editors. Diese Betriebsart erlaubt freies Bewegen im Text, Umsetzen von Textblöcken, Schreiben in andere Dateien, Löschen ganzer Passagen und sogar das Absetzen von UNIX-Kommandos, ohne daß man den Editor verlassen muß.

b) den Eingabemodus: bevor man ihn einstellt, muß man sich entscheiden, ob man vorhandenen Text überschreiben oder neuen einfügen will. Zum Einschalten des einen oder des anderen Modus ist das jeweilige Kommando zu wählen. Beide Betriebsarten werden mit `Esc` beendet. Man befindet sich danach wieder im Kommandomodus des Editors.

4.2 Der Editor vi

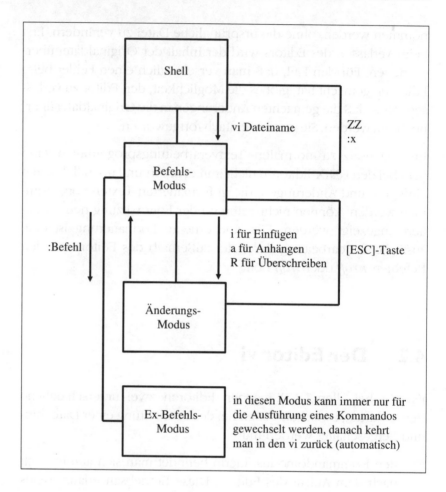

Abb. 4.1: Wechsel der Modi bei Arbeiten mit dem vi-Editor

Aufruf des vi-Editors

allgemein:

vi [-r] [-l] [-R] [-wn] [+Befehl] Datei

Optionen

-l   Lisp
            Schaltet automatisch den LISP-Modus ein. Sinnvoll, wenn in dieser Sprache programmiert wird.

-r Recover (zurückholen)
Ist das System in einer Editorsitzung ausgefallen, kann nach dem Neustart der Anlage die Bearbeitung an der Stelle fortgesetzt werden, an der man sich gerade befand, wenn man vom System eine entsprechende Mail erhält. Die Änderungen sind also nicht verlorengegangen, obwohl der aktuelle Stand nicht zurückgespeichert wurde.

vi -r Datei schreibt in diesem Fall den geretteten Text in die genannte Datei zurück.

vi -r erzeugt eine Liste der geretteten Dateien.

-R Read Only (Nur Lesen)
Die Datei wird nur im Lesemodus aufgerufen, es können keine Änderungen durchgeführt werden.

-wn Window (Fenster)
Die Größe des Bildschirminhalts wird auf *n* Zeilen eingestellt.

+Befehl Die Befehle stammen aus dem Vorrat des *ex*-Editors und werden abgearbeitet, bevor das eigentliche Editieren beginnt.

```
vi +n Datei
```

Beispiele

Der Inhalt der bezeichneten Datei wird ab Zeile *n* zur Bearbeitung auf dem Bildschirm gezeigt.

```
vi +Datei
```

Der Editor positioniert den Cursor am Ende der Datei so, daß sofort Zeichen dort angehängt werden können.

```
vi +/text Datei
```

Der Editor beginnt mit dem Cursor in der Zeile, in der zum ersten Mal der angegebene Textstring innerhalb der Datei steht.

Spezielle Funktionen beim Aufruf des vi

vi ⏎

Der Editor wird ohne Dateinamen gestartet, d. h. der Inhalt des Puffers ist keinem festen Dateinamen zugeordnet. Das kann später gemacht werden (:w Datei).

vi Datei(en)

Es wird die bezeichnete Datei zur Bearbeitung in den Puffer geladen. Sind mehrere Namen angegeben worden, kann mit :n jeweils die nächste Datei geladen werden. Die Eingabe des Kommandos :x beendet die gesamte Sitzung, d. h. Dateien, die bis zu diesem Zeitpunkt noch nicht in Bearbeitung waren, werden nicht mehr aufgerufen.

vedit

Startet den Editor in der Betriebsart »verbose«, d. h. es wird in der letzten Zeile des Bildschirms angezeigt, ob man sich gerade im Einfüge- oder Überschreibmodus usw. befindet. Die restliche Syntax gilt wie bei *vi*-Aufrufen.

4.3 vi-Kommandos

Da den meisten Anwendern klar ist, welche Aufgaben ein Editor zu erfüllen hat, sollen die Funktionen des *vi* im folgenden tabellenartig beschrieben werden, damit später dieser Teil als Nachschlagewerk benutzt werden kann.

Verlassen des Editors

Grundsätzlich muß durch Drücken der Esc -Taste zuerst der Editiermodus verlassen und in den Kommandomodus umgeschaltet werden, damit man einen Befehl zum Beenden des Editors eingeben kann (vgl. Abbildung 4.1). Eine Bestätigung, daß man tatsächlich im Kommandomodus ist, stellt der Sprung des Cursors in die unterste Bildschirmzeile nach Eingabe von »:« dar. Jetzt kann ein Befehl eingegeben werden (☞ Liste der Befehle). Wenn man sich nicht sicher ist, ob man die ⌈Esc⌉-Taste bereits gedrückt hatte, sollte man dies auf jeden Fall noch einmal tun, da eine mehrfache Eingabe nicht schadet. Die folgenden Zeichen werden sonst in die Datei übernommen und nicht als Befehl verstanden.

Sämtliche Kommandos müssen mit ⌈↵⌉ abgeschlossen werden, solange nicht anders beschrieben.

ZZ   Der Inhalt des Puffers wird auf die Festplatte zurücktransportiert und die Originaldatei mit der neuen Version überschrieben. Die Editor-Sitzung wird beendet. Dieses Kommando muß nicht mit ⌈↵⌉ abgeschlossen werden.

:wq   Write and Quit (= schreiben und beenden)
Der aktuelle Bearbeitungsstand der Datei wird abgespeichert und der Editor verlassen.

:w   Der Inhalt des Puffers wird auf die Originaldatei zurückgeschrieben, und die Editor-Sitzung geht anschließend an der gleichen Stelle weiter.

:w Datei   Schreibt den Pufferinhalt in die genannte Datei.

:w>Datei   Hängt den Pufferinhalt an die genannte Datei an.

:x   Exit (verlassen)
Wie *ZZ*.

:Q   Auf diese Weise kann in den *ex*-Editor umgeschaltet werden.

:q   Quit
Der Pufferinhalt wird nicht auf die Festplatte übernommen. Die alte Version bleibt erhalten. Wenn Änderungen gemacht wurden und dieser Befehl ge-

wählt wurde, erscheint eine Fehlermeldung, da in diesem Fall ein Verlassen des Editors aus Sicherheitsgründen nicht möglich ist. Abhilfe schafft der folgende Befehl.

:q! Quit
Der Pufferinhalt mit den aktuellen Änderungen geht verloren, und die Editor-Sitzung wird beendet.

Cursorposition

Eine Eigenart des *vi*-Editors ist, daß er teilweise die Kommandos, die er ausführt, nicht auf dem Bildschirm anzeigt. Der Anwender bekommt nur das Resultat zu sehen.

Um die folgenden Befehle eingeben zu können, muß erst mit Esc in den Kommandomodus gewechselt werden (vgl. Abbildung 4.1).

mit	wohin
^	Erstes Zeichen der aktuellen Zeile
0	Erste Spalte der Zeile
$	Letztes Zeichen der aktuellen Zeile
	Die Pfeiltasten reagieren, wie dort bezeichnet. Der gleiche Effekt ist mit den Tasten K, J, L, H zu erzielen (s. u.).
H	Ein Zeichen nach links
n H	n Zeichen nach links
←	Backspace (wie H)
Strg + H	wie *h*
L	Ein Zeichen nach rechts
n L	n Zeichen nach rechts

`[   ]`	Leertaste wie `L`. Zahl vor dem Leerzeichen führt zur *n*-maligen Anwendung dieser eingestellten Funktion.
`K`	Wenn möglich, in der gleichen Spalte eine Zeile aufwärts
n`K`	Wenn möglich, in der gleichen Spalte *n* Zeilen aufwärts
`J`	Wenn möglich, in der gleichen Spalte eine Zeile tiefer
n`J`	Wenn möglich, in der gleichen Spalte *n* Zeilen abwärts
`b`	Beginning (Anfang) Anfang des letzten Worts.
`B`	Beginning Anfang des letzten Worts, dessen Delimiter ein Blank ist. Delimiter sind die Zeichen direkt vor und hinter dem Wort.
`E`	Wortende vorwärts
`w`	word (Wort) Anfang des nächsten Worts
`W`	Word Anfang des nächsten Worts, mit Blank als Delimiter
`"`	Zurück zur letzten Position, an der etwas geändert wurde
`Strg`+`N`	Gleiche Spalte in der nächsten Zeile
`Strg`+`P`	Gleiche Spalte in der vorangegangenen Zeile
n`G`	go Springe auf die *n*-te Zeile der Datei
`G`	Cursor wird in der letzten Zeile positioniert
`+`	Textanfang in der nächsten Zeile

4.3 vi-Kommandos

`-`	Textanfang in der vorangegangenen Zeile
`⏎`	wie `+`
`H`	Home Linke obere Ecke des Bildschirms
n `H`	n-te Zeile des Bildschirminhalts
`M`	Middle (=Mitte) Springe in die mittlere Zeile des Bildschirms.
`L`	Last (letzte) Springe in die letzte Zeile des Bildschirms.
n `L`	Line (Zeile) n-te Zeile über dem unteren Bildschirmrand
`(`	Anfang des vorhergehenden Satzes; In Verbindung mit einer Zahl wird um die entsprechende Anzahl von Sätzen zurückgesprungen.
`)`	Ende des aktuellen Satzes; In Verbindung mit einer Zahl wird um die entsprechende Anzahl von Sätzen vorwärts gesprungen.
`{`	Anfang eines Absatzes, gekennzeichnet z. B. durch eine Leerzeile oder *ll* (s. u.). Die Angabe einer Zahl vorab bestimmt, um wieviele Absätze gesprungen wird.
`}`	Ende eines Absatzes, analog `{`
`[` `[`	Anfang eines Abschnitts, gekennzeichnet durch ^L oder *{*
`]` `]`	Ende eines Abschnitts, gekennzeichnet durch ^L oder *}*

4 Editieren unter UNIX

Blättern auf dem Bildschirm

Bevor eines der nachstehenden Kommandos eingegeben wird, muß auf jeden Fall der Kommandomodus eingeschaltet sein. Drücken der `Esc`-Taste stellt den gewünschten Modus ein (sollte es versehentlich doppelt eingegeben werden, ertönt die Tastaturglokke, sonst passiert nichts).

mit   **wohin**

`Strg`+`B`   Blättert in der Datei eine Bildschirmseite rückwärts. Wenn möglich, wird eine zweizeilige Überlappung eingerichtet. Eine Zahl vor dem Kommando bestimmt, um wieviele Seiten geblättert werden soll.

`Strg`+`D`   Der Dateiinhalt wird um eine halbe Bildschirmseite vorwärts weitergeblättert. Wird vor dem Kommando eine Zahl (n`Strg`+`D`) angegeben, dann scrollt der Bildschirm nur über diese Anzahl Zeilen. Die Einstellung wird für weitere `Strg`+`D` und `Strg`+`U`-Kommandos in der aktuellen Editorsitzung beibehalten.

`Strg`+`E`   Scrollt den Bildschirm um eine Zeile vorwärts und läßt den Cursor an der gleichen Stelle, relativ zum Textinhalt der aktuellen Zeile.

`Strg`+`F`   Blättert in der Datei eine Bildschirmseite weiter vorwärts. Eine zweizeilige Überlappung wird eingestellt, wenn es möglich ist. Eine Zahl vor dem Befehl bestimmt, wieviele Seiten vorwärts geblättert werden sollen.

`Strg`+`J`   Bewegt den Cursor in der gleichen Spalte eine Zeile tiefer. Eine Zahl vor dem Befehl bewirkt eine Bewegung über diese Anzahl Zeilen.

`Strg`+`M`   Führt den Cursor zum ersten Zeichen der nächsten Zeile, das kein Leerzeichen ist.

| Strg |+| N | Wie | Strg |+| J |.

| Strg |+| U | Blättert den Dateiinhalt um eine halbe Bildschirmseite zurück.

| Strg |+| Y | Schiebt den Bildschirminhalt um eine Zeile rückwärts.

| Z | | + | Blättert um eine Bildschirmseite weiter.

| Z | | - | Blättert eine Seite zurück.

| Z | | . | Verschiebt den Dateiausschnitt so, daß der Cursor in der mittleren Zeile des Bildschirms steht.

| Z | | ↵ | Die aktuelle Zeile mit dem Cursor wird die erste Zeile der Bildschirmausgabe.

| Strg |+| G | Ruft eine Statuszeile mit wichtigen Informationen über den aktuellen Bearbeitungsstand auf.

n| G | Go
Auf die n-te Zeile der Datei.

| G | Cursor wird in der letzten Zeile positioniert.

Neuaufbau des Bildschirms

mit **wohin**

| Strg |+| L | Es erfolgt ein Neuaufbau des Bildschirms.

| Strg |+| R | Löschen und Neuaufbau des Bildschirms.

| Z | Neuaufbau und Neupositionierung des Bildschirms (nur im Kommandomodus anwendbar).

Einfügen und Überschreiben

Voraussetzung dafür, daß die nachfolgenden Zeichen als Kommandos und nicht als Text verstanden werden, ist, daß zuvor die `Esc`-Taste gedrückt wurde. Der Modus, der durch die Kommandos eingeschaltet wird, läßt sich mit `Esc` wieder beenden (vgl. Abbildung 4.1). Erst dann kann in einen anderen Modus gewechselt werden.

Wird eine Datei neu eröffnet, muß erst einmal der Texteingabemodus eingeschaltet werden, bevor überhaupt eine Eingabe möglich ist. Mit Einfügen ist hier sowohl einfügen links von der aktuellen Cursorposition (i = insert, einfügen), rechts davon (a = append, anhängen), sowie das Hinzufügen ganzer Zeilen gemeint. Zum Einschalten der jeweiligen Betriebsart stehen die folgenden Kurzbefehle zur Verfügung:

1. Einfügen

`a` Startet den Anhängemodus, d. h. die folgenden Zeichen werden rechts vom Cursor eingefügt.

`A` Nachfolgende Zeichen werden am Zeilenende angehängt.

`$` `a` Wie `A`.

`i` Zeichen werden links vom Cursor eingefügt.

`I` Zeichen werden am Anfang einer Zeile eingefügt.

`o` Eröffnet eine neue Zeile unterhalb der aktuellen, positioniert den Cursor in der ersten Spalte, schaltet in den Einfügemodus und schreibt die folgenden Zeichen dort hinein.

`O` Wie `o`, jedoch wird die neue Zeile oberhalb der aktuellen eingefügt.

`u` Macht den letzten Befehl rückgängig.

| U | Macht alle Änderungen der aktuellen Zeile rückgängig.

| . | Wiederholt die gesamte letzte Änderung ab der Stelle, an der der Cursor gerade steht.

I a. Befehle im Einfügemodus

Diese Kommandos können eingegeben werden, ohne daß der Anwender vorher den Einfügemodus verlassen muß.

| ↵ | Eröffnet eine neue Zeile.

| ← | Löscht das letzte Zeichen, das eingegeben wurde.

| Strg |+| H | Wie | ← |.

| Strg |+| W | Löscht das letzte Wort, das eingegeben wurde.

| Strg |+| X | Löscht die Zeile, die zuletzt eingegeben wurde.

| \ | Hebt innerhalb von Texten die tatsächliche Wirkung der gerade beschriebenen Korrekturzeichen auf. Sie werden ohne Aufhebung vom Editor erkannt und ausgeführt.

| Strg |+| V | Dient der Eingabe von Steuerzeichen, die als echte Control-Sequenzen in die Datei eingefügt werden. Man kann diese Eingabe nicht durch ^ und den passenden Buchstaben nachahmen (^L), obwohl auf dem Bildschirm in beiden Fällen Identisches angezeigt wird.

| Esc | Beendet den Eingabemodus.

| Entf | Führt zum Abbruch des Eingabemodus.

I b. Einrücken

| Strg |+| D | Schaltet automatisches Einrücken ein.

| 0 | | Strg |+| D | Schaltet automatisches Einrücken aus.

`Strg`+`D`   Für die aktuelle Zeile wird nicht automatisch eingerückt, hebt die Wirkung des vorhergehenden `Strg`+`D` für eine Zeile auf.

2. Überschreiben/Ersetzen

`c`   Einschalten des Ersetzungsmodus, wobei ein mitlaufender $ auf dem Bildschirm das aktuelle Ende der Ersetzung markiert. In Verbindung mit dem Aufruf muß immer eine Bereichsangabe erfolgen, für die die Änderung gelten soll.

Beenden der Betriebsart mit `Esc`.

Beispiele

`c` `c`   Die aktuelle Zeile wird komplett durch den folgenden Text ersetzt.

n `c` `c`   Wie *cc*, jedoch werden n Zeilen statt einer ersetzt.

`c` `$`   Die Ersetzung reicht von der aktuellen Position bis zum Zeilenende, auch wenn weniger Text eingegeben wird.

`c` `w`   Das Wort, in dem der Cursor sich gerade befindet, wird durch den nachfolgenden Text ersetzt.

`C`   Ersetzung bis zum Ende der Zeile.

`r`   Nach diesem Kommando kann genau das Zeichen überschrieben werden, auf dem der Cursor steht, danach schaltet der Editor automatisch zurück in den Kommandomodus.

`R`   Schaltet den permanenten Überschreibmodus ein. Ab der aktuellen Cursorposition kann Text überschrieben werden. Ende mit `Esc`.

| s | Ersetzt das Zeichen unter dem Cursor durch den nachfolgend eingegebenen Text, der durch | Esc | beendet wird.

n | s | Wie s, jedoch werden die nächsten n Zeichen durch den Text überschrieben. Ende mit | Esc |.

| S | Der nachfolgend eingegebene Text ersetzt die aktuelle Zeile, d. h. nach Abschluß der Eingabe mit | Esc | ist der alte Text gelöscht.

Änderungen rückgängig machen

| u | Macht den letzten Befehl rückgängig.

| U | Macht alle Änderungen der aktuellen Zeile rückgängig.

Wiederholung der letzten Änderung an anderer Stelle

| . | Wiederholt die gesamte letzte Änderung ab der Stelle, an der der Cursor gerade steht. Dies gilt sowohl für Lösch-, als auch für Einfüge-/Änderungsvorgänge.

Suchen und Ersetzen

Die folgenden Befehle stammen aus dem Vorrat von *ed*, dessen Dienste zur Ausführung in Anspruch genommen werden. Sie alle müssen mit | ↵ | abgeschlossen werden und gelten nur einmal, d. h. man befindet sich nach deren Abarbeitung wieder im Kommandomodus. Sobald »:« eingegeben wird, springt der Cursor in die linke untere Ecke des Bildschirms und zeigt dort den gesamten Befehl an, bis er abgeschickt wird. Nach dem Ausführen des Kommandos springt der Cursor zurück in den Text, und zwar an die Stelle, wo er vor dem Befehlsaufruf stand.

»:« gehört eigentlich nicht zum Kommando. Es ist hier nur mit angegeben, damit das Einschalten des Befehlsmodus nicht vergessen wird.

:s/alt/neu/	*alt* steht für den bisherigen Text, *neu* für das, was dort eingetragen werden soll. Die Ersetzung wird nur einmal und nur in der aktuellen Zeile ausgeführt. Tritt die zu ersetzende Stelle mehrfach in einer Zeile auf, wird sie nur beim ersten Mal verändert.
:1,$s/alt/neu/g	Ersetzt in der gesamten Datei alle Strings *alt* durch *neu*. Dieses Kommando ersetzt auch Teile von Worten, deshalb muß man sich seinen Einsatz genau überlegen.
:m,n,s/alt/neu	In den Zeilen *m* bis *n* wird die Zeichenkette *alt* durch *neu* ersetzt, aber in jeder Zeile nur einmal. Tritt in einer Zeile der gleiche String mehrfach auf, wird er nur beim ersten Mal ersetzt.
:ns/alt/neu/	Ersetzt in der *n*-ten Zeile den Text *alt* durch *neu*, jedoch nur einmal (s. o.)
:s/alt/neu/g	Ersetzt in der aktuellen Zeile alle Texte *alt* durch *neu* (g=global).
:s/alt//	Löscht den Text *alt* in der aktuellen Zeile, wo er das erste Mal auftritt. Sollen alle Stellen der aktuellen Zeile gelöscht werden, muß an das Kommando noch *g* angehängt werden.
:&	Wiederholt das letzte Ersetzungskommando (nur vom Typ *:s...*).

Trennen, Zusammenziehen und Verschieben von Text und Zeilen

`↵` Im Einfüge- oder Überschreibmodus wird die aktuelle Zeile an der Stelle aufgetrennt, an der sich der Cursor befindet. Der rechts vom Cursor stehende Teil der Zeile wird an den Anfang einer neu eröffneten Zeile unterhalb der aktuellen transportiert. Sämtlicher nachfolgender Text bleibt unverändert.

`J` Im Kommandomodus bewirkt dieser Befehl, daß die nachfolgende Zeile hinten an die aktuelle Zeile angehängt wird, egal an welcher Position sich der Cursor innerhalb der Zeile befindet.

`>` Schiebt den Text nach rechts.

`<` Schiebt den Text nach links.

Löschen von Zeichen

`d` Ist der Indikator für einen Löschvorgang, dazu gehört jedoch eine Angabe des Bereichs, in dem gelöscht werden soll.

Beispiele

`d` `d` Löschen der gesamten aktuellen Zeile.

n `d` `d` Löschen von n Zeilen ab der aktuellen.

`d` `L` Löschen von der aktuellen Position bis zum unteren Bildschirmende.

`d` `w` Löschen des Wortes, in dem der Cursor steht.

`d` `)` Löschen bis zum Ende eines Absatzes.

`D` Löschen ab der aktuellen Cursorposition bis zum Zeilenende.

x	Löscht das Zeichen unter dem Cursor.
X	Löscht das Zeichen vor dem Cursor.
u	Macht den letzten Befehl rückgängig.
U	Macht alle Änderungen der aktuellen Zeile rückgängig.
.	Wiederholt die gesamte letzte Änderung ab der Stelle, an der der Cursor gerade steht.

Suchen im Text

/Begriff	Nach diesem Kommando wird der Dateiinhalt vorwärts nach dem angegebenen Begriff durchsucht, wobei nach dem Erreichen des Dateiendes die Suche am Anfang fortgesetzt wird, bis die Datei einmal komplett untersucht worden ist. Ist die Suche erfolglos, erscheint ein entsprechender Kommentar. Sonderzeichen müssen im Suchbegriff durch ein vorangehendes \ als normale Zeichen deklariert werden.
?Begriff	Wie /Begriff, jedoch wird die Datei rückwärts durchsucht.
/	Das letzte Kommando zur Vorwärtssuche wird wiederholt.
?	Das letzte Kommando zur Rückwärtssuche wird wiederholt.
n	Das letzte Suchkommando wird wiederholt, unabhängig von der Richtung.
fZeichen	Es wird in der aktuellen Zeile vorwärts nach dem Zeichen gesucht und der Cursor dort positioniert. Eine Zahl vor dem Kommando bestimmt, wie oft die Suche durchgeführt werden soll.
FZeichen	Wie fZeichen, jedoch Suche rückwärts.

tZeichen	Wie *fZeichen*, Cursor wird aber vor dem Zeichen positioniert.
TZeichen	Wie *FZeichen*, Cursor wird aber vor dem Zeichen positioniert.
`;`	Wiederholung des letzten *f*-, *F*-, *t* -oder *T*-Kommandos.
`,`	Wiederholung des letzten *f*-, *F*-, *t*- oder *T*-Kommandos, wobei die Bewegungsrichtung invertiert wird.
`^`	Steht in Suchbegriffen als Zeichen für den Zeilenanfang.
`$`	Steht für das Zeilenende in Suchbegriffen oder für das Dateiende, wenn er ohne weitere Zeichen als Suchbegriff angegeben wird.
n `□`	Bringt den Cursor in die *n*-te Spalte. Es muß eine Zahl angegeben werden.
`[` `[`	Sucht nach der nächsten {-Klammer (z. B. in C-Programmen).
`]` `]`	Sucht nach der nächsten }-Klammer (z. B. in C-Programmen).

Kopieren und Verschieben

Es gibt innerhalb des *vi*-Editors 27 Puffer, von denen 26 durch die Buchstaben des Alphabets bezeichnet werden und einer sozusagen automatisch ist. In diesen einen Speicher wird immer der gesamte zuletzt gelöschte Text (☞ die Kommandos im Abschnitt »Löschen von Zeichen«) geschrieben, der dann mit dem Kommando *u* (undo = rückgängig machen) wieder an die gleiche Stelle geschrieben werden kann, oder mit den *P*-Kommandos an anderer Stelle eingefügt werden kann. Die Befehle müssen außer denen, wo es extra erwähnt ist, nicht mit `↵` abgeschlossen werden.

Befehle zur Nutzung des automatischen Puffers

`y`	Kopiert das Zeichen unter dem Cursor in den automatischen Puffer.
n `y`	Kopiert n+1 Zeichen in den automatischen Puffer.
`y` `w`	Kopiert 1 Wort (in dem der Cursor steht) in den automatischen Puffer, das an anderer Stelle mit *p/P* hinter/vor dem Cursor eingefügt werden kann.
`y` `y`	Kopiert die aktuelle Zeile in den automatischen Puffer.
n `y` `y`	Kopiert inklusive der aktuellen Zeile insgesamt n Zeilen in den automatischen Puffer.
`y` `]` `]`	Wenn der Cursor auf einer geschweiften (*{*) Klammer steht, wird alles bis zur nächsten geschweiften (*}*) Klammer in den automatischen Puffer kopiert (sinnvoll für C-Programme).
`Y`	Wie `y` `y`.
`Y` `p`	Verdoppelt die aktuelle Zeile.
n `Y` `p`	Verdoppelt n Zeilen und fügt sie unterhalb der aktuellen ein.
`P`	Fügt den Inhalt des automatischen Puffers oberhalb der aktuellen Zeile ein.
`p`	Wie `P`, jedoch unterhalb der aktuellen Zeile.

Die restlichen 26 Puffer sind durch die Buchstaben des Alphabets bezeichnet und lassen sich gezielt ansprechen. Sollte in einer Sitzung von einer Datei zur nächsten gewechselt werden, geht der Inhalt der Puffer nicht verloren, solange der Wechsel mit dem Kommando *:e Neudatei* vollzogen und nicht mit *:x* oder *:q* der Editor unterbrochen wird. Angesprochen werden die Puffer im Kommandomodus durch z. B. *"a, "b* usw.

4.3 vi-Kommandos

"anyy   Kopiert *n* Zeilen in den Puffer *a*.

"bnw   Kopiert *n* Worte in den Puffer *b*.

"ap   Fügt den Inhalt des Puffers *a* unterhalb der aktuellen Zeile ein.

"bP   Fügt den Inhalt des Puffers *b* oberhalb der aktuellen Zeile ein.

Außer den gerade besprochenen Speichern gibt es neun Register, in denen die letzten neun Änderungen im Text gespeichert werden. Sie können mit dem Recover-Mechanismus wieder geladen werden. Bei einem Dateiwechsel, auch innerhalb einer Editorsitzung, geht ihr Inhalt verloren. Sie sind mit den Zahlen 1 bis 9 bezeichnet, wobei sich der zuletzt gelöschte String im Register mit der Nummer 1 befindet.

Beispiel   Als erste Zeichenkette wurde das Wort *Maus* aus der Datei gelöscht und vom System in das erste Register geladen. In den anderen steht bisher noch nichts, da der Editor gerade erst aufgerufen wurde.

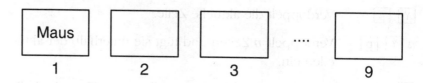

Als nächstes wurde der Begriff *Hund* gelöscht, er wird in das Register 1 transportiert und der bisherige Inhalt an das nächst höhere Register weitergereicht.

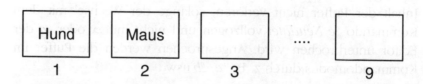

Es wird bei jedem Löschvorgang der Eintrag der Register weitergeschoben, bis ein String beim neunten Mal das letzte Register erreicht hat.

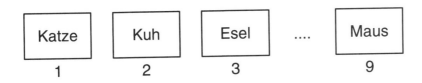

Wird jetzt noch eine Stelle aus der Datei gelöscht, dann wird diese wieder in das erste Register geschoben, und alle Inhalte wandern in das nächst höhere Register. Der Inhalt von Register 9 geht jetzt verloren und kann nicht mehr mit den unten beschriebenen Befehlen zurückgeholt werden.

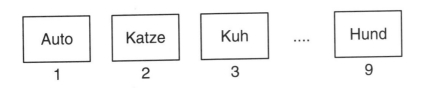

"1p   Erzeugt eine neue Zeile unterhalb der aktuellen und schreibt dort den Inhalt des ersten Registers hinein, "3p würde entsprechend das 3. Register zurückholen.

"1pu Mit dieser Kombination kann man die Registerinhalte auf dem Bildschirm anzeigen und anschließend wieder löschen lassen. Der eigentliche Zweck dieser Kommandofolge wird erst durch die Eingabe eines ».« sichtbar. Mit jedem Punkt wird entweder der gerade gezeigte Inhalt gelöscht oder der Registerzähler um eins erhöht und der Inhalt des nächsten Registers auf den Bildschirm geholt (☞ ».«-Kommando).

Gleichzeitige Bearbeitung mehrerer Dateien

:e Datei
Aus der Editorsitzung heraus wird eine neue Datei geladen, allerdings nur, wenn die, die sich bereits im Arbeitsspeicher befindet und geändert wurde, vorher abgespeichert wurde (:w). Sonst erscheint eine Fehlermeldung, oder ein Verlust der Änderungen wird bewußt durch die Verwendung des nachfolgend beschriebenen Befehls in Kauf genommen.

:e!Datei
So wird auf jeden Fall die genannte Datei in den Arbeitsspeicher geladen unter Verlust der Daten, die vorher darin standen.

:e#
Es wird die Datei geladen, die zuletzt vor der aktuellen innerhalb der jetzigen Editorsitzung bearbeitet wurde.

:e +Datei
Die genannte Datei wird geladen und der Cursor an deren Ende positioniert.

:e +n Datei
Der Bildschirminhalt beginnt mit der Darstellung des Dateiinhalts in der *n*-ten Zeile.

:e +/Zeichenkette Datei
Der Bildschirminhalt wird um die Stelle der Datei konstruiert, an der die Zeichenkette steht.

:e!
Das Original der aktuellen Datei wird erneut in den Arbeitsspeicher geladen, und alle in der bisherigen Sitzung gemachten Änderungen gehen verloren.

:n
Es wird die nächste Datei, die beim Aufruf des Editors in der Kommandozeile angegeben war, geladen. Wurde die aktuell bearbeitete Datei verändert, aber nicht abgespeichert (:w), dann erscheint eine Fehlermeldung.

:n!   Die nächste Datei der Aufrufliste wird ohne weitere Kontrolle (keine Fehlermeldung) in den Arbeitsspeicher geladen, und der vorherige Inhalt geht verloren.

:r Datei   Der Inhalt der genannten Datei wird unterhalb der aktuellen Zeile eingefügt.

Zurückschreiben aus dem Arbeitsspeicher auf die Festplatte

:w   Der Inhalt des Arbeitsspeichers wird auf die aktuell bearbeitete Datei zurückgeschrieben, ohne daß der Editor verlassen wird. Diese Anwendung ist sinnvoll zur Abspeicherung von Änderungen während einer längeren Bearbeitung der Datei. Der Inhalt des Arbeitsspeichers bleibt unverändert.

:w Datei   Der Inhalt des Arbeitsspeichers soll nicht in die Originaldatei, sondern in die genannte Datei geschrieben werden. Existiert diese Datei schon und beinhaltet Daten, dann erfolgt eine Fehlermeldung.

:w! Datei   Wie vorher, jedoch werden die Daten ohne Kontrolle in die genannte Datei geschrieben. Der alte Inhalt geht verloren.

:n,m w Datei   Die Zeilen der aktuellen Datei mit den Nummern von n bis m (:se nu zeigt die Zeilennumerierung) werden in die genannte Zieldatei geschrieben.

ZZ   Der Inhalt des Puffers wird auf die Festplatte zurücktransportiert und die Originaldatei mit der neuen Version überschrieben. Die Editorsitzung wird beendet.

:wq   Write and Quit
Abspeichern des aktuellen Bearbeitungsstandes der Datei und Verlassen des Editors.

:x   wie ZZ

Direkter Aufruf von Shell-Kommandos

Es gibt die Möglichkeit, UNIX-Kommandos direkt aus dem Editor heraus abzusetzen, ohne die Sitzung zu unterbrechen. Das ist sehr hilfreich, wenn man sich benötigte Daten nur anschauen will, ohne sie direkt in die aktuelle Datei zu übernehmen, oder wenn man Systeminformationen braucht.

:!Befehl   Der genannte Befehl wird ausgeführt und eine entsprechende Meldung auf dem Bildschirm ausgegeben (sie wird nicht in die Dateibearbeitung übernommen). Der Bildschirminhalt muß mit [Strg]+[L] anschließend erneuert werden.

:!!   Wiederholt das zuletzt eingegebene UNIX-Kommando.

:sh :csh   Beide starten eine neue (C-)Shell, in der ohne Einschränkung gearbeitet werden kann. Der Editor läuft im Hintergrund weiter, bis die neue Shell mit [Strg]+[D] oder [Strg]+[Z] beendet wird. Der Editor macht genau an der Stelle weiter, an der er vorübergehend verlassen wurde.

:r !Befehl   Diese Konstruktion bietet die Möglichkeit, das Ergebnis eines Shell-Kommandos in die Datei einzuarbeiten, und zwar an der Stelle, an der sich der Cursor gerade befindet.

!Befehl   In dieser Form wirkt der angegebene Befehl auf den Inhalt des Arbeitsspeichers, den man gerade mit dem Editor bearbeitet. Die Ausgabe des Kommandos wird anstelle des bearbeiteten Ursprungstexts in die Datei eingefügt (nur im Puffer).

Makrobefehle

Wenn im Speicher *a* ein Editor-Kommando hinterlegt wurde, wird dieses als Makro mit dem beschriebenen Aufruf ausgeführt.

@   Wiederholung des vorangegangenen Makrobefehls.

:map Makro-Befehl   Dem genannten Makro wird ein Editor-Kommando zugewiesen. Wird nun hinter dem *:* der Name des Makros angegeben, wird das dahinter verborgene Editorkommando ausgeführt.

:umap Macro   Löscht das genannte Makro.

:ab Name Text   Textpassagen können durch frei definierbare Abkürzungen ersetzt werden. Befindet man sich im Einfügemodus, wird der Originaltext eingefügt, jedoch nur, wenn die Kurzbezeichnung alleine steht. Als Teil eines Worts wird sie nicht erkannt.

:una   Löscht eine Abkürzung.

Zeichen mit besonderer Bedeutung

%   Hierunter versteht das System im Kommandomodus des Editors den Inhalt des Arbeitsspeichers der gerade bearbeiteten Datei (Beispiel: *:!% %.org*).

Wenn dieses Zeichen im Kommandomodus verwendet wird, ersetzt das System es durch den zuletzt in einem Kommando verwendeten Dateinamen.

#%   Wird angewandt, wenn zwischen zwei Dateien, die gleichzeitig bearbeitet werden, hin- und hergeschaltet werden soll.

~   Erscheint auf dem Bildschirm in den Zeilen, in denen sich in der Datei kein Text befindet. Es ist nur eine Auffüllung des Bildschirms. So werden auf dem Bildschirm Zeilen markiert, die im tatsächlichen Speicher nicht stehen.

Der Fall tritt z. B. dann auf, wenn nach dem Löschen von Zeilen der Bildschirminhalt nicht neu generiert wird.

:l Im Kommandomodus eingegeben bewirkt es, daß die aktuelle Zeile mit allen Sonderzeichen (z. B. $ für Zeilenende) dargestellt wird. Geht eine Zeile über 72 Zeichen hinaus, wird die Zeile aufgeteilt und der Umbruch am Zeilenende mit \ gekennzeichnet. Control-Zeichen werden in der Form ^I dargestellt, wobei das ^ für Strg steht. In diesem Fall handelt es sich um eine Control-Sequenz.

Einstellungsparameter für die Arbeitsweise des Editors

Die Einstellungen können sowohl beim Aufruf des Editors, als auch im laufenden Betrieb vorgenommen werden.

Beim Aufruf des Editors wird der Inhalt der Environmentvariablen *EXINIT* geprüft und die darin hinterlegten Parameter für die Einstellung der gewünschten Arbeitsweise verwendet. Dieser Eintrag muß in der jeweils benutzereigenen Datei *$HOME/.login* (bei *csh*) oder *$HOME/.profile* (bei *sh*) stehen, die beim Einloggen gelesen wird. Es ist darauf zu achten, daß in Dateien wie *.login* und *.cshrc*, die beim Start der C-Shell nacheinander abgearbeitet werden, nichts Gegensätzliches steht, da der letzte Eintrag für eine Variable übernommen wird.

Für die Shell lautet die Syntax zum Einschalten

```
EXINIT="set nu list";export EXINIT
```

und zum Ausschalten

```
EXINIT="set nonu nolist";export EXINIT
```

und für die C-Shell analog

```
setenv EXINIT "set nu list"
```

oder

```
setenv EXINIT "set nonu nolist"
```

Die Wirkung von *nu* und *list* ist weiter unten bei der Beschreibung der Optionen erklärt.

Im laufenden Betrieb muß mit Esc in den Kommandomodus gewechselt und ein Befehl mit folgender Syntax eingegeben werden:

```
:set    [=Zeichen]
```

Der Zusatz *Zeichen* gilt für einige Parameter wie z. B. *ht*, *ts* usw., die eine wahlweise Änderung zulassen. Die Änderung gilt nur für die aktuelle Editorsitzung.

```
:se    ?
```

Zeigt, ob die genannte Option eingeschaltet ist.

```
:se all
```

Zeigt die Einstellung aller Optionen.

Optionen

Die automatische Vorbelegung steht jeweils in Klammern. Das Rücksetzen einer Einstellung erfolgt, indem der Name des Parameters mit dem Vorsatz »no« versehen wird.

se nolist	Macht die List-Darstellung auf dem Bildschirm rückgängig.	Beispiel
ai	(noai) Bei den Kommandos *a*, *c*, und *i* im Einfügemodus wird jede Zeile wie die vorangehende mit führenden Leerzeichen versehen. Es wird sozusagen ein linker Randausgleich durchgeführt.	
ap	(noap) Es erfolgt ein Neuaufbau des Bildschirms, sobald eine Zeile gelöscht oder eingefügt wird.	

aw (noaw)
Der Arbeitsspeicherinhalt wird auf die Originaldatei zurückgeschrieben, egal ob der Editor verlassen oder nur eine neue Datei zur Bearbeitung geladen wird.

bf (nobf)
Sämtliche Control-Zeichen werden aus der Datei entfernt.

dir (dir=/tmp)
Normalerweise wird die Arbeitskopie einer Datei in /*tmp* angelegt. Mit dieser Option läßt sich ein anderes Directory wählen.

eb (noeb)
Treten Fehler in der Bedienung des Editors auf, ertönt zusätzlich zu den Meldungen auf dem Bildschirm ein akustisches Signal (^).

ht (ht=8)
Voreinstellung der Tabulatorabstände am Terminal.

ic (noic)
Bei der Textsuche entfällt die Unterscheidung von Groß- und Kleinbuchstaben.

lisp (nolisp)
Nach den Regeln der LISP-Sprache wird die Einrückung vorgenommen. Klammern werden nach den entsprechenden Vorschriften behandelt.

list (nolist)
Der Dateiinhalt wird inklusive aller Sonderzeichen auf dem Bildschirm dargestellt. $ steht für Zeilenende, ^*I* für Tabulator.

magic (nomagic)
Sonderzeichen werden in ihrer Bedeutung berücksichtigt und nicht als reine Textzeichen gewertet.

4 Editieren unter UNIX

mesg (nomesg)
In dieser Einstellung können auch Meldungen, die nicht vom Editor stammen, auf dem Bildschirm angezeigt werden. Hierunter fallen Meldungen des Superusers (*wall*) und der Mail-Dienst mit seiner Eingangsnachricht. Wird *nomesg* gesetzt, werden sämtliche Meldungen, die nicht vom Editor selbst stammen, unterdrückt.

nu (nonu)
Der Dateiinhalt wird in numerierten Zeilen auf dem Bildschirm ausgegeben. Die Zeilen werden teilweise umgebrochen, da durch diese Darstellung weniger Platz pro Zeile zur Verfügung steht.

para (para=IPLPPPQPP Llbp)
Hiermit werden die Grenzen der Absätze definiert, die bei den Befehlen mit geschweiften ({}) Klammern eingerichtet werden sollen.

prompt (noprompt)
Als Prompt bei Kommandos, die mit : aufgerufen werden, erscheint dieses Zeichen auf dem Bildschirm.

redraw (noredraw)
Immer wenn ein Zeichen eingegeben wird, erfolgt ein Neuaufbau der Zeile.

remap (noremap)
Makros werden rekursiv abgearbeitet.

report (report=5)
Werden durch ein Änderungskommando mehr als 5 Zeilen verändert, erscheint eine entsprechende Mitteilung auf dem Bildschirm.

scroll (scroll=1/2)
Definiert den Scroll-Bereich für die Scroll-Befehle.

sections (sections=SHNHH HU)
Definition der Grenzen bei den *[[-* und *]]*-Kommandos.

sh (sh=/bin/sh)
Der Pfadeintrag bestimmt, welche Shell beim entsprechenden *!*-Kommando gestartet wird. C-Shell, rsh usw. können auch dort eingetragen werden.

sw (sw=8)
Stellt die Schrittweite des Tabulators ein. Dieser Eintrag steuert auch den Sprung des Cursors bei den <- und >-Befehlen, wenn diese nicht mit einer vorangehenden Zahl eingegeben werden (z. B. 5<), die dann als Richtwert benutzt wird. Die Definition gilt auch bei dem Parameter *ai* und den Strg + D - Kommandos im Einfügemodus.

sm (nosm)
Dienst für das Editieren von Programmen. Bei der Eingabe von Klammern des Typs *)* oder *]* wird die als zugehörig erkannte öffnende Klammer jeweils für ca. 1 Sekunde hell unterlegt.

ts (ts=8)
Legt die Position der Tabulatoren in einer Zeile fest.

term (TERM)
Der Inhalt der Shell-Variablen *TERM* wird zur Definition des Terminal-Typs herangezogen. Unter dem Namen, der dort steht, wird der zugehörige Eintrag im Terminal-Definitions-File */etc/termcap* gesucht. Ist dort kein Eintrag zu finden, schaltet der Editor automatisch in einen Einzeilenmodus um, der keine spezielle Terminalanpassung braucht.

terse (noterse)
Die Fehlermeldungen erscheinen in Kurzform.

warn	(nowarn) Wurden die Änderungen in einer Datei nicht abgespeichert, bevor ein !-Befehl eingegeben wird, dann erscheint eine Fehlermeldung, und der Inhalt des Arbeitsspeichers wird nicht verändert.
window w300, w1200, w9600	(meist = 1200), abhängig von der Baudrate. Stellt die Anzahl der Zeilen/Bildschirmseite auf 8, 16 oder auf die Zahl der im System und nicht im Editor definierten Bildschirmzeilen ein.
ws	(nows) Schaltet die Ringsuche über Dateianfang oder -ende hinweg ein. Gilt für /- und ?-Suchmodus.
wm	(wm=0) Startet ein akustisches Signal, wenn hinter der Spalte wm noch ein Zeichen eingefügt werden soll.
wa	(nowa) Schreibt auf Dateien ohne vorherige Prüfung zurück.

LINUX

5 Linux	153
5.1 Die Bootdiskette	154
5.2 Vorbereitungen	157
5.3 Linux Installation	158
5.4 Installation der DLD	173
5.5 Installation von XInside Motif 2.0	178
5.6 Installation von LILO	181
5.7 Linux Systemkonfiguration	185
5.8 An- und Abmelden an Linux	195
5.9 Die mtools von Linux	196

5 Linux

Zu diesem Buch gehört eine CD, die ein leistungsfähiges UNIX-System für auf INTEL basierende Rechner enthält. Zum Einstieg in die UNIX-Welt eignet sich diese Variante hervorragend, auch wenn sie nicht durchgängig dem Hauptthema des vorliegenden Buches, UNIX System V Release 4, entspricht. In diesem Zusammenhang bedanken wir uns bei der Firma Delix Computer GmbH, Stuttgart, für die freundliche Kooperation und Zusammenarbeit.

An einem Beispiel soll erläutert werden, wie man die Daten auf der mitgelieferten CD installiert. Voraussetzung ist natürlich ein CD-ROM-Laufwerk, am besten eines mit SCSI-Anschluß. Die SCSI-Technologie hat den Vorteil, daß man nicht mit der begrenzten Anzahl von zulässigen Interrupts kollidiert, was häufig passiert, wenn ein Rechner mehrere interruptgesteuerte Erweiterungen besitzt wie z. B. eine Netzwerkkarte, Soundkarte, einen zweiten AT-Bus-Controller etc. SCSI erlaubt den Betrieb von bis zu sieben Geräten an einem einzigen Controller; dazu können Festplatten, Band- und CD-ROM Laufwerke, Scanner etc. gehören, die das SCSI-Interface unterstützen.

Unser Referenzsystem besteht aus einem 486er/66 mit einem Adaptec SCSI-Controller, einer CDC 525 MB-Festplatte, einem Wangtec Tapestreamer und einem Toshiba CD-ROM-Laufwerk.

Für andere und spezielle Systemumgebungen können alle weiteren Informationen über den Lieferanten von Linux bezogen bzw. erfragt werden. Die Adresse befindet sich auf der beiliegenden Registrierkarte.

Zu beachten ist bei einer SCSI-Konstellation, daß sämtliche Geräte am SCSI-Bus unterschiedliche IDs haben müssen, die gemäß den Herstellerangaben über DIP-Switches eingestellt werden, was selbst für Laien kein Problem darstellt. Angenehm bei dem vorliegenden Linux ist, daß die einmal erstellte Boot-Diskette beim Start die gesamte Konfiguration des Rechners prüft und alle aktuellen Einstellungen auf dem Bildschirm protokolliert. Dadurch ist es leicht herauszufinden, ob es Kollisionen zwischen installierten Komponenten gibt.

Die Deutsche Linux Distribution DLD ist ein in Deutschland entwickeltes, installationsfertiges Linux-System. Die DLD ist zugleich ein von anderen Linux-Distributionen unabhängiges System und weitestgehend abwärtskompatibel mit den über das Internet verteilten Linux-Systemen SLS und Slackware-Linux von Peter McDonald bzw. Patrick Volkerding.

Was den Einsatz der Deutschen Linux Distribution einfach macht, sind unter anderem eine standardisierte Systemkonfiguration und deutsche Anpassungen.

Mit dem menügeführten Installationsprogramm ist das System innerhalb kurzer Zeit installiert. Sie sollten sich aber dennoch diese Anleitung sorgfältig durchlesen, um unerwarteten Fragen nach Eingaben bei der Installation vorzubeugen.

5.1 Die Bootdiskette

Zur Installation der DLD werden zwei Disketten benötigt: Die **BOOT-Diskette** enthält mehrere Linux Kernels, dir die verschiedenen Rechnerkonfigurationen berücksichtigt. Die **ROOT-Diskette** enthält alle zur Installation benötigten Programme. Beide Disketten können unter MS-DOS direkt von CD-ROM mit dem Programm **install** erstellt werden.

Der Aufruf dieses Befehls setzt voraus, daß das CD-ROM-Laufwerk bereits unter MS-DOS ansprechbar ist. Hierzu sind die entsprechenden Treiber, die der Hersteller mitliefert, in die Startdateien CONFIG.SYS und AUTOEXEC.BAT einzutragen. Sind die Treiber erfolg-

5.1 Die Bootdiskette

reich geladen, erscheint das CD-ROM-Laufwerk als normales DOS Laufwerk.

Wechseln Sie nun in das Verzeichnis \DLD der CD-ROM, und wählen Sie eines der folgenden Images:

Name	Kernel	HDD/CD-ROM-Treiber
bootdsk1.img	Kernel 1	MFM/RLL/IDE/EIDE. Keine SCSI, keine Soundblaster CD-ROM. V. 1.2.12
	Kernel 2	MFM/RLL/IDE/EIDE, Soundblaster CD-ROM. Keine SCSI. V. 1.2.12
	Kernel 3	MFM/RLL/IDE/EIDE, SCSI, ATAPI-CD-ROM. V. 1.2.11
bootdsk2.img	Kernel 1	MFM/RLL/IDE/EIDE, SCSI, Adaptec, ATAPI-CD-ROM, keine IDE-CD-ROM. V. 1.2.12
	Kernel 2	Adaptec SCSI (15xx etc.), ATAPI-CD-ROM, keine IDE-CD-ROM. V. 1.2.12
	Kernel 3	Adaptec SCSI (27xx etc.), ATAPI-CD-ROM, keine IDE-CD-ROM. V. 1.2.12
bootdsk3.img	Kernel 1	Adaptec SCSI (15xx etc.), ATAPI-CD-ROM, IDE-CD-ROM. V. 1.2.11
	Kernel 2	Adaptec SCSI (27xx etc.), ATAPI-CD-ROM, IDE-CD-ROM. V. 1.2.11
rootdsk.img	---	Erstellt die DLD Root-Diskette.

Die Disketten dienen nicht nur zur Installation, sondern auch für die nachträgliche Anfertigung von Bootdisketten und zum Booten der DLD von der Festplatte. Die Installationsdisketten enthalten alle notwendigen Programme einschließlich der Editoren *vi* bzw. *elvis*, um ein nicht mehr bootfähiges System zu restaurieren.

Um Speicher zu sparen, wird nach dem Starten des Installationsprogramms *doinstall* bzw. nach dem Einloggen unter dem Namen *install* der Editor *vi* von der RAM-Disk gelöscht. Um den Editor *vi* verwenden zu können, sollte das Installationsprogramm *doinstall* nicht gestartet werden.

Die wichtigsten Befehle

Befehl	Funktion
doinstall	installiert die DLD (Linux)
fdisk	partitioniert die Festplatten
mke2fs	erstellt ein Linux-Filesystem (Linux)
mkswap	erstellt Swap-Space (Linux)
swapon	aktiviert Swap-Space (Linux)
swapoff	deaktiviert Swap-Space (Linux)
mkbootdisk	erstellt eine Bootdiskette für das Booten von Festplatte (Linux)
reboot	führt einen Warmstart durch
free	ermittelt den freien Arbeitsspeicher (Linux)
df	ermittelt die freie Festplattenkapazität
du	ermittelt den Speicherplatzbedarf von Files auf dem Datenträger
vi bzw. elvis	Editor vi/elvis
more	listet den Inhalt eines Files auf
ls	listet Filenamen und mehr
cp	kopiert Files
mv	verschiebt Files
rm	löscht Files

Befehl	Funktion
ln	erstellt Links
chmod	setzt die Zugriffsrechte von Files
chown	setzt die Benutzer/Gruppen ID von Files
mknod	erstellt Devicefiles
sync	schreibt die Filesystem-Puffer auf die Festplatte zurück
ping	sendet Request-Pakete über das Netzwerk
telnet	Programm für das TELNET-Protokoll

Die mit (Linux) gekennzeichneten Befehle sind in UNIX System V Release 4 nicht zu finden. Aus dieser ersten Liste kann man bereits ersehen, daß die Grundbefehle von UNIX System V Release 4 und Linux vielfach identisch sind.

5.2 Vorbereitungen

Bevor Sie mit der Installation von Linux beginnen, sollten Sie auf jeden Fall alle wichtigen Daten auf der Festplatte sichern.

Es ist nicht möglich, die DLD 2.1.1 über eine ältere Version zu installieren. Führen Sie in jedem Fall eine Datensicherung der Konfigurationsdateien durch.

An dieser Stelle soll noch einmal darauf hingewiesen werden, daß die Installationsdisketten kein DOS- sondern ein Minix-Filesystem enthalten und aus diesem Grund die MS-DOS-Befehle DIR und CHKDSK auf dieser Diskette zu unsinnigen Ergebnissen führen. Dies gilt besonders für den Befehl CHKDSK der mit der Option /F, der die Boot-Diskette unbrauchbar macht. Sie können Sicherungskopien unter Linux mit dem Befehl *diskcopy* erstellen. Dazu muß zuerst das Linux-Minimalsystem installiert oder geladen sein. Außer der Boot-Diskette sind alle Disketten im MS-DOS-Format und können z. B. mit dem MS-DOS-Befehl DISKCOPY kopiert werden.

Im Anschluß an die Installation benötigen Sie eine fehlerfrei formatierte (z. B. MS-DOS-Format) 3 1/2"-Diskette. Mit dieser Diskette kann das Linux System später von der Festplatte gebootet werden. Formatieren Sie vor der Installation sicherheitshalber mehrere Disketten, und achten Sie darauf, daß diese Disketten keine fehlerhaften Sektoren enthalten.

5.3 Linux-Installation

Booten

Legen Sie die Diskette *Boot* in das Laufwerk A: Ihres Rechners, und booten Sie. Nach dem Booten erscheint eine Meldung.

```
Deutsche Linux Distribution DLD 2.1.1
(c) 1993-1995 Delix Computer GmbH

Willkommen zur DLD 2.1.1!
...
```

Wählen Sie einen zu Ihrem System passenden Kernel aus. Sie haben die Wahl zwischen

➤ Kernel für Sony/Mitsumi/ATAPI-CD-ROM, kein SCSI

➤ Kernel für Soundblaster CD-ROM, kein SCSI

➤ Kernel für Sony/Mitsumi/ATAPI-CD-ROM, mit SCSI.

5.3 Linux-Installation

Zusätzlich können Sie Bootparameter übergeben. Dies ist vor allem dann hilfreich, wenn Sie über ein Sony CDU 31/33a Laufwerk verfügen, daß nur erkannt wird, wenn der Parameter *cdu* übergeben wird. Ähnliches gilt für Mitsumi-Laufwerke – hier lautet der Parameter *mcd*.

Falls die DLD bereits installiert wurde, können Sie auch direkt von der Bootdiskette eine Linux Rootpartition mounten, was z. B. dann sinnvoll ist, wenn es sonst keine Möglichkeit mehr gibt, diese Partition zu starten. Die entsprechenden Parameter lauten

```
[n].mount root=/dev/XXXX
```

wobei *[n]* die Nummer des Kernels und *XXXX* der Name der Root-Partition ist. Um zum Beispiel Kernel 3 von der zweiten Partition der ersten AT-Bus-Festplatte zu booten, geben Sie ein:

```
3.mount root=/dev/hda2
```

Während die Boodiskette abgearbeitet wird, erscheinen viele Meldungen auf dem Bildschirm, die die Ergebnisse verschiedener automatischer Tests sind und Aufschluß über die aktuelle Konfiguration geben.

Linux startet daraufhin und kopiert das System in eine RAM-Disk. Dabei werden einige Bildschirmseiten mit Systemmeldungen von gestarteten Prozessen und Dämonen sowie die unterstützte Hardware angezeigt. Legen Sie nach Aufforderung die Diskette *Root* in das Laufwerk ein. Nach etwa 30 bis 60 Sekunden ist das System geladen, und folgende Meldung wird ausgegeben:

```
Willkommen zur Deutschen Linux Distribution DLD 2.1.1

Loggen Sie sich mit "install" ein um in das
Installationsmenue zu gelangen.

dld login:
```

Bleibt Linux beim Hochfahren hängen, kann das an einem Hardwarekonflikt (DMA/IRQ oder I/O-Adresse) liegen. Testen Sie Ihr System z. B. mit einem Diagnoseprogramm. Prüfen Sie, ob alle Komponenten (Steckkarten, Bussystem, Mainboard usw.) kompatibel mit Linux sind. Entfernen Sie gegebenenfalls problematische Komponenten (z. B. Scannerkarte, Soundkarte, Netzwerkkarte) aus dem System, und testen Sie nochmals.

Sie können sich nun auf zwei Arten einloggen:

- als *root*, wenn Sie das System von Hand vorbereiten wollen, was für Nicht-Profis nicht ratsam ist, insbesondere, da diese Art der Installation im Rahmen dieser Kurzübersicht nicht weiter beschrieben wird
- als *install*, wenn Sie eine menügeführte Installation bevorzugen, wovon wir im weiteren ausgehen.

Sollten Sie sich nicht mit *install* einloggen können, benutzen Sie die falsche Bootdiskette.

Die Installation der deutschen Linux-Version ist recht einfach und läuft im wesentlichen in folgenden Schritten ab:

- 1. Partitionierung der Festplatte(n) mit *fdisk*.
- 2. Vorbereitung und Aktivierung einer Swap-Partition.
- 3. Erstellung eines Linux-Filesystems mit *mke2fs*.
- 4. Installation des Linux mit *doinstall*.

Nach dem Anmelden mit *install* kommt das menügesteuerte Installationsprogramm auf den Bildschirm, und es kann sofort losgehen. Auf dem Bildschirm erscheint die Anzeige:

```
DLD Installation
Willkommen zur Deutschen Linux Distribution DLD 2.1.1

(c) 1995 Delix Computer GmbH


Wählen Sie aus:
```

5.3 Linux-Installation

```
1 DLD Installation (Standard)
2 DLD Installation (UMSDOS)
3 Bootdiskette erstellen
h Hilfetext anzeigen
q Installation abbrechen
```

Bei der Standardinstallation wird die DLD auf Festplatte installiert. Die UMSDOS-Installation dient dazu, die DLD direkt von CD-ROM zu betreiben. Sie benötigen dann keine Linux-Partition, da auf einer DOS-Partition ein ca. 10 MB großes Minimalsystem installiert wird.

Der Betrieb von Linux von CD-ROM ist nur auf sehr schnellen Rechnern mit mindestens 16 MByte Speicher sinnvoll! Fertigen Sie unbedingt eine Boot-Diskette an, da Linux von UMSDOS nur mit Hilfe einer Bootdiskette gestartet werden kann.

Das erste Menü dient zur Partitionierung und Formatierung von Linux-Partitionen.

```
Partitionen einrichten

Wählen Sie aus:
1 Partitionen anzeigen
2 Mounten einer Linux Partition (mount)
3 Festplatte partitionieren mit fdisk ( Neustart)
4 Formatieren einer Linux Partition (mke2fs)
w weiter
```

Einteilung der Festplatte

Die Festplatte muß unter Linux ähnlich wie bei anderen Betriebssystemen auch partitioniert werden. Menüpunkt 1, »Partitionen anzeigen«, zeigt die aktuelle Einteilung der Festplatte an. Die wichtigen Teile der Partitions-Informationen sind die Namen der Festplattenbereiche (Devices) und die Größe der Partitionen (Blocks).

```
Disk /dev/sda: 64 heads, 32 sectors, 1001 cylinders
Units = cylinders of 2048 * 512 bytes

Device Boot Begin Start  End  Blocks   Id System
/dev/sda1     2     2    401  409600   6  DOS16-bit>=32M
/dev/sda2  *  1     1      1    1008   a  OPUS
/dev/sda3   402   402   1001  614400   5  Extended
/dev/sda4  * 402   402    551  153584   7  OS/2 HPFS
/dev/sda5  * 552   552    567   16368  82  Linux swap
/dev/sda6  * 568   568    867  307184  83  Linux native
/dev/sda7  * 868   868   1001  137200  83  Linux native

Disk /dev/sdb: 64 heads, 32 sectors, 121 cylinders
Units = cylinders of 2048 * 512 bytes

Device Boot Begin Start End Blocks   Id System
/dev/sdb1     1     1    121 123903+  83 Linux native
```

Die Namen der verschiedenen Festplatten-Partitionen sind wie folgt numeriert (*/dev/* ist jeweils voranzustellen):

```
IDE (AT-Bus):  hda    Festplatte 1 (gesamte Platte)
               hda1   Festplatte 1 Partition 1
               hda2   Festplatte 1 Partition 2
               ...
               hdb    Festplatte 2 (gesamte Platte)
               hdb1   Festplatte 2 Partition 1
               hdb2   Festplatte 2 Partition 2
               ...
SCSI:          sda    Festplatte 1 (gesamte Platte)
               sda1   Festplatte 1 Partition 1
               sda2   Festplatte 1 Partition 2
               ...
               sdb    Festplatte 2 (gesamte Platte)
               sdb1   Festplatte 2 Partition 1
               sdb2   Festplatte 2 Partition 2
```

Das Linux-Betriebsystem unterstützt mehrere Filesystemtypen:

5.3 Linux-Installation

> **Minix-Filesystem**: Die Größe dieses Filesystems ist auf 64 MByte, die Länge der Filenamen auf 14 Zeichen beschränkt. Minix-Filesysteme werden mit dem Programm *mkfs* erzeugt. Es findet meist nur auf den Linux-Bootdisketten Verwendung.

> **Extended-2 Filesystem**: Dieses Filesystem kann bis zu 4 Terabyte (4096 Gigabyte) groß sein. Die Filenamen können bis zu 255 Zeichen lang sein. Extended-2 Filesysteme werden mit *mke2fs* erstellt. Hierbei handelt es sich um das Standard-Filesystem von Linux.

Die Bezeichnung *Extended Filesystem* hat nichts mit den erweiterten Partitionen (*Extended Partitions*) zu tun. Beliebige Filesysteme (Minix oder Extended) können auf beliebigen Partitionen (primär oder erweitert) angelegt werden.

Geben Sie [1] ein, um die aktuelle Partitionierung Ihrer Festplatte(n) anzuzeigen.

```
Disk /dev/sda: 64 heads, 32 sectors, 1001 cylinders
Units = cylinders of 2048 * 512 bytes

Device     Boot Begin Start  End  Blocks   Id System
/dev/sda1         2     2    401   409600   6 DOS16bit>=32M
/dev/sda2  *      1     1      1     1008   a OPUS
/dev/sda3       402   402   1001   614400   5 Extended
/dev/sda5  *    402   402    551   153584   7 OS/2 HPFS
/dev/sda6  *    552   552    567    16368  82 Linux swap
/dev/sda7  *    568   568    867   307184  83 Linux native
/dev/sda8  *    868   868   1001   137200  83 Linux native

Disk /dev/sdb: 64 heads, 32 sectors, 121 cylinders
Units = cylinders of 2048 * 512 bytes

Device     Boot Begin Start  End  Blocks   Id System
/dev/sdb1         1     1    121   123903+ 83 Linux native
```
Beispielausgabe

Das Beispielsystem enthält zwei Festplatten: Die SCSI-Festplatte 1 (/dev/sda) ist in 2 primäre und 1 erweiterte Partition aufgeteilt. Die erste primäre Partition */dev/sda1* ist eine DOS-Partition. Die zweite

Erläuterung

primäre Partition */dev/sda2* bezeichnet den OS/2 Boot-Manager. Die Partition */dev/sda3* ist eine erweiterte Partition, die wiederum in vier logische Partitionen eingeteilt ist: zwei Linux-, eine Linux-Swap- und eine OS/2-Partition. Die zweite SCSI-Festplatte (*/dev/sdb*) enthält eine primäre Partition: */dev/sdb1*.

Partitionierung der Festplatte mit fdisk

Vor der Installation von Linux muß die Festplatte mit dem Befehl FDISK partitioniert werden. Wie bei MS-DOS ist eine Aufteilung der Festplatte in primäre (primary) und erweiterte (extended) Partitionen möglich; dabei können maximal vier (unter SVR4 mindestens sieben) Partitionen angelegt werden. Sie können für diese Partitionen sowohl primäre als auch erweiterte Partitionen verwenden, z. B. zwei primäre und zwei erweiterte Partitionen. Eine erweiterte Partition kann wiederum bis zu vier Partitionen enthalten, die vergleichbar mit den logischen Laufwerken bei MS-DOS sind. Während MS-DOS nur von primären Partitionen aus gebootet werden kann, ist bei Linux das Booten sowohl von primären als auch von erweiterten (logischen) Partitionen möglich.

Beim Löschen einer Partition gehen alle Daten in dieser Partition verloren. Sichern Sie deshalb vorher Ihre Daten! Haben Sie z. B. nur eine DOS-Partition, geht der gesamte Dateninhalt der Festplatte bei der Neu-Partitionierung verloren. Planen Sie genau, wie groß die Partitionen sein sollen, denn auch unter Linux ist eine spätere Änderung der Partitionen nur durch eine komplette Neuinstallation und damit einen obligatorischen Datenverlust möglich.

Starten Sie das fdisk Programm durch Eingabe von ⌐3⌐ im Installationsmenü. Jetzt müssen Sie den richtigen Gerätenamen eingeben:

- ➤ /dev/hda für die erste AT-Bus Festplatte
- ➤ /dev/hdb für die zweite AT-Bus Festplatte
- ➤ /dev/sda für die erste SCSI Festplatte
- ➤ /dev/sdb für die zweite SCSI Festplatte

5.3 Linux-Installation

Mit dem Programm fdisk wird die angegebene Festplatte partitioniert. Durch Eingabe von [M] erhalten Sie eine Übersicht über alle verfügbaren Befehle des fdisk-Programms. Die wichtigsten fdisk-Funktionen sind:

Das Programm fdisk

Parameter	Funktion
p	listet alle Partitionen
n	legt eine neue Partition an
d	löscht eine Partition
m	zeigt das Hilfe-Menü
v	überprüft die Partitionen
w	schreibt die Partitionen auf die Festplatte
q	verläßt das fdisk-Programm
t	ändert die ID-Nummer einer Partition
l	listet die bekannten Partitionstypen auf

```
Welche Festpl. wollen Sie partitionieren?
/dev/sda
Command (m for help): m
Command action
   a   toggle a bootable flag
   d   delete a partition
   l   list known partition types
   m   print this menu
   n   add a new partition
   p   print the partition table
   q   quit without saving changes
   t   change a partition's system id
   u   change display/entry units
   v   verify the partition table
   w   write table to disk and exit
   x   extra functionality (experts only)
```

Beispiel für die erste SCSI-Festplatte

Linux erkennt folgende Partitions-Typen. Die Auflistung enthält jeweils den Hex-Code und den Typnamen.

0	Empty	8	AIX	75	PC/IX	b8	BSDI swap
1	DOS 12-bit FAT	9	AIX bootable	80	Old MINIX	c7	Syrinx
2	XENIX root	a	OPUS	81	Linux/MINIX	db	CP/M
3	XENIX usr	40	Venix 80286	82	Linux swap	e1	DOS access
4	DOS 16-bit <32M	51	Novell?	83	Linux native	e3	DOS R/O
5	Extended	52	Microport	93	Amoeba	f2	DOS secondary
6	DOS 16-bit >=32	63	GNU HURD	94	Amoeba BBT	ff	BBT
7	OS/2 HPFS	64	Novell	b7	BSDI fs		

Um Linux zu installieren, benötigen Sie mindestens eine Partition. Sollen alle mitgelieferten Pakete der Linux-CD auf die Festplatte, sind folgende Mindestgrößen zu berücksichtigen:

Paket	**Kapazität**
DLD Minimalsystem	30 MByte
DLD Standardsystem	150 MByte
DLD Erweitert	270 MByte
DLD Premium	400 MByte
DLD Komplett (alle Serien	ca. 650 MByte
XInside Motif 2.0 (Dev. + Run. + Doc.)	+20 MByte

Die Installation von Linux mit Rückfrage erlaubt das Aufspielen des wesentlich kleineren Systems im Gegensatz zur Anwahl der Gesamtinstallation. In diesem Fall werden alle Pakete auf die Festplatte gespielt.

Anlegen der Linux-Partitionen

Befindet sich bereits ein Betriebssystem auf der Festplatte, auf die das Linux-System aufgespielt werden soll, ist die Festplatte neu zu partitionieren, falls nicht mehr genügend Platz im verbleibenden Rest ist. Sichern Sie zuerst die Daten der bestehenden Plattenbereiche, und richten Sie anschließend die Platte neu ein.

Wie bereits weiter oben erwähnt, sollte die Partitionierung der Festplatte gut überlegt sein, da eine neue Partitionierung wegen der Menge der zu sichernden Daten mit viel Aufwand verbunden ist und eine Änderung benutzter Partitionen nicht ohne Datenverlust möglich ist. Bei einer 540 MByte-Festplatte, auf der 340 MByte für Linux reserviert werden soll, könnte eine geeignete Partitionierung wie folgt aussehen:

- Primäre Partition: 200 MByte (MS-DOS)
- Primäre Partition: 320 MByte (Linux root)
- Erweiterte Partition: 20 MByte (Linux swap)

Beim Anlegen einer neuen Partition muß deren Größe in Zylindern angegeben werden. Die Größe einer Partition in Bytes berechnet sich folgendermaßen:

```
<Zylinder> * <Köpfe> * <Sektoren> * 512.
```

Die Größe der Partitionen in Blöcken zu 1 KByte kann jederzeit mit *p* innerhalb des *fdisk*-Befehls angezeigt werden.

Nachdem Sie eine oder mehrere Linux-Partitionen (primäre und/oder erweiterte Partitionen) mit *n* angelegt haben, geben Sie den Befehl *v* ein, um die Partitionen zu überprüfen. Falls beim Anlegen einer Partition eine Meldung über (wenige) ungenutzte Sektoren erscheint, können Sie diese Meldung ignorieren. Die Partitionstabelle wird anschließend mit dem Befehl *w* abgespeichert; *fdisk* verlassen Sie mit *q* für *quit*.

Verlassen Sie *fdisk*, ohne zuvor die Partitionsdaten mit *w* gesichert zu haben, gelten weiter die alten Einstellungen.

Wenn die Partitionstabelle einer Festplatte verändert wurde, muß das System anschließend neu gebootet werden. Das geschieht durch die Eingabe von *reboot*. Vor dem Reboot darf unter keinen Umständen *mke2fs* oder *mkswap* ausgeführt werden.

Bei der Installation von MS-DOS 6.x werden unter Umständen die Partitionstabellen und die Daten der gesamten (!) Festplatte gelöscht. Daher sollte die MS-DOS 6.x-Installation vor der Linux-Installation erfolgen. Das MS-DOS 6-Update verhält sich neutral. Das gleiche gilt für OS/2. Sie sollten hier die erste, bootfähige Linux Rootpartition mit dem *fdisk*-Programm von OS/2 erstellen und diese Partition zum OS/2 Bootmanager-Menü hinzufügen.

Anlegen einer Linux-Swap-Partition

Das Linux-System unterstützt Prozesse mit einem Speicherbedarf von maximal 3 GByte. Da ein PC jedoch selten soviel RAM hat, muß der virtuelle Speicher mit Hilfe einer Swap-Partition vergrößert werden. Dort hinein werden Prozesse ausgelagert, die noch nicht fertig abgearbeitet sind, aber wegen des Multitasking von UNIX aktuell nicht bearbeitet werden. (Es ist auch die Auslagerung auf eine Swap-Datei möglich.)

Die virtuelle Speicherverwaltung von Linux verwendet das effizientere Paging-Verfahren und nicht Swapping; trotzdem wird für den Auslagerungsbereich der Name Swap-Partition benutzt, der historisch gewachsen ist.

Die Größe der Swap-Partition orientiert sich an der Kapazität des Arbeitsspeichers Ihres Computers und am Speicherbedarf der auszuführenden Programme und sollte bei PCs im Bereich von 5 bis 50 MByte liegen. Angelegt wird diese Partition über *fdisk*; ändern Sie den Typ der Partition – mit dem Kommando *t* – auf 82 – Linux

5.3 Linux-Installation

Swap. Nachdem Sie eine Partition erzeugt haben, können Sie nach dem erneuten Booten und Einloggen mit *install* die Swap-Partition einrichten und aktivieren.

```
mkswap -c /dev/<partition> <number of blocks>
swapon /dev/<partition>
```

```
mkswap /dev/hda4 16380
swapon /dev/hda4
```

Beispiel

In diesem Beispiel wird eine Swap-Partition von 16380 Blöcken zu je 1 KByte Größe auf der vierten Partition der ersten AT-Bus Festplatte initialisiert und aktiviert. Entnehmen Sie die Blockanzahl bitte dem Programm *fdisk*.

Die Geschwindigkeit des X-Windows-Pakets hängt in hohem Maße von dem verfügbaren Speicher ab und erhöht sich wesentlich mit einer vernünftigen Größe der Swap-Partition.

Zur automatischen Aktivierung der Swap-Partition beim Booten sollten Sie die folgende Zeile in die Datei */etc/fstab* eintragen:

```
/dev/<partition>      none      swap
```

wobei *<partition>* die Geräte- und Partitionskennung der Swap-Partition darstellt (☞ Kapitel 5.7, Abschnitt »Die Datei */etc/fstab*«).

Formatieren einer Linux Partition

Sollten Sie sich nicht die Größen der eingerichteten Partitionen notiert haben, müssen Sie jetzt wieder mit *fdisk* arbeiten, Menüpunkt 1. Mit *p* können Sie sich eine Liste der Partitionen anzeigen lassen. Die wichtigen Teile der Partitions-Informationen sind die Festplatten-Bezeichner (Devices) und die Größe der Partitionen (Blocks). Die untenstehende Tabelle zeigt die Ausgabe von *fdisk* bei einer primären DOS-, einer primären Linux- und zwei erweiterten Linux-Partitionen auf einer SCSI-Platte. Notieren Sie sich die Festplatten-Bezeichner und die Anzahl der Blöcke.

Die primäre Linux-Partition ist im Beispiel /dev/sda2 mit 64512 Blöcken.

```
Device    Boot Begin Start  End    Blocks Id System
/dev/sda1  *    2     33    401408 200688  6 DOS16-bit>=32M
/dev/sda2       1    401409 530432  64512 83 Linux native
/dev/sda3       1    530433 643072  56320  5 Extended
/dev/sda5       2    530434 622592  46079 83 Linux native
/dev/sda6       2    622594 643072  10239 83 Linux native

Command (m for help):
```

Beenden Sie *fdisk* durch Eingabe von *q*.

Formatieren mit dem Installationsmenü

Wählen Sie im Installationsmenü Punkt 4 »Formatieren einer Linux Partition« (*mke2fs*), gefolgt von der zu formatierenden Partition. Nach einem Warnhinweis und entsprechender Rückbestätigung kann die Partition formatiert werden. Anschließend müssen Sie der soeben formatierten Partition einen Verzeichnisnamen zuweisen. Der ersten Partition sollte immer das »/« (Root)-Verzeichnis zugewiesen werden. Weitere Partitionen können z. B. /*usr* oder /*home* sein.

Weisen Sie niemals den Verzeichnissen /*bin*, /*etc* oder /*sbin* eigene Partitionen zu. Das System kann sonst nicht gebootet werden, da diese Verzeichnisse wichtige Files enthalten, die beim Bootvorgang benötigt werden, dann jedoch noch nicht gemountet sind.

Im Menü werden Sie gefragt:

```
Welche Partition wollen Sie formatieren?

/dev/sda2
```

Es folgen einige Bildschirmmeldungen.

```
Das Schreiben des Filesystems kann einige Zeit
dauern, bitte warten Sie...
```

```
mke2fs 0.5a, 5-Apr-94 for EXT2 FS 0.5a, 94/03/10
4368 inodes
17407 blocks
870 blocks reserved for the super user
First data block=1 (1)
Block size=1024 (log=0)
Fragment size=1024 (log=0)
3 blocks groups
8192 blocks per group
8192 fragments per group
1456 inodes per group
Superblock Backups stored on blocks:
512    1024

Writing inode tables: Done

Writing superblocks and filesystem accounting information: Done

Soll dies die Root Partition werden ?

            <Ja>   <Nein>
```

Mounten von Linux-Partitionen

Jede Linux-Partition müssen Verzeichnisse zugewiesen werden. Für das Root-Verzeichnis »/« wird in jedem Fall eine Partition benötigt, in der auch sämtliche anderen Verzeichnisse liegen dürfen (z. B. im Falle einer kleinen Festplatte). Weitere Verzeichnisse, z. B. /home oder /usr, können bei großen Platten auf andere Partitionen gelegt werden. Um die neu formatierten Partitionen ansprechen zu können, müssen sie nach Abschluß des Formatiervorgangs gemountet (eingehängt) werden, und zwar unter vereinbarten Namen.

Es gibt zwei Möglichkeiten zum Mounten von Partitionen:
➤ 1. Möglichkeit – Die Root-Partition ist noch nicht gemountet. In diesem Fall müssen Sie zuerst die Partition spezifizieren, die

auf Root – also nach »/« gemountet wird, d. h., dem Namen, unter dem sie später angesprochen wird. Wählen Sie dazu Punkt ☐2 im Installationsmenü; das Programm zeigt eine Liste der möglichen Linux-Partitionen, die gemountet werden können.

```
Verfügbare Linux-Partitionen:
Es sind folgende Swap-Partitionen vorhanden:

Device    Boot Begin Start End  Blocks  ID System
/dev/sda2      492   492   517  26623+  82 Linux native
/dev/sda4      669   669   920  258047  82 Linux native

Welche Partition wollen Sie mounten?
/dev/sda2

Soll diese Partition als Root-Verzeichnis
gemountet werden?
```

➤ 2. Möglichkeit – Die Root-Partition wurde bereits gemountet. Geben Sie in diesem Fall die Partition und das entsprechende Verzeichnis an, das gemountet werden soll.

```
Verfügbare Linux-Partitionen:
Es sind folgende Swap-Partitionen vorhanden:
Device    Boot Begin Start End  Blocks  ID System
/dev/sda2      492   492   517  26623+  82 Linux native
/dev/sda4      669   669   920  258047  82 Linux native

Welche Partition wollen Sie mounten?
/dev/sda2

An welchen Pfad soll diese Partition gemountet
werden?

/dev/sda2
```

Die so gemounteten Partitionen werden nach der Installation automatisch in die Datei */etc/fstab* eingetragen.

➤ 1. Die Partition existiert nicht (Eingabefehler). Lassen Sie sich mit Menüpunkt 1 alle Partitionen anzeigen, und versuchen Sie es erneut.

➤ 2. Falscher Partitionstyp. Die Partition muß vom Typ *Linux native* sein, d. h. die Id = 82 tragen. Verändern Sie mit *fdisk* den falschen Typ (Menüpunkt 2) mit anschließendem Reboot.

➤ 3. Ungültiges Filesystem – z. B. nicht formatiert. Legen Sie ein Linux-Filesystem an, und mounten Sie dieses Filesystem erneut.

➤ 4. Die Partition ist bereits gemountet.

Mögliche Fehler

5.4 Installation der DLD

Nachdem die Linux-Filesysteme angelegt und die Partitionen gemountet sind, können Sie mit der Software-Installation beginnen. Als erstes muß die Installationsquelle ausgewählt werden:

```
Installations-Quelle

1   Installation von CDROM
2   Installation von Disketten
3   Installation von Festplatte
4   Installation ueber Netzwerk (mit NFS)
```

Geben Sie hier an, von welchem Datenträger installiert werden soll. Sie können von Diskette, von Festplatte, von CD-ROM oder über Netz installieren.

Installation der DLD von CD-ROM

Für die Installation von CD-ROM wird die Gerätekennung des CD-ROM-Laufwerks benötigt. Für ein SCSI-Laufwerk lautet die

Gerätekennung */dev/scd0*, bei einem Mitsumi-Laufwerk */dev/mcd* und bei einem Sony-Laufwerk Typ 535 */dev/sonycd* bzw. */dev/cdu31a* für ein Sony CDU31A/33A. Bei ATAPI CD-ROM-Laufwerken wählen Sie *e Laufwerksbezeichner eingeben*. Findet Linux kein CD-ROM-Laufwerk, können Sie nicht direkt von CD-ROM installieren. In diesem Fall müssen Sie eine Diskettenversion anfertigen oder eine Installation von DOS-Festplatte vornehmen. Starten Sie dazu MS-DOS, und wechseln Sie auf der CD-ROM in das Verzeichnis DLD. Da die CD-ROM ein ISO9660 Filesystem (mit Rockridge Erweiterung) enthält, sollte dies kein Problem sein. Anschließend kopieren Sie die einzelnen Unterverzeichnisse auf Disketten oder auf die DOS-Festplatte und starten die Installation. Wenn Ihr CD-ROM-Laufwerk von Linux unterstützt wird, können Sie nach einem Kernel-Rebuild das Laufwerk ansprechen.

```
Installation der DLD von CD-ROM.
```

```
/dev/scd0     SCSI Laufwerk
/dev/mcd      Mitsumi Laufwerk
/dev/sonycd   Sony CDU31A/33A
/dev/cdu535   Sony 535
/dev/sbpcd    Matsushita/Panasonic(Soundb.)
/dev/aztcd0   Aztech CDA268-01A, Orchid CD-3110
/dev/hdb      ATAPI-Laufwerk (als 2. Laufwerk)
/dev/hdc      ATAPI-Laufwerk (als 3. Laufwerk)
/dev/hdd      ATAPI-Laufwerk (als 4. Laufwerk)
e             Laufwerksbezeichner eingeben
```

Linux kann auch direkt von der Festplatte installiert werden, wenn die zu installierenden Pakete in eigene Unterverzeichnisse kopiert wurden. Nach der Auswahl der Festplattenpartition, dem Installationspfad und dem Filesystem auf der Partition, ist das System vorbereitet.

Auswahl des Linux-Basissystems

Geben Sie nun ein, welches Basissystem installiert werden soll. Wählen Sie ein System entsprechend Ihrer Festplattenkapazität.

```
Auswahl des DLD-Basissystems
(Im nächsten Menü können weitere Serien angegeben werden)

Wählen Sie aus:

1 DLD Minimalversion:A                                   (16MB)
2 DLD ohne X-Windows:A,B,C                               (67MB)
3 DLD Lite:         A,B,X                                (62MB)
4 DLD Standard:A,B,C,X,XV,X386,XSERVER,DOC              (147MB)
5 DLD Erweitert:s.o+NET,XDEVEL,IV,XGAMES,TCL,TEX(262MB)
6 DLD CD-ROM: s.o+XAPP,DEMO,EMACS,APP,ANDREW   (396MB)
b Benutzerdefinierte Paketauswahl (nächstes Menü)
l Legende anzeigen
d DLD Softwareliste ausgeben
i Bereits installierte Serien anzeigen
f Verfügbarer Festplattenplatz anzeigen
q Installation beenden

            <OK>      <Cancel>
```

Eine ausführliche Liste der einzelnen Pakete können Sie sich mit *d* anzeigen lassen, in der Sie selbst die zu installierenden Pakete auswählen können.

Auswahl der Linux-Zusatzpakete

Nachdem Sie das Basispaket gewählt haben, können Sie noch weitere Pakete auswählen. Durch Eingabe eines Kreuzes können zusätzliche Pakete selektiert und so zum vorher gewählten Basissystem hinzugenommen werden. Alle Pakete, die mit einem (x) markiert sind, werden bei der Installation anschließend auf die

Festplatte gespielt. Bitte achten Sie bei der Installation auf eine ausreichende Speicherkapazität der Festplatte.

```
Wählen Sie zusätzliche Pakete:

[x] DLD Minimalsystem
[x] DLD Basissystem
[ ] Netzwerkprogramme
[x] C/C++ -Compiler
[ ] Dokumentation
[x] X-Windows
[ ] XView
[x] X-Server für Beschleuniger Karten
[ ] XFree Link Kit
[ ] Interviews
[x] TeX/LaTeX
[x] Erweiterungen
[x] Emacs Texteditor
[ ] XInside Motif 2.0 Runtime
[ ] XInside Motif 2.0 Development
[ ] XInside Motif 2.0 Dokumentation
[ ] Motif Applikationen
[ ] Zusatzprogramme
[ ] Nicht aufgefuehrtes Paket installieren
[ ] DLD Updates und Patches
[ ] Verfuegbaren Festplattenplatz anzeigen
[x] Kein weiteres Paket


          <OK>      <Cancel>
```

Hinter den Paketen wird die erforderliche Festplattenkapazität angegeben. Mit der Leertaste wählen Sie alle zu installierenden Pakete. Die Installation beginnen Sie mit ⏎ . Im Anschluß können Sie zwischen einer automatischen oder interaktiven Installation wählen. Haben Sie wenig Festplattenkapazität zur Verfügung, empfiehlt sich die interaktive Methode. Bei dieser Art der Installation werden Sie bei jedem Paket gefragt, ob es installiert werden soll oder ob Sie das Paket lieber weglassen wollen. Mit einer individu-

5.4 Installation der DLD

ellen Installation kann viel Festplattenplatz einspart werden. Jedem Paket ist eine Priorität zugeordnet. Mögliche Prioritäten sind:

- Notwendig
- Empfehlenswert
- Optional

Übergehen Sie nur Pakete, die die Priorität *Optional* oder *Empfehlenswert* tragen. Keinesfalls sollten Pakete mit der Priorität *Notwendig* übergangen werden, es sei denn, diese Pakete wurden zu einem früheren Zeitpunkt bereits installiert.

```
Installation der Pakete:

1 Installation aller angegebenen Pakete ohne Auswahl
2 Installation der notwendigen und empfehlenswerten
  Pakete ohne Auswahl
3 Installation der notwendigen Pakete mit Auswahl
4 Installation der notwendigen und empfehlenswerten
  Pakete mit Auswahl
0 Paket(e) doch nicht installieren
```

Haben Sie alle Pakete ausgewählt, sehen Sie fortlaufend die Beschreibungen der einzelnen Pakete laut untenstehender Form:

```
-------------------------------------------------
Archiv Name: ==>e2fsbn<==   Prioritaet: [Notwendig]
Archiv Beschreibung:

e2fsbn:  Programme fuer das extended-2 Filesystem.

Groesse komprimiert: 45 KByte,
Groesse unkomprimiert: 110 KByte.

Installiere...
Fertig.
-------------------------------------------------
```

Die Installation des kompletten Entwicklungssystems mit C/C++ Compiler und X-Windows (Extended Version, insgesamt ca.

235 MByte) benötigt ca. 40 Minuten, falls der Rechner über 8 MByte oder mehr RAM verfügt. Bei nur 4 MByte RAM verlängert sich die Installation; sie kann dann mehrere Stunden dauern. In jedem Fall ist vorab ein Swap-Space anzulegen. Falls eine vorhandene Linux-Installation überschrieben wird, erscheint in manchen Fällen die Warnung

`Symbolic link failed. File exists.`

Diese Meldung können Sie ignorieren.

Nach der Installation müssen Sie noch einige Fragen bezüglich Ihrer Rechnerkonfiguration beantworten. Anschließend werden Sie aufgefordert, eine formatierte Diskette einzulegen. Auf diese Diskette wird der Linux-Systemkern kopiert. Sie benötigen diese Diskette später, um das Linux-System von der Festplatte zu booten. Nach Abschluß der Installation rebooten Sie den Computer entweder durch den Befehl *reboot* (über die Bootdiskette kann auch mit der Tastenkombination [Strg]+[Alt]+[Entf] gebootet werden) bzw. automatisch bei der menügeführten Installation und legen die zuvor erstellte Linux-Bootdiskette ein.

Wenn alles funktioniert hat, können Sie sich nach dem Bootvorgang (dauert etwa 30 Sekunden) auf dem neu installierten Linux einloggen.

5.5 Installation von XInside Motif 2.0

Auf der CD befindet sich eine komplette Motif Entwicklerumgebung. Es handelt sich um ein kommerzielles Produkt, das über eine optional erhältliche Lizenz installiert werden kann. Sie können den zur Installation benötigten Aktivierungsschlüssel mit der beiliegenden Registrierkarte erwerben. Die Installation von XInside Motif kann über das menügeführte Installationsprogramm der Bootdiskette oder im laufenden System mit dem *sysinstall*-Programm erfolgen.

Bitte lesen Sie vor der Installation von XInside Motif den Software-Lizenzvertrag.

Installation von CD-ROM

Auf der DLD CD-ROM befindet sich das komplette XInside Motif 2.0-Entwicklungssystem in verschlüsselter Form. Um dieses System zu installieren, werden außer der Motif-Lizenz drei Aktivierungsschlüssel benötigt. Zur Installation geben Sie die folgenden Befehle ein:

Für das Laufzeitpaket (wird auf jeden Fall benötigt):

```
sysinstall -instsrc /cdrom/dld -volume ximrun
```

Für das Entwicklungspaket:

```
sysinstall -instsrc /cdrom/dld -volume ximdev
```

Für die Dokumentation:

```
sysinstall -instsrc /cdrom/dld -volume ximdoc
```

Vor der Installation werden Sie nach dem jeweiligen Aktivierungsschlüssel gefragt. Geben Sie diesen Schlüssel ein, wie er auf dem Lizenzvertrag zu finden ist. Geben Sie hierbei insbesondere nicht nur die Zahlen, sondern auch die vorausgehenden Buchstaben ein.

```
dld:[dld] #sysinstall -instsrc /cdrom/dld -volume ximrun

-----------------------------------------------------

Archiv Name: ==>ximrun<== Prioritaet: [Erforderlich]
Archiv Beschreibung:

ximrun: XInside Motif 2.0 Runtime Kit und
Online Manuals

Installiere...

Zur Installation des Paketes "ximrun" ist ein
Aktivierungsschluessel erforderlich.

Aktivierungsschluessel: **************

XInside Motif Runtime Ver. 2.0 for
DLD - Deutsche Linux Distribution

Copyright 1990-1994, XInside Inc.
All Rights Reserved.

Fertig.

dld:[dld] #
-----------------------------------------------------
```

Runtime-System:

```
sysinstall -instsrc /cdrom/dld -instkey
****** -volume ximrun
```

Development-System:

```
sysinstall -instsrc /cdrom/dld -instkey
****** -volume ximdev
```

Motif-Dokumentation:

```
sysinstall -instsrc /cdrom/dld -instkey
****** -volume ximdoc
```

Literatur zu Motif ist reichlich im Buchhandel erhältlich.

5.6 Installation von LILO

Nachdem die Software von der CD-ROM auf der Festplatte installiert ist, kann das System trotzdem noch nicht automatisch beim Start Linux booten. Dazu benötigt man noch einen Bootloader. LILO ist der Bootloader für Linux. Er kann sowohl allein als auch in Verbindung mit OS/2 und anderen Betriebssystemen eingesetzt werden. Die Files zum Bootmanager LILO befinden sich im Verzeichnis */etc/lilo* bzw. */boot*. Das File */usr/doc/lilo/README* beschreibt LILO mit allen Einstellmöglichkeiten. Im Verzeichnis */etc/lilo* sind drei LILO-Konfigurationen *config.dos*, *config.os2* und *config.linux* zur manuellen Bearbeitung für Sie vorbereitet. Diese Files enthalten die Festplattenkonfiguration für den LILO-Bootloader. Wenn Sie LILO verwenden wollen, muß die LILO-Konfigurationsdatei an das System angepaßt werden. Editieren Sie dazu diese Files mit einem geeigneten Editor z. B. *emacs* oder *vi*.

Beachten Sie, daß mit dem Bootloader LILO Änderungen am Master-Boot-Record Ihrer Festplatte vorgenommen werden können. Eine falsche Konfiguration Ihres Master-Boot-Records kann Datenverluste zur Folge haben. Sichern Sie deshalb Ihre Daten, bevor Sie LILO installieren. Wir wollen hier eine typische Installationskombination auf einer Festplatte beschreiben.

LILO und DOS

Wenn Sie den Bootloader in Verbindung mit MS-DOS verwenden wollen, müssen Sie die Datei */etc/lilo/config.dos* anpassen. Wechseln Sie dazu in das Verzeichnis */etc/lilo*, und editieren Sie die Datei *config.dos*. Am Anfang der Datei finden Sie die Zeile *boot=*. Tragen Sie hier die erste physikalische Festplatte des Systems ein (die Festplatte, von der gebootet wird). Wenn die erste Festplatte eine AT-Bus-(IDE-)Festplatte ist, muß die Zeile *boot=/dev/hda* lauten; für die erste SCSI-Festplatte tragen Sie *boot=/dev/sda* ein. Tragen Sie hinter *root=* die Partition ein, in der das gesamte Linux-Root--Filesystem installiert wurde. Befindet sich das Linux-Root-Filesystem beispielsweise auf der dritten Partition der zweiten AT-Bus-Festplatte, lautet diese Zeile *root=/dev/hdb3*. Die Zeile mit *root=* muß zweimal eingetragen werden. Sowohl hinter *image=/vmlinuz* als auch hinter *image=/vmlinuz.bak*. Nun müssen Sie nur noch die MS-DOS-Partition als bootbare Partition eintragen. Fügen Sie dazu am Ende der Datei folgende Zeilen an:

```
other = <DOS-Device>
label = MS-DOS
alias = 3
table = <Festplatte>
```

Dabei ist *<DOS-Device>* der Gerätename der Partition, auf der sich Ihre DOS-Partition befindet, also z. B. */dev/hda1* für die erste Partition auf der ersten AT-Bus-Festplatte. Bei *<Festplatte>* tragen Sie den globalen Gerätenamen der Festplatte ein, auf der DOS installiert ist – also */dev/hda* für die erste AT-Bus-Platte oder */dev/sda* für die erste SCSI-Festplatte. Bitte beachten Sie, daß sich DOS nicht auf einer zweiten Platte einrichten läßt. Speichern Sie die angepaßte Datei ab, und kopieren Sie sie nach */etc/lilo.conf* (mit *cp config.dos /etc/lilo.conf*). Danach wird LILO durch Eingabe des Kommandos *install* installiert.

Beispiel   Beispiel für eine korrekte Konfigurationsdatei unter der Annahme, daß Linux auf der zweiten Partition der ersten AT-Bus-Festplatte – also */dev/hda2* – installiert wurde und DOS sich auf der ersten Partition der ersten Platte – also */dev/hda1* – befindet:

```
#
# DLD - Deutsche Linux Distribution -
#
# Verwenden Sie dieses File zur Installation
# von LINUX und DOS

boot = /dev/hda

install = /boot/boot.b
message = /etc/lilo/message
prompt
timeout = 300
#delay = 100
compact

image = /vmlinuz
label = Linux
alias = 1
root = /dev/hda2
vga = normal

image = /vmlinuz.bak
optional
label = Linux-bak
alias = 2
root = /dev/hda2
vga=normal

other = /dev/hda1
label = MS-DOS
alias = 3
table = /dev/hda
```

Mit der Installation von LILO hat sich Ihr Master-Boot-Record geändert. Bei jedem Start Ihres Rechners können Sie nun das gewünschte Betriebssystem auswählen. Wollen Sie LILO wieder von der Festplatte entfernen, booten Sie DOS und geben dann das Kommando *fdisk /mbr* ein. Dieser (undokumentierte) MS-DOS-Befehl überschreibt den Master-Boot-Record und löscht damit LILO.

Wir empfehlen Ihnen, in jedem Fall das File README zu lesen, um
Fehler zu vermeiden. Unter Umständen ist sonst ein Zugriff auf eine
der Partitionen nur noch über Booten von Diskette möglich.

Erstellen einer Linux-Bootdiskette

Solange kein LILO installiert ist, kann die DLD nur mit der bei der
Installation erstellten Bootdiskette oder mit der Diskette *Boot*
gestartet werden. Es ist sicherlich sinnvoll, eine Bootdiskette in
Reserve zu haben, um das System in jedem Fall hochfahren zu
können. Um eine Bootdiskette zu erstellen, wählen Sie im DLD-In-
stallationsprogramm den Menüpunkt

```
4 - Bootdiskette erstellen
```

Sie müssen vorher eine fehlerfrei formatierte Diskette bereitlegen,
damit der Linux-Kern auf Diskette übertragen werden kann. Anschließend können Sie noch den Videomodus festlegen, in dem
Linux hochfährt. Beachten Sie, daß nicht jede Grafikkarte alle Modi
unterstützt.

Im Anschluß an die Linux-Installation wird automatisch eine Boot-
diskette erstellt, falls dies gewünscht wird. Die Entscheidung ist zu
fällen, wenn folgende Frage auf dem Bildschirm erscheint:

```
Wollen Sie jetzt die DLD Bootdiskette erstellen?
Erstellen mit <Return> oder <Q> zum Ueberspringen:

Kopiere den Linux Kernel auf Festplatte...
Legen Sie eine formatierte Diskette in Ihr
A Laufwerk ein.
Weiter mit <Return>:

kopiere Linux Kernel auf Diskette...

621+1 records in
621+1 records out
```

5.7 Linux Systemkonfiguration

```
Wollen Sie den Video-Modus veraendern? (j/n) <N>: j

Geben Sie den Video-Modus ein:
1)   80x25    Modus
2)   80x60    Modus
3)   100x40   Modus
4)   132x25   Modus
5)   132x28   Modus
6)   132x44   Modus
7)   Einstellbar beim Booten

Geben Sie ein (1-7): 1

Die Bootdiskette wurde erstellt.
```

Aus Kompatibilitätsgründen sollte immer der Videomodus 1 »*80x25*« Zeichen gewählt werden.

Sie sollten nach der Installation von Linux auf jeden Fall eine Bootdiskette erstellen.

Sie können jederzeit eine Bootdiskette für ein bereits installiertes System mit dem Befehl *mkbootdisk* erzeugen. Dazu booten Sie entweder von Festplatte oder mit der *Boot*-Diskette, und starten Sie *mkbootdisk*. Die Vorgehensweise entspricht dem oben beschriebenen Ablauf.

5.7 Linux Systemkonfiguration

Die Datei /etc/fstab

In der Datei */etc/fstab* wird festgelegt, auf welche Partitionen nach dem Booten von Linux aus zugegriffen werden kann. Wenn weite-

5 Linux

re Linux-Partitionen angelegt wurden, sollten diese hier eingetragen werden. Falls Sie ihre DOS- oder Swap-Partition an das Linux-Filesystem anhängen (mounten) wollen, sollten Sie in der Datei */etc/fstab* einen entsprechenden Eintrag machen.

Beispiel
```
#### Extended-2 filesystem mounted on /
/dev/sda2    /       ext2    defaults

#### Linux process filesystem
none        /proc  proc    defaults

#### Swap Partition
/dev/sda6    none   swap    defaults

#### Extended-2 FS mounted on /user
/dev/sda5    /user  ext2    defaults

#### MS-DOS Filesystem mounted on /dos
/dev/sda1    /dos   msdos   noexec

#### Swap File
/dev/sda6    /swap_file  swap defaults

#### CDROM - manuell mounten
/dev/scd0    /cdrom    iso9660 ro,noauto #, user

####MX-spool directory mounted on varspoolmail
nase:/var/spool/mail    /var/spool/mail nfs rw
```

Die Option *ro* in der drittletzten Zeile bedeutet *read-only* und ist für den Zugriff auf CD-ROM essentiell. Die Option *noauto* macht es möglich, die CD-ROM mit dem Kommando *mount /cdrom* zu mounten.

Die Datei */etc/fstab* wird während des Bootvorganges von oben nach unten abgearbeitet. Achten Sie darauf, daß das Root-Filesystem »/« deshalb immer in der ersten Zeile steht.

Der Benutzer pclinux

Die DLD hat ein vorkonfiguriertes Benutzerprofil mit dem Namen *pclinux*. Das X-Windows-Fenstersystem und die Benutzerumgebung sind hier bereits eingestellt. Der X-Windows-Server ist für eine VGA-Grafikkarte mit 1 MB RAM und einer Mouse-Systems kompatiblen 3-Tasten-Maus konfiguriert. Besitzen Sie eine Grafikkarte mit Beschleuniger-Chip (S3, Mach 32 etc.), müssen Sie nach dem ersten Einloggen als *pclinux* den Standard X-Server ändern. Wählen Sie dazu bei der Window-Manager Auswahl den Menüpunkt 0 »Standard X-Server ändern«. Für den Fall, daß sich das X-Windows-System nicht starten läßt oder Ihre Rechnerausstattung nicht mit diesen Einstellungen übereinstimmt, sollte das File */etc/XF86config* editiert werden. Für Grafikkarten (speziell auch Notebooks), die von den farbigen X-Servern nicht unterstützt werden, gibt es die Möglichkeit, den monochromen X-Server zu benutzen. Dieser Server sollte mit jeder beliebigen Grafikkarte bei einer Auflösung von 640x480 bzw. 800x600 Punkten arbeiten. Die Dokumentationen im Home-Verzeichnis des Benutzers *pclinux* werden Ihnen dabei helfen. Loggen Sie sich einfach mit dem Namen *pclinux* ein; ein Paßwort wird nicht benötigt (drücken Sie nur ⏎). Denken Sie daran, daß die Konfigurationsfiles nur von den Benutzern *pclinux* und *root* änderbar sind.

Software-Installation

Die Software-Installation bzw. die Installation einzelner DLD-Disketten wird mit dem Script *sysinstall* vorgenommen. Loggen Sie sich vor dem Aufruf von *sysinstall* als *root* ein, oder ändern Sie den aktuellen Benutzerstatus in *root* durch die Eingabe von *su -*.

Bei Aufruf von *sysinstall* ohne Parameter erhalten Sie eine Liste der verfügbaren Optionen. Mit der Option *-instdev <Verzeichnis>* wählen Sie das Installationsdevice. Wird diese Option weggelassen, wird entweder von Diskette oder von dem angegebenen Verzeichnis installiert (wichtig für CD-ROM Installationen).

Um z. B. eine beliebige Diskette zu installieren, geben Sie ein:

`sysinstall -disk` (Installiert die eingelegte Diskette)

Zur Installation mehrerer DLD-Disketten, d. h. für die Installation eines Diskettensatzes, geben Sie folgendes Kommando ein:

`sysinstall -volume <DISK-SET>`

wobei *<DISK-SET>* die Bezeichnung des Diskettensatzes ist, also z. B. »x« oder »e«.

Zur Installation mehrerer Diskettensätze geben Sie ein:

`sysinstall -volumes <DISK-SET1> [DISK-SET2] ...`

Die Installation einzelner Archiv-Files funktioniert folgendermaßen:

`sysinstall -install <Filename.tgz>`

z. B.:

```
sysinstall -install x11bin.tgz
sysinstall -install /tmp/x8514.tgz
```

Beispiel für die nachträgliche Installation des Emacs-Paketes von CD-ROM (das CD-ROM muß zuvor nach */cdrom* gemountet worden sein)

`sysinstall -instsrc /cdrom/dld -volume emacs`

Die Emacs-Pakete befinden sich hierbei in den Verzeichnissen */cdrom/dld/emacs*?

5.7 Linux Systemkonfiguration

Alle mit *sysinstall* ausgeführten Aktionen werden im Verzeichnis protokolliert. Dies hat den Vorteil, daß Sie auch einzelne Pakete mit dem Kommando

```
sysinstall -remove <Filename>
```

wieder deinstallieren können.

Die Filenamen der Files, die in den *.tgz* -Archiven enthalten sind, können mit

```
lszip <FILENAME.tgz>
```

aufgelistet werden.

Möchten Sie eine *.tgz*-Datei entpacken, geben Sie das Kommando

```
xzip <FILENAME.tgz>
```

ein. Achten Sie darauf, in welchem Verzeichnis Sie sich dabei befinden. Die Dateien werden beim Entpacken in diesem Verzeichnis abgelegt. Die Files mit der Endung *.tgz* sind mit dem Programm *tar* (Tape Archiv) erstellte, und mit *gzip* (GNU-Zip) komprimierte Archive.

Files mit der Endung *.tar* behandeln Sie wie folgt:

- *tar tf <FILENAME.tar>*: Dateiinhalt anzeigen
- *tar xvf <FILENAME.tar>*: Dateiinhalt in aktuelles Verzeichnis entpacken

Die vielfältigen Möglichkeiten des *tar*-Befehls entnehmen Sie bitte den Manual-Pages (*man tar*).

Installation von Grafiktreibern

Mit Linux erhalten Sie die Disketten *Xserver1* und *Xserver2*. Darauf finden Sie die Treiber für 8514-, Mach8-, Mach32- und S3-Grafikkarten. Besitzen Sie eine Grafikkarte mit einem dieser Chipsätze, gehen Sie bitte folgendermaßen vor:

➢ Legen Sie die Diskette *Xserver1* in Ihr Laufwerk A: ein.

➢ Geben Sie *sysinstall -volume Xserver* ein. Beachten Sie, daß Sie dazu als Superuser eingeloggt sein müssen.

➢ Sie werden nun gefragt, welcher *X-Server* installiert werden soll. Antworten Sie bei dem für Ihre Grafikkarte zuständigen *X-Server* mit ⎣J⎦ für Ja.

➢ Unter Umständen müssen noch spezielle Anpassungen von Ihnen vorgenommen werden. Editieren Sie dazu das File */etc/XF86config*.

Von CD-ROM werden die *XServer* mit *sysinstall -instsrc /cdrom/dld xserver* installiert, vorausgesetzt, das CD-ROM wurde zuvor nach */cdrom* gemountet.

Druckerkonfiguration

Linux kommt mit einer bereits fertig konfigurierten Druckumgebung.

Voreingestellt ist ein HP Deskjet 500. Mit diesem Treiber läßt sich aber auch problemlos auf fast allen Laserdruckern ausdrucken. Sie können neben reinem ASCII-Text auch PostScript- und T_EX DVI-Dateien direkt ausdrucken. Die entsprechenden Filter sind bereits installiert.

Linux unterstützt eine Vielzahl von Laser-, Tinten-, Nadel- und Thermo-Druckern. Es sind nur minimale Einstellungen vorzunehmen:

➢ Loggen Sie sich mit *root* in das System ein, oder wechseln Sie mit dem Kommando *su-* in den Superuser-Status.

➢ Editieren Sie die Datei */etc/printcap* entsprechend der Beschreibung in der Datei. Nehmen Sie hierfür die Demo-Einträge als Vorlage. Am besten ist es, wenn Sie nur in der Zeile, in der der Drucker spezifiziert ist, den passenden Typ eintragen.

5.7 Linux Systemkonfiguration

Es stehen folgende Typen zur Auswahl:

Treiber	Druckertyp
appledmp	Apple Nadeldrucker bzw. Apple Imagewriter
bj10e	Canon BubbleJet BJ10e
bj200	Canon BubbleJet BJ200
deskjet	HP DeskJet 500C mit 1 bit/pixel Farbe
cdjcolor	HP DeskJet 500C with 24 bit/pixel Farbe und High-Quality Dithering nach Floyd-Steinberg
cdjmono	HP DeskJet 500C Schwarz/Weiß
cdj500	HP DeskJet 500C – äquivalent cdjcolor
cdj550	HP DeskJet 550C
declj250	DEC LJ250 Drucker
deskjet	HP DeskJet und DeskJet Plus
dfaxhigh	DigiBoard, DigiFAX Software – hohe Auflösung
dfaxlow	DigiFAX normale Auflösung
djet500	HP DeskJet 500
djet500c	HP DeskJet 500C
epson	Epson-kompatible 9- bzw. 24-Nadeldrucker
eps9high	Epson-kompatible 9-Nadeldrucker mit hoher Auflösung
epsonc	Epson LQ-2550 und Fujitsu 3400/2400/1200 Farb-Nadeldrucker
escp2	Epson ESC/P 2 Drucker einschließlich Stylus 800
ibmpro	IBM 9-Nadler Proprinter
jetp3852	IBM 3852 Tintenstrahldrucker
laserjet	HP LaserJet
la50	DEC LA50 Drucker
la75	DEC LA75 Drucker
lbp8	Canon LBP-8II Laserdrucker
ln03	DEC LN03 Drucker
lj250	DEC LJ250 Drucker

5 Linux

Treiber	Druckertyp
ljet2p	HP LaserJet IId/IIp/III* mit TIFF Kompression
ljet3	HP LaserJet III* mit Delta Row Kompression
ljet4	HP LaserJet 4 mit 600 dpi
ljetplus	HP LaserJet Plus
m8510	C.Itoh M8510 Drucker
necp6	NEC P6/P6+/P60 Drucker mit 360 x 360 dpi
nwp533	Sony Microsystems NWP533 Laserdrucker
oki182	Okidata MicroLine 182
paintjet	HP PaintJet Farbdrucker
pj	Alternativer PaintJet XL-Druckertreiber
pjxl	HP PaintJet XL Drucker
pjxl300	HP PaintJet XL300 Farbdrucker
r4081	Ricoh 4081 Laserdrucker
sparc	SPARC-Pinter
t4693d2	Tektronix 4693d Farbdrucker, 2 Bits pro R/G/B Komponente
t4693d4	Tektronix 4693d Farbdrucker, 4 Bits pro R/G/B Komponente
t4693d8	Tektronix 4693d Farbdrucker, 8 Bits pro R/G/B Komponente
tek4696	Tektronix 4695/4696 Tintenstrahldrucker

Das folgende Listing beschreibt ein Beispiel für das printcap File bei einem HP Laserjet 4-Drucker.

```
lp|ljet4|HP Laserjet 4:   #Drucker-Device,
                          #Druckertreiber
                          #und Druckername
:lp=/dev/lp1:             #Drucker am 1. parall. Port
:sd=/var/spool/lp1:       #Diverse Verzeichnisse,
                          #die nicht gändert werden
:lf=/usr/spool/lp1/log:   #sollen.
:af=/usr/spool/lp1/acct:
:if=/usr/local/bin/apsfilter
:mx#0:
:sh:
```

Bitte beachten Sie, daß die erste Zeile, d. h.

```
lp|ljet4|HP|Laserjet 4:
```

nicht eingerückt sein darf, da sonst der Drucker nicht angesprochen werden kann.

➤ Schließlich muß noch die Datei */usr/local/apsfilter* im Verzeichnis */usr/local/bin* bearbeitet werden. Suchen Sie die Zeile (Zeilennummer 380-390) *PRINTER=*, und tragen Sie den entsprechenden Drucker aus obiger Liste ein. In unserem Beispiel lautet der Eintrag für einen HP Laserjet 4 also:

```
PRINTER=ljet4.
```

Das System ist nun für Ihren Drucker vorbereitet. Zum Drucken stehen mehrere mächtige Programme zur Verfügung, die wir im folgenden kurz ansprechen wollen:

➤ Mit *lpr <Optionen> <File>* werden Dateien ausgedruckt. Lesen Sie bitte die Manual-Pages (*man lpr*), um mit den Optionen vertraut zu werden.

➤ *lpc* ist das Drucker-Steuerprogramm. Mit *man lpc* bzw. nach Start von *lpc* können Sie mit *help* alle Befehle abrufen.

➤ *lpd* ist der Drucker-Dämon, d h. ein Programm, das im Hintergrund arbeitet und die eingehenden Druckaufträge aufbereitet und zum Drucker schickt. Der Dämon wird bereits beim Hochfahren des Systems gestartet.

➤ *lpq* zeigt Ihnen alle Druckaufträge an, die sich in der Warteschlange befinden.

➤ *lprm* entfernt Druckaufträge aus der Warteschlange.

Zu allen Programmen kann man mit *man <Programmname>* die entsprechenden Manual-Pages angezeigen.

Die Datei /etc/HOSTNAME

In der Datei */etc/hostname* sind Systemeinstellungen und systemspezifische Namen eingetragen. Um den Namen Ihres Rechners einzustellen (wichtig für die Netzwerkkonfiguration), ändern Sie bitte die Zeilen, die mit *export* beginnen:

```
# Geben Sie hier Ihren Rechnernamen an:
# Put in your hostname here:
export HOSTNAME="dld"
```

DLDadmin

DLDadmin ist ein Administrationstool, mit dem fast alle Aufgaben bezüglich der Systemverwaltung durchgeführt werden können. Starten Sie DLDadmin durch den Aufruf von *dldadmin*.

Sie finden im folgenden Menüs und Einstellungsmöglichkeiten

➤ zur Systeminformation

➤ zur Benutzerverwaltung

➤ zur Gruppenverwaltung

➤ zur Systemkonfiguration

➤ zur Netzwerkanpassung

➤ zur Druckerkonfiguration

➤ zu X-Windows

➤ zur Installation und Konfiguration von LILO

5.8 An- und Abmelden an Linux

Um mit einem UNIX-Betriebssystem arbeiten zu können, reicht es nicht, den Rechner einzuschalten. Als Benutzer müssen Sie sich beim System anmelden (neudeutsch: *einloggen*). Durch die Anmeldung beim System erhalten Sie Zugang zu den Systemressourcen (CPU-Zeit, Speicherplatz, Drucker, Anwendungsprogramme). Wenn Sie das System gestartet haben, werden Sie aufgefordert, Ihren Benutzernamen und das persönliche Paßwort einzugeben.

```
dld login: pclinux
Password : ******
```

pclinux ist der voreingestellte Standard-Benutzer der DLD. Der Benutzer *pclinux* hat noch kein Paßwort. Drücken Sie bei der Paßwort-Abfrage einfach die ⏎-Taste.

Die Eingabe des Paßwortes wird auf dem Bildschirm aus Sicherheitsgründen nicht angezeigt. Achten Sie hier besonders auf Groß- und Kleinschreibung (UNIX unterscheidet Groß- und Kleinschreibung). Haben Sie einen falschen Benutzername oder ein falsches Paßwort eingegeben, beginnt die Login-Prozedur von neuem. Wurde alles korrekt eingegeben, sehen Sie jetzt den Systemprompt.

```
dld:[pclinux] >
```

Um das System zu verlassen (neudeutsch: *ausloggen*), geben Sie das Kommando *exit* ein.

```
dld:[pclinux] > exit
```

Danach sehen Sie auf dem Bildschirm wieder den Login-Prompt. Wollen Sie das komplette System beenden, geben Sie einen der Befehle *shutdown, halt* oder *reboot* ein. *halt* bzw. *reboot* kommen ohne Optionen aus, während *shutdown* noch als Option eine Zeitangabe benötigt. Alle Befehle können normalerweise nur vom Systemverwalter ausgeführt werden. Geben Sie dazu *su-* ein, oder loggen Sie sich als *root* in das System ein. Auch hier ist zunächst kein Paßwort nötig. Den Superuser-Modus erkennen Sie am geänderten Shell-Prompt:

```
dld:[/root]   \#
```

5.9   Die mtools von Linux

Bei den *mtools* handelt es sich um eine Sammlung vom Tools, die Ihnen die Bearbeitung von MS-DOS (FAT-basierten)-Disketten und Festplatten-Partitionen gestattet. Da MS-DOS Vorbild für die Kommandos ist, haben ihre Bezeichner jeweils ein *m* vorangestellt: Aus dem MS-DOS-Kommando DIR wird MDIR, aus DEL wird MDEL usw. Dateinamen und Pfade auf MS-DOS-Dateisystemen müssen mit einem Laufwerksbezeichner beginnen. (☞ Abschnitt »Die Datei */etc/mtools«*. Im Gegensatz zu den MS-DOS-Kommandos kann als Trenner wahlweise »/« oder »\« benutzt werden. Wie unter MS-DOS werden auch Wildcards akzeptiert; dabei gilt die UNIX-Syntax, d. h. »*.*« unter MS-DOS wird unter den *mtools* zu »*«. Bei der Verwendung von »\« und »*« muß der Pfad durch einfache Quotes »'« eingeschlossen sein, um die richtige Interpretation durch die Shell zu gewährleisten. Kommando-Optionen werden bei UNIX durch ein «-« eingeleitet. In der Datei /.*mcwd* im Heimverzeichnis des jeweiligen Benutzers ist das aktuelle Arbeitsverzeichnis für die Benutzung der *mtools* gespeichert. Das Verzeichnis kann mit *mcd* geändert werden.

5.9 Die mtools von Linux

```
mdir a:
mcopy /etc/passwd b:'\unix'
```
Beispiel

Weitere Befehle sind: MCOPY, MMD, MCD.

Eine ausführliche Liste der *mtools* und deren Optionen lesen Sie bitte in den entsprechenden Manual-Pages (*man mtools*) nach.

An dieser Stelle noch ein wichtiger Hinweis. Die Befehle unter UNIX stehen üblicherweise in Verzeichnissen, die irgendwo *bin* im Pfad stehen haben. Finden Sie ein solches Verzeichnis und können mit den gefundenen Befehlen nichts anfangen, versuchen Sie es einmal mit dem Befehl *man*, gefolgt von dem Namen des Kommandos, über das Sie etwas erfahren wollen.

```
man echo
```

würde aus dem elektronischen Manual die Seiten auf den Bildschirm bringen, die den Befehl *echo* hinsichtlich Syntax und Aufgabe beschreiben.

Der Kontakt zu einem Programm realisiert sich durch seine Oberfläche. Kommandos und Befehle werden hier vom Anwender eingegeben; Anweisungen müssen syntaktisch korrekt sein, damit sie vom Betriebssystem umgesetzt werden können. Daneben bietet die Shell Möglichkeiten, über zusätzliche Parameter, Schlüsselwörter, Funktionen und Kontrollstrukturen die Befehlseingabe zu steuern.

Teil II

Techniken und Praxis

In UNIX sind gleich mehrere solcher Shells verfügbar. Die verschiedenen Möglichkeiten und Unterschiede stehen in diesem Teil des Buches im Vordergrund. Daneben widmet sich ein Kapitel der Druckerverwaltung, das Ihnen die Kommandos und Konfiguration zur Ansteuerung eines Printers erklärt. Detaillierte Erläuterungen zum UNIX-Kommando *awk* schließen den Praxisteil ab.

Teil II

Shells

6	**Die Shells unter UNIX**	**203**
6.1	Dynamische Verwaltung geöffneter Dateien	204
7	**Die Shell – Basiskonzepte**	**207**
7.1	Die Shell als Kommandointerpreter	208
7.2	Online-Hilfen	213
7.3	Ein-/Ausgabe	214
7.4	Redirection	218
7.5	Pipeline	224
7.6	Hintergrundprozesse	228
7.7	Abbruch eines Kommandos	230
7.8	Metazeichen	232
7.9	Shell-Scripts	241
8	**Shell Feature**	**247**
8.1	Here Document (<<)	247
8.2	Das Environment	250
8.3	Kommandoausführung	251
8.4	Der Hash-Mechanismus	257
8.5	Das JOB-Konzept	260
8.6	Der Shell-Layer	264
8.7	Restricted Shell	268

6 Die Shells unter UNIX

Unter der Shell des UNIX-Betriebssystems versteht man allgemein den Kommandoentschlüßler. Erhält das System nach dem Prompt einen Befehl, wird dieser von der gerade aktiven Shell analysiert und ausgeführt. Es gibt unter UNIX nicht nur eine Shell. Vier sind als die populärsten zu bezeichnen, die Bourne Shell (sh), die C-Shell (csh), die Korn Shell (ksh) und schließlich die Job Shell (jsh).

Standardmäßig wird dem Benutzer an einem AT&T UNIX-System die Bourne Shell nach dem Einloggen zur Verfügung gestellt. Die daneben existierenden Shells erfreuen sich großer Beliebtheit, da sie einige Features bieten, die die Bourne Shell nicht enthält, z. B. Kommandowiederholung bei gleichzeitiger Möglichkeit zur Modifizierung. Die C-Shell ist gegenüber der Bourne Shell bei etwas anderer Syntax auch dichter am C-Programm-Code angesiedelt, was für C-Programmierer sehr interessant ist. Mittels Shell-Kommandos entworfene Programme sind mit minimalem Aufwand in reine C-Programme konvertierbar.

Die komfortabelste Shell ist sicherlich die Korn Shell, die alle Vorteile der beiden anderen vereinigt und darüber hinaus noch einige Erweiterungen enthält. Ihr Einsatz als Standard-Shell hat sich jedoch noch nicht durchgesetzt, obwohl sie auf fast allen vollständig implementierten UNIX-Systemen zu finden ist. Nicht in allen Varianten von UNIX, die vor SVR4 liegen, ist dagegen die Job Shell zu finden. Sie entstammt dem POSIX-Standard und dient im wesentlichen der Steuerung mehrerer gleichzeitig laufender Prozesse eines Benutzers, die mit Hilfe von *jsh* sowohl im Hintergrund als auch im Vordergrund jederzeit kontrollierbar sind, und zwischen Vorder- und Hintergrundablauf umgeschaltet werden können. Detailliertere Beschreibungen sind in den jeweiligen Kapiteln zu den Shells zu finden.

6.1 Dynamische Verwaltung geöffneter Dateien

Aus älteren UNIX-Versionen bekannte Grenzen in der Verwaltung gleichzeitig geöffneter Dateien sind für neuere, größere Programme als nicht zweckmäßig bekannt. Die erlaubte Anzahl der von einem einzigen Prozeß zu öffnenden Dateien lag bei 20, was für viele Programme ausreicht, jedoch für komplexere Anwendungen im Datenbank- oder Netzwerkbereich hinderlich ist. Einen Ausweg bot der Parameter *NOFILE* (Number Of Files), der zwar eine höhere Anzahl von offenen Files pro Prozeß einstellbar machte, aber immer noch eine absolute obere Grenze enthielt. In SVR4 gibt es diesen Parameter nicht mehr, statt dessen können Programmierer die Anzahl zu öffnender Dateien bezogen auf jeden Prozeß dynamisch festlegen und damit die gesamten Ressourcen optimal nutzen.

Dateien im Arbeitsspeicher

Die Einführung des virtuellen Speichers in SVR4 hat im Bereich der Programmierung neue Wege eröffnet. War es bisher nötig, auf alle wichtigen System-Ressourcen über normale Dateien oder Gerätedateien zuzugreifen (über Systemcalls), ist dieser Mechanismus mit Einführung des virtuellen Adreßraumes für Prozesse, der von Programmen erreichbar ist, wesentlich erleichtert worden. Damit konnte die Schwierigkeit des unterschiedlichen Zugriffs auf Prozesse oder Dateien beseitigt werden. Konsequenz der früheren Lösung waren Änderungen im Systemkern, was jedesmal eine Systemgenerierung erforderte und natürlich die Programmierung erschwerte. Der jetzt implementierte Abbildungsmechanismus macht den byteweisen Zugriff von Programmen auf den virtuellen Adreßraum von Prozessen möglich. Der Trick liegt darin, eine Datei (auch eine Gerätedatei) auf den virtuellen Adreßraum eines Prozesses abzubilden, der dann von anderen Programmen im Speicher erreichbar ist. Eine Änderung des Betriebssystemkerns ist nicht mehr erforderlich.

Aus BSD, XENIX und POSIX entlehnte Dateioperationen

Übernommen wurden von POSIX die System-Calls zur Neubenennung und zum Abschneiden von Dateien, die jedoch in abgewandelter Form eigentlich aus der BSD-UNIX-Welt stammen. Wurde früher lediglich über den *sync*-Mechanismus die Abspeicherung des Superblocks und damit die Abspeicherung der aktuellen systemrelevanten Informationen gelöst, kann mit SVR4 mittels *fsync* der aktuelle Inhalt von Dateien im Hauptspeicher auf den Inhalt der gleichen Dateien auf der Festplatte abgeglichen werden. Die Synchronisation von Dateiinhalten im Speicher und auf der Festplatte ist durch *fsync* parallel zu alten *O_SYNC* gelöst, das jedoch mehr System-Ressourcen verbrauchte und dadurch langsamer war. Erweitert wurde SVR4 um die Möglichkeit, Dateizugriffe durch Prozesse sperren zu lassen, wie es in XENIX üblich ist.

Statusinformationen über Dateien und Dateisysteme

Ähnlich wie die Return Values, die von manchen Programmen zurückgelieferten Werte, die eine Information darüber liefern, wie ein Programm ausgeführt wurde, gibt es Statusinformationen zu den Dateien und Dateisystemen im System. In SVR3 gab es für das dort verwendete File-System den Aufruf *statfs*, um Informationen über den aktuellen Zustand des File-Systems abzufragen, der jedoch im virtuellen Dateisystem von SVR4 nur noch aus Gründen der Kompatibilität zu finden ist. An seine Stelle ist *statvfs* getreten, auf den alle neuen Programme in SVR4 zurückgreifen sollten.

Die Informationen über den aktuellen Zustand von Dateien werden über einen Systemcall namens *stat* abgefragt. Er ist in SVR4 noch in der alten Form in Betrieb. Um BSD-Programme mit dieser Version von *stat* lauffähig zu machen, müssen bestimmte Bibliotheken neu gelinkt werden, die speziell zu diesem Zweck unter SVR4

6.1 Dynamische Verwaltung geöffneter Dateien

zur Verfügung stehen. Der Hintergrund ist, daß *stat* im BSD-UNIX etwas anders realisiert ist, d. h. die Felder *st_blcksize* und *st_blocks* aus SVR3 werden vom dort implementierten *stat*-Befehl nicht ausgewertet.

7 Die Shell – Basiskonzepte

In diesem Teil des Buches soll die Shell ausführlich und systematisch beschrieben werden. Die Shell nimmt eine zentrale Position im UNIX-System ein, denn sie bildet die Schnittstelle Maschine – Mensch. Für den Benutzer hat die Shell zwei grundlegende Funktionen:

Als Kommandointerpreter analysiert sie die Kommandoaufrufe des Benutzers und startet die Kommandos oder zeigt Fehlermeldungen an.

Als Programmiersprache erlaubt sie die Erstellung von Kommandoprozeduren (Programmen), die im UNIX-Sprachgebrauch auch Shell Scripts genannt werden.

Doch Shell ist nicht gleich Shell. Aus den verschiedenen Entwicklungslinien von UNIX-, AT&T UNIX- und BSD Berkeley UNIX-Systemen sind unterschiedliche Kommandointerpreter hervorgegangen. Diese sind wohl auf den meisten Systemen parallel implementiert und sollen daher auch alle besprochen werden.

Bourne Shell	Sie stellt den Standard in den bisherigen UNIX-Systemen dar, die System V verwenden.
C-Shell	Aus der Berkeley Entwicklungslinie (BSD Systeme) kommende Shell, die sich in der Syntax sehr stark an die Programmiersprache »C« anlehnt.
Korn Shell	Mit der Version UNIX System V Release 2.0 wird von AT&T die Korn Shell angeboten. Diese ist aufwärtskompatibel zur Bourne Shell und enthält einige wichtige Neuerungen gegenüber dieser Standard-Shell. Die Korn Shell vereinigt die Vorteile von Bourne Shell und C-Shell in sich und dürfte künftig zum Standard werden.

Restricted Shell — Mit den obigen Shells kann ein Benutzer den gesamten Befehlsvorrat des UNIX-Systems ausschöpfen. Sollen einem Benutzer nur bestimmte Kommandos zugänglich gemacht werden, wird ihm vom Systemverwalter (Superuser) die Restricted Shell (*rsh*) zur Verfügung gestellt. Ein Einsatzgebiet ist der Zugang zu einem System über ein LAN. Hier wird den »remote« Usern aus Sicherheitsgründen häufig nur eine *rsh* angeboten.

Das Kapitel beginnt mit einer Darstellung der allgemeinen Prinzipien (Basiskonzepte) des UNIX-Systems. Diese Aussagen sind daher für alle Shells gültig. Dann schließt sich eine Betrachtung der einzelnen Shells an, wobei die Unterschiede herausgearbeitet werden.

7.1 Die Shell als Kommandointerpreter

Kommandosyntax

Nachdem sich der Benutzer am System angemeldet hat, wird am Terminal eine Shell aktiviert, die Login Shell. Sie koordiniert die Interaktion des Benutzers mit dem System und führt die eingegebenen Anweisungen (Kommandos) aus. Die Shell meldet sich durch die Ausgabe einer Zeichenkette (Prompt) und zeigt dadurch die Bereitschaft an, Kommandos entgegenzunehmen. Dieser Prompt ist für normale User standardmäßig das $-Zeichen in der Bourne Shell und in der Korn Shell und ein %-Zeichen in der C-Shell. Für den Superuser ist es ein #-Zeichen. Der Wert (die Form der Darstellung) des Prompts kann über eine Variable *PS1* (oder *prompt* für *csh*) verändert werden (☞ Environment-Variablen).

Der Aufruf eines Kommandos muß einer bestimmten Form entsprechen. Die Zeichenkette, die ein Kommando bildet, wird im folgenden als Kommandozeile bezeichnet. Eine Kommandozeile setzt sich aus mehreren Elementen, dem Kommandonamen und den Parametern zusammen. Bei den Parametern unterscheiden wir zwischen Optionen und Argumenten.

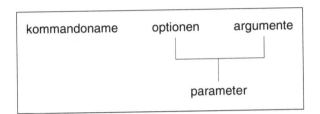

Abb. 7.1:
Aufbau einer
Kommandozeile

Optionen sind Parameter, die das Kommando in seiner Wirkungsweise modifizieren. Sie sind optional, müssen also nicht angegeben werden. Argumente sind Dateinamen oder Directorynamen (allgemein: etwas, mit dem das Kommando arbeitet). Es hängt vom Kommando ab, ob und wie viele Argumente angegeben werden können oder müssen. Häufig kann ein Kommando mit einer unterschiedlichen Anzahl von Argumenten gestartet werden. Dies soll am Beispiel des *ls* Kommandos beschrieben werden:

$ **ls**   *ls* ohne Parameter liefert das Inhaltsverzeichnis des aktuellen Katalogs.   Beispiel

$ **ls -l**   *ls* wird mit einer Option (hier *l*) aufgerufen. Daher liefert *ls* ein ausführliches Inhaltsverzeichnis des Working Directory.

$ **ls -l /etc**   In diesem Beispiel ist *ls* der Kommandoname, *-l* (Option) und */etc* (Argument) sind die Parameter. Es wird ein ausführliches Inhaltsverzeichnis des Directories */etc* ausgegeben. Im allgemeinen kennzeichnet innerhalb eines Kommandoaufrufs ein vorausgehendes »–«, daß es sich bei dem oder den nachfolgenden Buchstaben um eine Option handelt.

Nachfolgend sind die Regeln, die für den Aufbau einer Kommandozeile gelten, aufgeführt. Weitere Regeln oder Richtlinien sind beim Kommando *getopts* beschrieben.

Aufbau einer Kommandozeile

Die Kommandozeile wird von der Shell zerlegt und nach einem Grundmuster interpretiert. Beim Aufbau einer Kommandozeile ist daher folgendes zu beachten:

1) Jedes Element muß vom anderen durch mindestens ein Leerzeichen (Blank) oder Tabulatorzeichen getrennt werden.

    Beispiel
    ```
    $ sort -b rohdaten
    ```

    führt zu einer korrekten Ausführung des Kommandos.

    ```
    $ sort-b rohdaten
    ```

    führt zu einer Fehlermeldung, da ein Leerzeichen zwischen dem Kommandonamen und der Option fehlt.

2) Die Reihenfolge der Elemente ist wichtig. Das erste Element wird immer als Kommandoname interpretiert. Danach werden (alle notwendigen) Optionen und anschließend die Argumente angegeben (es gibt nur ein paar Ausnahmen von dieser Regel).

3) Eine Option wird durch einen Bindestrich eingeleitet. Mehrere Optionen können zusammengefaßt werden.

    ls -a -l entspricht daher ls -al

4) Optionen können mit Werten (Optionsargument) versehen werden. Dabei hängt es vom benutzten Kommando ab, ob zwischen Option und Wert ein Leerzeichen notwendig ist.

    Beispiele
    ```
    $ sort -t"#" datei
    ```

    t ist die Option und # das Argument, das in " " angegeben wird.

Im Aufruf

```
$ find /usr -name otto
```

ist *name* die Option und *otto* das Argument zu dieser Option.

5) Die Anzahl der Argumente hängt vom Kommando ab. Je nach Kommando sind kein, ein, zwei oder mehrere Argumente (durch Blanks getrennt) notwendig oder möglich. Das Kommando *cp* kann z. B. in verschiedenen Formen benutzt werden:

```
$ cp quell ziel
$ cp quell1 quell2 zieldir
```

Beispiele

Im ersten Fall wird die Datei *quell* in eine Datei *ziel* kopiert. Im zweiten Fall werden die Dateien *quell1* und *quell2* mit gleichem Namen unter dem Directory *zieldir* (unterhalb des aktuellen Verzeichnisses) als Kopie angelegt.

6) Die Kommandozeile wird durch ⏎ abgeschlossen. Damit wird die Shell angewiesen, diese Zeile zu interpretieren.

Es können mehrere Kommandos in einer Zeile zusammengefaßt werden. Die einzelnen Kommandos sind dabei durch Semikolon (;) zu trennen. In der folgenden Befehlssequenz wird zunächst *pwd* und danach *ls* ausgeführt.

```
$ pwd; ls
```

Ein Kommando kann über mehrere Zeilen geschrieben werden. ⏎ für einen Zeilenumbruch muß dabei mit dem Backslash (\) maskiert werden. Es hat so für die Shell keine Sonderbedeutung mehr und wird damit nicht als Kommandoabschluß interpretiert.

```
% sort -t"#" datei1 datei2 > sammeldatei
```

Beispiel

7.1 Die Shell als Kommandointerpreter

ist gleichbedeutend mit

```
$ sort -t"#" \
> datei1       \
> datei2       \
> > sammeldatei
```

Das »>«-Zeichen am Anfang der Zeile zeigt an, daß ein Kommando noch nicht abgeschlossen ist (Kommandozeile geht über mehrere Bildschirmzeilen). Erst das [↵] der letzten Zeile schließt das Kommando ab. > ist der Inhalt der Variablen *PS2* und kann durch Umdefinition auf einen anderen Wert festgelegt werden.

Die Shell kennt einige Zeichen (Metazeichen), die eine Sonderbedeutung für die Shell haben und bei der Abarbeitung des Kommandos ersetzt werden. Dies ist z. B. bei der Eingabe von langen Argumentnamen nützlich (☞ Kapitel 7.8, »Metazeichen«). Mit den Sonderzeichen können Regular Expressions gebildet werden.

Kommandoausführung

Wird eine Komandozeile mit [↵] abgeschlossen, so wird diese von der Shell abgearbeitet. Dabei werden folgende Schritte durchgeführt:

Sonderzeichen werden in einer bestimmten Reihenfolge ersetzt (weiter unter beschrieben).

Das erste Element einer Kommandozeile wird als Kommandoname interpretiert. Von der Shell wird im Dateisystem nach einer Datei mit diesem Namen gesucht, denn jedes UNIX-Kommando muß als ausführbare Datei (x Zugriffsrecht gesetzt) unter seinem Namen abgelegt sein, entweder als Binärdatei oder als Script. In welchen Directories (welchen Pfaden) gesucht werden soll, legt der Systemverwalter oder der Benutzer selbst fest (Inhalt der Variablen PATH). Durch geeignete Mittel kann der Zugriff auf die Datei beschleunigt werden (☞ Hash).

Hat die Shell die ausführbare Datei gefunden, wird das Kommando gestartet, und die Parameter werden an das Kommando zur Verarbeitung übergeben.

Befindet sich der Kommandoname nicht in einem der durchsuchten Directories oder ist das x-Zugriffsrecht nicht gesetzt, kommt eine Fehlermeldung auf den Bildschirm.

```
sh: command not found
```

Syntaxprüfungen werden von der Shell und vom aufgerufenen Programm durchgeführt (☞ *getopts*). Ist die Syntax der Kommandozeile falsch, gibt die Shell die Fehlermeldung

```
syntax error
```

aus. In diesem Fall wird das Kommando nicht gestartet.

Findet das gestartete Kommando einen Fehler (falsche Option oder Parameterzahl), hängt die Fehlermeldung vom gestarteten Kommando ab. Es erscheint eine kurze Fehlermeldung, die auf das beanstandete Kommando zugeschnitten ist.

7.2 Online-Hilfen

Mit dem Kommando *man* kann der Manualeintrag eines Kommandos auf dem Bildschirm angezeigt werden (*man* stammt aus der BSD UNIX-Welt).

7.3 Ein-/Ausgabe

Kommandos (Programme) haben die Aufgabe, Daten zu verarbeiten. Dazu müssen zunächst einem Kommando Daten übergeben werden. Das Kommando verarbeitet diese Daten und liefert sie dem Benutzer. Dies ist das allgemeine *EVA-Prinzip* (Eingabe, Verarbeitung, Ausgabe).

Bei der Verarbeitung von Daten zeigt sich die große Flexibilität eines UNIX-Systems, mit der die Ein-/Ausgaben behandelt werden. Ein UNIX-Kommando kann in der Regel Daten aus einer Datei lesen, Eingaben von der Tastatur anfordern und Daten von einem anderen Kommando übernehmen. Die verarbeiteten Daten können in eine Datei geschrieben werden, auf dem Bildschirm angezeigt oder an ein weiteres Kommando übergeben werden.

Das Terminal, an dem der Anwender arbeitet, spielt in diesem Konzept eine besondere Rolle. Wird ein Kommando gestartet, so stehen ihm standardmäßig drei Dateien zur Ein-/Ausgabe mit dem Terminal des Benutzers zur Verfügung. Diese drei Dateien (oft auch als Kanäle bezeichnet) sind der Tastatur für Eingaben und dem Bildschirm für die Ausgaben zugeordnet und erlauben eine vollständige Einbindung der Aktivitäten am Terminal in das Dateikonzept von UNIX. Diese Dateien bekommen spezielle Namen, die in der folgenden Liste dargestellt sind:

Name	Abkürzung	Gerät	Descriptor
Standardeingabe	stdin	Tastatur	0
Standardausgabe	stdout	Bildschirm	1
Standardfehlerausgabe	stderr	Bildschirm	2

Wenn ein Kommando eine Ausgabe auf den Bildschirm macht, so sagen wir, das Kommando schreibt auf die Standardausgabe, nach stdout. Bei einer Eingabe über die Tastatur sagen wir, das Programm liest von der Standardeingabe, vom stdin. Fehlermeldungen werden über eine gesonderte Datei (Kanal) verarbeitet, der Standardfehlerausgabe, stderr genannt. stderr ist ebenso wie stdout mit dem Bildschirm verbunden, so daß Fehlermeldungen neben der normalen Ausgabe auch auf dem Bildschirm angezeigt werden. Durch diese Aufsplittung können die normale Ausgabe und die Fehlermeldungen aber getrennt verarbeitet werden.

Die meisten Kommandos können neben diesen Standarddateien noch weitere Dateien zur Ein-/Ausgabe eröffnen. Auch wenn ein Programm diese Standarddateien nicht benutzt, werden sie beim Programmstart immer eröffnet.

Programmtechnisch werden die Dateien, mit denen ein Programm kommuniziert, durch Zahlen gekennzeichnet, den *Dateidescriptoren*. Die Standardkanäle werden mit den Descriptoren 0 (stdin), 1 (stdout) und 2 (stderr) belegt. Die Descriptoren für alle weiteren Dateien, auf die das Programm lesend oder schreibend zugreift, werden fortlaufend numeriert. Wird also von einem Programm eine Datei geöffnet, so bekommt diese den Dateidescriptor 3, ...

In der nachfolgenden Abbildung sind diese beschriebenen Möglichkeiten nochmals dargestellt.

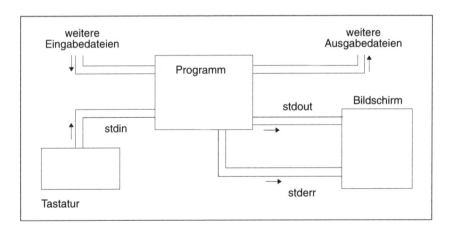

Abb. 7.2: Dateien, Programm und Standardkanäle

UNIX bietet leistungsfähige Konzepte und Möglichkeiten, Daten über die Standardkanäle zu verarbeiten. Diese Konzepte sind unter

7.3 Ein-/Ausgabe

den Schlagworten Pipe und Redirection (☞ auch Befehle wie *tee*, *script*) bekannt und sollen nun ausführlich beschrieben werden.

Filter

Mit dem Kommando *cat* können wir uns den Inhalt der Datei *rohdaten* auf dem Bildschirm anzeigen lassen:

Beispiel
```
$ cat rohdaten
konstanz
hannover
oldenburg
```

Die nachfolgenden Beispiele benutzen diese Datei.

Mit *cat* haben wir ein einfaches Beispiel für eine große Gruppe unter den UNIX-Kommandos gesehen, deren Arbeitsweise folgendermaßen beschrieben werden kann:

Wird ein Kommando aufgerufen und als Argument ein Dateiname übergeben, liest das Kommando Zeichen aus dieser Datei und verarbeitet diese Daten. Der Inhalt der Datei bildet den Eingabedatenstrom. Die meisten UNIX-Kommandos lesen die Daten zeilenweise. Die Ausgabe (Ergebnis der Verarbeitung) bildet den Ausgabestrom und wird auf den Bildschirm geschrieben.

Bei dieser Gruppe von Kommandos ist zu beachten, daß das Ergebnis einer solchen Verarbeitung nur auf dem Bildschirm sichtbar, aber nicht in einer Datei gesichert ist, was aber möglich wäre (☞ *tee*, *script*). Die Ursprungsdatei, hier *rohdaten*, ist von der Verarbeitung nicht verändert worden.

Ausnahmen sind z. B. die Kommandos *lp* (gibt Datei auf den Drucker aus), *rm* (löscht Datei), *vi* (Editor verändert die Ursprungsdatei).

Ein weiteres Beispiel bildet das Kommando *sort*:

```
$ sort rohdaten
hannover
konstanz
oldenburg
```
Beispiel

Das Kommando *sort* sortiert die Datei zeilenweise. Der sortierte Dateiinhalt ist nach der Verarbeitung auf dem Bildschirm zu sehen.

Ruft man *sort* ohne Argument (Dateinamen) auf, werden die Eingabedaten jetzt von der Tastatur (stdin) verlangt. Der Benutzer muß die Daten nun "per Hand" an der Tastatur eintippen. Die Eingabe wird dabei mit [Strg]+[D] abgeschlossen (muß allein am Anfang einer Zeile stehen).

```
$ sort [↵]
hans
achim
willi
[Strg]+[D]
achim
hans
willi
```
Beispiel

sort liest die eingegebenen Zeilen bis zu einem [Strg]+[D] (dem Zeichen für das Ende der Eingabe), sortiert die Eingabe und schreibt das Ergebnis sofort auf den Bildschirm (nach stdout). Die Verarbeitung der Eingabe beginnt nicht erst mit dem Endezeichen. Jede Zeile wird nach der Eingabe sofort verarbeitet. *sort* ist damit ein Beispiel für eine wichtige Klasse von Kommandos, die Filter genannt werden.

> Ein Filter ist ein Programm, das einen Eingabestrom von stdin liest, verarbeitet und nach stdout schreibt.

Aus der Beschreibung eines Kommandos kann ersehen werden, ob es ein Filter ist. So sind z. B. die Kommandos *grep, cpio, sort* und *diff* Filter. *sort* liest, ohne Argument aufgerufen, von der Tastatur und schreibt das Ergebnis nach stdout. Das Kommando *ls* dagegen ist kein Filter, denn es liest in der Form

    $ ls

das aktuelle Verzeichnis, also Daten, die im System liegen und nicht über stdin geliefert werden. Das Druckkommando *lp* ist auch kein Filter. In der Form

    $ lp

ohne Dateinamen eingegeben, liest es zwar bis EOF von der Tastatur, leitet jedoch die Ausgabe auf einen Drucker, nicht aber auf stdout.

7.4 Redirection

Am Beispiel *sort* haben wir ein Kommando kennengelernt, das die verarbeiteten Daten auf dem Bildschirm (stdout) ausgibt. Für eine spätere Betrachtung oder Weiterverarbeitung ist das Ergebnis nicht vorhanden, da es in dieser Form des Befehlsaufrufs nirgendwo gespeichert wird. Das Kommando muß daher zu einem späteren Zeitpunkt erneut gestartet werden. Oft ist es sinnvoll, das Verarbeitungsergebnis eines Kommandos in einer Datei abzuspeichern, damit es in späteren Verarbeitungsschritten benutzt (weiterverarbeitet) werden kann. UNIX unterstützt diese Aufgabe mit dem Redirection-Mechanismus.

Umlenken der Ausgabe

Der Ausgabedatenstrom eines Kommandos kann mit dem Operator > umgelenkt werden. Die verarbeiteten Daten gelangen nicht mehr auf den Bildschirm (Standardoutput), sondern werden in einer Datei abgelegt. Der Vorgang heißt *Redirection Output* (Umlenkung der Ausgabe):

```
$ sort rohdaten > ergebnis
$ cat ergebnis
hannover
konstanz
oldenburg
```

Beispiel

sort sortiert die Datei *rohdaten*. Durch das Redirect-Zeichen > werden die verarbeiteten Daten in die Datei *ergebnis* umgelenkt.

Existiert die Zieldatei (*ergebnis*), wird sie zunächst gelöscht und dann neu beschrieben. Der alte Inhalt ist damit verloren und wird durch die neuen Daten ersetzt. Existiert die Datei nicht, wird sie neu angelegt. Das Kommando

```
$ sort liste > liste
```

ist also nicht möglich, da nach der obigen Abarbeitungsregel die Zieldatei zunächst gelöscht würde. Die Shell verweigert die Abarbeitung von Kommandos, in denen Quelldatei gleich Zieldatei ist und gibt eine Warnung aus.

Die Ausgabe eines Kommandos kann mit »>« nur umgelenkt werden, wenn sie im Normalfall auf die Standardausgabe (den Bildschirm) kommt.

Das Kommando

Gegenbeispiel

```
$ lp liste > sicherung
```

funktioniert nicht, da *lp* auf den Drucker, nicht auf den Bildschirm (stdout) ausgibt, die Umlenkung wird nicht berücksichtigt.

Es sei hier betont, daß die Umlenkung des Datenstroms von der Shell und nicht vom verarbeitenden Programm durchgeführt wird. Das Programm schreibt weiterhin nach stdout, die Shell stellt die Verbindung zur Zieldatei her.

Anfügen an eine Datei

Soll das Verarbeitungsergebnis an eine bereits bestehende Datei angehängt und der ursprüngliche Inhalt nicht überschrieben werden, so muß der >>-Operator verwendet werden.

Beispiele
```
$ date > ergebnis
$ cat ergebnis
Fri Jan 8 11:25:33 PST 1988

$ sort rohdaten >> ergebnis
$ cat ergebnis
Fri Jan 8 11:25:33 PST 1988
hannover
konstanz
oldenburg
```

Durch das Umlenkungszeichen »>« wird zunächst die Datei *ergebnis* gelöscht und anschließend mit der Ausgabe des Befehls *date* (dem Datum) beschrieben. Das Kommando *sort* sortiert anschließend die Datei *rohdaten* und fügt die sortierte Liste an das Ende der Datei *ergebnis* an.

Umlenken der Eingabe

In diesem Kapitel soll beschrieben werden, wie Daten, außer über die Tastatur, an ein Kommando übergeben werden können. Betrachten wir die folgenden Kommandoaufrufe.

7 Die Shell – Basiskonzepte

```
sort liste
date
```

sort liest die Daten aus der als Argument angegebenen Datei *liste*, sortiert und schreibt das Ergebnis auf den Bildschirm. Die Eingabedatei kann frei vorgegeben werden. Wird kein Dateiname angegeben, so liest *sort* von der Standardeingabe. Die meisten UNIX-Kommandos können die Eingabedaten aus einer beliebigen Datei lesen. Bei *date* ist die »Quelle« der Eingabedaten fest. *date* liest Daten aus dem System und schreibt das aktuelle Datum (des Systems) auf den Bildschirm.

So wie die Standardausgabe umgelenkt werden kann, bietet UNIX auch die Möglichkeit, die Standardeingabe (stdin) umzulenken, *Redirect Input* genannt. Das Redirect Input-Symbol ist < und beauftragt die Shell, die Daten nicht von der Tastatur, sondern aus der angegebenen Datei zu lesen:

```
$ sort < rohdaten
```

Der Ausgabestrom wird davon nicht beeinflußt. *sort* liest zeilenweise aus der Datei *rohdaten* (bis zum Dateiende) und schreibt die sortierten Daten auf den Bildschirm (stdout).

Das nachfolgende Kommando liefert dasselbe Ergebnis, wird aber unterschiedlich abgearbeitet:

```
$ sort rohdaten
```

Bei der ersten Form wird stdin umgelenkt, und die Daten werden aus der Datei *rohdaten* über den Dateidescriptor 1 gelesen. Bei der zweiten Form wird stdin nicht genutzt, sondern ein neuer Kanal mit einem neuen Dateidescriptor eröffnet, über den aus der Datei *rohdaten* gelesen wird.

Wie bei der Umlenkung der Ausgabe gibt es auch hier eine Einschränkung. Das <-Zeichen kann (darf) nur für Kommandos benutzt werden, die von der Standardeingabe (Tastatur) lesen.

Beispiel   Beide Formen sind notwendig, da es Kommandos gibt, die nur von Standardeingabe lesen können (z. B. *cpio* und *tr*). Daten aus einer Datei müssen diesen Kommandos mit der ersten Form zugänglich gemacht werden.

Beispiel   In der gesamten Datei *liste* soll der Buchstabe *n* durch *N* ersetzt werden. Dies geschieht mit dem Kommando *tr "n" "N"*. tr (=translate) kann aber nur über stdin Daten lesen. Daher lautet das entsprechende Kommando

```
$ tr "n" "N" < liste
```

oder als Pipe formuliert

```
$ cat liste | tr "n" "N"
```

Das Kommando *cpio* kann Dateien kopieren. Sollen Daten vom Magnetband in das Dateisystem eingespielt werden, so muß *cpio* über stdin mit Daten versorgt werden:

```
$ cpio -iv < /dev/rmt0
```

liest Daten vom Magnetband (/dev/rmt0).

Bei der Redirection ist zu beachten, daß rechts vom Redirect-Zeichen immer ein Dateiname steht, niemals ein Kommando. Es soll hier nochmals betont werden, daß die Umlenkung von der Shell organisiert wird. Das betroffene Kommando selbst erfährt von der Umlenkung nichts. Es liest weiterhin von den normalen Dateidescriptoren.

Vertiefung der Redirection

Die Umlenkung der Standardeingabe und der Standardausgabe können kombiniert benutzt werden.

Beispiele   `$ sort < rohdaten > ergebnis`

sort liest aus der Datei *rohdaten* und schreibt in die Datei *ergebnis*. Dabei ist die Reihenfolge von < und > gleichgültig. Das nächste Beispiel arbeitet ebenfalls korrekt:

```
$ sort > ergebnis < rohdaten
```

Fehlermeldungen

Treten bei der Abarbeitung eines Kommandos Fehler auf, werden Fehlermeldungen normalerweise über die Standardfehlerausgabe (stderr) auf den Bildschirm ausgegeben. Die eventuell auftretenden Fehlermeldungen können aber auch in eine Datei umgelenkt werden. Die Umlenkung der Fehlermeldungen wird von den verschiedenen Kommandointerpretern unterschiedlich gehandhabt. Für die Bourne Shell gilt:

```
$ kommando 2 >> fehler_datei
```

Die Standardfehlerausgabe ist die Datei mit dem Dateidescriptor 2, daher *2 >*.

Die C-Shell kann die Fehlermeldungen nur zusammen mit der Standardausgabe umlenken:

```
% kommando >& fehler_datei
```

schreibt die normalen Ausgaben und Fehlermeldungen in die Zieldatei. Eine Trennung dieser Informationsströme ist nur auf Umwegen möglich (☞ C-Shell).

Sollen Fehlermeldungen unterdrückt werden, muß der Fehlerkanal in eine Datei umgelenkt werden. Die Fehlermeldungen können dann später ausgewertet werden. Als Papierkorb im System dient das Device */dev/null*. Mit

```
$ nroff liste 2 > /dev/null
```

werden die anfallenden Fehlermeldungen verworfen.

7.5 Pipeline

Komplexe Verarbeitungsvorgänge können zumeist von einem einzelnen UNIX-Kommando nicht bewältigt werden. Mehrere Kommandos müssen in diesem Falle zusammenspielen und die Daten nacheinander bearbeiten. UNIX enthält ein sehr effektives Konzept, das eine solche Kettenverarbeitung unterstützt, die Pipe. Das Verarbeitungsergebnis eines Kommandos wird dabei über die Pipe (einem temporären Puffer, keine zusätzliche Zwischendatei) direkt an das nächste Kommando weitergegeben. Dies soll an einem Beispiel erläutert werden.

Die Anzahl der Dateien im Directory */etc* soll festgestellt werden. Benutzen wir das Redirect-Konzept (also die Möglichkeit, Daten umzulenken), so benötigen wir folgende Kommandosequenz:

Beispiel
```
$ ls /etc > tempo
$ wc -w tempo
45
$ rm tempo
```

Die beiden Kommandos *ls* und *wc* liefern gemeinsam die Lösung unseres kleinen Problems. *ls* legt die Dateinamen in der Datei *tempo* ab. *wc* zählt die Worte in der Datei *tempo* (Trennzeichen ist ein oder sind mehrere Blanks) und schreibt das Ergebnis auf den Bildschirm (es gibt 45 Dateien). Die Datei *tempo* ist jetzt nicht mehr nötig und wird mit *rm* gelöscht. Die Programme tauschen die Daten also über die Zwischendatei *tempo* aus.

Mit dem Pipe-Operator »|« kann dieses Problem kürzer und ohne Zwischendatei gelöst werden:

```
$ ls /etc | wc -w
45
```

Die Daten werden jetzt über einen temporären Zwischenspeicher vom Kommando *ls* an das Kommando *wc* weitergegeben, eine Hilfsdatei entfällt.

Die Arbeitsweise der Pipe soll an diesem Beispiel genau erklärt werden.

Arbeitsweise

Mit dem Pipe-Symbol »|« wird eine Pipe erzeugt, über die zwei Kommandos miteinander verbunden werden. Unter einer Pipe können wir uns eine Röhre vorstellen, in die auf der einen Seite Daten hineingeschoben und auf der anderen Seite herausgeholt werden.

In der Form *ls /etc* schreibt das Kommando *ls* das Inhaltsverzeichnis von */etc* über stdout auf den Bildschirm. Durch das Pipesymbol wird dieser Ausgabestrom in die Pipe umgelenkt (stdout wird umgelenkt).

In der Form *wc -w* liest das Kommando *wc* normalerweise Daten von stdin. Durch das Pipesymbol wird dieser Eingabestrom aber aus der Pipe geholt (stdin wird umgelenkt). *wc* liest damit die Ausgabe von *ls* aus der Pipe und schreibt das Ergebnis auf den Bildschirm.

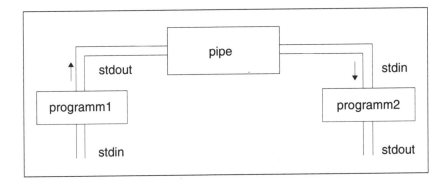

Abb. 7.3: Die Funktion der Pipe

Eigenschaften der Pipe

➤ Eine Pipe ist eine temporäre Datenstruktur, die vom Betriebssystem für die Dauer der Verarbeitung angelegt wird und als *FIFO*-Speicher (first in, first out) arbeitet. Je nach Implementierung wird die Pipe über das Dateisystem oder im Hauptspeicher realisiert.

➤ Eine Pipe besitzt 2 Seiten. Auf der einen (linken) Seite schreibt (write) ein Kommando Daten hinein (hier *ls*) und auf der anderen (rechten) Seite liest (read) ein Kommando (hier *wc*) diese Daten aus.

➤ Das schreibende Kommando muß nach stdout schreiben. Der Pipeoperator verbindet dann stdout mit dem Eingang der Pipe. Das Kommando liefert also über die Standardausgabe Daten an die Pipe. Das lesende Kommando muß von stdin lesen (Daten holen) können. Durch den Pipeoperator ist stdin des lesenden Kommandos mit dem Ausgang der Pipe verbunden. Dieses Kommando liest also seine Eingabedaten (Ausgabedaten des ersten Kommandos) von stdin.
Die Pipe verbindet so zwei verschiedene Kommandos (Prozesse) und ermöglicht den Datenaustausch über die Standardkanäle stdin und stdout.
Das Kommando *lp* (oder *lpr*) kann nur am Ende einer Pipe stehen, da es nicht nach Standardausgabe schreibt. Das Kommando *ls* kann nur am Anfang stehen, da es nicht von Standardeingabe lesen kann.

➤ Die beteiligten Kommandos werden gleichzeitig gestartet und arbeiten die Daten wie auf einem Fließband ab. Die Abarbeitung wird vom Betriebssystem synchronisiert.

➤ *kommmando_1 | kommando_2 | kommando_3*
Dies ist der allgemeine Aufbau einer Pipe Kette. *kommando_1* liefert Daten, die von *kommando_2* verarbeitet werden und an *kommando_3* weitergereicht werden. Die Kommandos können mit Parametern versehen werden.

Voraussetzung ist dabei, daß *kommando_1* nach stdout schreiben kann und daß *kommando_3* von stdin lesen kann.

➤ Kommandos (wie *kommando_2*), die aus einer Pipe lesen und in eine Pipe schreiben müssen Filter sein, da sie von stdin lesen und nach stdout schreiben müssen.

➤ Mit einer Pipe werden Kommandos verknüpft; auf beiden Seiten eines Pipesymbols müssen daher Kommandos stehen.

```
$ who | sort | lp
```

Mit dieser Kommandosequenz wird die sortierte Liste der aktuellen Benutzer des Systems ausgedruckt.

Mit der bekannten Datei *rohdaten* liefert

```
$ sort rohdaten | grep "h*"
hannover
```

alle Orte, die mit »h« beginnen. Beide Kommandos sind mit Parametern versehen. In einer Pipe-Kette können auch Redirection-Anweisungen eingebaut werden:

```
$ sort rohdaten | grep "h*" > ergebnis
```

schreibt das Ergebnis in die Datei *ergebnis*.

Im nächsten Beispiel liest *sort* über Standardeingabe die Daten aus *rohdaten*. Aus der sortierten Liste filtert *grep* alle Zeilen heraus, die mit h beginnen und schreibt diese in die Datei *ergebnis*.

```
$ sort < rohdaten | grep "h*" > ergebnis
$ cat ergebnis
hannover
```

Auf der linken Seite des Redirect-Zeichens und des Pipe-Zeichens steht ein Kommando. Auf der rechten Seite des Redirect-Zeichens steht (als Ziel) ein Dateiname. Auf der rechten Seite einer Pipe steht aber ein Kommandoname.

Die Pipe ist eine sehr effiziente Möglichkeit, Kommandos zu verketten, da keine Zwischendateien angelegt werden und so der Zugriff auf Massenspeicher entfällt.

Die bisher besprochenen Pipes werden automatisch und temporär für die Verarbeitung der Daten angelegt. Es können vom Anwender auch Pipes angelegt werden, die einen Namen bekommen und im Dateisystem abgelegt sind. Über diese Pipes können dann auch Prozesse miteinander kommunizieren, die nicht miteinander verwandt sind. Diese Pipes werden *named pipe* genannt (☞ Kapitel 16 »Die Prozeßverwaltung«).

7.6 Hintergrundprozesse

Wird ein Kommando gestartet, ist das Terminal für die Dauer der Kommandoabarbeitung gesperrt, und es kann keine neue Eingabe gemacht werden. Erst wenn das Kommando beendet ist, meldet sich die Shell mit dem Prompt zurück und ist für eine neue Eingabe bereit.

Dies ist bei Programmen, die eine lange Laufzeit haben, von Nachteil. UNIX bietet daher die Möglichkeit, Kommandos im Hintergrund ablaufen zu lassen (Multitasking). Durch diese Hintergrundverarbeitung wird es dem Benutzer möglich, mehrere Programme gleichzeitig ablaufen zu lassen. Er kann z. B. eine aufwendige und zeitintensive Formatierung im Hintergrund laufen lassen, während er am Terminal z.B. eine andere Datei editiert.

Um ein Kommando im Hintergrund zu starten, wird hinter die Kommandozeile ein »&« gesetzt. Die Shell wartet nicht auf das Ende eines Hintergrundprozesses, sondern kann sofort weitere Eingaben entgegennehmen:

```
$ sort liste > sortliste &
7513
$
```
Beispiel

Nach dem Start des Kommandos wird die Prozeßnummer (PID=Process Identification) ausgegeben (hier 7513), und es erscheint sofort der Prompt (die Shell kann neue Anweisungen entgegennehmen).

Mit diesem Konzept der Hintergrundverarbeitung entfaltet UNIX auch für den einzelnen Anwender die Multitasking-Eigenschaft. Jeder Benutzer kann mehrere Hintergrundprozesse gleichzeitig laufen lassen, wobei jeder Hintergrundprozeß das System natürlich zusätzlich belastet.

Für einen Hintergrundprozeß sind die Ausgabekanäle stdout und stderr immer noch mit dem Bildschirm verbunden. Die Eingabe stdin steht diesem Prozeß nicht mehr zur Verfügung, da die Shell ja neue Eingaben erwartet. Bei Programmen, die im Hintergrund laufen und stdout und stderr benutzen, ist es daher angebracht, eine Umlenkung vorzunehmen, damit Meldungen der Hintergrundprozesse nicht auf dem Bildschirm erscheinen und die aktuelle Arbeit (nur visuell) stören. Mittels Umlenkung werden sämtliche Systemmeldungen und Verarbeitungsergebnisse in die gewünschte Datei geschrieben und können nach Ende des Prozesses angesehen werden. In unserem obigen Beispiel werden die sortierten Daten in der Datei *sortliste* abgelegt. Die Fehlermeldungen werden mit einer zusätzlichen Umlenkung »2>« verarbeitet. Sind die Fehlermeldungen nicht wichtig, so können sie nach */dev/null* umgelenkt werden. Dieses Device stellt einen systemweiten »Papierkorb« dar.

```
$ sort liste > sortliste 2> /dev/null &
```
Beispiel

Wenn sich der Benutzer vom System abmeldet (ausloggt), werden normalerweise auch alle seine aktiven Prozesse beendet und damit auch die noch aktiven Hintergrundprozesse.

Soll die Verarbeitung im Hintergrund aber weitergehen, so müssen Sie den Hintergrundprozeß mit dem Kommando *nohup* (no hang up = kein Abbruch) starten.

Beispiel
```
$ nohup sort liste > sortliste 2> sort.err &
```

Die Sortierung wird fortgesetzt, auch wenn Sie sich ausloggen. Auch hier ist es ganz wichtig, stderr umzulenken. Sie können so nach einem neuen Login feststellen, ob Fehler bei der Verarbeitung aufgetreten sind. Geben Sie keine Umlenkung an, so lenkt *nohup* die Ausgaben nach stdout und stderr automatisch in die Datei *nohup.out* um.

Einen komfortablen Mechanismus zur Verwaltung von Hintergrundprozessen bietet das Job-Control-System.

7.7 Abbruch eines Kommandos

Wird vom Benutzer ein falsches Programm gestartet ,oder beendet sich ein Programm nicht (hängt in einer Endlosschleife), dann muß der Benutzer dieses Programm explizit beenden. Dazu sendet er ein Signal an das abzubrechende Programm (den Prozeß). UNIX stellt für einen derartigen Abbruch eine Reihe von Signalen (☞ Kommando *kill*) mit unterschiedlicher Bedeutung zur Verfügung.

Läuft ein Programm im Vordergrund, so kann es mit der [Entf]-Taste oder mit [Strg]+[C] abgebrochen werden. Durch den entsprechenden Tastendruck wird das interne Signal SIGQUIT (Interrupt) an den Prozeß gesendet, der daraufhin abgebrochen wird.

Hintergrundprozesse reagieren aber nicht auf einen Interrupt von der Tastatur. Ihnen muß mit dem Kommando *kill* ein Signal gesendet werden, das einen Abbruch erzwingt. Der Zugriff auf den richtigen Prozeß geschieht über die Prozeßnummer *PID*.

Beispiele

```
$ kill 7513
```

sendet das Signal mit der Nummer 15 (die Standardeinstellung des *kill*-Befehls) an den Prozeß mit der PID=7513 und beendet diesen. In der Korn Shell und der C-Shell kann auch über die Jobnummer auf den Prozeß zugegriffen werden.

UNIX kennt eine Vielzahl von unterschiedlichen Signalen, die bei bestimmten Fehlern an einen Prozeß gesendet werden können und diesen dann beenden. Häufig können Programme Signale ignorieren (☞ *trap*). Ihnen muß dann das Signal Nummer 9 gesendet werden, da dieses Signal von keinem Programm abgefangen werden kann und daher mit Sicherheit einen Abbruch erzwingt.

```
$ kill -9 7513
```

Ein Prozeß kann aber nicht von jedem Benutzer abgebrochen werden. Ein Benutzer kann nur seine eigenen Prozesse abbrechen. Nur der Superuser hat Zugriff auf fremde Prozesse im System und kann diese auch abbrechen.

Woher kennt der Benutzer die PID des Hintergrundprozesses? Beim Start dieses Prozesses wird die PID auf dem Bildschirm angezeigt. Außerdem kann er sich mit dem Kommando *ps* eine Übersicht der aktiven Prozesse verschaffen (die Jobnummer mit dem Kommando *job*)

```
$ ps
ID   TTY       TIME COMMAND
175  console   0:01 sh
396  console   0:01 nroff
398  console   0:01 lp
440  console   0:00 ps
```

liefert eine Liste der aktiven Prozesse, die dem Benutzer gehören. Über die PID kann dann jeder beliebige Prozeß abgebrochen werden. Der User hat einen Ausdruck mit *lp* und eine Formatierung mit *nroff* gestartet.

Soll z. B. das *nroff*-Programm aus obiger Liste abgebrochen werden, so formuliert der Benutzer

`$ kill 396`

Läßt sich ein Vordergrundprozeß nicht über die [Entf]-Taste abbrechen, muß dieser Prozeß von einem anderen Terminal aus abgebrochen werden. Dazu muß zunächst die Prozeßnummer ermittelt werden:

```
$ ps -tty06
PID TTY     TIME COMMAND
179 06      0:01 sh
428 06      0:01 a.out
```

Dieses Kommando ermittelt die Prozesse am Terminal tty06. Blokkiert das Kommando *a.out* das Terminal tty06, kann es mit

`$ kill -9 428`

abgebrochen werden.

7.8 Metazeichen

Für die Shell haben folgende Zeichen in einer Kommandozeile eine Sonderbedeutung:

Symbol	Bedeutung
|	Pipesymbol
<	Umlenkung der Eingabe
>	Umlenkung der Ausgabe
;	Ende eines Kommandos (Trenner zwischen zwei Befehlen)

Symbol	Bedeutung
&	Hintergrundprozeß
.	Aktuelles Directory
..	Parent Directory (das über dem aktuellen liegende Verzeichnis)
~	Home Directory (nicht in der Bourne Shell)
*	Beliebige Zeichenkette
?	Ein beliebiges Zeichen
[ ]	Ein Zeichen aus der Liste
\	Maskierungszeichen, hebt Sonderbedeutung auf
$	Inhalt von Variablen
'text'	Maskierungszeichen. Keine Ersetzung von Sonderzeichen
"text"	Maskierungszeichen. Die Metazeichen * ? [ ] werden in der Zeichenkette *text* ersetzt.
`kommando`	Kommandoersetzung. Das Ergebnis des Kommandos wird eingesetzt.
-	Standardeingabe (als Argument)

In den folgenden Abschnitten wird die Bedeutung der Sonderzeichen *, ? und [ ] beschrieben. Sie werden zur Erzeugung von Dateinamen verwendet. Anschließend werden die Sonderzeichen ", ' und \ beschrieben, die Zeichenketten maskieren und andere Metazeichen ihrer Sonderbedeutung entheben.

Ersetzung von Dateinamen

Sollen einem Kommando mehrere Dateinamen übergeben werden, so ist es oft sehr mühselig, alle gewünschten Dateinamen einzutippen, besonders dann, wenn die Namen gewisse Ähnlichkeit haben. Hier hilft die Shell mit den Metazeichen. Über diese Metazeichen kann mit einer Kurzschreibweise auf Dateinamen zugegriffen werden.

7.8 Metazeichen

Treten in einer Kommandozeile die Metazeichen (Sonderzeichen) * ? [ ] in einem Argument auf, bildet dieses Argument ein Muster. Das Muster wird auch Regular Expression genannt. Das Muster kann aus einer beliebigen Abfolge von »normalen« Zeichen und diesen Sonderzeichen bestehen. Die Sonderzeichen werden ihrer Bedeutung nach ersetzt und das Argument in eine Liste von Dateinamen erweitert. Man sagt, das Argument (Muster) wird expandiert.

Regular Expressions können von vielen UNIX-Kommandos gebildet und benutzt werden. Die Shell kennt nur wenige Möglichkeiten. Kommandos wie *ed*, *sed*, *awk*, *grep* oder *tr* bieten wesentlich komplexere Regular Expressions an.

Die Wirkung der verschiedenen Sonderzeichen soll in den nächsten Abschnitten beschrieben werden. Als Grundlage für die Beispiele gehen wir von folgendem Working Directory aus:

```
$ ls
b brief buch buch1 buch2 buch3 inhalt
```

Das Metazeichen ?

Das Fragezeichen ? wird von der Shell durch genau ein beliebiges Zeichen ersetzt. Das Zeichen darf aber nicht das Leerzeichen sein. Enthält ein Argument ein Fragezeichen, so wird das Muster (Regular Expression) durch eine Liste von Dateinamen ersetzt, die an der Stelle des Fragezeichens ein beliebiges Zeichen haben, sonst aber mit dem Muster übereinstimmen.

Beispiel   `$ lp buch?`

Die Zeichenfolge *buch?* bildet hier die Regular Expression. Sie wird durch alle Dateinamen aus dem Working Directory ersetzt, die aus 5 Zeichen bestehen, mit der Zeichenfolge *buch* beginnen und mit einem beliebigen Zeichen enden.

Diese Dateinamen werden als Argumente an das Programm übergeben. Der obige *lp*-Aufruf ist gleichbedeutend mit

```
$ lp buch1 buch2 buch3
```

Das Metazeichen *

Das Metazeichen * wird von der Shell in eine beliebig lange Zeichenkette expandiert. Die Zeichenkette kann dabei auch leer sein. Tritt also in einem Argument das Zeichen * auf, werden dafür alle zutreffenden Dateinamen des Working Directory eingesetzt. Die entstandene Liste von Dateinamen wird an das Kommando übergeben.

```
$ lp b*
```

Beispiel

Die Regular Expression ist hierbei *b**. Sie wird nach der obigen Regel ersetzt. Im gewählten Directory lautet das Kommando nach der Ersetzung

```
$ lp b buch brief buch1 buch2 buch3
```

d. h. nach dem Buchstaben *b* können andere Zeichen in beliebigen Kombinationen und beliebiger Anzahl folgen. Wichtig ist nur, daß die Dateinamen an der ersten Stelle ein *b* haben.

```
$ rm *
```

* wird in alle Dateinamen des Working Directory erweitert. Anschließend löscht das Kommando *rm* diese (d. h. alle) Dateien!

Die Metazeichen [und]

Die eckigen Klammern [list] umfassen eine Menge (Liste) von Zeichen, die innerhalb eines Wertebereichs liegen. Von der Shell werden die eckigen Klammern durch genau ein Zeichen aus dieser

7.8 Metazeichen

Liste ersetzt. »list« kann dabei eine Aufzählung von Zeichen sein (z. B. [baceimx]), einen Bereich darstellen (z. B. [a-z], also alle Kleinbuchstaben) oder eine Kombination aus beiden. Ein Ausrufezeichen am Anfang der Liste ([!list]) kennzeichnet ein beliebiges Zeichen, das nicht in der Liste steht (Negierung des ursprünglichen Sinns).

Beispiel 1
```
$ lp buch[12]
```

liefert nach der Ersetzung

```
$ lp buch1 buch2
```

Beispiel 2
```
$ lp buch[!12]
```

liefert

```
$ lp buch3
```

Alle Dateien, deren Namen mit *buch* beginnen und an der fünften Stelle keine 1 oder 2 haben, werden ausgedruckt.

Metazeichen und Umlenkung

Wird der Datenstrom (Ein- oder Ausgabe) eines Kommandos umgelenkt, werden rechts vom Umlenkzeichen keine Metazeichen ersetzt.

Beispiel
```
$ sort < buch?
```

Die Datei *buch?* wurde nicht gefunden, daher erfolgt eine Fehlermeldung.

```
$ cat inhalt > buch?
```

Eine Datei mit einem ? im Namen existiert im Regelfall nicht. Daher wird eine neue Datei *buch?* angelegt.

Zur Überprüfung dient

```
$ ls
b brief buch? buch1 buch2 buch3 inhalt
```

Wie kann diese neue Datei *buch?* gelöscht werden?

```
$ rm buch?
```

bringt nicht den gewünschten Erfolg, da alle Dateien gelöscht werden, die mit *buch* beginnen und an der fünften Stelle ein beliebiges Zeichen haben (auch ein ? wird erkannt). Mit diesem Aufruf werden also zu vieel Dateien gelöscht.

```
$ rm -i buch?
```

liefert eine, wenn auch umständliche Lösung für unser Problem.

rm bearbeitet wieder alle Dateien, die mit *buch* beginnen und an der fünften Stelle ein beliebiges Zeichen haben. Durch die Option *-i* wird vor dem Löschen einer Datei eine Bestätigung (Eingabe von Y) erwartet. Bei allen Dateien, die nicht gelöscht werden sollen, wird ein N (für no) eingegeben. Wird die Datei *buch?* bearbeitet, so wird mit Y quittiert.

```
$ rm -i buch?
rm buch1 : N
:
:
rm buch? : Y
```

Maskierung der Sonderzeichen

Eine bessere Lösung liefert die Maskierung des Sonderzeichens ?. Soll ein Metacharacter in einem Kommando als normales Zeichen interpretiert werden, muß die Sonderbedeutung aufgehoben werden, das Zeichen muß maskiert werden.

7.8 Metazeichen

Dazu dienen die Zeichen \, " und '. Die Datei *buch?* kann nun mit einem der folgenden Kommandos gelöscht werden:

```
$ rm buch\?
$ rm "buch?"
$ rm 'buch?'
```

Die einzelnen Lösungen sollen in den folgenden Abschnitten beschrieben sowie Unterschiede und Gemeinsamkeiten herausgearbeitet werden.

Das Metazeichen \

Der Backslash \ maskiert genau das folgende Zeichen und hebt damit dessen Sonderbedeutung auf. Hat dieses Zeichen keine Sonderbedeutung für die Shell (kein Metazeichen), ist der \ wirkungslos.

Beispiel 1
```
$ rm buch\?
```

Die Sonderbedeutung des Fragezeichens wird durch den Backslash aufgehoben, d. h. die Shell nimmt keine Ersetzungen vor. An das Kommando *rm* wird also der Dateiname *buch?* übergeben.

Im folgenden Beispiel soll die Wirkung am Beispiel des Kommandos *echo* verdeutlicht werden.

Beispiel 2
```
$ echo h\all\o
hallo
```

Die beiden Zeichen *a* und *o* sind maskiert. Da sie aber keine Sonderbedeutung haben, hat der Backslash \ keine Wirkung.

Mit dem folgenden Kommando kann aus einem Programm eine Dialoganforderung auf den Bildschirm ausgegeben werden. Der * ist als Sonderzeichen maskiert und wird auch ausgegeben. Von den Leerzeichen, die den * umgeben, wird aber nur jeweils 1 Leerzeichen ausgegeben.

```
$ echo drücken Sie    \*    zum Weiterarbeiten
drücken Sie * zum Weiterarbeiten
```
Beispiel 3

Sollen diese Leerzeichen ausgegeben werden, so müssen sie maskiert werden (☞ Kapitel 7.1, Abschnitt »Aufbau der Kommandozeile«).

```
$ echo drücken Sie\ \ \*\ \ zum Weiterarbeiten
drücken Sie  *  zum Weiterarbeiten
```
Beispiel 4

Treten in einer Zeichenkette mehrere Sonderzeichen oder Leerzeichen auf, so muß jedes dieser Zeichen mit einem eigenen \ maskiert werden, was daher recht mühselig ist. Vorteilhafter ist die Anwendung der " oder der '. Diese Zeichen maskieren alle Metacharacter, die zwischen ihnen liegen.

Das Metazeichen '

Wird eine Zeichenkette von zwei Hochkommata umgeben (in Hochkomma gesetzt), werden alle Metazeichen vor der Shell maskiert und ihrer Sonderbedeutung enthoben.

```
$ echo 'drücken Sie   *   zum Weiterarbeiten'
drücken Sie   *   zum Weiterarbeiten
```
Beispiel

Das Metazeichen "

Setzt man eine Zeichenkette in die Anführungszeichen ", so werden die umschlossenen Sonderzeichen nicht ersetzt. Allerdings sind die " nicht so stark in ihrer Wirkung wie die '. Sie maskieren alle Metacharacter außer / , ` , $. Der Unterschied soll an einem Beispiel verdeutlicht werden. Mit dem Sonderzeichen $ kann der Wert einer Variablen (hier TERM) ausgegeben werden (☞ Kapitel 9.2, 10.2 und 11.7, Abschnitte »Variablen«).

7.8 Metazeichen

Beispiel 1
```
$ echo "Sie arbeiten an einem Terminal vom Typ $TERM"
Sie arbeiten an einem Terminal vom Typ vt100
```

Die " " fassen die Zeichenkette zusammen, lassen aber die Ersetzung der Variablen TERM zu. Diese hat in unserem Beispiel den Wert vt100.

Beispiel 2
```
$ echo 'Sie arbeiten an einem Terminal vom Typ $TERM'
Sie arbeiten an einem Terminal vom Typ $TERM
```

Die beiden ' ' fassen die Zeichenkette zusammen und erlauben keine Ersetzung. Daher wird die Zeichenkette *$TERM* nicht ersetzt, sondern ausgegeben.

Mit dem folgenden Aufruf werden alle Dateien ausgedruckt, deren Namen mit einem Buchstaben *a* bis *s* beginnen, gefolgt von einer beliebigen Anzahl von Zeichen.

Beispiel 3
```
$ lp [a-s]*
```

Sollen alle Dateien gelöscht werden, die nicht auf ».c« enden, so hilft die Anweisung

Beispiel 4
```
$ rm *[!.][!c]
```

Das Kommando *echo* bekommt drei Argumente übergeben, Artikel, Anzahl und Preis. Die Leerzeichen werden von der Shell als Trenner betrachtet und jeweils zu einem Zeichen zusammengezogen. In der Ausgabe sind die Argumente durch ein Leerzeichen getrennt.

Beispiel 5
```
$ echo Artikel      Anzahl       Preis
Artikel Anzahl Preis
```

Wird die Zeichenkette in ' oder " gesetzt, so wird die gesamte Zeichenkette (mit Leerzeichen) als ein Argument an *echo* übergeben.

```
$ echo 'Artikel Anzahl Preis'
Artikel    Anzahl    Preis
```

7.9 Shell-Scripts

Die Shell ermöglicht es dem Benutzer auf sehr einfache Art und Weise, neue Kommandos durch die Kombination bereits im System vorhandener Befehle zu erstellen. Dies ist immer dann von Vorteil, wenn es Aufgaben gibt, die regelmäßig wiederholt werden müssen und nicht mit einem einfachen, kurzen Kommando zu erledigen sind (z. B. Datensicherung). In diesen Fällen verbindet der Benutzer vorhandene UNIX-Programme zu neuen Kommandos. Er erstellt dazu mit dem Editor eine Datei, in die er eine Abfolge von Kommandos schreibt. Solche Dateien nennen wir Shell-Scripts oder Shell-Prozeduren. Der Name der Datei ist dann der neue Kommandoname. Beim Aufruf eines solchen Scripts werden die dort abgelegten Kommandos nacheinander abgearbeitet (die Zugriffsberechtigung x muß gesetzt sein, ☞ *chmod*).

Die Erstellung eines Shell-Scripts ist eine einfache und schnelle Möglichkeit der Programmierung. Bestehende UNIX-Kommandos werden für eine Problemlösung herangezogen, und es entfällt damit die zeitaufwendige Programmierung in einer Programmiersprache wie »C«, Fortran, Cobol oder Pascal. Damit unterstützt die Shell hervorragend das »rapid prototyping«.

Viele wichtige Kommandos für die Systemverwaltung sind als ShellScript realisiert und im Directory */etc* abgelegt. Bei der Einarbeitung in die Shell sollte jeder Benutzer diese Scripte studieren und sich Anregungen für die eigene Programmierung holen.

Wie in anderen Programmiersprachen auch, können von einem Shell-Script Argumente aus der Kommandozeile verarbeitet, Variablen definiert sowie Schleifen und bedingte Ausführung usw. benutzt werden.

Natürlich hat die Shell nicht nur Vorteile. Die Shell ist ein Interpreter und gegenüber compilierten Programmen sind Shell-Scripts daher in der Ausführung langsamer. Trotzdem ist es sinnvoll, Programm-

7.9 Shell-Scripts

strukturen zunächst in Shell-Scripts zu testen und später mit relativ geringem Aufwand in C Programme umzusetzen.

UNIX macht keinen Unterschied zwischen bereits bestehenden UNIX-Kommandos und vom Benutzer selbst geschriebenen Programmen (egal ob übersetztes C-Programm oder Shell-Script). Wie bei den bereits vorhandenen Kommandos auch, wird ein vom Benutzer geschriebenes Script über den Dateinamen gestartet (Dateiname ist der Kommandoname). Als Voraussetzung für eine solche Ausführung sind zwei Bedingungen zu nennen:

➢ Der execute-Status der Datei muß gesetzt sein.

➢ Die Datei muß in einem Directory liegen, das in den Suchpfad der Shell (☞ Variable PATH) eingetragen ist.

Beide Bedingungen sollen näher erläutert und Ausnahmen aufgezeigt werden.

Betrachten wir ein kleines Script, das in der Datei *spiel* abgelegt ist.

Beispiel
```
$ cat spiel
echo ein erster Versuch
date
pwd
echo ende des Versuchs
```

Damit das Script über den Dateinamen gestartet werden kann, muß der execute-Status der Datei gesetzt sein. Wird ein Script mit dem Editor erzeugt, so ist normalerweise der execute-Status nicht gesetzt (☞ *umask*). Ein typisches Zugriffsmuster ist 644:

```
$ ls -l spiel
-rwxrw-r-- 1 bube other 55 Dec 13 08:12 spiel
```

Für die Datei *spiel* ist kein execute-Status gesetzt. Wenn nun trotzdem versucht wird, die Datei zu starten, kommt eine Fehlermeldung.

```
$ spiel
spiel: cannot execute
```

Damit unser kleines Script ablaufen kann, ändern wir mit *chmod* die Zugriffsrechte für die Datei *spiel* (☞ *chmod*) und fügen das Ausführungsrecht für den Dateibesitzer hinzu.

```
$ chmod u+x spiel
```

u steht dabei für die Zugriffsrechte des Dateibesitzers (user), das + bedeutet hinzufügen, und das *x* steht für ausführen (execute). Eine alternative Formulierung für dieses Kommando lautet *chmod 764 spiel*.

```
$ ls -l spiel
-rwxrw-r--  1  reim    spiel
```

Anschließend können wir das Script starten. Die Shell interpretiert den Inhalt zeilenweise und führt die Kommandos aus:

```
$ spiel
ein erster Versuch
1.8.1994
/usr/bin
ende des Versuchs
```

Soll das Kommando mit seinem Dateinamen gestartet werden, muß die Shell »wissen«, wo sich die Datei befindet (in welchem Directory). Der Shell muß dazu eine Liste von Directories bekanntgemacht werden (☞ PATH), in denen von der Shell nach dem Kommando gesucht wird. Die Liste ist in der globalen Variablen PATH abgelegt. Die Variable PATH wird zumeist in der Datei */etc/profile* für alle Benutzer auf einen Standardwert gesetzt.

```
PATH=/bin:/usr/bin
export PATH
```

Die einzelnen Directories werden durch : getrennt. In der C- wird diese Setzung zumeist in der Datei */etc/cprofile* durchgeführt (*setenv PATH /bin:/usr/bin*).

Viele Benutzer haben noch eigene Wünsche und können den Pfad auch auf andere Werte setzen bzw. die Liste erweitern. So benötigt der Systemverwalter sicherlich noch das Directory */etc* und */usr/lib*. Eigene Scripts und Programme sind häufig über mehrere Directories verteilt. Die Variable PATH wird dadurch sehr umfangreich und der Zugriff auf die eigenen Programme recht langsam. Jeder Benutzer sollte sich daher ein Directory anlegen (als Sammelbekken), unter dem er alle eigenen Programme und Scripte ablegt. Der Pfadname eines solchen Sammelbeckens wird dann zusätzlich in PATH eingetragen. Dieses Directory kann z. B. unter dem Homedirectory liegen und *bin* heißen. Mit

```
$ PATH=$PATH:$HOME/bin
$ export PATH
```

wird die Variable PATH um dieses Verzeichnis erweitert.

In der C- sieht dieses Kommando so aus:

```
% setenv PATH ${PATH}:${HOME}/bin
```

Eine solch strenge Ordnung ist aber nicht immer zu erreichen. Oft soll schnell ein Hilfsprogramm geschrieben werden, das anschließend wieder gelöscht wird, oder ein neues Kommando muß erst entwickelt und getestet werden, bevor es in das Sammelbecken eingetragen wird. Diese Entwicklung findet zumeist im jeweiligen Working Directory statt.

Das Working Directory sollte daher in der Variablen PATH angegeben werden. Die Shell interpretiert den Punkt ».« als aktuelles Directory, und er wird daher in die Variable PATH eingetragen.

```
$ PATH=$PATH:.
$ export PATH
```

```
$ echo $PATH
/bin:/usr/bin:/$HOME/bin:.
```

Das obige Kommando wird daher sinnvollerweise in die Datei *.profile* im Home Directory des Benutzers eingetragen, so daß diese Setzung immer beim Login des Benutzers aktiviert wird.

Wie kann sich der Benutzer helfen, wenn die beiden oben genannten Bedingungen nicht erfüllt sind?

Liegt eine Datei nicht in den Suchpfaden der Shell, so muß das Programm mit dem absoluten oder relativen Pfadnamen gestartet werden.

Ist bei einer Datei der execute-Status nicht gesetzt, kann sie trotzdem ausgeführt werden. Der Name des Scripts wird dazu als Argument an eine Shell übergeben. Dies geschieht mit dem Aufruf

```
$ sh datei
```

Ist die Datei *spiel* ein Shell-Script, können die dort abgelegten Kommandos mit dem Befehl

```
$ sh spiel
```

gestartet werden. Die gestartete Shell (*sh*) liest nun nicht von der Tastatur (wie die Login Shell), sondern aus der Datei *spiel*. In diesem Beispiel wird das Script von der Bourne Shell ausgeführt. Das Script kann aber auch von der C- (*csh spiel*) oder der Korn Shell (*ksh spiel*) ausgeführt werden. Dabei ist zu beachten, daß die verschiedenen Shells auch verschiedene Syntaxregeln haben und ein Script, das für eine Shell geschrieben wurde, nicht von einer anderen ausgeführt werden kann.

```
$ sh -v spiel
```

kann zur Kontrolle benutzt werden. Der Aufruf mit der Option *-v* bewirkt, daß zwei Ausgaben auf dem Bildschirm erscheinen; zuerst die Originalzeile des Scripts *spiel* und danach das Ergebnis. So kann

z. B. die Ersetzung von Variablen oder der Wechsel in Verzeichnisse überprüft werden. Im Normalfall gibt es nur eine Fehlermeldung, die meistens keine Rückschlüsse darüber zuläßt, wo genau im Script der Fehler aufgetreten ist.

Ein Script wird von der Shell bei Auftreten eines Fehlers immer abgebrochen, auch wenn eine Fehlermeldung das nicht unbedingt vermuten läßt.

8 Shell Feature

8.1 Here Document (<<)

Im Kapitel über die Basiskonzepte der Shell ist die Umlenkung von Datenströmen besprochen worden. Mit < wird stdin und mit > oder >> wird stdout umgelenkt. In diesem Abschnitt soll ein weiterer Operator, nämlich der Operator << zur Umlenkung von stdin, besprochen werden. Diese Redirection wird hauptsächlich in Shell-Scripten benutzt und wird als *here document* bezeichnet. Allgemeine Syntax:

```
cmd << wort
zeile1
zeile2
:
:
wort
```

Wenn einem Kommando der Operator << und eine beliebige Zeichenkette *wort* folgen, so wird die Shell angewiesen, die nachfolgenden Zeilen als Standardeingabe für dieses Kommando zu nehmen. Die Eingabe wird durch eine Zeile beendet, die nur die Zeichenkette *wort* enthält. *wort* definiert also das Schlußzeichen, bis zu dem die Zeilen als Eingabe für das Kommando *cmd* gewertet werden sollen. Für *wort* wird oft die Zeichenkette EOF (end of file) benutzt.

```
$ wc -wl << EOF
> und fraß die Made ohne Gnade
> Schade
> EOF
```
Beispiel

8.1 Here Document (<<)

Das Kommando *wc* wird auf der Kommandoebene gestartet und liest Daten von der Tastatur ein. Durch »<< EOF« wird wc angewiesen, so lange Daten zu lesen, bis eine Zeile mit der Zeichenkette EOF eingegeben wird. Als Ergebnis gibt *wc* die Anzahl der eingegebenen Zeilen und Worte aus. Das >-Zeichen am Anfang der Zeilen wird von der Shell geliefert und sagt aus, daß die Eingabe des Kommandos noch nicht abgeschlossen ist (☞ Variable PS2).

Besonders bei programmierbaren Kommandos (*ed, sed, awk*) ist diese Art der Umlenkung hilfreich, da die Anweisungen für diese Kommandos über Variablen der Shell beeinflußt werden können.

Beispiel Mit der Prozedur *rmuser* soll ein Benutzer aus dem System gelöscht werden. Dazu muß auf die Datei */etc/passwd* zugegriffen und der entsprechende Eintrag gelöscht werden:

```
$ cat rmuser
echo -n "Welcher Benutzer soll entfernt werden? "
read nutzer
ed - /etc/passwd << EOF
/^$nutzer:/ d
w
q
EOF
```

Der Benutzername wird interaktiv über das Kommando *read* eingelesen und der Variablen *nutzer* zugewiesen. Der Editor *ed* bearbeitet die Datei */etc/passwd* und löscht die Zeile, die mit dem eingegebenen Benutzernamen beginnt.

Die Editieranweisungen kommen aber nicht von der Tastatur, sondern sind im Script festgelegt:

```
/^$nutzer:/ d
w
q
```

Das Kommando *d* löscht die Zeile, die mit einem bestimmten Benutzernamen beginnt. Der Name wird über die Variable *nutzer* dem Löschbefehl mitgeteilt. Anschließend wird die geänderte Datei gesichert (*w*) und der Editor verlassen (*q*).

Die Zeile */^$nutzer:/ d* soll näher beschrieben werden. Bevor der Editor diese Zeile interpretiert, wird sie zunächst von der Shell abgearbeitet. Die Shell interpretiert dabei das $-Zeichen als Metazeichen und ersetzt *$nutzer* durch den Inhalt der Variablen *nutzer*. Anschließend wird die Zeile vom Kommando *ed* verarbeitet. Soll z. B. der Benutzer *bube* gelöscht werden, so liest der Editor die Zeile */^bube:/d*.

^besagt, daß die gesamte Zeichenkette am Anfang stehen soll. : ist der Feldbegrenzer.

```
$ cat bsp
ed beruf << EOF
1,\$s/arbeit/ferien
w
EOF
```

Beispiel

Dieses Script ersetzt in der gesamten Datei *beruf* (von Zeile 1 bis Dateiende) die Zeichenkette *arbeit* durch die Zeichenkette *ferien*. Die Maskierung des Zeichens *$* ist in diesem Beispiel sehr wichtig. Durch diese Maskierung wird das $-Zeichen nicht von der Shell interpretiert, sondern an den Editor weitergegeben, für den es die Bedeutung Dateiende hat. Ohne Maskierung versucht die Shell, das $-Zeichen zu ersetzen (hier durch den Inhalt der Variablen *s*). Dies führt meist zu einem Fehler. Wenn eine Variable *s* vorhanden ist, kann der Editor das entstandene Kommando nicht mehr richtig interpretieren und arbeitet fehlerhaft.

8.2 Das Environment

Wird ein Prozeß gestartet, wird ihm eine Umgebung (Environment) übergeben, in der das Programm abläuft. Ein sehr wichtiger Teil dieses Environments sind die globalen Variablen. Mit ihnen können wichtige Parameter einem Programm zur Verfügung gestellt werden. Die Variablen müssen mittels *export* oder *setenv* im Environment gesetzt sein, damit sie von dem Programm ausgewertet werden können.

Das Environment unterliegt einer Vererbungsregel. Die Variablen des Environments werden vom Elternprozeß beim Start an den Kindprozeß übergeben und können von diesem verarbeitet werden. Es gibt aber keine Möglichkeit, rückwärts aus einem Kindprozeß Variablen an den aufrufenden Elternprozeß zu übergeben. Die lokalen Variablen eines Prozesses können nicht an einen Kindprozeß übergeben werden.

Beispiel
```
$ cat vartest
DIR=/etc
export DIR
ziel=jutta
x=100
```

Im ersten Kasten ist die Ausgangslage dargestellt, es gibt eine lokale Variable *ziel* und eine globale Variable *DIR*. Nun wird das Shell-Script gestartet. Dabei werden die globalen Variablen (hier *DIR*) übergeben. Die lokalen Variablen sind nicht bekannt (zweiter Kasten).

Das Script wird ausgeführt und die globale Variable *DIR* umdefiniert sowie zwei lokale Variablen definiert (dritter Kasten).

Das Script ist beendet, und der ursprüngliche Zustand ist wiederhergestellt. Die globalen Variablen haben wieder ihren ursprünglichen Wert (erster Kasten), zusätzlich definierte Variablen sind nicht mehr bekannt.

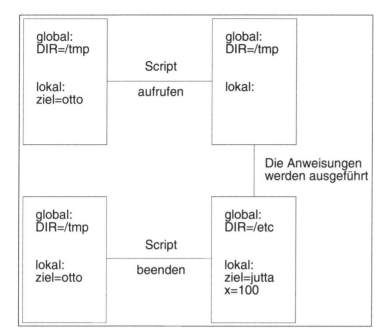

Abb. 8.1:
Die Übergabe von Variablen

8.3 Kommandoausführung

Wie wird ein Programm oder Kommando aufgerufen und ausgeführt?

Es gibt eine Reihe verschiedener Möglichkeiten, ein Programm zu starten. Jede Möglichkeit hat ihre speziellen Anwendungsbereiche, die in diesem Abschnitt kurz beschrieben werden sollen. Wichtige Begriffe sind bei der Kommandoausführung der Prozeß, die Prozeßnummer PID, die jedem Prozeß zugeordnet wird, und das Environment (die Umgebung, in der das Programm abläuft).

Start mit Dateiname

Ist der Execute-Status (x-Zugriffsrecht) der Datei gesetzt (ein x innerhalb der Zugriffsrechte mit *chmod* eingetragen worden), kann ein Programm (Shell-Script oder compiliertes Programm) über den Dateinamen gestartet werden (Dateiname ist Kommandoname). Das Directory, in dem die Datei abgelegt ist, muß in der Variablen *PATH* eingetragen sein. Ist dies nicht der Fall, muß das Programm über den relativen oder absoluten Pfadnamen gestartet werden, da es nicht über die in *PATH* hinterlegten Pfade gefunden wird.

```
$ prog_name
```

Die aktuelle Shell startet dazu einen neuen Prozeß (Child Process) mit eigener PID und übergibt das Environment an diesen neuen Prozeß. In dieser Prozeßumgebung wird dann das Programm ausgeführt. Das ausgeführte Programm liefert einen Exit-Status zurück, wenn es beendet wird, egal ob aufgrund eines Fehlers oder normal. In der Variablen »?« ist der entsprechende Wert abgelegt und kann mit $? abgefragt werden. Der Exit-Status (0 oder 1) gibt an, ob das Kommando fehlerfrei abgearbeitet wurde (1) oder nicht (0).

Die Shell

Die Shell ist ein ganz normales UNIX-Kommando. Standardmäßig werden von einer Shell Kommandos von der Tastatur (Standardeingabe) gelesen (z. B. von der Login-Shell). Dies wird immer benutzt, wenn der Anwender interaktiv Kommandos eingibt. Übergibt man beim Start einer Shell aber eine Datei als Parameter, so liest die Shell ihre Eingabe (sprich Kommandos) aus dieser Datei. Die allgemeine Form sieht daher so aus:

```
$ sh shell_script
```

Mit diesem Kommando werden die Kommandos in *shell_script* ausgeführt. *sh* ist dabei durch den Kommandonamen einer beliebigen Shell ersetzbar, jedoch muß dabei auf die richtige Syntax innerhalb der Kommandodatei geachtet werden.

Die aktuelle Shell erzeugt für die Ausführung des übergebenen Scriptes eine neue Shell mit einer eigenen Prozeßnummer. Diese Shell wiederum startet einen Prozeß, der nun das Kommando ausführt (wiederum eine neue PID). Ist das Kommando abgelaufen, wird die Shell Nr. 2 wieder aktiviert. Sie startet das nächste Kommando in dem Script usw. Sind alle Anweisungen in dem Script abgearbeitet, wird die zweite Shell beendet und die ursprüngliche Shell reaktiviert.

Das Kommando .

Mit dem Kommando . wird ein Programm ausgeführt, ohne daß ein neuer Prozeß (und damit eine neue PID) erzeugt wird. Ist das neue Programm beendet, wird das ursprüngliche Programm fortgesetzt.

In der C-Shell ist das Kommando . durch *source* ersetzt.

(Bourne Shell) Beispiel

$. muster

oder

(C-Shell)

% source muster

Werden im Script lokale oder globale Variablen verändert, sind diese Änderungen auch nach Beendigung des Kommandos gültig (es wurde kein neuer Prozeß erzeugt).

Ähnliches Verhalten kann erzielt werden, wenn eine Kommandosequenz als Funktion oder Alias abgelegt ist oder wenn ein Built-in-Kommando ausgeführt wird. Das Kommando findet vielfältige Anwendung. Wurden z. B. im *.profile* Änderungen bei der

8.3 Kommandoausführung

Variablensetzung vorgenommen, werden diese sofort gültig, wenn *.profile* wie folgt ausgeführt wird:

```
$ . .profile
```

Das exec-Kommando

exec bietet eine weitere Möglichkeit, ein Programm auszuführen, ohne einen neuen Prozeß zu starten. Beim Aufruf von *exec* wird ein Programm als Parameter übergeben. Das Programm wird mit der gleichen Prozeßnummer (z. B. der PID der aufrufenden Shell) ausgeführt. Nach Beendigung des neuen Programms wird das alte Programm aber nicht wieder angesprungen, sondern der Prozeß beendet.

Beispiel
```
$ exec nroff -mm text > text.form
```

> Die Datei *text* wird formatiert (*nroff*) und in der Datei *text.form* abgelegt. Ist das Kommando *nroff* abgeschlossen, so beendet sich der Prozeß. Wurde das *exec*-Kommando von der Login Shell aus gestartet, kommt der Prozeßabbruch einem Logout gleich, man muß sich nach dem Ende des Prozesses wieder einloggen. Dies wird häufig beim Start von Applikationen ausgenutzt. Im *.profile* wird die Anwendungssoftware mit einem *exec* gestartet. Verläßt der Anwender die Anwendung, wird automatisch ein Logout durchgeführt.

Kommandosubstitution

Soll ein Kommando ausgeführt und das Ergebnis weiterverarbeitet werden (einer Variablen zugewiesen, als Parameter an ein Kommando übergeben werden etc.), wird dieses Kommando in Accents Graves gesetzt:

```
$ `commando`
```

Der Ausdruck zwischen den Accents wird als Kommando interpretiert und ausgeführt. Anschließend wird dieser Ausdruck (Kommandoname, Parameter und Accent Graves) durch das Ergebnis (die Ausgabe nach stdout) des ausgeführten Kommandos ersetzt.

Beispiel

```
$ pwd
/usr/spool/lp
$ verz=`pwd`
$ echo $verz
/usr/spool/lp
```

Das Kommando *pwd* wird ausgeführt und die Ausgabe (das aktuelle Directory, hier */usr/spool/lp*) auf die rechte Seite der Gleichheitszeichen gesetzt (*verz=/usr/spool/lp*). Das so entstandene Kommando (die Zuweisung) wird anschließend ausgeführt. Eine Kommandosubstitution kann an einer beliebigen Stelle einer Kommandozeile stehen, da der Kommandointerpreter die Gegenhochkommata (Accents Graves) als erstes auswertet.

Beispiel

```
$ echo "sie befinden sich im Directory `pwd` "
sie befinden sich im Directory /usr/spool/lp
```

Dieser Ersetzungsmechanismus wird häufig in Shell Scripten benutzt. In */etc/profile* wird damit z. B. die Variable *TERM* gesetzt werden.

In der Korn Shell gibt es einen neuen Mechanismus zur Kommando-Ersetzung. Folgende Ersetzungen sind äquivalent:

```
$ ANZAHL=`ls | wc -l`
$ ANZAHL=$(ls | wc -l)
```

Die Anzahl der Dateien im aktuellen Directory wird bestimmt und in der Variablen *ANZAHL* gespeichert.

Das *eval*-Kommando

Mit *eval* kann ein Kommando in der aktuellen Shell (aktueller Prozeß) ausgeführt werden. Es wird dabei kein neuer Prozeß gestartet. Anwendung findet dieses Kommando immer dann, wenn in einem Shell-Script eine Kommandozeile durch Variablen und Kommandoersetzung zusammengesetzt und anschließend ausgeführt werden soll.

Aufruf ohne *eval*
```
$ umlenk=">"
$ ls $umlenk ergebnis
> not found
ergebnis not found
```

Die Fehlermeldungen kommen vom *ls*-Kommando. Die Shell analysiert den Kommandoaufruf, setzt den Wert der Variablen *umlenk* ein. Die so entstandene Kommandozeile (*ls > ergebnis*) wird gestartet (*ls*-Kommando). Das >-Zeichen wird von der Shell nicht als Umlenkzeichen erkannt, da es erst durch die Variablenersetzung eingefügt wurde, sondern als Parameter an *ls* übergeben. Das *ls*-Kommando interpretiert »>« daher als Dateiname, der aber in der Regel nicht existiert.

In diesem Beispiel ist die Reihenfolge wichtig, in der Sonderzeichen abgearbeitet werden. Interpretiert die Shell eine Kommandozeile, werden zunächst die Redirection-Zeichen abgearbeitet, anschließend erst das $-Zeichen. Abhilfe schafft ein Aufruf mit *eval*:

```
$ eval ls $umlenk ergebnis
```

Wird *eval* vor den Aufruf gesetzt, ersetzt die Shell bei einem ersten Durchlauf die Variable *umlenk*. Das Kommando *eval* erzeugt dann einen zweiten Lauf der Shell über die Kommandozeile

```
ls > ergebnis
```

Diesmal wird »>« als Umlenksymbol interpretiert und anschließend das *ls*-Kommando gestartet.

Built-in-Kommandos

Programme sind in einer Datei im Dateisystem abgelegt. Werden sie ausgeführt, wird in der Regel ein neuer Prozeß gestartet. Daneben gibt es in jeder Shell einige Built-in-Kommandos. Dies sind Kommandos, die in das Shell-Programm eingebaut sind, also im Code der Shell enthalten sind (für sie ist keine eigene Datei vorhanden). Werden sie gestartet, muß der Code nicht neu geladen werden (kein zusätzlicher Plattenzugriff notwendig), und es wird auch kein neuer Prozeß gestartet. Dadurch verbessert sich die Bearbeitungszeit deutlich. Jede Shell hat verschiedene Built-in-Kommandos. Daher ist für jede der drei Kommandointerpreter eine eigene Liste mit Built-in-Kommandos aufgeführt.

8.4 Der Hash-Mechanismus

Grundlegendes

Beim Aufruf eines Kommandos durchsucht die Shell eine Liste von Directories nach diesem Programm. Diese Liste ist in der Variablen PATH abgelegt und wird auch »der Pfad« genannt. Um diesen zeitintensiven Suchvorgang zu umgehen, haben die Kommandointerpreter unter UNIX in ihren neueren Versionen einen Mechanismus zum beschleunigten Zugriff auf die Kommandodateien implementiert, den Hash-Mechanismus.

Grundlegende Idee: Von der Shell wird eine Liste, die Hash-Liste, angelegt und verwaltet. In dieser Liste werden Kommandonamen mit den dazugehörigen absoluten Pfadnamen der Kommandodateien abgelegt. Beim Programmstart wird diese Liste durchsucht und der Kommandoname durch den zugehörigen absoluten Pfadnamen ersetzt. Das Programm kann somit schneller gestartet werden, da der Pfad nicht nach dem Programmnamen durchsucht werden muß.

Die Realisierung ist recht unterschiedlich und wird im folgenden für die verschiedenen Shells dargestellt.

Die Bourne Shell

Die Bourne Shell ab UNIX System V Release 2 löst diese Aufgabe folgendermaßen:

Beim Start der Shell (beim Login) ist die Hash-Tabelle leer. Beim Aufruf eines Kommandos wird die interne Hash-Tabelle durchsucht. Wenn ein Kommando zum ersten Mal gestartet wird, gibt es für dieses in der Hash-Tabelle keinen Eintrag, und die Directories der Variablen *PATH* (der Pfad) werden nach dem Kommando durchsucht. Für das gefundene Kommando werden der absolute Pfadname und der Kommandoname in die Hash-Tabelle eingetragen. Beim erneuten Start des Kommandos wird es in der Hash-Tabelle gefunden, die Pfade brauchen nicht durchsucht zu werden.

Einzelne Kommandos (z. B. neue Kommandos) können gezielt mit dem Kommando *hash* in die Hash-Tabelle eingefügt bzw. aus ihr gelöscht werden.

Beispiele
```
$ hash neu_cmd
```

fügt *neu_cmd* in die Hash-Liste ein.

```
$ hash -r cmd
```

löscht *cmd* aus der Hash-Liste.

Die C-Shell

Eröffnet man eine C-Shell, werden alle Kommandos aus den Directories der Variablen path und ihre absoluten Dateinamen in eine interne Hash-Tabelle eingetragen. Die interne Hash-Tabelle wird erstellt, nachdem die Datei *.cshrc* (im Home Directory) abgearbeitet wurde. Wird ein Kommando aufgerufen, wird diese Hash-Tabelle nach dem Kommandonamen durchsucht. Die Pfade müssen nicht mehr durchsucht werden, der Zugriff ist schneller. Kommt ein neues Kommando hinzu oder wird der Pfad neu gesetzt, muß die Hash-Liste neu organisiert werden, neue Kommandos müssen eingefügt und alte Kommandos eventuell gelöscht werden. Dazu dient das Kommando *rehash*.

```
% rehash
```

Die Korn Shell

Die Korn Shell realisiert den Hash-Mechanismus mit dem Alias-Kommando, Command Tracking genannt.

Wird ein Kommando gestartet, wird die Hash-Tabelle durchsucht. Gibt es dort keinen Eintrag für den Kommandonamen, so wird der Pfad durchsucht und ein Alias erzeugt. Der Alias wird auf den absoluten Pfadnamen des Kommandos gesetzt und in der Regel beim ersten Aufruf des Kommandos erzeugt. Für einzelne Kommandos kann aber auch explizit ein Alias mit dem Kommando *alias* gesetzt werden (☞ Kapitel 10 »Die Korn Shell«). Beim erneuten Start des Kommandos wird die Alias-Liste durchsucht, der Kommandoname gefunden und der zugehörige absolute Pfadname in die Kommandozeile eingesetzt.

Hash-Mechanismen im Vergleich

Bourne Shell und C-Shell verarbeiten den Hash-Mechanismus über interne Tabellen, auf die der Benutzer nicht zugreifen kann. Die Korn Shell benutzt den normalen Alias-Mechanismus. In der Bourne Shell und der Korn Shell wird ein Kommando beim ersten Aufruf oder mit *hash* bzw. *alias* in die Liste eingetragen. Die C-Shell erstellt dagegen beim Start der Shell eine Liste aller möglichen Kommandos, der Pfad wird anschließend nicht mehr durchsucht.

8.5 Das JOB-Konzept

Die Korn Shell und die C-Shell enthalten ein Job Control System. Dieses Job Control System erlaubt es dem Benutzer, Prozesse zu unterbrechen und später weiterlaufen zu lassen sowie Prozesse zwischen Hintergrund und Vordergrund zu verschieben. Der Anwender hat so die Möglichkeit, interaktive Prozesse im Hintergrund laufen zu lassen. Die Funktionen und Möglichkeiten des Job Konzeptes werden an Beispielen dargestellt. Die Aussagen gelten dabei für die Korn Shell und für die C-Shell. Am Ende des Kapitels werden einige Bemerkungen zu den Unterschieden zwischen den verschiedenen Implementierungen gemacht.

Jeder vom Benutzer gestartete Prozeß wird im folgenden als Job bezeichnet. Jeder Job wird mit einer Prozeßnummer (PID) und einer Jobnummer versehen.

1. Job wird gestartet:

    Wird ein Job im Hintergrund gestartet, liefert die Shell nach dem Start des Kommandos die Prozeßnummer und die Jobnummer an den Benutzer zurück (auf den Bildschirm).

Beispiel
```
% nroff -mm text > text.f &
[1] 374

% sort liste | sed '1,$s/unix/UNIX/' > sort_liste
[2] 377
```

2. Jobstatus:

    Mit dem Kommando

    ```
    % jobs
    ```

    wird die Liste der aktiven Jobs angezeigt.

Beispiel
```
% jobs
[2] + 377 sort liste | sed '1,$s/unix/UNIX/' >
```

```
sort_liste
[1] - 374 nroff -mm text > text.f
```

Eine Pipekette wird insgesamt als ein Job aufgefaßt. Mit + wird der Current Job gekennzeichnet. Dies ist der zuletzt in den Hintergrund gebrachte Job. Mit − wird der vorletzte Job gekennzeichnet.

3. Job beenden

   Wird ein Job beendet, so liefert die Korn Shell (C-Shell) eine Meldung an den Benutzer.

   ```
   [n]   +    done     command
   ```

   n ist dabei die Jobnummer und command das Kommando, mit dem der Job gestartet wurde. Der Benutzer kann über die Prozeßnummer oder über die Jobnummer auf einen Prozeß im Hintergrund zugreifen und mit *kill* abbrechen. Die Shell liefert dann die Meldung

   ```
   [1] + terminated      cmd
   ```

   Soll der Formatierungslauf mit *nroff* aus dem obigen Beispiel abgebrochen werden, so geht dies über die Jobnummer 1 oder die Prozeßnummer 374.

   ```
   % kill %1
   [1] + terminated      nroff -mm text > text.f
   ```

   oder

   ```
   % kill -9 374
   [1] + terminated      nroff -mm text > text.f
   ```

4. Job unterbrechen

   Laufen interaktive Prozesse im Hintergrund, werden diese angehalten (stopped), wenn sie eine Eingabe vom Terminal erwarten oder auf den Bildschirm schreiben wollen. Auf dem Bildschirm des Benutzers erscheint eine der folgenden Meldungen.

8.5 Das JOB-Konzept

```
[n]   stopped     (tty input)    cmd
[n]   stopped     (tty output)   cmd
```

Der Benutzer kann einen Vordergrundprozeß mit `Strg`+`Z` und einen Hintergrundprozeß mit dem Kommando *kill* unterbrechen.

5. Job verschieben

Damit ein unterbrochener Hintergrundprozeß bearbeitet werden kann (Ein- oder Ausgabe), muß er mit dem Kommando *fg* (fg=foreground) in den Vordergrund geholt werden. Der Prozeß läuft nun im Vordergrund und kann seine Aus-/Eingabe durchführen. Soll dieser Prozeß wieder in den Hintergrund gebracht werden, muß er zunächst mit `Strg`+`Z` (Prozeß erhält Signal STOP) unterbrochen und dann mit dem Kommando *bg* (bg=background) bearbeitet werden. Im Beispiel wird das Programm *statist* im Hintergrund gestartet.

Beispiel
```
% statist &
[1]   123
   :
   :
```

Zu einem späteren Zeitpunkt wird mit dem Kommando *jobs* der Status der Prozesse abgefragt:

```
% jobs
[1] + stopped     statist
```

Der Prozeß mit der Jobnummer 1 wurde vom System gestoppt. Mit dem Kommando *fg* kann er in den Vordergrund geholt werden. Der Prozeß macht seine Ausgaben und kann mit dem Kommando `Strg`+`Z` unterbrochen werden.

Beispiel
```
% fg
ausgabe des Programms
Strg + Z
```

Jetzt ist die Tastatur frei für ein anderes Kommando. Mit *bg* kann der suspendierte Prozeß in den Hintergrund gebracht werden, wo er weiterläuft.

```
% bg
[1]   programm   &
```

Damit die Job-Kontrolle richtig funktioniert, muß die Monitor-Option mit dem Kommando *set* gesetzt werden. Der Job-Mechanismus ist in der C-Shell ständig aktiviert, d. h. jeder Prozeß bekommt eine Jobnummer zugeteilt. Allerdings schreibt ein Hintergrundprozeß unkontrolliert auf den Bildschirm. Dies wird mit dem Kommando

```
% stty tostop
```

unterbunden. Damit wird erreicht, daß Prozesse im Hintergrund nicht unkontrolliert nach Standardausgabe senden, sondern sich unterbrechen. Sie werden dann wie in Punkt 5 bearbeitet. Ein Job, der von *stdin* lesen will, wird automatisch unterbrochen. Die Ausgabe der Jobnummer kann über die Variable *notify* beeinflußt werden.

In der Korn Shell muß der Job-Mechanismus mit

```
$ set -omonitor
```

aktiviert werden. Anschließend wird jedem Prozeß eine Jobnummer zugewiesen. Jobs, die von *stdin* lesen und nach *stdout* schreiben wollen, werden automatisch unterbrochen.

8.6 Der Shell-Layer

Grundlagen

Das Gegenstück zum Job-Control-System findet man in der SVID mit dem Kommando *shl*, der *Layered Shell* oder dem *Shell Layer*. Durch das hierarchische Prozeßkonzept kann ein Benutzer immer nur mit einer Shell im Dialog arbeiten. Durch die Hintergrundverarbeitung kann er zwar mehrere Prozesse gleichzeitig laufen lassen, aber interaktiv ist die Arbeit nur mit einem Programm möglich. Mit dem Kommando *shl* ist es dem Benutzer möglich, bis zu sieben Shells, layer (=Ebene) genannt, parallel zu starten. Von jeder Shell (von jedem Layer aus) können beliebige Kommandos, also auch interaktive, gestartet werden.

Der Benutzer kontrolliert diese Shells mit dem Kommando *shl*. Jeweils ein Layer bildet den aktuellen Layer (Current Layer), die anderen Layer liegen im Hintergrund. Der Benutzer kann über das Terminal mit dem aktuellen Layer (Current Layer) im Dialog arbeiten (von stdin lesen und nach stdout schreiben). Die übrigen Layer sind vom Terminal abgekoppelt (stdin und stdout sind blockiert), können aber (immer einer) vom Benutzer zum aktuellen Layer gemacht werden. Sie können dann mit stdin und stdout korrespondieren und sind dialogfähig.

Prozesse, die einem Layer im Hintergrund zugeordnet sind, haben auf die Standardkanäle keinen Zugriff. Steht für einen solchen Prozeß eine Ein- oder Ausgabe (von stdin oder nach stdout) an, wird dieser unterbrochen. Der Benutzer kann den entsprechenden Layer zum aktuellen Layer und so stdin und stdout verfügbar machen. Normalerweise können alle Layer (auch die im Hintergrund) nach stdout schreiben. Mit dem Kommando

```
$ stty lobrk
```

wird die Ausgabe der Layer im Hintergrund blockiert, und nur der aktuelle Layer darf nach stdout schreiben.

Der Shell-Layer verwaltet bis zu sieben Layer. Jedem Layer (shell) kann ein eigenes Environment zugeordnet werden (Variablen, Leitungsparameter). Ein Layer ist durch einen Namen (bis zu 8 Zeichen lang) gekennzeichnet und bildet einen eigenen Prozeß (besitzt eine eigene Prozeßnummer PID).

Von jedem dieser Layer können weitere Prozesse gestartet werden (sinnvollerweise im Hintergrund). Der Benutzer kann zwischen den verschiedenen Layern umschalten und die laufenden Prozesse bearbeiten.

Aktivitäten des *shl*

Im folgenden sind die wichtigsten Aktivitäten mit Beispielen aufgeführt. Den Abschluß des Kapitels bildet eine vollständige Liste der Kommandos der Layered Shell.

1. Layered Shell starten

    Der Shell-Layer (*shl*) wird mit

    ```
    $ shl
    >>>
    ```

    gestartet und meldet sich mit einem eigenen Prompt (>>>).

    Auf dieser Ebene stehen nun eine Reihe von Befehlen zur Verfügung, mit denen Layer definiert, gelöscht, gewechselt etc. werden können. Als erste Aktion wird ein Layer gestartet.

2. Layer erzeugen

    Mit dem Kommando *create*

    ```
    >>> create name
    ```

8.6 Der Shell-Layer

wird ein Layer mit dem Namen *name* erzeugt. Dieser Layer ist eine normale Bourne Shell, die sich mit dem Namen des Layers als Prompt (PS1 wird beim Aufruf auf den eingegebenen Namen gesetzt) meldet.

Beispiel
```
>>> create sh1
sh1
```

3. Layer verlassen

   Mit [Strg]+[Z] kann ein Layer (eine Shell) verlassen und die Kontrolle wieder dem Shell-Layer übergeben werden.

   Beispiel
   ```
   sh1 [Strg]+[Z]
   >>>
   ```

4. Layer aufrufen

   Ein Layer wird von der Layered Shell aus über seinen Namen aufgerufen. Nach dem Aufruf ist der aktivierte Layer der aktuelle Layer.

   Beispiel
   ```
   >>> sh1
   sh1
   ```

   aktiviert den Layer mit dem Namen *sh1*.

5. Layer wechseln

   Soll von einem Layer zum anderen gewechselt werden, so muß zunächst der aktuelle Layer verlassen (Punkt 3) und anschließend der neue Layer aufgerufen werden (Punkt 4).

6. Layer löschen

   Mit dem Kommando *delete*

   ```
   >>> delete name
   ```

   wird der Layer *name* beendet (gelöscht). Den zugehörigen Prozessen wird das Signal SIGHUP gesendet.

```
>>> delete sh1
>>>
```
Beispiel

7. Statusinformationen

    Mit dem Kommando *layer*

    ```
    >>> layer
    ```

    wird eine Liste der aktiven Layer und der zugehörigen Prozesse erstellt und angezeigt.

    Die Option *-l* liefert ein ausführliches Verzeichnis. Ist ein Name angegeben, werden nur über diesen Layer Informationen ausgegeben.

8. Shell-Layer verlassen

    Mit

    ```
    >>> quit
    ```

    wird der Shell-Layer (*shl*) verlassen. An alle Layer wird das Signal SIGHUP gesendet, das zum Abbruch aller aktuellen Prozesse führt.

9. Ausgabe blockieren

    Die Prozesse des aktuellen Layers können von Standardeingabe lesen und nach Standardausgabe schreiben.

    Die anderen Layer dürfen nicht lesen, aber dennoch schreiben. Um auch die Ausgabe zu blockieren, wendet man den Shell-Layer-Befehl *block* an.

    ```
    >>> block name
    ```
    Beispiel

    blockiert die Ausgabe des Layers *name*, wenn dieser nicht der aktuelle Layer ist.

Kommandoübersicht

create name	Erzeugt einen Layer mit dem Namen *name*.
block name	Blockiert die Ausgabe des Layers *name*, wenn dieser nicht der aktuelle Layer ist.
delete name	Löscht den zugehörigen Layer.
help	Zeigt die Syntax des Kommandos *shl* an.
layers	Für die Layer wird die Prozeßnummer angezeigt.
resume name	Der genannte Layer wird zum aktuellen Layer.
unblock name	Der genannte Layer wird entblockt, er kann nach stdout schreiben.
quit	Verlassen der Layered Shell.

Es gibt Applikationen, die per Fenstertechnik mehrere Anwendungen gleichzeitig aktiv halten können und die einen Wechsel zwischen den Anwendungen per Hotkey erlauben.

8.7 Restricted Shell

Die eingeschränkte Shell *rsh* übernimmt dieselben Aufgaben wie eine reguläre Shell, hat aber einen eingeschränkten Befehlsumfang. Die *rsh* kann als Login-Shell eines Benutzers gestartet werden. Verwendet wird diese eingeschränkte Shell für Benutzer, die (z. B. aus Datenschutzgründen) nur wenige Funktionen ausführen dürfen (z. B. bei Zugriff über Netzwerk). Folgende Aktionen sind dem eingeschränkten Benutzer mit der *rsh* nicht möglich:

➢ Directory wechseln (*cd*)
➢ Die Variablen *PATH* und *SHELL* verändern
➢ Ausgabe mit > oder >> umlenken (kein output redirect)
➢ Ein Kommando benutzen, dessen Pfadname einen / enthält
➢ Das Kommando *exec* darf nicht ausgeführt werden

Der Systemverwalter muß die Benutzerumgebung (Befehlsvorrat, Variablen etc.) sehr sorgfältig definieren, damit die Einschränkungen nicht umgangen werden können. Es sind daher einige Punkte zu beachten:

1. Meldet sich der Benutzer beim System an, so wird zunächst eine Bourne Shell gestartet, die die Dateien */etc/profile* und *.profile* im Homedirectory auswertet. Erst danach werden obige Einschränkungen wirksam (durch Auswertung der Variablen *SHELL*).

2. Der Systemverwalter wählt die erlaubten Kommandos aus und legt in einem Directory (z. B. Homedirectory des Benutzers oder *$HOME/bin*) mit dem Kommando *ln* Links (Verweise) auf die ausgewählten Standardkommandos ab. Oft wird vom Systemverwalter ein Verzeichnis (meist */usr/sbin*) eingerichtet, in dem die Programme liegen, die von den Usern der *rsh* ausgeführt werden dürfen. Die Variable *PATH* muß auf dieses Verzeichnis verweisen.

3. Das Directory, in dem die Kommandos abgelegt werden, muß in die Variable PATH eingetragen werden.

4. Es dürfen keine Zugriffsrechte auf einen Compiler, eine Shell oder das Kommando *chmod* erteilt werden.

5. Die Datei *.profile* (im Homedirectory) sollte dem Superuser gehören und dem eingeschränkten Benutzer nur Leserecht gewähren.

6. Der Benutzer darf nicht Schreib- und Ausführrecht auf dieselbe Datei haben.

7. Die *rsh* muß als Login-Shell in */etc/passwd* eingetragen werden. Sie ist zumeist unter */bin/rsh* abgelegt. Es ist darauf zu achten, das die Restricted Shell nicht mit dem Kommando *rsh* für Remote-Shell verwechselt wird.

Bourne Shell

9	Die Bourne Shell	273
9.1	Redirection	273
9.2	Variablen	277
9.3	Kontrollstrukturen	289
9.4	Funktionen	298
9.5	Wichtige Kommandos	302
9.6	Schlüsselwörter	309
9.7	Shell-eigene Kommandos	310

9 Die Bourne Shell

In den nachfolgenden Kapiteln werden die unterschiedlichen Kommandointerpreter dargestellt. Es werden die wichtigen Sprachelemente und Kontrollstrukturen beschrieben und anhand von Beispielen die Einsatzmöglichkeiten der Shell bei der Erstellung von Hilfsprogrammen und beim »Rapid-Prototyping« erläutert. Tips und Tricks runden die Darstellung ab und bieten auch dem fortgeschrittenen Anwender vielfältige Informationen. Die wesentlichen Shells (*sh*, *csh*, *ksh*) werden in einzelnen, voneinander weitgehend unabhängigen Kapiteln beschrieben und anschließend die Unterschiede dargestellt.

9.1 Redirection

Die Umlenkung von Datenströmen (Redirection) wurde im Kapitel Basiskonzepte ausführlich beschrieben. In diesem Kapitel sind daher die Möglichkeiten der Redirection tabellarisch erfaßt und Erweiterungen und Besonderheiten der Bourne Shell aufgelistet und durch Beispiele erläutert.

< dat   Die Datei *dat* wird als Standard Input genommen. Metazeichen, die in der Zeichenkette *dat* enthalten sind, werden ersetzt.

<&n   Mit &n wird als Standardeingabe die Datei mit dem Dateidescriptor n genommen.

<< string   Die Shell liest die Eingabe bis zu einer Zeile, die nur die Zeichenkette string enthält. In string werden Substitutionen durchgeführt.

> dat   Die Datei *dat* wird als Standardausgabe benutzt. Ist
             die Datei vorhanden, wird ihr Inhalt gelöscht und neu
             beschrieben.

>&n   Mit &n wird die Standardausgabe in die Datei mit
             dem Dateidescriptor n umgelenkt.

>> dat   dat ist der Name der Datei, an deren Ende die
             Zeichen der Standardausgabe angehängt werden.

<&-   Standardeingabe (<&-) und Standardausgabe (>&-)
>&-   werden geschlossen, es ist damit keine Ein-/Ausgabe
             in diese Dateien möglich.

Umlenken von Fehlermeldungen

Wird vor eine der oben beschriebenen Umlenkungsanweisungen eine Zahl n gesetzt, dann wird nicht der Standardkanal (stdin oder stdout) umgelenkt, sondern der Datenstrom in die (aus der) Datei mit dem Descriptor n. Diese Umlenkung ist nur für die Standarddateien sinnvoll, da jeder weiteren Datei beim ersten Zugriff ein Dateidescriptor zugeordnet wird und damit von der Reihenfolge der Zugriffe abhängt.

In den nachfolgenden Beispielen soll die Umlenkung von Fehlermeldungen besprochen werden. Für die Beispiele wählen wir ein Verzeichnis, das die Dateien *liste* und *fehler* sowie das Verzeichnis *archiv* enthält:

```
$ find . -print
./fehler
./liste
./archiv
find: cannot chdir to ./archiv
```

Für das Verzeichnis *archiv* besitzt der User keine Zugriffsberechtigungen, daher liefert das Kommando *find* eine Fehlermeldung.

Fehlermeldungen werden von UNIX-Kommandos normalerweise über die Standardfehlerausgabe (stderr) ausgegeben. stderr ist dem Dateidescriptor 2 zugeordnet. Mit der folgenden Anweisung werden daher die Fehlermeldungen in die Datei *fehler_datei* umgelenkt:

Beispiel 1

```
$ kommando 2> fehler_datei

$ find . -print 2> fehler
./fehler
./liste
./archiv
$ cat fehler
find: cannot chdir to ./archiv
```

2> bedeutet dabei, daß die Fehlerausgabe stderr umgelenkt wird, hier in die Datei *fehler*.

Häufig ist es sinnvoll, die Ausgabe eines Kommandos und die möglichen Fehlermeldungen gemeinsam zu verarbeiten. Dazu wird stderr auf stdout umgeleitet. Entsprechend der obigen Regeln geschieht dies mit der Anweisung

Beispiel 2

```
$ kommando 2>&1

$ find . -print 2>&1
./liste
./archiv
find: cannot chdir to ./archiv
```

So kann es z. B. bei der Druckausgabe oftmals sinnvoll sein, Fehlermeldungen des Druckertreibers mit auf das Papier auszugeben (☞ Kapitel 12 »Das Drucker-System«). Umgekehrt kann auch die Standardausgabe stdout nach stderr umgelenkt werden:

```
$ kommando 1>&2
```

9.1 Redirection

Beispiel 3 — Da stderr und stdout beide mit dem Bildschirm verbunden sind, macht sich die Zusammenführung in der Anzeige normalerweise nicht bemerkbar. Bedeutung erlangt die Zusammenlegung, wenn Standardausgabe und Fehlermeldungen gemeinsam in eine Datei umgelenkt werden. Dabei sind folgende Kommandos möglich:

```
$ kommando > zieldatei 2>&1

$ find . -print >fehler 2>&1
$ more fehler
find: cannot chdir to ./archiv
.
./fehler
./liste
./archiv
$
```

Erklärung — Die Shell arbeitet eine Kommandozeile von links nach rechts ab. Zunächst wird stdout in *zieldatei* umgelenkt. stderr wird anschließend mit stdout verknüpft (2>&1). Alle Ausgaben des Kommandos *find* werden daher in die Zieldatei *fehler* umgelenkt. Alternativ kann auch folgende Formulierung genommen werden:

```
$ kommando 2>> zieldatei > zieldatei
```

Hier wird stdout nach *zieldatei* umgelenkt und die Fehlermeldungen an die Datei *zieldatei* angefügt. Wichtig: Bei solchen Umlenkungen kann die Reihenfolge nicht vertauscht werden:

```
$ kommando 2>&1 > zieldatei

$ find . -print 2>&1 > fehler
find: cannot chdir to ./archiv$ more fehler
.
./fehler
./liste
./archiv
```

Bei diesem Kommando wird durch die Anweisung 2>&1 zunächst der Fehlerkanal mit der Standardausgabe verknüpft. stdout ist zu diesem Zeitpunkt mit dem Bildschirm verbunden. Die Fehlermeldungen erscheinen daher auf dem Bildschirm. Anschließend wird die Standardausgabe in die Datei *fehler* umgelenkt. stderr bleibt aber mit dem Bildschirm verbunden, die Fehlermeldungen gelangen nicht in die Datei, sondern auf den Bildschirm.

Die Fehlermeldungen eines Kommandos können über eine Pipe weiterverarbeitet werden. Dazu wird die Anweisung |& benutzt.

Beispiel 4

9.2 Variablen

Variablen bilden ein wichtiges Sprachelement der Shell. In Variablen wird Information gespeichert, die von der Shell oder anderen UNIX-Kommandos ausgewertet und genutzt wird. So werten Editoren wie der vi die Variable TERM aus, das mail System die Variable MAIL. Im folgenden soll besprochen werden, wie und wann Variablen gesetzt werden, welche Werte sie haben und wie diese geändert werden können sowie welchen Gültigkeitsbereich Variablen haben. Mit dem Kommando *set* werden alle gesetzten Variablen angezeigt.

```
$ set
HOME=/user/bube
LOGNAME=bube
MAIL=/usr/mail/bube
MAILCHECK=600
PATH=.:/bin:/usr/bin:/usr/local/bin:
PS1=$
PS2=>
SHELL=/bin/sh
TERM=vt100
```

Das Beispiel zeigt eine typische Liste der gesetzten Variablen, wobei die Werte auf Ihrem System anders sein können.

9.2 Variablen

In unserem Beispiel handelt es sich um Variablen, die beim Login des Anwenders automatisch gesetzt und vorbelegt werden. Der Anwender kann diesen Variablen zum Teil andere Werte zuweisen. Neben diesen Systemvariablen, die einen festgelegten Namen haben, gibt es Benutzervariablen, die vom Anwender selbst definiert und mit einem beliebigen Namen versehen werden können. Systemvariablen sind am Ende des Kapitels alphabetisch aufgelistet und beschrieben. Es folgen einige Erläuterungen zu den wichtigsten Systemvariablen, die in den nachfolgenden Beispielen genutzt werden.

Systemvariablen haben für die Shell oder andere Kommandos eine vordefinierte Bedeutung und werden beim Login durch den Prozeß login oder due Shell automatisch definiert und mit Werten belegt. Die Variable HOME liefert das Home Directory des Benutzers. Dieses wird vom Systemverwalter festgelegt, wenn der Benutzer im System eingetragen wird. Der Pfad des Home Directory ist in der Datei */etc/passwd* abgelegt und wird beim Login automatisch der Variablen HOME zugewiesen. Der Loginname des Benutzers wird an die Variable LOGNAME automatisch durch das Kommando *login* bei der Anmeldeprozedur zugewiesen. TERM enthält den Namen des benutzten Terminaltyps. Bildschirmorientierte Programme werten diese Variable aus. PS1 und PS2 definieren den Prompt (eine Zeichenkette), mit dem die Eingabebereitschaft der Shell signalisiert wird. PS1 ist auf $ und PS2 auf > vorbelegt. Die Variable PATH liefert eine Liste der Verzeichnisse, in denen nach Kommandos gesucht werden soll. PATH wird von der Shell mit Standardwerten vorbelegt. Diese Vorbelegung wird vom Anwender zumeist umdefiniert oder erweitert. Dies geschieht in den Scripten */etc/profile* bzw. *.profile* (im Homedirectory des Anwenders).

Anwendung von Variablen

Für die Nutzung von Variablen ist es notwendig, daß der Anwender ihnen Werte zuweisen und auf ihren Inhalt (Wert) zugreifen kann. Der Anwender erhält Zugriff auf den Inhalt einer Variablen mit dem

Inhaltsoperator $. Das $-Zeichen wird direkt vor den Variablennamen gesetzt (ohne trennendes Blank) und liefert den Inhalt der Variablen.

```
$ echo $PATH
.:/usr:/usr/bin:/bin:
$ echo PATH
PATH
```

Beispiel

Mit dem ersten Kommando wird der Inhalt der Variablen PATH ausgegeben (Liste von Directories, in denen nach Kommandos gesucht wird). Im zweiten Kommando fehlt das $ und PATH wird als Zeichenkette ausgegeben, d. h. er wird nicht als Variablenname interpretiert. Jeder Benutzer kann eigene Variablen definieren und benutzen. Dazu muß er ihnen Namen geben (sie definieren) und sie mit Werten belegen.

```
$ var=wert
```

Einer Variablen var wird mit dem Zuweisungsoperator = (Gleichheitszeichen) ein Wert wert zugewiesen. Um den Zuweisungsoperator dürfen keine Blanks stehen. Ein Variablenname definiert sich durch folgende Kriterien:

- ➤ Er besteht aus einer Folge von Buchstaben, Ziffern und dem Unterstrich.
- ➤ Die Zeichenfolge darf keine Blanks enthalten.
- ➤ Die Zeichenfolge muß mit einem Buchstaben beginnen.
- ➤ Zwischen Groß- und Kleinschreibung wird unterschieden.

Shell-Variablen werden vereinbarungsgemäß groß geschrieben. Mit

```
ORT=konstanz
```

wird der Variablen ORT der Wert konstanz zugewiesen. Variablen werden bei ihrer ersten Nennung definiert. Ihnen muß kein Wert zugewiesen werden. Mit

```
$ USER
```

9.2 Variablen

wird die Variable USER definiert und automatisch mit der leeren Zeichenkette belegt. Der Benutzer kann nicht nur eigene Variablen definieren und mit Werten belegen, er kann auch die meisten Shell-Variablen (built-in) verändern. Z. B. kann der Benutzer seinen Pfad neu setzen. Er weist dazu der Variablen PATH einen neuen Wert zu:

Beispiel
```
$ PATH=.:/bin:/usr/bin:/usr/lib
$ echo $PATH
.:/bin:/usr/bin:/usr/lib
```

Der Suchpfad besteht in diesem Beispiel aus vier Verzeichnissen, die in der Definition durch : getrennt werden. Wichtig ist der Punkt am Anfang. Er steht für das *Working Directory*. Damit ist sichergestellt, daß bei einem Kommandoaufruf immer das aktuelle Verzeichnis durchsucht wird.

Soll der Pfad erweitert werden, muß an den bestehenden Wert der Variablen PATH ein weiterer Directoryname angehängt werden. Dies geschieht mit dem folgenden Kommando:

```
$ PATH=$PATH:/etc
$ echo $PATH
.:/bin:/usr/bin:/usr/lib:/etc
```

Im ersten Kommando stellt $PATH den bisherigen Wert der Variablen PATH dar, an den die Zeichenkette :/etc angehängt wird. Der gesamte Ausdruck wird dann der Variablen PATH zugewiesen und mit dem zweiten Kommando (zur Kontrolle) ausgegeben. Die Variable PS1 definiert den Prompt, also die Zeichenkette, mit der sich die Shell meldet und die Bereitschaft anzeigt, Kommandos auszuführen. Der Wert ist standardmäßig das $-Zeichen (beim User root das #-Zeichen). Der Benutzer kann den Prompt auf einen beliebigen neuen Wert (hier die Zeichenkette -->) setzen. Nach der Zuweisung meldet sich die Shell sofort mit diesem neuen Prompt:

Beispiel
```
$ PS1="--> "
--> echo PS1 hat den Wert $PS1
```

```
PS1 hat den Wert -->
-->
```

Der Variablen PS1 werden 4 Zeichen zugewiesen, die Zeichenkette --> gefolgt von einem Blank. Dies ist nun der neue Prompt. Im folgenden Beispiel wird die Variable HOME zur Pfadangabe genutzt. Wir befinden uns an einer beliebigen Stelle im Dateisystem und wollen die Datei liste, die in unserem Home Directory liegt, ausdrucken. Dies geht mit

```
$ lp /user/home/reim/liste
```

oder unter Benutzung der Variablen HOME mit

```
$ lp $HOME/liste
```

Die Datei *probe* wird mit dem folgenden Kommando aus dem Working Directory in das Home Directory kopiert:

```
$ cp probe $HOME
```

Variablen können vom Benutzer zu einem beliebigen Zeitpunkt definiert und mit Werten belegt werden. Sie sind dann gültig bis

- zu einem Logout
- zur Löschung mit *unset*
- zur Belegung mit neuen Werten

Variablen, die wichtig sind und bei jeder Sitzung am Terminal benutzt werden, sollten beim Login-Vorgang automatisch definiert werden. Sind die Variablen für alle User des Systems wichtig oder interessant, so werden sie in der Datei */etc/profile* definiert. Benutzerspezifische Variablen werden in der Datei *.profile* im Home Directory des Anwenders definiert. */etc/profile* wird vom Systemverwalter geschrieben, *.profile* hingegen kann jeder Benutzer für sich selbst in seinem Home Directory erstellen. Beim Login werden diese Scripts von der Shell gelesen und die Variablen der Shell bekannt gemacht.

Beschreibung der Shell-Variablen

In der folgenden Tabelle sind alle wichtigen Systemvariablen beschrieben und ihre Standardbelegung angegeben. Die meisten Systemvariablen werden beim Login automatisch von den beteiligten Prozessen gesetzt. Dies kann an vielen verschiedenen Stellen geschehen. In der Liste ist daher auch vermerkt, von welchen Prozessen die Variablen definiert werden.

HOME   Gesetzt auf den Pfadnamen des Home Directory.

PATH   Gesetzt auf die Directories, in denen die Shell nach Kommandos sucht. Die Directories werden in der angegebenen Reihenfolge durchsucht. Die Verzeichnisse werden in der Variablen durch »:« getrennt.

TERM   Gesetzt auf den benutzten Terminaltyp.

PS1   Gesetzt auf den Prompt, den die Shell ausgibt, wenn sie ein Kommando entgegennehmen kann.

PS2   Ist auf einen zweiten Prompt gesetzt, der ausgegeben wird, wenn ein Kommando über mehrere Zeilen geht.

IFS   Mit dieser Variable wird ein zusätzliches Trennzeichen zwischen Parametern definiert.

CDPATH Suchpfad für das *cd*-Kommando (Aufbau wie PATH). Wird das Zieldirectory ohne führenden Slash »/« angegeben, so wird nicht nur im aktuellen Verzeichnis danach gesucht, sondern auch in den Pfaden, die in CDPATH angegeben sind. Wird es gefunden, so wechselt *cd* in dieses Verzeichnis.

MAIL   Wird auf den Namen einer mail Datei gesetzt. Die Shell informiert den Benutzer, wenn eine Nachricht (mail) in dieser Datei abgelegt wurde.

MAILCHECK Spezifiziert, in welchem Abstand die Shell kontrollieren soll, ob eine »mail« (Nachricht) eingetroffen ist. Standard ist 600 Sekunden. Es werden die Dateien überprüft, die in der Variablen MAIL oder MAILPATH angegeben werden.

LOGNAME liefert den Namen, mit dem sich der User angemeldet hat.

LANG legt die Internationalisierung fest.

MAILPATH Enthält eine Liste mit Dateinamen (durch »:« getrennt). Die Shell informiert den Benutzer, wenn eine Nachricht in einer der angegebenen Dateien eintrifft. Dem Dateinamen kann, durch »%« getrennt, ein Text folgen, der als Meldetext (standard ist »you have mail«) ausgegeben wird, wenn eine Nachricht eingetroffen ist.

SHACCT Wichtig für das Abrechnungsprogramm. SHACCT gibt eine Datei an, in die beim Start eines Kommandos ein Eintrag gemacht wird.

SHELL Enthält der Wert dieser Variablen ein R (oder r), dann wird die eingeschränkte Shell rsh aktiviert. Die Shell sucht beim Start nach dieser Variablen.

Die Variablen IFS, MAILCHECK, PATH, PS1 und PS2 werden beim Aufruf der Shell von dieser mit Standardwerten belegt. Die Werte können in den Scripten */etc/profile* und *.profile* umgesetzt werden. Dies wird insbesondere für die Variable PATH auch getan. Der Login-Prozeß definiert die Variablen HOME (über Eintrag in */etc/passwd*) und MAIL automatisch.

Environment

Werden Variablen definiert oder mit Werten belegt, so sind sie in der aktuellen Shell bekannt. Wird ein Kommando gestartet, können

9.2 Variablen

die Variablen in diesem Programm oder Shell-Script nicht benutzt werden, da sie für das gestartete Kommando nicht bekannt sind. Man sagt, die Variablen sind lokal in der Shell. Der Grund dafür liegt in den Mechanismen, die beim Start eines Kommandos ablaufen. Jedes gestartete Kommando wird im UNIX-System durch einen Prozeß dargestellt. Wird also eine Kommando gestartet, entsteht ein neuer Prozeß. An diesen Prozeß werden die lokalen Variablen nicht übergeben und sind deswegen dort auch nicht bekannt. Jeder Prozeß besitzt eine Umgebung (Environment), so auch die Shell. Wenn man nun ein Kommando startet, wird dieses Environment an den neuen Prozeß übergeben. In das Environment können auch Variablen eingelagert werden. Dies geschieht in der Bourne Shell mit dem Kommando *export*. Mit *export* werden Variablen »exportiert« und damit in das Environment übernommen, aus einer lokalen Variable wird eine globale Variable (☞ Kapitel 8 »Shell Feature«). Diese Variablen werden bei einem Programmstart übergeben und können so von den später gestarteten Programmen benutzt werden. Die Übergabe einer Variablen von einem Eltern-Prozeß an einen Kind-Prozeß bereitet so über die globalen Variablen keine Probleme. Es gibt aber keinen Mechanismus, mit dem eine Variable von einem Kind-Prozeß an den Eltern-Prozeß zurückgegeben werden kann.

Beispiel
```
$ PATH=:/bin:/usr/bin:/usr/local/bin
$ export PATH
```

Die Variable PATH wird mit einem Wert belegt und anschließend der Umgebung bekannt gemacht (ins Environment gesetzt). In der Bourne Shell ist es notwendig, bei einer Neubelegung einer vorhandenen globalen Variablen diese erneut zu exportieren.

```
$ PATH=:/bin:/usr/bin:/usr/local/bin:/usr/user1
```

Diese Anweisung wird erst nach einem *export*-Aufruf gültig.

```
$ export PATH
```

Globale Variablen können innerhalb eines Programms (Script oder compiliertes Programm) ausgewertet werden, da sie bei einem Programmstart übergeben werden. Diese globalen Variablen können dann zur Ablaufsteuerung eingesetzt werden.

Ein Textverarbeitungssystem legt seine Sicherungskopien normalerweise im Working Directory ab. Sollen diese Backups in einem anderen Directory angelegt werden, muß die Variable BACKUP definiert werden:

Beispiel

```
$ BACKUP=/usr/tmp
$ export BACKUP
```

Wird der Wert einer Variablen, die mit *export* ins Environment übergeben wurde, verändert, so werden diese Änderungen automatisch ins Environment übernommen. Diese Funktion ist aber nicht auf allen Systemen (insbesondere älteren Versionen) realisiert. Aus Sicherheitsgründen sollte daher bei einer Neubelegung einer globalen Variablen ein erneuter Export der Variablen erfolgen.

Parameter aus der Kommandozeile

Die meisten UNIX-Programme können Optionen und Argumente aus der Kommandozeile verarbeiten. Diese Möglichkeit gibt es bei Shell-Scripten auch. Beim Aufruf eines Shell-Scripts werden die Argumente der Kommandozeile speziellen Variablen, den Positionsparametern $1,$2,... automatisch zugewiesen. Die Positionsparameter unterliegen folgender Konvention:

```
$ kommando wert1 wert2 wert3
  |        |     |     |
  $0       $1    $2    $3
```

$1   liefert den ersten Parameter, hier wert1

$2   liefert den zweiten Parameter, hier wert2

9.2 Variablen

$9 liefert den neunten Parameter

$0 liefert den Kommandonamen

Die Variablen $0, $1...$9 heißen Positionsparameter und liefern die Werte aus der Kommandozeile. Die gesamte Kommandozeile ist in der Variablen $* abgespeichert. Neben den Positionsparametern gibt es noch weitere Variablen, die Informationen über die Argumente und allgemein über den gestarteten Prozeß liefern:

Variable	Beschreibung
#	Anzahl der übergebenen Argumente
*	enthält alle übergebenen Argumente
?	return-Wert des letzten Kommandos
$	Prozeßnummer der Shell
!	Prozeßnummer des zuletzt gestarteten Hintergrundprozesses

Zugriff auf die Werte dieser Variablen bekommt man ebenfalls durch ein vorangesetztes $-Zeichen.

Beispiele

```
$ cat argument
echo es wurden $# Argumente übergeben
echo Argumente: $*
echo als zweites Argument wurde $2 übergeben
echo Die Prozessnummer PID hat den Wert $$

$ argument nord sued ost west
es wurden 4 Argumente übergeben
Argumente: nord sued ost west
als zweites Argument wurde sued übergeben
Die Prozessnummer hat
den Wert 354
```

In diesem Beispiel hat der gestartete Prozeß die Nummer 354.

Wie können nun Kommandozeilen verarbeitet werden, die mehr als 10 Parameter enthalten? Zunächst kann auf die gesamte Zeile mit der Variablen $* bzw. $@ zugegriffen werden. Mit dem Kommando *shift* kann außerdem die Zuordnung der Argumente zu den Positionsparametern verändert werden. Mit *shift* werden die Argumente um eine Position nach links verschoben. Das zweite Argument wird in den Positionsparameter $1, das dritte Argument in den Positionsparameter $2 usw. verschoben. Das erste Argument geht bei dieser Aktion verloren. Diese Operation wird häufig angewendet, um Optionen nach deren Auswertung und Abarbeitung aus den Positionsparametern zu entfernen. Beispiel dafür ist das Druckerinterface (☞ Kapitel 12 »Das Drucker-System«). Für den Aufbau einer Kommandozeile gibt es Regeln und Empfehlungen (ab System V.2). Alle neugeschriebenen Scripte und Programme sollten sich an diesem Standard orientieren. Mit *getopts* und *xargs* stehen Kommandos zur Verfügung, mit denen die Korrektheit der Eingabe (Parameternamen,...) überprüft werden kann.

Parameterersetzung

Im einfachsten Fall kann auf den Wert (den Inhalt) einer Variablen oder eines Positionsparameters mit dem Inhaltsoperator »$« zugegriffen werden. Es gibt aber noch eine weitere Methode, um auf den Wert einer Variablen zuzugreifen bzw. ihn neu zu setzen. Der Variablenname wird dazu in geschweifte Klammern gesetzt.

`${var}`

`$ echo ${HOME}`   Hier wird der Wert der Variablen HOME ausgegeben

Diese Möglichkeit findet Anwendung, wenn eine neue Zeichenkette unter Verwendung der Variablen erstellt werden soll, wenn dem Variablennamen also direkt ein Buchstabe, eine Zahl oder ein Unterstrich folgt.

9.2 Variablen

Beispiel
```
$ stadt=frank
$ echo ${stadt}furt
frankfurt
$ echo $stadtfurt
$
```

Im ersten *echo*-Aufruf wurden der Wert der Variablen und die nachfolgende Zeichenkette in der Ausgabe zusammengefaßt, es erscheint also eine sinnvolle Ausgabe. Werden aber die Klammern weggelassen, so wird nichts ausgegeben, da die Zeichenkette *stadtfurt* als Variablenname interpretiert wird. Diese Variable wurde aber bisher nicht definiert und ist daher nicht mit einem Wert belegt. Die {}-Klammern sind Teil eines mächtigen Ersetzungskonzeptes, das eine bedingte Ersetzung von Variablen und deren Inhalt ermöglicht.

> ${var:-wort} Ist »var« gesetzt und ungleich null, wird der Wert von »var« eingesetzt, ansonsten die Zeichenkette »wort«.
>
> ${var:=wort} Ist »var« nicht gesetzt oder 0, dann wird »var« auf den Wert »wort« gesetzt. Gilt nicht für Positionsparameter.
>
> ${var:?wort} Ist var gesetzt und ungleich 0, wird der Wert von »var« eingesetzt. Andererseits wird die Zeichenkette »wort« ausgegeben, und die Shell führt ein exit aus. Fehlt »wort«, wird die Meldung »parameter null or not set« ausgegeben.
>
> ${var:+wort} Ist die Variable »var« gesetzt und ungleich 0, dann wird die Zeichenkette »wort« eingesetzt.

Beispiel
```
$ set stadt=frankfurt
$ echo ${stadt:=undefiniert}
frankfurt
$ unset stadt
$ echo ${stadt:=undefiniert}
undefiniert
```

9.3 Kontrollstrukturen

Ein Shell-Script besteht zumeist aus UNIX-Kommandos, die sequentiell abgearbeitet werden. Wie in den meisten Programmiersprachen gibt es auch in der Shell Kontrollstrukturen, mit denen der Ablauf eines Programms gesteuert werden kann. Verzweigungen werden mit dem if-Statement und dem case-Statement realisiert. Schleifen werden mit den Konstrukten for, while oder until erzeugt. Weitere Strukturierungsmöglichkeiten ergeben sich durch die *read*-Anweisung, durch Kommandogruppierungen und durch Funktionen.

if-Anweisung

Mit dem if-Konstrukt kann eine Bedingung geprüft und der Ablauf des Programms über das Ergebnis der Prüfung (Vergleich) gesteuert werden. Die allgemeine Form der if-Anweisung lautet:

```
if bedingung
then
    kommandos_1
else
    kommandos_2
fi
```

Dabei ist bedingung eine Kommandofolge, deren Exit-Status geprüft wird. Wenn dieser Status null (d. h. Bedingung erfüllt) ist, dann wird die Kommandofolge kommandos_1 (zwischen then und else) ausgeführt, sonst (Status ungleich null) wird die Kommandofolge kommandos_2 (zwischen else und fi) ausgeführt. Die Kommandofolgen können aus beliebig vielen Anweisungen bestehen. Sie brauchen nicht gesondert zusammengefaßt zu werden; eine Klammerung erfolgt durch die Schlüsselworte »if«, »else« und »fi«. Der Exit-Status wird nach Beendigung eines Kommandos in der Shell-Variablen $? gespeichert. Die if-Abfragen können geschachtelt

9.3 Kontrollstrukturen

werden. Dabei ist zu beachten, daß zu einem if immer ein fi als Endekennung gehört. Bei solchen Schachtelungen kann alternativ die elif-Anweisung benutzt werden.

```
if bedingung_1
then
    kommmando
elif bedingung_2
then
    kommandos

else
    kommandos
fi
```

Beispiel
```
if test -d liste
then
    ls liste
elif test -f liste
then
    more liste
else
    echo "falscher Dateityp"
fi
```

Kurzbeschreibung der Befehlssequenz:
Prüfe, ob »liste« ein Directory ist.
Wenn ja, dann erzeuge ein Inhaltsverzeichnis.
Sonst prüfe, ob »liste« eine normale Datei ist.
Wenn ja, zeige Inhalt an.
Sonst gib Fehlermeldung aus.

Mehrfachentscheidung mit case

Sind aufgrund einer Bedingung viele verschiedene Verarbeitungszweige möglich, z. B. beim Aufbau eines Menüs oder zur Auswertung der Positionsparameter, dann wird eine if-Anweisung leicht unübersichtlich. Besser dafür geeignet ist die case-Anweisung, deren Syntax folgende Struktur hat:

```
case ausdruck
    label_1)
        kommandos_1;;
    label_2)
        kommandos_2;;
    label_3)
        kommandos_3;;
    esac
```

Der Wert von ausdruck wird nacheinander mit den Mustern (auch Label genannt) label_1, label_2 usw. verglichen, bis eine Übereinstimmung festgestellt wird. Dann werden die nachfolgenden Kommandos bis zu den Begrenzern ;; ausgeführt. Anschließend wird das Kommando nach der Endemarke esac ausgeführt. ausdruck kann aus einer beliebigen UNIX-Anweisung bestehen. Häufig wird der Wert einer Variablen oder der Returnwert eines Kommandos ausgewertet. Die Muster label_1, label_2, usw. stellen mögliche Werte von ausdruck dar. Es sind Zeichenketten, die beliebige Zeichen enthalten können. Als Sonderzeichen (Metazeichen) können folgende Zeichen ausgewertet werden:

Variable	Beschreibung
*	steht für eine beliebige Zeichenkette; kann für den Default-Zweig genommen werden.
?	steht für ein beliebiges Zeichen.
[text]	ein Zeichen, Auswahl aus eingeschlossener Zeichenkette.

9.3 Kontrollstrukturen

Variable	Beschreibung
|	Oder-Verknüpfung: Sollen für verschiedene Muster dieselben Kommandos ausgeführt werden, werden die Muster mit »oder« verknüpft: *label_1 | label_2*.

Entspricht kein Muster dem Wert von ausdruck, wird das erste Kommando hinter esac angesprungen und ausgeführt. Soll in diesem Fall eine definierte Aktion ausgeführt werden (Fehlerbehandlung,...), muß als letztes Muster der * angegeben werden. Der * steht für eine beliebige Zeichenkette.

Beispiel
```
clear
echo " 1 ---- Editor aufrufen"
echo " 2 ---- Programm starten"
echo " 3 ---- Information"
echo " a ---- ausdrucken"
echo -n "bitte Zahl eingeben"
read wahl
echo -n "welche Datei bearbeiten? "
read name
case $wahl
     1)      vi $name ;;
     2)      $name ;;
     3)      date
             pr $name | more;;
             ;;
     a | A)  lp $name ;;
     *)      echo "Falsche Eingabe" ;;
esac
```

Das Beispielprogramm führt nach der Eingabe eines Wertes die zugehörige Aktion aus. Damit die Ausgabe der Datei gestartet werden kann, muß ein »a« oder »A« eingegeben werden. Alternativ kann das Label auch mit »[aA]« formuliert werden. Werden die abschließenden ;; eines Zweiges weggelassen, so werden nach

Ansprung dieser Verzweigung auch die Anweisungen des nachfolgenden Zweiges ausgeführt. Fehlen in unserem Beispiel die ;; im Zweig 1, wird nach Beenden des Editors automatisch die Datei gestartet.

```
case $wahl
    1)  vi $name
    2)  $name
```

Diese Form kann genutzt werden, wenn zu unterschiedlichen Eingaben die gleiche Aktion ausgeführt werden soll. Dann steht das Label ohne nachfolgendes Kommando und »;;«. Die Shell führt das nächste erreichbare Kommando im case-Konstrukt aus. Neben der Verzweigung sind Schleifen wesentliche Elemente bei der Programmierung.

for-Schleife

Syntax der for-Schleife:

```
for var   in   wert_1 wert_2 wert_3 ...
do
kommandos
done
```

Die Kommandofolge kommandos zwischen do und done bildet den Rumpf der Schleife. Die Variable var nimmt den Wert wert_1 an, und der Schleifenrumpf wird ausgeführt. Für den zweiten Durchlauf nimmt var den Wert wert_2 an, und die Kommandos werden erneut ausgeführt. Dies wird so lange fortgeführt, bis var alle Werte aus der Liste angenommen hat. Die Kommandofolgen können aus beliebig vielen Anweisungen bestehen. Sie brauchen nicht gesondert zusammengefaßt zu werden, sondern werden durch die Schlüsselworte »do« und »done« geklammert.

9.3 Kontrollstrukturen

Beispiel 1
```
echo -n " bitte Dateinamen eingeben: "
read ZIEL
for INDEX in Marzipan Kuchen Schokolade
do
     grep $INDEX $ZIEL
done
```

Mit diesem Script wird ein Dateiname eingelesen und die gewählte Datei nach Süßigkeiten durchsucht. Im ersten Schleifendurchlauf wird die Datei nach der Zeichenkette Marzipan durchsucht, im zweiten Durchlauf nach der Zeichenkette Kuchen usw.

Beispiel 2
```
for i in *
do
     cat $i
done
```

Mit dieser Prozedur werden alle Dateien des aktuellen Directory auf dem Bildschirm angezeigt.

Beispiel 3

In der Werteliste können z. B. alle Parameter des Shell Scripts stehen. Dies geschieht mit der Variablen $*. Im obigen Beispiel muß daher der * durch $* ersetzt werden: *for i in $**

while-Schleife

Syntax der while-Schleife
```
while kommandos_1
do
   kommandos_2
done
```

Wenn die Kommandofolge kommandos_1 einen Exit-Status null zurückliefert (true), wird die Kommandofolge kommandos_2 zwischen do und done (Schleifenrumpf) ausgeführt. Anschließend wird kommandos_1 erneut ausgeführt und der Exit-Status erneut überprüft. Die Schleife bricht ab, wenn dieser Status ungleich null (damit false) ist.

Das Script *summme* addiert die Zahlen zwischen 1 und 10 auf und gibt das Ergebnis aus. — Beispiel

```
$ cat summe
zahl=0
sum=0
while (test $zahl -le 10 )
    do
    echo $zahl
    sum=`expr "$sum + $zahl"`
    zahl=`expr "$zahl + 1"`
    done
echo "die Summe der Zahlen 1 bis 10 ist $sum"
```

Solange der Wert der Variablen zahl kleiner 10 ist, erhöhe den Wert von sum um den Wert von zahl, erhöhe den Wert von zahl um 1. — Kurzbeschreibung des Beispiels

until-Schleife

Die until-Schleife entspricht der while-Konstruktion, dreht die Abbruchbedingung aber genau um. Ist der Exit-Status von kommandos_1 ungleich null (false), wird der Schleifenrumpf abgearbeitet. Liefert das kommandos_1 einen Exit-Status null (ist damit true), bricht die Schleife ab:

```
until kommandos_1
    do
        kommandos_2
    done
```

```
until mail -e
do
  sleep 300
done
echo "you have mail"
```
— Beispiel

9.3 Kontrollstrukturen

Dieses Script kann im Hintergrund gestartet werden und prüft alle 5 Minuten (300 Sekunden), ob eine Nachricht eingetroffen ist. Solange keine Nachricht eingetroffen ist, wird die Schleife abgearbeitet. Ist eine Nachricht vorhanden, so bricht die until-Schleife ab, und der Benutzer erhält eine Meldung.

Kommandogruppierung

Kommandos können zu einer Gruppe zusammengefaßt werden. Diese Kommandogruppe wird dann von einer eigenen Shell (eigene PID) und damit mit einem eigenen Environment ausgeführt. Eine Kommandogruppe wird gebildet, indem die Kommandos durch runde Klammern ( ) zusammengefaßt werden.

Beispiel
```
$ cat group
pwd
cd /usr/bin ; pwd ; ls > inhalt
pwd
```

Das aktuelle Directory wird gewechselt, und *ls* schreibt das Inhaltsverzeichnis von */usr/bin* nach *inhalt*. Die *pwd*-Aufrufe dienen der Kontrolle und Verdeutlichung. Beim zweiten *pwd*-Kommando ist als Working Directory /usr/bin gesetzt. Das Script liefert daher die folgende Ausgabe:

```
$ group
usr/unix/probe
usr/bin
usr/bin
```

Setzt man die Kommandos *cd* und *ls* in Klammern, dann wird für diese Klammer ein neuer Prozeß gestartet. Dieser Prozeß setzt mit *cd* das Working Directory auf */usr/bin* (*pwd* liefert */usr/bin*) und führt *ls* aus. Anschließend beendet sich der Prozeß. Für den wieder aktivierten Elternprozeß ist der Directorywechsel nicht wirksam (nicht bekannt), und *pwd* liefert wieder */usr/unix/probe*.

```
$ cat group                                         Beispiel
pwd
(cd /usr/bin ; pwd ; ls > inhalt)
pwd

$ group                                             Ausgabe
usr/unix/probe
usr/bin
usr/unix/probe
```

Die Kommandos || und &&

Sind die Ergebnisse (Returnwerte) mehrerer Kommandos zu prüfen, so müssen diese über die logischen Verknüpfungen AND oder OR verbunden werden. Die beiden Befehle »||« und »&&« sind Kurzformen der bedingten Ausführung und entsprechen den logischen Verknüpfungen OR (= ||) und AND (= &&). Beide Konstruktionen liefern als Returnwert die Werte WAHR oder FALSCH. Der Returnwert ergibt sich dabei aus den Returnwerten der verknüpften Kommandos. »&&« liefert als Returnwert WAHR (eine Null), wenn beide Kommandos den Wert null, also WAHR liefern. Liefert eines der beiden Kommandos einen Returnwert ungleich null und damit FALSCH, liefert auch »&&« den Wert FALSCH.

```
kommando_1 && kommando_2
```

kommando_1 wird ausgeführt, und wenn der Exit-Status 0 ist, wird auch das kommando_2 ausgeführt. kommando_1 und kommando_2 können dabei auch Pipe-Ketten sein. Liefert das erste Kommando bereits einen Exit-Status ungleich 0, wird das zweite Kommando nicht mehr bewertet. Das Beispiel der until-Schleife kann nun umformuliert werden.

Beispiel
```
until mail -e && echo "you have mail"
do
   sleep 300
done
```

Die Verknüpfung OR liefert den Returnwert WAHR, wenn beide oder eines der Kommandos den Returnwert WAHR liefert.

kommando_1 || kommando_2

Zunächst wird kommando_1 ausgeführt. Liefert dieses einen Exit-Status ungleich 0 (Fehler oder false), wird kommando_2 ausgeführt.

Die Befehle || und && werden oft in Verbindung mit dem Kommando *test* benutzt:

[-z "$TERM"] || TERM=vt100

Der Wert der Variablen TERM wird geprüft. Ist dieser null (Variable TERM nicht gesetzt), wird sie auf den Wert vt100 gesetzt.

9.4 Funktionen

Die Bourne Shell bietet die Möglichkeit, Funktionen zu definieren. Funktionen können vom Benutzer selbst definiert werden und dienen zur Strukturierung von Shell-Scripten. Bei der Erstellung von Scripten können komplexe Kommandosequenzen zu Funktionen zusammengefaßt und so Scripte übersichtlicher und wartungsfreundlicher gestaltet werden. Auf der Shell-Ebene können Funktionen alternativ zu Scripten definiert und über ihren Namen aufgerufen werden. Funktionen können Variablen und Kontrollstrukturen enthalten; sie liefern einen Return-Value und man kann ihnen Argumente beim Aufruf übergeben. Eine Funktion wird wie ein Script über ihren Namen aufgerufen. Bei der Ausführung unterscheiden sich aber Funktionen und Shell-Scripte. Wird eine Funktion gestartet, so wird kein neuer Prozeß (PID) erzeugt. Dies ist besonders für die Parameterübergabe aus der Funktion zum aufrufenden Kommando und bei der Verwendung von lokalen Variablen wichtig; Variablensetzungen sind auch nach Beendigung der Funktion noch gültig. Funktionen entsprechen daher built-in-Kommandos. (☞ Kapitel 9.2, Abschnitt »Environment«). Allgemeine Struktur einer Funktionendefinition:

```
name () { kommando;... kommando; }
```

name ist dabei der Name der Funktion. Die runden Klammern symbolisieren, daß name ein Funktionsname ist. Die geschweiften Klammern fassen den Rumpf der Funktion zusammen. Die { muß durch ein Blank vom ersten Kommando getrennt sein ({ ist ein Schlüsselwort). Das letzte Kommando muß durch ein Semikolon abgeschlossen werden. Funktionen sind nach einem Logout und erneutem Login nicht mehr bekannt. Funktionen, die immer nach einem Login auf der Kommandoebene zur Verfügung stehen sollen, müssen im Script *$HOME/.profile* definiert sein. Es gibt drei Möglichkeiten, eine Funktion zu beenden:

➢ Das letzte Kommando im Rumpf ist abgearbeitet.

➢ Die Funktion wird über das *return*-Kommando beendet. »return« liefert den Exit-Status.

➢ Wird innerhalb einer Funktion ein Exit-Kommando ausgeführt, wird die Funktion und die aktuelle Shell beendet (wie logout).

Im folgenden Beispiel soll die Wirkungsweise der Kommandos return und exit in einer Funktion dargestellt werden. Dazu betrachten wir das Script anzeige. Im Script anzeige wird die Funktion fehler zur Fehlerbehandlung benutzt.

```
$ cat anzeige
fehler ()
    {
    echo "falsche Parameterzahl"
    exit 1;
```

Beispiel

9.4 Funktionen

```
        }
        if [$# ! -eq 1 )]
        then
            fehler
        else if [ -d $1 ]
        then
            ls $1 > inhalt
        else
            echo "$1 ist kein Directory"
        fi
        echo "Ende des Programms"
```

Ausführung
```
$ anzeige liste
liste ist kein Directory
Ende des Programms

$ anzeige DIR1
Ende des Programms

$ anzeige
falsche Parameterzahl
```

Beim Aufruf der Funktion fehler wird zunächst das Kommando *echo* ausgeführt und anschließend das Kommando *exit*. Durch *exit* wird der aktuelle Prozeß beendet (das Script *anzeige*), und es erscheint sofort der Prompt der Shell. Das Kommando *echo "Ende des Programms"* wird nicht mehr ausgeführt. Wird in der Definition der Funktion die *exit*-Anweisung weggelassen oder durch *return* ersetzt, beendet return nur die Funktion, aber nicht den gesamten Prozeß. So wird auch das letzte *echo* ausgeführt:

```
$ anzeige
falsche Parameterzahl
Ende des Programms
```

Parameter von Funktionen

Funktionen können genau wie Shell-Scripts mit Parametern aufgerufen werden und auf diese Weise beliebige Werte an die Funktion übergeben. Dazu werden beim Aufruf der Funktion die Parameter hinter den Funktionsnamen gesetzt. In der Definition der Funktion werden diese Übergabewerte wie Positionsparameter behandelt und in den Variablen 1,2,3,.... abgelegt.

Im folgenden Beispiel wird eine Funktion beschrieben, die den Prompt auf den Pfadnamen des aktuellen Directory setzt. Um das Directory zu wechseln, wird das Kommando *cd* durch ein neues Kommando (als Funktion realisiert) *newcd* ersetzt. Die Definition wird sinnvollerweise in das Script *.profile* geschrieben und die Funktion bei jedem Login gesetzt. Definition:

Beispiel

```
$ newcd () {
cd $1
PS1="`pwd` > "
}
$ pwd
/user/bube
$ newcd UNIX

/user/bube/UNIX > pwd
/user/bube/UNIX
/user/bube/UNIX > newcd ..
/user/bube >
```

9.5 Wichtige Kommandos

Das Kommando *read*

Häufig ist es notwendig, daß der Benutzer von der Tastatur Werte eingeben und dadurch interaktiv den weiteren Ablauf des Shell-Scriptes beeinflussen kann. Dazu dient das Kommando *read*. Läuft ein Programm auf eine read-Anweisung, wird die Abarbeitung des Scripts gestoppt und eine Eingabe von der Tastatur verlangt. Syntax:

```
read var1 var2 ...
```

Von der Tastatur (Standardeingabe) wird eine Zeile gelesen, deren Ende durch ⏎ bestimmt wird. Die einzelnen Worte werden den Variablen var1,... zugewiesen, die als Argumente des read-Kommandos angegeben werden. Der letzten Variablen wird der Rest der Zeile zugewiesen. Der Wortbegrenzer wird über die Variable IFS definiert. *read* liefert eine 0 als Exit-Status (ungleich 0, bei end-of-file).

Programm-fragment
```
echo -n "welche Datei soll durchsucht werden ?"
read ZIEL
grep "UNIX" $ZIEL> treffer
ANZAHL=`wc -l treffer`
echo "UNIX wurde in $ANZAHL Zeilen gefunden"
```

In diesem Programmausschnitt wird der Benutzer gefragt, welche Datei durchsucht werden soll. Der eingegebene Name wird in der Variablen ZIEL abgelegt. *grep* sucht in der angegebenen Datei nach der Zeichenkette UNIX und legt alle Zeilen mit dieser Zeichenkette in der Datei *treffer* ab. Die Anzahl der Zeilen wird bestimmt, in der Variablen ANZAHL abgelegt und anschließend ausgegeben.

Das Kommando *expr*

Um Rechenoperationen ausführen zu können, gibt es in der Bourne Shell das Kommando *expr*. Dieses Kommando verarbeitet neben normalen Grundrechenarten auch relationale und logische Operatoren. *expr* wird zumeist in Shell-Scripten eingesetzt und zur Durchführung von ganzzahligen Berechnungen oder zum Vergleich von Zeichenketten benutzt. Die allgemeine Syntax lautet:

```
expr ausdruck
```

Das Kommando *expr* wertet den übergebenen Ausdruck aus und gibt das Ergebnis nach Standard Output aus. Ein Ausdruck besteht aus einem oder zwei Argumenten und einem Operator, der die Argumente miteinander verknüpft. Die einzelnen Teile des Ausdruckes müssen durch Leerzeichen getrennt sein. Ein expr-Ausdruck hat damit die Form

```
arg1 operator arg2
```

Arithmetische Operatoren

expr kennt die normalen arithmetischen Operationen. Diese werden mit Integer-Werten ausgeführt. Da die Shell ja keine Variablen vom Typ Integer kennt, interpretiert *expr* eine Zeichenkette, die aus Ziffern besteht, als Integer.

op	Bedeutung
*	arg1 wird mit arg2 multipliziert
/	arg1 wird durch arg2 dividiert
%	arg1 wird durch arg2 dividiert, der Rest angezeigt
+	arg1 wird mit arg2 addiert
-	arg2 wird von arg1 subtrahiert

9.5 Wichtige Kommandos

Das Ergebnis der Operation wird angezeigt. arg1 und arg2 können selbst auch Ausdrücke sein. Es gelten die normalen Vorrangregeln der Arithmetik, die mit Klammern ( ) überdeckt werden können.

Beispiel 1   5 und 7 werden addiert und das Ergebnis ausgegeben:

```
$ expr 5 + 7
12
```

Beispiel 2   Die Addition wird nicht durchgeführt; ausgegeben wird die Zeichenkette 5+ 7, da »5« und »+« nicht durch ein Blank getrennt sind.

```
$ expr 5+ 7
5+ 7
```

Beispiel 3
```
$ expr 5 * 7
syntax error
```

Der Stern * ist für die Shell ein Metazeichen und wird in die Liste der Dateinamen erweitert. Dadurch stimmt die Syntax des expr-Kommandos nicht mehr. Um eine Multiplikation durchzuführen, muß der * maskiert werden.

```
$ expr 5 \* 7
35
```

Vergleichsoperatoren

expr kennt die normalen Vergleichsoperatoren und logischen Operatoren. Als Argumente können Zahlen und Zeichenketten angegeben werden. Wenn die Bedingung erfüllt ist, liefert *expr* eine 1, sonst 0.

Operator	Bedeutung
arg1 = arg2	Prüft, ob die Argumente den gleichen Inhalt haben.
arg1 \> arg2	Prüft, ob arg1 größer als arg2 ist.

Operator	Bedeutung
arg1 \>= arg2	Prüft, ob arg1 größer gleich arg2 ist.
arg1 \< arg2	Prüft, ob arg1 kleiner als arg2 ist.
arg1 \<= arg2	Prüft, ob arg1 kleiner gleich arg2 ist.
arg1 != arg2	Prüft, ob arg1 ungleich arg2 ist.
arg1 \& arg2	logisches UND. Prüft, ob weder arg1 noch arg2 null (leere Zeichenkette) noch 0 ist. Ist keins der beiden Argumente null, dann wird der Inhalt von arg1 angezeigt, sonst eine 0.
arg1 | arg2	logisches ODER. Für den Fall, daß arg1 null ist, wird arg2 angezeigt. Ist arg1 aber ungleich null und arg2 0, dann wird sein Inhalt ausgegeben.

Die Variable DRUCKER auf den Wert der Variablen ZIELDR gesetzt, falls diese gesetzt ist, sonst auf den Wert *drucker5*.

Beispiel

DRUCKER = 'expr $ZIELDR \| drucker5'

Der Exit-Status von *expr*

Das Kommando *expr* liefert den folgenden Exit-Status:

0   der Ausdruck ist ungleich 0

1   der Ausdruck ist 0

2   der Ausdruck ist ungültig (Fehler)

Der Exit-Status wird in der Variablen ? abgelegt und kann über diese in Shell-Scripten ausgewertet werden.

Das Kommando *set*

Das Kommando *set* hat große Bedeutung für die Erstellung einer benutzereigenen Shell-Umgebung und hat folgende Syntax:

```
set [option] [parameter]
```

In der Anwendung unterscheiden wir drei Fälle:

➢ Ohne Optionen und Parameter liefert *set* die Namen und Werte aller gesetzten Variablen.

➢ Sind nur Parameter vorhanden, werden diese der Reihe nach den Positionsparametern 1 bis 9 zugewiesen. Damit können in einem Shell-Script diese Positionsparameter neu belegt werden.
```
$ set `date`
$ echo $1 $2 $3
Samstag, den 25. Dezember
```

➢ *set* kann Optionen mit »option« setzen und löschen. Mit einem – Zeichen wird die Option gesetzt und mit einem + Zeichen aufgehoben. Die gesetzten Optionen sind in der Variablen »-« abgelegt.

Die Optionen haben folgende Bedeutung:

Option	Bedeutung
-a	Veränderte und exportierte Variablen werden angezeigt.
-e	Shell beendet sich, wenn ein Kommando einen Exit-Status ungleich null hat (Kommando liefert einen Fehler).
-f	Verhindert die Auswertung von Metacharactern in Dateinamen.
-h	Name und Position einer Funktion werden bei der Definition registriert. Normalerweise geschieht dies erst beim Start der Funktion.

Option	Bedeutung
-k	Alle Schlüsselwortargumente werden für dieses Kommando als global definiert.
-n	Kommandos werden nur gelesen, aber nicht ausgeführt. Diese Option ist hilfreich zum Test von Scripten.
-t	Shell beendet sich nach Lesen und Ausführen eines Kommandos.
-u	Werden nicht initialisierte Variablen benutzt, so wird dies als ein Fehler gewertet (ohne diese Option ist eine Variable mit der leeren Zeichenkette initialisiert).
-v	Shell-Eingabezeilen werden so ausgegeben, wie sie gelesen werden.
-x	Kommandos werden mit ihren Parametern ausgegeben und ausgeführt. Diese Option ist hilfreich beim Test von Scripten.

```
$ cat l*
```
Beispiel

Die Zeichenkette l* wird durch alle Dateinamen ersetzt, die mit l beginnen. Der Inhalt dieser Dateien wird dann von *cat* auf dem Bildschirm angezeigt.

```
$ set -f
$ cat l*
```

Durch die Option *-f* werden Metazeichen nicht mehr ausgewertet. Es wird daher der Inhalt der Datei l* angezeigt.

Das Kommando test

Das Kommando *test* ist ein sehr vielseitiges Kommando, das in Shell-Scripts zumeist zur Bestimmung von Abbruchbedingungen bei Schleifen, in if-Anweisungen und zur Fehlerbehandlung benutzt wird. *test* bewertet (vergleicht) Ausdrücke und liefert das Ergebnis als Exit-Status. Ist der Ausdruck true (= wahr), wird eine Null als Rückgabewert geliefert, andernfalls (false = falsch) ist der Rückgabewert ungleich null:

0	wenn der Ausdruck wahr ist
ungleich 0	wenn der Ausdruck falsch ist

Für das *test*-Kommando gibt es zwei äquivalente Schreibweisen. Das Schlüsselwort *test* wird in der zweiten Möglichkeit durch ein Paar eckiger Klammern ersetzt. Syntax:

```
test ausdruck
```

ist gleichwertig mit

```
[ausdruck]
```

wobei die eckigen Klammern [ ] die gleiche Bedeutung haben wie der Befehlsname *test* in der ersten Variante.

Die grundlegende Konstruktion der Ausdrücke, die bei *test* verwendet werden, gliedern sich in verschiedene Kategorien:

➤ den Status einer Datei überprüfen (existiert die Datei, den Dateityp bestimmen, die Zugriffsrechte prüfen).

➤ Zeichenketten vergleichen und ihre Existenz prüfen.

➤ algebraische Vergleiche durchführen.

➤ logische Verknüpfungen bewerten.

test kennt eine Vielzahl von Operatoren zur Prüfung von Attributen und Eigenschaften von Dateien. Die einzelnen Operatoren finden Sie in der Kommandoübersicht.

Beispiele   Die folgenden Beispiele sind immer Ausschnitte von Shell-Scripts

```
if test $# -lt 2
then
```

```
echo "zuwenig Parameter übergeben"
exit 1
fi
```

Wird das Script mit weniger als zwei Parametern aufgerufen, kommt es zu einer Fehlermeldung.

```
read wahl
if [ $wahl -gt 1 -a $wahl -le 5 ]
then
     echo "sie haben $wahl eingegeben"
fi
```

Mit *read* wird ein Wert eingelesen. Ist dies eine Zahl zwischen 2 und 5, wird das *echo*-Kommando ausgeführt. Der Ausdruck enthält mehrere Operatoren. *test* arbeitet diese in folgender Reihenfolge ab:

1. $wahl -gt 1 wenn true, dann
2. $wahl -le 5
3. -a

9.6 Schlüsselwörter

Für die Shell haben eine Vielzahl von Zeichen und Wörtern eine besondere Bedeutung und dürfen vom Anwender nur im entsprechenden Zusammenhang genutzt werden. Dies sind die Kontrollstrukturen der Shell und die im Kapitel »Basiskonzepte« beschriebenen Metazeichen. Als geschützte Wörter der Shell gelten:

```
if then else elif fi case esac for while until do done { }
```

Die Bedeutung dieser Schlüsselwörter wird im Verlauf des Kapitels beschrieben.

9.7 Shell-eigene Kommandos

Die folgende Tabelle gibt eine alphabetische Liste der Kommandos, die in der Shell implementiert sind. Sie werden von der Shell selbst ausgeführt und erzeugen keinen neuen Prozeß. Dieses Kapitel ist als Übersicht gedacht, die Kommandos sind in den verschiedenen Kapiteln ausführlich beschrieben.

#	Beginn einer Kommentarzeile; findet in Scripts Verwendung.
text	Leeres Kommando, liefert Null als Exit-Status. *text* ist ein Kommentar.
. datei	Kommandos werden aus der Datei *datei* gelesen und ausgeführt. Die Pfade der Variablen PATH werden nach *datei* durchsucht. Ausführung geschieht in aktueller Shell (kein neuer Prozeß).
break [n]	Sprung aus einer for- oder while-Schleife. n gibt die Tiefe der Schachtelung an (default: 1).
continue [n]	startet den nächsten Durchlauf einer for- oder while-Schleife (Rest des Rumpfes wird übersprungen). n gibt die Schachtelungstiefe an.
cd [arg]	Wechsel des Working Directory. cd setzt *arg* als neues Working Directory. Ohne Argument wird in das Home Directory gewechselt.
echo	Schreibt Argumente auf den Bildschirm.
eval	Die Argumente werden als Kommando gewertet. Dieses wird anstelle der Shell ausgeführt (kein neuer Prozeß). `$ eval grep "unix" dat1 dat2` Das Kommando *grep* wird mit derselben PID ausgeführt wie die Shell.

exec	Das Argument von *exec* wird anstelle der Shell ausgeführt. Es wird kein neuer Prozeß erzeugt.
exit	Die aktuelle Shell oder Shell-Script werden beendet und liefern den Exit-Status n.
export [var..]	Die angegebenen Variablen var werden zu globalen Variablen (exportiert ins Environment).
getopts	Verarbeitet die Argumente eines Shell-Scripts.
hash	Für jedes ausgeführte Kommando wird der Pfadname in einer Tabelle verwaltet und so der Zugriff beschleunigt. Mit *hash name* wird der Suchpfad des Kommandos *name* in diese Tabelle eingetragen, ohne daß das Kommando ausgeführt wird. Beim nächsten Start des Programms muß der Suchpfad nicht durchlaufen werden. Die Option -r löscht alle bisherigen Einträge. *hash* ohne Parameter liefert eine Liste der gespeicherten Kommandos.
pwd	Liefert den Pfad des Working Directory. In älteren Versionen kein built-in-Kommando.
read[var1...]	Von der Tastatur (Standardeingabe) wird eine Zeile gelesen. Die einzelnen Worte werden den Variablen var1,... zugewiesen. Der letzten Variablen wird der Rest der Zeile zugewiesen. Den Wortbegrenzer definiert die Variable IFS. *read* liefert eine 0 als Exit-Status (ungleich 0, bei end-of-file).
readonly	Eine angegebene Variable wird als *readonly* markiert. Ihr Wert kann anschließend nicht mehr verändert werden. Ohne Parameter liefert *readonly* die Liste der so markierten Variablen. ```$ readonly TERM``` setzt die Variable TERM als readonly Variable.
return [n]	Beendet eine Funktion mit dem Exit-Status n.

9.7 Shell-eigene Kommandos

set — Parametriert Shell.

shift[n] — Mit *shift* werden die Positionsparameter um n Positionen nach links verschoben. Parameter n + 1 wird zu Parameter 1. Ist n nicht angegeben, gilt n=1.

Beispiel:

```
$ cat probeecho $*shift; shiftecho $*$ probe eins
zwei drei viereins zwei drei vierdrei vier
```

test — Wertet Ausdrücke aus.

times — Gibt die bisher verbrauchte Benutzer- und Systemzeit für die aktuelle Shell und deren Child Prozesse an.

trap — Mit *trap* kann in Scripten eine Fehlerbehandlung durchgeführt werden:

```
trap arg n
```

Wird das Signal n an den Prozeß gesendet, wird die Kommandosequenz *arg* ausgeführt. Fehlt *arg*, führt das Signal zu einem Abbruch. Ist *arg* die leere Zeichenkette, wird das Signal ignoriert.

type [name] — Gibt den Typ des Kommandos *name* an. Dabei wird der Pfadname ausgegeben oder meldet, daß es sich um ein built-in-Kommando handelt.

```
$ type trap lp
trap is built-in comand
lp is /usr/bin/lp
```

ulimit — *ulimit* n gibt die maximale Größe von Dateien an, die Child-Prozesse erzeugen können. Ohne Parameter wird aktuelle Grenze angegeben.

umask[nnn] — Erzeugt der Benutzer eine Datei, so werden die Zugriffsrechte entsprechend der Maske nnn gesetzt. n ist dabei eine oktale Zahl. ☞ auch *chmod*-Kommando.

unset [name] Die Variablen und Funktionen mit den angegebenen Namen *name* werden gelöscht. Nicht möglich für die Variablen PATH, PS1, IFS, PS2, MAILCHECK.

wait [n] Wartet auf das Ende des Prozesses mit der PID (Prozeßnummer) n. Ist n nicht angegeben, wird auf das Ende aller Child-Prozesse gewartet. Der Exit-Status ist 0.

Korn Shell

10	Die Korn Shell	317
10.1	Start der Korn Shell	317
10.2	Variablen	318
10.3	Integer-Arithmetik	322
10.4	History-Mechanismus	326
10.5	Alias-Mechanismus	330
10.6	Kommando-Ersetzung	334
10.7	Ein- und Ausgabe	335
10.8	Wichtige Kommandos	338
10.9	Funktionen	342
10.10	Kontrollstrukturen	343
10.11	Schlüsselwörter	345
10.12	Built-in-Kommandos	346
10.13	Shell-Variablen	348

10 Die Korn Shell

Die Korn Shell wurde bei AT&T entwickelt und ist aufwärtskompatibel mit der System V Bourne Shell. Damit sind alle Programme für die Bourne Shell auch unter der Korn Shell lauffähig. Die Korn Shell schlägt aber auch eine Brücke zur C-Shell, indem einige wichtige Features der C-Shell übernommen und erweitert wurden.

Die wesentlichen Erweiterungen der Korn Shell sind

- History Mechanismus
- Alias Mechanismus
- Integer Arithmetik
- String Manipulation
- Arrays
- Job Control

In diesem Kapitel werden Kenntnisse der Bourne und C-Shell vorausgesetzt, da zumeist nur die Erweiterungen und Änderungen der Korn Shell gegenüber den beiden anderen Shells besprochen werden. Der Leser findet daher in diesem Kapitel viele Verweise auf die anderen Shells.

10.1 Start der Korn Shell

Wird die Korn Shell als Login Shell gestartet, werden verschiedene Shell-Scripte gelesen und ausgeführt. Der Reihe nach werden abgearbeitet:

- /etc/profile
- $HOME/.profile
- eine Datei, deren Name in der Variablen ENV abgelegt ist.

Die ersten beiden Scripte entsprechen den namensgleichen Scripten der Bourne Shell (bzw. */etc/cprofile* und *$HOME/.login* in der C-Shell). Die dritte Datei kann vom Benutzer frei definiert werden und ist mit der Datei *$HOME/.cshrc* aus der C-Shell vergleichbar. Wenn die Korn Shell nicht als Login Shell gesetzt ist, kann sie mit

```
$ ksh
```

gestartet werden. Die Datei *ksh* (die Korn Shell) ist häufig im Directory */usr/local/bin* abgelegt. Daher muß auch dieses Directory in die Pfad-Variable eingetragen sein, oder es muß beim Aufruf der Korn Shell der absolute Pfadname benutzt werden. Wird eine neue Korn Shell gestartet, wird die Datei *$ENV* ausgeführt.

10.2 Variablen

Die Korn Shell erlaubt die Definition und Benutzung von Variablen. Dabei gelten die Aussagen, die im Kapitel Bourne Shell über Variablen gemacht wurden. Wir verweisen daher auf die entsprechende Beschreibung in diesem Kapitel. Die Korn Shell besitzt allerdings eine Reihe von Erweiterungen bzw. Unterschiede, die wir nachfolgend beschreiben wollen:

1. Die Korn Shell interpretiert Variablen standardmäßig als String-Variablen. Darüber hinaus können auch Integer-Variablen definiert und Ganzzahl-Arithmetik durchgeführt werden.

2. Die Korn Shell unterstützt die Behandlung von Arrays.

3. bedingte Parameterersetzung

Parameterersetzung

Wie in der Bourne Shell kann die geschweifte Klammer zur Darstellung von Variablen und zur bedingten Wertezuweisung an Variablen genutzt werden. Diese Möglichkeiten sind in der Korn Shell um einige Elemente erweitert worden.

${var} Der Wert der Variablen *var* wird eingesetzt.

```
$ nick=otto
$ echo "$nick ist die Kurzform von $nickkar"
nickkar  undefined Variable

$ echo "$nick ist die Kurzform von ${nick}kar"
otto ist die Kurzform von ottokar
```

Im ersten Fall sucht die Shell einen Variablennamen *nickkar* ($ bezieht sich auf diese Zeichenkette). Dieser Name ist nicht bekannt, daher die Fehlermeldung.

${var:-wort} Ist die Variable *var* gesetzt und ungleich 0, wird der Wert von *var* eingesetzt, ansonsten die Zeichenkette *wort*.

${var:=wort} Ist die Variable *var* nicht gesetzt oder 0, dann wird *var* auf den Wert *wort* gesetzt (gilt nicht für Positionsparameter).

${var:?wort} Ist die Variable *var* gesetzt und ungleich 0, wird der Wert von *var* eingesetzt. Andererseits wird die Zeichenkette *wort* ausgegeben, und die Shell führt ein *exit* aus. Fehlt *wort*, wird die Meldung »parameter null or not set« ausgegeben.

{var:+wort} Ist die Variable *var* gesetzt und ungleich 0, dann wird die Zeichenkette *wort* eingesetzt.

${#var} Die Länge der Variable *var* wird eingesetzt.

10.2 Variablen

```
$ gewinn=12345
$ echo "Der Gewinn ist ${#gewinn} stellig"
Der Gewinn ist 5 stellig
```

Folgt dem # ein * oder @, wird die Anzahl der übergebenen Parameter aus der Kommandozeile angezeigt.

Die folgenden Operationen filtern aus der Variablen *var* den Teilstring *muster* heraus:

${var#muster}   Sucht *muster* im Wert der Variablen *var* von rechts her und liefert den Rest.

${var%muster}   Sucht *muster* im Wert der Variablen *var* von links her und liefert den Rest.

Die Tilde-Ersetzung

Die Tilde ~ hat in der Korn Shell eine Sonderbedeutung, sie ist ein Metacharacter. Die genaue Bedeutung der Tilde hängt vom Anwendungsfall ab.

1. Steht die Tilde allein oder folgt ihr als nächstes Zeichen ein /, wird sie durch den Wert der Variablen *HOME* ersetzt.

Beispiel
```
$ cd ~/bin
```

wechselt in das Verzeichnis *bin* unterhalb des Homedirectories des Anwenders. Die obige Anweisung entspricht damit dem Kommando

```
$ cd $HOME/bin
```

2. Folgt der Tilde eine Zeichenkette, wird diese bis zu einem / als Benutzername interpretiert. Ist der so ermittelte Name in der Datei */etc/passwd* eingetragen, wird die Tilde und die Zeichenkette durch das zugehörige Homedirectory dieses Benutzers ersetzt.

Der User *otto* hat das Homedirectory /home/otto. Die Anweisung

```
$ cd ~otto/bin
```

wechselt in das Verzeichnis */home/otto/bin*.

3. Eine Tilde gefolgt von einem Plus- oder Minuszeichen wird durch *$PWD* (+) oder *$OLDPWD* (-) ersetzt.

Beispiel

Arrays

Die Korn Shell bietet die Möglichkeit, Arrays zu definieren. Ein Array kann aus maximal 512 Elementen bestehen. Anders als in der C-Shell wird die Länge (Anzahl der Elemente) eines Arrays nicht im voraus festgelegt, sondern bei Bedarf wird ein weiteres (neues) Element mit einem Wert belegt.

Die Arbeit mit einem Array soll an einem Beispiel beschrieben werden. Dabei ist zu beachten, daß bei der Ausgabe immer geschweifte Klammern um die Variablennamen gesetzt werden müssen. *feld* ist in diesem Beispiel ein beliebiger Variablenname.

```
$ feld[0]="dieses"
$ feld[1]="Feld"
$ feld[2]="ist neu"
```

Elemente werden einzeln definiert und mit Werten belegt

Bei der Ausgabe von Werten der einzelnen Elemente müssen diese in geschweifte Klammern gesetzt werden:

```
$ echo ${feld[0]} ${feld[2]}
dieses ist neu
```

Sind die geschweiften Klammern nicht gesetzt, ergibt sich folgende Ausgabe:

```
$ echo $feld[1]
dieses[1]
```

Die Ausgabe wird verständlich, wenn man sich folgendes verdeutlicht: Der Name einer Variablen darf keine eckigen Klammern enthalten. Damit wird die Zeichenkette *feld* als Variablenname interpretiert. Dies ist aber der Name des Arrays, der auf das erste Element verweist:

```
$ echo $feld
dieses
```

Alle Elemente eines Arrays liefert der Ausdruck name[*]:

```
$ echo ${feld[*]}
dieses feld ist neu
```

Die Anzahl der Elemente eines Arrays liefert der #-Operator:

```
$ echo ${#feld[*]}
3
```

In Scripten und Prozeduren ist es notwendig und hilfreich, Variablen auszuwerten, sie zu verknüpfen und mit den berechneten Werten weiterzuarbeiten. Die Korn Shell interpretiert ihre Variablen zunächst als Zeichenketten (strings). Darüber hinaus bietet die ksh die Möglichkeit, Variablen als Integer (ganze Zahlen) zu betrachten und sie über arithmetische Operationen zu verknüpfen.

10.3 Integer-Arithmetik

Integer-Arithmetik: im Prinzip ja. Zunächst gibt es das Kommando *expr*, mit dem arithmetische Operationen ausgeführt werden können. Durch die Kommandos *let* und *typeset* steht in der Korn Shell eine wesentlich elegantere Möglichkeit zur Verfügung, Ganzzahl-Arithmetik durchzuführen.

Die Arithmetik wird durch verschiedene Kommandos unterstützt:

expr ausdruck	*expr* wertet einen allgemeinen Ausdruck aus. Dieser darf arithmetische Operationen enthalten (☞ *expr*).
let ausdruck	*let* ist ein Built-in-Kommando. *ausdruck* wird als arithmetischer Ausdruck ausgewertet.
typeset -i var	*typeset* deklariert die Variable *var* vom Typ Integer. Diese Variable kann in arithmetischen Ausdrücken benutzt werden.

Das Kommando *expr* ist ein allgemeines UNIX-Kommando und wird im Kapitel über die Bourne Shell ausführlich besprochen.

Das *let* -Kommando

Zur Bewertung und Berechnung von Ausdrücken gibt es in der Korn Shell neben dem *expr*-Kommando noch zusätzlich das Built-in-Kommando *let*. Mit *let* lassen sich Ganzzahl-Operationen durchführen.

```
$ let ausdruck
```
Syntax

ausdruck ist dabei ein arithmetischer Ausdruck, der aus Shell-Variablen und den gängigen Operationen aus »C« (außer ++, --, ?:) bestehen kann. Folgende Operatoren werden von *let* unterstützt:

Operator	**Bedeutung**
-	Vorzeichen
!	Negation
* / %	Multiplikation, Division, Modulo
+ -	Addition, Subtraktion
=<	kleiner (gleich)
>=	größer (gleich)

10.3 Integer-Arithmetik

Operator	Bedeutung
==	gleich
!=	ungleich
=	Zuweisung

Beispiel
```
let i = i + 1
let "j = i > 1" "l = k * 12"
```

Der Wert der Variablen *i* wird im ersten Beispiel um eins erhöht. War *i* vor diesem Kommando noch nicht definiert, wird automatisch der Wert 0 zugewiesen. In diesem Fall hat *i* nach Ausführung des Kommandos *let* den Wert 1.

Im zweiten Beispiel wird der Variablen *j* eine 1 zugewiesen, wenn *i* wirklich größer 1 ist, sonst eine 0 und der Variablen *l* das Ergebnis der Multiplikation.

expr und *let* können alternativ benutzt werden. Bei einem Vergleich der Kommandos ist zu beachten, daß bei der Ausführung von *let* kein neuer Prozeß gestartet wird (Abarbeitung wird beschleunigt). Leider unterscheidet sich die Syntax der beiden Kommandos:

Beim Kommando *let* wird im Ausdruck kein $-Zeichen für den Inhalt (Wert) einer Variablen benutzt.

```
zahl=`expr $zahl - 1`
```

entspricht

```
let "zahl = zahl -1"
```

Der Exit-Status des Kommandos *let* hängt von der Bewertung des Ausdruckes ab. Liefert *ausdruck* einen Wert ungleich null, ist der Exit-Status von *let* null, sonst ungleich null.

Damit kann *let* in if- und while-Konstrukten benutzt werden und dort das *test*-Kommando ersetzen.

```
if let $# > 3
then
    echo "fehler: es wurden zuviele Parameter angegeben"
fi
```
Beispiel

entspricht

```
if test "$# -ge 3"
then
    echo "fehler: es wurden zuviele Parameter angegeben"
fi
```

Es gibt noch eine alternative Form zum *let*-Kommando, die doppelten runden Klammern. Folgende Ausdrücke sind äquivalent:

```
$ ((zahl = zahl +1))
```

entspricht

```
$ let zahl = zahl +1
```

Das *typeset*-Kommando

Normalerweise wird eine Shell-Variable intern von der Shell als String-Variable behandelt. Bei einer Operation mit *let* wird der String in einen Integer umgewandelt. Mit dem Kommando *typeset* kann eine Variable als Integer-Größe definiert werden (siehe unten). Mit diesen Integer-Variablen können dann arithmetische Operatoren ohne die Kommandos *let* oder *expr* ausgeführt werden.

```
$ typeset - i liste
```
Beispiele

liste sind ein oder mehrere gültige Variablennamen, die als Integer-Variablen deklariert werden.

```
$ zahl=zahl+1
$ echo $zahl
zahl+1
```

Der »normalen« Shell-Variablen *zahl* wird ein Ausdruck zugewiesen, jedoch als String (*zahl+1*). Wird dagegen *zahl* vom Typ Integer gesetzt, wird die rechte Seite als arithmetischer Ausdruck (0+2) interpretiert.

```
$ typeset -i zahl
$ zahl = zahl + 2
$ echo $zahl
2
```

Die Addition funktioniert fehlerfrei, da eine Interger-Variable bei der ersten Nutzung auf 0 initialisiert wird. Die obige Formulierung ist gleichwertig mit

```
$ let zahl = "zahl + 2"
```

oder

```
$ zahl=`expr $zahl + 2`
```

10.4 History-Mechanismus

Wird ein Kommando ausgeführt, wird die Kommandozeile in einer speziellen Liste, der *HISTFILE*-Liste, abgelegt. Über diese Liste können alte Kommandos angewählt, mit einem Editor verändert und dann erneut zur Ausführung gebracht werden. Diese *HISTFILE*-Liste entspricht der History-Liste der C-Shell. Die alten Kommandos werden aber von der Korn Shell nicht intern verwaltet, sondern in einer normalen Datei abgelegt. Der Name dieser Datei wird durch die Variable *HISTFILE* (Standard: *$HOME/.sh_history*)

und die Anzahl der maximal abgelegten Kommandos durch die Variable *HISTSIZE* (standard: 128) bestimmt.

Durch die offene Behandlung der History-Liste als normale UNIX-Datei ergibt sich ein wesentlicher Vorteil dieser Implementierung: Die gespeicherten Kommandos stehen auch nach einem Logout und erneutem Login dem Benutzer zur Verfügung.

Der Zugriff auf alte Kommandos wird durch zwei Konzepte realisiert:

1. den Line Edit Mode
2. das *fc*-Kommando

Damit kann aber nicht nur auf alte, bereits gestartete Kommandos zugegriffen werden, sondern es können auch Tippfehler in der aktuellen Kommandozeile behoben werden, ein Service, den bisherige Shell-Implementierungen nicht oder nur sehr eingeschränkt bieten konnten.

Line Edit Mode

Dieses Konzept benutzt Bildschirmeditoren, deren Arbeitsbereich auf eine Zeile eingeschränkt ist. Mit den Befehlen dieses Editors kann die aktuelle Kommandozeile oder können bereits gestartete Kommandos bearbeitet werden. Diese Editoren sind in die Shell implementierte Editoren, die Standardeditoren nachempfunden wurden. Es handelt sich dabei um die Editoren *vi*, *emacs* und *gmacs*. Der Line Edit Mode kann mit einem dieser Editoren aktiviert werden. Zur Aktivierung ist eine der folgenden Aktionen notwendig:

1. Die Variablen *VISUAL* oder die Variable *EDITOR* wird auf den Namen (Kommandoname oder Pfadname) eines der Editoren gesetzt. Die Shell prüft erst VISUAL, dann EDITOR.

10.4 History-Mechanismus

2. Mit dem *set*-Kommando wird die Option *o* gesetzt

   ```
   $ set -o mode
   ```

   wobei *mode* der Name einer der Editoren (*vi*, *emacs*, *gmacs*) ist. Der gestartete Editor interpretiert die Kommandozeile als einzeiliges Fenster. Ist das Kommando länger als eine Zeile, so ist immer nur ein Ausschnitt zu sehen.

   Der verbreitetste Editor ist sicherlich der *vi*. Daher soll in den folgenden Ausführungen dieser Editor benutzt werden. Der Line Edit Mode wird aktiviert und auf den *vi*-Mode gesetzt:

   ```
   $ set -o vi
   ```

   Zur Manipulation von Kommandozeilen kann auf die meisten *vi*-Befehle (☞ Kapitel 4 »Editieren unter UNIX«) zurückgegriffen werden. Nachdem der Mode aktiviert wurde, befindet sich das System im »Eingabe Mode« des *vi*, die Kommandozeile kann eingegeben werden. Jedes Zeichen von der Tastatur wird in das einzeilige Fenster dieses Editors geschrieben. Diese Zeile (die Kommandozeile), wird mit ⏎ abgeschlossen, das Kommando gestartet und gleichzeitig in die *HISTFILE*-Datei eingetragen. Soll ein Kommando verändert oder erneut gestartet werden, muß zunächst mit Esc in den Kommando-Modus gewechselt werden. Mit den Cursor-Kommandos des *vi*, *k* und *j* (Cursor Zeile hoch bzw. Zeile tiefer) kann nun eine Zeile aus der *HISTFILE*-Datei angewählt und in das Fenster gebracht werden. Soll sie verändert werden, muß in den Eingabemodus des *vi* gewechselt werden (z. B. mit *i* oder *a*). Mit ⏎ wird das Kommando gestartet. Dazu kann der Cursor an einer beliebigen Stelle der Zeile stehen.

Beispiel: Eine Kommandozeile wird eingegeben, und vor dem Start der Zeile wird ein Schreibfehler entdeckt; der Drucker heißt *laser*, nicht *laer*.

```
$ lp -dlaer text1  Esc
```

Durch Drücken von Esc geht es in den Kommando-Modus:

```
$ lp -dlaer text1    8h
```
Cursor 8 Spalten nach links

```
$ lp -dlaer text1    a
```
Wechsel in den Eingabe-Modus

```
$ lp -dlaer text1    s
```
Eingabe des Zeichens *s*

```
$ lp -dlaser text1  [↵]
```
Start des Kommandos

Kommandozeilen editieren mit *fc*

Kommandos aus der *HISTFILE*-Datei können mit dem Kommando *fc* manipuliert und anschließend ausgeführt werden. Mit *fc* wird ein Editor gestartet, mit dem alte Kommandos verändert und korrigiert werden können. Mit welchem Editor dabei gearbeitet wird, kann vom Benutzer frei bestimmt werden.

1. *fc* wird mit der Option *-e edit* aufgerufen. *edit* ist dabei der Name eines Editors.

2. Die Variable *FCEDIT* wird mit dem Namen eines Editors belegt. Beim Start von *fc* wird diese Variable interpretiert und der entsprechende Editor gestartet.

3. Ist die Variable *FCEDIT* nicht gesetzt, wird der Editor */usr/ed* gestartet.

   ```
   $ fc -opt anf end
   ```
   Syntax

Aus der History-Liste kann ein Bereich ausgewählt werden. Dazu wird mit *anf* das erste und mit *end* das letzte Kommando des Bereiches spezifiziert. *anf* und *end* können dabei die Kommandonummern (event number) oder eine Zeichenkette sein. Die ausgewählten Kommandos können mit dem Editor bearbeitet werden.

Wird der Editor verlassen, werden die Kommandos ausgeführt. Folgende Optionen sind möglich:

-e edit   Der Editor *edit* wird gestartet.

-l   Die gesamte Liste wird angezeigt. Jedem Kommando ist die Event Number vorangestellt.

-n   In Verbindung mit der Option *l*. Es werden keine Kommandonummern vorangestellt.

Mit dem *fc*-Mode können beliebig viele Kommandos als Sequenz erneut gestartet werden.

Beispiele   `$ fc -e vi 20 30`

Die Kommandos 20 – 30 werden aufgerufen, sofern sie noch im Historyfile liegen.

`$ fc -nl`

Die Liste der Kommandos wird angezeigt.

`$ fc -l 20 35`

Die Kommandos 20 bis 35 werden angezeigt.

10.5 Alias-Mechanismus

Ähnlich dem Alias-Mechanismus der C-Shell kann in der Korn Shell ein häufig wiederkehrendes oder komplexes Kommando mit einem kurzen Namen (Alias) versehen werden. Das alte Kommando und der definierte Alias werden in eine Alias-Liste eingetragen.

Beim Start einer Kommandozeile wird zunächst in einer Alias-Liste nach dem Kommandonamen (erstes Wort der Kommandozeile) gesucht. Ist der Name in der Liste eingetragen, wird er durch den zugeordneten Text ersetzt, die so entstandene Kommandozeile von der Shell analysiert und zur Ausführung gebracht. Fehlt das Kommando in der Alias-Liste, werden die Pfade der Variablen PATH durchsucht. Ein Alias wird mit dem Shell-Kommando *alias* erzeugt und in die Alias-Liste eingetragen.

```
$ alias name=wert
```

wert ist dabei ein beliebiges UNIX-Kommando, wobei auch Metazeichen erlaubt sind. *name* ist die Abkürzung (Alias) für dieses Kommando. Als Beispiel soll ein Alias für ein Long-Listing erzeugt werden.

```
$ alias ll='ls -al'
```
Beispiel

ll ist nun die Abkürzung für das Kommando *ls -al*. Der Benutzer gibt *ll* als Kommando ein, und die Shell ersetzt diese Zeichenkette durch *ls -al* und führt anschließend dieses Kommando aus.

Mit dem Befehl *alias* wird eine Liste der Abkürzungen angezeigt:

```
$ alias
l='ls -al'
```

Mit dem Kommando *unalias* wird eine Alias-Definition aufgehoben. Der Alias *ll* wird aus der Liste gelöscht und erscheint bei der Auflistung nicht mehr

```
$ unalias ll
$ alias
```

Vertiefung des Alias-Mechanismus

Ein Alias wird von der Shell an zwei Stellen ausgewertet. Zum einen bei der Definition und bei der Benutzung. Dies ist bei der Erstellung eines Alias zu berücksichtigen, wenn der Alias Metazeichen enthält. Diese werden nach der Alias-Ersetzung von der Shell ausgewertet.

```
$ alias loesch='rm -f *'
```

10.5 Alias-Mechanismus

Der * wird bei der Definition des Alias durch die Hochkommata maskiert und daher erst beim Aufruf des Alias ersetzt. Bei der folgenden Definition werden die Accent Graves ` ` durch die Hochkommata ' ' maskiert.

```
alias wo='basename `pwd`'
```

Beim Aufruf von *wo* wird daher so ersetzt:

```
$ wo
basename `pwd`
```

Diese Kommandozeile wird nach den gewohnten Regeln von der Shell bearbeitet. Ergebnis ist also der Name des Working Directory.

Werden bei der Definition des Alias das Anführungszeichen und kein Hochkomma genutzt, ergibt sich ein anderer Alias:

```
$ alias wo="basename `pwd`"
```

Die " "-Zeichen können die ` `-Zeichen nicht maskieren. Daher werden bei der Setzung die `-Zeichen ausgewertet, und der Alias *wo* liefert immer den Namen des Directories, in dem der Alias *wo* definiert wurde.

Endet ein Alias mit einem Blank, wird auch das zweite Wort in der Kommandozeile auf eine Alias-Definition untersucht und gegebenenfalls ersetzt. Damit hat der Anwender die Möglichkeit, auch Parameter als Alias zu definieren.

```
$ alias dir='ls '
$ alias g='-als'
$ dir g
```

wird ersetzt durch

```
ls -als
```

Standard-Alias-Definitionen

Wird eine Korn Shell gestartet, wird eine Liste von Alias-Definitionen automatisch erstellt. Hier ist eine typische Liste angegeben. Die Ausgabe erfolgt mit dem Kommando *alias*

```
$ alias
echo='print - '
false='let 0'
function='typeset -f'
hash='alias -t'
history='fc -l'
integer='typeset -i'
nohup='nohup '
pwd='print - $PWD'
r='fc -e -'
true=':'
type='whence -v'
```

Kommando-Tracking

Die Korn Shell besitzt zur Beschleunigung des Zugriffes auf Programme den Tracking-Mechanismus, der sich auf den Alias-Mechanismus stützt. Wird ein Kommando gestartet, sucht die Shell zunächst in der Alias-Liste nach dem Kommandonamen. Ist kein Alias gesetzt (in der Regel beim ersten Aufruf), wird der Kommandoname in den Suchpfaden (definiert durch PATH) gesucht und anschließend ein Alias für dieses Kommando angelegt (Kommandoname bildet Alias auf absoluten Pfadnamen). Beim erneuten Aufruf des Kommandos brauchen die Pfade nicht durchsucht zu werden, da die Alias-Definition bereits auf das Kommando verweist.

Der Tracking-Mechanismus wird mit

```
$ set -o trackall
```

gestartet.

```
$ ls -l /etc liste
```

Eine Übersicht der Kommandos, die durch den Tracking-Mechanismus mit einem Alias versehen wurden, erhält man mit

```
$ alias -t
ls /bin/ls
```

Gültigkeitsbereich

Für Alias, Funktionen und Variablen gibt es verschiedene Gültigkeitsbereiche. Wird ein Alias in der besprochenen Art und Weise definiert, ist er lokal definiert. Dies bedeutet, daß er nur in der aktuellen Shell bekannt ist. In einem Shell-Script kann er dagegen nicht verwendet werden, wenn das Script durch eine Subshell (eigene PID) ausgeführt wird.

Soll ein Alias auch in Subshells bekannt sein, muß der Alias exportiert werden (wie globale Variablen). Um einen globalen Alias zu erzeugen, muß bei der Definition die Option -x benutzt werden:

```
alias -x ll='ls - al'
```

10.6 Kommando-Ersetzung

In Shell-Scripten ist es häufig notwendig, die Ausgabe eines Kommandos als Parameter für ein weiteres Kommando zu nutzen. Dieses Verfahren wird Kommando-Ersetzung genannt und wird mit den '...' durchgeführt.

In der Korn Shell wurde ein weiterer Mechanismus eingeführt. Eine Zeichenkette zwischen »$(« und einem »)« wird als Kommando aufgefaßt. Bei einer Kommandoausführung wird die zusammengefaßte Zeichenkette ausgeführt und durch das Ergebnis ersetzt.

Anschließend wird das eigentliche Kommando ausgeführt. Schachtelung ist dabei erlaubt. In dem folgenden Beispiel wird zunächst die Pipe ausgeführt. Der geklammerte Ausdruck wird durch dieses Ergebnis ersetzt. Anschließend wird die Zuweisung ausgeführt:

```
TERM = $( grep $(stty) /etc/ttytype | cut -d" "-f1)
```
Beispiel

lautet mit dem alten Mechanismus

```
TERM = `grep $stty /etc/ttytype`
```

10.7 Ein- und Ausgabe

Das *print*-Kommando

Für die Ausgabe auf den Bildschirm wird in der Korn Shell das Kommando *print* genutzt. Normalerweise gibt *print* nach stdout aus und ersetzt das Kommando *echo* aus der Bourne Shell. Das Kommando *echo* ist in der Korn Shell als Alias auf *print* verfügbar. *print* hat folgende Syntax:

```
print -option argument
```

argument ist eine Zeichenkette, die ausgegeben wird, und *option* sind Optionen aus der folgenden Liste:

Option	Beschreibung
-	(Bindestrich) ignoriert alle nachfolgenden Optionen
-n	Kein Zeilenvorschub am Ende der Zeile
-r	Ignoriert die Escape Sequenzen (z. B. \ddd , \n ,...) des *echo*-Kommandos
-R	Wie -r, ignoriert außerdem alle Optionen außer -n

10.7 Ein- und Ausgabe

Option	Beschreibung
-p	Die Argumente werden nicht nach stdout, sondern in die durch I& erzeugte Pipe zu einem Co-Prozeß geschrieben
-s	Schreibt argument in die History Datei
-un	Schreibt Ausgabe in die Datei mit dem Descriptor n (standard 1)

Beispiele

```
print - "Dies ist ein Test "
```

Diese Zeile entspricht dem Kommando *echo* »*Dies ist ein Test*«.

```
print -s "cat neu > sammel"
```

print schreibt das Argument in die History-Datei, deren Name in der Variablen *HISTFILE* abgelegt ist. Auf das Kommando »cat neu > sammel« kann später über den History-Mechanismus zugegriffen werden.

```
print -u2 "fehlerhafte Eingabe"
```

schreibt eine Fehlermeldung auf den Bildschirm (stderr). Bei der Formatierung der Ausgabe kann die Funktion *typeset* helfen.

Das *read*-Kommando

Mit *read* werden Zeichen von der Tastatur gelesen. In der Korn Shell bietet das *read* einige Verbesserungen gegenüber der Bourne Shell.

Allgemeine Syntax:

```
read -option var1 ? prompt var2 var3 ...
```

Die Eingabe von der Tastatur wird durch ⏎ abgeschlossen. Die eingegebenen Zeichen werden wortweise an die Variablen *var1 var2* ... zugewiesen. Der letzten Variablen wird der Rest der Eingabezeile zugewiesen. Ist nur eine Variable angegeben, wird ihr die gesamte Eingabe übergeben. Der Trenner für die Worte wird über die Variable *IFS* festgelegt, standardmäßig das Blank.

prompt ist eine frei definierbare Zeichenkette, die (z. B. als Aufforderung zur Eingabe) auf den Bildschirm ausgegeben wird. Ohne die Parameter *option* und *prompt* entspricht dieses *read* dem entsprechenden Kommando der Bourne Shell.

Beispiel

```
$ read wahl?"Bitte Eingabe:"
Bitte Eingabe: suchen
$ echo $wahl
suchen
```

Wird *read* ohne Variable aufgerufen, werden die Werte in der Variablen *REPLY* abgelegt:

```
$ read
Eingabeprobe
$ echo $REPLY
Eingabeprobe
```

Als Optionen sind folgende Werte möglich:

Mit *-r* wird der *raw-mode* eingeschaltet. Damit wird das \-Zeichen am Zeilenende nicht als Maskierungszeichen interpretiert.

Beispiel

```
$ read bsp
neue \n Zeile
$ echo $bsp
neue
zeile
$ read -r bsp
neue \n Zeile
$ echo $bsp
neue \n zeile
```

Mit *-s* wird die Eingabe in die History-Datei geschrieben. Über den History-Mechanismus kann das eingegebene Kommando später ausgeführt werden.

read liest normalerweise Daten von *stdin*. Mit der Option *-un* liest *read* die Eingabe aus einer Datei mit Descriptor *n*.

10.8 Wichtige Kommandos

Das *typeset*-Kommando

Das Kommando *typeset* weist einer Variablen Werte und Attribute zu und ist vielseitig zur Aufbereitung von Variablen und deren Werten einsetzbar. Die Attribute beschreiben den Typ (integer, function), Zugriffsrechte (Read-Only) und Geltungsbereich (Export) sowie das Ausgabeformat.

Die allgemeine Form von *typeset* hat folgenden Aufbau:

```
$ typeset option name=wert
```

name ist dabei der Name einer Variablen, der ein Wert *wert* zugewiesen wird. Eine Zuweisung kann, muß aber nicht erfolgen. *option* steuert die Aktion von *typeset* und kann einen der in der folgenden Tabelle aufgeführten Werte annehmen.

Option	Beschreibung
-L n	Richtet die Zeichenkette links aus und entfernt führende Leerzeichen. *n* ist die Breite der Variablen.
-R n	Richtet eine Zeichenkette rechtsbündig aus und füllt mit führenden Blanks auf. *n* ist die Breite der Variablen. Ist n = 0, wird die Breite der Variablen bei der ersten Zuweisung festgelegt.
-Z n	Richtet die Zeichenkette rechtsbündig aus und füllt mit führenden Nullen auf, wenn das erste Zeichen des zugewiesenen Wertes eine Ziffer ist.

Option	Beschreibung
	Bei den Optionen L, R und Z wird die Länge des Feldes durch die erste Zuweisung oder durch die optionale Zahl n bestimmt.
-f	Die Variable var steht für einen Funktionsnamen. Zuweisungen sind nicht möglich. Mit -f können nur die Optionen t, u und x benutzt werden.
-i	Die Variable ist vom Typ Integer (☞ Arithmetik).
-l	Konvertiert Großbuchstaben in Kleinbuchstaben.
-p	Ausgabe dieses *typeset*-Aufrufs wird an einen Co-Prozeß (erzeugt mit |&) übergeben.
-r	Variable ist vom Typ readonly. Der Wert der Variablen kann nicht mehr verändert werden.
-t	Variable wird markiert.
-u	Konvertiert Kleinbuchstaben in Großbuchstaben.
-x	Variable wird ins Environment exportiert.

Das *set*-Kommando

Mit *set* können Optionen für die Shell gesetzt und gelöscht werden. Das *set*-Kommando der Korn Shell hat eine andere Wirkung als das der Bourne Shell!

set [option] [parameter]   *Syntax*

In der Anwendung unterscheiden wir drei Fälle:

➤ Ohne Optionen und Parameter liefert *set* die Namen und Werte aller gesetzten Variablen.

➤ Sind nur Parameter vorhanden, werden diese der Reihe nach den Positionsparametern 1 ... 9 zugewiesen. Damit können in einem Shell-Script die Positionsparameter neu belegt werden.

10.8 Wichtige Kommandos

➤ *set* kann Optionen mit *option* setzen und löschen. Mit einem – -Zeichen wird die Option gesetzt und mit einem + -Zeichen aufgehoben.

Im Gegensatz zur Bourne Shell können mehrere Optionen nicht zusammengefaßt, sondern müssen getrennt angegeben werden:

```
$ set -x -v -a
```

Falsch ist

```
$ set -xva
```

Die gesetzten Optionen sind in der Variablen – abgelegt. Die Optionen haben folgende Bedeutung:

-a   Veränderte und exportierte Variablen werden angezeigt.

-e   Die Shell führt eine *trap*-Fehlerroutine für das Signal ERR aus und beendet sich, wenn ein Kommando einen Exit-Status ungleich null hat (Kommando liefert einen Fehler).

-f   Verhindert die Auswertung von Metacharactern in Dateinamen.

-h   Jedes Kommando, das im Pfad gefunden wird, wird mit einem Command-Tracking-Alias versehen.

-k   Alle Schlüsselwortargumente werden für dieses Kommando als global definiert.

-m   Job-Mechanismus wird aktiviert.

-n   Kommandos werden nur gelesen, aber nicht ausgeführt.

-o   Wird mit einem der folgenden Argumente versehen:
    allexport wie Option a
    bgnice Hintergrundprozesse werden mit niedrigerer
        Priorität ausgeführt.
    errexit wie Option e
    emacs Line-Editor ist emacs

gmacs Line-Editor ist gmacs
ignoreeof Logout nur mit dem Kommando *exit*, nicht mit ⌜Strg⌝+⌜D⌝ möglich
keyword wie Option k
markdirs Bei Auswertung der Metazeichen bekommen die Namen von Directories ein / angehängt.
monitor wie Option m
noexec wie Option n
noglob wie Option f
nounset wie Option u
trackall wie Option h
verbose wie Option v
vi Line-Editor ist vi
viraw Jedes Zeichen wird interpretiert, als würde es im vi eingegeben.
xtrace wie Option x

-s Sortiert die Positionsparameter.

-t Shell beendet sich nach Lesen und Ausführen eines Kommandos.

-u Werden nicht initialisierte Variablen benutzt, wird dies als ein Fehler gewertet (ohne diese Option ist eine Variable mit der leeren Zeichenkette initialisiert).

-v Shell-Eingabezeilen werden so ausgegeben, wie sie gelesen werden.

-x Kommandos werden mit ihren Parametern angezeigt und anschließend ausgeführt. Diese Option ist wichtig bei der Fehlersuche in Shell-Scripten.

Das test-Kommando

Das Kommando *test* der Korn Shell ist gegenüber der Bourne Shell um einige Funktionen erweitert worden. Diese Operationen beziehen sich auf Dateien:

dat1 -nt dat2   wahr, wenn *dat1* neuer ist als *dat2*

dat1 -ot dat2   wahr, wenn *dat1* älter als *dat2* ist

dat1 -ef dat2   wahr, wenn *dat1* und *dat2* auf dieselbe Datei verweisen (*link*)

-L datei   wahr, wenn *datei* symbolischer Link ist (Link über Dateisystem hinaus)

10.9 Funktionen

Funktionen sind Shell-Scripte, die bei ihrer Ausführung keinen neuen Prozeß starten (☞ Kapitel 9 »Die Bourne Shell«). Damit sind Funktionen mit built-in-Kommandos einer Shell zu vergleichen. Die Definition einer Funktion hat die Form

```
function name
{
beliebige Kommandofolge
}
```

Eine Funktion wird über ihren Namen gestartet. Dabei können Parameter übergeben werden. Die Funktion wird in der aktuellen Shell ausgeführt und kann auf deren lokale und globale Variablen zugreifen.

Beispiel   In dem folgenden Beispiel soll das Kommando *cd* durch eine Funktion *cd* ersetzt werden, die den Directorywechsel durchführt und die Variable *PS1* auf den aktuellen Pfadnamen setzt. Zunächst muß die Funktion definiert werden.

```
function cd
{
cd $1
PS1="`pwd` "
echo $PS1
}
```

Anschließend kann die Funktion in der Shell genutzt werden. Soll die Funktion immer verfügbar sein, muß die Definition im *.profile*-Script erfolgen. Dann wird die Funktion bei jedem Login definiert.

10.10 Kontrollstrukturen

Die Kontrollstrukturen der Korn Shell entsprechen weitgehend denen, die in der Bourne Shell verfügbar sind. Es wird daher auf die Darstellungen im Kapitel Bourne Shell verwiesen. An dieser Stelle sind nur Unterschiede und Erweiterungen beschrieben.

Die select-Anweisung

Mit der *select*-Anweisung können sehr leicht Menü-Anwendungen realisiert werden. Allgemeine Syntax:

```
select var in wort1 wort2 wort3 ... wortn
do
kommandos
done
```

Die *select*-Anweisung arbeitet folgendermaßen:

➤ *select* schreibt die Zeichenketten *wort1* bis *wortn* untereinander auf die Standardfehlerausgabe. Jeder Zeichenkette wird bei der Ausgabe ihre relative Nummer in dieser Liste vorangestellt.

➤ Die Shell-Variable *PS3* wird als Prompt ausgegeben. Das Programm wartet nun auf eine Eingabe des Benutzers.

➤ Eine Zeile wird von Standardeingabe gelesen und in der Shell-Variablen *REPLY* gespeichert (s. *read*-Kommando).

➤ Der Wert der Variablen *REPLY* (die Eingabe) wird nun ausgewertet. Beginnt der Wert mit einer Ziffer 1...n, wird der Variablen *var* die entsprechende Zeichenkette *wort1* ... *wortn* zugewiesen. Beginnt die Eingabe mit einem anderen Zeichen, wird *var* auf Null gesetzt.

➤ Die Kommandos zwischen *do* und *done* werden ausgeführt. Die Eingabe kann dabei über die Variable *var* analysiert werden.

➤ Ist der Rumpf abgearbeitet, kann der Benutzer das Menü mit ⏎ erneut zur Anzeige bringen.

Beispiel Im folgenden Script kann durch die Eingabe einer Ziffer zwischen 1 und 4 eine von vier verschiedenen Aktionen gestartet werden. Bei Eingabe einer 3 wird die Zeichenkette *sortieren* in der Variablen *wahl* abgelegt. Der Rumpf besteht aus einer *case*-Anweisung, die diese Variable auswertet.

Die Datei *text* wird daher sortiert und auf dem Bildschirm angezeigt. Anschließend kann der Benutzer mit ⏎ das Auswahlmenü erneut anzeigen lassen. Bei der Eingabe eines falschen Zeichens wird die Fehlermeldung des Default-Zweiges ausgegeben.

```
$ cat menu
PS3="bitte auswahl treffen  "
select wahl in eingabe ausgabe sortieren ende
do
```

```
    case $wahl
    in
    eingabe)
        vi text ;;
    ausgabe)
        more text ;;
    sortieren)
        sort text ;;
    ende)
        exit 0 ;;
    *)
        echo "falsche Wahl";;
    esac
done
```

```
$menu
    1  eingabe
    2  ausgabe
    3  sortieren
    4  ende
bitte auswahl treffen  _
```

10.11 Schlüsselwörter

Folgende Namen sind in der Shell vorbelegt und dürfen nicht benutzt werden:

if, then, else, elif, fi, case, esac, for, select, while, until, do, done, {, }

10.12 Built-in-Kommandos

In der folgenden Auflistung sind die Build-in-Kommandos der Shell beschrieben. Werden sie ausgeführt, wird kein neuer Prozeß erzeugt.

alias   Bearbeitet Aliase.

bg   (bg = background, Hintergrund); setzt den Job mit der angegebenen Nummer in den Hintergrund.

cd   Wechselt das Working Directory. Die Funktionalität von *cd* ist in der Korn Shell erweitert worden:
Mit *cd –* kann das letzte Directory angesprungen werden.
Mit *cd alt neu* ersetzt im Pfadnamen des aktuellen Directory die Zeichenkette *alt* durch *neu*.

echo   *Echo* ist Alias auf das Kommando *print -*.

export   Setzt Variablen global.

fc   Mit *fc* können die gespeicherten Kommandos ediert werden.

fg   (fg=foreground, Vordergrund); holt den Job mit der angegebenen Nummer in den Vordergrund.

hash   *Hash* ist Alias auf *alias -t*.

history   Listet die gespeicherten Kommandos auf.

jobs   Liefert eine Liste der aktiven Jobs.

kill   Sendet ein Signal an einen Prozeß.

let   *let* führt Arithmetik mit Shell-Variablen aus. ☞ Kapitel 10.3, Abschnitt »Integer-Arithmetik«.

r   *redo*, wiederholt das letzte Kommando.

print   *print* ist das Ausgabe-Kommando der Korn Shell. Es ersetzt das Kommando *echo* aus der Bourne Shell.

read	Mit *read*, dem Eingabe-Kommando der Korn Shell, werden Zeichen von der Tastatur gelesen.
return	Mit *return* kann eine Funktion beendet werden.
set	Mit *set* können Optionen für die Shell gesetzt und gelöscht werden.
select	Kontrollstruktur zum Aufbau von Menüs.
test	Dient zur Auswertung von Ausdrücken.
time	*time* gibt die Gesamt-, Benutzer- und Systemzeit eines Kommandos aus. Bei diesem Kommando kann es sich auch um eine Kommandokette (durch Pipe verkettet) handeln. *time* erweitert das Kommando */bin/time*, das nur das erste Kommando einer Pipe bearbeitet.
trap	Ermöglicht die Behandlung von Signalen, die an einen Prozeß gesendet werden. In der Korn Shell ist das Signal *ERR* neu eingeführt. Es wird immer gesendet, wenn ein Kommando einen Return-Wert ungleich 0 liefert.
type	*type* ist ein Alias auf das Kommando *whence -v*. Es entspricht dem Bourne Shell-Kommando *type* (☞ Kapitel 9 »Die Bourne Shell«).
typeset	Das Kommando *typeset* weist einer Variablen Werte und Attribute zu.
ulimit	Bestimmt die maximale Größe einer Datei. Auf einigen Systemen kann die Größe des Datensegmentes und der maximalen Ausführungszeit gesondert festgelegt werden. Nur der Superuser kann die Grenzen nach oben verschieben (☞ auch */etc/master*).
unalias	Aliasnamen werden gelöscht.
unset	Löscht Variablen. Um eine Funktion zu löschen, muß die Option *f* benutzt werden.

whence *whence* liefert Informationen über den Typ des Kommandos *cmd*. Folgende Tabelle zeigt, welche Information *whence* liefert:

Typ	Information
Alias	Alias-Wert
Built-in-Kommando	Kommandoname
normales Kommando	absoluter Pfadname

Mit der Option *-v* wird ausführlichere Information ausgegeben.

10.13 Shell-Variablen

Die folgenden Variablen werden beim Login gesetzt oder sind wichtige Variablen für die Shell und andere UNIX-Kommandos.

_   (Unterstrich). Enthält das letzte Argument des letztes Kommandos.

CDPATH   Suchpfad für das *cd*-Kommando (Aufbau wie PATH).

COLUMNS   Länge einer Zeile auf dem Terminal. Wird von *select* und vom Editor-Modus ausgewertet. Wenn COLUMNS nicht gesetzt ist, werden 80 Spalten angenommen.

EDITOR   Bestimmt den Kommando-Editor. Wird ausgewertet, wenn die Variable *VISUAL* nicht gesetzt ist. Endet der Wert auf *vi* oder *emacs* (*gmacs*), wird der entsprechende Editor-Modus aktiviert.

ENV   Liefert den Namen einer Datei, die ausgeführt wird, wenn eine Korn Shell gestartet wird.

10 Die Korn Shell

FCEDIT
: Liefert Namen des Editors, der vom Kommando *fc* benutzt wird.

HISTFILE
: Wenn beim Start der Shell gesetzt, legt der Wert von *HISTFILE* eine Datei fest, in die der History-Mechanismus die Kommandos ablegt. Wenn nicht gesetzt, wird standardmäßig die Datei *.history* im Home-Directory benutzt.

HISTSIZE
: Legt die Anzahl der durch den History-Mechanismus gesicherten Kommandos fest.

HOME
: Gesetzt auf den Pfadnamen des Home Directoy.

IFS
: Diese Variable definiert ein zusätzliches Trennzeichen zwischen Parametern. Nur gültig für die Kommandos *read* und *set* sowie bei der Parameterersetzung und der Kommandoersetzung.

LINES
: Wenn die Variable gesetzt ist, wird sie für die Berechnung der Ausgaben des *select*-Kommandos genutzt.

MAIL
: Wird auf den Namen einer *mail*-Datei gesetzt. Die Shell informiert den Benutzer, wenn eine Nachricht (*mail*) in diese Datei abgelegt wurde.

MAILCHECK
: Spezifiziert, in welchem Abstand die Shell kontrollieren soll, ob eine *mail* (Nachricht) eingetroffen ist. Standard ist 600 Sekunden. Es werden die Dateien überprüft, die in *MAIL* oder *MAILPATH* angegeben werden.

MAILPATH
: Enthält Liste mit Dateinamen (durch »:« getrennt). Die Shell informiert den Benutzer, wenn eine Nachricht in einer der angegebenen Dateien eintrifft. Dem Dateinamen kann, durch »?« getrennt, ein Text folgen, der als Meldetext (Standard ist »you have mail in datei«) ausgegeben wird, wenn eine Nachricht in der Datei datei eingetroffen ist. Der Name dieser Datei ist in der Shell-Variablen _ abgelegt.

10.13 Shell-Variablen

OLDPWD	Vorheriges Working Directory.
PATH	Gesetzt auf die Directories, in denen die Shell nach Kommandos sucht. Die Directories werden in der angegebenen Reihenfolge durchsucht.
PPID	Enthält Prozeßnummer des Parent-Prozesses.
PWD	Enthält das aktuelle Directory.
PS1	Gesetzt auf den Prompt, den die Shell ausgibt, wenn sie ein Kommando entgegennehmen kann.
PS2	Ist auf einen zweiten Prompt gesetzt, der ausgegeben wird, wenn ein Kommando über mehrere Zeilen geht.
PS3	Liefert Prompt, der vom Kommando *select* benutzt wird.
PS4	Der Wert von PS4 wird vor jeder Zeile eines Scriptes ausgegeben, wenn der Trace-Mode eingeschaltet ist. Standardwert ist »+«.
RANDOM	Zufallszahl. Enthält eine Ganzzahl im Bereich 0 bis 32767. Wird verändert, wenn auf den Wert zugegriffen wird. Kann durch eine ganze Zahl initialisiert werden.
REPLY	Wird von den Kommandos *read* und *select* benutzt, wenn bei diesen Kommandos kein Argument angegeben wird.
SHACCT	Wichtig für das Abrechnungsprogramm. *SHACCT* gibt eine Datei an, in die beim Start eines Kommandos ein Eintrag gemacht wird.
SHELL	Enthält der Wert ein *R*, wird *rsh* aktiviert. Die Shell sucht beim Start nach dieser Variablen.
TERM	Gesetzt auf den benutzten Terminaltyp.

TMOUT   Ist der Wert größer 0, wird der *timeout*-Mechanismus aktiviert. Wartet die Shell $TMOUT Sekunden auf eine Eingabe, wird die Zeichenkette »shell time out in 60 seconds« ausgegeben, und wenn keine Eingabe erfolgt, führt die Shell nach diesen 60 Sekunden ein *exit* durch. Ist *TMOUT* auf = gesetzt oder nicht definiert, ist dieser Mechanismus nicht aktiviert.

VISUAL   Der Wert von *VISUAL* bestimmt den Editor-Modus für die Kommandozeile.

C-Shell

11	Die C-Shell	355
11.1	Login	355
11.2	Redirection	356
11.3	Hintergrundprozesse	358
11.4	History-Mechanismus	358
11.5	Alias-Mechanismus	365
11.6	Shell-Scripte	367
11.7	Variablen	368
11.8	Kontrollstrukturen	377
11.9	Schlüsselwörter	384
11.10	C-Shell-Variablen	384
11.11	Built-in-Kommandos	386

11 Die C-Shell

Auf den BSD-Systemen hat sich die C-Shell als Standard durchgesetzt. Diese Shell zeichnet sich durch eine Syntax aus, die sich sehr stark an die Programmiersprache »C« angelehnt. Ihr Vorteil gegenüber der Bourne Shell liegt in einigen nützlichen zusätzlichen Features (History-, Job- und Alias-Mechanismus). Die C-Shell ist aber nicht nur auf BSD-Systemen verfügbar, sondern auf den meisten UNIX-Systemen implementiert und kann vom Anwender alternativ genutzt werden.

11.1 Login

Ist die C-Shell die Login Shell (vergl. */etc/passwd*), werden beim Login nacheinander die Dateien

- */etc/cprofile*
- *~/.cshrc*
- *~/.login*

gelesen und die dort abgelegten Kommandos ausgeführt. Die Datei */etc/cprofile* entspricht */etc/profile* und *.login* entspricht *.profile* in der Bourne Shell. *.cshrc* hat kein Gegenstück in der Bourne Shell. Die Files *.login* und *.cshrc* liegen im Homedirectory des Benutzers. Beim Login wird *.login* genau einmal gelesen und ausgeführt. Dagegen wird die Datei *.cshrc* jedesmal beim Start einer neuen C-Shell (also auch beim Start eines Shell-Scripts) ausgeführt. Die Tilde (~) entspricht dem Home-Directory.

Ist der Login-Vorgang beendet, meldet sich die C-Shell mit einem Prompt, der standardmäßig ein % ist. Wird die Sitzung beendet und führt der Benutzer ein Logout durch, liest die Shell die Datei *.logout* im Homedirectory des Benutzers und führt die dort abgelegten

Kommandos aus. Der Benutzer meldet sich mit dem Kommando *exit* vom System ab. Dieses Kommando wird mit

% exit

oder

% Strg + D

gestartet. Die Benutzung der Strg-Sequenz kann mit der Variablen *ignoreof* unterbunden werden.

11.2 Redirection

Die C-Shell erlaubt wie die Bourne Shell auch die Redirection der Datenströme auf den Standardkanälen. Der Mechanismus funktioniert wie im Kapitel über die Basiskonzepte beschrieben. An dieser Stelle sollen die Möglichkeiten der Redirection aufgelistet und Unterschiede zur Bourne Shell beschrieben werden. Näheres zur Ein-/Ausgabe lesen Sie bitte im Kapitel »Basiskonzepte« nach.

< dat   Die Datei *dat* wird als Standard-Input genommen. Dabei kann die Zeichenkette *dat* Metacharacter enthalten, die substituiert werden.

<< string   Die Shell liest die Eingabe bis zu einer Zeile, die nur die Zeichenkette *string* enthält. In *string* werden keine Substitutionen durchgeführt.

> dat
> !dat   Die Datei *dat* wird als Standardausgabe benutzt. Ist die Datei vorhanden, wird ihr alter Inhalt gelöscht und neu beschrieben. Existiert die Datei nicht, wird sie angelegt. Ist die Variable *noclobber* gesetzt, darf die Datei nicht existieren (Schutz vor Überschreiben) und keine Gerätedatei sein (kein Special File). Durch

	ein angefügtes ! wird die Wirkung der Variablen *noclobber* unterdrückt.
>> dat >>! dat	*dat* ist ein Dateiname, und die Standardausgabe wird an das Ende der Datei gehängt. Ist die Variable *noclobber* gesetzt, muß die Zieldatei existieren. Die Wirkung der Variablen *noclobber* wird mit ! unterdrückt. Die Variable *noclobber* gibt es in der Bourne Shell nicht.
>& dat >&! dat	Die Fehlerausgabe wird zusammen mit der Standardausgabe in die Datei *dat* umgelenkt. >&! unterdrückt die Wirkung der Variablen *noclobber*. Eine Ansteuerung der Fehlerausgabe über den Dateidescriptor 2 ist bei der C-Shell nicht möglich.
>>& dat >>&! dat	Die Fehlerausgabe und Standardausgabe werden an das Ende der Datei *dat* gehängt.
Ergänzung	Die Fehlermeldungen eines Kommandos können über eine Pipe weiterverarbeitet werden. Dazu wird die Anweisung |& benutzt.

```
% sort liste > sicherung
% cc liste > & fehler
```

Die Standardfehlerausgabe wird in die Datei *fehler* umgelenkt. Fehlermeldungen und »normale« Meldungen des Systems auf den Bildschirm können dabei nicht getrennt werden. Mit >& werden *stderr* und *stdout* in dieselbe Datei umgelenkt.

```
% ls
dat1 inhalt prog.c a.out
% set noclobber
% ls > inhalt
file exist
```

Damit *stdout* und *stderr* getrennt verarbeitet werden können, muß ein Trick angewendet werden. Zunächst wird *stdout* in eine Datei umgelenkt. Dieses Kommando wird geklammert und so in einer gesonderten Shell ausgeführt. *stderr* dieser Subshell wird dann umgelenkt:

```
% (find / -print > liste) >& fehlerliste
```

Das Ergebnis von *find* wird in die Datei *liste* umgelenkt, mögliche Fehler in die Datei *fehlerliste*.

11.3 Hintergrundprozesse

Wird ein Prozeß gestartet und in den Hintergrund gesetzt, liefert die C-Shell eine Request Nummer.

```
% nroff -mm text > vorlage &
[1] 546
```

Diese Request Nummer besteht aus der Jobnummer (1) und der Prozeßidentifikation PID (546). Die C-Shell stellt ein umfangreiches System zur Verwaltung von Hintergrundprozessen bereit.

11.4 History-Mechanismus

Dieser Mechanismus ist eine wesentliche und sehr benutzerfreundliche Erweiterung der C-Shell gegenüber der Bourne Shell. Hat der Benutzer bei der Kommandoeingabe einen Fehler gemacht oder will er ein Kommando erneut starten, kann er sich mit dem History-Mechanismus viel Arbeit sparen, da er auf früher gestartete Kommandos mit einer Kurzschreibweise zugreifen kann.

Der History-Mechanismus legt die vom Benutzer gestarteten Kommandos in einer Liste, der History-Liste, ab. Auf die Kommandos dieser Liste kann nun zugegriffen und die Kommandos erneut zur Ausführung gebracht werden.

Jedes Kommando erhält beim Start intern eine Nummer, Event Number (Ereignisnummer) genannt. Diese Nummer identifiziert die gestartete Kommandozeile eindeutig. Eine ausgeführte Kommandozeile heißt im folgenden auch Event. Auf diese intern vergebene Event Number bezieht sich der History-Mechanismus. Diese Nummer kann als Teil des Prompts ausgegeben werden (Variable *prompt* muß entsprechend gesetzt werden).

History aktivieren

Damit der History-Mechanismus genutzt werden kann, muß die Variable *history* gesetzt werden. Ihr wird eine Zahl zugewiesen, die die Anzahl der in der History-Liste gespeicherten Kommandos angibt.

```
% set history = 30
```

Die Variable *history* wird auf den Wert 30 gesetzt. Damit werden maximal 30 Kommandos (gezählt vom Zeitpunkt der Setzung) in der History-Liste abgelegt.

Die Variable *history* legt die Anzahl der Kommandozeilen in dieser Liste fest. Mit dem Kommando *history* kann man die gespeicherten Kommandozeilen auflisten. Dabei wird jedem Kommando die Event Number vorangestellt.

```
% history
1 vi nachricht
2 mail bube < nachricht
3 lp liste
4 ls
5 history
```
Beispiel

Kommandos wiederholen

Auf die Kommandos in der History-Liste kann mit einer Kurzschreibweise zugegriffen werden (nur auf diese). Die Auswahl des Events geschieht entweder über die Event Number oder über Teile des Kommandonamens.

Eingeleitet durch ein Ausrufezeichen ! können ganze Kommandozeilen oder Teile davon in die aktuelle Kommandozeile übernommen, manipuliert und dann erneut gestartet werden. Die Möglichkeiten sollen in den folgenden Abschnitten besprochen werden.

Eine Kommandozeile kann als Ganzes angesprochen werden. Dem Ausrufezeichen ! kann zur Auswahl des Events die *Event Number*, eine Zeichenkette oder ein ! folgen.

1. Folgt dem ! eine Event Number, wird das Kommando mit der angegebenen Event Number erneut gestartet.

    % !3

    wiederholt das Kommando Nr. 3

    Der Befehl Nr. 3 muß dabei noch in der History-Liste enthalten sein. Ist die aktuelle Ereignisnummer 38 und die Größe der History-Liste auf 30 gesetzt, dann findet die C-Shell den Befehl Nr. 3 nicht mehr, da er bereits aus der Liste entfernt wurde.

2. Folgt dem ! eine Zeichenkette, wird das letzte Kommando, das mit der Zeichenkette *string* beginnt, aktiviert.

Allgemein	*!string*
Beispiel	%!w

    wiederholt das letzte Kommando, das mit einem *w* beginnt

    Ist die Zeichenkette durch Fragezeichen umfaßt, wird das letzte Kommando der History-Liste, das die Zeichenkettte *string* enthält, aktiviert.

!?string?   Allgemein

% !?p?   Beispiel

wiederholt das letzte Kommando, das ein *p* enthält.

3. Mit einem angefügten Ausrufezeichen wird das letzte Kommando wiederholt:

% !!

wiederholt das letzte Kommando der History-Liste.

Kommandos modifizieren

Die spezifizierten Kommandos werden als Ganzes angesprochen. Sollen von einem Event nur einzelne Elemente im aktuellen Kommando benutzt werden, müssen diese Elemente genau angegeben werden. Diese weitere Spezifikation wird hinter die Auswahl des Events gesetzt und mit einem Doppelpunkt »:« eingeleitet. Allgemeiner Aufbau:

!event:spez

Für *spez* bestehen folgende Möglichkeiten der Auswahl (*n* und *m* sind ganze Zahlen):

Wert	Bedeutung
n	n-tes Argument wird angesprochen
~	Erstes Argument
$	Letztes Argument
m-n	Die Argumente m bis n
-m	Argumente 0 bis m
*	Alle Argumente
m-*	Vom m-ten bis zum letzten Argument

11.4 History-Mechanismus

Bereits ausgeführte Kommandozeilen können mit diesem History-Mechanismus auch korrigiert und modifiziert werden. Hinter der Auswahl des Events und der (optionalen) Wortspezifikation kann eine Liste von Modifikatoren angegeben werden. Jeder Modifikator wird dabei durch einen »:« eingeleitet.

Allgemeiner Aufbau

`!event:spez:modi`

Folgende Werte für die Modifikatoren *modi* sind möglich:

Wert	Bedeutung
e	Liefert den Suffix eines Dateinamens
g	Änderung global durchführen, steht vor den Modifikatoren e, h, r, s, t
h	Liefert erste Komponente des Pfadnamens
p	Zeigt das adressierte Kommando an, führt es aber nicht aus
q	Maskiert das ersetzte Wort
r	Liefert den Basisnamen, löscht Suffix der Form .xxx
s/old/new/	Ersetzt *old* durch *new*
t	Löscht alle führenden Komponenten des Pfadnamens
x	Wie q, zerlegt das Argument jedoch in Worte. Trenner sind dabei ⬚, ⇥ oder ↵.
&	Wiederholung der letzten Ersetzung

Beispiele

Die Event Number eines Befehls kann als Teil des Prompts angezeigt werden. Dazu muß die Variable *prompt* neu gesetzt werden.

`% set prompt = '! % '`

Im folgenden besteht der Prompt aus der Event Number, einem Blank (Leerzeichen) und dem %-Zeichen und einem weiteren Blank.

```
5 % history
1 vi nachricht
2 mail bube < nachricht
3 lp liste
4 ls
5 history
6 % ls -l liste
-rw-rw-r-- 2  blau   kurs   12444 Apr 13 liste
```

Mit dem Kommando !! kann das letzte Kommando noch einmal aufgerufen werden:

```
7 % !!
ls -l liste
-rw-rw-r-- 2  blau   kurs   12444 Apr 13 liste
```

Um den Druckauftrag nochmals zu starten, wird das Kommando mit der Nummer 3 nochmals wiederholt.

```
8 % !3
lp liste
```

Wollen wir das Kommando *mail* nochmals ausführen, können wir formulieren: »führe das letzte mit m beginnende Kommando aus«.

```
9 % !m
mail bube < nachricht
```

Wird eine Zeichenkette in Fragezeichen eingeschlossen, wiederholt die C-Shell den letzten Befehl, der diese Zeichenkette enthält. Hier wird der letzte Befehl wiederholt, der die Zeichenkette lis an beliebiger Stelle in der Kommandozeile enthält.

```
10 % !?lis?
ls -l liste
```

Im folgenden Kommando soll die Datei *nachricht* ausgedruckt werden.

11.4 History-Mechanismus

```
11 % lo nachricht
command not found
```

Anstelle von *lp* wurde aber *lo* geschrieben. Das Kommando ist unbekannt, daher die Fehlermeldung. Die Zeichenkette *lo* muß durch *lp* ersetzt werden.

```
12 % !!:s/lo/lp/
lp nachricht
```

!! bezieht sich auf das letzte Kommando. In diesem Kommando wird das erste Auftreten von *lo* durch *lp* ersetzt. *s* steht für substitute (ersetzen). Es ist darauf zu achten, daß die zu ersetzende Zeichenkette eindeutig angegeben wird.

```
3 % !9:s/nachricht/liste/
mail bube < liste
```

Das Kommando mit der Event Number 9 soll nochmals ausgeführt werden, diesmal aber mit der Datei *liste*.

Weitere Anwendungen

Die Modifikatoren können nicht nur im Zusammenhang mit dem History-Mechanismus benutzt werden, sondern allgemein zur Bearbeitung von Namen.

Aufruf	Ergebnis
echo $ZIEL	/user/bube/projekt.c
echo $ZIEL:e	.c
echo $ZIEL:h	/user/bube
echo $ZIEL:r	projekt
echo $ZIEL:t	projekt.c

11.5 Alias-Mechanismus

Mit dem Alias-Mechanismus können Abkürzungen für lange und komplexe Kommandos definiert werden. Die allgemeine Form des Alias-Kommandos lautet:

```
% alias kommando_neu kommando_alt
```

Mit dieser Kommandozeile wird ein Eintrag in einer internen Tabelle (Alias-Tabelle) erzeugt. Die Zeichenkette *kommando_neu* ist nun ein Pseudonym (Alias) für den Befehl *kommando_alt*. *kommando_alt* kann aus einem Kommandonamen, Optionen und Argumenten bestehen und Metazeichen enthalten.

Wird ein Kommando aufgerufen, sucht die C-Shell den Kommandonamen zunächst in der Alias-Tabelle. Wird der Kommandoname dort gefunden, wird er durch den zugehörigen Eintrag ersetzt und dieses Kommando dann gestartet. Wird kein Eintrag gefunden, wird in den Verzeichnissen der Variable *path* gesucht.

Ein bestehender Alias wird nur ersetzt, wenn er als Kommandoname verwendet wird. Als Argument in einer Kommandozeile wird er nicht ersetzt. Wenn für ein Kommando ein Alias definiert wurde, kann dieses aber immer noch unter seinem eigentlichen Namen aufgerufen werden.

Es ist sinnvoll, für einige oft angewendete, komplexe und lange Kommandozeilen einen Alias einzuführen:

Beispiel 1

```
% alias h history

% h
1 vi nachricht
2 mail bube < nachricht
3 lp liste
4 ls
5 history
```

11.5 Alias-Mechanismus

Das Kommando *history* ist nun über den Namen *h* ausführbar.

Beispiel 2 — Ein sehr gefährliches Kommando ist *rm*, da es Dateien ohne Rückfrage löscht. Die Option *-i* schaltet bei diesem Kommando einen Rückfragemodus ein. Es ist daher sinnvoll, einen Alias zu definieren, der das Kommando *rm* entschärft. Soll das Kommando direkt aufgerufen werden, muß der absolute oder relative Pfadname angegeben werden. Mit

```
% alias rm rm -i
```

wird *rm* als Alias für *rm -i* gesetzt. Soll nun eine Datei gelöscht werden, wird das Kommando *rm* gestartet. Die C-Shell ersetzt dabei *rm* durch *rm -i* und das Kommando fordert vor jeder Löschung eine Bestätigung.

```
% rm inhalt
inhalt?: _
```

Die Datei *inhalt* soll gelöscht werden. Das Kommando *rm* gibt den Dateinamen aus und erwartet hinter »:« die Eingabe von »y« für löschen oder »n« für bestehen lassen.

Wird das Kommando *alias* ohne Parameter aufgerufen, gibt das System eine Liste der aktuellen Ersetzungen aus.

```
% alias
h history
rm rm -i
```

Mit *unalias* kann eine Ersetzung aufgehoben werden.

```
% unalias rm
% alias
h history
```

Beispiel 3 — Ein Alias kann parametriert werden. In Analogie zu Scripten werden diese Parameter über die Positionsparameter 1, 2, 3 ... verarbeitet.

Häufig wird nach einer Datei gesucht, deren Name, aber nicht deren Ablageort bekannt ist. Bei der Suche hilft das Kommando *find*. Mit der folgenden Kommandozeile wird unterhalb des Directories */usr* nach einer Datei mit dem Namen *lpadmin* gesucht.

```
% find /usr -name lpadmin -print
/usr/lib/lpadmin
```

Für diese Kommandozeile wird nun ein Alias definiert. Der Dateiname ($1) und das Directory ($2) sollen dabei frei wählbar bleiben:

```
% alias suche find $1 -name $2 -print
```

Beim Aufruf über den Alias *suche* werden zwei Parameter angegeben:

```
% suche /usr lpadmin
/usr/lib/lpadmin
```

11.6 Shell-Scripte

Ein C-Shell-Script besteht aus einer Abfolge von Kommandos. Von der Kommandoebene der C-Shell können Scripte mit der Syntax der Bourne-Shell und C-Shell ausgeführt werden. Enthält ein Script als erstes Zeichen ein #, wird es von der aktuellen C-Shell ausgeführt. Ist das #-Zeichen nicht vorhanden, wird das Script von einer Bourne Shell (*sh*) interpretiert.

Die *csh* unterstützt die Fehlersuche in Scripten durch eine Reihe von Variablen, die im Script gesetzt oder beim Start angegeben werden können. Mit der Variablen *verbose* wird die Kommandozeile nach der History-Ersetzung und vor der Ausführung angezeigt. Diese Variable kann auch über die Option -*v* gesetzt werden. Mit -V wird der Verbose-Mode bereits vor der Ausführung von *.cshrc* eingeschaltet.

Der *parse-Mode* wird mit der Option *-n* eingeschaltet. Es werden alle Ersetzungen durchgeführt, das Kommando jedoch nicht ausgeführt. Im *echo-Mode* werden die Kommandos nach allen Ersetzungen angezeigt und anschließend ausgeführt. Dieser Mode wird mit der Variablen *echo* oder der Option *-x* eingeschaltet.

11.7 Variablen

In der C-Shell können Variablen definiert werden, deren Inhalt als Zeichenkette behandelt wird (String-Variablen). Bestehen diese Zeichenketten nur aus Ziffern, kann mit ihnen Arithmetik durchgeführt werden.

Um eine Variable zu definieren und ihr Werte zuzuweisen, gibt es folgende Kommandos:

set *set* definiert lokale Shell-Variablen.

setenv Mit *setenv* werden Environment-Variablen (globale Variablen) definiert.

@ Definiert die Variablen numerisch und führt arithmetische Operationen durch. Bevor das Kommando @ auf Variablen angewendet werden kann, müssen sie mit *set* oder *setenv* definiert werden. @ ersetzt das Kommando *expr*, mit dem in der Bourne Shell Berechnungen durchgeführt werden.

Lokale Variablen

Mit dem Kommando *set* wird eine Variable *var* definiert und mit der Zeichenkette *wert* belegt:

```
set var = wert
```

Dabei kann das Gleichheitszeichen von Blanks umgeben sein. Die mit *set* definierten Variablen sind lokal in der Shell. Auf den Inhalt einer Variablen kann mit dem Inhaltsoperator *$* zugegriffen werden.

Beispiele

```
% set benutzer = otto
% set geraet = terminal
% echo "Der User $benutzer arbeitet am $geraet"
Der User otto arbeitet am terminal
```

Der Variablen *benutzer* wird die Zeichenkette *otto* zugewiesen. Mit *set* lassen sich die gesetzten lokalen Variablen anzeigen:

```
% set
```

Der Prompt soll so umdefiniert werden, daß die Event Number immer angezeigt wird.

```
% set prompt = '! % '
% pwd
/home/test
%
```

Die C-Shell zählt intern die Events. Nach der Umsetzung des Prompts wird die aktuelle Nummer angezeigt (hier 10).

Gültigskeitsbereich der Variablen

Die mit *set* definierten Variablen sind lokal in der Shell, liegen also nicht im Environment des Prozesses. Daher können sie nicht an Programme übergeben und von diesen ausgewertet werden. Die dazu benötigten Environment-Variablen (globale Variablen) müssen mit dem *setenv*-Kommando definiert werden:

```
setenv variable wert
```

Der Variablen *var* wird der Wert *wert* zugewiesen. Dabei wird für die Zuweisung kein Gleichheitszeichen benutzt.

11.7 Variablen

Beispiel
```
% setenv TERM vt100
% env TERM
vt100
```

Hier wird die Variable *TERM* auf den Wert vt100 gesetzt. *TERM* ist durch diese Definition eine globale Variable. Der Wert läßt sich mit dem Kommando *env* anzeigen.

Einen Überblick über die gesetzten globalen Variablen erhält man mit *env*. Im folgenden Beispiel wird eine Standardbelegung gezeigt. Die Werte können auf Ihrem System anders sein.

```
% env
HOME=/usr/bube
PATH=.:/bin:/usr/bin:/usr/local/bin
LOGNAME=bube
SHELL=/usr/local/bin/csh
MAIL=/usr/mail/bube
TERM=vt100
TZ=MEZO
```

Eine globale Variable kann mit dem Kommando *unsetenv* gelöscht werden. Die C-Shell erlaubt es nicht, lokale Variablen in das Environment zu übernehmen, wie dies in der Bourne Shell mit dem Kommando *export* möglich ist. Hier müssen lokale Variablen mittels *set* und globale Variablen mittels *setenv* definiert und mit Werten belegt werden.

Die wichtigen und oft benutzten Environment-Variablen *USER*, *TERM*, *PATH* und *CDPATH* werden automatisch mit den Werten der lokalen Variablen *user*, *term*, *path* und *cdpath* initialisiert.

Numerische Variablen

Die C-Shell ermöglicht Arithmetik mit ganzen Zahlen. Mit dem Operator @ läßt sich eine Variable als numerische Variable interpretieren. Ihr kann das Ergebnis arithmetischer, relationaler oder logischer Operationen zugewiesen werden.

`var op ausdruck` Allgemeine Form

var ist der Name einer Variablen, der ein Wert zugewiesen wird. *op* ist einer der Zuweisungsoperatoren, wie sie auch in der Sprache C existieren:

`=, +=, -=, *=, /=`

= ist der normale Zuweisungsoperator. Die anderen Operatoren führen zunächst eine arithmetische Operation und dann eine Zuweisung aus.

Der Wert der Variablen *zaehler* soll um 2 erhöht werden. Folgende Zuweisungen sind gleichbedeutend: Beispiel

```
% @ zaehler = $zaehler + 2
% @ zaehler += 2
```

ausdruck ist ein arithmetischer Ausdruck, der aus Konstanten, Variablen und Operatoren bestehen kann. Die Operatoren arbeiten mit arithmetischen Ausdrücken (Ausnahme != und ==). Das Ergebnis einer Operation ist eine ganze Zahl. Die Elemente eines Ausdrucks müssen durch Blanks getrennt werden.

Der Vorrang der Operatoren nimmt in der folgenden Liste von oben nach unten und innerhalb einer Zeile von links nach rechts ab. C-Programmierer werden erkennen, daß die Operatoren denen aus »C« entsprechen:

Operator	Bedeutung
( )	Explizite Vorrangänderung
+ -	Vorzeichen
~	Einer Komplement
!	Logische Negation

Operator	Bedeutung
*, /, %	Multiplikation, Division, Modulo
<<, >>	Shift nach links, shift nach rechts
==, !=	Zeichenketten vergleichen (gleich, ungleich)
=~, !~	Zeichenketten vergleichen (gleich, ungleich)
<, <=	Relationale Operatoren kleiner und kleiner gleich
>, >=	Relationale Operatoren größer und größer gleich
&	Bitweise und
|	Bitweise oder
	Bitweise exklusiv oder
&&	Logisches und
||	Logisches oder
=~, !~	vergleichen Zeichenketten, wobei auf der rechten Seite die Metazeichen *, ?, und [...] stehen können

Mit weiteren Operatoren kann der Status einer Datei überprüft werden. Die Syntax lautet:

`-op name`

wobei *name* ein Dateiname und *op* ein Operator aus der folgenden Liste ist:

Operator	Bedeutung
r	Lesezugriff
w	Schreibzugriff
x	ausführbare Datei
e	Datei existiert
o	Benutzer ist owner der Datei
z	Existiert und hat Länge 0
f	Ist eine normale Datei
d	Ist ein Directory

Diese vielfältigen Operatoren bilden eine Alternative zum *test*-Kommando. Ausdrücke mit diesen Operatoren können z. B. zusammen mit den Kommandos @ und *exit* oder als Bedingung in einer Kontrollstruktur (*if, switch, while*) benutzt werden.

Der Variablen *zahl* wird der Wert (die Zahl) 5 zugewiesen: Beispiele

```
% @ zahl = 5
% echo $zahl
5
% @ zahl = $zahl + 6
% echo $zahl
11
```

Der Wert der Variablen *zahl* wird um 6 erhöht. Gleichbedeutend damit ist die folgende Formulierung:

```
% @ zahl += 6
```

Arrays

Neben der Möglichkeit, einzelne Variablen zu definieren, können in der C-Shell mehrere Variablen zu einer Kette, Array genannt, zusammengefaßt werden.

Bei der Initialisierung wird die Anzahl der Elemente des Arrays festgelegt. Zur Zuweisung werden die runden Klammern benutzt. Die Klammern enthalten die Werte (durch ein Leerzeichen getrennt), die den einzelnen Elementen des Arrays zugewiesen werden.

```
set orte = (konstanz frankfurt hannover)
```
Beispiele

Die Variable *orte* ist ein Array der Länge 3 (3 Felder). Bis zu einer erneuten Initialisierung ist die Länge damit festgelegt. Auf die einzelnen Elemente kann mit eckigen Klammern und einer Indexnummer zugegriffen werden.

```
% echo $orte[1]
konstanz
```

Der Name des Arrays liefert alle Elemente.

```
% echo $orte
konstanz frankfurt hannover
```

Einzelne Elemente können mit neuen Werten belegt werden.

```
% set orte[3] = koeln
```

```
% echo $orte
konstanz frankfurt koeln
```

```
% set orte[4] = hamburg
out of range
```

Das letzte Kommando liefert eine Fehlermeldung, denn das Array besteht nur aus drei Elementen.

Parameter aus der Kommandozeile

Shell-Scripte können Optionen und Argumente aus der Kommandozeile verarbeiten. Beim Aufruf eines Shell-Scripts werden spezielle Variablen automatisch mit Werten belegt. Die C-Shell legt die übergebenen Werte in einem Array ab. Dieses Array hat den Namen *argv*. Jedes Wort der Kommandozeile wird in einem Element von *argv* abgelegt:

```
% kommando par1 par2 par3
```

Argument	Beschreibung
argv[0]	enthält den Kommandonamen
argv[1]	enthält den ersten Parameter

Argument	Beschreibung
argv[2]	enthält den zweiten Parameter
...,	
argv[9]	enthält den neunten Parameter

Als Abkürzung kann die Notation der Bourne Shell benutzt werden. 0, 1... 9 heißen Positionsparameter, und $0 steht für $argv[0], $1 für $argv[1], ... *argv* ist ein Array. Daher gilt:

Ausdruck	Bedeutung
$argv[#]	liefert die Anzahl der übergebenen Positionsparameter (kurz $#)
$argv[*]	liefert alle übergebenen Positionsparameter (kurz $*)
?	Return-Wert des letzten Kommandos
$	Prozeßnummer der Shell
!	Prozeßnummer des zuletzt gestarteten Hintergrundprozesses

Beispiel

```
$ cat argument
echo es wurden $#argv Argumente übergeben
echo Argumente: $argv[*]
echo Als erstes Argument wurde $argv[1]
übergeben
echo Die PID ist $$
$ argument eins zwei drei
es wurden die Argumente eins zwei drei übergeben
eins zwei drei
Als erstes Argument wurde eins übergeben
Die PID ist 354
```

In diesem Beispiel wurde das Kommando *argument* mit der Prozeßnummer 354 ausgeführt.

Ersetzungsmechanismen

Es folgt eine Zusammenfassung der Möglichkeiten, in der C-Shell Variablen und Dateinamen zu ersetzen. Zur Dateinamenersetzung dienen die normalen Sonderzeichen *, ? und [ ] sowie die Tilde ~. Die Sonderbedeutung von *, ? und [ ] kann über die Variable *notify* aufgehoben werden.

~ Für das Homedirectory eines Benutzers verwaltet die C-Shell eine spezielle Abkürzung, die Tilde. Möchte der Benutzer von einer beliebigen Stelle des Dateisystems ein Inhaltsverzeichnis seines Homedirectory erstellen, lautet das Kommando

```
% ls ~
```

In der folgenden Auflistung ist das $-Zeichen der Inhaltsoperator. Die geschweiften Klammern sind immer dann notwendig, wenn der Variablenname von Buchstaben oder Ziffern umgeben ist.

${var} Im einfachsten Fall kann auf den Wert einer Variablen mit dem Inhaltsoperator $ zugegriffen werden. Für den Namen der Variablen wird ihr Wert eingesetzt. Die geschweiften Klammern sind nur notwendig, wenn dem Namen *var* direkt ein Buchstabe, eine Zahl oder ein Unterstrich folgt. Dies ist notwendig, wenn an den Wert einer Variablen eine Zeichenkette angehängt werden soll.

```
% set spitz = otto
% echo " $spitz ist die Kurzform von ${spitz}kar
otto ist die Kurzform von ottokar
```

${#name} Liefert die Anzahl Worte in der Variablen *name*.

${?name}   ersetzt den Ausdruck durch die 1, wenn die Variable *name* gesetzt ist (sonst durch 0). Mit diesem Mechanismus kann die Existenz einer Variablen festgestellt werden.

Für die Arbeit mit Arrays sind folgende Ersetzungen sinnvoll

${feld[n]}   Es wird auf das n-te Element des Arrays *feld* zugegriffen.

${feld[m-n]}   Es wird auf die Elemente *m* bis *n* des Arrays *feld* zugegriffen.

${feld[*]}   Es werden alle Elemente des Arrays *feld* ersetzt.

${#feld}   Gibt die Anzahl der Elemente im Array *feld* an.

11.8 Kontrollstrukturen

Damit ein Shell-Script nicht nur eine sequentielle Abarbeitung von Kommandofolgen erlaubt, unterstützt die C-Shell Kontrollstrukturen ähnlicher Art wie die Bourne Shell. Syntaktisch unterscheiden sich die Kontrollstrukturen allerdings erheblich.

Verzweigungen werden mit dem *if-* und dem *switch*-Statement erstellt. Zur Schleifenbildung stehen *foreach*, *while* und *repeat* zur Verfügung. Weitere Strukturierungsmöglichkeiten bieten das *line*-Kommando (interaktive Eingabe), die Klammern »(« »)« zur Kommandogruppierung und der Alias-Mechanismus. Kommentarzeilen werden in einem Shell-Script mit einem # eingeleitet.

Das Kommando *line*

Häufig ist es notwendig, daß der Benutzer von der Tastatur Werte eingeben und dadurch interaktiv den weiteren Ablauf des Shell-

11.8 Kontrollstrukturen

Scripts beeinflussen kann. Dazu dient in der C-Shell das Kommando *line*. Läuft ein Programm auf eine *line*-Anweisung, wird die Abarbeitung des Scripts gestoppt und eine Eingabe von der Tastatur verlangt. Der Return-Wert des *line*-Kommandos ist die eingegebene Textzeile. Diese kann z. B. einer Variablen zugewiesen werden.

Syntax `line`

Von der Konsole (Standardeingabe) wird eine Zeile gelesen, deren Ende durch ⏎ bestimmt wird.

Programm-
fragment
```
echo -n "welche Datei soll durchsucht werden ?"
ZIEL = 'line'
grep "UNIX" $ZIEL > treffer
ANZAHL=`wc -l treffer`
echo "UNIX wurde in $ANZAHL Zeilen gefunden"
```

In diesem Programmausschnitt wird der Benutzer gefragt, welche Datei durchsucht werden soll. Den eingegebenen Namen liest *line* von der Tastatur, und durch Kommandosubstitution (' ') wird er der Variablen *ZIEL* zugewiesen. *grep* sucht in der angegebenen Datei nach der Zeichenkette *UNIX* und legt alle Zeilen mit dieser Zeichenkette in der Datei *treffer* ab. Die Anzahl der Zeilen wird bestimmt, in der Variablen *ANZAHL* abgelegt und anschließend ausgegeben.

if-Anweisung

Die allgemeine
Form
```
if (ausdruck) then
     kommandos
else if (ausdruck) then
     kommandos
else
     kommandos
endif
```

Eine *if*-Anweisung beginnt immer mit einem *if* und endet bei einem *endif*. Dazwischen liegen optional ein oder mehrere *else-if*-Zweige und ein *else*- Zweig.

```
if ( -d liste ) then
ls liste
else if ( -f liste ) then
more liste
else
echo "Datei ist weder Directory noch normale Datei"
endif
```
Beispiel

Kurzbeschreibung der Befehlssequenz:

➤ Prüfe, ob *liste* ein Directory ist.
➤ Wenn ja, dann erzeuge ein Inhaltsverzeichnis.
➤ Sonst prüfe, ob *liste* eine normale Datei ist.
➤ Wenn ja, zeige Inhalt an.
➤ Sonst gib Fehlermeldung aus.

switch-Anweisung

Die *switch*-Struktur ist der *case*-Anweisung in der Bourne Shell ähnlich und dient zum Aufbau von Mehrfachentscheidungen.

```
switch (string)
case  label_1:
    kommandos
    breaksw
case  label_2:
    kommandos
    breaksw
case  label_3:
    kommandos
    breaksw
```

11.8 Kontrollstrukturen

```
default:
    kommandos
    breaksw
endsw
```

Eine *switch*-Anweisung beginnt mit dem Schlüsselwort *switch* und hört mit *endsw* auf. Dazwischen werden beliebig viele Verarbeitungszweige angeordnet, jeder durch das Schlüsselwort *case* (gefolgt von einem Muster) eingeleitet.

Dem Schlüsselwort *switch* folgt eine Zeichenkette. Deren Wert wird nacheinander mit den Mustern *label_1*, *label_2*, ... usw. verglichen. Bei einer Übereinstimmung wird die nachfolgende Kommandoliste *kommandos* bis zu einem *breaksw* abgearbeitet. Die nachfolgenden Muster werden nicht mehr verglichen. Ein *breaksw* beendet einen Zweig und führt einen Sprung an das Ende der Anweisung (zu *endsw*) aus. Anschließend wird das folgende Kommando abgearbeitet. Läßt man *breaksw* weg, werden die Kommandos sequentiell abgearbeitet.

In einem Muster können die Sonderzeichen *, ? und [ ] sowie $ zur Variablenersetzung benutzt werden.

Mit * als Muster wird für jeden Wert von *string* Übereinstimmung erzielt. Daher wird dieses Label (*case *) oft in den letzten Zweig der Mehrfachverzweigung gesetzt (als *else*-Zweig). *case * kann durch das Schlüsselwort *default* ersetzt werden.

Wurde die Zeichenkette vorher nicht gefunden, werden die Kommandos des Default-Zweiges ausgeführt.

Die Schlüsselworte *switch*, *case* und *default* müssen immer am Anfang einer Zeile stehen.

Beispiel
```
# Ausschnitt aus dem Script ordne
switch ($#argv)
case 1:    sort $argv[1] > Liste
           breaksw
```

```
case 2:    if ( -f $argv[1]) sort < $argv[2] > $argv[1]
           breaksw
default:   echo "Aufruf: ordne ziel [quelle] "
           breaksw
endsw
```

Wird das Script mit einem oder zwei Parametern aufgerufen, wird das Kommando *sort* aufgerufen und ausgeführt. Wird eine andere Anzahl von Parametern übergeben, wird der Default-Zweig angesprungen und eine Fehlermeldung ausgegeben.

foreach-Schleife

Diese Schleife entspricht der *for ... in*-Schleife in der Bourne Shell.

```
foreach var (argumenten_liste)
    cmd_folge
end
```

Die Kommandos *cmd_folge* bilden den Schleifenrumpf, der durch ein *end* begrenzt wird. Die Variable *var* nimmt zunächst den ersten Wert aus der Parameterliste an. Mit diesem Wert werden die Kommandos des Schleifenrumpfes abgearbeitet. Anschließend nimmt *var* den nächsten Wert aus *argumenten_liste* an, und der Rumpf wird erneut ausgeführt usw. Dieser Vorgang wiederholt sich, bis *var* alle Werte aus *argumenten_liste* angenommen hat.

Das Script *suche* verlangt die Eingabe eines Dateinamens. In dieser Datei wird dann nach den Zeichenketten *Marzipan*, *Kuchen* und *Schokolade* gesucht:

Beispiel

```
$ cat suche
echo -n "bitte Dateiname eingeben: "
set ziel = 'line'
foreach index  (Marzipan Kuchen Schokolade)
    grep $index $ziel
end
```

Mit diesem Script wird ein Dateiname eingelesen und der Variablen *ziel* zugewiesen (über *line*). Diese Datei wird mit *grep* nach »Süßigkeiten« durchsucht. Im ersten Schleifendurchlauf wird in der Datei nach der Zeichenkette *Marzipan* gesucht, im zweiten Durchlauf nach der Kette *Kuchen*, usw.

while-Schleife

```
while (ausdruck)
    kommandos
end
```

In der *while*-Schleife wird *ausdruck* bewertet. Ist er wahr (true), wird der Rumpf ausgeführt.

Beispiel
```
# bilde Summe der Zahlen von 1 bis 9
zahl = 1
sum = 0
while ($zahl < 10 )
    @ sum = $sum + $zahl
    @ zahl ++
end
```

Beschreibung
Solange Wert von zahl kleiner 10,
erhöhe sum um Wert von zahl,
erhöhe zahl um 1.

repeat-Anweisung

Syntax   repeat anzahl kommando

Mit der *repeat*-Anweisung wird der Befehl *kommando* anzahl-mal ausgeführt. *kommando* ist dabei ein einzelner Befehl. Die Ein- bzw. Ausgabe wird einmal umgelenkt, wenn *anzahl* den Wert 0 hat.

Fehlerbehandlung

Ein Shell-Script kann im Fehlerfall ein Interrupt-Signal (Entf -Taste) kontrolliert verarbeiten, und zwar mit dem Statement *onintr.:*

```
onintr [label]
```

Kommt ein *del*-Signal, wird das Programm nach *label* verzweigt, und die dort angegebenen Kommandos werden ausgeführt. Das Shell-Script wird anschließend beendet und die Shell aktiviert. Mit *onintr –* wird das Signal ignoriert. Wird *onintr* ohne Parameter aufgerufen, wird auf die normale Signalbehandlung zurückgesetzt.

Weitere Statements

Hier sollen einige Kommandos angesprochen werden, mit denen die C-Shell den Pfad der strukturierten Programmierung verläßt. Trotzdem sind diese Kommandos oft hilfreich.

goto Mit dem Kommando *goto label* kann in einem Script an eine beliebige Stelle (vorwärts oder rückwärts) gesprungen (verzweigt) werden. Diese Stelle ist mit *label:* (durch ein Label) gekennzeichnet. Hinter *label:* werden nun Kommandos angegeben.

continue Die Kommandos *continue* und *break* beziehen sich auf Schleifenkonstrukte (*foreach, while, repeat*). *continue* beendet den aktuellen Schleifendurchlauf und startet einen neuen (den nächsten) Durchlauf.

break *break* ist stärker und beendet die Bearbeitung der gesamten Schleife. Das Script läuft hinter dem Schleifenrumpf weiter.

exit Das Kommando *exit* bezieht sich auf den aktuellen Prozeß (das Script) und beendet diesen.

11.9 Schlüsselwörter

Folgende Namen sind in der C-Shell vorbelegt und dürfen für neue Kommandos und Variablen nicht benutzt werden:

if, then, else, endif, end, endsw, case, breaksw, repeat, foreach, switch und *while*.

11.10 C-Shell-Variablen

Es gibt eine Reihe von Standardvariablen, die von der C-Shell interpretiert werden. Diese Variablen werden entweder von der C-Shell intern gesetzt oder müssen vom Benutzer gesetzt werden (z. B. in *.login*). Bei einigen Variablen wertet die Shell den Wert der Variablen aus, bei anderen wird nur die Existenz geprüft. Diese C-Shell-Variablen sind im folgenden aufgelistet und kurz erklärt.

Variable	Beschreibung
argv	Diese Variable enthält in einem Script die Parameter aus der Kommandozeile (Positionsparameter). *$argv[0]* liefert den Kommandonamen, *$argv[1]* den ersten Parameter, ... Diese Schreibweise ist äquivalent zu $0, $1, ...
cdpath	Enthält eine Liste absoluter Pfadnamen. Diese Variable wird vom Kommando *chdir* ausgewertet.
child	Wird ein Child Process im Hintergrund gestartet, legt das System die PID des Child Process in dieser Variablen ab. Beendet sich der Child Process, wird die Variable zurückgesetzt.
cwd	Enthält den Namen des Working Directory.

echo	Wenn *echo* gesetzt ist, wird jedes Kommando vor der Ausführung angezeigt (-x-Option der Shell).
histchars	Die Zeichen ! und ^ für die Kommandowiederholung (History Substitution) können durch andere Werte ersetzt werden.
history	Mit dieser Variablen kann die Länge der History-Liste bestimmt werden. Ein gängiger Wert ist 20.

```
% set history = 20
```

home	Sie enthält den absoluten Pfadnamen des Homedirectory. Das Homedirectory kann auch über die Tilde ~ angesprochen werden. Soll die Datei *liste* aus dem Homedirectory ausgedruckt werden, schreibt man:

```
% lp ~/liste
```

ignoreof	Die Shell ignoriert das End-Of-File (EOF) Signal vom Terminal ([Strg]+[D]) (kein Logout mit [Strg]+[D]).
mail	Enthält eine Liste von Dateinamen, die als Postfach vom *mail*-Dienst benutzt werden.
noclobber	verhindert Output-Redirection auf bestehende Dateien. Ist diese Variable gesetzt, kann eine bestehende Datei mit dem >-Redirect nicht überschrieben werden. Mit >> kann nur an bestehende Dateien angefügt werden. Die Wirkung von *noclobber* kann mit >! und >>! aufgehoben werden.

```
% set noclobber
% sort liste > vorlage
% sort liste >! vorlage
```

noglob	Wenn *noglob* gesetzt ist, werden die Metacharacter *, ? und [ ] in Dateinamen nicht expandiert.

nonomatch Ist diese Variable gesetzt, wird ein Fehler angezeigt, wenn die Expansion von Metacharactern keinen existierenden Dateinamen erreicht.

notify Ist diese Variable gesetzt, wird das Ende eines Hintergrundprozesses oder eines Jobs direkt angezeigt, sonst erst mit dem nächsten Prompt.

path Liste von Directories, die nach Kommandos durchsucht werden.

prompt Mit dieser Variablen kann der Prompt auf einen beliebigen Wert gesetzt werden. Ist *prompt* nicht gesetzt, ist % der Standardwert.

% set prompt = '! % '

setzt den Prompt auf den Wert Befehlsnummer, Blank, %, Blank. Tritt hinter dem ! kein Blank auf, muß das Ausrufezeichen maskiert werden.

shell Pfadname der aktuellen Shell.

status Diese Variable enthält den Exit-Status des letzten Kommandos.

verbose Jede Kommandozeile (aus einem Shell-Script) wird vor der Ausführung angezeigt.

11.11 Built-in-Kommandos

Eine Reihe von Kommandos sind in die C-Shell bereits eingebaut. Die Shell sucht diese Kommandos nicht im Dateibaum, sondern führt sie als Teil des aktuellen Prozesses aus (ohne neue Prozeßnummer). In der folgenden Liste sind diese Kommandos kurz beschrieben.

Kommando Beschreibung

alias	Dieses Kommando erzeugt *alias*-Ersetzungen.
cd	Mit diesem Kommando wird zu einem neuen Working Directory gewechselt.
chdir name	*name* wird zum aktuellen Working Directory. Das Directory *name* wird ➢ im Working Directory gesucht ➢ in den Directories der Variablen *cdpath* gesucht
continue	Startet den nächsten Schleifendurchlauf einer *while*- oder *foreach*-Schleife.
dirs	Gibt den Directory-Stack auf dem Bildschirm aus.
echo	Mit *echo* werden Zeichenketten auf den Bildschirm (stdout) ausgegeben und mit ⏎ abgeschlossen. Mit der Option *-n* wird kein abschließendes ⏎ angefügt. *echo* ist ein Built-in-Kommando und unterscheidet sich vom Kommando */bin/echo*.
env	Listet die globalen Variablen auf.
eval	eval par Die Parameter *par* werden gelesen und als Kommando in der aktuellen Shell ausgeführt. ☞ Abschnitt über Kommandoausführung.
exec	exec par Das angegebene Kommando *par* wird anstelle der aktuellen Shell ausgeführt. ☞ Abschnitt über Kommandoausführung.
exit	exit ausdruck Die Shell beendet sich mit dem Exit-Status von *ausdruck*. Ist *ausdruck* nicht angegeben, wird der Wert der Variablen *status* genommen. ☞ Abschnitt über Kommandoausführung.

glob		glob list
		In *list* werden reguläre Ausdrücke durch die passenden Dateinamen ersetzt und dann ausgegeben. *glob* arbeitet wie *echo*; \ wird allerdings nicht als Maskierungszeichen erkannt.

history		history n
		Die History Event-Liste wird angezeigt. Dabei werden *n* Elemente angezeigt. *-r* dreht die Reihenfolge der Listenelemente um.

jobs		jobs [-l]
		Zeigt die aktiven Jobs an. Die Option *-l* liefert zusätzliche Information über die Jobs.

kill		kill [-sig] pid
		Das Kommando *kill* sendet das Signal *sig* an den Prozeß mit der Jobnummer *job* oder der Prozeßnummer *pid*.

		`% kill -9 %2`

		beendet den Job Nr. 2 mit Signal 9

		`% kill -9 738`

		beendet den Prozeß 738 mit Signal 9

limit		Mit dem Kommando *limit* können Obergrenzen für die Nutzung von Betriebsmitteln (resource) angegeben werden. Die Grenzen beziehen sich dabei auf den aktuellen Prozeß und den Child Process.

		Mit *limit resource wert* wird die angegebene Resource auf einen Wert gesetzt. *resource* kann dabei folgende Werte annehmen:

		`cputime`
		`filesize`
		`datasize`

```
stacksize
coredumpsize
```

wert besteht aus einer Zahl und der Einheit h=Stunden, k=Kilobytes, m=Megabyte

Mit *limit filesize 30000k* wird die maximale Dateigröße auf 30000 Blöcke festgelegt.

line	Nimmt Eingaben von der Tastatur entgegen.
login	login user Führt ein Logout und anschließend ein Login (für den Benutzer *user*) durch.
logout	Beendet die aktuelle Login Shell. Nützlich, wenn die Variable *ignoreeof* gesetzt ist.
nice	Setzt die Priorität eines Kommandos herab.
nohup	Das Signal *hangup* wird für die aktuelle Shell oder für das angegebene Kommando ignoriert.
notify	notify % job Der Benutzer wird über die Statusänderung (z. B. Abbruch) eines Auftrags (des Auftrags *job*) sofort unterrichtet.
onintr	onintr [label] Dient zur Fehlerbehandlung (an den Prozeß wird ein Signal gesendet). Folgende Reaktionen sind möglich:

- ➤ mit *onintr label* wird ein Sprung (*goto*) an die Marke *label* durchgeführt und die dort stehenden Kommandos ausgeführt.
- ➤ Mit *onintr –* wird das Signal ignoriert.
- ➤ Ohne Parameter wird auf die normale Signalbehandlung gesetzt.

popd	verschiebt den Directory Stack und führt *cd* zum neuen Verzeichnis.

pushd	pushed name *name* wird zum aktuellen Working Directory (wie *cd*) und legt das alte Directory auf den Directory Stack. Ohne Argument werden die beiden ersten Elemente des Directory Stacks vertauscht.
rehash	Die interne Hash-Tabelle wird neu organisiert.
set	set var = text Deklariert und initialisiert lokale Variablen.
setenv	setenv var wert Definiert globale Variablen.
shift	Die Positionsparameter werden nach links verschoben.
source	source name Entspricht dem .-Kommando der Bourne Shell. *source* führt die Datei *name* im aktuellen Prozeß aus.
stop	Stoppt den aktuellen oder den genannten Hintergrundprozeß.
time	time cmd Das Kommando *cmd* wird ausgeführt, und die Ausführungszeit wird angezeigt. Ohne Parameter wird die bisherige Laufzeit der aktuellen Shell und ihrer Child-Prozesse angezeigt.
ulimit	ulimit resource Hebt die Beschränkung aller oder der angegebenen Betriebsmittel auf.
umask	Erzeugt der Benutzer eine Datei, werden die Zugriffsrechte entsprechend der Maske *nnn* gesetzt. *n* ist dabei eine oktale Zahl. ☞ auch *chmod*.
unalias	unalias string Hebt die angegebenen Alias-Namen auf. Es können

	Metazeichen verwendet werden. *unalias* * löscht alle Alias-Namen.
unhash	Löscht die interne Hash-Tabelle.
unset	unset string Die Definitionen der angegebenen lokalen Variablen werden aufgelöst. In *string* können Metazeichen stehen. % unset h* löscht alle lokalen Variablen, die mit *h* beginnen.
unsetenv	unsetenv string Die Definitionen der angegebenen globalen Variablen werden aufgelöst. In *string* können Metazeichen stehen. % unsetenv otto löscht die Variable *otto* aus dem Environment.
wait	Aktueller Prozeß wartet auf das Ende aller Hintergrundprozesse.

Druckerverwaltung

12 Das Drucker-System   395

12.1 Grundlegendes 396
12.2 Der Druckauftrag 396
12.3 Der Scheduler 399
12.4 Das Druckerinterface 400
12.5 Parameterübergabe an das Interface 401
12.6 Installation eines Druckers 402
12.7 Beispiel für ein Interface 406
12.8 Weitere Anmerkungen zum Ip-System 411
12.9 Dateistruktur 412
12.10 Übersicht der Kommandos 413
12.11 Drucken im Netzwerk 414

12 Das Drucker-System

Mit dem Computer läßt sich zwar die Papierflut reduzieren, nicht jedoch vermeiden. Obwohl Programme und Daten elektronisch gespeichert und verarbeitet werden, ist es notwendig, Listen, Briefe, Protokolle u. ä. auf Papier auszudrucken. UNIX System V bietet umfassende Möglichkeiten zum Anschluß und zur Verwaltung von Druckern.

Das Drucker-System unter UNIX System V (*lp*-System) unterscheidet sich deutlich vom Drucksystem unter XENIX und unter BSD-Systemen.

In diesem Kapitel wird der Aufbau des Drucker-Systems dargestellt, und wichtige Benutzerkommandos (*lp*, *lpstat*, *cancel*) sowie für den Systemverwalter hilfreiche Verwaltungskommandos (z. B. *lpadmin*) werden beschrieben. Eine Kurzbeschreibung aller Kommandos des Druckersystems rundet das Kapitel ab. Dieses Kapitel geht jedoch über die Beschreibung der normalen Anwendung hinaus. An einem Beispiel wird die Installation eines Druckers dargestellt und so die Funktionen des Drucksystems beschrieben. Für Benutzer anderer Derivate ist das *lpr*-System aufgezeigt.

Für den Betrieb in Netzwerken werden auch Konfigurationen zum netzwerkweiten Drucken dargestellt und beschrieben. Für die Installation und Verwaltung eines Druckers gibt es auf jedem System menügesteuerte Tools, z. B. den *sysadm*. Wir wollen in diesem Kapitel aber Installation und Konfiguration des *lp*-Systems »per Hand« auf der Kommandoebene darstellen, um das Verständnis für die Zusammenhänge zu fördern.

12.1 Grundlegendes

In den meisten Fällen müssen sich mehrere Benutzer eines Rechners die angeschlossenen Drucker teilen. Schreiben verschiedene Benutzer zur selben Zeit direkt auf den Drucker, werden die Texte vom Drucker durcheinander ausgegeben, auf dem Papier steht anschließend nur »Chaos«. Es muß daher ein Koordinator, *Scheduler* genannt, vorhanden sein, der die Ausgabe auf den Drucker kontrolliert und koordiniert. Druckaufträge werden vom Benutzer an diesen Scheduler übergeben und von diesem in eine Warteschlange eingehängt. Die Aufträge in der Warteschlange werden dann der Reihe nach abgearbeitet und die Texte auf dem Drucker ausgegeben. Die Methode, ein Betriebsmittel mit einem Koordinator zu verwalten, wird Spooling genannt. Wir sprechen daher auch vom *Druck-Spooler*.

12.2 Der Druckauftrag

Start eines Druckauftrags

Das Kommando *lp* veranlaßt die Ausgabe einer oder mehrerer Dateien auf einen Drucker. Dazu werden dem Kommando *lp* die Dateinamen als Parameter übergeben. Die so gestarteten Druckaufträge werden an den Scheduler übergeben und in eine Warteschlange (Print Queue) eingehängt. Der Scheduler verwaltet die Warteschlange und veranlaßt die Ausgabe der Dateien auf den Drucker. Hat *lp* den Druckauftrag an den Scheduler übergeben, wird an den Benutzer eine Auftragsnummer (Request ID) gesendet und auf dem Bildschirm angezeigt.

Beispiel
```
$ lp liste
request-id   matrix-6 (1 file)
```

matrix-6 ist die eindeutige Auftragsnummer des obigen Druckauftrags. *6* ist dabei die Anzahl der seit dem letzten Start des Systems (Start des Schedulers) abgesetzten Druckaufträge, *matrix* der Name des Standarddruckers (☞ *-d* Option des *lp*-Kommandos), an den diese Aufträge gingen. Dieser Name, unter dem ein Drucker vom System angesprochen wird, ist bei der Einrichtung des Spooler-Systems frei wählbar.

Das Spooler-System unter System V kann mehrere Drucker gleichzeitig verwalten. Jeder Drucker bekommt einen eindeutigen Namen, wobei ein Drucker als Standarddrucker eingetragen ist, an den per Voreinstellung alle Druckaufträge weitergeleitet werden. Im obigen Beispiel ist dies der Drucker *matrix*. Soll der Druckauftrag auf einem anderen Drucker ausgegeben werden, muß dieser mit der Option *d* explizit angewählt werden

```
$ lp -dlaser liste
request-id    laser-21 (1 file)
```
Beispiel

laser ist dabei der Name des gewünschten Druckers, *21* die Anzahl der bereits abgesetzten Druckaufträge. Beim Start eines Druckauftrags wird ein Verweis auf die angegebene Datei in die Warteschlange gehängt, die Datei selbst bleibt zunächst unberührt, und erst wenn es zum Druck kommt, wird auf die Datei zugegriffen.

Abbrechen eines Druckauftrags

Ist ein falscher Druckauftrag gestartet worden (z. B. falsche Datei), kann er mit dem Kommando *cancel* aus der Warteschlange gelöscht oder der schon begonnene Druck abgebrochen werden. Dazu muß die Request-ID des Auftrags angegeben werden.

```
$ cancel matrix-6
```
Beispiel

Mit diesem Befehl wird der Auftrag *6* am Drucker *matrix* gelöscht. Sollte man die Auftragsnummer eines Druckauftrags nicht wissen, kann man sie mit dem *lpstat*-Befehl wiederfinden.

Statusinformationen

Startet der Benutzer mit *lp* einen Druckauftrag, wird dieser Auftrag an den Scheduler übergeben und zu einem späteren Zeitpunkt abgearbeitet. Dieser Zeitpunkt hängt von der Auslastung der Drukker ab. Stehen viele Druckaufträge an, dauert es lange, ist die Warteschlange leer, wird sofort gedruckt. Einen Überblick über den Abarbeitungsstatus seiner Dateien bekommt der Benutzer (hier der Benutzer *hans*) mit dem Kommando *lpstat*:

Beispiel
```
$ lpstat
matrix-7      hans on matrix
matrix-10     hans
```

Dieses Kommando liefert die Auftragsnummer, den Benutzernamen und den Druckzustand. In diesem Beispiel wird der Druckauftrag *matrix*-7 gerade abgearbeitet (*on matrix*), der Auftrag *matrix-10* steht noch zur Abarbeitung an. Ist ein Auftrag abgearbeitet, wird er nicht mehr mit *lpstat* angezeigt. Der Benutzer bekommt in diesem Fall keine Meldung geliefert.

Mit der Option *-t* können ausführliche Informationen über das gesamte Drucksystem angezeigt werden: Ist der Scheduler aktiv (*running*), welche Drucker sind vorhanden, Status der Drucker, welche Druckaufträge müssen noch bearbeitet werden ...

Beispiel
```
$ lpstat -t
scheduler is running
system default destination: matrix
device for laser: /dev/tty05
device for matrix: /dev/tty06
matrix accepting requests          since Oct 5  8:14
printer matrix is idle. enabled since Oct 5  8:15
laser accepting requests           since Nov 5 12:55
printer laser is idle. enabled since Dec 6  8:15
matrix-10     hans
```

12.3 Der Scheduler

Damit das Spool-System genutzt werden kann, muß als Koordinator der Scheduler aktiviert werden. Dies geschieht beim Hochfahren des Systems. Mit dem Kommando *lpsched* wird ein Prozeß, der Scheduler, gestartet. Nach seinem Start läuft der Scheduler im Hintergrund und überwacht das gesamte Druckersystem. Der Scheduler ist ständig aktiv und wird erst beim Herunterfahren (shutdown) des Systems oder explizit mit dem Kommando *lpshut* beendet. *lpsched* ist kein Benutzerprozeß, sondern ein Prozeß, der ständig im Hintergrund läuft, und deswegen auch Demon-Prozeß genannt wird.

Der Anwender erstellt mit dem Kommando *lp* einen Druckauftrag. Diesen übergibt er an den Scheduler *lpsched*. Der Scheduler prüft, ob der angewählte Drucker verfügbar ist und liefert eine Auftragsnummer zurück, die von *lp* angezeigt wird. Anschließend beendet sich das *lp*-Kommando.

Der Scheduler trägt den Druckauftrag in die gewünschte Warteschlange ein. Solange in dieser Warteschlange Aufträge vorhanden sind, gibt der *lpsched* die anstehenden Dateien an das Druckerinterface weiter, das den Auftrag bearbeitet und die Daten auf den Drucker ausgibt.

Für jeden im Spooler-System eingetragenen Drucker gibt es eine eigene Warteschlange, die speziell für ihn gestartet wird.

Die Abarbeitung der Warteschlangen geschieht nach bestimmten Kriterien, meist in der zeitlichen Reihenfolge, in der die Aufträge eingegeben werden. Mit SVR4 kann ein Druckauftrag mit einer Priorität versehen werden.

12.4 Das Druckerinterface

Während der Scheduler die Koordination der Druckaufträge übernimmt, wird die eigentliche Ansteuerung der Drucker und die Ausgabe der Daten von dem Interface durchgeführt. Damit bei einer Ausgabe die Möglichkeiten und Attribute (Schriftgröße, Zeichensatz, Grafik...) eines Druckers genutzt werden können, müssen die entsprechenden Steuersequenzen im Interface hinterlegt werden. Das Interface ist daher spezifisch für einen Druckertyp.

Unter UNIX wird dieses Interface vollkommen transparent als Shell-Script realisiert und ist für jeden Drucker im System einzurichten. Das Interface wird im Sprachgebrauch auch Druckertreiber genannt. Die beiden Begriffe sollen hier daher ebenfalls benutzt werden.

Das Interface ist ein »Stück« Software, das die Verbindung zwischen dem Benutzer und einem Drucker bildet und das der *lp*-Verwalter bei der Installation des Druckers erstellen muß (kann später verändert werden). Über Optionen und Parameter kann der Benutzer Funktionen des Druckers aktivieren (verschiedene Zeichensätze, Druckqualität, Layout usw.), ohne Kenntnisse über die spezifischen Steuersequenzen zu haben. Die notwendigen Steuerzeichen und deren Bearbeitung muß der Systemverwalter in den Druckertreiber einarbeiten. Dem Benutzer muß nur eine Liste der Funktionen bekannt sein.

12.5 Parameterübergabe an das Interface

Sind Druckaufträge in der Warteschlange vorhanden, ruft *lpsched* das zugehörige Interface auf und übergibt eine Vielzahl von Parametern an das Interface. Die Argumente werden in einer definierten Reihenfolge übergeben:

```
cmd   id   user  titel copies optionen dateien
$0    $1   $2    $3    $4     $5       $6....
```

Die Parameter haben folgende Bedeutung:

Parameter	Beschreibung
cmd	absoluter Pfadname des Interfaces.
id	Auftragsnummer (Request-ID).
user	Benutzername (Login-ID) des Users, der den Druckauftrag gestartet hat.
titel	enthält Überschrift, die beim Aufruf von *lp* mit der Option *-t* übergeben werden kann.
copies	Anzahl der Kopien, die von der Datei ausgedruckt werden sollen.
optionen	vom Benutzer selbst zu definierende Optionen (übergeben mit der Option *-o* von *lp*).
datei	Absolute Pfadnamen der zu druckenden Dateien. Wird *lp* über eine Pipe angesteuert, werden die Daten in einer Datei zwischengespeichert. In diesem Fall liefert dieser Parameter den Namen einer temporären Datei.

Diese übergebenen Argumente können als Positionsparameter im Interface (einem Shell-Script) ausgewertet und verwendet werden. Es handelt sich bei den Parametern um Optionen, die der Anwender beim Aufruf von *lp* angibt bzw. um Standardwerte, wenn keine *lp*-Optionen genutzt werden.

12.6 Installation eines Druckers

In diesem Kapitel soll die Installation eines Druckers mit allen notwendigen Schritten durchgeführt werden. Die aufgeführten Erklärungen dienen dem Verständnis, welche Abläufe zur Inbetriebnahme eines Druckers notwendig sind. Alle Computerhersteller haben aber menügesteuerte Programme erstellt, mit deren Hilfe die Einrichtung eines Druckers wesentlich vereinfacht wird. Der Nachteil ist jedoch, daß für den Anwender die Aktivitäten nicht mehr transparent sind.

Aufgabenstellung

In ein aktives Druckersystem soll ein zusätzlicher serieller Drucker eingebunden und an den Port Nr. 5 angeschlossen werden. Bei dem Drucker handelt es sich um einen Laserdrucker.

1) Ausgangslage:

   Mit *lpstat* bekommt man einen Überblick über die Konfiguration (aktueller Status) des Druckersystems.

   ```
   $ lpstat -t
   scheduler is running
   system default destination: matrix
   device for matrix: /dev/tty06
   matrix accepting requests          since Oct 5 8:14
   printer matrix is idle.  enable since Oct 5 8:15
   ```

2) Alle Druckaufträge werden mit der Kennung *UID* des *lp*-Verwalters *lp* ausgeführt. Die Zugriffsrechte auf den seriellen oder parallelen Ausgang, an den der Drucker angeschlossen werden soll (hier */dev/tty05*), müssen so gesetzt sein, daß kein anderer User darauf zugreifen kann. Damit wird eine Umlenkung von Daten mit Redirection (>) auf diesen Port verhindert.

   ```
   $ chown lp /dev/tty05
   $ chmod 600 /dev/tty05
   ```

Jetzt kann kein normaler Benutzer mehr Daten mittels *cat* oder *cp* auf diesen Port ausgeben.

3) Am Druckerport darf kein *getty*-Prozeß aktiv sein. Der Port muß daher auf *off* gesetzt werden. Dies wird durch folgenden Eintrag in */etc/inittab* oder mittels *ttjmon* erreicht.

```
05:2:off: /etc/getty /dev/tty05 9600 # Anschluß für
    Drucker
```

Im dritten Feld steht normalerweise (für Terminalanschluß) anstelle des *off* ein *respawn*. Durch den *off*-Eintrag wird das angegebene Programm (hier *getty*) nicht gestartet. Wird der Drucker aus Versehen an einen aktivierten Port angeschlossen, würde der aktive *getty*-Prozeß ständig die *Login*-Meldung auf den Drucker ausgeben. Für den Drucker muß ein Anpassungsprogramm, Interface oder Treiber genannt, vorhanden sein. Dieses wird per Konvention im Directory */usr/spool/lp/model* erstellt. Der Systemverwalter kann auf vorhandenen Prototypen aufsetzen und die spezifischen Eigenschaften des eigenen Druckers einarbeiten. Aufbau und Funktionalität werden im nächsten Kapitel beschrieben.

4) Der folgende Schritt ist abhängig von der Implementiertung und muß nicht auf allen Systemen durchgeführt werden. Bevor Konfigurationsarbeiten am Druckersystem durchgeführt werden, muß der Scheduler *lpsched* mit dem Kommando *lpshut* angehalten werden.

```
$ /usr/lib/lpshut
scheduler stopped
```

5) Nun beginnt die eigentliche Konfiguration des Spoolers. Der Drucker wird mit *lpadmin* in das System eingetragen. Der Drucker bekommt einen Namen (mit Option *p*), und das vorbereitete Interface (Option *m*) wird in das Directory */usr/spool/lp/admins/lp/interfaces* kopiert. Die Datei trägt den

12.6 Installation eines Druckers

Namen des Druckers. Außerdem wird festgelegt, an welchem Port der Drucker angeschlossen wird (Option *v*).

```
$ lpadmin -plaser -v/dev/tty05 -m/etc/lp/model/laser.proto
          |              |              |
          |              |              |
          |              |         Name der Treiberquelle
          |         Ausgabedevice
     Name des Druckers
```

Der Drucker bekommt den Namen *laser*, und das vorbereitete Interface *laser.proto* wird aus dem Directory */etc/lp/model* in die Datei */usr/spool/lp/admins/lp/interfaces/laser* kopiert. Diese Datei ist im allgemeinen ein Shell-Script und wird zur Abarbeitung eines Druckauftrages gestartet. Eine Fehlerkontrolle bei der Ausführung des Scripts erfolgt nicht, der Systemverwalter ist für die Richtigkeit verantwortlich. Im UNIX SVR4 liegt die Dateistruktur unter dem Verzeichnis */var/spool/lp*, was einen Link auf */usr/spool/lp* darstellt; */etc/lp* ist ein Link auf */usr/spool/lp/admins/lp*..

6) Für den neuen Drucker wird mit *accept* eine Warteschlange eröffnet.

```
$ accept laser
```

Wenn eine Warteschlange für einen Drucker eröffnet wird, können vom Anwender Aufräge mit *lp* an diesen Drucker abgesetzt werden. Die Aufträge werden in die Warteschlange eingetragen, aber noch nicht abgearbeitet. Eine Warteschlange kann mit dem Kommando *reject* wieder geschlossen werden:

```
$ reject laser
```

7) Damit ein Druckauftrag auf dem Drucker ausgegeben werden kann, muß die Warteschlange mit *enable* druckbereit gesetzt werden:

```
$ enable laser
```

Der Scheduler wird angewiesen, vorhandene oder zukünftige Aufträge auf diesen Drucker auszugeben, d. h. das Interface zu starten.

Natürlich muß der Drucker selbst auch online geschaltet werden, damit eine Ausgabe erfolgen kann. Die Wirkung von *enable* wird durch das Kommando *disable* aufgehoben.

```
$ disable laser
```

bewirkt, daß die Warteschlange des Druckers *laser* nicht mehr abgearbeitet wird. Dies kann z. B. bei kurzfristigen Wartungsarbeiten (z. B. Papierwechsel) sinnvoll sein.

8) Der Scheduler wird mit *lpsched* wieder gestartet, falls er in Schritt 4) gestoppt wurde.

   ```
   $ /usr/lib/lpsched
   ```

9) Standarddrucker einrichten

   Der jetzt installierte und eingerichtete Drucker *laser* soll als Standarddrucker (*default*) werden. Alle Druckaufträge ohne nähere Angabe des Druckers werden zukünftig dann auf diesem Drucker ausgegeben.

   ```
   $ lpadmin -d laser
   ```

10) Die Einrichtung des Druckers ist nun abgeschlossen. Das Ergebnis kann im Listing von *lpstat* kontrolliert werden. Ergebnis:

    ```
    $ lpstat -t
    scheduler is running
    system default destination: laser
    device for laser: /dev/tty05
    device for matrix: /dev/tty06
    ```

```
matrix accepting requests since Oct 5 8:14
printer matrix is idle. enable since Oct 5 8:15
laser accepting requests  since Nov 5 12:55
printer laser is idle.  enable since Dec 6 8:15
```

12.7 Beispiel für ein Interface

Listing

Das folgende Beispiel enthält ein Interface mit einem typischen Aufbau:

```
# Beispiel für den Druckertreiber laser
stty 9600 tab3 parenb -parodd
ixoff ixon cs7 istrip cstopb onlcr 0<&1                              #1
# Optionen auswerten
pitch=12                                                             #2
front=0
lang="E"
for "$opt" in $5                                                     #3
do
    case "$opt" in
        10)        pitch=10;;
        15)        pitch=15;;
        D)         lang="D";;
        nobanner)  front=1;;
    esac
done
# Deckblatt erzeugen                                                 #4
if [ $front = 0 ]
then
    echo "\n\n\n"
```

```
        banner "$2"
        echo "\n"
        echo "request-id: $1   Drucker: `basename $0` \n"
        date
        if [ -n $3 ]
        then
            banner $3
        fi
        echo "\014\c"
fi
copies = $4                                                     #5
if [ $lang = "D" ]                                              #6
then
     echo '\033(K'
fi
case "$pitch" in                                                #7
     10) echo "\036\c";;
     12) echo "\035\c";;
     15) echo "\034\c";;
esac
shift;shift;shift;shift;shift;                                  #8
files="$*"
i=1
while [ $i -le $copies ]
do
    for file in $files
    do
        cat "$file" 2>&1                                        #9
        echo "\014\c"
    done
i=`expr $i + 1`
done
echo "\014\c"
exit 0                                                          #10
```

Beschreibung des Druckertreibers

In dieser Beschreibung werden die wesentlichen Punkte des Druckertreibers erläutert. In den folgenden Absätzen verweisen wir auf die Markierungen im Script (als Kommentar eingefügt). Die Syntax der Kontrollstrukturen ist im Kapitel über die Bourne Shell beschrieben.

Parametrierung der Datenleitung

Am Anfang des Scripts wird die Datenleitung zum Drucker parametriert (Marke 1). Dies geschieht mit einem Aufruf von *stty*. Die Parameter sind von der Einstellung des Druckers abhängig und nur bei seriellem Anschluß des Druckers nötig (☞ *stty* Kommando). Für den Betrieb an einer parallelen Schnittstelle muß dieser Eintrag gelöscht oder auskommentiert werden. Folgende Parameter müssen gesetzt werden:

Übertragungsrate: normalerweise 9600 Baud
Parität: z. B. 8 Bit, no parity
Handshaking: z. B. XON/XOFF

Beim Aufbau der Verbindung zwischen Rechner und Drucker muß ein Kommunikationsprotokoll vereinbart werden. Hier wird mit den Parametern *ixon* und *ixoff* das XON/XOFF-Protokoll aktiviert, das für asynchronen Betrieb notwendig ist.

Die Bedeutung soll an einem Beispiel erläutert werden. Schreibt der Drucker mit 400 Zeichen/min und überträgt der Rechner die Daten mit 9600 Baud, ist der interne Puffer des Druckers sehr schnell voll. Dies meldet der Drucker mit einem XOFF-Signal an den Rechner, und erst nach einem XON-Signal (Puffer ist leer) sendet der Rechner wieder Daten.

Als Datenbreite werden sieben Bit (*cs7*) mit gerader Parität und Paritätsprüfung (*istrip*) vereinbart. Die so eingestellten Parameter müssen auch am Drucker eingestellt sein. Fehlende Übereinstimmung ist eine häufige Fehlerquelle.

Der Standardausgabekanal *stdout* des Scripts ist mit dem Drucker verbunden. Daher gehen alle Ausgaben nach *stdout* auf den Drucker.

Die nächsten Anweisungen (Marke 2) dienen zur Initialisierung verschiedener Variablen, die zur Ansteuerung von Druckoptionen verwendet werden. Die Variable *front* entscheidet, ob ein Deckblatt gedruckt werden soll, die Variable *pitch* legt die Zeichengröße fest und die Variable *lang* beschreibt den Zeichensatz. Die Namen der Variablen liegen in der Zuständigkeit des Systemverwalters und können beliebig gewählt werden. Die möglichen Werte der Variablen hängen von den Leistungsmerkmalen des verwendeten Druckers ab.

Initialisierung von Variablen

Im folgenden *case* (Marke 3) werden die übergebenen Optionen ausgewertet. Diese können vom Anwender mit *lp -o opts* übergeben werden. *opts* beinhaltet dabei die möglichen Schalter.

Beginnend an der Marke 4 wird ein Deckblatt mit dem Benutzernamen (groß geschrieben), der Auftragsnummer, dem Druckernamen, dem Datum und einem optionalen Titel erzeugt. Das Deckblatt wird mit einem Seitenvorschub abgeschlossen (*echo »\014\c«*). Benutzt der Anwender bei der Erstellung des Druckauftrags den Schalter *nobanner,* wird das Deckblatt unterdrückt:

Deckblatt

lp -o nobanner

Die Anzahl der Kopien (Option *-n* von *lp*) wird in der Variablen *copies* bei jedem Druckauftrag hinterlegt (Marke 5).

Anzahl der Kopien

Der Drucker kann auf den deutschen Zeichensatz umgeschaltet werden (Marke 6). »D« ist ein vom *lp*-Verwalter frei definierter Parameter, der hier für »deutscher Zeichensatz« steht. Beim *lp*-Aufruf wird dieser Parameter mit der Option *-o* (*lp -oD*) übergeben. Am Anfang des Interface wird die Variable *lang* auf den Wert *D* gesetzt, wenn dieser Zeichensatz genutzt werden soll. Die Umschaltung des Druckers geschieht mit der druckerspezifischen Steuersequenz, die mit einem *echo*-Befehl an den Drucker gesendet wird. Dem Drucker wird die Steuersequenz *\033(K* übergeben

Zeichensatz

409

(\033 ist die oktale Darstellung von ESCAPE und K die druckerspezifische Steuersequenz für die Aktivierung des deutschen Zeichensatzes). Die Steuersequenzen sind im Druckerhandbuch beschrieben.

Schriftgröße
Im folgenden *case*-Statement wird die Schriftgröße des Druckers eingestellt (Marke 7). Es wird zwischen Schriften mit 10, 12 und 15 Pitch unterschieden. In unserem Beispiel wird mit 12 Pitch gedruckt. Daher wird die Variable *pitch* am Anfang des Interfaces auf den Wert 12 gesetzt. Soll eine andere Schriftgröße genutzt werden, muß diese beim Aufruf von *lp* angegeben werden. Je nachdem, welchen Wert *pitch* hat, wird ein *echo* abgesetzt, das die entsprechende Sequenz zum Umschalten des Schrifttypes an den Drucker schickt.

Mit dem Kommando *shift* werden die Optionen aus den Positionsparametern geschoben. $* liefert nun nur noch die übergebenen Dateinamen (Marke 8).

Jede Datei wird $copies-Mal auf den Drucker gegeben. Mit der *for*-Schleife werden die übergebenen Dateien nacheinander ausgegeben, die *while*-Schleife steuert die Anzahl der Kopien.

Das Kommando *cat* dient dabei zur Ausgabe. Es schreibt den Inhalt der jeweiligen Datei nach stdout (hier */dev/tty05*) und damit auf den Drucker.

Anstelle von *cat* kann hier auch ein anderes Kommando stehen. Soll eine Formatierung vorgenommen werden, kann hier ein *pr* oder ein *nroff*-Aufruf stehen. Wird der Drucker parallel betrieben, steht dort häufig ein *utod*, damit eine Umsetzung von LF auf CR/LF durchgeführt wird.

Wird ein Drucker im Netzwerk angesteuert, kann hier ein spezifisches Kommando oder ein Aufruf der Remote Shell stehen.

Am Ende des Interfaces wird der Drucker in seinen Grundzustand versetzt. Der Return-Wert wird an *lpsched* geliefert.

12.8 Weitere Anmerkungen zum lp-System

Mit dem Kommando *lpadmin* kann ein Drucker als Standarddrucker im System eingetragen werden. Arbeitet ein Benutzer aber hauptsächlich mit einem anderen Drucker, kann er die Variable *LPDEST* auf den Namen dieses Druckers setzen und diesen als »seinen« Standarddrucker definieren. *lp* wertet die Variable *LPDEST* aus, wenn sie definiert ist.

```
$ lp liste
request-id is matrix-20

$ LPDEST=laser

$ lp liste
request-id is laser-15
```
Beispiel

Um Wartungsarbeiten durchzuführen oder Papier zu wechseln, wird der Drucker deaktiviert und eine Meldung im System hinterlegt (*-r*-Option des Kommandos *disable*):

```
$ disable -r "Wartungsarbeiten bis 12.00 Uhr" matrix
printer "matrix" now disable
```
Beispiel

Startet ein Benutzer nun einen Druckauftrag, wird der Auftrag in die Warteschlange gehängt, aber nicht ausgedruckt. Mit dem Kommando *lpstat -t* wird der Kommentar »Wartungsarbeiten...« für den speziellen Drucker angezeigt, alle anderen Statusmeldungen bleiben unverändert.

Sind die Arbeiten erledigt, wird der Drucker wieder gestartet.

```
$ enable matrix
printer "matrix" now enable
```

Die zwischenzeitlich eingegangenen Aufträge werden jetzt abgearbeitet.

12.9 Dateistruktur

Im Directory */usr/spool/lp* bzw. */var/spool/lp* und */etc/lp* gibt es einige wichtige Dateien und Verzeichnisse, die vom Drucksystem intern benutzt werden:

SCHEDLOCK   Lock-Datei. Wird durch *lpsched* angelegt und zeigt an, daß der Scheduler aktiv ist. Existiert sie, wird beim Aufruf von *lpsched* der Scheduler nicht erneut gestartet.

fifos   In diesem Verzeichnis liegen Named Pipe für die Kommunikation des *lp*-Systems. Über die Named Pipe FIFO tauschen z.B. *lp* und Scheduler Daten aus.

bin   ausführbare Programme.

requests   Enthält Verzeichnisse für jedes System mit Verwaltungsdateien für die einzelnen Druckaufträge.

Für das Unterverzeichnis */usr/spool/lp/admins/lp* gibt es einen Link auf das Verzeichnis */etc/lp*. In diesem Verzeichnis liegen die Daten für die Konfiguration der einzelnen Drucker:

interfaces   Enthält die Treiber (Interface) für die einzelnen Drucker des Systems.

printers   Enthält die Konfiguration der einzelnen Drucker.

model   Enthält Prototypen für Interface.

classes   Enthält Informationen über die Klassenzugehörigkeit der Drucker.

logs   Enthält Log-Informationen über den Scheduler und die einzelnen Druckaufträge.

12.10 Übersicht der Kommandos

Kommando	Bedeutung
lp	Startet Druckaufträge.
cancel	Beendet einen Druckauftrag.
lpstat	Zeigt Statusinformationen an.
lpadmin	Dient zur Verwaltung des Druckersystems.
lpmove	Hängt Druckaufträge in die Warteschlange eines anderen Druckers.
accept	Eröffnet für einen Drucker eine Warteschlange. *lp* kann für diesen Drucker Aufträge entgegennehmen. Diese Aufträge können aber noch nicht abgearbeitet (ausgedruckt) werden, da der Drucker noch bereit ist.
enable	Setzt einen Drucker betriebsbereit; in der Warteschlange befindliche Druckaufträge werden ausgegeben.
disable	Deaktiviert einen Drucker. *lp* kann Druckaufträge entgegennehmen, diese können aber nicht abgearbeitet (gedruckt) werden. Hebt die Wirkung von *enable* auf.
reject	Schließt die Warteschlange eines Druckers. *lp* kann für diesen Drucker keine Aufträge mehr entgegennehmen. Hebt die Wirkung von *accept* auf.
lpsched	Startet den Scheduler und legt die Lock-Datei SCHEDLOCK an.
lpshut	Beendet den Scheduler und löscht die Datei SCHEDLOCK.

12.11 Drucken im Netzwerk

Neu in SVR4 ist das Kommando *lpsystem*, das dem lokalen Druckerspooler andere Drucker im TCP/IP-Netzwerk bekannt macht. Der hierzu notwendige Informationsaustausch zwischen den beiden Systemen erfolgt mittels einiger Parameter von *lpsystem*. Hinterlegt sind diese Parameter in der Datei */etc/lp/Systems*, in deren Kopfteil eine ausführliche Erklärung der möglichen Angaben steht. Alle Eingaben in diese Datei können über den Befehl *lpsystem* mit seinen Optionen gemacht werden, *lpsystem* schreibt die Informationen in die Datei */etc/lp/Systems*.

Die Syntax von *lpsystem* bietet folgende Optionen:

```
lpsystem [-t Typ] [-T Zeit] [-R Pause] [-y Text] system [system ..]
```

Zwingend ist immer die Angabe des Zielsystemnamens (Internetname, ☞ */etc/hosts* bzw. */etc/inet/hosts*), mit dem Druckerinformationen ausgetauscht werden sollen. Die Angabe des Filesystemtyps mit der Option *-t* (Type) soll definieren, ob es sich bei dem Remote-Filesystem um eine Struktur gemäß System 5 (*s5*) oder BSD (*bsd*) handelt. Standardeinstellung ist hier *s5*. Mit *-T* (timeout) kann die Wartezeit eingestellt werden, wie lange eine Netzwerkverbindung ohne Datenaustausch bestehen bleiben soll, bevor sie geschlossen wird. Stehen später wieder Daten bereit, wird die Verbindung neu hergestellt. Eingabewerte für Zeit sind *n* (never timout) für unbegrenzte Verbindung, *0* für sofortigen Abbruch, wenn kein Datenaustausch stattfindet, und ein *Wert größer Null* als Zeitangabe in Minuten, wenn die Verbindung nach einem Datenaustausch noch bestehen bleiben soll. Voreinstellung ist *n*.

Über *-R* (Retry) wird für den Fall einer Störung während einer Übertragung die Zeitspanne festgelegt, die das rufende System versuchen soll, die Übertragung an des Zielsystem weiterzuführen. Die Werte sind hierbei die gleichen wie bei *-T*. Default ist bei der Option *-R* allerdings 10 Minuten.

Die Eingabe eines Kommentars erleichtert bei einem Blick in die Datei */etc/lp/Systems* die Suche nach bestimmten Systemen.

```
schdev:x:-:s5:-:n:10:-:-:Entwicklungsrechner
```

Beispiel für einen Eintrag in der Datei */etc/lp/Systems*

Der Zielsystemname ist in diesem Fall *schdev*, das nächste Feld wird auf unserem System nicht benutzt (dann muß dort der Eintrag *x* stehen), das folgende – steht in diesem Fall in einem reservierten Feld, dann kommt der Filesystemtyp *s5*, gefolgt von einem ebenfalls reservierten Feld (-). Danach erscheint *n* für keine zeitliche Begrenzung bei der Dauer der Verbindung, auch wenn keine Daten übertragen werden, *10* als Zeitangabe in Minuten für einen Wiederholversuch im Falle einer Störung, und als letzter Eintrag der Kommentar, hier *Entwicklungsrechner*.

lpsystem kennt noch zwei weitere Optionen, die allerdings wegen ihrer Wirkung nicht in Verbindung mit den bereits genannten eingesetzt werden dürfen. Die Option *-l (list) [system]* gibt in Verbindung mit einem (optionalen) Systemnamen die aktuelle Einstellung der Parameter für Verbindungen zu diesem speziellen System an, sonst alle. Als weitere Option steht zum Löschen eines Systems aus dem Druckerverbund *-r (remove) system* zur Verfügung. Damit entfernt *lpsystem* den Eintrag für das angegebene System aus der Datei */etc/lp/Systems*. Hilfreich kann noch die Ausgabe der TCP/IP-Adresse sein, die im Netzwerk von SUN OS-Betriebssystemen ausgewertet wird. *lpsystem -A* gibt eine Adresse z. B. in der Form 020002035900000f0000000000000000 aus. Hingewiesen werden soll in diesem Zusammenhang noch auf die Datei */etc/inet/services*, in der der Druckdienst eingetragen sein muß, sonst funktioniert die *-A* Option nicht.

Der Einsatz von *lpsystem* setzt natürlich ein vollständig konfiguriertes und lauffähiges Netzwerk auf dem lokalen Rechner voraus.

12.11 Drucken im Netzwerk

Zusätzlich zu *lpsystem* sind auf vielen Rechnern mit SVR4 noch Netzwerkdruckbefehle *lpr* und *lprm* aus der Berkeley UNIX-Welt zu finden. Auch sie bieten im wesentlichen die Dienste wie *lpsystem*.

awk

13 awk	419
13.1 Aufruf eines awk-Programms	420
13.2 Aufbau eines awk-Programms	421
13.3 Erste Beispiele	423
13.4 Records und Felder	424
13.5 Konstanten und Variablen	426
13.6 Standardvariablen	429
13.7 Operatoren	431
13.8 Ein- und Ausgabe	432
13.9 Funktionen	437
13.10 Kontrollstrukturen	441
13.11 Arrays	443
13.12 Bedingungen	445
13.13 Parameter aus der Kommandozeile	448
13.14 awk-Beispiel	448

13 awk

Überall dort, wo es darum geht, Texte und Zeichenfolgen zu analysieren, aufzubereiten und zu strukturieren, kann *awk* sinnvoll eingesetzt werden.

Die Mächtigkeit und Flexibilität des *awk* ergibt sich für den Benutzer aus den universellen Einsatzmöglichkeiten. *awk* bietet einerseits die Möglichkeit der Textanalyse, -aufbereitung und -manipulation, wie sie z. B. von *grep*, *sed*, *tr*, *cut* und *paste* bereitgestellt werden. Hier unterstützt der *awk* insbesondere die Bildung von Regular Expressions. Auf der anderen Seite ist der *awk* frei programmierbar und bildet so eine eigenständige und moderne Programmiersprache, mit der sehr komplexe Verarbeitungsaufgaben gelöst werden können.

Der *awk* ist ein UNIX-Kommando, das zur sequentiellen Verarbeitung von Textdateien (allgemein Dateien mit beliebiger Zeichenfolge) entworfen wurde. Dies macht sich bei der Programmierung bemerkbar, denn grundlegende Aufgaben für die Verarbeitung (Dateien öffnen, lesen, schreiben,...) werden vom *awk* selbständig realisiert und entlasten den Programmierer deutlich.

Der Benutzer muß nur noch den eigentlichen und damit anwendungsspezifischen Verarbeitungsteil formulieren. Syntaktisch lehnt sich der *awk* stark an die Sprache »C« an und beinhaltet alle wesentlichen Sprachkonstrukte dieser Sprache. Darüber hinaus sind viele komfortable Mechanismen implementiert, so daß *awk* als Vorgänger der modernen Sprachen der 4. Generation gelten kann.

awk, benannt nach seinen Entwicklern Aho, Weinberg und Kernighan wurde ursprünglich zur Suche von Textmustern entwickelt. Es gab eine Vielzahl von Weiterentwicklungen. System V.4 enthält mit *nawk* eine neue Implementierung mit zahlreichen Erweiterungen und mit *awk* die Originalversion. Wir benutzen in diesem Kapitel für die Beispiele den *nawk*. Bei der Beschreibung der Sprachelemente machen wir die Erweiterungen des *nawk* gegenüber dem *awk* kenntlich.

Die Ausführungen zum *awk* sollen durch Beispiele veranschaulicht werden. Dazu benutzen wir eine Datei *liste*, die folgenden Inhalt hat:

```
$ cat liste
Tortellini 0.2 6.40
Tofu 0,25 5.75
Kichererbsen 1.20 4.80
Reis 0.6 4.80
```

Der Inhalt der Datei *liste* besteht aus einem Artikelnamen, einer Mengenangabe (in Kilogramm) und dem gezahlten Preis. Die Einträge in einer Zeile sind durch Leerzeichen getrennt.

13.1   Aufruf eines awk-Programms

Die Syntax des Kommandoaufrufs ähnelt der des Editors *sed*. Dabei sind zwei Fälle zu unterscheiden:

Die Anweisungen werden für den *awk* direkt beim Kommandoaufruf angegeben.

```
$ awk 'anweisung' datei
```

Die Zeichenkette *anweisung* enthält dabei Befehle für den *awk*, die in der Kommandozeile in Hochkommata ' ' stehen. Diese Befehle bilden das eigentliche Programm, das die Daten der Eingabedatei verarbeitet. Der Inhalt von *datei* wird zeilenweise gelesen und darauf die Befehle *anweisung* angewendet. Das Programm beendet sich, wenn die letzte Zeile der Datei gelesen und verarbeitet wurde. Der *awk* kennt ebenso wie die Shell Sonderzeichen. Damit die innerhalb von *anweisung* benutzten Sonderzeichen nicht von der Shell interpretiert werden, müssen die *awk*-Befehle in Hochkommata (') gesetzt werden. Diese Version des Aufrufs wird eingesetzt, wenn kurze Abfragen auf der Shell-Ebene eingegeben werden oder Aufrufe des *awk* in Shell-Scripten stehen.

Die Befehle an den *awk* können aber auch in einer Datei abgelegt werden. Dies ist besonders bei komplexen oder häufig benutzten Verarbeitungen hilfreich. Mit dem Aufruf

```
$ awk -f prog_datei daten
```

liest der *awk* den Inhalt der Datei *daten* zeilenweise und führt aufgrund der Option *-f* die Befehle aus der Datei *prog_datei* für jede Zeile aus.

13.2 Aufbau eines awk-Programms

Nach diesen allgemeinen Ausführungen sollen nun die Möglichkeiten der Programmierung des *awk* näher beschrieben werden. Zentraler Teil eines *awk*-Programmes sind die Aktionen, die in geschweiften Klammern geschrieben werden. Die Aktionen werden aus einer Folge von Anweisungen zur Verarbeitung und Ausgabe der Daten gebildet. Die einzelnen Anweisungen werden durch Semikolon voneinander getrennt oder durch {}-Klammerpaare zusammengefaßt. Formal hat ein *awk*-Programm folgenden Aufbau:

```
BEGIN {aktion_a}
function { aktion_f }
bedingung1 { aktion_1 }
bedingung2 { aktion_2 }
bedingung3 { aktion_3 }
END {aktion_e}
```

13.2 Aufbau eines awk-Programms

Das *awk*-Programm besteht aus einer Folge von Aktionen. Jede Aktion kann mit einem Ausdruck versehen werden, der vor die Aktion gesetzt wird. Der Ausdruck kann aus der folgenden Liste sein:

BEGIN Steht ein BEGIN vor einer Aktion, wird diese Aktion am Anfang der Verarbeitung ausgeführt, also bevor die erste Zeile der Eingabedatei bearbeitet wird. Es kann nur genau einer Aktion ein BEGIN zugeordnet werden. BEGIN steht am Anfang des *awk*-Programms und wird für Initialisierungen und einmalige Ausgaben, z. B. Überschriften am Anfang von Listen, verwendet.

END Steht ein END vor einer Aktion, wird diese Aktion am Ende der Verarbeitung ausgeführt, also nachdem die letzte Zeile der Eingabedatei bearbeitet wurde. Es kann nur genau einer Aktion ein END zugeordnet werden. END steht am Ende des *awk*-Programms und wird z. B. für abschließende Ausgaben, wie Endergebnisse, Summenbildungen, benutzt.

bedingung Die Aktionen, denen Bedingungen vorangestellt sind, bilden den Hauptteil des Programms. Mit der Angabe einer Auswahlbedingung kann der Anwender Daten gezielt aus der Eingabedatei auswählen. Nur die Datensätze der Eingabedatei, die der Bedingung entsprechen, werden mit den zugeordneten Aktionen verarbeitet.

Der *awk* liest zeilenweise die Daten aus der Eingabedatei. Für jede Zeile werden nacheinander die Bedingungen *bedingung1*, *bedingung2*, usw. geprüft. Ist eine Bedingung erfüllt, wird die zugeordnete Aktion ausgeführt. Die Auswahlbedingung kann sehr komplex aufgebaut sein. Ihre Schreibweise hängt von den benutzten Sprachelementen ab.

Benutzt werden können

- reguläre Ausdrücke
- Vergleichsoperatoren
- logische Operatoren
- Bereichsangaben

Eine umfassende Beschreibung der Möglichkeiten, Bedingungen zu formulieren, folgt weiter unten.

function   Mit *function* vor einer Aktion wird eine Funktion definiert und die Aktion als Rumpf der Funktion interpretiert.

13.3 Erste Beispiele

Die Bedingung kann z. B. ein Suchmuster (wird in // Zeichen gesetzt) sein, wie es beim Kommando *grep* benutzt wird. Die Befehlszeile

```
$ nawk '/Tofu/ {print}' liste
```

sucht in jeder Zeile der Datei *liste* nach der Zeichenkette *Tofu*. Wenn diese gefunden wurde, wird die zugeordnete Aktion ausgeführt. Mit *print* wird die ausgewählte Zeile auf den Bildschirm gegeben. In dieser einfachen Form entspricht der *awk*-Aufruf einem *grep*:

```
$ grep 'Tofu' liste
```

Ist eine Bedingung, aber keine Aktion angegeben, werden alle Zeilen, die durch die Bedingung selektiert werden, unverändert nach stdout geschrieben (als Standardaktion wird ein *print* gesetzt).

```
$ nawk '/Tofu/' liste
```

Ist keine Bedingung angegeben, wird für jede Zeile der Eingabedatei die angegebene Aktion ausgeführt.

```
$ nawk '{print}' liste
```

Der *awk* liest die Datei *liste* zeilenweise. Auf jede Zeile wird der Befehl *print* angewendet. Dieser schreibt die Zeile auf den Bildschirm. Der *awk* entspricht in diesem Beispiel einem normalen *cat*.

Dieses Programm kann durch eine *BEGIN*-Aktion erweitert werden:

```
$ nawk 'BEGIN {print "Einkaufsliste:"} {print}' liste
Einkaufsliste:
Tortellini 0.2 6.40
Tofu 0,25 5.75
Kichererbsen 1.20 4.80
Reis 0.6 4.80
```

Es wird wieder die Einkaufsliste ausgegeben und als Überschrift die Zeichenkette *Einkaufsliste*.

13.4 Records und Felder

Die Daten der Eingabedatei werden vom *awk* automatisch in *Records* und diese in *Felder* zerlegt. Damit hat der *awk* nicht nur auf die kompletten Datensätze Zugriff, sondern auch auf Teile. Der *awk* arbeitet die Eingabedatei recordweise ab. In der Voreinstellung ist ein ⏎ als Begrenzer eines Records gesetzt, der *awk* arbeitet daher zeilenweise. Ein gelesener Record (Zeile) wird vom *awk* automatisch in Felder zerlegt. Standardmäßig wird ein Feld durch ein Leerzeichen oder Tabulator begrenzt. Die Felder werden daher normalerweise aus Worten gebildet. Die Begrenzer für Records und

Felder können umdefiniert werden. ☞ dazu den Abschnitt »Variablen«.

Zur Verarbeitung der eingelesenen Daten kann in einem *awk*-Programm über Feldparameter auf den gesamten Record und die einzelnen Felder zugegriffen werden. Es werden automatisch folgende Parameter definiert:

- $0 liefert den gesamten Record
- $1 liefert den Wert des ersten Feldes
- $2 liefert den Wert des zweiten Feldes
- $3 liefert den Wert des dritten Feldes

Der Mechanismus ist den Positionsparametern der Shell ähnlich. Für jedes Wort in der Zeile wird ein Feldparameter belegt, so daß die Anzahl der Feldparameter sich ändert, wenn sich die Länge (Anzahl Felder) in der Eingabezeile ändert. Informationen über die Anzahl der Feldparameter bekommt der Anwender über die Variable NF, die als Wert die Anzahl der Worte in der aktuellen Zeile enthält. Auch diese Variable wird automatisch vom *awk* bereitgestellt.

Beispiel

```
$ nawk 'BEGIN {print "Einkaufsliste:"} \
        {print $1,$2}\
        END {print "Bitte preiswert einkaufen!"} ' liste
Einkaufsliste:
Tortellini 0,2
Tofu 0,25
Kichererbsen 1,2
Reis 0,6
Bitte preiswert einkaufen!
```

Mit dem obigen Programm werden nur bestimmte Daten aus unserer Einkaufsliste ausgegeben. Von jeder Zeile wird nur das erste ($1) und das zweite ($2) Feld (Wort) auf den Bildschirm ausgegeben. Dazu bekommt *print* die beiden Feldparameter $1 und $2 als Argument übergeben. Die Argumente von *print* sind durch ein Komma getrennt. Die Werte der beiden Variablen werden in der Ausgabe daher durch ein Leerzeichen getrennt (☞ Abschnitt »Ein-/Ausgabe«). Da in diesem Beispiel keine Bedingung angegeben wurde, werden alle Zeilen verarbeitet und ausgegeben.

13.5 Konstanten und Variablen

Bisher haben wir im wesentlichen nur mit den Feldparametern operiert. *awk* kennt aber wie alle Programmiersprachen Konstanten und Variablen. Soll ein Text in einem *awk*-Programm benutzt, z. B. ausgegeben werden, muß die Zeichenkette in Anführungszeichen gesetzt werden.

```
{print "Blumenkohl",350,4.50 }
Blumenkohl 350 4.50
```

Mit dieser Anweisung wird eine Zeile ausgegeben, die aus der Zeichenkette Blumenkohl und den Zahlen 350 und 4.50 besteht. Alle drei Werte werden als Konstanten bezeichnet. Bei Konstanten wird zwischen Zeichenketten und Zahlen unterschieden. Zeichenketten müssen, Zahlen dürfen in Anführungszeichen gesetzt werden. Werden die Anführungszeichen im obigen Beispiel weggelassen, wird *Blumenkohl* als Name einer Variablen interpretiert und *print* liefert nicht das gewünschte Ergebnis. Neben einer Vielzahl von Standardvariablen, die *awk* bereitstellt, kann der Anwender eigene Variablen definieren. Der *awk* kennt bei Variablen keine Typen. Der Inhalt von Variablen wird je nach Zusammenhang und beteiligten Operatoren als String oder als Zahl (Integer oder Float) interpretiert.

Der Benutzer kann den Namen einer Variablen frei wählen. Eine Variable wird bei der ersten Nennung definiert und, wenn kein Wert zugewiesen wird, mit 0 initialisiert. Variablennamen bestehen aus Buchstaben und Zahlen und Unterstrich. Das erste Zeichen muß ein Buchstabe sein. Einer Variablen wird mit dem =-Operator ein Wert zugewiesen.

```
ware = "Blumenkohl"
```
Beispiel

Der Variablen *ware* wird der String "Blumenkohl" zugewiesen.

```
{ware="Blumenkohl"; print ware}
Blumenkohl
```

Zuerst wird der Variablen *ware* eine Zeichenkette zugewiesen und anschließend der Inhalt der Variable ausgegeben.

Es ist zu beachten, daß bei Variablen des *awk* im Unterschied zu Feldparametern und Variablen der Shell kein spezieller Inhaltsoperator (bei Shell das $-Zeichen) benötigt wird. Für den Anwender ergibt sich hier leicht eine Fehlerquelle, wenn er bei der Programmierung häufig zwischen Shell und *awk* wechselt. Als Wert kann einer Variablen eine Zeichenkette oder eine Zahl zugewiesen werden:

```
gewicht = 350
gewicht = "350"
```

sind damit gleichbedeutend.

Auf den Inhalt einer Variablen kann über den Namen zugegriffen werden.

print gewicht   liefert den Wert der Variablen *gewicht*.

print »gewicht«   liefert die Zeichenkette *gewicht*.

Eine Variable kann an einer beliebigen Stelle eines *awk*-Programms benutzt werden. Der Name einer Variablen liefert dabei ihren Inhalt (Wert). Variablen können durch umfangreiche Operationen miteinander verknüpft werden. Es handelt sich dabei um die auch in »C« verfügbaren Operationen. ☞ Eine Übersicht finden Sie im Abschnitt »Operatoren«.

Folgende Beispiele sollen die Nutzung verdeutlichen:

a = »35«   Der Variablen *a* wird der Wert 35 zugewiesen.

13.5 Konstanten und Variablen

print a   Liefert 35.

b = a + »2«   *b* hat den von *a* abhängigen Wert 37. Gleichbedeutend mit *b* = *a* + 2. Durch den Operator + wird der Inhalt von *a* und die 2 numerisch interpretiert, addiert und an *b* zugewiesen.

```
$ nawk ' { preis = $3*$2 ; print $1,$2*100,$3,preis } ' liste
Tortellini 1.85 200 3.70
Tofu 250 5.75
Kichererbsen 0.30 1200 3.60
Reis 0.70 600 4.20
```

In diesem Beispiel wird einer Variablen *preis* der Einkaufspreis (Produkt aus Menge und Preis pro Kilogramm) zugewiesen. Diese Variable wird anschließend mit *print* ausgegeben. Die Menge wird dabei in Gramm umgerechnet. Der Umweg über diese zusätzliche Variable ist nicht notwendig. Das obige Programm kann kürzer formuliert werden:

```
$ nawk ' { print $1,$2*100,$3, $3 * $2 } ' liste
```

Die folgende Formulierung definiert einen weiteren Feldparameter:

```
$ nawk ' { $4 = $3 * $2; $2 = $2 * 100; print $0} ' liste
```

Mit dem folgenden Programm wird vor jede Zeile ein Text gesetzt:

```
$ awk ' { print "Artikel und Menge: ", $1, $3 * 100 } ' liste
Artikel und Menge:  Tortellini 200
Artikel und Menge:  Tofu 250
Artikel und Menge:  Kichererbsen 1200
Artikel und Menge:  Reis 600
```

13.6 Standardvariablen

Der *awk* zeichnet sich u. a. dadurch aus, daß für viele Aufgaben Voreinstellungen bestehen. Es gibt daher eine Reihe von Standardvariablen, die der *awk* z. B. für die Ein- und Ausgabe auswertet oder automatisch setzt. Die folgende Liste gibt eine Übersicht der Standardvariablen.

Variable	Bedeutung
ARGC	Anzahl der Argumente in der Kommandozeile.
ARGV	Array der Argumente in der Kommandozeile, numeriert von 0 bis ARGC-1.
ENVIRON	Array mit den Variablen des Environments, Indizes sind die Namen der Umgebungsvariablen.
OFMT	Ausgabeformat für Gleitkommazahlen (%.6g).
SUBSEP	Zeichenkettentrenner für mehrdimensionale Arrays.
FS	Feldbegrenzer in der Eingabe (␣ , ⇥).
RS	Zeilenbegrenzer in der Eingabe (↵).
OFS	Feldbegrenzer in der Ausgabe (blank).
ORS	Zeilenbegrenzer in der Ausgabe (↵).
NF	Anzahl der Felder in der aktuellen Zeile.
NR	Anzahl der bereits verarbeiteten Zeilen.
FNR	Anzahl der bereits verarbeiteten Zeilen in der aktuellen Datei.
FILENAME	Name der aktuellen Eingabedatei.

In Klammern sind die Standardwerte dieser Built-in-Variablen angegeben.

Der *awk* zerlegt die Daten der Eingabe automatisch in Records (Zeilen) und diese Records in Felder (Worte). Die Begrenzer für Records und Felder sind in den Variablen RS (Record Separator) und FS (Field Separator) abgelegt und besitzen eine Standardvorbelegung. Der Benutzer kann diese Variablen umdefinieren und so den *awk* an den spezifischen Aufbau von Eingabedaten anpassen.

Die Belegung erfolgt häufig in der BEGIN-Klausel eines *awk*-Programms. Der neue Wert wird dann für die gesamte Dauer der Verarbeitung gültig:

BEGIN {FS=":"}

setzt den Feldseparator auf den Doppelpunkt um. Das ist nötig, wenn Dateien bearbeitet werden sollen, deren Felder durch einen Doppelpunkt getrennt sind:

nawk 'BEGIN {FS=":"} {print $1,$6} ' /etc/passwd

Dieses Programm gibt die eingetragenen User und deren Home-Verzeichnis an.

Ebenso wie für die Eingabe sind Begrenzer von Records und Feldern für die Ausgabe definiert und mit Standardwerten belegt. Diese können ebenfalls vom Benutzer umdefiniert werden. Die Variable *OFS* (Output Field Separator) liefert das Trennungszeichen zwischen den Feldern bei der Ausgabe. Mit OFS='#' werden die Felder in der Ausgabe durch ein #-Zeichen getrennt. *ORS* (Output Record Separator) trennt die Records (Zeilen) in der Ausgabe. Der *awk* stellt dem Benutzer weitere wichtige Informationen über die benutzte Datei zur Vefügung. In der Variablen *FILENAME* wird der Name der in Bearbeitung befindlichen Datei abgelegt. In der Variablen *FNR* ist die Anzahl der verarbeiteten Zeilen in der aktuellen Datei abgelegt. Eine Zeile ist dabei durch den Wert der Variablen RS begrenzt. Die Werte der Variablen NF, FNR und NR werden für jede Zeile neu berechnet.

Beispiel Jeder Zeile wird die Zeilennummer und ein Doppelpunkt vorangesetzt:

```
$ nawk ' { print NR ":",$0 } ' liste
1: Tortellini 0.2 3.70
2: Tofu 0.25 5.75
3: Kichererbsen 1.2 2
4: Reis 0.6 4.20
```

13.7 Operatoren

Mit Operatoren können Variablen und Konstanten verknüpft werden. Die Operatoren entstammen der Sprache »C«:

Operator	Beschreibung
relationale Operatoren:	
<, <=	kleiner, kleiner gleich
>, >=	größer, größer gleich
==, !=	gleich, ungleich
logische Verknüpfungen:	
&&	AND, logisches Und
||	OR, logisches Oder
!	NOT, nicht
arithmetische Operatoren:	
+, -	Addition, Subtraktion
*, /, %	Multiplikation, Division, Modulo
Zuweisungsoperatoren:	
=	Zuweisen
+=	Addieren und zuweisen
-=	Subtrahieren und zuweisen
*=	Multipizieren und zuweisen
/=	Dividieren und zuweisen
%=	Modulo und zuweisen
++	Erhöhen um 1 (Inkrement)
--	Verringern um 1 (Dekrement)

13.8 Ein- und Ausgabe

Die Ausgabe eines *awk*-Programms kann über zwei verschiedene Funktionen realisiert werden, mit *print* und mit *printf*. Eingaben werden über die Funktion *getline* realisiert.

Ausgabe mit *print*

Mit *print* können die verarbeiteten Daten des *awk*-Programms nach stdout, in eine Pipe oder eine beliebige Datei geschrieben werden. Werden die Variablen durch ein Komma getrennt, wird in der Ausgabe ein Blank zwischen die Werte gesetzt. Sind die Variablen durch ein Blank getrennt, werden die Werte in der Ausgabe aneinandergefügt (s. Beispiel). Folgende Beispiele sollen die Funktion der Ausgabe erläutern. Dabei ist bei einigen einfachen Beispielen nur die Aktion, nicht aber der gesamte Aufruf angegeben:

```
$ nawk ' { print } '
```

schreibt die durch die Bedingung (wenn eine angegeben ist) selektierten Zeilen nach stdout. Die Anweisung ist gleichbedeutend mit *{ print $0 }*. Werden die Argumente von *print* durch Komma voneinander abgetrennt, sind in der Ausgabe die Daten durch ein Leerzeichen voneinander getrennt.

Beispiele
```
$ nawk ' { print $1,$3 } ' liste
Tortellini 0,2
Tofu 0,25
Kichererbsen 1,2
Reis 0,6
```

Werden die Argumente von *print* durch ein Leerzeichen und nicht durch ein Komma voneinander getrennt, werden die Werte ohne trennendes Blank nach stdout geschrieben.

```
$ nawk ' { print $1 $2 } ' liste
Tortellini0,2
```

Tofu0,25
Kichererbsen1,2
Reis0,6

Die Ausgabe von *print* kann mit > oder >> in eine beliebige Datei umgelenkt werden. Das folgende Programm schreibt das erste Feld in die Datei *ziel*. Mit >> kann an eine Datei angefügt werden.

```
$ nawk ' { print $1 >> "ziel" } ' liste
$ cat ziel
Tortellini
Tofu
Kichererbsen
Reis
```

Die nachstehende Zeile schreibt das zweite und dritte Feld in eine Datei, deren Name im ersten Feld steht. Für jede Zeile entsteht so eine neue Datei. In unserem Beispiel entstehen Dateien mit den Namen *Tortellini*, *Tofu*, *Kichererbsen* und *Reis*.

```
$ nawk ' { print $2,$3 > $1 } ' liste
```

print kann Daten auch in eine Pipe schreiben und damit an ein anderes UNIX-Kommando übergeben. Die folgende Aktion übergibt die Felder eins und zwei über eine Pipe an das Kommando *sort*, das die Daten nach der Sortierung in die Datei *sortliste* schreibt.

```
$ nawk ' { print $1,$2*100 | "sort > sortliste" } ' liste

$ cat sortliste
Kichererbsen 1200
Tofu 250
Tortellini 200
Reis 600

$ nawk '{ print $3 }' liste > teil
```

Der *awk* liefert von jeder Zeile der Datei *liste* das dritte Feld. Die Daten werden von der Shell in die Datei *teil* umgeleitet. Gleichwertig damit ist das Kommando *awk '{ print $3 > »teil« }' daten*.

Ausgabe mit *printf*

Die Funktion *printf* erlaubt die formatierte Ausgabe von Daten. Die Formatspezifikationen lehnen sich an die Funktion *printf* der Sprache »C« an.

```
printf ("format",var_liste)
```

var_liste ist eine Liste von Variablennamen (durch Komma getrennt). Das Ausgabeformat dieser Variablen wird in *format* bestimmt. Dabei können die Formatangaben der Programmiersprache »C« benutzt werden. Aufbau eines Ausgabeformats:

Jede Variable in der Aufzählung *var_liste* muß eine Formatangabe der Form **%** *nc* im Formatteil haben. Jede Formatangabe wird dabei durch ein % eingeleitet. Der Datentyp des Ausgabefeldes wird durch *c* festgelegt. Durch die optionale Zahl *n* kann die Größe des Ausgabefeldes festgelegt werden. Normale darstellbare Zeichen werden unverändert ausgegeben. Folgende Datentypen können benutzt werden:

Format	Beschreibung
d	Integer
f	Gleitkommazahlen (Float)
e	Gleitkommazahlen in Exponent-Darstellung
g	e oder f, je nachdem, welche Darstellung kürzer ist
c	einzelnes Zeichen
o	Ganzzahl (oktale Darstellung)
u	Ganzzahl ohne Vorzeichen

Format	Beschreibung
x	Ganzzahl (hexadezimale Darstellung)
s	Zeichenkette

Das nachfolgende Programm gibt eine Zahl (Inhalt der Variablen *$2*) in ein sechs Zeichen langes Feld und eine Zeichenkette (Inhalt der Variablen *$1*) in ein 15 Zeichen langes Feld auf dem Bildschirm aus. Durch diese Formatangaben lassen sich umfangreiche Formatierungen erreichen.

```
$ nawk '{ printf ("%15s %6.2d\n", $1, $2)}' liste
    Tortellini   0.20
         Tofu   0.25
   Kichererbsen   1.20
         Reis   0.60
```

Mit *sprintf* wird ebenfalls eine Zeichenkette formatiert. Die formatierte Ausgabe wird aber nicht auf dem Bildschirm ausgegeben, sondern kann einer Variablen zugewiesen werden.

Eingabe mit getline

awk liest normalerweise einen neuen Datensatz, wenn die Anweisungen des Hauptteils vollständig abgearbeitet sind. Mit der Funktion *getline* kann an einer beliebigen Stelle in einem *awk*-Programm ein neuer Datensatz eingelesen werden.

```
getline ziel quelle
```

Der gelesene Datensatz wird in der Variablen *ziel* abgelegt. Aus welcher Datei *getline* liest, hängt von den Angaben im Parameter *quelle* ab.

13.8 Ein- und Ausgabe

Tastatureingabe

Im folgenden Aufruf liest *getline* von der Tastatur:

```
getline zeile < "/dev/tty"
```

Der Variablen *zeile* wird dabei die Eingabe von der Tastatur (bis zu einem ⏎ zugewiesen. */dev/tty* ist das Device, über das *awk* die Tastatur abfragt.

Lesen aus Datei

Aus einer beliebigen Datei liest *getline* mit dem Aufruf:

```
getline zeile < "hilfe"
```

getline liest einen Record aus der angegebenen Datei, hier *hilfe* und speichert ihn in der Variablen *zeile*. Diese Variable kann nun weiterverarbeitet werden. Wird kein Dateiname angegeben, wird aus der aktuellen Eingabedatei gelesen:

```
getline zeile
```

liest einen Datensatz aus der Eingabedatei und speichert diese in der Variablen *zeile*. Enthält der Aufruf von *getline* keine Variable, wird der eingelesene Datensatz im Feldparameter $0 abgelegt, die Felder (Worte) des Satzes in den Parametern $1,$2 bis $NF abgespeichert. Außerdem wird die Variable NF aktualisiert. Im Unterschied zu *next* wird bei *getline* zwar eine neue Zeile gelesen, aber das Programm nicht neu gestartet. Als Rückgabewert liefert *getline* eine 1, wenn kein Fehler aufgetreten ist, eine 0 am Dateiende und -1 bei einem Fehler.

13.9 Funktionen

> Der *awk* unterstützt ein Funktionenkonzept. Dazu gibt es eine Vielzahl von vorbereiteten Funktionen, die vom Anwender in seinen Programmen genutzt werden können. Darüber hinaus bietet *awk* auch die Möglichkeit, eigene Funktionen zu definieren.

Implizite Funktionen

Es gibt eine Reihe von implementierten Funktionen, mit denen die Programmierung unterstützt wird. So die bereits beschriebenen Ausgabefunktionen *print* und *printf*. Weitere Funktionen sind:

gsub(muster,neu,string)

gsub bildet eine globale Ersetzungsfunktion. In der Zeichenkette *string* werden alle Ausdrücke *muster* durch die Zeichenkette *neu* ersetzt. Wird *string* nicht angegeben, wird in der gesamten Eingabezeile $0 ersetzt. *gsub* liefert die Anzahl der Ersetzungen als Returnwert.

int(var)

Die Funktion *int* liefert den ganzzahligen Anteil der Variablen *var*.

```
int(6.45)   liefert 6
int(-8.9)   liefert -8
```

index (string, substring)

Die Funktion *index* liefert die Anfangsposition der Zeichenkette *teilstring* in der Zeichenkette *string* als Wert zurück. Wird eine 0 geliefert, wurde der Teilstring nicht gefunden.

13.9 Funktionen

```
{ anfang = index ("frankfurt","kf")}
{ print anfang}
```

Dieses Programmfragment schreibt eine 5 auf den Bildschirm.

length (name)

length bestimmt die Länge der Zeichenkette, die in der Variablen *name* abgelegt ist. Ruft man *length* ohne Argument auf, wird die Länge der aktuellen Zeile bestimmt und als Wert geliefert.

```
$ nawk ' { print length, length($1 } ' liste
19 10
10 4
19 12
13 4
```

liefert für jede Zeile der Datei *liste* deren Länge und die Länge des Artikelnamens auf den Bildschirm.

log(var)

Die Funktion *log* liefert den natürlichen Logarithmus der übergebenen Variablen *var*.

match (string, wort)

match liefert die Position der Zeichenfolge *wort* in der Zeichenkette *string* oder 0, wenn nichts gefunden wurde. Diese Position ist außerdem in der Variablen *RSTART* abgelegt. *Wort* kann ein Regular Expression sein. Die interne Variable *RLENGTH* liefert die Länge der gefundenen Zeichenkette

```
$ nawk ' { match($1,"ll") } \
   { if (RSTART != 0) print NRSTART } ' liste
1 6
```

split (string,vektor,trenn)

Die Zeichenkette *string* wird von *split* in Felder zerlegt und in das Array *vektor* abgespeichert. Feldtrenner ist dabei der Inhalt der Variablen *trenn*. Fehlt *trenn*, wird der Wert der Variablen *FS* genommen. *trenn* kann ein Regular Expression sein.

```
$ nawk ' { split($1),teil,"e") } \
    {print teil[1],teil[2] } ' liste
Tort llini
Tofu
Kich r
R is
```

sqrt(var)

Die Funktion *sqrt* liefert die Quadratwurzel der Variablen *var*.

substr (string,beginn,lang)

Aus der Zeichenkette *string* wird mit *substr* eine Zeichenfolge der Länge *lang*, beginnend beim Zeichen mit der Nummer *beginn*, herausgeschnitten. Das folgende Programm liefert die ersten drei Buchstaben der Artikelnamen

```
$ nawk ' { print substr($1,1,3) } ' liste
Tor
Tof
Kic
```

system(command)

Mit der Funktion *system* kann aus einem *awk*-Programm heraus ein weiteres UNIX-Kommando abgesetzt werden. *command* ist dabei die Kommandozeile, die gestartet wird.

Anwenderfunktionen

Neben vordefinierten Funktionen bietet *awk* die Möglichkeit, eigene Funktionen zu definieren und im *awk*-Programm zu nutzen. Diese Funktionen können Übergabeparameter verarbeiten und liefern wie in »C« einen Rückgabewert.

Eine Funktion muß zunächst definiert werden und kann dann an beliebiger Stelle des Programms benutzt (aufgerufen) werden.

Die Definition einer Funktion steht gleichberechtigt mit den Zeilen für *bedingung {aktion}* im Hauptteil des Programms. Die Definition wird mit dem Schlüsselwort *function* eingeleitet und hat formal folgenden Aufbau:

```
function fktname (parameter) {aktion}
```

Der Rumpf einer Funktion besteht aus einer Abfolge von Anweisungen, die durch geschweifte Klammern zusammengefaßt werden. Diese Anweisungen werden bei jedem Aufruf der Funktion abgearbeitet.

Die Übergabe der Parameter erfolgt als Call-by-value. Die Funktion arbeitet mit einer »Kopie« der Variablen aus dem Hauptteil und kann diese nicht ändern. Die übergebenen Parameter sind lokal in der Funktion bekannt. Variablen, die in der Funktion definiert werden, sind allerdings global im *awk*-Programm bekannt. Ebenso sind Variablen aus dem Hauptteil, die nicht als Argumente übergeben werden, in der Funktion bekannt.

Beispiel
```
function swap (a,b) \
    {tmp = a; a=b; b=tmp; \
    print "funktion swap ";\
    print "a = ", a,"\t b = ",b,"\t c = ",c ; c = c + 2\
    }
{\
a = 5; b = 7; c = 9; \
    swap (a,b); \
```

```
    print "Hauptprogramm:", \
    print "a = ", a,"\t b = ",b,"\t c = ",c\
}
```

```
Funktion swap
a = 7   b = 5   c = 9
Hauptprogramm:
a = 5   b = 7   c = 11
```

Ausgabe

In der Funktion *swap* werden die Werte der beiden Variablen *a* und *b* getauscht. Diese Vertauschung wirkt sich aber auf die Variablen im Hauptprogramm nicht aus. Die Variable *c* ist im Hauptprogramm definiert und wird in der Funktion *swap* verändert. Diese Änderung hat Auswirkungen auf den Wert im Hauptprogramm.

13.10 Kontrollstrukturen

Der *awk* kennt wie alle Programmiersprachen Kontrollstrukturen. Mit den Kontrollstrukturen kann der Ablauf des *awk*-Programms über Bedingungen und die Wahrheitswerte gesteuert werden. Die Syntax ist dabei vollständig aus der Sprache »C« übernommen.

if-Anweisung

```
if (beding) aktion1
else aktion2
```

Über die *if*-Anweisung können Programmteile angesteuert werden, die nur ausgeführt werden, wenn eine Bedingung erfüllt ist. Wenn die Bedingung in *beding* wahr ist, werden die Aktionen *aktion1* ausgeführt, sonst (Bedingung falsch) werden die Aktionen *aktion2* im *else*-Zweig ausgeführt. Die Angabe des *else*-Zweigs ist optional.

Die Aktionen in einem Zweig können aus mehreren Anweisungen bestehen, die dann durch {} zusammengefaßt werden müssen.

Das folgende Programm liefert alle Zeilen, deren Artikelname *Tofu* ist:

```
$ nawk ' { if($1 == "Tofu") print $0 } ' liste
Tofu 4 250
```

Die *if*-Anweisung ersetzt in diesem Beispiel einen Bedingungsausdruck vor den Klammern. Wie in »C« gibt es auch eine Kurzfassung von *if-then-else*

```
bed ? aktion1 : aktion2
```

Ist die Bedingung *bed* wahr, wird die Aktion *aktion1* ausgeführt, sonst die Aktion *aktion2*.

while-Anweisung

Mit der *while*-Anweisung wird eine Aktion solange wiederholt, bis die angegebene Bedingung nicht mehr zutrifft, also falsch ist.

```
while (beding) anweis
```

Solange die Bedingung *beding* wahr ist, werden die Anweisungen *anweis* ausgeführt. Bei der *while*-Anweisung wird die Bedingung abgeprüft, bevor die Aktion durchgeführt wird. Dies ist bei der *do-while*-Anweisung umgekehrt. Zunächst werden die Aktionen des Rumpfes durchlaufen und anschließend geprüft, ob die Bedingung wahr ist. Ist die Bedingung wahr, wird der Rumpf erneut durchlaufen.

for-Anweisung

```
for ( anweis1; beding; anweis2 ) anweis3
```

anweis1 dient zur Initialisierung. Solange die Bedingung *beding* wahr ist, wird der Rumpf mit den Anweisungen *anweis2* abgearbeitet. Am Ende eines Schleifendurchlaufs wird Anweisung *anweis3* durchgeführt. Diese dient meist zur Veränderung des Schleifenzählers.

Weitere Statements

break	Bricht Schleife ab.
continue	Bricht aktuellen Schleifendurchlauf ab und startet den nächsten Durchlauf.
exit	Beendet die Abarbeitung der Eingabedaten und bricht das Programm ab. Wenn eine *END*-Klausel vorhanden ist, wird diese abgearbeitet.
next	Startet die Abarbeitung der nächsten Eingabezeile.

13.11 Arrays

Wie die Korn Shell unterstützt der *awk* Arrays, die allerdings wesentlich flexibler gehandhabt werden können. Arrays werden vom *awk* dynamisch angelegt. Es muß daher keine Dimension für ein Array festgelegt werden. Bei Bedarf wird automatisch ein neues Arrayelement angelegt. Eine Besonderheit bildet der Index eines Array. Als Index können nicht nur Zahlen, sondern auch Zeichenketten benutzt werden (Assoziative Arrays).

13.11 Arrays

In dem nebenstehenden Beispiel werden Elemente eines Arrays liste definiert

```
liste[1] = "UNIX"
liste[kenn] = "ist ein"
liste[$2]    = "modernes"
liste["system"] = "Betriebssystem"
```

Das zweite Element hat als Index den Wert der Variablen *kenn*. Der dritte Index bestimmt sich aus dem Wert des zweiten Feldes der aktuellen Zeile. Der erste und vierte Index wird jeweils durch Konstanten gebildet.

Ein Arrayelement kann wie jede andere Variable benutzt werden. Für den Zugriff auf ein Array stehen aber noch einige spezielle Funktionen zur Verfügung:

➤ Mit der *for-in*-Anweisung kann auf alle Elemente zugegriffen werden:
```
END {for (zaehler in liste) print zaehler, liste
[zaehler] }
```

➤ Mit der *delete*-Funktion können einzelne Elemente eines Arrays gelöscht werden:
```
delete liste[zaehler]
```

➤ Mit der *in*-Funktion kann geprüft werden, ob ein bestimmter Index vorhanden ist:
```
zaehler in liste
```
liefert eine 1, wenn der Index *zaehler* existiert, sonst eine 0.

Erfolgt bei einem Funktionsaufruf die Übergabe des Namens eines Arrays, wird ein Verweis (Referenz) auf das Array übergeben. Im Funktionsrumpf können daher die Arrayelemente im Hauptteil verändert werden (Call By Reference).

Beispiel
```
function swap (a)
    {\
    tmp = a[1]; a[1]=a[2]; a[2]=tmp; \
    print "funktion swap ";print "a[1] = ",a[1] ,
        "a[2] = ",a[2]\
    }
BEGIN {a[1] = 5; a[2] = 7}
```

```
{ print "Anfang:", print a[1],a[2]}
{ swap (a); }
{ swap (a); print "Ende :", print a[1],a[2] }
```

Ausgabe:
Anfang: a[1] = 5   a[2] = 7
Funktion swap: a[1]= 7 a[2] = 5
Ende: a[1] = 7 a[2] = 5

13.12 Bedingungen

Die Bedingungen können aus *regulären Ausdrücken* (RE – Regular Expression), Vergleichen und Bereichsangaben bestehen. *awk* unterstützt erweiterte reguläre Ausdrücke, wie sie auch von den Kommandos *sed* und *egrep* unterstützt werden. In der Bedingung wird der RE in Schrägstriche // gesetzt. Der *awk* prüft die Eingabedatei zeilenweise auf dieses Muster und startet die zugehörige Aktion, wenn eine Zeile das Muster enthält. Ist keine Aktion angegeben, wird als Standardaktion die gesamte Zeile ausgegeben.

/Tofu+/

Mit diesem Progammfragment würden aus den Eingabedaten alle Zeilen herausgefiltert, die die Zeichenkette *Tofu* enthalten. Da keine Aktion explizit angegeben ist, wird die Standardaktion ausgeführt (gib Zeile auf Bildschirm).

Der Regular Expression besteht aus Zeichenketten und Sonderzeichen, deren Bedeutung in der folgenden Tabelle beschrieben sind:

$	Stringende
^	Stringanfang
.	jedes Zeichen (außer ⏎)

13.12 Bedingungen

[str]	jedes Zeichen aus der Zeichenkette *str*.
[^str]	alle Zeichen, die nicht in der Zeichenkette *str* sind
\ddd	ddd ist oktaler Wert
\t	⇥ -Zeichen
\n	↵ -Zeichen
\«	« Zeichen
RE*	*RE* tritt nicht oder mehrmals auf
RE+	*RE* tritt einmal oder mehrmals auf
RE?	*RE* tritt nicht oder einmal auf
( )	Reguläre Ausdrücke werden gruppiert
|	Alternative (oder Verknüpfung) von regulären Ausdrücken

Beispiele /\t/{print}

Liefert alle Zeilen, die einen Tabulator enthalten.

/(Tofu|Reis)/

Liefert alle Zeilen, die entweder *Tofu* oder *Reis* enthalten.

/^[0-9]*/

Alle Zeilen, die mit einer Ziffernfolge beginnen.

{print "\t"}

Tabulatorsprung ausgegeben.

{print 3 \+ 5}

Durch den Backslash "\" maskiert, wird das +-Zeichen nicht als Operator interpretiert, sondern als Zeichen selbst ausgegeben.

Außerdem können Variablen benutzt und durch die *awk*-Operatoren mit den regulären Ausdrücken verknüpft werden. Auswahlbedingungen können so negiert und miteinander verknüpft werden.

Beispiele $1 ~ /Tofu/

Alle Zeilen, deren erstes Feld die Zeichenkette *Tofu* enthält. Das Feld kann dabei länger sein.

```
$5 ~ /PANIC/ {anz["PANIC"]++}

$5 ~ /WARNING/ {anz["WARNING"]++}

$5 ~ /NOTICE/ {anz["NOTICE"]++}
```

In diesem Programmfragment wird das fünfte Feld der Eingabedatei auf UNIX-Fehlermeldungen durchsucht. Bei einem Treffer wird ein Arrayelement um 1 erhöht. Dieses Element hat als Index den Namen der Fehlermeldung.

```
$1 == "Tofu"
```

Alle Zeilen, deren erstes Feld aus der Zeichenkette *Tofu* besteht.

```
$2 < 3
```

Alle Zeilen, deren zweites Feld einen Wert kleiner 3 enthält.

Durch eine Bereichsangabe kann die Verarbeitung auf bestimmte Teile der Datei beschränkt werden. Dazu werden zwei Muster angegeben und durch ein Komma getrennt. Die Abarbeitung geschieht dann vom ersten Auftreten des ersten Musters bis zum ersten Auftreten des zweiten Musters.

```
/Tofu/ , /Reis/
```

Alle Zeilen nach dem ersten Auftreten der Zeichenkette *Tofu* und bis zum ersten Auftreten der Zeichenkette *Reis*.

```
FNR==2,FNR==5
```

Die Zeilen 2 bis 5 werden ausgegeben.

13.13 Parameter aus der Kommandozeile

Mit verschiedenen Optionen können Werte von der Kommandozeile an das *awk*-Programm übergeben werden.

Der Feldtrenner ist standardmäßig ein Leer- oder Tabulatorzeichen. Mit *-Ftrenn* wird ein anderer Feldtrenner *trenn* festgelegt. *trenn* kann dabei ein beliebiges Zeichen sein. Der Trenner muß maskiert werden, wenn es sich um ein Zeichen mit Sonderbedeutung handelt. *-F«:«* definiert für das laufende Programm den Doppelpunkt als Feldtrenner. Diese Option ersetzt die Anweisung *FS=«:«* in der *BEGIN*-Sektion.

Mit *-v var=wert* besteht eine Möglichkeit, Variablen im *awk*-Programm von der Kommandoebene zu initialisieren.

```
$ nawk -v zahl=9 '{print "zahl =", zahl; exit}' liste
zahl = 9
```

Mit dieser Option können Werte, die in einem Script berechnet wurden, an das *awk*-Programm weitergegeben werden.

13.14 awk-Beispiel

Wird dem *awk*-Aufruf kein Dateiname übergeben, liest der *awk* die Daten von stdin. Damit kann der *awk* auch in einer Pipeline benutzt werden.

```
$ ls -l | awk /unix/
```

Das Inhaltsverzeichnis wird an den *awk* übergeben, der alle Zeilen herausfiltert, die die Zeichenkette *unix* enthalten, und diese auf den Bildschirm ausgibt.

Das folgende Programm soll die Datei */etc/passwd* lesen und die Benutzernamen und die dazugehörigen Homedirectories sowie die Gesamtzahl der eingetragenen Benutzer ausgeben.

```
$ cat analyse
BEGIN { FS=":" print "Analyse der Datei FILENAME>
{ if ( NR == 1 ) print }
{ print $1," hat das Home Directory ",$6 }
{ total=total + 1 }
END { print "------------------------"; \ ⏎
    print "Es gibt ",total," Benutzer>
```

Das Programm druckt vor der ersten Zeile eine Leerzeile aus. Die *END*-Klausel geht über zwei Zeilen. Der Zeilenumbruch muß dabei mit einem Backslash \ maskiert werden. Dieses Programm wertet folgende Datei aus:

```
$ cat /etc/passwd
root:NFK76LX4E:1:1::/:/bin/sh
lp::100:3:lp Administrator:/usr/spool/lp:/bin/sh
bube::110:4::/usr/nutzer/bube:/usr/local/bin/csh
gast::120:4::/usr/nutzer/gast://bin/rsh

$ awk -f analyse /etc/passwd
Analyse der Datei /etc/passwd
root hat das Home Directory /
lp hat das Home Directory /usr/spool/lp
bube hat das Home Directory /usr/nutzer/bube
gast hat das Home Directory /usr/nutzer/gast
------------------------
Es gibt 4 Benutzer
```

In diesem Teil finden Sie Informationen, die über die Grundlagen weit hinausgehen. Sie beschäftigen sich mit den Möglichkeiten des User-Managements sowie der Terminalanpassung. Neben der theoretischen Erläuterung der Dateitypen erfahren Sie hier auch, wie Sie Ihr UNIX-System effektiv verwalten und konfigurieren, was die Darstellung der Kommandos zur Datensicherung einschließt.

**Know-how
für
Fortgeschrittene**

Teil III

Neben der Verwaltung von Prozessen steht hier aber die Netzwerkfunktionalität von UNIX im Vordergrund. Dabei erfahren Sie alles über UUCP-Vernetzung, das ISO-7-Ebenen-Modell und die Vernetzung mit TCP/IP. Ein weiterer Abschnitt widmet sich der Anbindung von DOS- an UNIX-Systeme. Eine Darstellung der wichtigsten Tools rundet diesen Teil ab.

Teil III

Know-how
für
Fortgeschrittene

Systemverwaltung

14	Systemverwaltung	455
14.1	Schnittstellen	455
14.2	Das Terminal	465
14.3	Teminalanpassung	467
14.4	User-Management	471

15	Das UNIX-Dateikonzept	483
15.1	Dateitypen	483
15.2	Dateisystem anlegen	489
15.3	Logisches Dateisystem	494
15.4	Dateisystem intern	498
15.5	Dateisystemtypen	502
15.6	Nutzung einer Floppy	503
15.7	Reorganisation eines Dateisystems	505
15.8	Network File System	506

14 Systemverwaltung

14.1 Schnittstellen

Historisch gesehen bestehen UNIX-Arbeitsplätze aus Terminals, die über serielle Schnittstellen (Ports) am Rechner angeschlossen sind. Es handelt sich dabei in der Regel um zeichenorientierte Sichtgeräte. Es werden dabei die unterschiedlichsten Schnittstellen unterstützt, wobei die am weitesten verbreitete sicherlich die Schnittstelle nach RS232 (auch V.24 genannt) ist. Die Anschlußtechnik ist über 9-polige, 25-polige Canon-Stecker oder RJ45-Verbindungen (Westernstecker) realisiert.

Im UNIX-System ist jede Schnittstelle (Port) über eine Gerätedatei (*special device*) ansprechbar. Diese haben den Namen */dev/tty??*, wobei *??* eine zweistellige Ziffernfolge ist. Häufig wird die Konsole über eine besondere Hardware angesteuert (Grafikkarte) und kann damit mehrere »virtuelle« Terminals unterstützen. Dann sind diese virtuellen Terminals durch */dev/vt00*, */dev/vt01* etc. dargestellt. Sind die Terminals fensterfähig, werden sie über Treiber im Multiplexbetrieb angesteuert und haben die Namen */dev/xt/???*, wobei *???* drei Ziffern sind.

In den letzten Jahren hat sich die Technologie aber gewandelt. Durch die Einführung von lokalen Netzwerken kommt es immer stärker zu UNIX-UNIX-Kopplungen. Damit hat der wechselseitige Zugang (Remote Login) zu Rechnern über eine Netzwerkschnittstelle wesentlich an Bedeutung gewonnen. Die Kommunikation in diesen Netzwerken geschieht zumeist auf Basis des Protokolls TCP/IP. Als Netzwerk wird zumeist Ethernet, aber auch Token-Ring eingesetzt.

Durch die weite Verbreitung der MS-DOS-Rechner gewinnt auch die UNIX-DOS-Kopplung an Bedeutung. Bei einer derartigen Anbindung kann der UNIX-Rechner als Dateiserver für die DOS-PCs genutzt werden und der PC als Terminal für den Zugang zum UNIX-Host. Der PC bildet damit die multifunktionale Arbeitsstation, die entweder seriell oder über ein LAN angeschlossen ist. Auf dem PC ist eine Terminalemulation installiert, die den PC zu einem Terminal umfunktioniert. Durch diese Konfiguration werden die ASCII-Terminals abgelöst. Der PC kann so weiterhin unter DOS und MS-Windows laufen und gleichzeitig UNIX nutzen.

ASCII-Terminals und Drucker werden oft nicht mehr über Schnittstellenkarten im Zentralrechner angeschlossen, sondern über Terminalserver. Diese sind am LAN angeschlossen und erlauben den Anschluß von seriellen Geräten. Die Verbindung zum UNIX-Rechner wird über das LAN mittels TCP/IP realisiert.

Wie wird nun der Zugang zu einem UNIX-System über diese verschiedenen Kanäle realisiert? Wir betrachten zunächst die serielle Anbindung von Endgeräten und anschließend die Verbindungen über LAN. Es gibt eine Vielzahl von Prozessen und Konfigurationsdateien, wobei die Unterschiede zwischen bisherigen UNIX-Versionen und UNIX V.4 beträchtlich sind.

System V.3

In bisherigen UNIX-Versionen wird beim Booten des Systems vom Init-Prozeß an jedem aktivierten Port das Programm */etc/getty* gestartet. Dieser Prozeß übernimmt die Steuerung der weiteren Aktivitäten. An jeder Schnittstelle läuft daher ein *getty*-Prozeß mit einer eigenen Prozeßnummer PID. Ein Anmeldevorgang in Systemen mit UNIX-System V.3.x läuft dann nach folgendem Schema ab:

14 Systemverwaltung

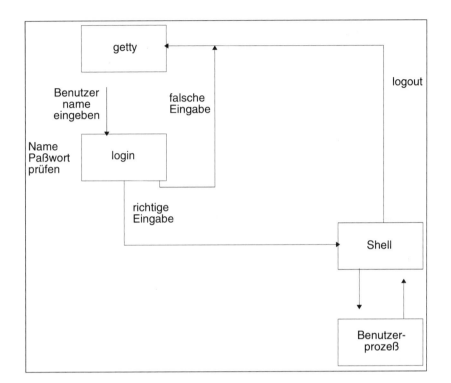

Abb. 14.1:
Anmeldevorgang
in UNIX-Systemen
V.3.x

Beim Einschalten des Terminals gibt der *getty*-Prozeß einen Begrüßungstext und die Login-Anforderung auf den Bildschirm aus. Den Ausgabetext liest */etc/getty* aus der Datei */etc/issue* und */etc/gettydefs*. Diese Dateien enthalten ASCII-Zeichenketten, die vom Systemverwalter angepaßt werden können. Der Anwender kann nun seine Kennung eingeben (mit ⏎ abschließen). Nach der Eingabe des Benutzernamens wird das Kommando *login* gestartet. Es fordert das Paßwort an und vergleicht Kennung und Paßwort mit den Einträgen in den Dateien */etc/passwd* und */etc/shadow*. Bei einer richtigen Eingabe wird eine Shell als Login-Shell gestartet, und der Anwender kann seine Eingaben machen. War die Eingabe von Paßwort oder Benutzername falsch, wird der Zugang zum System verwehrt und erneut ein *getty* gestartet. Dabei wird nicht unterschieden, ob der Username oder das Paßwort falsch eingegeben wurde.

14.1 Schnittstellen

Beendet der Anwender seine Sitzung mit einem Logout (Eingabe von *exit* oder [Strg]+[D], wird die Shell beendet. Vom Init-Prozeß wird nun erneut ein *getty* gestartet, ein erneuter Anmeldevorgang kann durchgeführt werden.

/etc/inittab

Damit am Terminal ein Login durchgeführt werden kann, müssen eine Reihe von Einträgen in Systemdateien vorgenommen werden. Die Schnittstelle wird über die Datei */etc/inittab* konfiguriert. Dort wird der Dienst beschrieben, der an der Schnittstelle aktiviert werden soll. Für jede Schnittstelle, die ein Terminal bedient, gibt es einen Eintrag der folgenden Form:

```
con:1:respawn:/etc/getty /dev/console 9600
co:23:respawn:/etc/getty /dev/console 9600
12:23:respawn:/etc/getty /dev/tty12 9600
13:23:respawn:/etc/getty /dev/tty13 9600
01:3:respawn:/usr/lib/uugetty
```

In diesem Ausschnitt der Datei */etc/inittab* bezieht sich jeweils eine Zeile auf eine Schnittstelle. Die Zeile ist in Felder unterteilt, die durch Doppelpunkte getrennt sind. Die einzelnen Einträge haben folgende Bedeutung:

Das erste Feld ist eine eindeutige Kennzeichnung der Zeile. Es kann aus einer beliebigen Zeichenkette bestehen, enthält aber meistens die Nummer des Ports (z. B. 12 für den Port 12 in der dritte Zeile des Beispiels). Das zweite Feld liefert die Run-Level des UNIX-Systems, in denen der Port aktiviert werden soll. Hier wird das Terminal aktiviert, wenn sich das System im Zustand 2 oder 3 befindet (Multi-User-Betrieb, vgl. *init*-Befehl). Das Terminal wird nicht aktiviert, wenn sich das System im Single-User-Betrieb befindet. Im dritten Feld ist beschrieben, wann eine Aktion an diesem Port vom UNIX-System durchgeführt werden soll.

respawn bedeutet, daß jedesmal, wenn das Terminal eingeschaltet wird oder ein Logout erfolgt, das im vierten Feld beschriebene Programm gestartet werden soll.

Der Eintrag im vierten Feld besagt, daß der *getty* am Port */dev/tty12* aktiviert werden soll. Er besteht aus dem Kommandonamen (*/etc/getty*) und zwei Parametern für *getty*. Mit diesem Eintrag wird die eigentliche Zuordnung zur Schnittstelle vorgenommen (hier */dev/tty12*). */etc/getty* leitet wie oben beschrieben den Login-Vorgang ein. *9600* ist ein symbolischer Eintrag und verweist auf einen Eintrag in der Datei */etc/gettydefs*. In dieser Datei sind die Parameter für den Verbindungsaufbau festgelegt. Wichtige Parameter sind Übertragungsrate, Parität und Handshake. Es ist notwendig, daß am Terminal die gleichen Parameter eingestellt sind, wie in der Datei *gettydefs* für die Leitung vorgegeben sind. Die so definierten Parameter können während der Terminalsitzung dynamisch geändert werden. Dazu dient das Kommando *stty*. So kann es z. B. notwendig sein, die Belegung der Tasten für bestimmte Steuerzeichen wie Backspace und Abbruch oder die Länge eines Tabulatorsprungs zu ändern (☞ Kapitel 14.3, Abschnitt »Terminalanpassung«).

Für Anbindungen über Modem steht ein alternativer Prozeß, der *uugetty* zur Verfügung. In unserem Beispiel ist die Schnittstelle *tty01* für den Modembetrieb konfiguriert. Dieser Port wird in unserem Beispiel nur aktiviert, wenn sich das System im Systemzustand 3 befindet. *uugetty* stellt eine Erweiterung des *getty*-Programms dar und erlaubt es, die Schnittstelle bidirektional zu nutzen. Von einem Remote-System kann sich ein User über Modem auf dem lokalen Rechner anmelden. Wenn das Modem die Verbindung hergestellt hat, bekommt der entfernte User eine Login-Anforderung. Vom lokalen System kann aber alternativ auch eine abgehende Verbindung aufgebaut werden. Für UNIX-Kopplungen über serielle Leitungen werden in der Regel Kommandos des *uucp*-Paketes genutzt. Es kann aber auch eine Verbindung mit TCP/IP (SLIP) konfiguriert werden (SLIP=Serial Line Interface Protocol).

Serielle Verbindungen können auch über ISDN-Verbindungen realisiert werden. Der Zugang zum ISDN über eine V.24-Schnittstelle wird mit Terminaladaptern durchgeführt. Diese Geräte sind Modems vergleichbar. Sie stellen rechnerseitig eine V.24-Schnittstelle zur Verfügung und können an einen S0-Basisanschluß angeschlossen werden. Mit dieser Konfiguration können wesentlich höhere Übertragungsraten erzielt werden als mit Modems.

Die Zugänge über LAN werden vollkommen anders verwaltet. Es gibt für LAN-Schnittstellen einen Dämon-Prozeß, der alle Aktivitäten über das Netz kontrolliert. Im UNIX V.3.2 ist dies der *inetd*-Prozeß, der auf der Basis von TCP/IP arbeitet. Bei einer Verbindungsanforderung wird von *inetd* ein entsprechender Server für diesen Dienst (Dienstdämon) gestartet. Möchte ein Anwender z. B. von einem entfernten Rechner mit *telnet* eine Verbindung (Terminalsession) zum lokalen Rechner aufbauen, wird der zugehörige Server (*telnetd*) gestartet. Der *telnetd* stellt ein Pseudo-Terminal zur Verfügung, über das sich der User am lokalen System anmelden kann.

Für die verschiedenen Dienste gibt es auch verschiedene Server, die vom *inetd* gestartet werden. Die verschiedenen Dienste werden dabei über ihre TCP-Servicenummer identifiziert.

System V.4

Die Verwaltungsstruktur der Schnittstellen hat sich in UNIX V.4 gegenüber den Vorgängerversionen grundlegend geändert. Mit der *Service Access Facility* (SAF) stellt UNIX V.4 ein neues Konzept zur Verwaltung und Konfiguration der Schnittstellen eines UNIX-Systems bereit. Dabei sollen über einheitliche Kommandos und Konfigurationsdateien serielle Ports und Ports am Netzwerk gemeinsam verwaltet und so eine bessere Integration der Netzwerkfunktionalität erzielt werden.

SAF besteht aus mehreren Prozessen, die eine hierarchisch gegliederte Struktur haben. Auf der obersten Ebene steht das Steuerprogramm *sac* als zentraler Dämon-Prozeß. Es wird beim Start des UNIX-Systems vom *init*-Befehl aktiviert und übernimmt die Aufsicht über das SAF. Der *sac* seinerseits startet eine Reihe von Programmen, die die Überwachung der Schnittstellen (Ports) übernehmen. Diese Programme nennen wir Portmonitore, kurz Monitore. Es gibt verschiedene Monitore, die je nach Art der Schnittstellen eingesetzt werden:

ttymon *ttymon* ist ein Monitor für serielle Terminalanschlüsse. An einem seriellen Port startet der *ttymon* z. B. den Dienst *login*, wenn der Anwender das Terminal einschaltet.

listen Dieser Prozeß überwacht die Schnittstelle des UNIX-Systems zum LAN auf Basis TLI (Transport Layer Interface).

inetd Dieser Monitor überwacht Anforderungen vom Netz auf Basis IP (Internet Protocol).

Ein Monitor kann dabei zumeist mehrere Ports gleichzeitig überwachen. Für jeden überwachten Port wird ein Service oder Dienst bereitgestellt, um Anfragen über die Ports zu behandeln.

ttymon

Im Prinzip ist die oben beschriebene Anmeldeprozedur auch für UNIX V.4 gültig. Schaltet der Anwender das Terminal ein, liefert der *ttymon* zunächst eine Eingabeanforderung auf den Bildschirm und startet den Service *login*. Dieser Service entspricht dem Kommando *login*. Der Login-Prozeß gibt eine Eingabeanforderung aus, nimmt den Usernamen und das Paßwort entgegen und prüft die Gültigkeit der Eingabe.

Bei korrekter Eingabe wird eine Shell gestartet. Ist die Eingabe fehlerhaft, wird die Kontrolle über den Port wieder an den *ttymon* zurückgegeben. Sind am Port Wählmodems angeschlossen, stellt der *ttymon* einen anderen Service wie *ct*, *cu* oder *uucico* zur

Verfügung. *ttymon* enthält einen Autobaud-Mechanismus, mit dem versucht wird, die Übertragungsrate automatisch richtig einzustellen.

ttymon ersetzt somit die Prozesse *getty* und *uugetty*, die in früheren Releases die Schnittstellen verwaltet haben. Im Gegensatz zu diesen Programmen ist *ttymon* in der Lage, mehrere Ports gleichzeitig zu verwalten. Darüber hinaus sind vielfältige Verwaltungsfunktionen im *ttymon* vorhanden. Die Verwaltung von *ttymon* geschieht über das Programm *ttyadm*. Aus Gründen der Kompatibilität ist das Kommando *getty* in SVR4 vorhanden und als symbolischer Link auf die Datei */usr/libsaf/ttymon* realisiert. *ttymon* setzt auf dem STREAMS-Konzept auf.

inetd

Liegt vom Netz eine Verbindungsanforderung vor, wird diese Anforderung von dem Monitor *inetd* entgegengenommen. Der *inetd* erkennt die Art des Verbindungswunsches und startet seinerseits einen weiteren Service, der nun den Verbindungswunsch behandelt. Versucht ein Anwender mit einem *rlogin* von einem entfernten System ein Login auf dem lokalen System, startet der *inetd* einen *rlogind*-Prozeß. Dieser Server kommuniziert mit dem entfernten System und regelt den Datenaustausch mit ihm. Der *rlogind* liefert die Login-Anforderung und startet nach erfolgreicher Identifizierung eine Shell.

Jeder Dienst im TCP/IP hat einen Serviceprozeß. Für eine *ftp*-Verbindung wird der Server *ftpd* gestartet, für *telnet* der Prozeß *telnetd*. Während durch den *inetd* alle ankommenden Verbindungen behandelt werden, wird pro Verbindung ein Server gestartet.

listen

Der *listen*-Monitor arbeitet verbindungsorientiert. Der *listen*-Prozeß horcht, ob im Netzwerk eine Service-Anforderung über das Netzwerk vorliegt. Für jede Anforderung wird ein Server aktiviert, der als Endpunkt der gewünschten Verbindung dient. *listen* überwacht alle Verbindungen, die auf dem UNIX-System V Transport Layer Interface (TLI) aufsetzen. TLI ist eine auf der Basis von Streams implementierte Schnittstelle, die im OSI-Referenzmodell in der Transportschicht angesiedelt ist. Sie besteht aus einem Transport Provider und einer C-Schnittstelle, mit der eigene Anwendungen realisiert werden können.

Statusinformation des SAF

Die Verwaltung des SAF geschieht über das Kommando *sacadm*. Dieses Kommando liefert Informationen über die aktuelle Konfiguration und ermöglicht die Konfiguration des gesamten Systems.

```
$ sacadm -l
PMTAG    PMTYP   FLGS  STATUS  COMMAND
ttymon1  ttymon  -3    ENABLE  /usr/lib/saf/ttymon
```

Mit dem Kommando *sacadm -l* wird eine Liste der aktivierten Monitore geliefert. In unserem Beispiel ist ein Monitor vom Typ (PMTYP) *ttymon* aktiviert, der den Namen *ttymon1* hat.

Genauere Informationen über einzelne Monitore liefert das Kommando

```
$ pmadm -l -p ttymon1
PMTAG   PMTYPE SVCTAG FLGS ID   PMSPECIFIC
ttymon1 ttymon 11     u    root /dev/tty11 -- /usr/bin/login - 9600 - login: -
ttymon1 ttymon 12     u    root /dev/tty12 -- /usr/bin/login - 9600 - login: -
```

Hier werden genauere Informationen über einen Monitor mit der Kennung *ttymon1* (PMTAG) ausgegeben. Dieser Monitor ist vom Typ *ttymon*. An zwei Schnittstellen (*/dev/tty11* und */dev/tty12*) wird als Service ein Login bereitgestellt. Der Anwender bekommt die Zeichenkette *login:* angezeigt, wenn er das Terminal einschaltet. *9600* ist ein Label und verweist auf einen Eintrag in der Datei */etc/ttydefs*, mit dem die Leitungsparameter festgelegt werden. */etc/ttydefs* ist in System V.4 an die Stelle von */etc/gettydefs* getreten.

Konfiguration

Das SAF wird über eine Vielzahl von Dateien konfiguriert. Die Konfiguration gliedert sich ähnlich dem oben beschriebenen Prozeßkonzept ebenfalls in drei Ebenen:

System-konfiguration

/etc/saf/_sysconfig wird beim Start von *sac* interpretiert, ist für alle Monitore des Systems gültig und normalerweise leer.

Monitor-konfiguration

Für jeden Monitor steht ein eigenes Unterverzeichnis /etc/saf/pmtag zur Verfügung, wobei *pmtag* der Name des Portmonitors ist. Wird der *ttymon* durch den *sac* (Service Access Controller) gestartet, wird die entsprechende Konfigurationsdatei _config gelesen. Mit *sacadm* können Portmonitore verwaltet werden. Folgende Aktionen sind möglich:

➢ Portmonitore einrichten und löschen

➢ Portmonitore starten und anhalten

➢ Portmonitore neu parametrieren

➢ Informationen über Portmonitore anzeigen.

Service-konfiguration

Für jeden Service wird eine Datei *doconfig* bereitgestellt. Verwaltet werden die Dienstleistungen über das Kommando *pmadm* und weitere spezifische Programme. *ttymon* wird über *ttyadm* und *listen* über *nlsadmin* verwaltet.

Es gibt auch die Möglichkeit, daß die Monitore außerhalb des SAF arbeiten.

14.2 Das Terminal

Für Betrieb und Konfiguration von Terminals gibt es eine Vielzahl von verschiedenen Dateien, Variablen und Mechanismen. Das Zusammenspiel und die damit erreichte Unabhängigkeit beim Anschluß von Sichtgeräten soll in diesem Kapitel beschrieben werden:

- Leitungsbeschreibung in der Datei */etc/ttydefs*
- Beschreibung der Terminaleigenschaften durch die Mechanismen *termcap* und *terminfo*.
- Terminaltyp und Portzuweisung in */etc/ttytype* und */etc/inittab*
- Variable TERM
- Leitungsparametrierung

Je nach Rechnertyp können Terminals an den verschiedensten Schnittstellen angeschlossen werden. Im UNIX-Umfeld ist die RS232-Schnittstelle weit verbreitet. Die Anpassung der elektrischen Eigenschaften wird durch die Steckerbelegung realisiert. Im UNIX-System sind die Schnittstellen durch Treiber realisiert, die für die unterschiedlichen Schnittstellen bereitgestellt werden müssen. Die Einbindung in das Dateisystem geschieht über Gerätedateien. Diese Special Devices sind im Directory */dev* angelegt und heißen *tty00, tty01, tty02* usw. Der Zugriff auf das Terminal geschieht immer über eines dieser Devices. In SVR4 liegen die Terminalports in dem Verzeichnis */dev/term*. Die Kommunikation zwischen Terminal und Rechner wird durch eine Vielzahl von Parametern beschrieben und kann im Betrieb (dynamisch) umkonfiguriert werden (mit *stty* oder *ioctl*).

Beim Einschalten des Terminals wird die Verbindung initialisiert. Die Werte sind in der Datei */etc/ttydefs* (früher */etc/gettydefs*) festgelegt. Nach erfolgreichem Login werden die Verbindungsparameter erneut definiert. Wichtige Parameter sind:

- Übertragungsrate
- Parität
- Handshake

14.2 Das Terminal

Vom Systemverwalter können die Werte individuell an die Erfordernisse angepaßt werden. Wichtig ist dabei, daß beide Seiten der Verbindung (Rechner und Terminal bzw. Drucker) die gleichen Parameter benutzen. Ein Eintrag in der Datei */etc/ttydefs* besteht aus vier Elementen, die durch das #-Zeichen getrennt sind.

```
9600# B9600 OPOST ONLCR TAB3 BRKINT IGNPAR IXON IXANY
ISIG CS8 # B9600 OPOST ONLCR TAB3 BRKINT IGNPAR IXON
IXANY ISIG CS8 #login: #4800
```

Der erste Eintrag (hier *9600*) identifiziert einen Eintrag eindeutig und bildet einen Verweis auf die Einträge in der */etc/inittab* bzw. die Konfiguration des Portmonitors *ttymon*.

9600 an dieser Stelle steht nicht für die Baudrate.

Im zweiten Teil stehen eine Vielzahl von Parametern für die erste Initialisierung der Verbindung. Die hier genutzten Parameter sind beim Kommando *stty* ausführlich beschrieben. Im dritten Teil werden die Parameter für die Verbindung definiert, die in der Regel mit den Initialisierungsparametern übereinstimmen. Der vierte Parameter verweist auf einen anderen Eintrag in der Datei und kann zum Autobauding genutzt werden.

Bei Terminalverbindungen über das Netzwerk werden die Verbindungsparameter durch das Kommunikationsprotokoll vereinbart.

Auf der Shell-Ebene kann der Anwender die Leitungsparameter mit dem Kommando *stty -a* abfragen:

```
$ stty -a
speed 9600 baud line = 0 intr = ^? quit = ^\ erase = ^H
kill = @ eof = ^D eol = ^@ swtch <undef>
parenb -parodd cs8 -cstopb -hupcl cread -clocal -loblk
-ignbrk brkint ignpar -parmrk -inpck -istrip -inlcr -igncr
icrnl -iuclc ixon ixany -ixoff isig icanon -xcase echo
echoe echok -echonl -noflsh -tostop opost -olcuc onlcr
-ocrnl -onocr -onlret -ofill -ofdel tab3
```

Häufige Probleme bei der Nutzung von unterschiedlichen Anwendungen und Verbindungen zu unterschiedlichen Rechnern sind die Datenbreite und die Benutzung von Tasten wie Abbruch und Backspace. Mit

```
$ stty cs7 istrip
$ stty del ^V^Z
```

wird eine Zeichenbreite von 7 Bit und ein Programmabbruch mit ⌜Strg⌝+⌜Z⌝ eingestellt.

Die Ein- und Ausgabe eines Terminals ist im *Normal Mode* zeilenorientiert. Alle Zeichen werden zunächst in einen Puffer geschrieben und parallel auf den Bildschirm kopiert (Echoing). Das Betriebssystem übernimmt die Verarbeitung von Steuerzeichen (Zeichenlöschung, Programmabbruch usw.) und nach einem ⌜↵⌝ oder ⌜LF⌝ werden die Daten an das Programm zur Bearbeitung übergeben. Dieser normale Mode wird auch *Canonical Mode* oder Cooked Mode genannt. Es erfolgt also eine zeilenweise Bearbeitung. Ein Terminal kann aber auch in den *Raw Mode* umgesetzt werden. Das Terminal ist nun zeichenorientiert. Jedes eingegebene Zeichen wird sofort an das Programm weitergegeben. Dieses muß dann die Sonderzeichen selbst verarbeiten. Editoren z. B. arbeiten in diesem Mode.

14.3 Teminalanpassung

Durch die Vielzahl von unterschiedlichen Terminals ist es notwendig, Programme unabhängig von einem bestimmten Terminaltyp zu schreiben. Das Programm darf daher keine terminalspezifischen Steuersequenzen benutzen (für Cursorsteuerung, Bildschirmlöschen, Sondereffekte usw.). Um diese Unabhängigkeit zu erreichen, gibt es in UNIX Beschreibungstabellen für die unterschiedlichen Typen und die Variable *TERM*, die den benutzten Terminaltyp festlegt. In der Datei */etc/ttytype* wird jedem Port der angeschlossene Terminaltyp zugewiesen. Dieser Terminaltyp wird beim Login in der globalen Variable *TERM* abgelegt.

Diese Variable ist dem Benutzer zugänglich. Möchte er z. B. sein Terminal mit einer anderen Emulation fahren, setzt er diese Variable einfach auf einen anderen Wert (☞ Beschreibung der Shell).

Zur Beschreibung der Terminaleigenschaften gibt es mit *termcap* und *terminfo* zwei unterschiedliche Mechanismen. Eine solche Beschreibung umfaßt die notwendigen Sequenzen, um ein Terminal zu steuern. Der Wert der Variablen *TERM* ist ein Verweis auf einen Eintrag in diesen Konfigurationsdateien. Nutzen Programme Eigenschaften des Bildschirms aus (bildschirmorientierte Programme), interpretieren diese die Variable *TERM* und greifen auf den entsprechenden *termcap* oder *terminfo* Eintrag zu.

Zum einfachsten Terminalbetrieb kann man bei den meisten Terminals die vt100-Emulation wählen. Auf der Systemseite muß dieser Terminaltyp in der Variablen *TERM* eingestellt werden, und schon hat man in den meisten Fällen eine gute Anpassung. Sollte es zu unerwarteten Reaktionen beim Drücken einer Taste kommen, prüfen Sie bitte mit *env* den Wert von *TERM* und die Emulation des Terminals und mit *stty -a* die Einstellung der Schnittstelle.

termcap

In der Datei */etc/termcap* werden viele Terminaltypen und ihre Möglichkeiten beschrieben. Jedes Terminal bekommt dazu einen signifikanten Kurznamen. In */etc/termcap* werden für alle Attribute (z. B. reverse, blinken, unterstreichen, Cursorsteuerung, ...), die das Teminal unterstützt, die entsprechenden Steuersequenzen niedergeschrieben und bestimmten Variablen (Abkürzungen) zugewiesen. Für eine ausführliche Beschreibung der *termcap*-Variablen verweisen wir auf das Manual. Programme, die Sequenzen zur Bildschirmansteuerung benutzen (Maskengeneratoren, Editoren, usw.) interpretieren die Datei *termcap* und holen für den aktuellen Terminaltyp die notwendigen Sequenzen heraus.

Beispiel

```
AT386|at386|at/386 console:\
:am:bw:eo:xo:xt:bs:\
:co#80:li#25:kn#4:\
:ae=^P:al=\E[1L:cd=\E[0J:ce=\E[0K:cl=\E[2J\E[H:\
:cm=\E[%i%2;%2H:ct=\E[3g:dc=\E[1P:dl=\E[1M:ho=\E[H:\
:ic=\E[1@:k1=\EOP:k2=\EOQ:k3=\EOR:k4=\EOS:k5=\EOT:\
:k6=\EOU:k7=\EOV:k8=\EOW:k9=\EOX:kb=\b:kd=\E[B:\
:kh=\E[H:kl=\E[D:kr=\E[C:ku=\E[A:nd=\E[C:se=\E[m:\
:so=\E[7m:st=\EH:ue=\E[m:up=\E[A:us=\E[4m:nl=\E[B:\
:ko=do,nd,up,ho:
```

In diesem Beispiel ist auszugsweise die Beschreibung für ein Terminal dargestellt, das eine AT386-Emulation benutzt. Die einzelnen Einträge werden durch Doppelpunkt getrennt. Der Eintrag in der ersten Zeile bestimmt den Namen der Emulation. Ein Anwender kann mit diesem Eintrag arbeiten, wenn er die Variable *TERM* setzt:

TERM=AT386

Die Terminalanpassungen für den *termcap*-Mechanismus sind normalerweise in der Datei */etc/termcap* abgelegt. Soll auf eine andere Anpassungsdatei zugegriffen werden, muß die Variable *TERMCAP* gesetzt werden.

terminfo

Ab System V wurde von AT&T zusätzlich zu *termcap* der *terminfo*-Mechanismus implementiert. Die Beschreibung der Steuersequenzen liegt für jeden Terminaltyp in einer eigenen Datei in compilierter Form vor. Diese Dateien liegen unter dem Directory */usr/lib/terminfo*. Dort gibt es weitere Unterverzeichnisse. Diese haben als Namen den Anfangsbuchstaben des Terminaltypes. So liegen alle Terminalbeschreibungen für die vt-Emulationen im Unterverzeichnis *v*. Der

Systemverwalter erstellt für jeden Terminaltyp eine Beschreibungsdatei (ASCII-Zeichen) und erzeugt eine compilierte Form der Beschreibung durch das Kommando *tic*. Mit dem Kommando *infocmp* (oft auch mit *tidc*) kann aus der compilierten Datei wieder eine ASCII-Datei gewonnen werden. Mit

```
$ infocmp vt100 > hilf
```

wird z. B. der Eintrag für den Terminaltyp vt100 in lesbare Form zurückübersetzt und in die Datei *hilf* geschrieben. Für diese Rückübersetzung gibt es auf vielen Systemen auch das Kommando *dtic* oder *untic*.

Die Beschreibungsdateien für *terminfo* und *termcap* werden vom Systemverwalter erstellt. Durch diese Mechanismen wird die Anpassung von neuen Terminals an ein UNIX-System stark vereinfacht, wenn auch einige Geduld und Erfahrung für eine Anpassung nötig sind. Soll auf eine Terminalbeschreibung zugegriffen werden, die nicht in */usr/lib/terminfo* liegt, muß die Variable *TERMINFO* auf das Zielverzeichnis gesetzt werden.

Viele Anwendungsprogramme benutzen aber nicht diese Standarddienste von UNIX, sondern verwalten eigene Terminalanpassungen. Dadurch wird der Aufwand für den Systemverwalter erhöht, da er noch zusätzliche Dateien pflegen muß.

Für die Verwaltung der *terminfo*-Einträge gibt es eine Reihe von Kommandos, die kurz beschrieben werden sollen.

tic *tic* erzeugt eine compilierte Version der Beschreibungsdatei.

infocmp *infocmp* ist sehr vielseitig und kann eine Beschreibungsdatei im ASCII-Format (zur Veränderung der Beschreibung) erzeugen oder eine *terminfo*-Beschreibung in eine *termcap*-Beschreibung umsetzen.

captoinfo Die Umsetzung eines *termcap*-Eintrags in eine *terminfo*-Beschreibung wird durch *captoinfo* bewirkt.

Diese Verbindung zwischen *termcap* und *terminfo* ist notwendig, da einige Programme mit *termcap* arbeiten, andere aber mit *terminfo*.

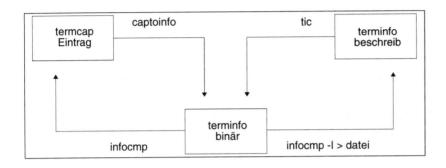

Abb. 14.2:
Das Zusammenspiel der verschiedenen Kommandos

14.4 User-Management

Login und Logout

Damit ein Benutzer am System arbeiten kann, muß er vom Systemverwalter im System eingetragen (bekannt gemacht) werden. Dabei spielt die Datei */etc/passwd* eine zentrale Rolle. In ihr werden für jeden Benutzer der Benutzername, das Paßwort, das Homedirectory und das Kommando, das nach dem Login gestartet werden soll, eingetragen. In der Regel wird eine Shell gestartet, es kann aber auch ein beliebiges Programm ausgeführt werden.

Login

Der erfolgreiche Login-Vorgang wird durch einen Eintrag in den Dateien */var/adm/utmp* und */var/adm/wtmp* registriert. In früheren Versionen wurde ein Eintrag in */etc/wtmp* gemacht. Diese Information wird von Kommandos wie *login* und *who* ausgewertet.

Anschließend werden die weiteren Informationen aus */etc/passwd* ausgewertet. Der Benutzer bekommt seine Benutzernummer (UID), seine Gruppennummer (GID) und das Homedirectory zugewiesen, und die vorgegebene Shell wird gestartet. Diese wird auch Login-Shell genannt.

Als Teil der Anmeldeprozedur werden von der Login-Shell die Scripte */etc/profile* (oder */etc/cprofile* für die C-Shell) und das private *.profile* im Home-Directory des Users abgearbeitet. Mit den Startup-Scripten kann für den Benutzer eine individuelle Umgebung geschaffen werden. */etc/profile* wird vom Systemverwalter eingerichtet und liefert allen Benutzern bei deren Einrichtung im System eine Standardumgebung. Dort werden typische Dienste wie *news*, *mail* und die Einstellung der wichtigsten Umgebungsvariablen ausgeführt.

Ist der Login-Vorgang abgeschlossen, meldet sich die Bourne Shell mit einem Prompt, der standardmäßig ein $ ist.

Nach fünf erfolglosen Anmeldeversuchen werden diese Versuche in der Datei */var/adm/loginlog* protokolliert. Die Einträge beinhalten Namen, Terminal und Zeitpunkt des Anmeldeversuchs. In der Datei */var/adm/lastlog* wird der Zeitpunkt des letzten Logins abgelegt. Beim Login wird diese Information angezeigt.

Logout

Der Benutzer meldet sich mit dem Kommando *exit* vom System ab:

```
$ exit
```

Alternativ kann der Benutzer sich aber auch mit der Tastenkombination `Strg`+`D` vom System abmelden (allgemein: eine Shell beenden).

Mit einem Logout wird die Login-Shell beendet und die Kontrolle über den Port geht an den Portmonitor (oder */etc/getty*) zurück. Ein neuer Login-Vorgang kann gestartet werden.

/etc/profile

In diesem Absatz soll ein typisches Beispiel für */etc/profile* besprochen werden. Vom Systemverwalter kann diese Datei verändert und den spezifischen Anforderungen angepaßt werden.

In */etc/profile* wird häufig abgeprüft, mit welchen Namen das Login ausgeführt wird. Für den User *root* oder den *su*-Befehl werden dann spezielle Aktivitäten durchgeführt.

Beispiel

```
# ignoriere Signale 2 und 3
trap "" 2 3
# parametriert Leitung
stty echoe echok erase
# globale Variable PATH wird definiert
PATH="/bin:/usr/bin:/usr/local/bin"
export PATH
# message of the day
cat -s /etc/motd
# prüfe, ob mail erhalten, dann if -
if mail -e
    then echo "you have mail"
fi
# news Mechanismus abfragen
news -n
# Zugriffsrechte setzen
umask 022
```

.profile

Mit *.profile* kann der Benutzer seine speziellen Anforderungen realisieren. Er kann Variablen definieren, wichtige Aktionen ausführen lassen usw. Die Einträge in *.profile* überschreiben die Werte, die bereits vorher durch */etc/profile* für gleiche Variablen vergeben wurden.

14.4 User-Management

Beispiel – die Kommandos sind durch Kommentare in der Datei erläutert

```
# Variable PATH wird erweitert gegenüber Einstl. aus
/etc/profile
PATH=$PATH:$HOME/bin:.
# PATH wird exportiert
export PATH
# der Terminaltyp wird festgestellt und
# in TTY zwischengespeichert
TTY=` tty | sed 's:/dev/::'`
# Variablen TERM initialisiert
TERM=`grep $TTY /etc/ttytype | awk '{print $1}'`
# TERM exportiert
export TERM
# Hilfsvariable TTY gelöscht unset TTY
```

Mit dem Script wird der Pfad erweitert. Hier ist insbesondere der letzte Eintrag wichtig. Mit dem Punkt ».« wird das aktuelle Verzeichnis in den Suchpfad aufgenommen. Im unteren Teil von *.profile* wird der Terminaltyp festgelgt. Die Abfrage kann auch in die Datei */etc/profile* ausgelagert werden, da die Festlegung des Terminaltyps für alle User durchgeführt werden muß. Der Mechanismus setzt auf Einträgen in der Datei */etc/ttytype* auf. Dort ist jedem Port ein Terminaltyp zugeordnet. Diese Tabelle muß vom Systemverwalter gepflegt werden:

Port	Terminaltyp
console	AT386
vt00	vt100
tty00	vt220
tty01	vt220

Die Datei */etc/ttytype* hat keinen fest definierten Aufbau und kann für viele Konfigurationsaufgaben genutzt werden, bei denen Ressourcen den Terminals zugeordnet werden müssen. Die Prüfung der Einträge muß natürlich so erfolgen, daß es zum gewünschten Ergebnis kommt. Für doppelte Einträge in der ersten Spalte zweier unterschiedlicher Zeilen gilt, daß nur die zuerst gefundene berücksichtigt wird (Suche von oben nach unten).

User anlegen

Zur Verwaltung der Benutzer eines UNIX-Systems leistet das Administrationstool *sysadm* gute Dienste. Es führt die notwendigen Aktionen zum Anlegen oder Löschen eines Users durch und nimmt die Einträge in den verschiedenen Dateien vor. Dies geschieht mit den Programmen *useradd* bzw. *userdel*. Zur Förderung des allgemeinen Verständnisses und zur Verdeutlichung der einzelnen Einträge sollen die Verwaltung der User »zu Fuß« beschrieben und anschließend die Konfigurationsdateien in ihrem Aufbau erläutert werden.

Um einen User im System anzulegen, sind folgende Schritte durchzuführen:

- Eintrag in */etc/passwd*
- Home-Directory anlegen
- *.profile* im Home-Directory erstellen
- Paßwort vergeben (Eintrag in */etc/shadows*)

In der Datei */etc/passwd* wird ein Datensatz für den neuen Benutzer angelegt. Dieser enthält User-Name, UID, GID, Login-Shell und Home-Directory.

Damit der User einen »Arbeitsplatz« hat, wird ihm ein Home-Verzeichnis zugewiesen. Dieses Verzeichnis muß beim Login des Users vorhanden sein, da der User beim Login automatisch in dieses Verzeichnis wechselt. Zur Einrichtung sind daher folgende Aktionen notwendig:

```
$ cd /home
$ mkdir testuser
$ chown testuser testuser
$ chgrp testgroup testuser
```

```
$ cd testuser
$ cp /usr/local/stdprofile .profile
$ chown testuser .profile
```

Das Home-Verzeichnis sollte dem Benutzer gehören. Daher sind das *chown-* und das *chgrp-*Kommando notwendig. Die Datei *.profile* wird aus einem Prototyp erzeugt und enthält alle notwendigen Setzungen für ein Login des Users. Der Benutzer wird Eigentümer dieser Datei und kann sie später seinen Anforderungen entsprechend erweitern.

Nach diesen Aktivitäten des Systemverwalters kann sich der neue Benutzer anmelden. Es sind aber vorher vom Systemverwalter einige Aktionen zur Sicherheit des Systems durchzuführen. Damit der Benutzer ein Paßwort benutzen muß, ist ein Eintrag in der Datei */etc/shadow* notwendig. Der Systemverwalter kann mit dem Kommando *pwconv* einen Abgleich zwischen der Datei */etc/passwd* und */etc/shadow* herbeiführen. Ist das System so konfiguriert, daß ein Paßwort verlangt wird, kommt beim ersten Login des neuen Benutzers automatisch die Aufforderung, ein Paßwort einzugeben.

Die hier beschriebenen Schritte arbeitet das Kommando *useradd* ab, das als Standard unter UNIX V.4 vorhanden ist.

Aus Sicherheitsgründen sollte möglichst immer mit *sysadm* oder *useradd* gearbeitet werden. Nicht aufeinander abgestimmte Einträge in */etc/passwd* und */etc/shadow* haben fatale Auswirkungen!

User löschen

Soll ein User aus dem System entfernt werden, müssen alle Einträge des Users gelöscht werden. Zu den notwendigen Aufgaben gehören:

- Im Dateisystem nach Dateien suchen, die dem Benutzer gehören und diese sichern und anschließend löschen
- Eintrag in */etc/passwd* und */etc/shadow* löschen

- eventuell Gruppe löschen
- Mail-Verzeichnis des Users löschen

Diese Aufgaben sind im System V.4 im Kommando *userdel* zusammengefaßt.

/etc/passwd

Die Datei */etc/passwd* ist die zentrale Datei für die Verwaltung der Benutzerkennungen. Sie enthält die wesentlichen Informationen über den User und seine Arbeitsumgebung. In */etc/passwd* ist jeder User durch einen Eintrag (eine Zeile) dargestellt. Der Eintrag besteht aus mehreren Feldern, die durch Doppelpunkte »:« voneinander getrennt sind. Der folgende Ausschnitt aus der Datei */etc/passwd* hat ein typisches Aussehen:

```
root:x:1:1:Systemverwalter:/bin/sh
adm:x:2:1::
uucp:x:3:2::
lp:x:4:2:LP-VERWALTER:
listen:x:5:2::
sysadm:x:6:2::
bernd:x:8:1:Bernd Reimann:/bin/ksh
```

Beispiel

Die Informationen in dieser Datei sollen nun anhand der einzelnen Felder besprochen werden.

Im ersten Feld ist der Login-Name des Benutzers angegeben. Mit diesem Namen kann er sich am System anmelden. Der Name sollte kurz sein und möglichst aussagekräftig. Sinnvoll erscheint eine Abkürzung des Benutzernamens zu sein. Dabei sollte der Login-Name immer nach den gleichen Regeln gebildet werden.

Login-Name

Im zweiten Feld wurde in früheren Versionen das Paßwort in verschlüsselter Form abgelegt. In System V.4 steht dort nur ein »x«. Das Paßwort selbst ist in die Datei */etc/shadow* ausgelagert. Näheres zum Paßwort im Abschnitt über die Datei */etc/shadow*.

Paßwort

14.4 User-Management

UID
Im dritten Feld ist die Benutzerkennung eingetragen, kurz UID (User Identification Number) genannt. Diese Zahl muß für jeden Benutzer eindeutig sein, da sie den Benutzer identifiziert. Das Betriebssystem arbeitet intern nicht mit dem Login-Namen, sondern nimmt z. B. bei der Prüfung von Zugriffsrechten die UID. Wird also ein Benutzer manuell eingetragen, ist darauf zu achten, daß die Einträge im dritten Feld eindeutig sind. Der *sysadm* vergibt die Nummern fortlaufend, indem er zu der letzten (größten) Nummer eins addiert. Es ist möglich, daß verschiedene Login-Namen die gleiche UID zugewiesen bekommen. Dann melden sich die Benutzer zwar mit unterschiedlichem Namen an, aber intern ist ein User mehrmals angemeldet (Problem beim gleichzeitigen Zugriff auf dieselbe Datei).

Im Netzwerk wirtd die lokale UID auch zur Identifikation auf anderen Rechnern genutzt. Beim Einsatz von NFS entscheidet die UID netzwerkweit über die Zugriffsrechte. Hat User A auf dem System 1 die gleiche UID wie User 2 auf dem System 2, sind diese User netzwerkweit beim Zugriff auf Dateien nicht unterschieden.

GID
Im vierten Feld ist die Gruppennummer eingetragen. Jeder User ist einer Gruppe zugeordnet. Die verschiedenen Gruppen sind in der Datei */etc/group* definiert. Nach dem Login gehört der User dieser Gruppe an und hat auch deren Rechte beim Zugriff auf Dateien.

Kommentar
Im fünften Feld kann ein Kommentar eingetragen werden. Es gibt keine Vorschrift für die Verwendung dieses Feldes. Häufig wird hier der vollständige Name des Users oder seine Telefonnummer eingetragen werden. Dann kann dieses Feld von Programmen genutzt werden, die z. B. nicht den (kurzen) Login-Namen, sondern den vollständigen Namen anzeigen oder ausdrucken wollen.

Home-Verzeichnis
Im sechsten Feld wird das Home-Verzeichnis des Benutzers festgelegt. Nach dem Login wechselt der Anwender automatisch in dieses Verzeichnis. Die Variable *HOME* wird auf diesen Wert initialisiert.

Shell
Im siebten und letzten Feld ist die Login-Shell festgelegt. Diese Shell wird beim Login automatisch gestartet. Dort wird normalerweise die Bourne Shell oder die Korn Shell eingetragen, es kann

aber auch die in BSD-Systemen bevorzugte C-Shell benutzt werden. Ist kein Eintrag vorhanden, wird in System V.4 die Bourne Shell gestartet. Anstelle einer Shell kann hier auch ein Anwendungsprogramm eingetragen werden, das nach dem Login gestartet wird. Aus Sicherheitsgründen kann es sinnvoll sein, bestimmten Anwendern nur eine *rsh* (Restricted Shell) bereitzustellen.

/etc/shadow

Über diese Datei wird das Paßwort verwaltet. */etc/shadow* enthält das Paßwort in verschlüsselter Form sowie Informationen über die Alterung des Paßwortes.

```
root:FRMyU1xQV90pE:8519:0:7000
adm:*LK*:8269::
uucp:*LK*:8269::
lp:*LK*:8269::
listen:*LK*:8269::
sysadm:*LK*:8269::
bernd:5AkpiZIBvDBqE:8464:0:7000
```

Die Datei hat nebenstehenden typischen Aufbau

Die Einträge sind wie bei */etc/passwd* in Felder aufgeteilt, die durch Doppelpunkt voneinander getrennt sind.

Die Informationen haben folgende Bedeutung:

- UID des Benutzers.
- Paßwort in verschlüsselter Form, *LK* bedeutet locked.
- Tag der letzten Änderung des Paßworts.
- Minimale Anzahl von Tagen, die zwischen dem Ändern des Paßworts liegen müssen.
- Maximale Anzahl von Tagen, die zwischen dem Ändern des Paßworts liegen dürfen. Danach wird das Paßwort »alt«, es ist ein neues einzugeben.
- Maximale Anzahl von Tagen, die verstreichen, bis eine Warnung an den Benutzer gesendet wird, daß sein Paßwort veraltet (optional).

➤ Anzahl der Tage, die ohne Benutzeraktivität verstreichen dürfen, bis der Usereintrag deaktiviert wird (optional).

➤ Datum, an dem die Kennung ausläuft (optional).

Mit dem Kommando *pwconv* kann für die Einträge in */etc/passwd* ein entsprechender Eintrag in */etc/shadow* erzeugt werden, wenn dieser Eintrag fehlt. Die Alterung des Paßwortes wird über das Kommando *passwd* verwaltet. Standardwerte für den Alterungs-Mechanismus sind in der Datei */etc/default/passwd* vorgegeben.

Paßwort

Ohne Paßworte ist ein UNIX-System nicht abzusichern. Es muß darauf geachtet werden, daß alle Benutzer für ihre Kennung ein Paßwort haben. Das Paßwort ist in der Datei */etc/shadow* abgelegt und sollte aus Sicherheitsgründen bestimmten Kriterien genügen. So darf es nicht aus einer leicht zu erratenen Zeichenkette bestehen (Vorname, Nachname, etc.). Das Paßwort sollte komplex, aber dennoch leicht einprägsam sein. Vom Betriebssystem wird daher (abhängig von der Implementierung) gefordert, daß mindestens ein Zeichen kein Buchstabe ist. Weiterhin empfehlen sich folgende Bildungsregeln:

➤ Unterstrich oder Bindestrich benutzen
➤ Buchstaben durch Ziffern ersetzen
➤ Groß- und Kleinschreibung mischen
➤ Interpunktionszeichen verwenden

Das Paßwort unterliegt einem Alterungsmechanismus. Paßwortalterung bedeutet, daß Paßworte nach einer bestimmten Zeit ungültig werden und der Anwender aufgefordert wird, ein neues einzugeben.

> Der Alterungsmechanismus wird über das Kommando *passwd* überwacht und gesteuert. In den Konfigurationsdateien */etc/default/passwd* und */etc/default/login* werden eine Reihe von Variablen definiert, mit denen die Standardwerte vorgegeben werden.

Typische Einträge in diesen Dateien sind:

CONSOLE
: Ist er gesetzt, darf sich der Systemverwalter (Root) nur an dem als Konsole definiertem Terminal anmelden. Mit

    ```
    CONSOLE=/dev/console
    ```

    darf sich der Systemverwalter nur an dem Bildschirm an der Schnittstelle */dev/console* anmelden. Auskommentieren dieser Zeile hebt die Beschränkung auf.

PASSREQ
: Mit *PASSREQ=YES* muß jeder Benutzer ein Paßwort besitzen. Ein Benutzer ohne Paßwort wird beim nächsten Login aufgefordert, ein Paßwort einzugeben. Auskommentieren dieser Zeile hebt die Beschränkung auf.

ULIMIT
: Die maximale Dateigröße wird festgelegt. Sie wird in Einheiten von 512-Byte-Blöcken angegeben. Dieser Eintrag kann durch einen *ulimit*-Aufruf von der Shell verändert werden.

TIMEOUT
: Diese Variable gibt die Zeitspanne in Sekunden an, die beim Login zwischen der Eingabe des Benutzernamens und des Paßwortes vergehen darf, danach wird wieder *login:* ausgegeben.

UMASK
: Diese Variable gibt einen Standardwert für die Dateizugriffsrechte an. Kann mit dem Kommando *umask* vom Benutzer verändert werden.

IDLEWEEKS
: Anzahl der Wochen, die eine Kennung unbenutzt bleiben darf, ehe sie deaktiviert wird.

Mit dem Kommando *passwd* können die Paßworte verwaltet werden. Eine Beschreibung des Kommandos finden Sie in der alphabetischen Kommandoauflistung.

14.4 User-Management

/etc/group

Jeder Benutzer ist einer Gruppe zugeordnet. Die Gruppen sind in der Datei */etc/group* definiert.

Der nebenstehende Ausschnitt zeigt den typischen Aufbau der Datei

```
root::0:root
other::1:
bin::2:root,bin,daemon
mail::6:root
informix::300:bernd
```

Ein Eintrag hat folgende Bestandteile:

```
gruppenname:paßwort:gruppennummer:benutzer1,benutzer2
```

Der Name der Gruppe kann frei vergeben werden. Das Paßwort wird beim Gruppenwechsel mit *newgrp* abgeprüft. Die Gruppennummer GID ist die interne Identifikation der Gruppe, die vom Betriebssystem verwendet wird. Durch einen Eintrag in */etc/passwd* wird einem Benutzer eine Gruppe zugewiesen, der er nach dem Login angehört. Häufig ist es notwendig, daß ein Benutzer verschiedenen Gruppen angehören kann. Dies ist z. B. der Fall, wenn Projekte zu Gruppen zusammengefaßt werden und die Dokumente eines Projektes nur für Projektmitglieder, sprich für die Zugehörigen der entsprechenden Gruppe, zugänglich sind. Ist ein User Mitarbeiter in zwei Projekten, hat er Zugriffsprobleme.

Durch einen Eintrag in das vierte Feld wird der User Mitglied einer weiteren Gruppe. Da er immer nur einer Gruppe angehören kann, muß er mit *newgrp* die Gruppenzugehörigkeit wechseln. Nach dem Wechsel hat er die Rechte der neuen Gruppe, aber die alten Rechte verloren. Diese gewinnt er erst nach einem erneuten *newgrp*.

15 Das UNIX-Dateikonzept

Ein wesentlicher Bestandteil des UNIX-Systems ist das Dateisystem. Es dient zur Speicherung und Verwaltung von Texten und Programmen jedweder Art. Das UNIX-Dateisystem ist hierarchisch aufgebaut und weist eine Baumstruktur auf. Der Baum steht allerdings auf dem Kopf, so daß sich die Wurzel (root) »oben« befindet und die Äste und Blätter sich nach »unten« verzweigen. Die Wurzel bildet den Einstieg in das Dateisystem. UNIX-Systeme sind in der Regel sehr umfangreich und auf mehrere Datenträger (Festplatte, CD-ROM, Floppy) verteilt. Für den Anwender stellt sich das Dateisystem als logische Einheit dar, unabhängig von der physikalischen Aufteilung. Diese Aufteilung ist aber für den Systemverwalter sehr wichtig und soll in diesem Kapitel behandelt werden.

15.1 Dateitypen

Das Dateisystem ist so konzipiert, daß alle Aktivitäten eines Anwenders über Dateien abgewickelt werden. Egal ob er einen Text speichern oder auf den Drucker ausgeben möchte, der Vorgang wird immer über eine Datei abgehandelt. Die aus DOS bekannten Unterschiede zwischen Laufwerksbezeichnungen (z. B. C:), Gerätenamen und Dateinamen gibt es nicht.

Für die unterschiedlichen Anforderungen gibt es im Dateisystem verschiedene Typen von Dateien:

- ➢ normale Dateien (plain files)
- ➢ Verzeichnisse (Directories)
- ➢ Gerätedateien (special files)
- ➢ Pipes (named pipe und unnamed pipe)
- ➢ symbolische Links

Plain Files

Zur Speicherung beliebiger Daten, z. B. Texte oder Programme, werden normale Dateien, auch plain files genannt, genutzt. Im Bild des Dateibaumes bilden normale Dateien die Blätter. Normale Dateien bestehen aus einer beliebigen Folge von Zeichen (Bytes), die aus Sicht des Dateisystems keinerlei Struktur aufweisen. Eine Struktur oder Bedeutung bekommt diese lineare Folge von Zeichen (Inhalt der Datei) erst bei der Interpretation durch ein Kommando.

Die Größe der Dateien kann dynamisch verändert und theoretisch mehrere Gigabyte betragen. Auf den meisten Systemen ist in der Praxis die maximale Größe der Dateien begrenzt. Mit dem Kommando *ulimit* kann der Benutzer diese Grenze feststellen. Der Systemverwalter kann mit *ulimit* (☞ *.profile*) oder bei der Systemgenerierung diese Grenze verschieben.

Directories

Directories haben die Aufgabe, das Dateisystem zu strukturieren und die Baumstruktur aufzubauen. Im Bild des Dateibaums bilden die Verzeichnisse die Verzweigungen und Astgabelungen. Jede Datei des Systems ist in (mindestens) einem Directory aufgehängt. Wir sagen, die Datei liegt in einem Directory. Directories haben im Gegensatz zu normalen Dateien einen speziellen Aufbau. Der Inhalt eines Directories besteht aus Einträgen für die im Directory enthaltenen Dateien. Jeder Eintrag (jede Zeile) besteht aus dem Namen einer Datei und der zugehörigen Inode Number. Die Inode Number ist eine Zahl, die einer Datei zugewiesen wird und diese eindeutig im Dateisystem identifiziert. Die Inode ist ein Verwaltungsblock, in dem die Dateiverwaltung des Betriebsystems Informationen über die Datei ablegt. Für den Zugriff auf eine Datei benutzt der Anwender den Datei- bzw. Pfadnamen. Das Betriebssystem setzt für die interne Weiterverarbeitung den Namen in die Inode Number um und benutzt intern diese Nummer.

Mit dem Kommando

```
ls -i
```

kann der Benutzer die Inodes der Dateien im Working Directory ermitteln.

Auf Directories dürfen nur spezielle Programme (z. B. *ls*) zugreifen, die den Aufbau »kennen«. *ls* liefert z. B. das Inhaltsverzeichnis des Directories.

Special Files

UNIX zeichnet sich durch eine weitgehende Geräteunabhängigkeit aus. Jedes Gerät (Magnetplatten, Magnetbänder, Sichtgeräte, Drukker) wird im Dateisystem durch eine Gerätedatei (= Special File) dargestellt. Ein lesender oder schreibender Zugriff auf Geräte wird über eine Datei abgewickelt und unterscheidet sich nicht von dem Zugriff auf normale Textdateien. Die Gerätedateien (Special Files) werden auch durch eine Inode verwaltet und sind per Konvention im Directory */dev* abgelegt. Der Eintrag in ein Special File besteht aus einem Zahlenpaar (major und minor device number). Die major device number gibt den Gerätetyp an und verweist auf einen Gerätetreiber. Die minor device number verweist auf ein bestimmtes Gerät (Platte, Magnetband oder Terminalanschluß) hinter diesem Treiber.

```
-l /dev/tty0?
crw-rw-rw-  1  root   root   3,  0  Juli 8 12:53 /dev/tty00
crw-rw-rw-  1  root   root   3,  2  Juli 8 12:53 /dev/tty01
```
Beispiel

In unserem Bespiel sind Terminalports dargestellt. Der zugehörige Treiber für die asynchronen Ports hat die Major-Number 3. Der Port *tty00* hat die Minor Number 0 und */dev/tty01* die Minor Number 2.

Die Gerätedateien lassen sich in zwei Gruppen unterteilen, in die Block Devices und die Character Devices. Der Unterschied besteht in der Zugriffsart auf die Geräte. Welcher Gerätetyp durch eine Datei dargestellt wird, kann mit dem Kommando *ls -l* festgestellt werden. In der ersten Spalte der Ausgabe steht ein c für Character Device und ein b für Block Device. Den Typ kann man häufig auch am Namen der Datei erkennen, denn die Character Devices beginnen mit einem »r« (für raw). Viele Geräte sind durch ein Block Device und ein Character Device im System vertreten. So liegen für Festplatten die Block Devices in dem Verzeichnis */dev/dsk* und die Raw Devices im Verzeichnis */dev/rdsk*.

Block Device

Alle Zugriffe auf das Dateisystem werden über das Block Device durchgeführt. Werden Daten von einem Programm benötigt, greift das Betriebssystem über das entsprechende Block Device auf die Platte zu.

Die Daten werden aber nicht direkt an den Prozeß gegeben, sondern zunächst in einen internen Pufferbereich des Betriebssystems gelesen. Prozesse greifen nun auf diesen Puffer zu (schreibend oder lesend).

Betrachten wir einen Anwender, der mit einem Editor (z. B. *vi*) eine Datei erstellt und nun seine Daten abspeichert (z. B. mit *:w*). Mit dieser Aktion ist für den User der Speichervorgang abgeschlossen. Das Betriebssystem speichert diese Daten aber zunächst in einen internen Pufferbereich und erst zu einem späteren Zeitpunkt auf die Platte. Stürzt das System in der Zwischenzeit ab, kann es zu Datenverlusten kommen. Der logischer Transfer (Anwender) entspricht damit nicht einem physikalischen Transfer, und es kann daher sein, daß die Daten im Pufferbereich nicht mit den Daten auf der Platte übereinstimmen. Diese Synchronisation übernimmt der Systemaufruf *sync*, der nach einem bestimmten Algorithmus ausgeführt wird.

Der Transfer zwischen Platte und Pufferbereich geschieht nicht zeichenweise, sondern in Blöcken zu 512 Byte (Blockgröße der

Geräte). Je nach verwendetem Controller sind auch andere Blockgrößen möglich. Mit diesem Mechanismus werden die Zugriffe auf den Datenträger minimiert, was letztlich zu einer Steigerung der Performance führt. In dieses Konzept ist auch ein read ahead, ein Vorauslesen von Datenblöcken einbezogen. Die Dateiverwaltung erkennt, wenn ein Programm sequentiell Daten verarbeitet, und liest nicht nur den aktuell benötigten Datenblock, sondern auch den folgenden Datenblock in den Puffer. Sind die von einem Programm benötigten Daten bereits im Pufferbereich, so ist kein Zugriff auf die Festplatte notwendig.

Character Device

Der Name ist eigentlich irreführend. Auch über Character Devices werden die Daten in der Blockgröße des Gerätes transferiert. Dabei werden die Daten aber nicht in einem Pufferbereich zwischengespeichert, sondern direkt zwischen Prozeß und Speichermedium transferiert. Ein logischer Transfer ist hier gleichzeitig ein physikalischer Transfer. Character Devices werden oft auch als Raw Devices bezeichnet.

Der Zugriff auf das Magnetband geschieht ungepuffert über das Character Device */dev/rmt0*. Die benutzte Blockgröße ist dabei von dem Sicherungsprogramm abhängig. Auf Terminals wird auch über Raw Devices zugegriffen. Die Verarbeitung geschieht hier wirklich zeichenweise.

Named Pipe

Kommandos können zu Kommandofolgen verbunden werden. Dabei sind die einzelnen Kommandos über Pipes miteinander verkettet und tauschen über diese Daten aus. Pipes werden vom Betriebssystem im Hauptspeicher angelegt und existieren nur für die Dauer der beteiligten Prozesse. Es gibt zu jeder Pipe genau einen lesenden und genau einen schreibenden Prozeß (mehr im

15.1 Dateitypen

Kapitel über Basiskonzepte der Shell). Dabei handelt es sich um verwandte Prozesse, die über den Pipe-Mechanismus synchronisiert werden. Ist z. B. die Pipe voll, weil der lesende Prozeß nicht so schnell lesen wie der andere schreiben kann, wartet der schreibende Prozeß mit der Verarbeitung, bis wieder Platz in der Pipe ist.

Gegenüber der oben genannten Unnamed Pipe hat die Named Pipe einen Namen und ist als Datei im Dateisystem eingetragen. Sie kann in einem beliebigen Directory als Datei (mit Dateiname) des Dateityps Pipe abgelegt werden. Eine Named Pipe wird mit dem Kommando */etc/mknod* angelegt. Das folgende Kommando legt eine named pipe mit dem Namen FIFO an.

Beispiel
```
$ mk nod FIFO p
```

```
$ ls -l FIFO
prw-rw-rw- 1 bube  gruppe1  0 Jan 8 12:30 FIFO
```

Das *p* in der ersten Zeile gibt an, daß die Datei FIFO eine Pipe ist. Über eine solche Pipe können zwei beliebige Prozesse (Kommandos) miteinander Daten austauschen (miteinander kommunizieren). Dabei übernimmt ein Prozeß lesende und der andere schreibende Funktion. Diese beiden Prozesse müssen nicht miteinander verwandt sein, sie können von verschiedenen Benutzern und an verschiedenen Terminals gestartet werden.

Beispiel
Am Terminal 1 wird gestartet:

```
sort liste > FIFO
```

Am Terminal 2 wird gestartet:

```
grep "UNIX" < FIFO
```

sort sortiert die Datei *liste* und schreibt das Ergebnis in die Pipe FIFO. *sort* ist also der schreibende Prozeß, *grep* der lesende Prozeß und filtert aus der Pipe alle Zeilen heraus, die die Zeichenkette »UNIX« enthalten.

Links

Mittels eines Links besteht die Möglichkeit, eine Datei mit mehreren Namen zu versehen und so an verschiedenen Stellen im Dateisystem verfügbar zu machen. Es gibt eine Inode, aber unterschiedliche Namen. Die bisher verfügbaren Links können aber nicht auf Directories angewendet werden und sind nicht über Dateisystemgrenzen hinweg möglich. Diese Einschränkungen werden durch symbolische Links, die in SVR4 aus den BSD-Systemen übernommen wurden, aufgehoben.

Sind Computer über NFS oder RFS vernetzt, so kann ein symbolischer Link auch über verschiedene Computer hinweg realisiert werden.

Ein symbolischer Link wird mit dem Kommando *ln -s* angelegt:

```
$ ln -s /usr/spool /var/spool
```
Beispiel

```
$ ls -l //usr/spool
lrwxrwxrwx   1   root    root    10   Juli 8 12:53   /usr/sp
ool
-> /var/spool
```

15.2 Dateisystem anlegen

Für den Anwender stellt sich das Dateisystem als eine logische Einheit dar. Dabei ist es für ihn unerheblich, ob die Daten und Anwendungen auf einer Platte liegen, auf mehrere verteilt oder sogar (mittels NFS) auf einem anderen Rechner im Netzwerk abgelegt sind. Aus Systemsicht besteht ein UNIX-System aber aus mehreren Dateisystemen, die zu der logischen Sicht zusammengefaßt werden. Für ein tieferes Verständnis und für die Systemadministration ist eine genauere Betrachtung der verwendeten Mechanismen und Kommandos notwendig.

15.2 Dateisystem anlegen

Als Basis für ein Dateisystem können in einem UNIX-System unterschiedliche Datenträger wie Festplatten, Floppy Disks und CD-ROM benutzt werden. Der Bereich, den ein Dateisystem auf einem Datenträger belegt, wird Partition genannt. Eine Partition umfaßt eine gesamte Platte oder nur einen Teil davon, kann aber nicht über mehrere Platten verteilt sein. Sind also mehrere Datenträger in einem UNIX-System verfügbar, so gibt es automatisch mehrere Partitionen und damit mehrere Dateisysteme. Im folgenden wird beschrieben, wie Partitionen bzw. Dateisysteme angelegt und verwaltet werden.

Die Bearbeitung der Platte erfolgt in mehreren Stufen. Die ersten Stufen sind nicht Aufgabe von UNIX, sondern werden mit Kommandos durchgeführt, die hersteller- bzw. prozessorabhängig sind. Zunächst wird die Platte »low-level« formatiert. Damit ist die Speicherfläche der Platte in Blöcke zu 512 Byte eingeteilt. Dieser Arbeitsschritt ist nur bei der Installation (meist auch schon vom Hersteller vorgenommen) oder nach schweren Plattenstörungen notwendig.

Anschließend wird die Platte in unabhängige Einheiten, Partitionen genannt, eingeteilt. Bei Systemen auf Basis von Intel-Prozessoren (z. B. Interactive UNIX von Sunsoft, SCO UNIX von SCO oder UNIXWARE von Novell) geschieht dies mit dem Kommando *fdisk*, das den meisten Lesern aus der DOS-Umgebung bekannt sein dürfte. Die Unterteilung einer Platte in mehrere Partitionen ist z. B. dann sinnvoll, wenn der Rechner von verschiedenen Betriebssystemen genutzt, eine Workstation z. B. alternativ unter DOS oder UNIX gebootet werden soll. Die Partition, die später von UNIX genutzt werden soll, muß als UNIX-Partition gekennzeichnet werden. Damit von dieser Partition auch gebootet werden kann, muß diese als aktive Partition eingetragen werden.

Die bisherigen Schritte waren unabhängig von UNIX. Erst jetzt kommt UNIX ins Spiel. UNIX sieht von der Festplatte (Datenträger) nur noch die Teile, die in der für UNIX reservierten Partition liegen.

Diese Partition wird im nächsten Schritt formatiert und in eine oder mehrere UNIX-Partitionen, auch Slices genannt, unterteilt.

Die Einteilung und Verwaltung der Platte geschieht mit dem Kommando *disksetup*. Die Aufteilung der genutzten Datenträger ist in der Datei */etc/partition* beschrieben. Diese Datei enthält Informationen über die Größe der Partitionen, die installierten Dateisysteme etc. Alternativ kann diese Information mit dem Kommando *prtvtoc* angezeigt werden.

> In jeder dieser UNIX-Partitionen wird ein UNIX-Dateisystem erstellt. Ein Dateisystem wird mit dem Kommando *mkfs* (make filesystem) eingerichtet. Dabei wird in der Partition eine Struktur eingerichtet, über die anschließend die Daten eines UNIX-Systems verwaltet werden können. Jeder Slice hat ein eigenes Device. Der Name einer Datei besteht aus vier Teilen:

cn**t**n**d**n**s**n

- **c**n gibt die Nummer des Controllers an.
- **t**n gibt die Target Nummer an.
- **d**n liefert die Nummer der Partition.
- **s**n die Nummer der Partition (Slice).

n ist dabei eine laufende Nummer und beginnt mit 0. Auf den meisten Systemen gibt es Kurzschreibweisen für Platten. Anstelle */dev/dsk/c0t0d0s1* wird dann die Schreibweise */dev/dsk/0s1* für Slice 1 auf der ersten Platte verwendet.

Bei der Installation von UNIX entsteht eine standardmäßige Grundaufteilung der Platte:

slice 1   für das Root-Dateisystem
slice 2   für das Swap Device (*/dev/swap*)
slice 10 für das */stand-Dateisystem*

15.2 Dateisystem anlegen

Optional können weitere Dateisysteme eingerichtet werden:

slice 3 als /usr-Verzeichnis
slice 4 als /home-Dateisystem
slice 7 wird als Boot-Partition genutzt
slice 11 /var-Dateisystem

Mit dem folgenden Kommando wird ein weiteres Dateisystem eingerichtet:

```
$ mkfs -F s5 /dev/rdsk/c0t0d0s5 35340
```

Das Dateisystem wird in diesem Beispiel auf der ersten Platte im fünften Slice angelegt. Es hat die Größe von 35340 Datenblöcken (512 Byte). Mit der Option *-F* wird der Typ des Dateisystems angegeben. UNIX unterstützt eine Vielzahl von Dateisystemtypen. In diesem Beispiel handelt es sich um das Standarddateisystem *S5*.

Optional können dem *mkfs* weitere Argumente übergeben werden. Diese beziehen sich auf Plattenparameter, wie Interleavefaktor, Anzahl Spuren, Blöcke, etc. Mit *mkfs* wird auch die maximale Anzahl von Dateien auf diesem Dateisystem festgelegt. Standardmäßig beträgt das Verhältnis von Inodes zur Anzahl der Datenblökke 1:4. Damit sind für eine Datei im Durchschnitt vier Datenblöcke verfügbar.

Dies ist ein Erfahrungswert, der für ein »normales« Dateisystem sinnvoll ist, aber für spezifische Anforderungen verändert werden kann. So wird man für ein Dateisystem, das eine Datenbankanwendung enthält und somit wenige, aber dafür sehr große Dateien verwaltet, sicherlich ein anderes Verhältnis wählen als für ein Dateisystem, in dem viele kleine Dateien einer Textverarbeitung liegen.

Während der Zugriff auf die Platte mit einer Blockgröße von 512 Byte geschieht, unterstützen UNIX-Dateisysteme *logische Blockgrößen*, die ein Vielfaches der physikalischen Blockgröße betragen. Das S5-Dateisystem unterstützt logische Blockgrößen von 512,

1024 und 2048 (2K) Bytes. Mit der Option *-b* kann mit *mkfs* eine andere Blockgröße eingestellt werden.

Die Informationen über den Aufbau der Platte wie Anzahl der Inodes und Datenblöcke, der Blockgröße etc. sowie Angaben über die gewünschte Verzeichnisstruktur des Dateisystems können in einer Prototypdatei abgelegt werden. Diese Beschreibungsdatei kann alternativ beim Aufruf von *mkfs* angegeben werden.

Als Ergebnis des Kommandos *mkfs* entsteht ein leeres Dateisystem (File System), das ein Wurzelverzeichnis enthält, aber ansonsten leer ist. Im nächsten Schritt wird ein Verzeichnis mit dem Namen lost+found angelegt. lost+found wird bei Inkonsistenzen des Dateisystems von *fsck* zur Rettung von Dateifragmenten genutzt. Dort werden Datenblöcke abgelegt, die nicht mehr bestimmten Dateien zugeordnet werden können.

Bevor das Dateisystem genutzt werden kann, sollte ein Label für das Dateisystem vergeben werden. Dieses Label wird bei der Datensicherung mit *volcopy* zur Namensvergabe genutzt. Mit den zwei Parametern *home2* bekommt das Dateisystem und die Partition jeweils den Namen *home2*:

$ labelit -F s5 /dev/dsk/c0t0d0s5 home2 home2   Beispiel

Häufig umgehen Anwendungsprogramme (z. B. Datenbanken) die Dateiverwaltung des UNIX-Systems und schreiben direkt auf eine Partition. Sie benutzen diese Partition als raw device. In einer solchen Partition ist dann kein Dateisystem vorhanden (kein *mkfs*). Diese Art der Speichernutzung kann Geschwindigkeitsvorteile beim Zugriff auf die Daten bringen, erfordert aber auf der anderen Seite eine eigene Dateiverwaltung.

15.3 Logisches Dateisystem

Wie werden die Dateisysteme aus den verschiedenen Partitionen verbunden und dem Benutzer zugänglich gemacht?

Als Voraussetzung muß auf jeder Partition der verschiedenen Datenträger eine Basisstruktur (mit *mkfs*) erstellt werden. Mit dem *mount*-Kommando werden die verschiedenen Dateisysteme zu einem logischen Gesamtsystem verbunden. Das root-Dateisystem bildet den Anker des gesamten Dateisystems. Es hat mit den Directories *etc*, *bin*, *usr*, *tmp*, *dev*, *lib* einen Aufbau, der auf jedem UNIX-System vorhanden ist. Für Anwenderprogramme und Benutzerdaten werden weitere Directories angelegt. Gibt es auf dem System noch weitere Platten, so können deren Partitionen (Dateisysteme) über leere Directories montiert werden. Partitionen sollten unter der root (/) montiert werden, nicht jedoch an bereits montierte Systeme. Über das benutzte Directory kann jetzt auf die andere Partition verzweigt werden. Die einzelnen Dateisysteme können bei Bedarf aus dem Gesamtsystem gelöst und später wieder in das Gesamtsystem gehängt (montiert) werden. Nach dem Lösen sind die Daten zwar noch auf dem Datenträger vorhanden, jedoch für den Benutzer nicht mehr verfügbar. Erst wenn das System wieder montiert ist, können die Benutzer auf die Daten zugreifen. Mit dem Kommando *mount* kann sich der Anwender einen Überblick verschaffen, welche Dateisysteme gemountet sind:

Beispiel
```
$ mount
/ on /dev/root /read/write/setuid on Sa Okt 2 16:31:37   1993
/proc on /proc /read/write on Sa Okt 2 16:31:38   1993
/stand on /dev/dsk/c0t0d0sa /read/write on Sa Okt 2 16:31:40 1993
/usr on /dev/dsk/c0t0d0s3 /read/write/setuid on Sa Okt 2 16:31:42 1993
/home on /dev/dsk/c0t0d0s4 /read/write on Sa Okt 2   16:31:44 1993
```

Dieser mount-Vorgang soll an einem Beispiel erläutert werden. Auf einer Platte besteht ein Basis-Dateisystem, und es sollen zusätzlich die Daten auf dem oben aktivierten Slice 5 genutzt werden.

Diese Daten sollen unter dem Directory */home2* den Benutzern zugänglich gemacht werden.

Die Daten in diesem zusätzlichen Dateisystem sind hierarchisch organisiert. Wir gehen davon aus, daß bereits Daten in diesem Dateisystem liegen. Bei einer neu eingerichteten Partition ist nur die Root vorhanden. Sollen die Daten auf Slice 5 im Dateisystem bekannt gemacht werden, so muß der Baum auf diesem Slice in den Gesamtbaum eingehängt (montiert) werden. Anschließend können die Benutzer auf diese Daten zugreifen. Der Benutzer muß dabei nicht wissen, daß die Daten auf einem neuen Dateisystem liegen, aus seiner Sicht sind die Daten in einem bestimmten Directory abgelegt.

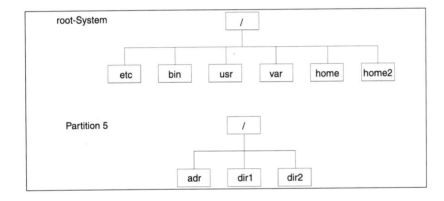

Abb. 15.1: Dateibaum des Basissystems und die Baumstruktur der erweiterten Partition

In der Abbildung 15.1 ist die Partition nicht montiert. Der Benutzer kann nur auf die Daten des root-Systems zugreifen, nicht aber auf Dateien in Slice 5 (z. B. *adr*). Unter dem Directory */home2* liegen keine Dateien, wie mit dem *ls*-Kommando nachgeprüft werden kann. Mit dem Kommando

```
$ mount /dev/dsk/c0d0s5      /home2
```

wird das Dateisystem in das Directory */home2* montiert. Die Wurzel wird durch das *mount*-Kommando mit dem Directory */home2* verbunden. Dadurch sind nach dem mount unterhalb von */home2* die Dateien vorhanden.

15.3 Logisches Dateisystem

Mit dem Kommando kann überprüft werden, ob der mount erfolgreich war:

```
$ mount
/ on /dev/root /read/write/setuid on Sa Okt 2  16:31:37  1993
/proc on /proc /read/write on Sa Okt 2  16:31:38  1993
/stand on /dev/dsk/c0t0d0sa /read/write on Sa Okt 2 16:31:40 1993
/usr on /dev/dsk/c0t0d0s3 /read/write/setuid on Sa Okt 2 16:31:42 1993
/home on /dev/dsk/c0t0d0s4 /read/write on Sa Okt 2  16:31:44  1993
/home2 on /dev/dsk/c0t0d0s5 /read/write on Sa Okt 2  16:31:44 1993
```

Der letzte Eintrag ist neu hinzugekommen.

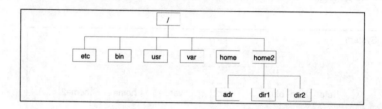

Abb. 15.2: Das Gesamtsystem

Der neue Bereich ist nun Teil des Dateisystems und kann von Benutzern des Systems genutzt werden. Mit

```
$ cd /home2
```

wechselt der Benutzer in dieses Directory (physikalisch auf die Partition 5) und mit

```
$ ls
adr dir1 ziel
```

bekommt er die Dateien angezeigt.

Betrachten wir nochmals den »unmounted« Zustand. Unterhalb des Directories */home2* können Dateien angelegt werden. Diese liegen dann auf der Platte, und ein Benutzer mit entsprechenden Zugriffsrechten kann auf diese Dateien normal zugreifen. Wird mit dem *mount*-Kommando die neue Partition unter das Directory */home2* montiert, so werden die bestehenden Dateien (auf der Platte) beim mount überdeckt. Der Benutzer hat nun über */home2* Zugriff auf neuen Datenbereich. Erst nach *umount* kann er wieder auf die ursprünglichen Dateien zugreifen.

> In der Datei *vfstab* sind alle eingerichteten Dateisysteme eingetragen. Die Einträge in dieser Datei enthalten folgende Informationen:

special   Das Block Device, über das ein lokales Dateisystem angesprochen werden kann. Bei einem NFS-Dateisystem ist dies der Ressourcenname.

fsckdev   Character Device, über das ein lokales Dateisystem angesprochen werden kann.

mountp   Verzeichnis, in das das Dateisystem eingehängt wird (mount point).

fstyp   Typ des Dateisystems.

fsckpass   Anweisungen an *fsck*.

automnt   *yes*, wenn das Dateisystem beim Systemstart automatisch gemountet werden soll, sonst *no*.

mntopts   Liste von Optionen, die den mount parametrieren.

```
/dev/root         /dev/rroot         /     s5  1 yes  rw,suid           Beispiel
/dev/dsk/c0t0d0s3 /dev/rdsk/c0t0d0s3 /usr  ufs   suid,rw,noquota
/proc             /proc              proc  -   no rw
/dev/dsk/c0t0d0sa /dev/rdsk/c0t0d0sa /stand bfs 1 no  -
/dev/dsk/c0t0d0s4 /dev/rdsk/c0t0d0s4 /home ufs   suid,rw
```

Auf vielen Systemen ist anstelle von *vfstab* noch die Datei */etc/fstab* vorhanden. Sie enthält Informationen über alle Dateisysteme, die zur Bootzeit automatisch gemountet werden sollen. Sie enthält aus der obigen Liste die Felder special, fstab, fstyp, mntopts.

15.4 Dateisystem intern

In diesem Abschnitt soll der interne Aufbau eines Dateisystems am Beispiel des Standarddateisystemtyps S5 beschrieben werden. Anschließend werden die Unterschiede zu anderen Implementierungen beschrieben.

Durch *mkfs* werden die bei der Formatierung entstandenen Blöcke in 4 Bereiche zusammengefaßt. Der größte Teil der Speicherblöcke dient zur Ablage der Dateiinhalte (Programmcode, Texte etc.), während andere Blöcke zur Ablage von Verwaltungsinformationen über die Dateien genutzt werden (Inodes). Außerdem entsteht ein Bereich, in dem der Superblock abgelegt ist. Dieser enthält Informationen über die gesamte Platte. Im vierten Block wird ein Boot-Programm abgelegt.

boot prog	super block	Inodes	Datenblöcke

Abb. 15.3: Die bei der Formatierung entstandenen vier Bereiche

Bereich 1   Platz für Boot-Programm   (1 Block)
Bereich 2   enthält den Superblock   (1 Block)
Bereich 3   n Blöcke für die Inodes   (n Blöcke)
Bereich 4   m Blöcke für die Dateien (m Blöcke)

Der erste Block enthält das Boot-Programm. Dieses wird beim Start des Systems geladen und startet seinerseits das eigentliche UNIX-System. Dieser Bereich wird für jedes Dateisystem angelegt. Wird das Dateisystem nicht für den Bootvorgang genutzt, bleibt der Bootblock leer. Der Superblock dient zur Verwaltung eines Dateisystems und enthält wichtige Informationen über

➤ die Größe des Dateisystems
➤ die max. Anzahl von Dateien (Anzahl Inodes)
➤ die Verwaltung der freien Blöcke in freelists

Die Inode

Die Bereiche 3 und 4 dienen zur Speicherung der Dateien. Im dritten Bereich werden Inodes angelegt. Jede Datei im UNIX-System besitzt genau eine Inode. Diese Inode bildet den Dateikopf und enthält Informationen über die Datei. Die Anzahl der Inodes entspricht damit der maximalen Anzahl von Dateien, die im Dateisystem angelegt werden können. Die Inode besitzt im S5-Dateisystem eine Größe von 64 Byte. Daher können 8 Inodes pro Block angelegt werden. Wird die Größe des dritten Bereichs geändert, verändert sich damit auch die Anzahl der Inodes. Die Anzahl der Inodes ist in S5-Systemen auf 65500 beschränkt. Alle Inodes sind in der Inode-List angelegt. Die nicht benutzten (freien) Inodes werden in Listen (free lists) verwaltet. Neuere Implementierungen benutzen auch das bitmap-Verfahren. Für jede Partition gibt es eine eigene Verwaltung der Inodes. Daher sind normale Links über Dateisystemgrenzen nicht möglich.

Bereich 4 enthält Blöcke, die zur Ablage der Dateiinhalte (Nutzdaten) dienen. Die freien Blöcke werden über Listen verwaltet. Wird eine Datei angelegt oder vergrößert, so werden neue (freie) Blöcke angefordert. Wird eine Datei kleiner oder gelöscht, so werden diese nicht mehr benötigten Blöcke wieder freigegeben, der Inhalt der Datei ist verloren. Die Blöcke können für andere Dateien benutzt werden. Bei der Anforderung oder Freigabe von Speicherblöcken wird immer die logische Blockgröße verwendet. Ein Dateisystem mit der Blockgröße 2K belegt für eine Datei mindestens 2KBytes auf der Platte, auch wenn nur ein Zeichen in der Datei steht.

Die Inode einer gelöschten Datei wird freigegeben und kann für eine neue Datei verwendet werden. Im Directory wird aber nicht der Name der Datei gelöscht, sondern nur die Nummer der Inode gelöscht (auf 0 gesetzt). Werden also in einem Directory regelmäßig viele Dateien angelegt und wieder gelöscht, so vergrößert sich der Speicherbedarf für dieses Directory ständig.

15.4 Dateisystem intern

Jede Datei, die in einem UNIX-System angelegt wird, bekommt einen Dateikopf zugewiesen. Dieser Dateikopf wird Inode genannt und enthält Informationen über wichtige Größen der Datei:

- Typ der Datei
- Zugriffsrechte
- Anzahl der Verweise (Links)
- Eigentümer der Datei
- Gruppenzugehörigkeit
- Größe der Datei
- Datum der Erstellung der letzten Modifikation des letzten Gebrauchs
- Verweise auf den Dateiinhalt (Adressen auf dem Massenspeicher)

Die Anzahl der Datenblöcke ist durch die Größe der Partition beschränkt.

Verweise auf den Inhalt einer Datei

Neben Informationen über die Datei sind in jeder Inode 13 Verweise auf Datenblöcke enthalten. Über diese Verweise greift die Dateiverwaltung auf die Nutzdaten zu (vgl. Abbildung 15.4).

Die ersten 10 Verweise zeigen direkt auf Datenblöcke, so daß 5K Daten direkt adressiert (1 Zugriff) werden können. Der nächste Verweis zeigt zunächst auf einen Block, in dem 128 weitere Verweise stehen. Durch diese indirekte Adressierung (2 Zugriffe) können 128 x 512 Byte adressiert werden.

Der 12. Verweis zeigt auf einen Block mit 128 Verweisen. Jeder dieser Verweise zeigt wieder auf einen Block mit 128 Verweisen, die nun auf Datenblöcke zeigen. Damit können 128 x 128 x 512 Byte adressiert werden (3 Zugriffe). Sollte dies immer noch nicht ausreichen, so liefert der 13. Verweis eine 3-fach indirekte Adressierung (4 Zugriffe). Insgesamt können ungefähr 1 GByte pro Datei adressiert werden.

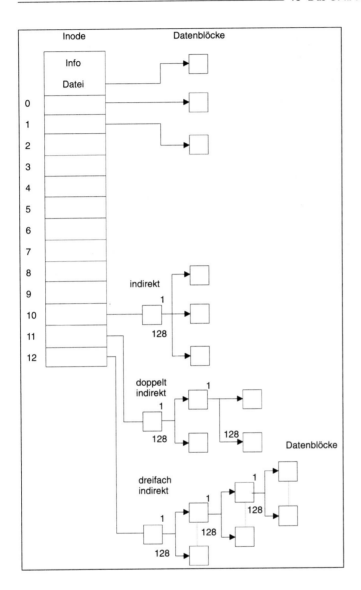

Abb. 15.4:
Der Verweismechanismus

15.5 Dateisystemtypen

UNIX V.4 unterstützt eine Vielzahl von Dateisystemtypen. Folgende Standardtypen werden unterstützt:

S5 — Standarddateisystem mit Blockgröße von 1024 Byte, die auf 512 oder 2048 umgesetzt werden kann.

ufs — Dateisystem, das von BSD-Systemen übernommen wurde und gegenüber dem Standardtyp S5 eine komplexere Verwaltung der Datenblöcke besitzt. Ziel ist eine Erhöhung der Datensicherheit und Verbesserung der Zugriffszeiten. Das Dateisystem wird über mehrere Superblöcke verwaltet. Dazu wird die Platte in *platter* unterteilt. In jedem dieser platter wird ein Superblock abgelegt.

Ein weiteres Merkmal des *ufs*-Dateisystems ist die *cylinder group map*. Über diese Map wird die Auslastung innerhalb der Zylinder der Platte verwaltet. Mit dem Quota-System kann die Anzahl der Dateien und die maximale Plattenausnutzung für jeden User festgelegt werden. *ufs* unterstützt logische Blockgrößen von 2K, 4K und 8K.

sfs — Das *sfs*-Dateisystem ist eine Variation des ufs-Dateisystems. Für jede Datei werden 2 Inodes verwendet. Eine enthält allgemeine Informationen (entspricht der ufs-Inode). Die zweite Inode enthält Sicherungsinformationen.

bfs — Dateisystem, das keine hierarchische Struktur hat und in dem die ladbaren Programme (z. B. UNIX) und Konfigurationsdateien angelegt werden, die zum Booten des Systems benötigt werden. *bfs*-Dateisysteme haben keine Verzeichnisstruktur (flaches Dateisystem). Die Ablage der Daten geschieht kontinuierlich.

	Alle Daten einer Datei liegen in zusammenhängenden Datenblöcken.

vxfs Veritas-Dateisystem. Dieses Dateisystem unterstützt Mechanismen, die ein schnelles Recovery nach einem Absturz ermöglichen. Anders als in den anderen Dateisystemen muß nicht das gesamte Dateisystem mit *fsck* geprüft werden, sondern über den *intent log* nur die Dateien, auf die kurz vor dem Absturz zugegriffen wurde.

nfs Network File System
Remote-Dateisystem, das mittels NFS gemountet wird.

rfs Remote-Dateisystem, das mittels RFS gemountet wird.

15.6 Nutzung einer Floppy

Eine Floppy kann wie eine Platte behandelt werden. Damit ein Dateisystem installiert werden kann, muß sie zunächst formatiert werden.

Ein Diskettenlaufwerk kann über viele Namen angesprochen werden. Die erste Floppy im System ist häufig unter */dev/fd0* ansprechbar, während die zweite Floppy als */dev/fd1* angesprochen werden kann. Darüber hinaus gibt es allgemeine Regeln für die Namensvergabe.

Eine Diskette kann als Gerät im raw-Modus und als Gerät im block-Modus angesprochen werden. Die Special Devices liegen daher in den Verzeichnissen */dev/rdsk* und */dev/dsk*. Der Name einer Floppy besteht aus 3 Teilen:

15.6 Nutzung einer Floppy

Nummer Es werden 2 Laufwerke unterstützt.
f0 = Laufwerk 0
f1 = Laufwerk 1

type Mit *type* wird die Größe und Speicherkapazität der Diskette beschrieben. Folgende Werte beschreiben die wichtigsten Formate. Die Aliasnamen geben die Namen in früheren UNIX-Versionen an:

5h 5.25"-Diskette mit hoher Schreibdichte (1.2MB). Alias ist q15d.

5dn 5.25"-Diskette mit doppelter Schreibdichte (360 KB), n Sektoren pro Spur. Alias ist dnd.

3h 3.5"-Diskette mit hoher Schreibdichte (1.44 MB). Alias ist q18d.

3d 3.5"-Diskette mit doppelter Schreibdichte (720 KB)

t Ein optionaler Zusatzparameter. Ist er nicht angegeben, wird die Diskette mit Ausnahme von Zylinder 0 genutzt. Ist er angegeben, so wird die gesamte Diskette genutzt.

/dev/rdsk/f05ht verweist auf das Laufwerk 0, das eine 5.25"-Diskette ist. In alter Schreibweise heißt dies */dev/rdsk/f0q15dt*. Häufig gibt es noch Links auf diese Dateien, die kurze, einprägsame Namen bekommen, z. B. fd0, floppy.

Mit dem Kommando *format* wird eine Diskette formatiert und für die Einrichtung eines Dateisystems vorbereitet:

```
$ format /dev/rdsk/f0q18dt
```

Mit *mkfs* wird anschließend ein Standarddateisystem eingerichtet und mit *labelit* ein Label vergeben:

```
$ mkfs /dev/rdsk/f0q18dt   1422
$ labelit /dev/dsk/f0q18dt   floppy
```

Mit *mount* wird die Floppy dann unter ein leeres Verzeichnis gemountet. Häufiger Mountpunkt ist das Verzeichnis */mnt*, das immer im System vorhanden ist:

```
$ mount /dev/dsk/f0q18dt /mnt
```

Es ist dabei zu beachten, daß *mount* auf das Block-Device zugreift, die anderen Kommandos auf das Raw-Device.

15.7 Reorganisation eines Dateisystems

In stark belasteten Dateisystemen ist die Fragmentierung der Daten ein wichtiges Problem. Die Daten einer Datei sind dabei nicht mehr in kontinuierlichen Datenblöcken angeordnet, sondern beliebig über die Platte verteilt. Dadurch verschlechtert sich die Zugriffszeit.

Um ein Dateisystem neu zu organisieren, sind folgende Schritte auszuführen:

- ➢ Das Dateisystem ist gemountet und darf von keinem anderen User genutzt werden.
- ➢ Das Dateisystem wird mit *tar* oder *cpio* auf ein Magnetband gesichert.
- ➢ Das Dateisystem wird ausgehängt (*umount*).
- ➢ Das Dateisystem wird mit *mkfs* neu generiert. Dabei ist darauf zu achten, daß die gleichen Konfigurationsparameter genutzt werden. Mit dem folgenden Kommando kann die Generierung durchgeführt werden:

```
$ eval 'mkfs -F s5 -m /dev/dsk/c0t0d0s3'
```

erzeugt auf dem Slice 3 der ersten Platte ein neues Dateisystem. Die Option -m des Kommandos *mkfs* liefert einen *mkfs*-Aufruf mit den gültigen Parametern.

Dieses Kommando wird mit der Option *eval* gestartet.

➤ Das neue (leere) Dateisystem wird gemountet.

➤ Datensicherung wird vom Tape eingespielt.

15.8 Network File System

In UNIX-Netzwerken gibt es mit dem Network File System von SUN eine komfortable Möglichkeit, logische Dateisysteme über mehrere UNIX-Rechner verteilt zu definieren.

Mit dem NFS können lokale Netze transparent gestaltet werden, wobei »transparent« bedeutet, daß der Anwender Ressourcen (Dateisysteme) benutzt, ohne zu wissen, auf welchem Rechner sie angelegt sind. Ein Benutzer ist physikalisch mit einem Rechner verbunden. Ihm steht damit das Dateisystem dieses Rechners zur Verfügung. In das Dateisystem dieses lokalen Rechners können mit dem NFS Teile aus Dateisystemen anderer Rechner integriert (gemountet) werden. Dies geschieht mit dem *remote mount*. Der *remote mount* ist analog zum oben beschriebenen *mount*-Kommando zu verstehen. Wieder sieht der Benutzer nur ein homogenes Dateisystem, die Verteilung auf verschiedene Rechner bleibt ihm verborgen.

Das NFS ist als Client-Server-Konzept realisiert. Jedes System im lokalen Netz ist Server, wenn es Ressourcen für andere Rechner bereitstellt und Client, wenn es Ressourcen eines anderen Rechners nutzen will. Jeder Rechner ist damit zumeist gleichzeitig Server und Client.

Zum Aufbau eines NFS-Netzwerkes sind auf jedem beteiligten Rechner zwei Aktionen notwendig, die vom System- oder Netzwerkverwalter durchgeführt werden.

1) Ein Rechner wird als Server eingerichtet. Dazu wird definiert, auf welche Ressourcen der Zugriff für welches Rechnersystem freigegeben wird. Die Freigabe geschieht über einen Eintrag in der Datei */etc/exports*. Nur diese freigegebenen Ressourcen können später von den autorisierten Rechnern benutzt werden. Alle anderen Teile des Dateisystems bleiben nur lokal verfügbar.

2) Ein Rechner wird als Client eingerichtet. Dazu werden Ressourcen von anderen Rechnern angewählt und mittels *mount* in das lokale Dateisystem eingebunden.

Bei einem Zugriff auf Betriebsmittel eines Rechners laufen auf zwei unterschiedlichen Ebenen Kontrollen ab. Zunächst wird geprüft, ob die zugreifende Maschine überhaupt berechtigt ist (gibt es ein Client-Server-Verhältnis?). Anschließend werden die Zugriffsrechte des Benutzers geprüft. Der Anwender identifiziert sich im NFS über seine User-ID. Der Netzwerkverwalter muß daher dafür sorgen, daß die UIDs netzwerkweit einheitlich vergeben werden, da sich sonst erhebliche Sicherheitslücken auftun können.

Prozesse

16 Die Prozeßverwaltung	511
16.1 Was ist ein Prozeß?	511
16.2 Signale	516
16.3 Prozeßkonzept	524
16.4 Benutzernummer UID	530
16.5 Die Speicherverwaltung unter SVR4	532
16.6 Streams	535

16 Die Prozeßverwaltung

Alle Aktivitäten in einem UNIX-Betriebssystem sind durch *Prozesse* (auch Task genannt) realisiert. Dabei ist es egal, ob es sich um Aktivitäten der User, der Druckerverwaltung, der Kommunikation mit anderen Systemen oder um interne Aktivitäten wie der Plattenverwaltung etc. handelt. In diesem Kapitel soll das Prozeß-Konzept von UNIX beschrieben werden.

16.1 Was ist ein Prozeß?

UNIX stellt dem Benutzer standardmäßig eine Vielzahl von Programmen zur Verfügung. Darüber hinaus kann der Benutzer eigene Programme schreiben oder Anwendungspakete hinzukaufen. Alle Programme sind in Dateien abgelegt. Möchte der Anwender ein Programm nutzen, so muß er das Programm über die Shell starten. Die Ausführung eines Programms soll in diesem Kapitel genauer untersucht und beschrieben werden.

Unter einem Prozeß *versteht man die Ausführung eines Programms.* — Definition

Jedesmal, wenn von einem Benutzer ein Programm gestartet wird, entsteht ein Prozeß. Dazu wird der Programmcode, der in einer Datei auf dem Datenträger liegt, in den Hauptspeicher kopiert (geladen) und mit weiteren Verwaltungsinformationen versehen. Das geladene Programm wird dann von der CPU ausgeführt. Nach der Abarbeitung der Programmanweisungen wird der Prozeß beendet.

Wird dasselbe Programm gleichzeitig mehrmals gestartet, entstehen mehrere Prozesse (pro Aufruf ein Prozeß), die dasselbe Programm ausführen. Programm und Prozeß sind also wie zwei Seiten

16.1 Was ist ein Prozeß?

einer Medaille, wobei das Programm die statische Komponente und der Prozeß die dynamische Komponente darstellt.

Prozeßnummer

Jedem Prozeß wird beim Start durch das UNIX-Betriebssystem eine eindeutige Nummer, die Prozeßidentifikation PID zugeordnet. Die PID wird auch *Prozeßnummer* genannt. Solange ein Prozeß existiert, ist er durch diese Nummer systemweit eindeutig gekennzeichnet.

Prozesse sind gewissen Vererbungsregeln unterworfen. Jeder Prozeß kann einen oder mehrere neue Prozesse erzeugen, die man Kindprozesse (Child Process) nennt und die eine eigene Prozeßnummer haben. Es entsteht dadurch eine Eltern-Kind-Beziehung. Über diese Zuordnung entsteht eine hierarchische Prozeßstruktur. Jeder Prozeß hat im UNIX-System einen eindeutigen Eltern-Prozeß. Die Prozeßnummer des Elternprozesses wird auch PPID (parent process identification) genannt. Über PID und PPID lassen sich Verwandtschaftsverhältnisse zwischen Prozessen aufzeigen. Zur Anzeige dieser Informationen dient das Kommando *ps*.

Das Kommando *ps*

Informationen über den Status der aktiven Prozesse im UNIX-System liefert das Kommando *ps*. Der Umfang der Informationen (welche Prozesse und welche Daten) kann durch Optionen gesteuert werden. Weitere Informationen zu dem Kommando *ps* stehen in der Kommandobeschreibung. Für eine kurze Information genügt:

Beispiel
```
$ ps
PID TTY       TIME COMMAND
175 console   0:01 sh
```

```
396 console  0:01 csh
540 console  0:00 ps
```

Dieses Kommando liefert dem Benutzer eine Liste der eigenen Prozesse. Dem Benutzer wird die Prozeßnummer, das Terminal an dem er arbeitet, die verbrauchte Systemzeit und der Name des aktiven Kommandos angezeigt.

Sind umfangreichere Informationen erforderlich, so ist die Option *-f* nützlich. Wichtig ist hier die PPID, mit der die Prozeßhierarchie nachvollzogen werden kann. Der Prozeß mit der PID 175 ist in diesem Beispiel die Login-Shell, die eine weitere Shell (PID=396) gestartet hat.

Diese wiederum hat das *ps*-Kommando gestartet:

```
$ ps -f
UID   PID  PPID C    STIME TTY      TIME COMMAND
root  175     1 0 09:15:56 console  0:01 -sh
root  396   175 0 13:33:02 console  0:01 sh
root  542   396 7 15:33:41 console  0:00 ps -f
```
Beispiel

Prozeßhierarchie

Ähnlich dem Dateisystem ist auch die Prozeßstruktur hierarchisch organisiert. Diese Hierarchie ist im folgenden Bild dargestellt. Aus der Liste der Prozesse, die mit *ps -ef* erzeugt wird, kann man den Prozeßbaum nachbilden, indem man über die PID und die PPID die Verwandtschaftsverhältnisse aufzeigt.

```
$ ps -ef
UID   PID PPID C     STIME TTY      TIME COMMAND
root    0   0 0 16:26:23 ?        0:00 sched
root    1   0 0 16:26:23 ?        0:15 /etc/init
root    2   0 0 16:26:23 ?        0:00 vhand
root    3   0 0 16:26:23 ?        0:37 bdflush
root  175   1 0 09:15:56 console  0:01 -sh
```
Beispiel

16.1 Was ist ein Prozeß?

```
root    176     1   0  09:15:56  tty010    0:00  /etc/getty
                                                 tty010 9600
root    151     1   0  09:15:51  ?         0:00  /etc/fssel
                                                 /dev/con
root    155     1   0  09:15:52  ?         0:00  /usr/lib
                                                 /errdemon
root    166     1   0  09:15:53  ?         0:01  /etc/cron
lp      171     1   0  09:15:54  ?         0:00  /usr/lib/lpsched
root    396   175   0  13:33:02  console   0:01  sh
root    521   396   0  15:29:30  console   0:02  sort liste
root    543   396   8  15:33:54  console   0:00  ps -ef
```

Die Wurzel bildet der init-Prozeß, der mit der Prozeßnummer PID = 1 beim Booten des Systems gestartet wird. Die Prozeßnummer PID = 0 hat der Swapper, ein Prozeß, der für die Prozeßabwicklung (ein- und auslagern von Programmen) notwendig ist. In früheren UNIX-Versionen hat der init-Prozeß an jedem Terminalport einen getty-Prozeß gestartet.

In SVR4 wird vom init-Prozeß für eine Gruppe von Terminalports ein ttymon-Prozeß gestartet. Wenn der Anwender sich anmelden möchte, wird für den entsprechenden Port ein Login gestartet. Nach dem Login wird eine Shell gestartet, die nun wieder als Wurzelprozeß aller weiteren Prozesse des Benutzers angesehen wird.

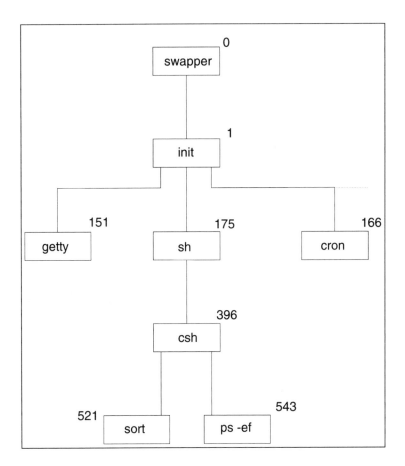

Abb. 16.1:
Der Prozeßbaum

Exit-Status

Beendet sich ein Prozeß, liefert er an die Shell (allgemein an einen Elternprozeß) einen Returnwert (*Exit-Status*) zurück. Per Konvention liefert ein Programm eine 0 zurück, wenn das Progamm erfolgreich war. Tritt bei der Ausführung des Kommandos ein Fehler auf, wird ein Wert ungleich 0 zurückgeliefert. Dieser Exit-Status wird von der Bourne Shell in der Variablen *$?* und von der C-Shell in der Variablen *status* abgelegt. Der Benutzer kann über diese Variablen prüfen, ob Kommandos erfolgreich beendet wurden oder ob Fehler aufgetreten sind. In einem Shell-Script kann der Returnwert mit dem Kommando *exit* frei festgelegt werden.

Beispiel   `trap "exit 5 " 2 3`

Die Signale 2 und 3 führen zum Abbruch des Prozesses. Der Exit-Status ist dabei 5 und wird in der Fehlervariablen *$?* abgelegt. Diese Variable kann nach Beendigung des Scriptes abgefragt werden.

16.2 Signale

Signale bilden einen wesentlichen Mechanismus bei der Interruptsteuerung und bei der Fehlerbehandlung sowie in der Interprozeßkommunikation im UNIX-System.

Soll ein Prozeß über ein Ereignis im System informiert werden, wird dem Prozeß ein Signal zugestellt. Derartige Ereignisse können ein Fehler bei der Programmausführung (z. B. Adreßfehler, Hardwarefehler etc.) oder Aktivitäten am Terminal (Abbruch mit der Entf -Taste) sein. Das Betriebssystem sendet ein dem Ereignis zugeordnetes Signal an den entsprechenden Prozeß. Der Prozeß reagiert in einer definierten Form auf das Signal. In der nachfolgenden Liste sind alle Signale, die Fehlerart und die Reaktion des Prozesses aufgeführt. Für den Benutzer sind nur wenige Signale von direktem Interesse. Dabei sind insbesondere die Signale mit den Nummern 0, 1, 2, 9 und 15 zu nennen.

In UNIX-System V.4 wurde eine Reihe von neuen Signalen aufgenommen.

Übersicht der Signale

Signal	Name	Aktion	Beschreibung
1	SIGHUP	exit	Leitung zum Terminal wird unterbrochen
2	SIGINT	exit	Unterbrechung am Terminal, Interrupt
3+	SIGQUIT	exit	Abbruch am Terminal, Quit
4+	SIGILL	core	falsche Instruktion wurde bearbeitet
5+	SIGTRAP	core	Trace Point gesetzt (für Debugger)
6+	SIGABRT	core	Abbruch
7+	SIGEMT	core	EMT-Anweisung
8+	SIGFPE	core	Fehler vom Gleitpunktprozessor
9	SIGKILL	exit	Abbruchsignal
10+	SIGBUS	core	Fehler am Bus-System
11+	SIGSEGV	core	Fehler beim Speicherzugriff
12+	SIGSYS	core	Fehler beim Systemaufruf
13	SIGPIPE	exit	Fehler von einer Pipe
14	SIGALARM	exit	Ablauf eines Zeitintervalls
15	SIGTERM	exit	beendet ein Programm
16	SIGUSR1	exit	frei für Benutzer
17	SIGUSR2	exit	frei für Benutzer
18	SIGCLD	ignore	Ende eines Sohn-Prozesses
19	SIGPWR	ignore	Spannungsausfall
20	SIGWINCH	ignore	Änderung der Fenstergröße
21	SIGURG	ignore	Meldung von Socket
22	SIGPOLL	ignore	Abfragbares Ereignis
23	SIGSTOP	stop	Prozeßhalt

16.2 Signale

Signal	Name	Aktion	Beschreibung
24	SIGSTP	stop	Prozeßhalt, vom Benutzer
25	SIGCONT	ignore	Prozeßfortsetzung
26	SIGTTIN	stop	Angehaltene Terminaleingabe
27	SIGTTOU	stop	Angehaltene Terminalausgabe
28	SIGVTALRM	exit	Virtueller Timer abgelaufen
29	SIGPROF	exit	Prozeßüberwachungstimer abgelaufen
30	SIGXCPU	core	CPU-Zeit abgelaufen
31	SIGXFSZ	core	Maximale Dateigröße überschritten
32	SIGIO		Socket I/O möglich

Vom Betriebssystem wird entsprechend der obigen Liste eine Standardbelegung (exit, core, ignore, stop) eingestellt, mit der ein Prozeß auf ein eintreffendes Signal reagiert.

Grundsätzlich kann ein Prozeß neben den Voreinstellungen auch eigene Fehlerroutinen benutzen oder das Signal ignorieren. Alle Abweichungen von der Voreinstellung müssen vom Programmierer im Programm oder Script realisiert werden.

➤ Der Prozeß wird abgebrochen, wenn die Aktion *exit* angegeben wird.

➤ Der Prozeß erzeugt einen Speicherabzug (core dump), wenn für die Signalbehandlung *core* angegeben ist. Dieser Speicherabzug wird in der Datei *core* im aktuellen Verzeichnis hinterlegt. Mit einem Debugger kann nun die Abbruchstelle analysiert werden.

➤ Mit der Aktion *stop* wird der Prozeß angehalten.

➤ Signale mit der Einstellung *ignore* werden ignoriert.

➤ Eine eigene Signalbehandlung wird durchgeführt. Die Aktionen werden vom Anwender (Programmierer) festgelegt. Dabei können auf der Shell-Ebene mit dem Kommando *trap* und auf der System-Ebene (system-call) mit den Systemaufrufen *signal*, *sigset* oder *sigaction* Signalbehandlungen definiert werden. Nach Ausführung der Fehlerroutine setzt der Prozeß seine Ausführung an der Stelle fort, an der er unterbrochen wurde. Von den oben aufgeführten Signalen können die Signale SIGKILL (Nr. 9) und SIGSTOP (Nr. 23) nicht abgefangen werden.

Die Signalbehandlung in SVR4 wurde um Elemente aus den BSD-Systemen erweitert. So können mehrere Signale an einen Prozeß gesendet werden. Die Signale werden als »wartend« erkannt und nach Abschluß der aktuellen Fehlerroutine weiterverarbeitet.

trap

In diesem Abschnitt werden die Möglichkeiten dargestellt, mit denen der Anwender in einem Shell-Script eine Signalbehandlung durchführen kann. Tritt bei der Ausführung eines Scriptes ein Fehler auf, wird dies durch Signale signalisiert. Fehlerroutinen können auf Shell-Ebene mit dem Kommando *trap* (*onintr* in der C-Shell) realisiert werden. Mit dem Kommando *trap* kann eine Reaktion, eine Fehlerroutine spezifiziert werden, die beim Eintreffen eines bestimmten Signals ausgeführt wird.

```
trap 'kommandos' signal
```

Dabei ist *signal* die Nummer des Signals, welches abgefangen werden soll und *kommandos* bildet die Fehlerroutine, eine Kommandofolge, die ausgeführt wird, wenn das Signal eintrifft. Ohne Parameter gibt *trap* eine Liste der gesetzten traps aus. *signal* kann eine der Signalnummern oder ein Wert aus der folgenden Liste sein:

DEBUG   Die Fehlerroutine wird nach jedem Kommando des Scriptes ausgeführt (zu Testzwecken).

ERR   Die Kommandos der Fehlerroutine werden immer ausgeführt, wenn der Exit-Status ungleich null ist.

16.2 Signale

EXIT — Ist *trap* in einer Funktion gesetzt, so wird die Fehlerroutine nach Beendigung der Funktion ausgeführt. Ist *trap* außerhalb einer Funktion in einem Script gesetzt, wird die Fehlerroutine nach Beendigung der Shell ausgeführt.

Beispiel 1 — Viele Programme benutzen Hilfsdateien. Diese sollen im folgenden Beispiel im Directory TEMPDIR unter dem Homedirectory angelegt werden. Wenn ein Prozeß die Signale 2, 3 oder 15 erhält, dann sollen im Directory TEMPDIR alle Dateien gelöscht werden. Für diesen Vorgang wird mit *trap* eine Fehlerbehandlung definiert:

```
trap 'rm $HOME/TEMPDIR/*' 2 3 15
```

Beispiel 2 — Wird bei *trap* kein Kommando angegeben, so werden die angegebenen Signale ignoriert und die Ausführung des Programms nicht unterbrochen. Das Signal 2 wird in diesem Beispiel von dem Script ignoriert:

```
trap '' 2
```

Beispiel 3 — Für jedes Signal gibt es eine Standardbehandlung. Um die Fehlerbehandlung für ein Signal zurückzusetzen, wird beim *trap*-Aufruf kein Kommando angegeben. Das folgende Beispiel setzt für das Signal 2 die Standardbehandlung:

```
trap 2
```

Beispiel 4 — Für das Signal 0 (logout) wird das Datum in die Datei LOG geschrieben. Diese kann zu Statistikzwecken benutzt werden.

```
trap 'echo vom System abgemeldet `date` >> $HOME/LOG' 0
```

☞ Die Signalbehandlung in der C-Shell ist im Kapitel 11 »Die C-Shell« beschrieben.

nohup

Befehle, die nach dem Ausloggen eines Users weiterlaufen sollen, müssen in Verbindung mit *nohup* gestartet werden (üblicherweise im Hintergrund, d. h. mit »&« am Ende des Kommandos).

Normalerweise beendet das System alle Programme (hangup-Signal) eines Users, wenn er sich ausloggt. Sollten nach dem Abmelden vom System noch Meldungen erzeugt werden, können diese in eine gewünschte Datei umgelenkt werden. Standardmäßig legt *nohup* eine Datei mit dem Namen *nohup.out* im Homedirectory des Anwenders an und hinterlegt dort die Meldungen.

1. Start eines Programms im Hintergrund

    ```
    $ nohup wc /home/logbuch &
    ```

Beispiele

Der Hintergrundprozeß zählt die Worte in der Datei */home/logbuch*. Das Ergebnis wird in die Datei *nohup.out* geschrieben, falls der Aufrufer bei Beendigung des Befehls bereits ausgeloggt ist.

2. Abarbeiten einer Kommandodatei

    ```
    $ nohup sh befehle &
    ```

Bei *befehle* handelt es sich um ein Script, das aus Shell-Kommandos besteht.

Die Sequenz

```
nohup Befehl1; Befehl2
```

führt nur *Befehl1* in Verbindung mit *nohup* aus, *Befehl2* wird als neues Shellkommando bewertet.

Hingegen ist

```
nohup (Befehl1; Befehl2)
```

syntaktisch falsch. Mehrere Befehle müssen daher aus einer Datei gelesen werden.

kill

Mit *kill* kann eine Anforderung (ein Signal) an einen UNIX-Prozeß geschickt werden. Der angesprochene Prozeß reagiert auf das Signal und wird in der Regel beendet. Der allgemeine Aufruf lautet:

```
$ kill -Signal PID
```

PID ist dabei die Nummer, unter der ein laufender Prozeß im System geführt und verwaltet wird. Eine Liste der Prozeßnummern der aktiven Prozesse kann mit dem Kommando *ps* erzeugt werden.

Signal ist eine Nummer oder ein symbolischer Name. UNIX kennt eine Vielzahl von Signalen mit unterschiedlicher Bedeutung. Die Bedeutung ist weitgehend standardisiert. Eine Liste der Signale befindet sich in der Datei */usr/include/sys/signal.h*. Außerdem kann sie mit dem Kommando *kill -l* ausgegeben werden.

Jeder User kann nur Prozesse abbrechen, die er selbst gestartet hat, der Superuser kann beliebige Prozesse beenden.

Beim Aufruf von *kill* müssen eine Signalnummer und die PID angegeben werden. Wird keine Signalnummer angegeben, so wird das Signal 15 (SIGTERM) gesendet. Wird als PID eine 0 angegeben, so werden alle Prozesse eines Anwenders (einer Prozeßgruppe) inklusive der Loginshell beendet.

Hilfreich ist das *kill*-Kommando, wenn sich ein Hintergrundprozeß »aufgehängt« hat, d. h. sich nicht mehr wie gewünscht beendet, oder das Terminal »hängt«, also keine Eingabe mehr annimmt. In diesem Fall kann der Prozeß vom Nachbarterminal aus »gekillt« werden.

Die meisten Signale werden vom Betriebssystem zur Meldung von Fehlern benutzt.

Für den User wichtige Signale sind in der folgenden Liste aufgeführt:

1	SIGHUP	Beendet den Prozeß, wenn der Besitzer sich ausloggt.
2	SIGINT	Zeichen für Interrupt (wie Entf oder Pause).
3	SIGQUIT	Beende den Prozeß und erzeuge einen Coredump.
9	SIGKILL	*Kill*, führt auf jeden Fall zum Abbruch.
15	SIGTERM	Signal zur Beendigung von Userprogrammen.

1. Beenden eines eigenen Prozesses

   Beispiele

   ```
   $ kill 468
   ls: 468 killed
   ```

   Der selbst gestartete Prozeß kann unter Angabe seiner PID beendet werden. Das System gibt den Namen und die PID des abgebrochenen Prozesses aus.

2. Beenden eines Prozesses, der nicht auf die normalen Signale reagiert.

   ```
   $ kill -9 538
   ```

   Hier steht *-9* dafür, daß der stärkste Abbruchbefehl abgesetzt wird.

3. Abbrechen aller eigenen Prozesse.

   ```
   $ kill 0
   ```

16.3 Prozeßkonzept

UNIX System V.4 erweitert das bisherige Prozeßkonzept. Neben dem bekannten Time-Sharing-Verfahren (Zeitscheibenverfahren), werden auch Echtzeitanwendungen unterstützt. Im folgenden werden die Eigenschaften dieser Verfahren beschrieben.

Time-Sharing

Als ein Multiuser- und Multitasking-System ist UNIX ein Betriebssystem, an dem mehrere Benutzer gleichzeitig arbeiten können. Daher können (müssen) mehrere Prozesse parallel auf dem Rechner laufen. Zur Verwaltung und Abarbeitung dieser Prozesse sind verschiedene Mechanismen notwendig.

Die Koordination aller Prozesse und deren Verwaltung übernimmt ein zentraler Prozeß, der Scheduler. Dieser verwendet ein Time-Sharing-Verfahren und weist den einzelnen Prozessen in regelmäßigen Zeitabständen eine gewisse Rechenzeit, auch Zeitscheibe genannt, zu. Während dieser Zeitscheibe wird der Prozeß von der CPU abgearbeitet.

Nach Ablauf der Zeitscheibe wird ein anderer Prozeß abgearbeitet. Ziel dieses Verfahrens ist es, alle Anwender möglichst gleichmäßig zu bedienen.

Damit ein Prozeß ausgeführt werden kann, müssen ihm alle notwendigen Betriebsmittel (CPU, Plattenzugriffe etc.) zur Verfügung stehen. Die Zentraleinheit (die CPU) ist das Nadelöhr in einem System, da sie zu einem Zeitpunkt immer nur einen Prozeß bearbeiten kann.

Ein Prozeß kann sich in verschiedenen Zuständen befinden. Wurde ihm die CPU zugeteilt, so ist er im Zustand rechnend (running). Wird ihm vom Scheduler die CPU entzogen, so befindet er sich im Zustand rechenwillig (suspended). Wartet ein Prozeß auf ein Betriebsmittel (z. B. Plattenzugriff), so befindet er sich im Zustand wartend (wait). In den Zuständen suspend und wait kann ein Prozeß im Hauptspeicher liegen oder in den Swap Bereich (swap area) ausgelagert werden. Ist der Prozeß beendet, so ist er noch nicht aus der Prozeßtabelle entfernt, da er die Endemeldung noch an den Parentprozeß senden muß. Bis dies geschehen ist, befindet er sich im Zustand zombie.

Priorität

Ziel des Time-Sharing-Verfahrens ist es, alle Anwender möglichst gleichmäßig zu bedienen. Hohes Gewicht wird auf eine gute Behandlung von interaktiven Prozessen gelegt, damit für den Anwender keine Wartezeiten bei der Ein-/Ausgabe entstehen. Der Scheduler benötigt daher vielfältige Kriterien, wann welcher Prozeß aktiv werden soll.

Wichtigste Größe ist dabei die Priorität eines Prozesses. Jedem gestarteten Prozeß wird eine Zahl, die *Priorität*, zugeordnet. Die Priorität entscheidet über die »Wichtigkeit« eines Prozesses. Der Scheduler vergleicht die Priorität aller Prozesse zyklisch. Dem Prozeß mit der höchsten Priorität wird die CPU zugeteilt. Der ausgewählte Prozeß geht in den Zustand rechnend (running), und das Programm wird abgearbeitet. Ist nach einigen Berechnungsintervallen die Priorität eines anderen Prozesses größer geworden, wird dieser Prozeß rechnend (CPU zugeteilt), und der bisher aktive Prozeß wird in die Liste der »wartenden« Prozesse eingetragen. Benötigen Prozesse andere Betriebsmittel (Plattenzugriff usw.), wird die Zugriffsreihenfolge der Prozesse ebenfalls über die Priorität gesteuert.

Die Intervalle für diesen Prozeßwechsel werden so gewählt, daß eine gute Antwortzeit erzielt wird, der Aufwand für den Wechsel selbst das System aber nicht übermäßig belastet. Die Priorität eines Prozesses ist in diesem Time-Sharing-Verfahren daher kein fester Wert. Sie wird vom Betriebssystem ständig neu berechnet. Prozesse, die die CPU stark belasten, bekommen eine niedrige Priorität, Prozesse, die die CPU nur wenig belasten, bekommen eine höhere Priorität. Auch die Länge der Zeitscheibe wird variiert. Prozesse mit einer niedrigen Priorität bekommen eine längere Zeitscheibe als Prozesse mit einer höheren Priorität. Die Länge der Zeitscheiben beträgt einige Millisekunden. In die Berechnung der Priorität gehen verschiedene weitere Größen wie die bisherige Rechenzeit, die Wartezeiten, Größe des Programms und die gesamte bisherige Laufzeit ein. Alle Prozesse im System müssen sich diesen Berechnungen der Priorität unterwerfen (Ausnahmen siehe unten).

Prioritätenklassen

UNIX System V.4 erweitert das Prozeßkonzept bisheriger UNIX-Versionen um Funktionen, die den UNIX-Kernel realzeitfähig machen.

Im System werden grundsätzlich drei Prioritätsklassen unterschieden:

Time-Sharing In dieser Klasse liegen die normalen Benutzerprozesse. Die Priorität dieser Prozesse wird zyklisch neu berechnet, alle Prozesse sind dabei gleichberechtigt.

Real-Time Jeder Prozeß in der Real-Time-Klasse bekommt eine Priorität zugewiesen, die während der Laufzeit vom Scheduler nicht verändert wird. Nur ein privilegierter Anwender kann die Priorität mit dem Kommando *priocntl* verändern.
Diese Prozesse fallen nicht unter das Time-Sharing, und der Anwender hat somit die Möglichkeit, eine genaue Ablaufreihenfolge seiner Prozesse festzulegen. Natürlich haben derartige Realzeit-Prozesse erhebliche Auswirkungen auf das Verhalten der anderen Prozesse und damit auf das Gesamtsystem.

| System | In dieser Klasse liegen alle wichtigen Prozesse, die für den Betrieb des Systems unbedingt erforderlich sind. Diese Prozesse haben die höchste Priorität im System und können nicht manipuliert werden. |

Die Priorität der unterschiedlichen Klassen kann im Kernel konfiguriert werden. Es muß dabei aber darauf geachtet werden, daß die Prozesse in der Systemklasse immer die höchste Priorität haben, da sie das Gesamtsystem steuern.

Verwaltung der Priorität

Die Priorität eines Prozesses in der Time-Sharing-Klasse kann mit den Kommandos *nice* und *priocntl* beeinflußt werden. *nice* kann die Priorität eines Kommandos erhöhen und erniedrigen. Die effektive Priorität eines Prozesses wird um den nice-Faktor verändert. Mit

```
$ nice -15 sort liste
```

wird eine Sortierung gestartet. Die Abarbeitung geschieht mit einer um den Wert 15 erniedrigten Priorität. Mögliche Werte für den nice-Faktor sind -1 bis -19. Wird kein Wert angegeben, wird der Standardwert -10 angenommen. *nice* wirkt immer auf ein Kommando. Der Systemverwalter kann mit *nice* auch die Priorität eines Prozesses erhöhen. Dazu muß er den nice-Faktor mit einem doppelten Minuszeichen versehen

```
$ nice - -15 sort liste
```

erhöht die Priorität um den Faktor 15.

Demon

In einem laufenden UNIX-System gibt es eine Reihe von Prozessen, die systemweite Aufgaben wahrnehmen. Diese Prozesse werden zumeist beim Hochfahren des Systems gestartet. Sie sind keinem Terminal (oder Benutzer) zugeordnet und werden demon-Prozesse genannt. Beispiele dafür sind der Scheduler (Ein- und Auslagern von Prozessen), der lpsched (verwaltet das Druckersystem) oder der cron (verwaltet Zeitaufträge). Vom Benutzer können für eigene Anwendungen weitere demon-Prozesse geschrieben werden.

Der Swapper

Sind viele Prozesse aktiviert, reicht oft der Hauptspeicher nicht aus, um alle Prozesse ständig im Hauptspeicher zu halten. Das Betriebssystem verwaltet daher einen Bereich auf dem Hintergrundspeicher (Platte), den swap-Bereich (swap Partition). Bei Platzproblemen im Hauptspeicher lagert das Betriebssystem (der Swapper) Prozesse, die im Moment nicht aktiv sind, aus dem Hauptspeicher in den swap-Bereich aus (swap out). Soll einem dieser Prozesse die CPU zugeteilt werden, so wird er wieder in den Hauptspeicher geladen (swap in). Andere Prozesse werden nun ausgelagert. Ist ein Prozeß beendet, wird er aus dem Hauptspeicher und dem swap-Bereich gelöscht.

Werden Programme häufig ausgeführt, ist es von Vorteil, wenn der Programmcode nicht aus dem Hauptspeicher entfernt wird, sondern auch dann dort vorgehalten wird, wenn er von keinem Prozeß benötigt wird. Wenn das Kommando gestartet wird, ist der zeitaufwendige Ladevorgang aus dem Dateisystem nicht mehr notwendig. Damit Programme resident werden, muß das *t*-Zugriffsrecht gesetzt sein (☞ *chmod*).

Vordergrundprozesse

Vordergrundprozesse sind einem Terminal zugeordnet und können von dort kontrolliert werden, z. B. interaktive Ein- und Ausgaben und Abbruch des Prozesses mit ⌈Entf⌉-Taste. Ein Vordergrundprozeß belegt ein Terminal, es kann nur für diesen Prozeß benutzt werden. Erst wenn der Prozeß beendet ist, kann ein neues Kommando eingegeben werden. An einem Terminal ist während einer Sitzung die Shell aktiv. Startet der Anwender ein Kommando, so erzeugt die Shell einen Kindprozeß. Dieser wird abgearbeitet und liefert am Ende ein Signal an seinen Elternprozeß zurück. Der Elternprozeß (die Shell) dagegen wird suspendiert (Zustand wait) und wartet auf das Ende des Kindprozesses. Kindprozeß und Elternprozeß laufen synchron ab.

Hintergrundprozesse

Ein Hintergrundprozeß läuft nicht unter der Kontrolle eines Terminals ab, er ist davon gelöst. Das Terminal ist durch diesen Prozeß nicht blockiert. Die Shell meldet sich mit einem Prompt, und der Benutzer kann sofort weitere Kommandos starten. Kindprozeß und Elternprozeß laufen unabhängig voneinander, sie laufen asynchron ab.

Liefert der Prozeß Daten in die Standardausgabe, so tut er dies weiterhin. Dabei kann es zu Kollisionen mit anderen Prozessen, die ebenfalls nach Standardausgabe schreiben, kommen. Die Ausgabe von Hintergrundprozessen sollte daher mit einem Redirect oder einer Pipe umgelenkt werden.

Ein Prozeß wird in den Hintergrund geschickt, indem hinter das startende Kommando ein »&« gesetzt wird.

```
$ sort liste > sort_liste &
   123
$
```
Beispiel

Nach dem Start des Kommandos wird die Prozeßnummer ausgegeben, und anschließend meldet sich die Shell wieder mit dem Prompt.

16.4 Benutzernummer UID

Jeder Benutzer ist in einem UNIX-System durch die Benutzernummer (UID=user identification) eindeutig gekennzeichnet. Wenn ein Prozeß startet, wird ihm eine Prozeßnummer zugeordnet. Gleichzeitig ist dieser Prozeß einem Benutzer zugeordnet, der Prozeß läuft mit der Identifikation UID des Benutzers ab. Muß der Prozeß auf Dateien zugreifen (lesend, schreibend oder ausführend), werden die Zugriffsberechtigungen geprüft. Ausschlaggebend ist dabei die UID des Benutzers (der den Prozeß gestartet hat). Hat er auf die entsprechende Datei Zugriff, kann er die Aktion ausführen, ansonsten kommt es zu einer Fehlermeldung. Häufig tritt folgende Problemstellung auf:

Eine Datei soll von Benutzern in einer bestimmten Art und Weise verändert werden können, aber keinen allgemeinen Zugriff haben (z. B. die Passwortdatei */etc/passwd*; die Benutzer dürfen zwar ihr eigenes Passwort verändern, aber nicht beliebig schreiben). Das Problem kann unter UNIX gelöst werden, indem das Programm das spezielle Zugriffsrecht *s* (set-user-bit) besitzt.

Ist bei einem Programm das Zugriffsrecht *s* gesetzt, läuft der Prozeß nicht mit der UID des Ausführers, sondern mit der UID des Dateibesitzers ab. Die Zugriffsberechtigung auf Dateien wird nun auch mit dieser UID geprüft. Gehört das gestartete Programm dem Superuser, wird der Benutzer für die Zeit der Programmausführung zum Superuser.

Beispiel   Das Script *anfueg* fügt das Datum an das Ende der Datei *termin*. Folgende Zugriffsrechte sind vergeben:

```
$ ls -l anfueg termin
-rwxrwxrwx 1 bube    other   15 Dec 18 12:32  anfueg
-rw-r--r-- 1 bube    other  120 Dec 12  8:56  termin

$ cat anfueg
date >> termin

$ anfueg
permission denied
```

Ein beliebiger Benutzer kann das Programm *anfueg* ausführen. Auf die Datei *termin* darf aber nur der Benutzer *bube* schreibend zugreifen, daher die Fehlermeldung.

Wir setzen nun das *s*-Zugriffsrecht:

```
$ chmod u+s anfueg
$ ls -l anfueg
-rwsrwxrwx 1 bube other 15 Dec 18 12:32   anfueg

$ anfueg
$
```

Durch das *s*-Zugriffsrecht wird die effektive UID auf die des Dateibesitzers gesetzt (hier *bube*). Dieser hat Zugriff auf die Datei *termin*. Das *s*-Recht kann auch für die Gruppe gesetzt werden.

16.5 Die Speicherverwaltung unter SVR4

In SVR4 findet sich die aus der Sun-Welt stammende neue Art der Speicherverwaltung wieder. Früher waren hierfür die Techniken *Regions* (Demand Paging) und *Swap* vorgesehen. Beide sind durch das Virtual Memory (VM) abgelöst worden. Das Demand Paging war bereits ein großer Schritt in Richtung optimaler Speichernutzung und erlaubte auch die Ausführung von Programmen, deren tatsächlicher Umfang viel größer als der Hauptspeicher selbst war. Dies war möglich, indem die Programme als Stücke eben seitenweise auf Anforderung (Demand Paging) in den Hauptspeicher geladen wurden. Prinzipiell ist diese Technik auch in der virtuellen Speicherverwaltung (VM) von SVR4 zu finden. Darüber hinaus gibt es jedoch einige wichtige Erweiterungen in der VM-Technik, die zum Teil besonders für Programmentwickler sehr von Vorteil sind. Zu erwähnen ist an dieser Stelle, daß mit der alten Technik unter SVR3 versucht wurde, echten Hauptspeicher zur Programmausführung zu reservieren und darüber hinaus einen Teil des Swap-Bereichs. Dieser Speicherzugriff unter SVR4 findet im sogenannten anonymen Speicherbereich (Memory-Bereich ohne echten File Backup) statt, bei gleichzeitig größerem Bedarf an Swap-Platz. Dadurch kann es Platzprobleme bei Programmen geben, die unter SVR3 noch liefen, mit SVR4 aber nicht mehr problemlos einsetzbar sind. Die Methode von SVR3 hatte einige Ungereimtheiten in ihrem Layout, die dazu führen konnten, daß es zu einem Deadlock (Aufhänger) der Programme kam. Diese Situation entstand immer dann, wenn Pages in Bearbeitung waren, die gleichzeitig Swap und Real Memory assoziierten, jedoch so behandelt wurden, als hätten sie nur eins der beiden belegt. SVR4 verhindert diese Deadlocks dadurch, daß für jedes anonyme Memory sofort Swap-Platz benutzt wird.

Die neuen Erweiterungen in SVR4 sind:

- File Mapping
  (Abgebildete Dateien)
  Mit dieser Technik entstand eine neue Art der Ein-/Ausgabe für Programme. Eine Datei wird in den Adreßbereich eines Anwendungsprogramms abgebildet, wo Zugriff auf sie besteht. Sie kann jetzt wie ein Feld im Hauptspeicher modifiziert werden. So ist eine optimalere Ausnutzung der Systemressourcen möglich (vgl. *mmap*-Routinen).

- Parallel Memory Access
  (Gemeinsam zu nutzende Speicherbereiche)
  Mit der oben beschriebenen Methode, Dateien im Hauptspeicher abzubilden, wird erreicht, daß alle aktuellen Programme, die die gleiche Datei mappen wollen, diese vom System in ihren jeweils eigenen Speicheradreßraum zugestellt bekommen. Die bisherige Methode mittels der *shmat*-Routinen steht auch unter SVR4 weiter zur Verfügung. Implementiert wurde auch die unter XENIX übliche Variante des gemeinsamen Zugriffs, um Programme für dieses UNIX-Derivat lauffähig zu machen.

- Flexibler Swap-Bereich
  Bei der Installation der Vorgängerversionen von SVR4 war jeweils der Swap-Bereich fest als eigene Partition auf der Festplatte zu reservieren. Dorthin werden Teile des gerade zur Bearbeitung anstehenden Programmes ausgelagert, wenn UNIX im Rahmen des Multitasking ein anderes temporär bearbeiten muß. Dieser Swap-Bereich hatte eine eigene Struktur, die nichts mit einer normalen UNIX-Filesystemstruktur zu tun hat. Nachteil dieser Variante war, daß ein einmal installiertes System mit dem eingerichteten Platz für den Auslagerungsbereich (Swap) auskommen muß. Wird dieser Bereich mit steigender Anzahl von Benutzern zu klein und das System muß wegen zu geringem Hauptspeicher sehr oft swappen (auslagern), dann sinkt die gesamte Leistung des Systems

erheblich. Eine Vergrößerung des Swap-Platzes war nur durch Neuinstallation zu erreichen. Einziger Ausweg aus dieser Sackgasse war ein dynamisch zu verändernder Swap-Bereich. SVR4 lagert deshalb Daten aus dem Hauptspeicher in normale Dateien auf die Festplatte aus. Die Limitierung durch die Partitionierung entfällt, plattenlose Systeme werden so erst sinnvoll möglich.

➤ Verbesserte Portierungsmöglichkeit
Mit SVR4 wurde der Code des Betriebssystems so aufgeteilt, daß die tatsächlichen Schnittstellen zur Hardware in einem abgeschlossenen Bereich zusammengefaßt sind. Dieser Bereich muß im Quellcode (C-Programme) auf die jeweilige Hardware angepaßt werden und nimmt auf die Eigenheiten der Rechnerarchitektur Rücksicht. An dieser Stelle sind teilweise Neuprogrammierungen nötig. Der Rest des Betriebssystems ist mit normalem Aufwand, d. h. durch neues Compilieren und Setzen der Software-Switches im Quellcode lauffähig zu machen. Unterschiede sind nicht nur bezüglich der CPUs zu beachten, sondern auch bei der Ansteuerung des Hauptspeichers. Der Zugriff auf den Hauptspeicher soll möglichst optimal auf dem gesamten Mainboard realisiert sein, weshalb dort zum Teil erhebliche Unterschiede im Layout der Hardware zu finden sind. Die Hersteller betrachten unterschiedliche Wege als den jeweils optimalen für ihre eigenen Rechner. Diese Unterstützung der Memory Management Unit (MMU, Speicherverwaltungseinheit) ist deshalb im UNIX-Code explizit festgelegt, d. h. es gibt Vorgaben, wie das Betriebssystem Daten mit dem Hauptspeicher austauscht, deren Realisierung bleibt jedoch im Detail dem Hersteller überlassen. Neu in SVR4 ist auch die Methode, die 32-Bit-Wortbreite, auf die unter UNIX alles (inklusive Hardware) ausgelegt ist, mittels VM so zu nutzen, daß trotz des realen, physikalischen 32-Bit-Adreßraumes viel größere Bereiche im virtuellen Memory verwaltet werden können.

➤ Eine weitere Verbesserung der Benutzeroberfläche bietet SVR4.2. In dieser Version ist die komplette Bedienungsoberfläche in grafischer XWindows-Umgebung realisiert. Für den Anwender bedeutet das, daß er sich mit Maus in Fenstern mit Icons bewegt, wie es bisher nur von PCs bekannt war. Die Neugestaltung der Oberfläche ist auch der wesentliche Inhalt der Version 4.2. Hierzu gibt es eigene Anleitungen, die im wesentlichen aber nur den Umgang mit dieser Oberfläche erklären.

16.6 Streams

Aus der Version SVR3 stammt die auch in SVR4 verwendete Ein-/Ausgabesteuerung auf der Basis des STREAMS-Konzepts. Damit wurden Einschränkungen in der Funktionalität älterer Konzepte aufgehoben. Zunächst waren die STREAMS im Bereich der Netzwerksoftware zu finden, um eine Schnittstelle zu schaffen, die leichtere, nicht direkt an die Netzwerkprotokolle gebundene Programmierung erlaubte. Dieser Einstieg für Programme auf hohen Ebenen der Netzwerkprotokolle machte die Einbeziehung von Protokollunterstützung und Medienzugriff in der eigentlichen Netzwerksoftware überflüssig. Als weiterer Vorteil erweist sich die STREAMS-Methode insofern, als damit im Netzwerkbereich eine Unabhängigkeit von einem bestimmten Netzwerkhardware- oder Protokolltyp erreicht wird.

Wesentliche Aufgabe des STREAMS-Mechanismus ist die Steuerung der zeichenweisen Ein-/Ausgabe der verschiedenen Geräte, die UNIX unterstützt, vom Netzwerk über Drucker bis hin zum Terminal. Unter STREAMS versteht man eine modulare Strukturierung der Kernel-Software, die globalere Zugriffe auf bestimmte Systemressourcen unter dem Aspekt von Modulen ermöglicht. Es wird die Schaffung gemeinsamer Schnittstellen erleichtert, in dem sich Treiber für einen Systembereich unter neuen Gesichtspunkten zusammenfassen lassen und damit einheitliche Zugriffsstrukturen für Programmierer geschaffen werden können, was die Flexibilität deutlich erhöht. Der Vorteil liegt z. B. im Bereich der Netzwerksoftware darin, daß der Programmierer nur noch die STREAMS-Module bedienen können muß, nicht aber den komplexen Aufbau des Protokollhandlings bis hinunter zu den tiefsten Ebenen, evtl. sogar bis in Hardwarenähe.

In diese Vereinheitlichung fällt auch die Einführung der in SVR4 neu definierten Schnittstellen zwischen den Geräten und Treibern (Device/Driver Interface, DDI) sowie zwischen Treibern und Kernel (Driver/Kernel Interface, DKI). Beide Schnittstellen sind entworfen worden, um die Portierung von Treibern auf die neue Version von UNIX zu erleichtern und die bisher nicht übliche, gemeinsame Nutzung dieser Schnittstellen durch Programme zu ermöglichen. DKI ist wirklich ein Hilfsmittel, dessen konsequente Anwendung die Übernahme von Treibern in die unterschiedlichen Implementierungen von SVR4 recht problemlos werden läßt. Noch ein Wort zu DDI, einer Erweiterung gegenüber DKI: dieser Standard dient hauptsächlich Benutzern der ehemals AT&T-eigenen Hardware 3B2, einem in den USA sehr verbreiteten UNIX-Rechner. In Europa ist diese Schnittstelle von geringer Bedeutung.

Die Implementierung von STREAMS für den Netzwerkbereich führte schnell zu der Erkenntnis, daß diese Art der Ein-/Ausgabesteuerung auch für den Terminalbetrieb (*tty*-Dateien) von Vorteil sein könnte. Daraufhin wurde der komplette Terminalbereich, einschließlich der Pseudoterminals (*pty*-Dateien) für den Netzwerkbetrieb, im Kernel neu entworfen, um eine STREAMS-orientierte Steuerung zur Verfügung stellen zu können. Auch hier ist das Resultat der verbesserten Modularität eine Erhöhung der Flexibilität.

Selbst der Pipe-Mechanismus, zur Kommunikation zwischen Prozessen gedacht, ist auf das STREAMS-Konzept umgestellt worden. Damit erzielte man eine Vereinheitlichung der Schnittstellen zur

Kommunikation von Prozessen mit zeichenorientierten Geräten und Prozessen. Trotz der Neuerung bleiben Programme mit Zugriff auf die alten Pipe-Strukturen lauffähig. So ist eine weitestgehende Kompatibilität sichergestellt.

Datensicherung

17 Datensicherung — 541

17.1 Das Kommando tar — 544
17.2 Das Kommando cpio — 546
17.3 Das Kommando volcopy — 547
17.4 Das Kommando dd — 548

17 Datensicherung

Mit SVR4 gibt es einige Neuerungen auch in diesem Bereich. Wie überall verbesserte man die Bedienbarkeit und erweiterte Dienste um fehlende Features. Wichtig ist die Absicht, neue Dienste unabhängig von der Hardware zu machen, auf der sie laufen. Darüber hinaus wurde unterschiedlichen Rechnerarchitekturen sowie neueren Geräten zur Datensicherung Rechnung getragen. So sind jetzt neben den bisher üblichen Streamer Tapes und Disketten auch DAT- oder Video-Bandlaufwerke mit Speicherkapazitäten von mehreren GigaByte ansteuerbar. Wichtig ist auch der inzwischen selbstverständliche Betrieb von CD-ROMS, die teilweise als Installationsmedium angeboten werden.

Mit der Überarbeitung einher ging die Zusammenlegung mehrerer verschiedener Programme, die von den Administrationstools benutzt wurden, so daß auch hier eine Vereinheitlichung stattfand. Neue oder leichter zu nutzende Features sind unter anderem:

- Erstellung eines Aufzeichnungsprotokolls der Datensicherungen
- Sicherungen im Multiuser Mode
- Leichte Einrichtung von automatischen Datensicherungen zu bestimmten Zeiten

Auch beim Wiedereinspielen der Daten gibt es eine Verbesserung:

- Bei nicht einwandfrei zu lesenden Datenträgern können jetzt defekte Dateien übersprungen werden. Früher waren alle Daten hinter dem Defekt nicht mehr oder nur sehr umständlich zu erreichen.

Das allgemein wichtige Thema Datenschutz soll hier etwas genauer bearbeitet werden. Dieses Thema ist von zwei Seiten zu betrachten:

1. Schutz der Daten vor Verlust durch Maschinenabsturz oder versehentliches Löschen.

2. Schutz der Daten und Programme vor unerlaubtem Zugriff. Dieses Thema wird im Zusammenhang mit den Zugriffsrechten (*chmod*) erörtert.

In diesem Kapitel wird der Datenschutz im Sinne von Punkt 1 besprochen, im folgenden Text auch als Datensicherung (Backup) bezeichnet. Die Datensicherung wird hier aus Sicht der Kommandos dargestellt, die direkt als UNIX-Befehle einzugeben sind. Einfacher für den Systemverwalter ist sicher, die Datensicherung über die Administrationsoberfläche *sysadm* zu machen, doch daran können wir nicht die dahinter versteckten Befehle erläutern.

Die Daten sind in einem UNIX-System auf der Festplatte gespeichert. Tritt ein Fehler auf, wird z. B. die Dateiorganisation zerstört, kann die Platte nicht mehr gelesen werden (Hardware-Fehler), oder werden Dateien versehentlich gelöscht, so gehen Daten verloren. Aufgabe der Datensicherung ist es, die verlorenen Daten möglichst lückenlos zu rekonstruieren. Es ist daher notwendig, die Daten regelmäßig auf ein externes Medium zu schreiben (= ein backup erzeugen) und für eine bestimmte Zeit aufzubewahren. Bei Datenverlust können diese gesicherten Daten wieder auf die Platte kopiert werden. Als Sicherungsmedium bieten sich die Magnetbandkassette, (QIC), die Floppy, DAT/Video8bänder oder andere Magnetbänder an. UNIX enthält verschiedene Programme, mit denen eine Datensicherung durchgeführt werden kann. Mit welchen Programmen die Datensicherung durchgeführt wird, hängt von der Datensicherungsstrategie und der zu sichernden Datenmenge ab. Dabei sind zwei Typen der Sicherung zu unterscheiden:

1. Datei-Systeme (Partitionen) werden als Einheit gesichert (dump). Bei der Restaurierung können sie nur als Ganzes neu eingespielt werden. Es können keine einzelnen Dateien vom Sicherungsmedium zurückgeholt werden. UNIX unterstützt diese Art der Datensicherung mit dem Kommando *dd*. Mit diesem Kommando werden einzelne Dateien oder ganze Bereiche in Form von Blöcken auf einen Datenträger kopiert. Mit dem Kommando *volcopy* kann ein vollständiges Dateisystem

(volume) auf ein Band oder eine Wechselplatte kopiert werden. Auf vielen Systemen gibt es außerdem die Kommandos *dump* (sichern) und *restore* (einspielen). Sie gehören allerdings nicht zum Standard.

2. Dateien bilden die kleinste Einheit der Datensicherung. Es können einzelne Dateien vom Band gelesen werden (wichtig, wenn versehentlich eine Datei gelöscht wurde). Für diese Art der Datensicherung stehen dem Anwender die Kommandos *cpio* und *tar* zur Verfügung. Diese Kommandos bieten die Möglichkeit, alle Dateien eines Dateisystems (vollständiger Backup) oder nur bestimmte Dateien (selektiver Backup) zu sichern. Die Datensicherung kann sich dabei auch über mehrere Partitionen erstrecken.

Daten können zu einem beliebigen Zeitpunkt verlorengehen. Die Datensicherung muß daher so durchgeführt werden, daß nach einer Rekonstruktion (Wiedereinspielung der Daten vom Backup-Medium) möglichst wenig Daten verlorengegangen sind. Es ist eine mehrstufige Sicherungsstrategie notwendig. Bei der folgenden Stufung kann maximal die Arbeit des letzten Tages verlorengehen:

Daten werden am Anfang eines jeden Monats gesichert. Es werden alle Daten gesichert (vollständiges Backup). — Monatssicherung

Daten werden am Anfang einer Woche gesichert. Es werden nur die Dateien gesichert, die in der vergangenen Woche verändert wurden. — Wochensicherung

Es werden die Dateien gesichert, die im Laufe eines Tages verändert wurden. Pro Wochentag wird ein Band verwendet. — Tagessicherung

Diese Sicherungen werden zentral vom Systemverwalter durchgeführt. Jeder Benutzer kann außerdem noch seine Daten »privat« sichern. Es sollen nun die einzelnen Kommandos zur Datensicherung kurz beschrieben werden. Ausführliche Darstellungen der Kommandos befinden sich in der alphabetischen Liste der Kommandos im hinteren Teil des Buches.

Die Kommandos *cpio* und *tar* erzeugen auf dem Magnetband sogenannte Archive, eine Struktur, die den Inhalt (die Daten) der gesicherten Dateien und Informationen über die Datei (aus der Inode) enthalten. Daher können Dateistrukturen rekonstruiert werden. *dd* sichert dagegen nur Daten. Es kopiert Datenblöcke 1:1, ohne die Datenblöcke zu interpretieren. So können einzelne Dateien, aber auch ganze Dateisysteme kopiert werden. *tar* ist schon auf frühen UNIX-Systemen verfügbar gewesen, während *cpio* erst mit System III eingeführt wurde. Unter System V entwickelte sich *cpio* zum Standardkommando für die Datensicherung.

17.1 Das Kommando tar

tar schreibt die angegebenen Dateien auf ein Speichermedium wie ein Magnetband oder eine Diskette oder liest die gesicherten Dateien von einem Speichermedium in das Dateisystem ein. Wird ein Directory angegeben, werden alle Dateien und die gesamte Verzeichnisstruktur unterhalb des angegebenen Verzeichnisses rekursiv durchlaufen und verarbeitet (auf Band schreiben / von Band lesen). *tar* arbeitet mit sehr unterschiedlichen Medien. Besitzt ein UNIX-System mehrere Speichermedien (Diskette, Tape, ...), wird ein Standardgerät festgelegt. Diese Einstellung kann über die Datei */etc/default/tar* geändert werden. In der Regel ist das Standardgerät ein Magnetband.

 Mit

```
$ tar cv
```

wird der gesamte Dateibaum unterhalb des Working Directory auf Band gesichert (Option *c*). Die Option *v* erzeugt eine Ausgabe der Namen der gesicherten Dateien auf den Bildschirm. Die Dateinamen werden relativ zum Working Directory angegeben und auf Band gespeichert und können so auch wieder bei einer Rekonstruktion benutzt werden. Der gesicherte Dateibaum kann so bei der Rekonstruktion unter ein beliebiges Directory kopiert werden.

Mit

``` 
$ tar -cv /usr
```

wird der Dateibaum unterhalb des Directory */usr* gesichert. Die Namen werden dabei absolut angegeben. Bei einer Rekonstruktion kann der gesicherte Dateibaum immer nur unter das Directory */usr* kopiert werden.

Daten können von Band mit

```
$ tar xv
```

eingespielt werden. Sind die Dateien relativ gesichert, werden sie auch relativ zum aktuellen Verzeichnis eingespielt. Ist die Sicherung dagegen mit absoluten Dateinamen erfolgt, werden die Dateien auch absolut zurückgespielt (siehe oben). Sollen nur bestimmte Dateien eingespielt werden, muß noch ein Selektionskriterium angegeben werden (Dateiname).

```
$ tar xv dateiname
```

Der Dateiname ist exakt so anzugeben, wie er auf dem Datenträger gespeichert ist. Um die Schreibweise festzustellen, kann mit

```
$ tar tv
```

ein Inhaltsverzeichnis des Mediums auf den Bildschirm geholt werden. Mit der Entf -Taste wird die Ausgabe abgebrochen. Soll nicht das standardmäßig eingerichtete Speichermedium genutzt werden, kann der User mit der Option *f* ein anderes Gerät ansprechen:

```
$ tar cvf /dev/fd0
```

speichert die Daten auf die Floppy. Mit dem folgenden Befehl wird die Datei *liste* von der Floppy zurückgesichert:

```
$ tar xvf /dev/fd0 liste
```

Wird als Devicename ein Bindestrich eingegeben, spricht *tar* die Standardeingeabe oder -ausgabe an. Mit

```
$ tar cvf - > /tmp/sammel.tar
```

werden alle Daten des aktuellen Verzeichnisses nach stdout kopiert und durch die Umlenkung in die Datei */tmp/sammel.tar* geschrieben. Diese Datei enthält nach Abschluß des Kommandos ein tar-Archiv. Diese Datei kann nun komprimiert und anschließend auf einen Datenträger kopiert oder im Netzwerk versendet werden.

17.2 Das Kommando cpio

cpio (Copy Input to Output) ist ein vielseitiges Programm zur Ein-/Ausgabe von Dateien. Es ist ein Filter und arbeitet daher mit Standardeingabe und Standardausgabe. Durch diese Eigenschaft ist *cpio* sehr flexibel einsetzbar und läßt sich hervorragend mit anderen UNIX-Kommandos verknüpfen.

Sollen Daten gesichert werden, muß *cpio* mit der Option -o parametriert werden. Über stdin werden dem Kommando *cpio* die Namen der zu sichernden Dateien übergeben. Das Kommando schreibt den Inhalt sowie Verwaltungsinformation nach stdout. Es entsteht ein cpio-Archiv. Diese Ausgabe wird auf das Magnetband umgelenkt.

Beispiel
```
$ ls | cpio -o > /dev/rmt0
```

In diesem Beispiel wird das Working Directory gesichert. Die Namen der Dateien werden vom Kommando *ls* über eine Pipe an *cpio* übergeben. Es wird nur eine Ebene des Dateibaums gesichert, nicht der gesamte Baum unterhalb des Working Directory.

Beispiel
```
$ find /z/sw -print | cpio -o > /dev/rmt0
```

find liefert die Dateinamen aller Dateien im Dateibaum unterhalb des Directory */z/sw*. Das *cpio*-Kommando schreibt daher den gesamten Dateibaum unterhalb von */z/sw* auf das Magnetband. Die Dateinamen sind relativ zum Directory.

Sollen Dateien vom Band rekonstruiert werden, werden diese über stdin eingelesen. *cpio* muß dazu mit der Option *-i* parametriert werden.

$ cpio -id < /dev/rmt0   Beispiel

liest die gesicherten Dateien vom Magnetband (*/dev/rmt0*) ein. Sind die Dateien mit relativem Pfadnamen gesichert, werden sie unterhalb des Working Directory abgelegt. Die Option *d* ist notwendig, wenn auch Directories gesichert wurden und auf der Platte ein gesamter Dateibaum neu angelegt werden soll.

17.3 Das Kommando volcopy

Ein UNIX-Dateisystem (eine Partition) kann als Einheit mit dem Kommando *volcopy* auf ein Magnetband kopiert werden. Dazu wird eine Eins-zu-Eins-Kopie des Dateisystems angelegt.

Vorteil: *volcopy* kopiert die Daten mit großer Geschwindigkeit.

Nachteil: Jedes zu kopierende Dateisystem muß dabei auf ein eigenes Band geschrieben werden.

Es können keine einzelnen Dateien, sondern nur ganze Dateisysteme rekonstruiert werden. Soll ein Dateisystem gesichert werden, so benötigt *volcopy* eine Vielzahl von Informationen. Jedes Dateisystem besitzt einen Namen, der mit dem Kommando vergeben wird und mit dem *volcopy* zunächst arbeitet. Das Dateisystem ist durch einen Volumennamen (Gerätename der Partition) und dem Namen des Dateisystems (mit *labelit*) definiert.

17.4 Das Kommando dd

Das Programm *dd* ist ein sehr vielseitiges Kommando, das immer dann genutzt werden kann, wenn Daten kopiert oder konvertiert werden sollen.

dd kommt nicht so sehr bei der täglichen Datensicherung zum Einsatz, sondern bei den vielfältigen Aufgaben, Daten zu kopieren oder zu konvertieren. *dd* ermöglicht es nämlich, Daten z. B. von ASCII nach EBCDIC oder von Groß- in Kleinbuchstaben (oder umgekehrt) zu konvertieren.

Während *tar* und *cpio* Dateien kopieren und dabei Archive mit speziellen Formaten erzeugen oder Dateien aus diesen Archiven extrahieren, arbeitet *dd* vollkommen formatfrei. *dd* liest Daten blockweise ein und schreibt diese Daten wiederum blockweise.

Ein typischer Einsatzbereich für *dd* ist daher das Erstellen einer Kopie einer Diskette. Unabhängig davon, in welchem Format die Diskette beschrieben wurde, können die gesamten Daten von der Diskette gelesen und auf eine andere Diskette oder in das Dateisystem kopiert werden. Beispielsweise kann mit dem folgenden Kommando eine Sicherungskopie der Installationsdisketten erstellt werden. Dazu wird der Inhalt der Floppy zunächst auf die Festplatte kopiert und anschließend auf eine neue Floppy zurückgeschrieben:

```
$ dd if=/dev/dsk/f0q18dt of=/home/backup/inst.1
2880+0 records in
2880+0 records out
```

Die Syntax des *dd*-Kommandos unterscheidet sich sehr stark von der eines normalen UNIX-Kommandos. Mit *if=/dev/dsk/f0q18dt* wird als InputFile (*if=*) eine 3 1/2"-Floppy angesprochen. Von diesem Device werden die Daten blockweise gelesen. Die Daten werden durch die Option *of=* (OutputFile) in einer UNIX-Datei mit dem Namen *inst.1* im Verzeichnis */home/backup* abgelegt. Damit wird die gesamte Floppy in eine Datei kopiert. Die Datei hat dabei den Aufbau der Floppy. Ist auf der Floppy also ein tar-Archiv abgelegt, ist dieses Archiv nun auch in der Datei vorhanden. Die kopierten Daten können nun auf eine andere, formatierte Diskette kopiert werden:

```
$ dd if=/home/backup/inst.1 of=/dev/dsk/f0q18dt
2880+0 records in
2880+0 records out
```

Es entsteht eine Diskette, die mit der Originaldiskette identisch ist. Der Kopiervorgang wird mit einer Blockgröße des Gerätetreibers (hier 512 Byte) durchgeführt. Zur Beschleunigung des Vorgangs kann mit der Option *bs=* eine andere Blockgröße festgelegt werden. Bei der Verwendung von speziellen Blockgrößen wird die Floppy über das raw-Device angesprochen:

```
$ dd if=/home/backup/inst.1  of=/dev/rdsk/f0q18dt  bs=4096
360+0 records in
360+0 records out
```

In diesem Beispiel wird eine Blockgröße von 4069 Byte eigestellt. Dies kann auch abgekürzt als *bs=4k* geschrieben werden.

Beim Austausch von Daten zwischen Großrechnern und UNIX-Systemen tritt häufig das Problem des Zeichensatzes auf. Werden die Daten auf einem Großrechner im EBCDIC-Format geschrieben, müssen die Daten für eine Weiterverarbeitung unter UNIX in das ASCII-Format umgewandelt werden. Dazu werden die Daten mit *dd* gelesen und gleichzeitig in das ASCII-Format konvertiert:

```
$ dd if=/dev/tape  of=/tmp/liste  conv=ebcdic  bs=8k
180+0 records in
180+0 records out
```

Vom Magnetband */dev/tape* werden die Daten in die Datei */tmp/liste* kopiert. Dabei werden die Daten von EBCDIC nach ASCII konvertiert. Als Blockgröße sind 8k eingestellt.

Vernetzung

18 UNIX in Netzwerken   553

18.1 UUCP-Vernetzung 553
18.2 ISO-7-Ebenen-Modell 559
18.3 Das ISO-Referenzmodell 573
18.4 TCP/IP-Vernetzung 582

18 UNIX in Netzwerken

Wie bereits weiter vorne erwähnt, gibt es mehrere Möglichkeiten, UNIX-Rechner in Netzwerke einzubinden.

18.1 UUCP-Vernetzung

Die preiswerteste Verbindung von mehreren UNIX-Systemen führt über eine V.24-Verbindung, die über das Kommando *uucp* bedient werden kann. Dieser Weg ist deshalb der preisgünstigste, weil die hierfür nötigen Befehle bereits mit dem Betriebssystem ohne Aufpreis ausgeliefert werden (preiswert ist natürlich auch der Einsatz der Public Domain-Software *Kermit*). Der Anwender muß lediglich das Verbindungskabel (unbedingt auf richtige Belegung achten) besorgen und die Verbindung im System einrichten. Alle anderen Einbindungen in Netzwerke erfordern einen wesentlich höheren finanziellen Aufwand, sind dafür aber auch zum überwiegenden Teil erheblich schneller beim Datenaustausch zwischen den Systemen und komfortabler. Das gilt sowohl bei der Inbetriebnahme als auch bei der Bedienung.

uucp (*Unix to Unix Copy*) in der für SVR4 überarbeiteten Version stellt in Verbindung mit *uulog, uupick, uustat, uuto, uuname, uux, ct* und *cu* ein recht brauchbares Werkzeug zur Kopplung dar. Die Kommandos haben die Funktion:

ct   Anwahl eines anderen Systems zwecks Terminalsession

cu   Anwahl eines anderen Systems, als Terminal oder zwecks Datenaustausch, nicht nur zur UNIX/UNIX-Kopplung *uucp*   Dateikopie zwischen UNIX-Systemen

uulog   Untersuchung eines *uucp*-Logfiles auf Informationen zu einem benannten *uucp*-Host. Die Datei heißt */var/uucp/.LOG/uucico/system*

uuname   Liste der aktuell bekannten *uucp*-Teilnehmer

uupick   Kontrolle der im Verzeichnis */var/spool/uucppublic* enthaltenen Dateien zur weiteren Bearbeitung

uustat   Status der aktuellen *uucp*-Jobs

uuto   Per Voreinstellung werden lokale Dateien auf ein benanntes Zielsystem kopiert und dort in das Verzeichnis */var/spool/uucppublic* gelegt

uux   Remote-Befehlsaufruf auf einem benannten Zielsystem

Während *uucp* den eigentlichen Dateitransfer startet, dienen die anderen Befehle der Administration der *uucp*-Kopplung.

Ein Test der physikalischen Verbindung über den entsprechenden Ausgang (Port) der Anlage ist mit *cu* möglich, wobei es sich um Stand- oder Wählleitungen handeln kann. Das soll nicht heißen, daß *cu* nur ein Testmittel für Verbindungsleitungen ist. Man kann sich mit seiner Hilfe nämlich auch auf fremden Systemen einloggen und dort arbeiten, administrative Aufgaben erledigen, ohne ein Terminal zu benutzen, das direkt an der Zielanlage hängt, oder aber einen Dateitransfer starten. Wesentlicher Unterschied zu den restlichen Kommandos dieser Familie ist, daß man über *cu* auch eine Verbindung mit anderen Betriebssystemen herstellen kann, die dann aber vom Account-Mechanismus (ein Programm, das die verbrauchte Rechenzeit der einzelnen Benutzer einer Anlage protokolliert) der Remote-Anlage erfaßt wird, was bei Verwendung des *uucp* nicht passiert.

Der Aspekt des Leitungstests mit *cu* liegt deshalb nahe, weil zur Herstellung der Verbindung lediglich die Adresse des verwendeten Ausgangsports an der eigenen Anlage in der Kommandosyntax angegeben werden muß, sonst aber keine weiteren Eintragungen nötig sind, wie Name der Zielanlage, diverse Leitungsparameter usw. (bei *uucp*).

Befindet sich am anderen Ende der Leitung ein UNIX-System, meldet sich dieses mit dem Loginprompt, vorausgesetzt, die Verbindungsleitung ist in Ordnung. Es ist darauf zu achten, daß auf beiden Systemen die gleichen Leitungsparameter (Baudrate, Parität etc.) eingestellt sind.

```
$ cu -l /dev/tty003
```
Beispiele

würde Port 3 als Ausgang zu einem Remotesystem benutzen.

Es ist immer sinnvoll, zunächst die reine Leitungsverbindung zu prüfen, und sie so als Fehlerquelle für die weiteren Installationsstufen des *uucp* auszuklammern.

Im nächsten Schritt kann ein Test der Verbindung auch unter Verwendung des eingetragenen *uucp*-Namens durchgeführt werden.

```
$ cu UNIX2
```

würde versuchen, die Verbindung zu einem System mit Nodename (Knotenname) *UNIX2* herzustellen. Dies funktioniert nur, wenn der Name *UNIX2* aufgeschlüsselt mit der zugehörigen Port-Angabe in der Datei */etc/uucp/Systems* steht. Findet *cu* den genannten Namen dort nicht, kommt eine entsprechende Fehlermeldung. Hängt an dem Port ein Wählmodem, das über 0 ein Amt bekommt, kann mit

```
$ cu 0=0221394099
```

die Gegenseite automatisch angewählt werden. Weiter oben wurde von der richtigen Übertragungsrate ausgegangen. Stimmt sie nicht, kann *cu* mit der Option *-s xxx* mit der gewünschten Baudrate für *xxx* die Anpassung erfolgen. Die Einstellung der Parität geschieht mit: *-e* gerade, *-o* ungerade; *-b 7* oder *-b 10* Bit-Länge eines übertragenen Zeichens.

18.1 UUCP-Vernetzung

Im Gegensatz zu *cu* dient *uucp* nur dem Filetransfer zwischen UNIX-Systemen, wobei Übertragungen in beiden Richtungen erlaubt sind. Wird ein Transfer gestartet, wickelt ein Programm namens *uucico* den eigentlichen Austausch der Daten ab, indem es lokal alle relevanten Dateien nach einzustellenden Parametern durchsucht und auf der Zielseite einen gleichnamigen Prozeß aktiviert, mit dem es dann in Dialog tritt (analoge Funktionsweise bei Kermit, nur daß die komplette Einrichtung einer Verbindung immer von Hand vorgenommen werden muß). Haben beide Seiten alle erwarteten Zeichen ausgetauscht, wird die Verbindung automatisch beendet. Ein weiteres Feature steckt in diesem Programm; es kann nämlich über eine Anlage hinweg mit einer dritten oder vierten (über *uucp* verbundenen) gearbeitet werden.

Beispiele

```
$ uucp UNIX1!/tmp/dateiquel /tmp/dateiziel
```

kopiert eine Datei mit Namen *dateiquel* vom System *UNIX1* auf das eigene, und hier in ein File *dateiziel* im Directory */tmp*. Den umgekehrten Weg gehen die Daten bei Verwendung des Kommandos in der Form

```
$ uucp /tmp/dateiquel UNIX1!/tmp/dateiziel
```

In diesem Fall liegt *dateiquel* auf der eigenen Anlage und wird im Zielsystem *UNIX1* unter */tmp/dateiziel* abgelegt.

Analog funktioniert die Übertragung über mehrere Rechner hinweg, wenn man die Namen aller Systeme, die in der Verbindung durchlaufen werden, hintereinander im Kommando auflistet:

```
$ uucp /tmp/dateiquel UNIX1!UNIX2!UNIX3!/tmp/dateziel
```

Bei der Ausführung dieses Befehls wird die Datei *dateiquel* vom eigenen System durch *UNIX1* und *UNIX2* durchgereicht und schließlich in *UNIX3* abgelegt.

Da die *uucp*-Verbindung nicht sehr schnell ist (9600 Baud), hat der Anwender einige Hilfsmittel zur Verfügung, mit denen er feststellen kann, in welchem Stadium sich die Übertragung aktuell befindet.

uulog   ist der Befehl, der einen Statusreport der aktuellen Übertragung liefert.

uustat   zeigt an, welche Transferaufträge noch zur Bearbeitung anstehen, und ermöglicht das Entfernen einzelner Aufträge aus der Warteschlange (Queue).

uuto   sendet Dateien an einen bezeichneten Benutzer auf dem Zielsystem, der die eingetroffenen Files mit *uupick* anschauen kann. Dieser Mechanismus ist mit dem von *mail* vergleichbar.

Der wesentliche Unterschied zwischen *uucp* und *uuto* ist demnach, daß *uucp* als Zieladresse einen Dateinamen erwartet, während *uuto* nur mit einem Loginnamen auf der Zielanlage etwas anfangen kann.

uux   schließlich läßt die Ausführung von Befehlen auf einem anderen System zu. Auch hierbei erfolgt kein richtiges Einloggen (wie *uucp*), und arbeiten über mehrere Rechner hinweg ist möglich.

Als neueste Entwicklung wird *uucp* über Ethernet mit TCP/IP (s. u.) angeboten, was eine erheblich größere Geschwindigkeit bei der Datenübertragung als bisher bedeutet.

UNIX-DOS/PC-Vernetzung via V.24

Diese Verbindung ist schon etwas kostenintensiver, es sei denn, man setzt eine Public Domain-Software wie z. B. Kermit ein, die dann allerdings auch keine sehr anwenderfreundliche Benutzeroberfläche zur Verfügung stellt. Andere Programme, wie z. B. *PC-Works* in Verbindung mit *UNI-Host* (dem Software-Paket für die UNIX-Seite), kosten von einigen hundert bis über eintausend DM. Der Vorteil gegenüber der kostenlosen Software liegt in der menügesteuerten Oberfläche, die auch den ungeübten Anwender in die Lage versetzt, die Verbindung problemlos zu betreiben.

Bei dieser Art von Programmen gibt es keine Befehle, die man im einzelnen beschreiben kann, da sie alle hinter Masken versteckt wurden und nie an die Benutzeroberfläche dringen. Die Installation solcher Programme sollte zwar von einem Fachmann vorgenommen werden, ist aber auch für einen geübten Anwender nicht unmöglich, wenn dieser weiß, wie man die Leitungsparameter des Anschlusses auf der UNIX-Seite feststellt, und diese analog in der PC-Software einträgt. Meist empfiehlt es sich, zunächst mit einer Terminal-Emulation des Typs *vt100* (ein Standard von DEC) zu beginnen, der auf allen UNIX-Rechnern als Terminal-Einstellung zu finden ist, bevor man sich an kompliziertere Typen heranwagt, die teilweise noch spezielle Anpassungen nötig machen. Bei der Notwendigkeit erweiterter Tastatur- und Bildschirmattribute empfehlen sich der Emulationstyp *ANSI Console*, der das MF102-Layout in deutsch komplett unterstützt, und zusätzlich viele Darstellungen grafischer Art (einschließlich Farben). Der Betrieb nach erfolgreicher Installation ist dann sehr einfach.

Als Dienste stellen diese PC-Kopplungsprogramme üblicherweise

1. Filetransfer in beiden Richtungen,

2. Teilnahme an der UNIX-Mail und

3. Arbeiten als UNIX-Bildschirm am Host (virtuelles Terminal)

zur Verfügung. Beim Filetransfer ist zu beachten, daß Dateien, die in beiden Welten bearbeitet werden sollen, keine speziellen Steuerzeichen beinhalten dürfen. Diese sollten im Zweifelsfall durch Filter (kleine, einfache C-Programme) geschickt und entsprechend umgewandelt werden. Das gleiche gilt für Zeichen des IBM-Zeichensatzes, die sich in der rechten Hälfte des Charactersets (Zeichen 125 bis 256) befinden, der nur mit Hilfe des 8. Bits darstellbar ist. Viele ältere UNIX-Systeme arbeiten noch mit 7 Bits, obwohl 8 Bits möglich sind. Seit UNIX-System V Release 3.1 ist die Verwendung nationaler Zeichensätze einschließlich Sonderzeichen möglich, was einen 8-Bit-Betrieb voraussetzt.

18.2 ISO-7-Ebenen-Modell

Netzwerke bieten gegenüber Einzelrechnern einige wertvolle Vorteile, die die Effizienz in der Datenverarbeitung deutlich erhöhen.

Ein Vorteil von Netzwerken liegt darin, daß sich die Ausfallsicherheit der einzelnen Arbeitsplätze erhöht. Im Fehlerfall kann z. B. auf einer anderen Anlage im Netz weitergearbeitet werden, bis der Fehler im defekten System behoben ist. Besonders wichtig ist dies bei Anwendern wie Banken, Notdiensten etc.

Ein weiterer positiver Aspekt ist die Lagerung großer Datenmengen an einer Stelle im Netzwerk, auf die bei Bedarf jeder Teilnehmer im Netz, sofern er die notwendigen Zugriffsberechtigungen besitzt, zugreifen kann, um sie dann lokal zu benutzen (Filetransfer, Ausdruck auf einem bestimmten Drucker im Netzwerk u. ä.). Eine solche zentrale Datenhaltung ist natürlich viel leichter zu aktualisieren als eine verteilte. Die Peripheriegeräte können von allen genutzt werden, was eine wesentlich bessere Auslastung der Einzelgeräte ermöglicht und Einsparungen bei der Beschaffung von Peripheriegeräten zur Folge hat.

Seit auch öffentliche Einrichtungen, wie z. B. in Deutschland die Telekom, Datentransportmöglichkeiten über virtuelle Verbindungen anbieten, ist der Datenaustausch über Netzwerke, die diese Dienste (wie Datex-P) mit einbeziehen, deutlich preiswerter geworden. Früher wurden Stand- oder Wählleitungen eingerichtet und die Gebühren unabhängig vom tatsächlichen Datenverkehr vom Verbindungsaufbau bis zum Verbindungsabbau berechnet. Bei den neueren Diensten, die z. B. auf dem X.25-Protokoll basieren können, werden nur die tatsächlich übertragenen Datenblöcke in Rechnung gestellt. Die restliche Zeit ist kostenlos, da dann auch das Netz nicht belastet wird.

Die Anwender in einem Netzwerk können untereinander alle möglichen Arten Informationen austauschen, also Kommunikation betreiben.

18.2 ISO-7-Ebenen-Modell

Die Basis für die Netzwerke stellt das ARPANET dar, dessen Entwicklung auf Aktivitäten des amerikanischen Verteidigungsministeriums in den 60er und 70er Jahren zurückgeht. Im weiteren wird oft auf die dort verwendete Terminologie zurückgegriffen, deshalb soll diese vorweg kurz erläutert werden.

Terminologie in der ARPANET-Welt

IMP (Interface Message Processor) ist der Teil eines Systems, der die Kommunikation steuert. Er hat bei den Computer-Herstellern unterschiedliche Namen, z. B. wird er auch als *Communication Unit*, *Node* (Knoten, d. h. Anschlußstelle im Netz), Packet Switch oder Data Switching Exchange bezeichnet.

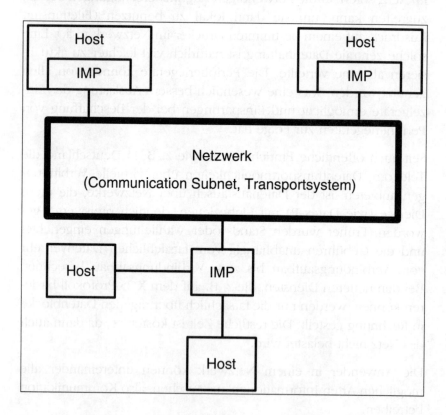

Abb. 18.1: IMPs steuern die Kommunikation

Wie aus der Abbildung 18.1 zu ersehen ist, können die IMPs in den Rechnern selbst integriert sein oder als Extra-Hardware geliefert werden. Bei der Lösung als externe Hardware bietet sich oft die Möglichkeit, mehrere Hauptrechner (Hosts) an einen IMP anzuschließen. Innerhalb des Netzwerks findet der eigentliche Datentransport statt. Dies geschieht über Transmission Lines (Übertragungsleitungen, Channels, Circuits), die auf zwei Arten im Netz installiert sein können.

Standleitung

Sie ist als permanente Verbindung zwischen zwei Kommunikationspunkten installiert, z. B. zwischen zwei IMPs. Es können Verbindungen über mehrere Leitungsstücke und Knoten hinweg realisiert werden, wobei die IMPs, die die Informationen lediglich zum Zielknoten durchreichen, als sogenannte Gateways arbeiten. Ein Gateway dient als Verbindung zwischen den Teilstücken eines Netzes oder als Umsetzer zwischen zwei unterschiedlichen Netzwerktypen, wie z. B. Ethernet mit TCP/IP und Datex-P mit TCP/IP-Protokoll. Das folgende Bild verdeutlicht die Funktion eines Gateways.

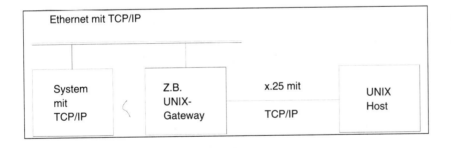

Abb. 18.2: Ethernet mit TCP/IP

Die im Bild dargestellten Rechner können durchaus unterschiedliche Betriebssysteme benutzen, sie müssen nur einen Anschluß für Ethernet haben und das TCP/IP-Protokoll unterstützen, sonst ist die oben gezeigte Konfiguration nicht lauffähig.

18.2 ISO-7-Ebenen-Modell

Es sind sowohl sternförmige als auch Serienschaltungen erlaubt. Die Punkte stellen jeweils einen IMP dar. Sind beim Transport der Daten im Netz mehrere IMPs zu durchlaufen, werden die eingehenden Informationen so lange in einem IMP zwischengespeichert, bis die weiterführende Verbindung frei ist.

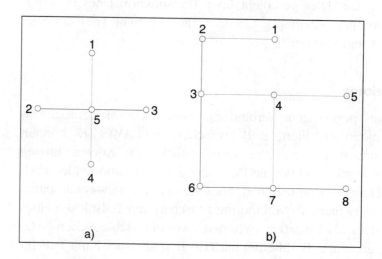

Abb. 18.3: Struktur von Standleitungen

Wählleitung (virtuelle Verbindung)

Dieser Leitungstyp baut eine Verbindung zwischen zwei Punkten für einen Informationsaustausch auf und nach dessen Ende sofort wieder ab (wie beim Telefon). Nach dem Verbindungsabbau kann eine beliebige andere Verbindung hergestellt werden, im Gegensatz zur Standleitung.

Wählleitungen sind immer dann nötig, wenn keine eindeutigen Punkt-zu-Punkt-Verbindungen installiert werden.

Im Fall einer Wählverbindung erhalten sämtliche Teilnehmer alle Daten, die im Netz unterwegs sind. Anhand eines Schlüssels erkennt jeder, welche Daten für ihn bestimmt sind und welche nicht. Wird von einer Zielanlage festgestellt, daß Daten für sie auf dem Netz bereitstehen, nimmt sie sie an und gibt Quittungsdaten für den Absender an das Netz ab. Alle Systeme ignorieren Daten auf dem Netz, die nicht an sie adressiert sind.

Die Abbildung zeigt den Aufbau eines Bus- oder Kabelnetzwerks. Hier ist immer nur ein System gleichzeitig der Master (Chef), der seine Daten in das Netz einspeisen darf. Alle anderen bekommen während dieser Zeit die Sendeerlaubnis entzogen. Damit diese Organisation klappt, existiert ein Zuteilungssystem, zentral oder verteilt, das zu erwartende Kollisionsfälle unterdrückt. Kollisionen können nur dann auftreten, wenn zwei Teilnehmer gleichzeitig ihre Daten absenden wollen.

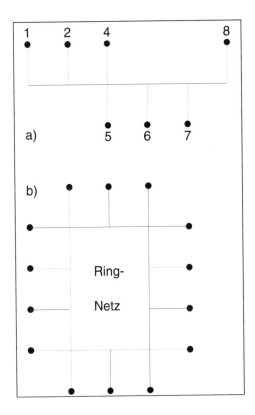

Abb. 18.4: Wählleitungen

Die oben erwähnte Master-Funktion erhält also ständig ein anderes System im Netz. So gesehen sind alle Teilnehmer im Netzwerk gleichberechtigt.

18.2 ISO-7-Ebenen-Modell

Bild b) stellt ein Ringsystem dar. Hier werden im Gegensatz zu Fall a) die Daten bitweise übertragen, d. h., die ursprüngliche Information wird vor dem Transport vom Absender zerlegt und versendet und entsprechend vom Empfänger wieder zusammengesetzt. Die Bruchstücke laufen unabhängig voneinander über das Netz, ohne auf den Rest zu warten. Die Umlaufzeiten im Ringnetz sind so kurz, daß meist die ersten Quittungssignale des Empfängers beim Absender ankommen, bevor dieser die gesamte Nachricht abgesetzt hat.

Innerhalb der Ringsysteme gibt es zwei unterschiedliche Betriebsarten:

➢ Statischer Betrieb
➢ Dynamischer Betrieb

Der statische Betrieb basiert auf Zeitscheiben. Zeitscheiben sind Zeitintervalle. Jeder Teilnehmer im Netz bekommt in bestimmten Abständen die Sendeerlaubnis auf dem Netz zugeteilt, und zwar für eine festgelegte Zeit (Zeitscheibe). Der Nachteil dieser Methode ist, daß Teilnehmer auch dann ihre feste Sendezeit eingeräumt bekommen, wenn sie gar keine Daten zu verschicken haben.

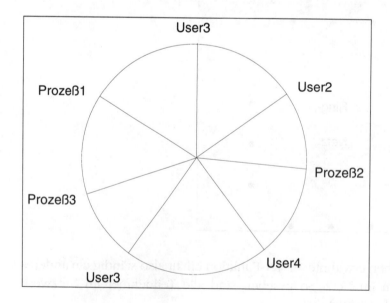

Abb. 18.5: Arbeiten mit Zeitscheiben

Der dynamische Betrieb kennt zwei Varianten:

a) Zentrale Organisation

Es existiert ein Zuteilungsmechanismus, der das gesamte Netz kontrolliert und den Teilnehmern den Zutritt zum Netz erlaubt oder verweigert.

b) Dezentrale Organisation

Hier muß jeder Teilnehmer selbst entscheiden, ob er sendet oder nicht. Bestimmte Algorithmen verhindern ein Chaos auf dem Netz.

Damit nun nicht jeder, der ein Netzwerk betreiben will, wieder neue grundsätzliche Mechanismen definiert, hat man das sogenannte *7-Ebenen-Modell* entwickelt. Hierin sind Standards für die Protokolle bei der Datenübertragung enthalten, die von allen Beteiligten eingehalten werden müssen, jedoch keine Vorschriften, z. B. darüber, wie Benutzeroberflächen auszusehen haben. Die Benutzerschnittstelle kann nach eigenen Vorstellungen und Wünschen realisiert werden.

Allgemeine Übersicht

Der Datenaustausch zwischen Computern basiert auf bestimmten Protokollen, die alle Teilnehmer verstehen können müssen. Diese Protokolle bestehen aus verschiedenen Ebenen (Layer), von denen jede eine spezielle Funktion hat. Die einzelnen Ebenen sind insofern miteinander verbunden, daß eine Ebene der jeweils darüberliegenden bestimmte Dienste zur Verfügung stellt. Alle Ebenen arbeiten seriell zusammen, indem sie mit den jeweils direkt benachbarten kommunizieren können.

Die Konversation zwischen zwei Rechnern findet jeweils zwischen den gleichen Ebenen des Protokolls auf den beiden Anlagen statt. Dies geschieht sowohl bei direktem Datenaustausch auf Wunsch des Anwenders hin, wenn dieser via Tastatur eine Verbindung

18.2 ISO-7-Ebenen-Modell

herstellt, oder über sogenannte Peer-Prozesse, die die gewünschten Dienste aufrufen und den Informationsaustausch automatisieren. Zwei solcher Peer-Prozesse können im Netz miteinander kommunizieren (Peer-to-Peer-Verbindung), indem sie die notwendigen Protokollebenen nutzen. Peer-Prozesse müssen in der Regel vom Anwender selbst erstellt werden, sofern sie nicht Bestandteil eines Anwendungsprogramms sind. Sie sind diejenigen, die eigentlich miteinander kommunizieren. Damit die Realisierung solcher Peer-Programme übersichtlicher wird, stellen die meisten Systemanbieter vorbereitete Schnittstellen zu den Netzwerkprotokollen zur Verfügung. Hier findet man eine Art Makrobefehle, die z. B. eine Leitung eröffnen (*open*) oder Zeichen daraus lesen (*read*) usw.

Wie der Ablauf der Bearbeitung der Daten in den einzelnen Ebenen vonstatten geht, soll am 7-Ebenen-Modell erklärt werden (siehe Abbildung 18.6).

Im Bild sind Linien eingezeichnet, die die einzelnen Ebenen der beiden Hosts miteinander verbinden. Dies darf nicht so verstanden werden, daß diese Ebenen direkt miteinander kommunizieren, obwohl sie die für sie bestimmten Daten auf beiden Seiten bearbeiten.

Die Arbeitsweise ist vielmehr folgende: Auf der Sendeseite gibt jede Ebene ihre Daten mit von ihr erzeugten Kontrollinformationen an die darunterliegende weiter, bis Ebene 1 erreicht wird. Layer (Ebene) 1 stellt die physikalische Verbindung dar, über die die Bits und Bytes im Netz ausgetauscht werden. Alle darüberliegenden Ebenen können nur sogenannte virtuelle Verbindungen aufbauen.

Virtuell bedeutet, daß keine neue physikalische Verbindung aufgebaut wird, sondern mittels Protokollen und Adressierungsmechanismen innerhalb des Netzwerks die richtigen Beziehungen hergestellt werden.

Abb. 18.6:
Der Aufbau des
7-Ebenen-Modells

Als Beispiel kann man eine Straße mit vielen Häusern auf beiden Seiten nehmen. Die Straße selbst entspricht hierbei der physikalischen Verbindung, über die sämtlicher Verkehr (Datenstrom) grundsätzlich abgewickelt wird. Die virtuellen Verbindungen werden von Personen hergestellt, die aus Haus 1 kommen, über die Straße gehen und in Haus 2 etwas erledigen oder von Haus 5 etwas in Haus 1 abliefern. Bevor jeder losgeht, überlegt er sich, von welchem Startpunkt (z. B. Haus 1) er an welches Ziel gelangen will (Haus 2), und plant die Verbindung, die er anschließend benutzt.

18.2 ISO-7-Ebenen-Modell

Abb. 18.7:
Virtuelle und physikalische Verbindungen

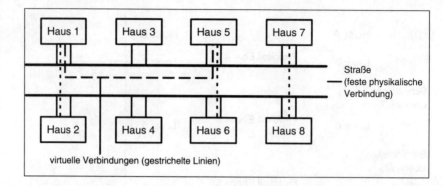

Alle Personen innerhalb dieses Straßengefüges stellen auf diese Weise ihre eigenen virtuellen Verbindungen her, die physikalisch nicht existieren und ständig variiert werden können. Die einzige Verbindung, die alle benutzen, ist die Straße, die als Grundlage für alle Verbindungen zwischen den einzelnen Adressen dient, und die keinen Änderungen unterliegt. Sie steht allen immer in der gleichen Form als Transportmedium zur Verfügung

Wie bereits oben erwähnt, tauschen benachbarte Ebenen Daten miteinander aus. Dies geschieht über sogenannte Schnittstellen (Interfaces), die für alle Übergänge zwischen den Ebenen unterschiedlich sind. Schnittstelle 6/5 ist anders aufgebaut als 4/3.

Die Schnittstellen arbeiten auf Sender- und Empfängerseite genau gleich, nur in umgekehrter Richtung. Die Angabe *6/5* impliziert die Übergaberichtung der Daten von 6 nach 5 auf der Sendeseite, *5/6* entsprechend die Übergaberichtung von 5 nach 6 auf der Empfangsseite.

In den Interfaces ist genau festgelegt, welche einfachen Operationen und Dienste der untere Layer dem darüberliegenden zur Verfügung stellt. Diese Definitionen sind die wichtigste Grundlage bei der Entwicklung eines Netzwerks, an die sich alle zu halten haben, da sonst die Kommunikation nicht klappt. Jede Ebene erhält so eine bestimmte Funktion zugewiesen, die sie innerhalb des Protokolls übernimmt. Es müssen nicht immer alle 7 Ebenen realisiert werden, da ein Datenaustausch bereits ab 4 Ebenen mit entsprechend niedrigem Komfort möglich ist. Ab Ebene 4 steigt die Anwenderfreundlichkeit bei der Benutzung der Netzwerkdienste erheblich an, da unterhalb von Ebene 4 die Schnittstellenzugriffe selbst programmiert werden müssen. Auf Layer 4 läuft *TCP* (Transmission Control Protocol) mit *IP* (Internetworking Protocol) darunter, die Dienste wie *ftp* (File Transfer Protocol), *telnet*, *rlogin* (Remote Login) und ähnliches zur Verfügung stellen, die der Anwender nutzen kann.

Die Definition der Ebenen (und ihrer Funktionen) und des Protokolls innerhalb des Netzwerks faßt man unter dem Begriff Netzwerkarchitektur zusammen. Die hier angefertigten Spezifikationen müssen so detailliert sein, daß Fachleute in der Lage sind, mit ihrer Hilfe Software zu entwickeln, die die Schnittstellen auch bedienen kann. Die Programme können von Anlage zu Anlage verschieden sein, sie müssen nur in der Bedienung der Schnittstelle gleich sein.

Ein Beispiel soll erläutern, wozu die verschiedenen Ebenen überhaupt nötig sind, d. h., wie die einzelnen Aufgaben auf die verschiedenen Ebenen verteilt sein können. Der Einfachheit halber werden nur drei Ebenen benutzt. Verschiedene Firmen in unterschiedlichen Ländern mit keiner einheitlichen Sprache wollen Informationen untereinander austauschen. Alle benutzen zunächst die Ebene 3, um ihre Texte in der Landessprache zu formulieren. Danach wird ein Übersetzer eingeschaltet (Layer 2), der die Information so verändert, daß sie vom Empfänger verstanden wird. Zuletzt werden die Daten an das Netz übergeben (Ebene 1) und auf Reaktionen des Empfängers gewartet. Als Netz können Postleitungen, Satellitenstrecken oder Netzwerke dienen.

Erhält der Adressat die Nachricht, dann läuft der gerade beschriebene Vorgang umgekehrt ab. Auf Ebene 1 werden die eingehenden Daten angenommen, an den Übersetzer weitergereicht (Layer 2), der dann entscheidet, ob er noch übersetzen muß oder nicht, und sie anschließend an den Empfänger weiterreicht (Ebene 3).

Sollen in dem Beispiel grundsätzlich alle Informationen in einer Sprache ausgetauscht werden, dann müssen alle Übersetzer (Ebene

2) davon unterrichtet sein, damit nicht an einem Ziel ein Übersetzer wartet, der nur für Transformationen italienisch/französisch geeignet ist, und deshalb die eingehenden Informationen nicht versteht, weil alle anderen Teilnehmer Übersetzer für deutsch/englisch, spanisch/englisch oder schwedisch/englisch verwenden.

Beispiel für einen Sendevorgang

Etwas komplizierter liegt der Fall, wenn alle 7 Ebenen in ein Protokoll eingebunden sind. Dann kann eine Information, die transportiert werden soll, in Ebene 7 erzeugt und anschließend über das Interface 7/6, unter Einhaltung aller Definitionen, weitergereicht werden. In Layer 6 wird der Datenstrom auf eine vorher festgelegte Weise bearbeitet, z. B. werden alle Ziffern 9 in 1 umgewandelt. Nach der Umwandlung gehen die Daten über die Schnittstelle 6/5 an Layer 5 weiter, die hier nur Kontrollfunktion haben soll. Ebene 5 unterscheidet zwischen ein- und ausgehenden Daten. Sie prüft im Empfangsfall (andere Richtung des Datenstroms), ob Ebene 6 schon Daten bearbeitet, bevor ihr neue zugeführt werden. Ist das der Fall, erfolgt eine Zwischenspeicherung, bis Layer 6 wieder frei ist. Darunter liegt hinter dem Interface 5/4 Ebene 4, die Datenströme ohne festgelegte Längenbegrenzung bearbeitet. Diese Begrenzung wird erst von Ebene 3 gefordert. Layer 4 bereitet die Daten für Layer 3 vor, indem dort die Datenströme in definierte Blöcke zerlegt und mit einem Kopfteil (Header) versehen werden. Dieser Header enthält Informationen, die von der Ebene 4 der Empfängerseite benötigt werden, um die Blöcke dort wieder richtig zusammensetzen zu können. Nach dem Passieren der Schnittstelle zur Ebene 3 werden auch dort weitere Header an die einzelnen Blöcke angehängt, nachdem entschieden ist, über welche Leitung der Transport erfolgen soll.

18 UNIX in Netzwerken

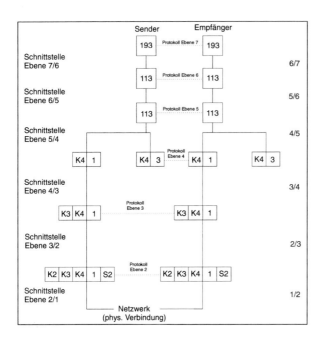

Abb. 18.8:
Prinzipieller Ablauf der Übertragung im Mehrschichtmodell (K=Kopfteil; S=Schlußteil, Trailer)

In Layer 2 schließlich wird ein dritter Kopfteil hinzugefügt und ein Schlußteil (Trailer). So ausgerüstet mit Verwaltungsinformationen können die Daten über Ebene 1 an das Netz abgegeben werden. Am anderen Ende der physikalischen Verbindung wartet die Ebene 1 der Zielanlage und nimmt die für sie bestimmten Daten vom Netz.

Der ganze Weg durch die Ebenen erfolgt jetzt umgekehrt, wobei die Informationen der Kopf- und Schlußteile ausgewertet und von den Nutzdaten wieder abgetrennt werden.

Wichtig ist, daß jeder Layer seine Aufgabe in Sende- und Empfangsrichtung ausführen kann, nämlich »zerlegen in« und »zusammenfügen aus« Blöcken oder »anhängen« und »abtrennen« von Verwaltungsinformationen (Header, Trailer). Der ganze Vorgang soll durch das Bild auf der vorhergehenden Seite verdeutlicht werden.

Es gibt noch einige zusätzliche Voraussetzungen, die für den Netzbetrieb nötig sind. Jede Ebene muß eine eigene Vorrichtung haben, um Verbindungen herzustellen und wieder abzubauen.

18.2 ISO-7-Ebenen-Modell

Für Anlagen, die mehrere Prozesse gleichzeitig bearbeiten können, ist eine Adreßverwaltung erforderlich, die unter anderem die Vermittlung zweier Prozesse eindeutig durchführt. Alle Ebenen, die auf mehrere Ziele zugreifen können, benötigen eine Adreßverwaltung.

Eine weitere grundsätzliche Frage stellt der gewünschte Verkehr auf der Leitung dar, nämlich ob *Simplex-* (Datentransport nur in einer Richtung), *Halbduplex-* (Datentransport in beiden Richtungen, aber nicht gleichzeitig) oder *Vollduplex-* (Datentransport gleichzeitig in beiden Richtungen) Betrieb benutzt werden soll.

Andere Mechanismen sind noch für Fehlerkontrollen, Folgezähler für die einzelnen Datenblöcke und mögliche Überholvorgänge bei dringenden Nachrichten zu berücksichtigen.

18.3 Das ISO-Referenzmodell

Dieses Modell entspricht den Entwürfen der *International Standard Organization* (ISO), einen Standard für die unterschiedlichen Protokolle zu entwickeln. Der genaue Name dieses Standards lautet *Reference Model Of Open Systems Interconnection* und beinhaltet sieben Ebenen.

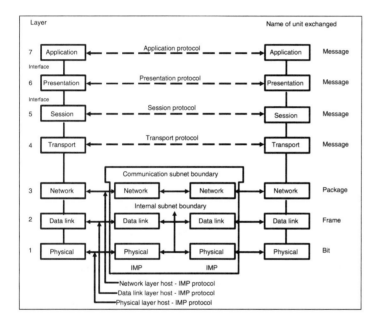

Abb. 18.9:
Die sieben Ebenen des ISO-OSI-Modells

Die physikalische Ebene

Hier erfolgt der Übergang zur Verbindungsleitung. Der Transport der Bits über die physikalische Verbindung wird im *Raw Mode* (zeichenweise) durchgeführt. Vom Netz her muß sichergestellt sein, daß die 0- und 1-Werte der Bits beim Transport nicht verändert werden. Hier hinein gehören die Festlegungen, in welchem Voltbereich ein High Signal zur Darstellung des Werts 1 liegen darf (analog für 0), welche Dauer dieses Signal mindestens haben muß, damit es erkannt werden kann, ob eine Verbindung bidirektional betrieben werden soll, wie Verbindungsauf- und -abbau organisiert sind, und wie die Hardware der Anschlüsse aufgebaut sein muß.

Soll eine Wähleinrichtung realisiert werden, wenn mehrere Leitungen zur Außenwelt führen, die jedoch nach innen hin wie eine wirken soll (Multiplexing), dann ist dieses Problem innerhalb dieser Ebene 1 lösbar. Da diese Ebene jedoch meist in Form von Hardware implementiert ist, empfiehlt sich eine Lösung des zuletzt beschriebenen Problems in einer der höheren Ebenen, was normalerweise mit geringerem Aufwand möglich ist.

Der Data Link Layer

Diese »Daten-Verbindungsebene« ist es, die Daten, die zeichenweise (*Raw Mode*) ankommen, in Datenblöcke (Frames) aufteilt und sie sequentiell überträgt. Die von der Gegenseite abgegebenen Quittungsdaten (Acknowledgement Frames) müssen auch in dieser Ebene 2 ausgewertet werden, damit im Fehlerfall Blöcke wiederholt oder eine Verbindung definiert abgebrochen werden kann.

Da Layer 1 (Physical Layer) die Daten lediglich überträgt, ohne auf ihren Inhalt zu achten, muß der Data Link Layer Datenpakete erzeugen und erkennen können. Die Grenzen der Datenpakete werden durch extra zu den Nutzdaten hinzugefügte Bit-Muster gekennzeichnet, um sie eindeutig von den Verwaltungsinformationen (Header, Trailer) zu trennen. Damit nun im Fehlerfall bei einer Sendewiederholung des gleichen Datenblocks dieser auf der Zielanlage nicht verdoppelt wird, müssen alle Blöcke mit Nummern versehen werden, anhand derer sie eindeutig identifiziert werden können. Die Numerierung wird zur Fehlerkontrolle ausgewertet.

Dies alles muß in Ebene 2 geschehen, da Layer 3 (Network Layer) davon ausgeht, daß alle Blöcke inhaltlich und in der Reihenfolge richtig empfangen werden, d. h. eine fehlerlose virtuelle Verbindung besteht.

Eine weitere wichtige Aufgabe von Layer 2 ist die Synchronisation der Datenübertragung, wenn z. B. ein schneller Sender mit einem langsamen Empfänger kommuniziert und diesen mit Daten zu überschwemmen droht. Der Sender muß in diesem Fall immer genau wissen, wieviel Pufferspeicher auf der Empfängerseite zur Aufnahme von Daten noch zur Verfügung steht. Dieser Dienst muß aber nicht unbedingt in Ebene 2 installiert sein, er kann auch von einer höheren übernommen werden.

Im Falle des Vollduplexbetriebs ist auch herauszufinden, welches Paket zu welcher Übertragungsrichtung gehört.

Meist ist auch diese Ebene Bestandteil der Hardware.

Der Network Layer

Die Netzwerkebene kontrolliert die Vorgänge im Netzwerk, z. B. das Routing (Wege innerhalb des Netzwerks durch andere Rechner hindurch, über Gateways) oder stellt die richtigen Parameter ein, die für eine Verbindung nötig sind. Hier wird auch ein Test durchgeführt, ob alle Datenpakete von der Zielseite fehlerfrei empfangen wurden und ob sie in der richtigen Reihenfolge sind. Dieser Test wertet Quittungsmeldungen des Zielrechners aus, die dieser immer an den Absender einer eingegangenen Information schickt. Die Quittungsmeldungen enthalten Angaben darüber, welcher Block empfangen wurde, wie lang er war, ob die Prüfsumme stimmt und ähnliches.

Die Software, aus der der Network Layer besteht, nimmt bei einem Sendevorgang einen Strom von Daten des eigenen Rechners entgegen, zerlegt ihn in Pakete definierter Größe und sorgt dafür, daß sie unter Einhaltung der Routing-Angaben an den richtigen Zielrechner geschickt werden. Die Organisation des Transports der gesamten Information ist auf verschiedene Arten möglich.

Laut Vereinbarung kann z. B. bei Verbindungsaufbau zwischen zwei Rechnern sofort erklärt werden, daß alle nachfolgenden Datenpakete an diesen einen Zielrechner geschickt werden sollen (eher eine statische Lösung). Eine andere Variante ist die, jedem Datenpaket die Zieladresse und die dorthin führende Wegbeschreibung (Routing) mitzugeben. Diese dynamische Zuteilung hat den Vorteil, daß als Wegbeschreibung die Route durch das Netzwerk mitgegeben werden kann, die zur Zeit am wenigsten belastet ist. Während des Datentransfers kann gleichzeitig eine Netzwerkoptimierung erfolgen.

Eine dritte Möglichkeit ist die Einrichtung von Tabellen, in denen alle nötigen Informationen über feste Wege durch das Netz hinterlegt sind. Dies ist allerdings die starrste Lösung.

In der Ebene 3 wird auch der aktuelle Zustand des Netzwerks kontrolliert. Sind zu viele Datenpakete gleichzeitig unterwegs, entstehen Engpässe, die es zu verhindern gilt. In der Netzwerkebene aller Systeme im Netz ist deshalb ein entsprechender Regelmechanismus installiert, der entscheidet, ob die aktuelle Einspeisung von Daten in das Netz zur Überlastung führt oder nicht.

Wie bereits weiter oben erwähnt, müssen alle ausgehenden Datenpakete numeriert sein und vom Empfänger quittiert werden, da sonst in dem Wirrwarr von Paketen, die in die unterschiedlichsten Richtungen laufen, die Übersicht verloren geht.

Die Netzwerkebene wird meist softwaremäßig realisiert, und zwar in Form eines Ein-/Ausgabetreibers (I/O Driver).

Der Transport Layer

Die Transportebene liegt unterhalb der Ebene, von der der eigentliche Datenverkehr ausgeht. Ebene 4 nimmt von dem Session Layer (Ebene 5, Sitzungsebene) bei einem Sendevorgang Daten an (beim Empfang werden sie abgegeben) und unterteilt sie in die definierten kleineren Einheiten. Anschließend gehen sie an die Netzwerkebene weiter, die dann kontrolliert, ob der Datenaustausch richtig abläuft.

Die Transportebene ist die Stelle, ab der der Datenaustausch unabhängig von der Hardware wird, d. h., der Session Layer ist im Gegensatz zu den darunterliegenden Ebenen hardwareunabhängig.

Der ungestörte Ablauf einer Verbindung sieht demzufolge so aus: die Transportebene (Layer 4) stellt eine gewünschte Netzwerkverbindung (mit Hilfe von Ebene 3) für jeden Datentransport her (wird von Ebene 4 betreut), der vom Session Layer angefordert wird.

Zwei Fälle sind möglich:

a) Bei hohem Datendurchsatz kann der Datentransport über mehrere Leitungen gleichzeitig erfolgen.

b) Bei geringeren Anforderungen an die Geschwindigkeit kann im Multiplex-Verfahren übertragen werden. Hierbei benutzen mehrere Teilnehmer eine Verbindung, indem alle nacheinander für jeweils eine bestimmte Zeit die Leitung zugeteilt bekommen. In dieser Betriebsart muß sichergestellt sein, daß der Multiplex-Betrieb für den Session Layer transparent ist. Außerdem ist eine genaue Buchführung über den jeweiligen Zustand der Leitungen nötig, da jede nach bestimmten Regeln eröffnet und wieder geschlossen werden muß.

Diese beiden Aussagen beziehen sich auf die von Ebene 4 herzustellenden Transportverbindungen.

Die Verbindungstypen

Die Transportebene stellt nach einer Verbindungsanforderung durch Ebene 5 den benötigten Dienst für die gewünschte Verbindung ein. Meistens wird eine fehlerfreie Punkt-zu-Punkt-Verbindung als Transportmedium verlangt. Bei diesem Verbindungstyp werden die Daten in der Reihenfolge in das Netz eingespeist, wie sie vom lokalen System angeliefert werden.

Bei anderen Typen (z. B. Wählverbindung) kann die Information in kleinen Teilstücken verschickt werden, ohne daß Rücksicht auf die Reihenfolge der einzelnen Pakete im Gesamtzusammenhang genommen wird. Zusätzlich können gleichzeitig die Pakete an mehrere Adressen verschickt werden. Der Verbindungstyp wird jeweils bei Aufbau einer Verbindung festgelegt.

Prozeßkommunikation

Ab Ebene 4 können Prozesse miteinander kommunizieren, wenn sie bezüglich Quell- und Zielanlage aufeinander abgestimmt sind. Im Gegensatz dazu arbeiten die darunterliegenden Ebenen unabhängig voneinander starr ihre Protokolle ab. Die Kommunikation kann nur zwischen zwei gleichartigen Programmen stattfinden, da der Aufbau der Header und anderer Kontrollsequenzen gegenseitig verstanden werden müssen.

Die Kommunikation zweier Programme kann in großen Netzen auch über mehrere *Interface-Message-Prozessoren* (IMP) hinweg erfolgen, wobei die unteren Ebenen (1 – 3) jeweils nur den Kontakt mit dem nächsten Nachbarn unterstützen. Die Ebenen 4 – 7 werden aus diesem Grund auch als End-To-End-Verbindungsebenen bezeichnet, während 1 – 3 auf den verschiedenen benachbarten Anlagen miteinander verkettet sind.

Viele Anlagen bieten die Möglichkeit, mehrere ankommende und abgehende Leitungen gleichzeitig zu bedienen. Dies setzt eine entsprechende Erweiterung des Headers voraus. Der zusätzliche Header-Teil wird in der Transportebene erzeugt, um z. B. zu kennzeichnen, welche Datenpakete zu welcher Verbindung gehören. Der Verwaltungsaufwand steigt also beträchtlich, aber angesichts der hohen Geschwindigkeit bei der Datenübertragung fällt er nicht auf.

Wie bereits weiter oben erwähnt, können Dienste der unteren Ebenen teilweise auch von einer höheren übernommen werden. So kann z. B. das Problem, daß ein schneller Computer einen langsamen mit Daten überschwemmt, auch in der Transportebene gelöst werden.

Die Transportebene wird oft als Teil des Betriebssystems realisiert. Eine Vorschrift, wo sie einzubauen ist, existiert nicht.

Der Session Layer

Die Sitzungsebene erlaubt dem Anwender, Einfluß auf die Verbindung zu nehmen. Ist auf seinen Wunsch hin eine Verbindung zustandegekommen (established), unterstützt Ebene 5 den entsprechenden Dienst, der angewählt wurde, z. B. den Dialog mit einem anderen System. Auf dieser Ebene sind Filetransfers und die Funktion des virtuellen Terminals möglich.

Der Anwender kann ab dem Session Layer die Zieladresse und den Dienst auf der Verbindung selbst wählen, bevor der eigentliche Verbindungsaufbau in Angriff genommen wird. Auf dieser Ebene gibt es noch den Unterschied zwischen Session- und Transportadressen. Letztere werden von den beteiligten Transportstationen in den Computern verwendet. Die Session-Adresse benutzen dagegen die Anwender oder die Programme, um auf den verschiedenen Anlagen miteinander arbeiten zu können. Wichtige Voraussetzung ist allerdings, daß der Session Layer in der Lage ist, aus einer Session-Adresse eine Transportadresse zu machen, damit die eigentliche Transportverbindung aufgebaut werden kann.

Die Sitzungsebene übernimmt auch die Kontrolle, ob die beiden Teilnehmer einer Session zugelassen sind, d. h. die richtigen Rechte und Identifizierungsnummern haben. Danach muß die Verbindung richtig eingestellt werden (Halb- oder Vollduplex u. ä.). Diese vorbereitenden Dienste tragen den Namen *Binding*. Nachdem eine Verbindung zwischen zwei Systemen erfolgreich hergestellt worden ist, übernimmt Ebene 5 die Steuerung der Kommunikation. Hierunter fällt z. B. die Koordination des laufenden Betriebs einer Verbindung oder auch automatischer Neustart im Falle einer Unterbrechung. Ähnliches ist auch beim Verbindungsabbau nötig, oder wenn nach einem Datenbankzugriff die Datenbank wieder ordnungsgemäß verlassen werden muß.

18.3 Das ISO-Referenzmodell

Die Sitzungsebene sorgt dafür, daß eine unterbrochene Verbindung nicht in einen undefinierten Zustand gerät.

Der Presentation Layer

Die Präsentationsebene läßt die Durchführung von Transformationen zu. Dazu werden sogenannte *Functions* (Programmteile) benutzt, die auf vielen Systemen in dafür vorgesehenen Libraries hinterlegt sind. Diese Systemdienste können mit kleinem Programmieraufwand in Betrieb genommen werden. Es ist durchaus möglich, eigene Library-Einträge zu schaffen oder in das Betriebssystem einzubinden, was aber aus Gründen des Standards nicht unbedingt ratsam ist, besonders, wenn Software für Dritte entwickelt wird, die dann auch diese Besonderheiten haben müssen.

Typische Transformationen, die bereits in den meisten Systemen hinterlegt sind, sind die von ASCII- in EBCDIC-Code und umgekehrt. Es ist auch sinnvoll, Datenströme vor der Übertragung zu komprimieren, indem man Zeichen, die mehrfach hintereinander vorkommen, durch eins dieses Typs ersetzt und nur angibt, wie oft es an dieser Stelle vorkommt.

Der Application Layer

Die Anwendungsebene wird von Programmen genutzt, die untereinander kommunizieren und vom Anwender selbst entwickelt sein können. Hier kann der User festlegen, welche Nachrichten übertragen werden dürfen und welche Form sie haben müssen. Eine Anwendung, die von dieser Ebene aus bedient werden kann, ist z. B. eine verteilte Datenbank (nicht ganz einfach zu realisieren).

Die meisten dieser Anwendungen kennt man aus dem täglichen Leben, aus Reisebüros, die ihre Reservierungen auf diese Weise vornehmen, Banken, die ihre Daten auf diese Weise in den Filialen abfragen oder Kreditkarten vor Ort prüfen. Bei diesen Lösungen ist alles so gestaltet, daß der Benutzer nur eine Menüoberfläche sieht, hinter der die eigentlichen Dienste versteckt sind. So erfolgt ein

Datenbankzugriff auch nur dann, wenn er erforderlich ist. Öffnen und Schließen der Datenbank erfolgt automatisch und für den Benutzer unsichtbar.

IEEE-Standards in der Netzwerkumgebung

Wie in allen Bereichen der technischen Welt gibt es auch im Netzwerk Gremien, die weltweite Standards definieren, an die sich die meisten Hersteller halten. Zwei der bekanntesten sind *International Standard Organisation* (ISO) und *Institute of Electrical and Electronic Engineers* (IEEE). ISO haben wir schon bei dem 7-Ebenenmodell kennengelernt.

Layer	ISO	ARPANET	SNA	DECNET
7	Application	User	End User	Application
6	Presentation	Telnet, FTP	NAU services	
5	Session	(None)	Data flow control / Transmission control	(None)
4	Transport	Host-host Source to destination	Path control	Network services
3	Network	IMP NCP/TCP		Transport
2	Data link	IMP-IMP	Data link control	Data link control
1	Physical	Physical	Physical	Physical

Abb. 18.10:
Die verschiedenen Ebenenmodelle von SNA, DEC, ISO-OSI

IEEE bietet Standards, die im Bereich Netzwerke vom IEEE-802-LAN-Komitee definiert wurden.

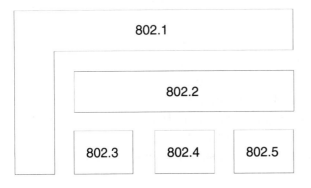

Abb. 18.11:
IEEE-Standards

581

Hierbei stehen im einzelnen die o. g. Nummern für folgende Bereiche:

802.1b	Network Management
802.1d	Bridges
802.1e	Software Distribution
802.2	Logical Link Control
802.3	Ethernet (CSMA/CD)
802.4	Token Bus
802.5	Token Ring

18.4 TCP/IP-Vernetzung

TCP/IP ist ein oft gehörtes Kürzel, dessen Herkunft meist nicht im Detail bekannt ist. Das Transmission Control Protocol/Internet Protocol, kurz TCP/IP, beschreibt einen ganzen Satz weit verbreiteter Transport- und Netzwerkprotokolle. Obwohl mit diesem Standard verschiedenste Systeme miteinander verbunden werden können, steht TCP/IP eigentlich für *die* Vernetzungstechnik unter UNIX. Neben fertigen Diensten, die innerhalb dieser Protokolle sofort nutzbar sind, gibt es noch eine definierte Programmierschnittstelle, *API* (Application Programming Interface), die Grundlage für eigene netzwerkweite Anwendungen sein soll. Deren Bedienung erfordert natürlich einige Programmiererfahrung.

In SVR3 wurde der Netzwerkteil komplett auf den STREAMS-Mechanismus umgestellt. Damit wurden die fundamentalen Voraussetzungen zur Unterstützung eines Open Systems Networking verfügbar. In SVR4 nun sind einige Erweiterungen eingebracht worden, die die Dienste zur Datenkommunikation betreffen (DARPA, Defence Advanced Research Project Agency), und von den Socket-Schnittstellen der BSD-UNIX-Richtung nutzbar sind. Dies alles ist nun Bestandteil des SVR4-Pakets. Zum ersten Mal sind so Remote File Sharing (RFS) von System V und Network File System (NFS) von SunOS, einschließlich der Remote Procedure Calls (RPC) und eXternal Data Representation (XDR, von NFS genutzt), in einer Implementierung von UNIX vereint. Alle diese Netzwerksoftwarepakete haben eins gemeinsam: sie basieren auf TCP/IP.

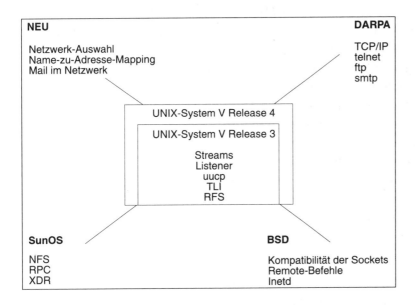

Abb. 18.12:
Netzwerkdienste unter SVR4

Obwohl die Verbindungsart über Ethernet mit TCP/IP-Protokoll nicht der neueste Standard ist, haben sich die meisten Hersteller dazu entschlossen, ihre Produkte dieser Norm anzupassen, da alles andere in Richtung ISO/OSI noch nicht genau genug definiert oder noch nicht ausreichend verbreitet ist.

Man rechnet diese Art der Vernetzung zu den LANs (Local Area Network), obwohl durch den Einsatz von Lichtwellenleitern, auf denen das gleiche Protokoll arbeitet, inzwischen auch Entfernungen von mehreren hundert Metern bis zu einigen Kilometern störungsfrei überspannt werden können. Die LWLs (Lichtwellenleiter) haben zusätzlich den Vorteil, daß sie unempfindlich gegenüber

18.4 TCP/IP-Vernetzung

elektrischen Störungen sind und nicht abgehört werden können, ohne daß ein »Anzapfen« der Leitung bemerkt würde.

Den Ursprung hat die Entwicklung dieses Netzwerktyps in einer Abteilung des amerikanischen Verteidigungsministeriums mit dem Namen *ARPA* (Defence Advanced Research Project Agency), die die Entwicklung einer Netzwerkarchitektur finanziert hat, auf der das sogenannte *ARPANET* basiert. Hinter ARPANET verbirgt sich ein Netzwerk, das von der amerikanischen Regierung benutzt und offiziell Internetwork genannt wird. Ein weiterer Teil des Netzes trägt den Namen *DDN* (Defence Data Network). DDN steht für eine Sammlung von Kommunikationsmöglichkeiten innerhalb des Verteidigungsministeriums der USA (*DoD*, Department of Defence), die mehrere Computer-Systeme in einem Netz verbindet. DDN erlaubt den Benutzern der unterschiedlichen Systeme (nicht UNIX ist hier das Kriterium für die Teilnahme am Netz, sondern Erfüllung der Voraussetzungen für ein bestimmtes Übertragungsprotokoll, wie z. B. TCP/IP), Mails und Dateien auszutauschen, sowie die Arbeit auf den anderen Anlagen als Remote Terminal (entferntes Terminal, d. h. nicht direkt am entfernten Rechner angeschlossen, sondern über eine Vernetzung).

Das am meisten verbreitete Transport- bzw. Netzwerkprotokoll ist das TCP/IP, wobei TCP für Transmission Control Protocol steht. Gemeint ist damit ein Protokoll, das an der Art Transportebene und dem Verbindungsmedium orientiert ist. Es ermöglicht zuverlässige Punkt-zu-Punkt-Datenübertragung über ein Internetwork. Auf der einen Seite (nach oben hin) steht TCP mit einem Anwender oder einem Prozeß in Verbindung, auf der anderen mit einem Protokoll der nächstniedrigeren Ebene, wie z. B. IP. TCP arbeitet STREAMS-orientiert.

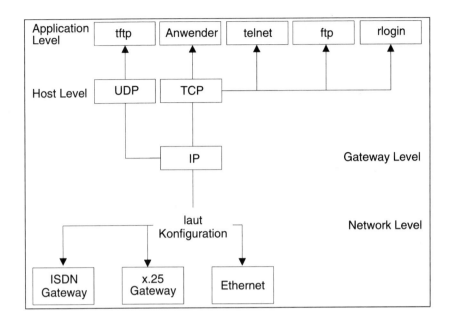

Abb. 18.13:
Typischer Aufbau eines Netzwerkzugangs

In jedem Knoten (Rechner) innerhalb des Netzes muß ein solches TCP-Modul installiert sein, sonst ist eine gemeinsame Kommunikation nicht möglich. Folgende Mechanismen unterstützt TCP:

- Interprozeß-Kommunikation (IPC) und Verbindungsfunktionen
- Voraussetzungen für Dateitransfer
- End-To-End-Verknüpfungen
- Multiplexbetrieb, Datenflußkontrolle und Nachrichtenvermittlung
- Fehlerkontrolle in bestimmtem Umfang

Die Schnittstelle für die Interprozeß-Kommunikation besteht aus einer Reihe von Aufrufen, ähnlich den Systemcalls des Betriebssystems, mit deren Hilfe Verbindungen gesteuert werden können. Grundsätzliche Dienste wie Öffnen und Schließen einer Verbindung oder Senden und Empfangen von Daten sind darin enthalten. Die Verbindung selbst beruht auf einem logischen Konzept, wie die Virtual Circuits (virtuelle Verbindungen) unter X.25.

18.4 TCP/IP-Vernetzung

TCP kennt numerierte Ports, die der Erkennung bestimmter rufender Prozesse dienen und für die Benutzung durch diese eingerichtet sind. Port ist hier nicht im Sinne eines V.24-Ports zu verstehen, sondern es handelt sich vielmehr um den Teil eines sogenannten *Sockets* (ein Stück Software), der bestimmt, welcher logische Ein- oder Ausgang eines Prozesses mit den aktuell anstehenden Daten versorgt werden soll. Ein Socket ist eine Adresse, die eine Port-Identifizierung enthält, eine Verknüpfung einer Internet-Adresse mit einem TCP-Port.

IP ist das *Internet Protocol*, das in einer Ebene unterhalb von TCP zum Datenaustausch in Packet Switched Networks benutzt wird. Dies sind Netze, in denen die einzelnen zu versendenden Pakete mit einer Adresse versehen werden und keine permanente Verbindung für den Transfer einer kompletten zusammenhängenden Information hergestellt wird.

Wie bei TCP muß auch ein IP-Modul in jedem Netzwerkknoten implementiert sein, das vom Internet-Protokoll angesprochen wird. IP adressiert, erledigt das Routing und sorgt für die Weiterleitung der Datenpakete im Netz.

Alle Internet-Gateway-Funktionen führt IP aus. Die Hauptaufgaben sind:

- Adressierung der Datenpakete
- Fehlerprüfung der TCP-Segmente
- Routing
- Kommunikation mit Gateway- und Host-Protokollmodulen
- Zerlegung des Datenstroms in kleinere Teile und Zusammensetzen dieser Fragmente

Die Adressen sind 48 Bits lang und bestehen aus der Netzwerknummer, einer lokalen Host-Adresse (beide zusammen 32 Bits) und der Portadresse (16 Bits). TCP und UDP (User Data Protocol) verwenden beide eine 16-Bit-Adresse für den eigentlichen Verbindungsaufbau.

Das Internet-Modul setzt die Internet-Adressen in lokale Netzadressen um. Lokale Netze und Gateways transformieren von lokalen Netzadressen auf Routen. Ein einzelner Host kann mehrere physikalische Schnittstellen zu verschiedenen Netzwerken innerhalb eines Internetworks haben, wobei jedem Interface eine eigene logische Adresse zugeordnet wird. Ein Internet-Modul kann in einem Gateway oder in einem Host implementiert sein. IP behandelt jeden anstehenden Datensatz (Paket) einzeln als Gesamtheit und bestimmt den Weg durch das Netzwerk, gibt ihm die nächste Adresse mit und schickt ihn anschließend zum nächsten Punkt im Netz weiter. Die Umwandlung in die Originalinformation geschieht nur im Zielrechner in der entsprechenden Ebene. Das Internet-Modul fügt zu den eigentlichen Nutzdaten einen eigenen Header hinzu, der die Adresse des Zielsystems enthält. Er wird später auf der Zielseite wieder entfernt. Das Modul entscheidet auch, ob die eingegangenen Daten zu einer Applikation auf der lokalen Anlage gehören oder nicht. Ist dem nicht so, werden die Daten an den nächsten Punkt im Netz weitergereicht. Andernfalls werden die Nutzdaten von allen Zusätzen befreit und an die entsprechende Applikation übergeben.

In einem Packet Switched Network können die einzelnen Pakete über verschiedene Wege durch das Netz zum Ziel geschickt werden. Es ist eine dynamische Netzwerkoptimierung vorgesehen, d. h., für jedes Paket kann unter Berücksichtigung der aktuellen Last auf den einzelnen Strecken innerhalb des Netzes der jeweils optimale Weg durch das Netzwerk festgelegt werden. Im Falle eines Fehlers werden Datensätze erneut geschickt, und zwar so lange, bis der Fehler nicht mehr auftritt. Die Reihenfolge der Pakete beim Senden muß auf der Empfängerseite nicht eingehalten werden, da jedes Paket zusätzliche Informationen mit auf den Weg bekommt, die eine Einordnung an der richtigen Stelle möglich machen. Daten, die zu unterschiedlichen Vorgängen gehören, können in beliebiger Folge durcheinander gesendet und empfangen werden, ohne daß es zu einer Konfusion kommt.

18.4 TCP/IP-Vernetzung

Neben diesen gerade beschriebenen Sicherheitsmechanismen von Ethernet ist noch zu erwähnen, daß mit einem Datendurchsatz von 10 Megabits/Sekunde gewaltige Datenmengen transportiert werden können. Ethernet entspricht zwei Ebenen des 7-Ebenen-Modells: dem Data Link und dem Physical Link Layer.

TCP/IP		ISO	Ebene
TCP	UPD	TP4	4
IP		CLNS	3
MAC Layer Ethernet			2
Ethernet Kabel			

Oben sehen Sie eine Gegenüberstellung von TCP/IP und ISO-OSI-Modell. MAC ist im Bild erwähnt und steht für *Media Access Control.*

Ein Netzwerk, das auf Ethernet basiert, kann theoretisch bis zu 1000 UNIX-Rechner im Verbund betreiben, deren jeweiliger Neueintrag sich auf das Editieren von 4-5 Files beschränkt; ein sehr geringer Aufwand im Vergleich zur späteren Leistung.

Diese Einträge sind auch keine große Wissenschaft, sondern dienen nur der Verteilung eindeutiger Adressen im Netz, der Zuteilung von Benutzerrechten auf den anderen Anlagen und der Definition von Routing-Tabellen, die über Gateway-Rechner hinweg die Kommunikation mit dahinterliegenden Computern ermöglicht.

Ein Gateway hat hier die Funktion eines Umsetzers oder Vermittlers zwischen Systemen, die nicht direkt miteinander kommunizieren können. Ein großer Vorteil dieses Netzwerktyps ist, daß sämtliche Rechner im laufenden Betrieb eingefügt oder herausgenommen werden können. Das Netz muß für solche Vorgänge nicht abgeschaltet sein (andere Systeme verwenden ein sogenanntes Downloading, bei dem die neuen Netzwerkinformationen durch das Netz bis zu der Stelle geschoben werden müssen, wo sie eigentlich benötigt werden).

Kommando-Übersicht

Die folgende Auflistung zeigt, welche Möglichkeiten ein solches Netz bietet:

➤ Einloggen auf dem Rechner, auf dem die Daten liegen, mit denen man dort arbeiten möchte, vorausgesetzt, man hat dort einen Login-Namen eingetragen. Hierzu stehen die Dienste *telnet* und *rlogin* zur Verfügung. Ein Wechsel zwischen den Anlagen ist so einstellbar, daß ein Paßwort nur beim ersten Einloggen nötig, und anschließend für diesen Benutzer auf allen anderen Systemen bekannt ist, auf die er Zugriffsrecht hat (User Equivalence).

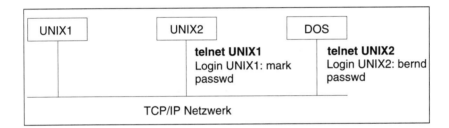

Abb. 18.14: Telnet-Sitzung im Netzwerk

➤ Remote-Kommandos können auf entfernten (*remote*) Systemen ausgeführt werden, ohne daß ein vorheriges interaktives Einloggen auf dem Zielsystem nötig ist. Dienste hierzu sind *rsh* (Remote Shell) und *rexec* (Remote Execution). Folgendes ist mit diesen Utilities möglich:

  ➤ Man kann Befehle dort ausführen lassen, wo die zugehörigen Daten liegen.
  ➤ Man kann Kommandos auf der Anlage ausführen lassen, die zur Zeit am wenigsten belastet ist.
  ➤ Mittels Piping können Befehle so aufgebaut werden, daß im Verlauf ihrer Bearbeitung Daten zwischen Anlagen ausgetauscht werden, z. B.
  ```
  ls -l /etc | pr -f | rcmd UNIX3 lp
  ```

hierbei wird das Longlisting des Directory /etc der aktuellen Anlage über das *pr*-Kommando formatiert und auf einem Drucker ausgegeben, der am Rechner mit dem Namen *UNIX3* angeschlossen ist.

➤ Alle Daten ohne Zugriffsbeschränkung sind auf jeder Anlage frei erreichbar.

➤ Kopieren oder Transferieren von Dateien zwischen den Systemen ist möglich.

➤ Peripheriegeräte im Netz wie z. B. teure Laserdrucker oder Bandlesegeräte zum Speichern oder Einlesen von Daten können von allen benutzt und so besser ausgenutzt werden.

➤ Teure Software-Pakete, wie Datex-P-Anschlüsse oder Kommunikationsschnittstellen zur IBM-Welt, müssen nur auf einer Anlage installiert werden und können dort von allen berechtigten Teilnehmern im Netz benutzt werden.

➤ Der Mail-Dienst reicht über das ganze Netzwerk (*mailx*).

➤ Applikationen, die auf anderen Systemen liegen, können aktiviert werden.

➤ Zugriff auf andere Anlagetypen, z. B. von SUN, HP usw., die das passende Protokoll fahren, ist möglich.

➤ Dateitransfer zwischen verschiedenen Rechnern im Netz geschieht mittels *ftp* (File Transfer Protocol), *rcp* (Remote Copy) oder *tftp* (Trivial File Transfer Protocol). *tftp* ist für normale Dateiübertragungen nicht sehr verbreitet, seine Anwendung ist jedoch Voraussetzung für das Starten von MS-DOS-PCs ohne Festplatten von einem UNIX-System aus.

➤ Drucken im Netzwerk wird mittels *lpr*, dem UNIX-Zeilendruckerbefehl, gesteuert. *lpr* kann mit Druckdiensten anderer UNIX-Systeme im Netzwerk Druckaufträge austauschen, so daß der Anwender die Daten gezielt auf einem bestimmten Drucker ausgeben kann.

Innerhalb des Netzwerks gibt es fünf verschiedene Bestandteile, die die Kommunikation steuern:

1. Ausführbare Kommandos.

2. Dämonprozesse oder Server, die Voraussetzung für die Ausführung von Kommandos sind.

3. Konfigurationsdateien, in denen Adressen u. ä. hinterlegt werden.

4. Systemcalls (Systemaufrufe), die von Programmierern benutzt werden können, um automatische Dienste zu entwickeln.

5. Schnittstellen für C-Programme über sogenannte *Library Function Calls* (Bibliothek-Funktionsaufrufe).

Die im folgenden beschriebenen Kommandos stammen aus der Welt der Bourne Shell (4.2BSD, 4.3BSD) und des ARPANET. Die meisten der Befehle für die Netzwerkumgebung beginnen mit einem *r*, das für *Remote* (entfernt) steht, und kommen aus der Welt des Berkeley UNIX (BSD). Diese Befehle arbeiten unter UNIX-System V 2.0 und folgenden Releases genauso wie unter Berkeley UNIX. Im einzelnen gibt es folgende Remote-Kommandos:

rcmd Remote Command
Führt Befehle innerhalb des Netzwerkes auf einem anderen System aus. Im Original heißt dieser Befehl *rsh*, dieser Name konnte jedoch unter UNIX-System V nicht beibehalten werden, da hier unter *rsh* eine Restricted Shell gestartet wird. In SVR4 wird wegen der Zusammenführung verschiedener Entwicklungszweige *rsh* wieder für Remote Shell verwendet.

rcp Remote File Copy
Kopiert Dateien zwischen den vernetzten Systemen.

rlogin Remote Login
Ermöglicht das Arbeiten als normales Terminal an einem anderen Rechner im Netz.

18.4 TCP/IP-Vernetzung

route   Einstellen der Routing-Pfade innerhalb des Netzwerks per Hand.

ruptime Zeigt an, in welchem Zustand (an, aus) sich die beteiligten Anlagen innerhalb des Netzes befinden.

rwho   Gibt eine Tabelle aus, in der steht, wer aktuell im lokalen Netzwerk eingeloggt ist.

Die andersartigen Befehle stammen aus dem ARPANET und sind so entwickelt, daß sie unabhängig vom Betriebssystem benutzt werden können. Sämtliche Protokolle, die verwendet werden, entsprechen der Internet-Spezifikation des amerikanischen Verteidigungsministeriums (*DoD*).

ftp   File Transfer Program
Dient zum File Transfer innerhalb des Netzwerks.

telnet   Hierbei handelt es sich um die Benutzerschnittstelle zum ARPA-/TELNET-Protokoll.

tftpd   Ist die Benutzerschnittstelle zum Trivial File Transfer Protocol (TFTP) des ARPA-Netzwerks.

inetd   Dieser Portmonitor, der der BSD-Welt entstammt, ist für die Verbindungsverwaltung auf dem Netzwerk im UNIX-System zuständig. Kommt eine Verbindungsanfrage über das Netzwerk, startet *inetd* den entsprechenden Server und übergibt diesem die Netzwerkverbindung zur weiteren Kontrolle. *inetd* wickelt beide Arten von Kommunikationsverbindungen ab, verbindungslose (UDP) und verbindungsorientierte (TCP).

bootpd Dieses Programm ist in der Lage, Boot Requests von plattenlosen Stationen in Empfang zu nehmen und ein passendes Boot Image an die rufende Station zu liefern (über *tftp*). Mittels *bootpd* und *tftp* können DOS-PCs ohne Laufwerke über ein entsprechendes TCP/IP-BOOT-PROM gestartet werden. Der UNIX-Host verhält sich wie ein

Novell File Server, von dem gebootet wird, es wird lediglich ein anderes Netzwerkprotokoll verwendet.

TCP/IP garantiert also auch unter SVR4 höchste Integration via Netzwerk und läßt neben der selbstverständlichen Unterstützung bewährter Dienste auch neue Technologien zu. Seine weite Verbreitung bedeutet für die Anwender langfristigen Investitionsschutz bei gleichzeitig breiter Basis für den Einsatz unter verschiedensten Netzwerktopologien. Auch Vernetzungen im Bereich Datenbanken greifen mit ihrer Client/Server-Struktur auf die TCP/IP-Basis zurück. Ebenso die Grafik unter UNIX, *XWindows*. Auf diese Weise erlaubt TCP/IP den Übergang von der traditionellen, zentralisierten EDV zu den verteilten, offenen Netzwerken der 90er Jahre. Ein weiterer Beweis für die starke Marktposition von TCP/IP ist die Unterstützung dieser Protokollwelt durch namhafte Hersteller wie Microsoft, Apple, Novell usw., die ihre eigenen Produkte ursprünglich nur mit proprietären Protokollen anboten. Interessant ist auch, daß diese Firmen das Network File System (NFS) auf ihren Anlagen bereitstellen, um Zugang zur TCP/IP und damit zur UNIX-Welt zu erlauben. Abgezielt wird bei dieser Integration natürlich auch auf Resource Sharing, d. h. im Fall Novell-NFS, daß UNIX-Anwender auch das Datei- und Drucksystem des Novell-Servers nutzen können und umgekehrt.

Der Hauptunterschied zwischen den verschiedenen Befehlstypen ist der, daß diejenigen aus der 4.3BSD-Welt die Zugriffsberechtigungen, die unter UNIX üblich sind, im ganzen Netz berücksichtigen. Im Gegensatz dazu verstehen die ARPANET-Befehle nichts von Permissions.

Im Zusammenhang mit Netzwerken wird oft von der User Equivalence gesprochen. Hierunter versteht man eine Eintragung innerhalb der Netzwerk-Software auf der lokalen Anlage, die es ermöglicht, einem Benutzer eines fremden Rechners im Netz exakt die gleichen Rechte zuzuordnen, die ein auf dem lokalen System existierender User bereits hat. Hierbei wird das Paßwort beim Einloggen auf der Zielanlage nicht mehr abgefragt. Nach wie vor jedoch muß sich der fremde Benutzer auf seiner Anlage ordnungsgemäß mit Paßwort anmelden. Der Equivalent User kann auf beiden Systemen den gleichen Namen haben, er muß aber nicht. Bei gleichen und unterschiedlichen Namen werden entsprechende Einträge in Dateien gemacht. Diese wertet der Netzwerkdienst aus und paßt aufgrund dieser Informationen die Anfragen automatisch an.

Im folgenden Abschnitt sollen die einzelnen Kommandos, geordnet nach Funktionsgruppen, detaillierter beschrieben werden.

IP-Adressen

Bevor die Datenübertragung zwischen den beteiligten Rechnern überhaupt stattfinden kann, muß zunächst einmal die Verbindung zwischen ihnen hergestellt werden. Der Vorgang ist mit einem Telefonanruf vergleichbar, wobei die Telefonnummer die eindeutige Auswahl des Kommunikationspartners festlegt. Der Informationsaustausch findet erst statt, wenn die Verbindung zustandegekommen ist.

Aus diesen Gründen hat jeder Computer (Host) in einem TCP/IP-Netzwerk eine eindeutige Adresse, die IP-Adresse, unter der er angesprochen wird. Die IP-Adresse eines Rechners besteht aus 4 numerischen Teilen und muß im Netzwerk eindeutig sein. Die Zuweisung der IP-Adresse geschieht bei der Konfigration der LAN-Schnittstelle.

In der Datei */etc/hosts* sind die IP-Adressen der verschiedenen Rechner im Netzwerk und ihre Namen eingetragen. Die folgenden Zeilen bilden ein Beispiel:

```
192.1.10.1 HOST1 host1    unix1    # haupt-server im netz
192.1.10.2 PC1   boes_pc            # pc am Arbeitsplatz von r. boes
192.1.10.3 HOST2 unix2    isdngate # rechner mit ISDN-Zugang
```

Die Zahlenkolonnen am Anfang des Zeile stellt die IP-Adresse des Rechners dar. Sie besteht aus vier durch jeweils einen Punkt getrennte Felder und identifiziert (wie die Telefonnummer) einen Rechner eindeutig im Netzwerk. Die Adresse besteht aus einem Teil für das Netzwerk (Ortsvorwahl) und einem Teil für den Host (Telefonanschluß).

In unserem Beispiel (siehe unten) besteht die Netzwerkadresse aus den ersten drei Feldern (*192.1.10)* und der Hostteil aus dem letzten Feld der IP-Adresse. Der Netzwerkteil ist für alle Systeme im Netzwerk gleich. Die nachfolgenden Namen bis zum # sind die frei definierbaren Alias-Namen für die Rechner im Netzwerk. Bei der Nutzung von Netzwerkkommandos können die Alias-Namen oder die IP-Adresse zur Auswahl eines Zielsystems genutzt werden. Als erster Alias-Name steht zumeist der tatsächliche Nodename der jeweiligen Anlage (bei UNIX-Systemen mit *uname -n* feststellbar). Hinter dem # kann ein beliebiger Kommentar eingesetzt werden, der für das ausführende Programm unsichtbar ist.

Der Anwender kann den Zielrechner nun über den Alias-Namen oder direkt über die IP-Adresse ansprechen. Wird ein Alias-Name benutzt, wird dieser Name durch den Eintrag in */etc/hosts* in die zugehörige IP-Nummer umgesetzt. Ein Verbindungsaufbau zwischen zwei Systemen ist mit den obigen Einträgen daher in mehreren Formen möglich:

```
$ telnet HOST2  Systemname als Adresse
```

oder

```
$ telnet unix2  Aliasname als Adresse
```

oder

```
$ telnet 192.1.10.3  direkte Adresse
```

Mit jedem dieser Aufrufe würde eine Verbindung zum gleichen Zielrechner aufgebaut.

18.4 TCP/IP-Vernetzung

An dieser Stelle noch ein paar Worte zur Struktur der Internet-Adresse. Alle Hosts müssen eine kompatible und eindeutige logische Adresse im Netzwerk haben. Die IP-Adresse besteht aus vier Feldern, wobei jedes Feld 8 Bit lang ist. In dezimaler Darstellung liegt der Wert eines Feldes damit zwischen 0 und 255. Die Adressen werden in drei Klassen eingeteilt: A, B und C. Die Klassenzugehörigkeit einer Adresse wird durch den Wert des ersten Feldes bestimmt. Mit der Klassenzugehörigkeit wird außerdem festgelegt, welche Felder zum Netzwerkteil gehören und welche Felder den Hostteil beschreiben. Dies soll in der nachstehenden Tabelle verdeutlicht werden.

1. Feld der Internet-Adresse hat den Wert	Klasse	Felder, die zum Netzwerkteil der Adresse gehören
0 – 127	A	1
128 – 191	B	2
192 – 255	C	3

Die IP-Adresse in unserer Beispielkonfiguration (*192.1.10.1*) ist eine Adressen der Klasse C. Die ersten 3 Felder gehören zum Netzwerkteil und bestimmen die Adresse des Netzwerkes. Das vierte Feld ist für die Hostadresse zuständig.

Die Hostadressen 0 und 255 sind reserviert und dürfen von keinem Host benutzt werden. Damit können in einem Netzwerk der Klasse C maximal 254 Rechner adressiert und damit installiert werden.

Für größere Installationen muß eine Adreßstruktur der Klasse A oder B benutzt werden. In der Klasse B legen die ersten beiden Felder die Netzwerkadresse fest; die letzten beiden Felder bezeichnen die Adresse eines Hosts in diesem Netzwerk. Eine Beispieladresse ist *161.14.15.22*. Dabei hat das Netzwerk die Adresse *161.14* und der Hostteil ist *15.22*. Jeder Rechner in diesem Netzwerk hat den gleichen Netzwerkteil, nämlich *161.14*.

Abbildung von Host-Namen auf Internet-Adressen

In SVR4 gibt es einen neuen Adreß-Mechanismus für den Client/Server-Betrieb im Netzwerk. Ein Client sucht sich den passenden Server über folgende Informationen:

- den Service-Namen
- den Host-Namen des Server-Rechners
- den Namen des Verbindungsnetzwerks zum Host

wobei auch noch die Auswahl der besten Verbindung erfolgt.

Dieser Weg der Auswertung der verschiedenen Informationen erlaubt dem Client selbst dann noch, den richtigen Server zu finden, wenn sich dessen Adressierung ändert. Möglich wird das alles über die Nutzung der *Transport Layer Interface* (TLI), das gleichzeitig Unabhängigkeit vom Netzwerkprotokoll bietet. Für die eigentliche Abbildung der Namen auf Adressen ist ein eigener Dämon-Prozeß nötig, der die Anfragen der Clients empfängt und ihnen die entprechenden Informationen zurückliefert, damit die gewünschte Verbindung aufgenommen werden kann. Wichtige Informationen für diese Arbeiten enthält die Datei */etc/netconfig*.

Die Broadcasts

Diese Pakete werden ständig im Netz herumgereicht, um Routing-Informationen auszutauschen, und von jedem Rechner verschickt, um sich selbst im Netz bekanntzumachen. Sie enthalten keine Nutzdaten, wie sie z. B. beim Dateitransfer ausgetauscht werden. Broadcasts sind unverzichtbar für einige Typen von Netzwerk-Software. Erzeugt wird das Broadcast-Paket von der Ebene 3 des Netzwerkprotokolls, von der Ebene 2 wird die Zieladresse an alle Teilnehmer im Netz verschickt. Das Generieren und Aussenden der Broadcasts erfolgt periodisch von allen Stationen im Netz, was – je nach Konstellation – zu erheblichen Belastungen führen kann. Dies gilt insbesondere dann, wenn viele Teilnetze miteinander verbunden sind. Die Menge der Broadcasts im Gesamtnetz ergibt sich dann aus der Summe der Broadcasts in den Teilnetzen. Nicht immer ist es nötig, jeden Rechner allen Teilnehmern im Netz bekanntzumachen. In diesem Fall kann die Netzlast erheblich gesenkt werden, wenn die Adressen nur zwischen bestimmten Teilnetzen hin- und herlaufen. Es kann zu sogenannten Broadcast-Stürmen im Netz kommen, die zu Engpässen beim Transfer führen; insbesondere wird dieses Phänomen von Bridges im Netz verstärkt. Eine Bridge dient der »Verstärkung« der Netzinformationen, wenn die maximal erlaubte Zahl der anzuschließenden Knoten (Rechner) in einem Strang erreicht ist, d. h., über Bridges können längere Netzstücke erzeugt werden. Problem einer Bridge ist, daß sie alle Pakete einschließlich Broadcasts weiterleitet, was bei kleinen Netzen bis 50 Benutzer sicher noch zu keinen merklichen Störungen führt. Setzt man einen Filter in der Bridge zur Unterdrückung der Broadcasts, ist das Ergebnis eine eingeschränkte Kommunikation im Netz.

Treten aufgrund von Broadcasts Engpässe bei der Übertragung auf, empfiehlt sich statt des Einsatzes einer Bridge ein intelligenter Router. Router verbinden logische Teilnetze und suchen für die zu transferierenden Pakete den jeweils günstigsten Weg durch das Netz zum Zielrechner aus. Router arbeiten auf Ebene 3. Im Fall der Broadcasts bedeutet das, daß der Router diese Pakete lesen und auswerten kann, sie aber nicht weiterleitet. Der Router kann mit der Information aus einem Broadcast-Paket z. B. eine Routing-Tabelle auf den neuesten Stand bringen. Der Router hat aufgrund seiner Informationen über das Gesamtnetzwerk die Fähigkeit, Datenpakete selbst zu adressieren und die Broadcast-Informationen in Tabellen einzufügen und weiterzugeben. Die Broadcasts bleiben so in ihren Teilnetzen. Besonders wichtig ist diese Selektion der zu übertragenden Daten bei großen WANs. Router sind inzwischen so weit entwickelt, daß sie mehrere Protokolle gleichzeitig (bis zu 16) unterstützen können, wobei Hardware-Anschlüsse für Ethernet, Token Ring, FDDI, X.25, ISDN und serielle Schnittstellen kein Problem darstellen.

Eine Mischform von Bridge und Router gibt es für bestimmte Einsatzbereiche auch. Mit einem solchen Gerät koppelt man Ethernet- oder IEEE802.3-Netzwerke zu einem Hochgeschwindigkeits- und Multiprotokoll-WAN. So kann gleichzeitig TCP/IP über den Router und alle anderen Protokolle (z. B. IPX, LAN-Manager) über die Bridge geleitet werden. Es bleiben die Vorteile beider Teile erhalten: hohe Übertragungsgeschwindigkeit und Protokolltransparenz der Bridge, Partitionierung mittels Router.

Spanning Tree Protocol

Da in einem großen Netzwerk Verbindungen von A nach B zum Teil über viele Rechner hinwegführen, gibt es oft eine Vielzahl verschiedener Wege, die die gleichen Punkte verbinden. Router kennen alle diese Wege und wissen über die aktuelle Belastung Bescheid. Fällt nun ein Verbindungsstück im WAN aus oder kommt ein neues hinzu, sorgt das *Spanning Tree Protocol* dafür, daß dynamisch eine Rekonfiguration erfolgt, womit wieder optimale Wege bekannt sind.

Das virtuelle Terminal

Der Begriff *virtuell* bedeutet, daß keine feste physikalische Verbindung zu dem entfernten System besteht, auf dem man tatsächlich arbeitet (obwohl man ein Terminal an der lokalen Anlage benutzt). Es besteht natürlich doch eine Verbindung zwischen den Rechnern innerhalb des Netzes, aber die kann nicht als feste Punkt-zu-Punkt-Verbindung im Sinne einer Standleitung betrachtet werden, da über die vergebenen Adressen immer wieder eine neue Wählverbindung aufgebaut wird. Es werden immer andere Wege und Protokolle innerhalb des Netzwerks in Anspruch genommen, auch wenn die Verbindung immer zwischen den gleichen Rechnern aufgebaut wird. Während eines Datenaustauschs finden noch viele andere Vorgänge auf dem Netz statt, die nicht nur die aktuellen Verbindungen bedienen, sondern auch noch die Vorgänge dort kontrollieren und statistische Auswertungen machen.

18.4 TCP/IP-Vernetzung

Die Befehle *rtelnet* und *rlogin* stellen dem Anwender die Möglichkeit zur Verfügung, als Terminal auf einem Remote-System innerhalb des Netzes zu arbeiten. Ein virtuelles Terminal wird geschaffen, wenn man sich via Netzwerk an einem fremden System einloggt und sich das eigene Terminal so verhält, als wäre man an dieser anderen Anlage angeschlossen.

Der Betrieb als virtuelles Terminal unterscheidet sich von *rcmd* insofern, daß Programme gestartet werden können, die den direkten Dialog mit einem User voraussetzen (Editoren, Systemdienste u. ä.), wie bei der Arbeit an einem Terminal, das direkt an der lokalen Anlage angeschlossen ist. Das Remote-Kommando *rcmd* hingegen erlaubt nur die Ausführung eines einzigen Befehls auf der Zielanlage und bricht die Verbindung nach dessen Beendigung wieder ab.

Allerdings werden die Informationen zeichenweise vom Terminal (Raw Mode) gelesen, im Gegensatz zum zeilenweisen Übertragen, wenn man direkt an einem System eingeloggt ist.

telnet ermöglicht den Zugriff auf andere Rechner im Netz als virtuelles Terminal. Man kann sich auf jeder Anlage einloggen, zu der man Zugriffsrechte besitzt. Einmal dorthin verbunden, erfolgt der Datenaustausch immer mit der Zielmaschine, die eigene reicht in dieser Betriebsart die Zeichen lediglich weiter, ohne Einfluß auf sie zu nehmen.

telnet stellt eine Reihe von internen Kommandos zur Verfügung, mit deren Hilfe Dienste der verschiedensten Art ausgeführt werden können (☞ hierzu die genaue Kommandobeschreibung).

rlogin ermöglicht ebenfalls die Betriebsart virtuelles Terminal. Aufgrund der Implementierung wird auf der Gegenseite ein UNIX-System vorausgesetzt.

telnet

telnet verbindet also das eigene Terminal mit dem gewünschten Rechner im Verbund und transportiert nach dem Verbindungsaufbau sämtliche auf der Tastatur eingegebenen Zeichen sofort zu diesem Zielsystem, ohne auf deren Inhalt Einfluß zu nehmen. Hierbei ist zu beachten, daß z. B. im *vi*-Editor jedes Zeichen, das über die Tastatur eingegeben wird, einzeln und jeweils versehen mit einem ca. 70 Bytes langen Beschreibungsrahmen über das Netz geschickt wird! Alle Antwortzeichen des Remote-Systems erscheinen auf dem lokalen Bildschirm. Sobald die Verbindung hergestellt ist, dient *telnet* als Verwalter für sämtliche danach eingegebenen Kommandos, die sofort an das Zielsystem weitergegeben werden.

telnet hat zusätzlich eine eigene Syntax, mit der man die Betriebsart einstellen kann. Eine Einstellung ist nur im Kommandomodus (teilweise auch bei dessen Aufruf) von *telnet* möglich. Dieser Modus wird eingeschaltet, wenn man *telnet* ohne weitere Parameter auf der Shell startet, oder im laufenden Betrieb, wenn die Verbindung zum Remote-Rechner bereits mit

```
$ telnet Zielrechnername
```

hergestellt ist, [Strg]+[)] oder [Code]+[)] eingibt. Im so eingestellten Modus interpretiert *telnet* alle eingegeben Zeichen als Befehlssequenzen, deren Wirkung *telnet* auf der lokalen Anlage beeinflußt. Sobald diese Betriebsart eingeschaltet ist, meldet sich *telnet* mit einem eigenen Prompt

```
telnet>
```

und erlaubt nun eine Reihe von Einstellungen.

Zum Verlassen dieses Modus dient entweder der Befehl *close*, der die Verbindung zum anderen Rechner beendet und wieder zu diesem Prompt zurückkehrt, oder, wenn keine Verbindung bestand, das Kommando *quit*, das dann *telnet* beendet und zur Shell führt.

Bevor die im folgenden beschriebenen Befehle eingegeben werden können, muß man, wie weiter oben beschrieben, mit [Strg]+[)] oder [Code]+[)] in den Kommandomodus umschalten.

Sämtliche Kommandos müssen natürlich mit [↵] abgeschlossen werden, bevor *telnet* sie ausführt.

AO   Abort Output
Schickt die Remote-Anlage Daten, die der User auf dem lokalen System gar nicht sehen will, kann mit diesem Befehl das Senden der unerwünschten Daten unterbrochen werden. *telnet* kehrt in die Betriebsart zurück, die das Arbeiten als Remote Terminal und das Absetzen von Shell-Kommandos auf der entfernten Maschine erlaubt.

AYT   Are You There
Dient als Test, ob die Zielanlage überhaupt in Betrieb ist oder vielleicht nur stark belastet, da sie auf ein Eröffnen der Session mit der normalen *telnet*-Syntax nicht reagiert hat.

Ist die Gegenseite aktiv, sendet sie eine Sequenz, die entweder die Glocke an der eigenen Tastatur ertönen läßt oder eine Nachricht auf dem lokalen Bildschirm ausgibt.

BREAK   Wirkt auf dem Remote-System so, wie die Taste auf dem lokalen Keyboard (Tastatur) wirken würde, deren Sequenz jedoch nicht über *telnet* absetzbar ist, da es sich meist um den Austausch von Signalen (z. B. Interrupt) und nicht nur Daten handelt.

Diese Signale können nur zwischen Terminal und direkt angeschlossenem lokalem System richtig ausgetauscht werden und nicht über ein dazwischenliegendes Netz hinweg.

EL	Erase Line
	Wirkt wie *kill* auf der lokalen Anlage; es löscht die aktuelle Kommandozeile auf dem Zielrechner.
	In manchen Fällen kann auch das entsprechende Shell-Kommando den gewünschten Effekt zeigen.
IP	Interrupt Process
	Gibt eine *telnet-Interrupt-Nachricht* (Message) an die Remote-Anlage weiter, die den gerade laufenden Prozeß beenden soll.
	In manchen Fällen kann auch das entsprechende Shell-Kommando den gewünschten Effekt zeigen.
SYNCH	Bringt die entfernte Anlage dazu, alle zwar bereits gesendeten, aber noch nicht zur Ausführung gebrachten Befehle zu ignorieren. Sinnvoll, wenn eine Reihe von Befehlen gleichzeitig auf die Zielseite gebracht wurden, um sie dort ausführen zu lassen.
close	Beendet die Verbindung zu einem anderen System im Netz und schaltet automatisch in den Befehlsmodus von *telnet* (telnet) zurück. Um *telnet* ganz zu beenden, muß an dieser Stelle noch *quit* eingegeben werden. Es kann aber auch eine neue Verbindung mit Hilfe von *open* aufgebaut werden.
crmod	Carriage Return Mode
	Die Eingabe dieses Befehls schaltet in den jeweils entgegengesetzten Modus. Wird von der Remote-Anlage ein normales ⏎ als Carriage Return mit anschließendem Line Feed gewertet, kann dieses Mißverständnis mit *crmod* behoben werden.
escape	Soll statt des weiter oben beschriebenen Strg eine andere Sequenz als Escape-Zeichen definiert werden, das es ermöglicht, in den Befehlsmodus von *telnet* während des laufenden Betriebs zu wechseln, nimmt

18.4 TCP/IP-Vernetzung

escape diese Umdefinition vor. Sofort nach Absetzen des Befehls gilt die neue Variante, und die alte ist vergessen.

help Ruft eine Liste der möglichen *telnet*-Befehle auf den Bildschirm. Wird bei der Eingabe der Name eines Befehls mit angegeben, erscheint eine Information zu diesem Kommando.

open Dient der Eröffnung einer Verbindung zu einer anderen Anlage. Entweder gibt man beim Aufruf den Namen des Zielsystems an,

```
telnet> open unix1
```

oder er wird im Dialog angefragt

```
telnet> open
(to) unix1
```

Die Meldung *(to)* stammt vom System, wonach die Eingabe des Zielnamens erwartet wird. Dieses Kommando kann nur ohne Fehlermeldung eingegeben werden, wenn nicht bereits eine Verbindung zu *unix1* eröffnet ist.

options Sorgt dafür, daß Nachrichten zwischen den an der Verbindung beteiligten Computern auf dem Bildschirm angezeigt werden. Bei einer zweiten Eingabe von *options* wird dieser Modus wieder ausgeschaltet.

quit Löst eine aktuelle Verbindung, falls existent, und beendet den *telnet*-Dienst.

status Wenn geprüft werden soll, welche Optionen der Verbindung aktuell gesetzt sind und wie der Zustand der Verbindung zum Remote-System ist, geschieht dies mit Hilfe von *status*.

? Dies ist das abgekürzte Zeichen für den Aufruf der Hilfsfunktion.

Die verschiedenen Zustände innerhalb einer *telnet*-Sitzung probiert man am besten selbst aus. Wichtig ist an dieser Stelle noch der Hinweis darauf, daß man sich beim Aufbau einer Verbindung, in dessen Verlauf der Kommentar

```
Escape character is '^]'
```

ausgegeben wird, das Zeichen zwischen den Hochkommata merkt. Die Eingabe dieser Sequenz ermöglicht den Abbruch einer Verbindung, die nicht ordnungsgemäß arbeitet.

rlogin

rlogin baut die Verbindung zu einem anderen Rechner von einer lokalen Shell aus auf und startet dort eine neue Shell. Im Unterschied zu *telnet*, das die gleichen Kommandos, die man von der lokalen Umgebung her kennt, aufgrund der Terminal-Emulation auch auf der Zielanlage zuläßt, fühlt man sich sofort nach dem Start der Sitzung wie auf der lokalen Anlage. Im Gegensatz zu *telnet* kann jedoch nur mit einem anderen UNIX-System kommuniziert werden. Als Terminal-Typ wird der eingestellt, der auf der lokalen Anlage in der Variablen *TERM* hinterlegt ist. Meist empfiehlt sich die Umstellung (beim Einloggen auf der anderen Anlage) auf den Modus *VT100*, der auf allen Systemen zu finden ist (vorausgesetzt, das eigene Terminal kann diesen Modus emulieren), da mit ihm die geringsten Anpassungsschwierigkeiten auftreten, wenn das eigene Terminal auf dem Zielrechner keinen passenden Eintrag in */etc/termcap* oder in *terminfo* hat. Sobald *rlogin* erfolgreich gestartet wurde, gehen alle eingegebenen Daten direkt zur Anlage am anderen Ende der Leitung. Sämtliche Ausgaben erfolgen auf dem lokalen Terminal. Der Start einer Sitzung beginnt mit dem Aufruf

```
$ rlogin unix2
```

wobei der mitgegebene Name der Systemname des Zielcomputers ist. Wenn vom Systemadministrator der lokale Rechner entsprechend eingerichtet ist, kann der Name *rlogin* weggelassen werden:

```
$ unix2
```

Voraussetzung ist allerdings, daß das Directory */usr/hosts* in den Suchpfaden der Benutzer vorhanden ist. Zwei Optionen können beim Aufruf des Befehls mitgegeben werden:

- -ec Setzt den Escape Character von ~ (dem Default-Wert) auf *c*. Statt *c* kann jedes beliebige Zeichen gewählt werden.

  ```
  $ rlogin unix2 -e?
  ```

  setzt das *?* als Fluchtsymbol zum Verlassen des *rlogin*-Dienstes.

- -l name Läßt zu, daß sich ein Benutzer auf einer zweiten Anlage unter dem Namen eines anderen Users einloggt (normalerweise geschieht dies unter dem gleichen Namen, der auf dem ersten System verwendet wurde).

  ```
  $ rlogin unix2 -l arno
  ```

  startet das Einloggen auf einem System im Netz mit dem Namen *unix2* unter dem Usernamen *arno*. Für beide Fälle ist die weiter oben beschriebene User Equivalence Voraussetzung.

Soll das definierte Fluchtsymbol (Escape, defaultmäßig die Tilde ~) selbst eingegeben werden, und zwar am Anfang einer Zeile, muß dieses Zeichen dort doppelt angegeben sein.

Die Kombination »~.« (ohne Hochkomma einzugeben) führt zum Abbruch der *rlogin*-Session.

Filetransfer im Netz

ftp ist aus der ARPANET-Definition entnommen und erlaubt den Anwendern, Dateien und Directories auf zwei Anlagen im Netz gleichzeitig zu manipulieren. Dieser Befehl ist unabhängig von den beteiligten Betriebssystemen. Insbesondere erlaubt er einem nicht im lokalen System eingerichteten Benutzer, Dateien im geschützten Bereich des *ftp*-Homedirectory abzulegen oder abzuholen. *ftp* ist unabhängig von den beteiligten Betriebssystemen. Für den Aufbau einer *ftp*-Verbindung ist ein Login und die Identifizierung mittels Paßwort auf dem entfernten System notwendig. Der Anwender muß daher eine Benutzerkennung (mit Paßwort) auf dem entfernten System kennen.

Eine Ausnahme bildet der *anonymous-ftp*. Damit können auch ohne spezielle Benutzerkennung Daten im dem geschützten Bereich des *ftp*-Homedirectory abgelegt oder von dort abgeholt werden.

rcp erlaubt den Transfer von Dateien zwischen zwei UNIX-Systemen. Es bildet die Netzwerkerweiterung des lokalen *cp*-Kommandos. Damit *rcp* von einem Anwender genutzt werden kann, muß eine User-Zuordnung zwischen den Systemen erfolgen. *rcp* ist nur auf UNIX-Systemen implementiert.

uucp ist die dritte Variante zum Filetransfer im Ethernet-Netz. Wie bereits erwähnt, handelt es sich nicht um ein »echtes« Netzwerkkommando. Sinnvoll ist der Einsatz von *uucp*, wenn der Transfer zwischen UNIX-Systemen stattfinden soll oder eine Wählleitung als Verbindung dient. *uucp* läuft nicht mit *TCP*, sondern mit *UDP*.

ftp

ftp ist ein Kommando aus der ARPANET-Welt, das interaktives Arbeiten zuläßt und zusätzlich noch einige Befehls-Varianten des Schickens und Holens von Dateien innerhalb des Netzes zur Verfügung stellt. Das *ftp*-Kommando beinhaltet einige Dienste, die nicht immer auf allen Systemen realisiert sind. Eine Sitzung des *ftp* beginnt immer mit der Eröffnung einer Verbindung mit einem oder mehreren anderen Rechnern. Die internen Befehle wirken jedoch im allgemeinen nur in einer Verbindung gleichzeitig. Nach dem Aufruf

```
$ ftp
```

meldet sich das System mit dem eigenen *ftp*-Prompt

```
ftp>
```

Eine Verbindung muß jetzt mittels *open* zu einem gewünschten System hergestellt werden.

```
ftp> open unix2
```

eröffnet die Verbindung zu der Anlage mit dem Namen *unix2*, der ein Alias-Name ist, da nach ARPANET-Konvention eine Netzwerkadresse z. B. die Form *89.0.0.2* haben muß. Die Ersetzung durch den Alias-Namen wird auf den meisten UNIX-Anlagen in der Datei */etc/hosts* hinterlegt.

Soll bereits beim Start des *ftp* eine Verbindung zu einem bestimmten Rechner aufgebaut werden, kann man dessen Namen sofort mit angeben.

```
$ ftp unix2
```

Der Abbau einer Verbindung erfolgt mit der *close*-Anweisung.

```
ftp> close unix2
```

Eine Verbindung bleibt so lange die aktuelle, bis mit einem weiteren *open*-Befehl eine neue zur Hauptverbindung ernannt wird. Dies geschieht einfach durch Eingabe eines weiteren *open* mit der neuen Adresse, ein *close* der bereits eingerichteten Verbindung ist nicht erforderlich. Wie bereits weiter oben erwähnt, sind mehrere aktive Verbindungen gleichzeitig erlaubt, von denen jedoch immer nur die zuletzt etablierte die aktuelle ist, auf der die eingegebenen *ftp*-Kommandos wirken (*put, get* usw.).

Verläßt man den *ftp* mit *bye* oder *quit*, werden alle offenen Verbindungen geschlossen.

ftp erlaubt den Transfer sowohl von Binär- als auch von ASCII-Dateien, der Filetyp muß jedoch schon vorher bekanntgegeben werden. Die Voreinstellung erwartet ASCII-Dateien, so daß ein Umschalten nur für den Transport binärer Daten nötig ist. Binäre Arbeitsweise ist z. B. bei der Übertragung von Objekt-Codes sinnvoll, besonders dann, wenn nicht beide beteiligten Systeme UNIX oder entsprechende Derivate als Betriebssystem haben.

Beginnt der Dateiname, der innerhalb des *ftp* verwendet wird, mit einem »-«, nimmt *ftp* die Daten beim Lesen von Standard Input (per Default die Tastatur) oder schreibt sie nach Standard Output (Bildschirm).

ftp-Konventionen für Dateinamen

Beginnt der Dateiname mit »|«, wird der nachfolgende Text als Shell-Kommando gewertet, zu dessen Ausführung *ftp* eine neue Shell eröffnet und danach wieder schließt.

Mit den Optionen kann eine bestimmte Betriebsart des *ftp* bei dessen Aufruf eingestellt werden. Die Optionen stehen hinter dem Befehl und vor dem Namen der Zielanlage, mit der eine Verbindung aufgebaut werden soll, falls einer verwendet wird. Jede Option hat ein analoges Kommando innerhalb des *ftp*, das auch nach dessen Start aufgerufen werden kann. Die beschriebenen Effekte treten nur dann auf, wenn der entsprechende Modus entweder beim Aufruf oder im laufenden Betrieb durch den Anwender eingeschaltet wird.

Optionen des *ftp*-Befehls

18.4 TCP/IP-Vernetzung

Optionen
- **-v** Verbose
  Ist dieser Modus gewählt, erscheinen sämtliche Meldungen, die das andere System an den lokalen *ftp* schickt, auf dem lokalen Bildschirm. Zusätzlich erfolgt die Ausgabe der statistischen Bewertung des beendeten Transfers.

- **-d** Debug
  In der Betriebsart *debug* werden sämtliche Nachrichten des lokalen *ftp* an das entfernte System auf dem Bildschirm angezeigt.

- **-i** Image
  Diese Option führt zu der binären Betriebsart, ansonsten erfolgt die Übertragung im ASCII-Format.

- **-n** No Autologin
  Dieser Modus unterbindet ein automatisches *Login* beim Verbindungsaufbau. Ist Autologin eingestellt, versucht *ftp* selbst, den Anwender der Remote-Anlage bekannt zu machen und ihn dort einzuloggen. Ist dieser Dienst bewußt abgeschaltet worden, ist das Einloggen manuell zu erledigen.

- **-g** Metacharacter werden nicht als solche gewertet, d. h., »*« wird nicht als Ersetzung für eine beliebige Zeichenkette verstanden, sondern nur als ein Zeichen, nämlich als »*« selbst. Per Voreinstellung ist die Expandierung auf eine beliebige Zeichenkette in Kraft.

Beispiel für einen Aufruf mit Modusumschaltung:

```
$ ftp -n -v unix2
```

Die Verbindung zu einem System mit dem Alias-Namen *unix2* wird unter Berücksichtigung der Einstellungsparameter *n* und *v* eingerichtet.

18 UNIX in Netzwerken

Die in diesem Abschnitt beschriebenen Befehle können innerhalb des *ftp* verwendet werden, d. h., nachdem er gestartet wurde. Die Eingabe eines Befehls muß mit ⏎ abgeschlossen werden. Teilweise reicht die Angabe der ersten Buchstaben, die eindeutig das Kommando identifizieren, z. B. *by* für *bye*. Die zulässigen Abkürzungen stehen in Klammern.

Die *ftp*-Kommandos

!	Start einer Shell aus *ftp* heraus. Beendet wird diese Unterbrechung des *ftp* mit ⎄Strg⎄+⎄D⎄.
append	(ap) *ftp* erhält den Auftrag, den Inhalt einer lokalen Datei an eine Datei auf der Zielanlage anzuhängen. Syntax:

ftp> append lokaldatei remotedatei

Wird lediglich *append* eingegeben, fragt das System die fehlenden Bestandteile des Befehls ab.

ftp> append

(local-file) lokaldatei

(remote-file) remotedatei

Bei Anwendung des append-Befehls ist Voraussetzung, daß die Zielanlage auch UNIX als Betriebssystem benutzt, sonst ist er nicht zulässig.

ASCII	(ASCII) In dieser Einstellung werden die Files im ASCII-Format übertragen.
bell	(be) Am Schluß jedes Dateitransfers ertönt die Klingel der Tastatur. Dieser Mechanismus wird durch Eingabe von *bell* ein- oder ausgeschaltet, je nachdem, wie die Einstellung vorher war.
binary	(bi) Sämtliche Dateien werden ab jetzt binär übertragen.

18.4 TCP/IP-Vernetzung

bye   (by)
Die aktuelle Verbindung des *ftp* wird geschlossen und der gesamte Dienst beendet, wobei alle noch offenen Verbindungen ebenfalls terminiert werden.

cd   (cd)
Der Befehl wirkt wie das normale *cd* in der UNIX-Shell, jedoch auf der entfernten Anlage. Man wechselt das Arbeitsverzeichnis auf der Zielanlage. Auch bei diesem Kommando sind zwei Varianten beim Aufruf möglich:

ftp> cd /tmp

oder

ftp> cd
(remote-directory) /tmp

close   (cl)
So wird die aktuelle Verbindung geschlossen, *ftp* jedoch nicht beendet.

copy   (co)
Der Kopierbefehl dient dem Transfer von Dateien zwischen zwei Anlagen, deren Namen anzugeben sind. Voraussetzung für die Ausführung des Befehls ist, daß die Verbindung zu beiden beteiligten Anlagen vorher eröffnet wird. Auch hier gibt es zwei Möglichkeiten des Aufrufs.

ftp> copy unix1:text1 unix2:zieltext

oder

ftp> copy
(host1:file) unix1:text1
(host2:file) unix2:zieltext

debug   (deb)

Der Debugger wird mit diesem Befehl an- oder ausgeschaltet. Für den Fall, daß er eingeschaltet ist, protokolliert er die Nachrichten auf dem Bildschirm, die *ftp* an die Zielanlage schickt, sonst nicht.

delete   (del)

Soll ein File auf der Zielanlage gelöscht werden, erledigt *delete* diese Aufgabe, und zwar auf der Anlage, die aktuell mit der eigenen verbunden ist. Die Syntax ist

```
ftp> delete zieldatei
```

oder

```
ftp> delete
(remote-file) zieldatei
```

dir   (di)

Es wird ein ausführliches (long) Listing eines bezeichneten Directories auf dem Remote-System erzeugt, zu dem die aktuelle Verbindung besteht. Es kann auch ein Gesamtpfadname angegeben werden.

```
ftp> dir
```

erzeugt ein Longlisting des aktuellen Verzeichnisses auf der Zielanlage.

```
ftp> dir /home/textdir
```

erzeugt ein Longlisting des Verzeichnisses */home/textdir* der Zielanlage und gibt es auf dem lokalen Terminal aus.

```
ftp> dir.liste
```

erzeugt das o. g. Listing und schreibt es in die Datei *liste* im aktuellen Directory der lokalen Anlage.

form (f)
: Mit *form* kann das verwendete File-Format festgestellt werden.

get (ge)
: So wird eine Datei von einer entfernten Anlage auf die eigene geholt. Die Verbindung zwischen den beiden Anlagen muß vorher eingerichtet worden sein (*open*). In diesem Fall gibt es drei Varianten, das Kommando auszuführen:

```
ftp> get ferndatei lokaldatei
```

oder

```
ftp> get ferndatei
```

Jetzt wird die Datei auf dem lokalen Rechner unter dem lokalen Verzeichnis unter dem gleichen Namen wie auf dem Remote System angelegt, oder

```
ftp> get
(remote-file) ferndatei
(local-file) lokaldatei
```

Die Angabe von *lokaldatei* kann auch mit ⏎ übergangen werden, dann sind Name der Quell- und Zieldatei gleich.

glob (gl)
: Dieser Befehl verhindert, daß Ersetzungszeichen expandiert, d. h. als solche erkannt werden. Nach *glob* wird »*« als einfaches Zeichen gewertet. Eine nochmalige Eingabe schaltet diesen Zustand wieder ab.

hash (ha)
: Nach jedem 1024-Byte-Datenblock, der gesendet oder empfangen wird, erscheint ein »#« auf dem lokalen Bildschirm.

18 UNIX in Netzwerken

Auch *hash* wirkt wie ein Schalter: Die nochmalige Eingabe des Befehls schaltet in den jeweils anderen Zustand.

help   (he)
Eine Liste der zulässigen *ftp*-Befehle wird auf dem Bildschirm angezeigt. Die Angabe eines Befehlsnamens ruft eine Anleitung zur Benutzung dieses Kommandos auf das Terminal.

lcd   (lc)
Das Arbeits-Directory auf der lokalen Anlage kann mit *lcd* gewechselt werden. Wird kein Zielverzeichnis angegeben, wechselt das System automatisch zum Homedirectory des Anwenders.

```
ftp> lcd /home/horst
```

oder

```
ftp> lcd
```

ls   (ls)
Erzeugt ein kurzes Listing des angegebenen Verzeichnisses auf der entfernten Anlage, mit der gerade eine Verbindung besteht. Wird kein Name angegeben, wird das aktuelle Directory auf dem Remote-System bearbeitet. Es gelten die gleichen Varianten wie bei *dir* (s. o.).

mdelete   (mde)
Eine ganze Liste von Dateien läßt sich mit Hilfe dieses Befehls auf der entfernten Anlage löschen, mit der die aktuelle Verbindung besteht. Die Syntax lautet:

```
ftp> mdelete ferndatei1 ferndatei2 ferndatei3
```

oder

```
ftp> mdelete
(remote-file) ferndatei1 ferndatei2 ferndatei3
```

mdir   (mdi)
Dieser Befehl erzeugt das Listing für die angegebenen Files und schreibt das Ergebnis in eine bezeichnete lokale Datei.

```
ftp> mdir ferndatei1 ferndatei2 liste
```

oder

```
ftp> mdir
(remote-files) ferndatei1 ferndatei2 liste
local-file liste? y
```

mget   (mg)
Mehrere Dateien lassen sich mit diesem Befehl von der gerade verbundenen Anlage holen. Innerhalb des eigenen Rechners werden die Dateien auf dem aktuellen Directory unter dem gleichen Namen angelegt. Der Aufruf erfolgt mit

```
ftp> mget ferndatei1 ferndatei2 ferndatei3
```

oder

```
ftp> mget
(remote-files) ferndatei1 ferndatei2 ferndatei3
```

mkdir   (mk)
Auf der Zielanlage können Sie ein neues Directory einrichten. Voraussetzung ist, daß eine Verbindung zu einem anderen System besteht.

```
ftp> mkdir /home/rb/test
```

oder

```
ftp> mkdir
(directory-name) /home/rb/test
```

mls   (ml)
Es wird ein kurzes Listing der angegebenen Files auf der aktuell verbundenen Anlage erstellt und in einer lokalen Datei gespeichert. Statt der Files können auch Directories angegeben werden.

ftp> mls ferndatei directory printfile

oder

ftp> mls
(remote-files) ferndatei1 directory
local-file printfile? y

mput   (mp)
Die Transferrichtung ist umgekehrt wie bei *mget*, von der lokalen erfolgt der Transport zur entfernten Anlage, die gerade an der Verbindung beteiligt ist. Es können mehrere Files gleichzeitig übertragen werden. Die Dateien erhalten auf dem Zielrechner die gleichen Namen.

ftp> mput nahdatei1 nahdatei2

oder

ftp> mput
(local-files) nahdatei1 nahdatei2

open   (o)
Dieser Befehl dient der Einrichtung einer Verbindung zu einem zweiten System. Der Name des Zielsystems kann beim Aufruf von *open* sofort mit angegeben werden, andernfalls wird er abgefragt.

ftp> open unix2

oder

ftp> open
(to) unix2

18.4 TCP/IP-Vernetzung

Es besteht die Möglichkeit, statt eines zufällig freien Ports auf der Zielanlage einen bestimmten anzuwählen. Diese Option muß der Systemverwalter jedoch extra einrichten.

prompt (pr)
Bei der Übertragung mehrerer Dateien (*mget, mput*) wird die Anfrage, ob weitergemacht werden soll, nach jedem Transfer eines Files unterdrückt. Dieser Befehl wirkt wie ein Schalter: beim nächsten Aufruf wechselt er in die entgegengesetzte Betriebsart.

put
Statt mehrerer Dateien (wie bei *mput*) kann nur eine übertragen werden, und zwar zur aktuell verbundenen Anlage. In diesem Fall ist jedoch die Änderung des Namens der Datei möglich.

```
ftp> put nahdatei ferndatei
```

oder

```
ftp> put nahdatei
```

Die Datei auf der entfernten Anlage erhält den gleichen Namen wie die Quelldatei.

```
ftp> put
(local-file) nahdatei
(remote-file) ferndatei
```

wobei der name *ferndatei* auch wegbleiben kann, was den gleichen Effekt hat wie die zweite Variante des Befehls.

pwd (pw)
Mit *pwd* stellen Sie den Namen des aktuellen Verzeichnisses auf der gerade verbundenen Zielmaschine fest.

quit
Sämtliche Verbindungen werden abgebaut und *ftp* beendet.

quote	(quo)
	Alle Argumente, die der Anwender eingibt, sendet *ftp* an die Zielanlage. Die Argumente müssen Befehle oder Argumente des *ftp*-Dienstes sein. Welche Befehle der Zielrechner versteht, ist mit dem Kommando *remotehelp* feststellbar. Der Befehl sollte nicht ohne Rücksprache mit dem Systemverwalter verwendet werden.
recv	(rec)
	Wie *get*.
remotehelp	(rem)
	Die Hilfsfunktion ruft die gerade verbundene Gegenseite auf und stellt fest, was in deren Umgebung zulässig ist.
rename	(ren)
	Wollen Sie Files auf der gerade verbundenen Anlage umbenennen, übernimmt dieser Befehl die Arbeit. Syntax:

ftp> **rename ferndatei1 fernneu2**

oder

ftp> **rename**
(from-name) **ferndatei1**
(to-name) **fernneu2**

rmdir	(rm)
	Dieses Kommando löscht das angegebene Verzeichnis auf der gerade verbundenen Anlage. Syntax:

ftp> **rmdir /home/meins**

oder

```
ftp> rmdir
(directory-name) /home/meins
```

rmdir wird nicht von allen Systemen unterstützt.

send
: (send)
  Wie *put*.

statussend
: (st)
  ftp zeigt auf dem lokalen Terminal seinen momentanen Zustand. Angezeigt werden auch die Stati, die Sie mit *bell*, *form*, *hash*, *glob*, *port*, *prompt* und *type* einstellen können.

type
: (ty)
  Die Art der Übertragung kann mit diesem Befehl ausgewählt werden, wobei nur zwischen ASCII- und Binary-Files zu unterscheiden ist. Als Voreinstellung ist ASCII definiert.

trace
: (tr)
  Sämtliche übertragene Datenpakete werden protokolliert. Als Voreinstellung ist kein Trace definiert. Die nochmalige Eingabe dieses Befehls schaltet in die entgegengesetzte Arbeitsweise. Vor dem Einsatz dieses Kommandos sollten Sie auf jeden Fall Rücksprache mit dem Systemverwalter nehmen.

user
: (u)
  Aus dem *ftp* heraus kann beim Einrichten einer neuen Verbindung eine Benutzeridentifikation auf der Zielanlage stattfinden, sofern dies nicht automatisiert ist (mittels einer Datei wie z. B. *.netrc*). Der Aufruf *user* besteht aus drei Teilen, dem Login-Namen, dem Paßwort und dem Account-Namen der Zielanlage (dies ist der Name, der zur Feststellung der verbrauchten Rechenzeit verwendet wird). Die Angabe des Paßworts und des Account-Namens ist nicht auf allen Systemen zwingend erforderlich. Syntax:

```
ftp> user loginname softlab
```

oder

```
ftp> user
(username) loginname
password:
Account: softlab
```

Die Eingabe des Paßworts erfolgt, ohne daß die Buchstaben auf dem Bildschirm gezeigt werden. Die Anfrage erfolgt nur, wenn tatsächlich ein Paßwort auf der Zielanlage eingetragen ist. Letzteres gilt auch für den Account-Namen. *softlab* ist in dem Beispiel der Name, auf den die verbrauchte Rechenzeit gebucht wird.

verbose (v)
Alle Protokollmeldungen des *ftp*, die von der entfernten Anlage geschickt werden, erscheinen auf dem lokalen Bildschirm. Zusätzlich erscheint nach Beendigung der Übertragung eine Statistik des Transfers. Das Kommando wirkt wie ein Schalter: nochmalige Eingabe schaltet in den entgegengesetzten Betriebsmodus.

rcp-remote copy

Mit *rcp* können Sie Dateien zwischen unterschiedlichen Anlagen transferieren wie beim *ftp* (*get*, *put* usw.). Seine Arbeitsweise erinnert jedoch mehr an das UNIX-Kommando *cp* (*copy*). Gestartet wird *rcp* von der Shell aus. Die Syntax läßt mehrere Varianten des Aufrufs zu:

```
$ rcp lokaldatei zielanlage.loginname:zieldateiname
```

zielanlage ist der Knotenname (Node Name) des Zielsystems im Netz, *loginname* der Name eines dort eingetragenen Benutzers, und *zieldateiname* ist der Name der zu transferierenden Datei, der mit dem Gesamtpfad angegegeben werden kann, falls sich die Datei nicht im Homedirectory befindet.

Läßt der Anwender den Namen der Zielanlage weg, wird angenommen, daß sich die Datei auf der lokalen Anlage befindet. Ähnlich verhält es sich mit dem Login-Namen. Fehlt er, wird automatisch der Name verwendet, unter dem der User auf dem eigenen System eingeloggt ist. Voraussetzung ist in allen Fällen, daß auf der Zielseite die entsprechenden Zugriffsrechte gesetzt sind. Bei der Angabe eines File-Namens gelten bezüglich des relativen und absoluten Pfadnamens die gleichen Regeln wie unter UNIX allgemein. Gibt man statt des File-Namens ein Directory an, werden sämtliche übertragenen Dateien dort unter dem gleichen Namen wie auf der Quellseite angelegt.

Option   -r   Mit der Option *-r* beim Aufruf können Sie ganze Zweige eines Verzeichnisses auf ein anderes System im Netz kopieren. Voraussetzung ist, daß der Zielname ein Directory ist und keine Datei. Wird die Option *-r* nicht angegeben und die Quelle ist ein Verzeichnis, erscheint eine Fehlermeldung.

Beispiele

```
$ rcp quelle unix2:ziel
```

Kopiert eine Datei mit Namen *quelle* vom aktuellen Benutzerverzeichnis in das Homedirectory des Anwenders auf der Zielanlage mit dem Namen *unix2*. Dort erhält die Datei den Namen *ziel*.

```
$ rcp -r /home/kathy/briefe unix2:briefe
```

Kopiert das Verzeichnis */home/kathy/briefe* in ein Unterverzeichnis *briefe* im Homedirectory des Anwenders auf der Zielanlage *unix2*. Voraussetzung ist auch hier, daß alle Zugriffsrechte entsprechend gesetzt sind.

```
$ rcp unix3.frank:brief unix2.eric:/home/eric/la-
ger/brief11
```

Kopiert eine Datei *brief* vom Homedirectory des Users *Frank* auf dem System *unix3* in das Zieldirectory */home/eric/lager* des Users *eric* auf dem Zielsystem *unix2*. Der Zielname der Datei ist *brief11*.

18 UNIX in Netzwerken

Im Umfang einer TCP/IP-Implementierung ist die Möglichkeit enthalten, ein Kommando oder eine Kommandosequenz von einem lokalen Rechner auf einem entfernten Rechnersystem im Netzwerk auszuführen und das Ergebnis dieses Kommandos an das lokale System zurückzuliefern. Es ist dabei nicht notwendig, sich mittels Terminalemulation auf dem entfernten System einzuloggen. Zur Ausführung eines remote-Kommandos ist die Einrichtung eines Equivalent Users für die Zielmaschine nötig. Mit dem Kommando *rsh*, auf einigen Systemen auch mit dem Kommanod *rcmd* kann ein remote-Kommando gestartet werden:

remote-Kommandos

```
$ rsh unix2 ls
```

startet auf dem System *unix2* das Kommando *ls*. Das Kommando wird dabei im Homedirectory des Equivalent User ausgeführt. Das Dateilisting wird auf dem lokalen Bildschirm des Anwenders ausgegeben.

```
$ rsh unix2 lp liste
```

Mit diesem Kommando wird die Datei *liste* (liegt auf dem Zielsystem) auf dem Standarddrucker von *unix2* ausgedruckt.

Mit *rsh* werden die Standardkanäle des remote-Kommandos mit dem lokalen System verbunden. Soll z. B. eine lokale Datei auf dem entfernten System ausgedruckt werden, kann mit einer Pipe gearbeitet werden:

```
$ cat liste | rsh unix2 lp
```

Der Inhalt der Datei *liste* wird über stdout an stdin des entfernt ablaufende Druckkommandos übergeben. Mit

```
$ rsh unix2 nroff manual.txt > manual.format
```

wird eine Datei *manual.txt* auf dem Zielsystem mit *nroff* formatiert und in der Datei *manual.format* abgelegt. Diese Datei liegt auf dem lokalen System.

Soll die Datei *manual.format* auf dem Zielsystem angelegt werden, muß das Umlenkungszeichen vor der lokalen Shell maskiert werden:

```
$ rsh unix2 "nroff manual.txt > manual.format"
```

Netzwerkstatus

Es gibt einige Befehle, die dem Anwender die Kontrolle des aktuellen Netzwerkzustands ermöglichen. Sie sollen an dieser Stelle nur kurz erwähnt, aber nicht in aller Ausführlichkeit erklärt werden, da sie eigentlich nur für den Systemverwalter interessant sind. Wichtig ist aber sicher der Hinweis, daß die Angaben, die von diesen Kommandos ausgegeben werden, auf Informationen beruhen, die nur ca. alle 60 Sekunden abgefragt werden. Eine Änderung in den Konfigurations-Files ist also nicht sofort mit Hilfe dieser Tools protokollierbar, sondern erst nach Ablauf einer gewissen Zeit.

netstat protokolliert den Netzwerkstatus, gibt Listings mit der Anzahl gesendeter und empfangener Datenpakete, aufgetretener Datenkollisionen und ähnlichem aus. Das Kommando bietet einige Optionen zur Beeinflussung der Darstellungsform der Statistik.

ruptime zeigt an, wie der Status der einzelnen Netzwerkknoten ist. Hierunter fallen Angaben, ob eine Anlage im System ansprechbar ist (*up*) oder nicht (*down*), wie lange der jeweilige Zustand bereits andauert und ähnliches.

rwho gibt eine Liste der aktuell im lokalen Netzwerk eingeloggten Benutzer aus. Im folgenden Abschnitt sollen die einzelnen Kommandos, geordnet nach Funktionsgruppen, detaillierter beschrieben werden.

ARP

Innerhalb der Ethernet-Welt gibt es verschiedene Arten von Adressen:

1. Die Busadresse des Ethernet-Treibers, i. a. der Ethernet-Controller. Diese Informationen (Interrupt, Memory-Adresse etc.), die Bestandteil der Hardware-Konfiguration sind, sind für das Betriebssystem wichtig und berühren die eigentliche Netzwerkadressierung nicht.

2. Die eindeutige Ethernet-Adresse, die auf den Boards bei der Auslieferung durch die Hersteller bereits fest eingestellt sind. Sie identifizieren einen Rechner auf der Ethernetebene eindeutig.

3. Die Internet-Adresse, die auf der IP-Ebene ein System eindeutig identifiziert. Dieser Adreßmechanismus erlaubt die Adressierung eines Systems unabhängig vom Anschlußmedium (Ethernet, Modem-Verbindung, X.25, ISDN etc.).

4. Symbolische Namen für den Rechner.

Der Anwender wird ein Zielsystem zumeist über einem symbolischen Namen adressieren. Dieser Name wird über die Datei /etc/hosts in eine IP-Adresse umgewandelt.

Damit der Zielrechner (am Ethernet angeschlossen) angesprochen werden kann, muß seine Ethernetadresse bekannt sein. Für die Ermittlung dieser Adresse gibt es zwei Möglichkeiten.

In einer Tabelle wird für jeden Rechner im Netz die IP-Adresse und die zugehörige Ethernet-Adresse eingetragen. Diese Form der statischen Umsetzung wird in modernen Systemen durch eine dynamische Umsetzung ersetzt. Dazu wurde das ARP (Adress Resolution Protocol) entwickelt. Bei einem Verbindungswunsch mit einem Zielrechner sucht der lokale Rechner die Ethernetadresse in einer eigenen, temporären Tabelle. Ist das Zielsystem nicht eingetragen, wird ein ARP-Broadcast erzeugt. Dieser enthält die IP-Adresse des Zielsystems. Das erzeugte ARP-Paket wird von allen Rechnern am Ethernet empfangen. Der Rechner mit der eingetragenen IP-Adresse (das Zielsystem) antwortet und liefert seine Ethernetadresse zurück. Diese wird in die lokale ARP-Tabelle eingetragen. Nun kann das lokale System die Verbindung zm Zielsystem aufbauen.

Dieser automatische Mechanismus ist aber nur für Netzwerke auf der Basis Ethernet verfügbar. Sind Rechner über ISDN vernetzt und benutzen TCP/IP für die Kommunikation, ist die Ethernetadresse durch die ISDN-Telefonnummer zu ersetzen. Die Zuordnung von Telefonnummer und IP-Adresse geschieht in diesem Fall statisch über eine Tabelle, die vom Systemverwalter gepflegt werden muß.

Routing

Die wichtige Aufgabe, innerhalb des Netzes den richtigen Partner zu finden, erleichtert das sogenannte *Routing*. Das Netzwerkprotokoll übersetzt eine Adresse in eine Route. Diese Route legt fest, welchen Weg ein Datenpaket durch das Netzwerk nehmen muß, um das gewünschte Ziel zu erreichen.

Man unterscheidet zwei Arten von Routen:

1. Die host-spezifische Route

    Hier wird festgelegt, welches Gateway zu benutzen ist, wenn Datenpakete zu einem anderen bestimmten Host im lokalen oder in einem anderen Netzwerk übertragen werden sollen.

2. Die netzwerkspezifische Route

    Hier ist beschrieben, welche Knoten im Netzwerk Daten zu durchlaufen haben, die Ziele in anderen Netzwerken erreichen wollen. Jeder Eintrag definiert den Weg zu einem anderen Netzwerk.

18 UNIX in Netzwerken

Bei der Bearbeitung der Routing-Einträge prüft das Netzwerkprotokoll zuerst, ob für die zu übersetzende Adresse ein host-spezifischer Eintrag vorliegt. Ist dem so, dann wird dieser zur Bestimmung verwendet, unabhängig davon, ob für den gleichen Zweck noch ein netzwerkspezifischer Eintrag vorhanden ist, d. h., die host-spezifischen Einträge werden vorrangig behandelt.

Die Definition des Routings erfolgt mit dem Befehl *route*.

```
$ route add destination gateway n
```

add bedeutet, daß ein Eintrag hinzugefügt werden soll.

destination ist der Name oder die Netzwerknummer des Netzwerks, zu dem die Verbindung hergestellt werden soll.

gateway ist der Name oder die Internet-Adresse des Gateway-Rechners.

n ist die Anzahl der Gateway-Rechner, die durchlaufen werden müssen (mindestens 1), um vom lokalen Netzwerk zum gewünschten eine Verbindung herzustellen.

Weitere Dienste

Das Serial Line Internet Protocol (SLIP)

SLIP kann benutzt werden, um Verbindungen zwischen Rechnern herzustellen, die mit TCP/IP betrieben werden. Diese arbeiten seriell und unterstützen Punkt-zu-Punkt-Verbindungen sowie asynchronen Betrieb bei Wählverbindungen. Übertragungsraten bis zu 19200 Baud sind möglich.

Jede Verbindung, die SLIP nutzt, muß unter SVR3 für alle Ports extra eingerichtet werden (z. B. bei einem Systemstart in der Datei /etc/rc), und zwar mit dem Befehl *slattach. slattach* aktiviert das entsprechende Interface und berücksichtigt die Routing-Definitionen, falls vorhanden. SLIP-Verbindungen können im laufenden System eingerichtet und wieder stillgelegt werden.

Das TCP/IP-X.25-Interface

Einige Systeme bieten inzwischen die Möglichkeit, als Gateway zwischen einem Ethernet und einem X.25-Netz zu arbeiten, wobei in beiden Netzen TCP/IP eingesetzt werden muß. Mit dieser Funktion des Gateways wird die Verbindung zwischen einem LAN (Local Area Network) und dem WAN (Wide Area Network) hergestellt.

Auf diese Weise können Rechner beider Netzwerktypen miteinander kommunizieren (unter Verwendung der weltweit öffentlich zur Verfügung stehenden X.25-Netze PDN, Public Data Networks), indem *TCP/IP* als Protokoll verwendet wird.

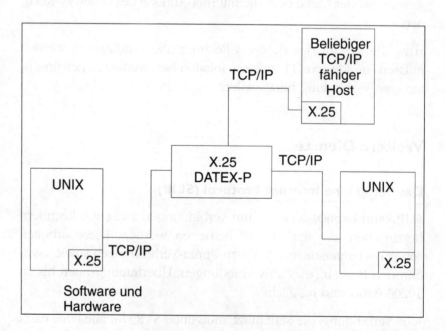

Abb. 18.15: Verknüpfung von LANs über X.25 als WAN

18 UNIX in Netzwerken

Wenn das Routing über Gateways geht, verhält sich die TCP/IP-X.25-Software gegenüber sämtlichen Daten vollkommen transparent, d. h., sie werden in keiner Weise verändert.

Die X.25-Verbindung muß aber nicht zwingend über ein Netz führen, sondern sie kann als direkte Verbindung zwischen zwei Systemen eingesetzt werden. Ein System muß in diesem Fall als *DTE* (Datenendgerät, z. B. Terminal) und das andere als *DCE* (Datenübertragungseinheit, z. B. Schnittstelle) definiert werden, was innerhalb der Software durch den Systemverwalter geschieht. Diese Verbindungsart läßt über X.25 hinaus kein Routing zu.

Wie die Protokolle miteinander kommunizieren

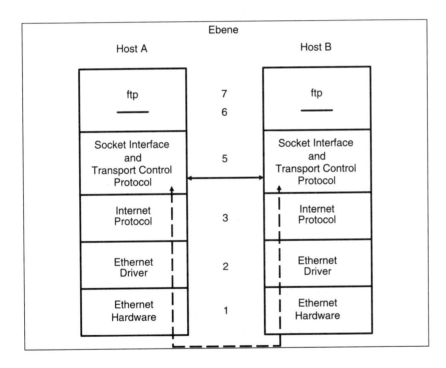

Abb. 18.16: Beispiel, wie die Protokollebenen beim Aufruf des *ftp* miteinander kommunizieren

Die Protokolle kommunizieren logisch untereinander auf den verschiedenen Systemen in der Form, daß sich jeweils eine Schicht mit ihrem Gegenstück auf der Zielseite unterhält. Physikalisch ist der

629

18.4 TCP/IP-Vernetzung

Weg so, daß sich eine Schicht jeweils mit der direkt benachbarten unterhält, d. h., TCP (Transmission Control Protocol) in der Ebene 4, der Transportebene, tritt logisch nur mit derselben Ebene auf der Gegenseite in Verbindung. Damit diese Ebenen miteinander kommunizieren können, müssen alle darunterliegenden auf beiden Seiten durchlaufen werden. Ebene 3 mit IP nimmt auf der Sendeseite direkt Daten von Ebene 4 (TCP) entgegen und leitet sie an die nächste Ebene weiter. Auf der Empfängerseite reicht IP dementsprechend die eingehenden Daten an TCP weiter. Die wirkliche Übertragung findet auf der physikalischen Ebene statt. TCP/IP ist ein sogenanntes End-to-End-Protokoll, das es ermöglicht, Hardware mit unterschiedlichen Betriebssystemen in einem Netzwerk zusammenzubinden, sofern sie diesen Standard unterstützen.

Die Funktion des Gateways

Gateways sind die Verbindungsstellen zwischen unterschiedlichen (heterogenen) Netzwerken. Sie sind Schaltknoten, insbesondere zwischen Netzen, die unterschiedliche Protokolle benutzen, wie z. B. Ethernet und TCP/IP, wobei sie als Umsetzer arbeiten und entsprechende Software benötigen. Im allgemeinen erhalten sie ein Datenpaket, stellen fest, wer der Empfänger ist und in welchem Netzwerktyp er sich befindet, und verpacken dieses Datenpaket in einem neuen Protokoll-Header, der von dem Zielnetzwerk verstanden wird. Ist das Netzwerk vom gleichen Typ, entfällt dieser Vorgang.

Sie können aber auch als Verbindung zwischen Netzen gleichen Typs eingesetzt werden. In diesem Fall muß das Gateway Teile dieser Protokolle beinhalten. Innerhalb des IP sind Dienste implementiert, die das Vermitteln und Zurücksenden von Datenpaketen zum nächsten Gateway, Netzwerk oder zum Zielsystem vornehmen.

Der Einsatz von Sockets

Unter einem Socket versteht man Programmteile, die den Grundstock für eine Prozeßkommunikation darstellen. Ein Socket ist ein Endpunkt innerhalb der Kommunikation zwischen Prozessen. Im Internetwork gehört jeweils ein Paar Sockets zusammen, die miteinander auf den beteiligten Anlagen kommunizieren.

(Knotenname.Port Knotenname.Port)

ist ein Beispiel für ein solches Paar. *Knotenname* ist hierbei eine 4-Byte-Netzwerkadresse und Port umfaßt 2 Bytes, die die Netzwerk-Schnittstelle definieren. Die linke Hälfte der Beschreibung stellt die lokale Seite dar, die rechte die Zielseite (Socket). Obwohl die Sockets innerhalb SVR4 durch STREAMS langsam ersetzt werden, sollen sie doch noch einmal konzeptionell erläutert werden. In SVR4 sind die Sockets ja auch noch zu finden, und manchem BSD-Anwender werden sie sehr fehlen.

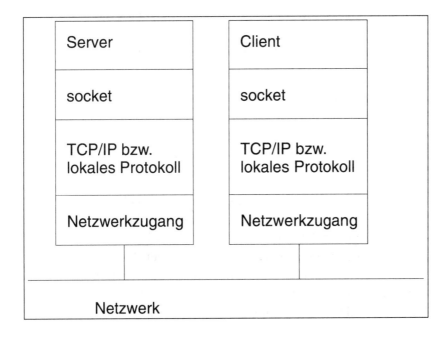

Abb. 18.17:
Programmaufbau
Client/Server
über Sockets

Aus dem Schema erkennt man, daß die Sockets die Kommunikation zwischen lokalen Einheiten genauso bedienen wie über ein Netzwerk. In beiden Fällen arbeiten ein Client und ein Server miteinander, und zwar über die Socket-Schnittstelle. Die Ebene darunter wird jeweils vom Socket gesteuert, was zu einer Vereinheitlichung bei der Bedienung der darunterliegenden Ebenen führt. Damit ergibt sich für den Programmierer auch bei unterschiedlichen Unterbauten nach oben hin eine erhebliche Erleichterung durch ein gleich aussehendes Interface. Beim Aufruf eines Sockets wird entschieden, ob es sich um eine interne oder eine Netzwerk-Kommunikation handelt.

Der Aufruf in der Form

```
sd = socket(Format, Typ, Protokoll)
```

bestimmt die Betriebsart. Die Option *Format*, mit AF_UNIX belegt, führt zu einer internen Verbindung, mit AF_INET dagegen wird der Weg über das Netzwerk eingeschlossen. *Typ* läßt die Wahl einer virtuellen Verbindung z. B. mit TCP (Transmission Control Protocol) bei gesicherter Übertragung oder einer ungesicherten Übertragung im Falle von UDP (User Datagram Protocol) zu.

Bei UDP wird keine Garantie vom Protokoll übernommen, daß ein Datagramm tatsächlich beim Empfänger angekommen ist. Darüber hinaus kann auch die Reihenfolge der eingehenden Blöcke anders sein als beim Senden. Dies muß alles hinterher kontrolliert werden, da es nicht innerhalb von UDP geschieht.

UDP ist zwar vom Protokoll her nicht so gesichert wie TCP, es handelt sich jedoch um ein »schlankeres« Protokoll, das schnellere Übertragungen zuläßt. Die Sicherheit der Übertragung muß das Programm gewährleisten, das UDP verwendet. Mit dem Parameter *Protokoll* ist schließlich die Verwendung eines bestimmten Protokolls einstellbar, meist wird jedoch der Wert 0 eingegeben. Dann entscheidet das System selbst, welches Protokoll zu benutzen ist.

Läuft eine verbindungsorientierte Kommunikation über das Netzwerk (TCP), muß einem Socket eine eindeutige Adresse zugewiesen werden, um Konflikte zu unterbinden. Für die Eindeutigkeit bei der Zuordnung der Adressen sorgt das System selbst.

Im obigen Bild sind die Begriffe *Server* und *Client* im Zusammenhang mit Sockets verwendet worden. *Client* ist der Prozeß, der eine Verbindung zu einem anderen aufbauen will und dazu Anfragen (*Requests*) absetzt. Das Gegenstück dazu ist ein Prozeß, der die Anfragen anderer Prozesse empfängt und gegebenenfalls reagiert, der *Server*. Er verwaltet auch die eingehenden Requests in einer Warteschlange, damit nichts verloren geht.

Diese Technik von Client und Server wird in der verbindungsorientierten Kommunikation verwendet. Damit nun ein Client mittels des *connect*-Aufrufs mit einem bestimmten Server eine Verbindung aufnehmen kann, muß er dessen Adresse kennen und seiner Anfrage mitgeben. Auf der Gegenseite muß natürlich der Server erst einmal in den Zustand des Empfangs gebracht werden, was mit dem Aufruf *listen* geschieht.

Mit dem Aufruf von *listen* kann auch gleichzeitig die maximale Zahl der Einträge in der Warteschlange definiert werden. Wenn diese grundsätzlichen Aktivitäten zum Verbindungsaufbau erledigt sind, folgt erst der tatsächliche Datenaustausch. Hierzu vergleichen Sie bitte die Handbücher für Programmierer, die das reine Programmieren ausführlich erklären und einige Beispiele liefern.

Bitte beachten Sie, daß die Sockets nur noch aus Kompatibilitätsgründen in SVR4 unterstützt werden. Neue Programme sollten sich am neuen Standard TLI (Transport Layer Interface) orientieren.

18.4 TCP/IP-Vernetzung

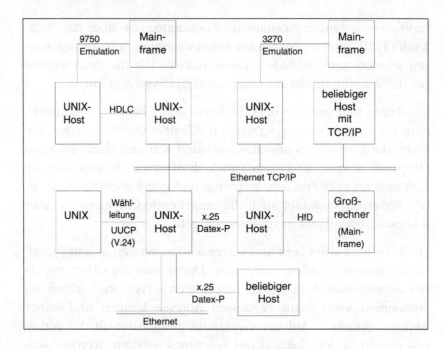

Abb. 18.18:
Beispiel für eine Kombination verschiedener Kommunikationsarten

Distributed File System (DFS)

An dieser Stelle soll noch kurz eine Bemerkung zu DFS erfolgen, die nicht ins Detail geht, sondern nur dem allgemeinen Verständnis dienen soll. DFS ist neu in SVR4 und stellt die Zusammenfassung der bekannten Standards RFS und NFS dar. DFS stellt dem Benutzer neben Peripheriegeräten und Daten des lokalen Systems die Ressourcen anderer Rechner als ein zusammenhängendes Dateisystem zur Verfügung. Das gilt selbst in Netzen, in denen nicht nur UNIX-Systeme laufen, sofern die Maschinen mit anderen Betriebssystemen DFS unterstützen. Der Zugriff wird durch mounten (einhängen) von Teilen eines anderen Dateisystems auf einem entfernten Rechner erreicht, wobei alle Schreib-/Lesevorgänge als lokale Ereignisse vom Benutzer angestoßen werden. Der Anwender braucht in einem solchen netzwerkweiten File-System keine Namen anderer Systeme oder deren Verzeichnisstruktur zu kennen. Alles wird durch den Systemadministrator gemäß den Anforderungen vorbereitet. Der Anwender merkt nicht, mit welchen Daten von welchem Rechner er arbeitet. Alles läuft vollkommen transparent ab. Da DFS als Netzwerkdienst und nicht als Netzwerkbetriebssystem entworfen wurde, kann es ohne Probleme verteilte Applikationen innerhalb des Netzwerks unterstützen, ohne auf spezielle Belange unterschiedlicher Betriebssysteme Rücksicht nehmen zu müssen.

Remote Procedure Call (RPC)

Die Grundidee dieser RPCs war, bestimmte Aufgaben von der lokalen Anlage auf andere im Netz zu verteilen. Dazu ruft ein Prozeß auf dem eigenen System eine Prozedur auf einem Zielsystem auf. Der aufrufende Teil wird dann zunächst in Warteposition gebracht, so lange, bis das Zielsystem mit der Bearbeitung der gestarteten Prozedur fertig ist und die verabredeten Ergebnisse (z. B. in Form von Returnwerten) zurückliefert. Im Gegensatz zu sonst nötigen aufwendigen Formen der Programmierung, wie *Message Passing* oder ausgefeilten I/O-Operationen, gibt man hier dem Programm nur die Anweisung, eine Prozedur auf einem Zielsystem aufzurufen. Sinn dieser Einrichtung ist, die netzwerkweiten verteilten Arbeiten wie lokale erscheinen zu lassen.

Die RPCs werden in Form einer Bibliothek geliefert. Sie repräsentieren eine gemeinsame Plattform für verschiedene Typen von Rechnern. Mit RPCs können vom lokalen Rechner aus Prozesse auf einem anderen System im Netz gestartet werden. Dabei wird das Transport Layer Interface (TLI$TLI) benutzt, was eine Unabhängigkeit vom tatsächlichen Transportprotokoll sicherstellt. Bei der Übergabe der Daten wird das Format der External Data Representation (XDR) gewählt (Teil der RPC-Library), um codierte Daten zur weiteren Verarbeitung auch an Systeme mit unterschiedlichen Betriebssystemen geben zu können und dabei die gleichen Aufrufe von Prozessen beizubehalten. Geschickte Nutzung der RPC-Möglichkeiten kann die Basis modular aufgebauter großer Programme sein. Ein besonderer Vorteil, Programme auf diese Art aufzubauen, liegt darin, daß die einzelnen Module zur Laufzeit dynamisch dazugeladen werden können, was eine große Flexibilität beim Einbinden der einzelnen Module in andere Programmstrukturen gewährleistet.

FDDI-Netze

Um den Anforderungen nach immer höheren Übertragungsgeschwindigkeiten gerecht zu werden, hat man den FDDI-Standard entwickelt. Er bietet als einziger im Bereich Multimedia die erforderlichen Transferraten und darüber hinaus eine größere Anzahl von anschließbaren Stationen in einem Segment. Während Thin Ethernet maximal 30 Stationen auf einer Segmentlänge von 180 m erlaubt, sind es bei FDDI 1000 Stationen (*Single Attach Stations*) auf einer Segmentlänge von bis zu 200 km. Die Geschwindigkeit der Daten in einem reinen Lichtwellenleiter-FDDI-Netz beträgt das zehnfache des Ethernet-Netzes, nämlich 100 Megabit/s. Das ergibt einen Geschwindigkeitsvorteil gegenüber Ethernet zwischen dem 12- und 20fachen. FDDI ist als *Back-End-Netz* entwickelt, wobei besonderer Wert auf Fehlertoleranz und Sicherheit bei der Datenübertragung gelegt wurde. Gegenüber dem normalen Token-Ring-Netzwerk kann hier auf eine Doppelringstruktur aufgesetzt werden. Fällt ein Strang aus, übernimmt eine redundante Glasfaser dessen Aufgaben. Ein besonderer Vorteil der Glasfaser liegt in der geringen Dämpfung (2 dB/km), die bei Kupferverkabelung eine Signalverstärkung (durch Repeater) schon nach relativ kurzen Strecken nötig macht. Bei allen Vorteilen von FDDI darf der Preis nicht vergessen werden, er liegt nämlich derzeit noch um ein Vielfaches höher als der für vergleichbare Komponenten im Ethernet-Bereich.

DOS/UNIX-Integration

Wie bereits weiter oben erwähnt, sind natürlich auch DOS-PCs statt der üblichen Terminals mit den entsprechenden Emulationen im Einsatz. Viele Anwender haben inzwischen erkannt, daß ein PC als Arbeitsplatz am UNIX-Rechner wesentliche Vorteile bringt, wenn neben der Arbeit als Terminal noch die oft unverzichtbaren DOS-Applikationen zur Verfügung stehen sollen. Darüber hinaus können auch die ausführbaren DOS-Programme im UNIX-System abgelegt und von dort aus aufgerufen werden wie in einem üblichen Fileserver für DOS-Programme. Diese Netzwerkfunktionalität eines UNIX-Fileservers geht so weit, daß auch unter dem TCP/IP-Protokoll DOS-PCs im Netzwerk ohne Festplatten betrieben werden können. Programme, die diese Funktion des virtuellen DOS-Laufwerks im UNIX-File-System ermöglichen, sind z. B. *PC-Interface* von Locus Computing, *PC/NFS* von SUN und *Interdrive* im Paket *PC/TCP* der Firma *ftp*-Software, um nur die bekanntesten zu nennen. Zusätzlich zum virtuellen DOS-Laufwerk im UNIX-Host bieten diese Programme alle komfortable Terminal-Emulationsprogramme zur Arbeit mit UNIX-Programmen vom PC aus. Ein DOS-PC wird so zum variabel einsetzbaren Arbeitsplatz. Auf Basis dieser Pakete können auch je nach Bedarf komplexe Client-Server-Lösungen eingesetzt werden.

Diskless MS-DOS-PCs im TCP/IP-Netzwerk am UNIX-Server

Bereits weiter oben wurden die beiden Dienste *bootpd* und *tftp* als notwendige Voraussetzungen für den Anschluß von diskless PCs an einen UNIX-Host genannt. Die erforderlichen Boot Images für die PCs liegen in dieser Betriebsart im UNIX-Server. Den Inhalt eines solchen Boot Images kann man sich als eine bootbare DOS-Diskette vorstellen, die die beiden unsichtbaren DOS-Dateien IO.SYS und MSDOS.SYS enthält und alle notwendigen Files, die zum gewünschten Betrieb nötig sind. Im Netz gehört dazu sinnvollerweise eine Netzwerk-Software, die den Zugriff von DOS auf

UNIX unterstützt. Ist das Boot Image nach eigenen Vorstellungen zusammengestellt, muß es noch im UNIX-System an einer Stelle hinterlegt werden, die in */etc/bootptab* angegeben ist. Der zunächst zu startende *bootpd* kann nun die von einem PC gesendeten Boot Requests vom Netz auswerten (*bootp*) und dem anfordernden PC sein Boot Image liefern (*tftp*). Diese Verfahrensweise ist aus der Novell-Welt bekannt, unter UNIX gibt es jedoch einen gravierenden Unterschied: Während der startende PC in Novells IPX-Netz bis zum Abschalten niemals die Verbindung zum Server abbrechen lassen kann, ist dies in der Startphase unter TCP/IP sogar gewollt. So wird ein PC über TCP/IP aus einem UNIX-Host sein Boot Image laden, danach wird die Verbindung beendet, da der *tftp* nur während der Übertragung des Boot Images aktiv ist. Dann beginnt der PC, das in seinen Hauptspeicher geladene Boot Image abzuarbeiten. Der Inhalt dieses Boot Images entscheidet, was der PC letztendlich tut. Er kann als Einzelplatz-System laufen oder eine Netzwerkverbindung zu einem bestimmten Host aufnehmen oder eine SQL-Datenbankverbindung über das Netzwerk einrichten oder zum X-Terminal werden etc. Es gibt viele Möglichkeiten. Interessant ist, daß durch den getrennten Vorgang des Herunterladens des Boot Images und des anschließenden Startens des Bootvorgangs der PC nach dem Booten ein vollkommen anderes Protokoll benutzen kann als dasjenige, das zum Übertragen des Boot Images verwendet wurde. Ein Beispiel wäre, das Boot Image über TCP/IP zu laden und danach den PC beim Booten für ein LAN Manager-Netzwerk zu aktivieren.

So viel zum Software-Teil. Wie kann man nun die unüberschaubare Hardware-Vielfalt für PCs in den Griff bekommen, wenn man eine bestimmte Netzwerk-Software benutzen möchte? Früher war es üblich, daß Software für jede Karte einen speziellen Treiber zur Verfügung stellte. D. h., für PC-Interface, PC-NFS, PC/TCP usw. gab es jeweils einen eigenen Treiber. Es gab keine Möglichkeit, andere als die vom Software-Lieferanten vorgeschriebenen Karten einzusetzen. Über dieses Problem haben sich die Hardware-Hersteller mit den Software-Entwicklern Gedanken gemacht, und herausgekommen sind im Laufe der Zeit einige fest definierte Schnittstellen, an die sich alle halten. Das Zusammenspiel zwischen Hard- und Software funktioniert ziemlich einfach. Die Software erwartet üblicherweise bei der Installation mittels Abfrage ein bestimmtes Software-Interface zur Netzwerkkarte, das im Zweifelsfall vom Hersteller der Karte auf einer Diskette mitgeliefert wird.

Standards zur Protokollunterstützung auf Netzwerkkarten

Als erster Standard kam der Packet Driver der Firma *ftp software Inc.* aus den USA Mitte der 80er Jahre auf den Markt. Er erfuhr als erster seiner Gattung eine weite Verbreitung und wurde von allen Kartenherstellern, die in der TCP/IP-Welt ihre Produkte verkaufen wollten, voll unterstützt. Der Packet Driver war eine genaue Spezifikation dessen, was die Netzwerksoftware von der darunterliegenden Treiber-Software für die Karte erwartete. Bei der Bestellung der Netzwerk-Software nimmt man die Packet Driver-Version und wird so unabhängig von einem bestimmten Typ Netzwerkkarte. Jede beliebige Karte, die den Packet Driver bedienen kann, ist jetzt einsetzbar. Der Packet Driver wurde aber auch noch aus einem anderen wesentlichen Grund entwickelt. Da die PCs als Arbeitsstationen oft in verschiedenen Protokollen (z. B. TCP/IP und IPX) gleichzeitig auf dem gleichen physikalischen Netzwerk arbeiten sollten, ohne daß durch Neustart jeweils ein anderer Treiber in die Karte geladen wird, bestand der Wunsch nach zwei Protokollen zur gleichen Zeit. Der Packet Driver erlaubte es schon sehr früh, zwei Protokoll-Stacks im Hauptspeicher des PC aktiv zu halten und so wahlweise über das TCP/IP- oder IPX-Protokoll mit der jeweils dahintersteckenden Rechnerwelt zu kommunizieren. Da diese Fähigkeit des Produkts ein Alleinstellungsmerkmal und damit eine sehr starke Position auf dem Markt bedeutete, beschloß die Konkurrenz, einen neuen Standard zu schaffen.

NDIS wurde aus der Taufe gehoben. Dieser herstellerunabhängige Standard hat inzwischen eine weite Verbreitung gefunden. Man findet heute eigentlich keine Netzwerk-Software oder Netzwerkkarte namhafter Hersteller, die diesen Treiber nicht unterstützt bzw. mitliefert. NDIS ist bei ähnlicher Leistung kein Plagiat des Packet Drivers. NDIS liegt ein vollkommen anderes Design zugrunde, was sich auch in der Geschwindigkeit bemerkbar macht. Die meisten Software-Pakete für Netzwerke bieten bei der Installation die Auswahl von NDIS an.

Der neueste Standard in dieser Umgebung stammt von der Firma Novell, die in diesem Bereich natürlich eine eigene Definition zur Einbindung ihrer SPX/IPX (Sequenced Packet Exchange/Internet Packet Exchange)-Protokolle wollte und zusätzlich mit einem eigenen Standard auf den Markt drängte. *Open Data-Link Interface*, kurz ODI, heißt das Resultat. Über diese Schnittstelle ist auch die Unterstützung zweier Protokoll-Stacks gleichzeitig möglich. Standard-Ethernet- und Token Ring-Adaptern liegen die ODI-Treiber bei. Die ODI-Architektur stellt folgendes zur Verfügung: den *Link Support Layer* (LSL), einen schnellen Mechanismus zum Austausch von Paketen zwischen den Protokoll-Stacks und Netzwerktreibern. LSL schützt die Protokoll-Stapel vor mediaspezifischen Schemata zur Einbettung von Protokollen.

Dynamische Speichernutzung, d. h. Laden und Entladen aller Netzwerkelemente einschließlich LAN-Treiber, Protokoll-Stapel und Link-Unterstützung. Unterstützung gleichzeitiger Verwendung unterschiedlicher Frames:

- Ethernet 802.3
- Ethernet 802.2 (IEEE 802.2 LLC) auf 802.3 Medium
- Ethernet SNAP (802.2 LLC + SNAP)
- Ethernet II (TCP/IP, »ECONFIG«)
- Token 802.2
- Token SNAP

Auch wenn die Existenz der drei verschiedenen Standards nicht unbedingt nötig erscheint, haben sie doch für den Endanwender einen großen Vorteil geschaffen, nämlich den der Hardware-Unabhängigkeit.

Tools

19 Das SCCS-System 643

19.1 Dokumentversionen 644
19.2 Die SCCS-Kommandos in der Übersicht 651

19 Das SCCS-System

Dokumente wie Programmquellen, Texte, Beschreibungen oder Briefe erfahren während ihrer Entstehung vielfältige Änderungen. Es ist daher wichtig und interessant, die unterschiedlichen Entwicklungsstadien (Versionen) zu archivieren, um Entwicklungsschritte später nachvollziehen oder Fehlentwicklungen genauer analysieren zu können. Auch bei der Nutzung und Pflege der Dokumente sind viele Änderungen durchzuführen, die konsequent registriert werden müssen. UNIX stellt mit dem SCCS (Source Code Control System) ein Programmpaket (13 Kommandos) zur Verfügung, mit dem der Lebenslauf eines Dokumentes begleitet und festgehalten werden kann. SCCS

- verwaltet alle Versionen eines Dokumentes;
- legt die Dokumente in Dateien ab und minimiert den benötigten Speicherbedarf;
- schützt die Dateien vor unberechtigtem Zugriff;
- ermöglicht den problemlosen Zugriff auf jede beliebige ehemals erzeugte Version eines Dokumentes;
- dokumentiert, welche Änderungen durchgeführt wurden (was verändert wurde);
- dokumentiert, wer verändert hat und wann verändert wurde;
- erklärt (durch einen Benutzerkommentar), warum verändert wurde;
- begleitet alle Verarbeitungsschritte eines Dokumentes und protokolliert diese.

19.1 Dokumentversionen

Dabei basiert das SCCS auf folgender Idee: Ein Dokument (z. B. eine Programmquelle) wird erzeugt und liegt in einer Anfangsversion vor. Diese Anfangsversion wird vom SCCS als Nullversion (Ursprung) gespeichert. Am Dokument werden durch den Benutzer Änderungen vorgenommen (z. B. Fehler korrigiert, Erweiterungen hinzugefügt ...), und es entsteht eine zweite Version. Mit weiteren Änderungen entstehen nachfolgende Versionen. Welche Änderungen zu einer Version zusammengefaßt werden sollen, entscheidet der Benutzer. SCCS übernimmt auf Weisung des Benutzers die Ablage der Texte, vergibt automatisch die Versionsnummer und verwaltet die Versionen. Ursprünglich für den Einsatz bei der Softwareentwicklung gedacht (daher Source Code), kann vom SCCS ein beliebiger Text verwaltet werden. Dieser darf auch nicht lesbare Zeichen, z. B. Steuerzeichen für einen Drucker, enthalten.

In der Abbildung 19.1 ist die Entwicklung eines Dokumentes symbolisiert. Jede Version ist durch eine Versionsnummer gekennzeichnet. Die Versionen in der waagerechten Kette bilden die normale Entwicklungslinie, deren Versionsnummer aus zwei Teilen besteht

```
release.level
```

release und *level* sind zwei ganze Zahlen zwischen 1 und 9999 und werden durch einen Punkt miteinander verbunden. Von einer Anfangsversion (hier 1.1) ausgehend, wird zunächst für jede neue Version der Level automatisch um 1 erhöht (der Zeitpunkt ist vom Benutzer anzugeben). Eine wichtige und umfangreiche Änderung am Dokument wird durch ein neues Release kenntlich gemacht (Schritt von Version 1.4 nach 2.1). Diese Änderung der Release wird vom Benutzer bestimmt. Der Level wird dabei automatisch wieder auf 1 gesetzt.

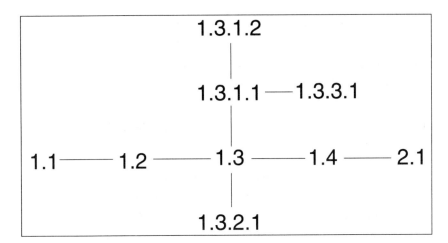

Abb. 19.1:
Die Entwicklung
der Versionen
eines Dokuments

Normalerweise wird immer die neueste Version weiterentwickelt (rechtes Ende der Kette), und es entsteht eine lineare Kette von Versionen. Soll aber an einer älteren Version (innerhalb der Kette) eine Veränderung vorgenommen werden, entsteht eine neue Entwicklungslinie, ein Seitenzweig (Branch). Für die Versionen in einem Seitenzweig erzeugt SCCS 4-stellige Versionsnummern (1.3.1.1, 1.3.1.2, 1.3.2.1) mit den Komponenten

`release.level.branch.sequence`

release und *level* kennzeichnen die Version, von der die Verzweigung ausgeht. *branch* sagt, die wievielte Verzweigung von dieser Version erzeugt wurde. 1.3.1.1 ist somit die erste Verzweigung. Wird von 1.3 eine weitere Verzweigung erzeugt, so bekommt diese die Nummer 1.3.2.1. In einem Seitenzweig wird am Ende der Kette weiterentwickelt. Versionen am Ende eines Seitenzweiges heißen Leave (Blatt). Die Version 1.3.1.2 entsteht durch Veränderung von 1.3.1.1. Wird in einem Seitenzweig eine Version verändert, die nicht am Ende einer Kette steht (sie ist kein Leave), so entsteht erneut ein Seitenzweig. Wird also die Version 1.3.1.1. als Ausgangspunkt für diese Änderung genommen (obwohl 1.3.1.2 schon existiert), entsteht ein neuer Zweig mit der Version 1.3.3.1. Es entsteht der dritte Branch, da der zweite Branch (1.3.2.1) schon existiert. Ein

19.1 Dokumentversionen

solcher Zweig übersteigt die Leistungsfähigkeit von SCCS bzw. der Versionsnumerierung. Die in diesem Fall vergebene Versionsnummer kennzeichnet die Lage der Version nicht mehr eindeutig. Es können sehr komplexe Strukturen erzeugt werden, die aber nur schwer zu überblicken sind.

Es wird daher empfohlen, nur in Ausnahmefällen Seitenzweige zu erzeugen.

Nachdem wir nun die Theorie besprochen haben, wollen wir den praktischen Einsatz von SCCS besprechen und dazu die Datei *liste* betrachten, deren Veränderungen mit SCCS verwaltet werden.

```
$ cat liste
Klaus   32455 Ferienstadt  Sonnenwinkel 3
Karin   25960 Bytehausen   Blockbogen 512
Uwe     49500 Surfstein    Gabeltanne 23
```

Diese drei Zeilen bilden die Anfangsversion (hier 1.1). Werden die Adressen verändert, gelöscht oder neue Adressen hinzugefügt, so kann man diese geänderte Datei als neue Version abspeichern. Der Benutzer muß entscheiden, wann eine neue Version gebildet werden soll. Eine neue Version entsteht so immer aus einer Anzahl von Änderungsarbeiten (Menge von Deltas).

Damit die verschiedenen Versionen mit SCCS verwaltet werden können, wird eine Datei angelegt, auf die nur SCCS-Kommandos Zugriff haben. Der Name einer solchen SCCS-Datei unterliegt den normalen Namenskonventionen und muß mit dem Prefix *s.* beginnen. Der Inhalt dieser Datei besteht zunächst aus der Anfangsversion von *liste* und zusätzlich einigen Verwaltungsinformationen.

Für die nächste Version (hier 1.2) werden nur die Änderungen zur Vorgängerversion (1.1) abgelegt. Dazu werden (mit dem Kommando *delta*) diese beiden Versionen zeilenweise miteinander verglichen. Wurde eine Zeile verändert, gelöscht oder neu eingefügt, wird die Zeile in die *s.*-Datei geschrieben. Verändern einer Zeile wird als Löschen und Einfügen registriert.

Am Beispiel der Datei *liste* sollen nun die einzelnen Schritte durchgeführt werden. Die gezeigten Schritte ermöglichen es dem Leser, das SCCS sinnvoll einzusetzen.

Beispiel

Eine SCCS-Datei (*s.liste*) wird erzeugt und eine Textdatei (*liste*) als Anfangsversion hineinkopiert:

1. Schritt

```
$ admin -i liste s.liste
```

Mit diesem Kommando wurde die Version 1.1 erzeugt. Neben dem Text sind noch Informationen über die Version, die Versionsnummer, wann und von wem erstellt, Kommentare, Prüfsumme usw. abgelegt.

Anschließend wird die Textdatei gelöscht. Dies hat zwei Gründe:
- der Inhalt der Textdatei ist auch in der SCCS-Datei, somit sind die Daten redundant vorhanden.
- beim weiteren Arbeiten mit dem SCCS kommt es zu Fehlern, wenn eine namensgleiche Textdatei existiert (vergleiche Schritt 2). (Abhilfe: löschen, umbenennen von *liste* oder der SCCS-Datei einen anderen Namen geben.)

Nach diesem ersten Schritt hat unser Directory folgendes Aussehen:

```
$ ls
s.liste
```

Soll die Textdatei verändert (weiterentwickelt) werden, muß eine editierbare Datei mit dem Kommando *get* aus der SCCS-Datei herausgelöst werden.

2. Schritt

```
$ get -e s.liste
version 1.2

$ ls
liste    p.liste    s.liste
```

Das *get*-Kommando löst die letzte Version (hier 1.1) aus der SCCS-Datei heraus und legt die Daten in der Datei *liste* (allgemein:

Name der SCCS-Datei ohne Prefix *s.*) ab. Die Datei *liste* ist editierbar und enthält in unserem Beispiel drei Adressen.

Der *get*-Aufruf bereitet gleichzeitig eine neue Version vor (hier 1.2). Unter dieser Versionsnummer wird der veränderte Text später abgelegt (Schritt 4). *p.liste* ist eine Hilfsdatei für das SCCS und signalisiert, daß eine neue Version vorbereitet wurde.

3. Schritt   Mit einem Editor (oder einem anderen Hilfsmittel) kann die Datei *liste* nun verändert werden. In unserem Beispiel fügen wir eine Zeile hinzu (Zeile 4) und verändern eine (Zeile 3).

```
$ cat liste
Klaus   32455 Ferienstadt    Sonnenwinkel 3
Karin   25960 Bytehausen     Blockbogen 512
Uwe     49500 Surfstein      Rundacker 37
Ingrid  68021 Klettermaxhütte Bergmaus 12
```

Bevor Schritt 4 durchgeführt wird, kann Schritt 3 beliebig oft wiederholt werden.

4. Schritt   Sind die Änderungen und Ergänzungen durchgeführt, wird die Textdatei mit dem Kommando *delta* wieder an das SCCS übergeben, die veränderte Textdatei als neue Version 1.2 abgespeichert.

```
$ delta s.liste
comment: ingrid hinzugefügt, uwe geändert
2 unchanged
1 delete
2 insert
```

Das Kommando *delta* verlangt vom Benutzer einen Kommentar und zeigt die Änderungen zwischen der letzten (1.1) und der neuen Version (1.2) an. In der SCCS-Datei sind nun zwei Versionen der Textdatei abgelegt. *delta* vergleicht die beiden Versionen zeilenweise. Dabei werden die drei Kategorien unverändert (unchanged), gelöscht (delete) und hinzugefügt (insert) unterschieden. Die Veränderung einer Zeile (wie Zeile 3) wird als Löschung und anschließende Einfügung dargestellt.

Das Kommando *delta* löscht alle Dateien, die nicht mehr benötigt werden. Im Directory gibt es nur noch die SCCS-Datei.

```
$ ls
s.liste
```

Der Kreislauf von herauslösen, verändern, zurückspeichern (Schritt 2-4) ist damit geschlossen und kann beliebig oft wiederholt werden. Die Führung der Versionsnummer wird teilweise vom SCCS automatisch durchgeführt, andererseits durch den Benutzer bestimmt. Wann eine neue Version gesichert wird und wie umfangreich die Änderungen für die neue Version sind, hängt von der Aufgabenstellung und der Strategie des Benutzers ab und wird von diesem bestimmt.

Der Level wird vom SCCS automatisch heraufgezählt. Soll eine gravierende Änderung durch einen Release-Wechsel gekennzeichnet werden, muß dies explizit angegeben werden.

```
$ get -e -r2 s.liste
version 2.1
```

Mit *-r* wird die neue Release-Nummer angegeben (hier wird die Version 2.1 vorbereitet).

Zugriff auf beliebige Versionen

Wird eine Datei für Aufgaben benötigt, bei denen sie nicht verändert wird (z. B. compilieren, ausdrucken), ist die *-e*-Option beim Kommando *get* nicht notwendig. Mit

```
$ get s.liste
$ ls
liste    s.liste
```

wird die letzte Version aus dem Versionenbaum herausgelöst. Die Daten werden in einer Datei (*liste*) abgelegt, die nur lesenden Zugriff erlaubt. Die Datei *liste* kann nicht verändert und nicht als neue Version in die SCCS-Datei eingebracht werden. Um eine

19.1 Dokumentversionen

beliebige Version aus dem Versionenbaum herauszulösen, muß die Option *-r* benutzt werden. Mit

```
% get -r1.1 s.liste
```

wird eine Datei *liste* erzeugt, die nur lesenden Zugriff erlaubt. In ihr ist die Adreßliste entsprechend der Version 1.1 abgelegt. In Verbindung mit der Option *-e* wird ein Branch (Ast) für eine neue Entwicklungslinie angelegt und eine Version vorbereitet, die eine 4-stellige Versionsnummer besitzt. Mit

```
% get -e -r1.1 s.liste
version 1.1.1.1
```

wird eine Version 1.1.1.1 vorbereitet.

```
% ls
liste    p.liste    s.liste
```

In *liste* liegt die Version 1.1 . Die Datei kann verändert werden und dann mit *delta* als Version 1.1.1.1 abgespeichert werden.

Zurücknehmen einer Version

Wurde eine falsche Version herausgelöst oder sollen durchgeführte Änderungen nicht in die SCCS-Datei übernommen werden, kann die durch *get* vorbereitete Version mit dem Kommando *unget* zurückgesetzt werden.

```
% get -e s.liste
version 1.3
```

Dieses Kommando bereitet die Version 1.3 vor. Erkennt der Benutzer später, daß er seine Veränderungen nicht als neue Version abspeichern möchte, kann er mit

```
% unget s.liste
```

die vorbereitete Version zurücksetzen.

19.2 Die SCCS-Kommandos in der Übersicht

admin	Legt eine SCCS-Datei neu an, kopiert Text hinein und setzt Parameter.
cdc	Verändert den *delta*-Kommentar zu einer Version.
comb	Vorhandene Versionen werden zu einer Version zusammengefaßt.
delta	Eine neue Version wird in die SCCS-Datei übernommen.
get	Erzeugt eine Version aus der SCCS-Datei.
help	Beschreibt die Syntax der SCCS-Kommandos und gibt Informationen über Systemmeldungen.
prs	Statusinformation über die verschiedenen Versionen kann angezeigt werden.
rmdel	Löscht die zuletzt erzeugte Version aus der SCCS-Datei.
sact	Zeigt die Versionen an, die verändert werden.
sccsdiff	Stellt den Unterschied zwischen zwei Versionen dar.
unget	Löscht eine vorbereitete Version.
val	Argumente der SCCS-Datei werden angezeigt.
what	Die SCCS-Kennung wird ausgegeben.

Das Kommando *admin*

Das Kommando *admin* erzeugt eine neue SCCS-Datei oder ändert Parameter einer existierenden Datei.

19.2 Die SCCS-Kommandos in der Übersicht

-n   Eine neue SCCS-Datei wird erzeugt. Sie enthält nur Statusinformationen. % *admin -n*.

s.probe   Erzeugt die neue SCCS-Datei *s.probe*.

-i name   Erzeugt eine neue SCCS-Datei und speichert in ihr den Inhalt der Datei *name* (*i* enthält die Option *n*).

```
% admin -i name s.probe
```

Die Datei *s.probe* enthält Statusinformationen und den Text (Inhalt) der Datei *name*.

Das Kommando get

```
get [option] s.datei
```

Das Kommando *get* erzeugt eine Textdatei (*g-file*) aus einer SCCS-Datei. Die Textdatei wird im aktuellen Directory erzeugt. Die Zugriffsrechte sind abhängig von den verwendeten Optionen. Ohne Option wird die Leseberechtigung vergeben. Der Name der Textdatei entspricht dem der SCCS-Datei ohne Prefix *s*.

-e   Die Textdatei soll verändert werden. Die Änderung kann über das Kommando *delta* in die SCCS-Datei übergeben werden.

-rSID   *get* wird auf die Version mit der Nummer *SID* angewendet.

Das Kommando *delta*

```
delta [option] s.datei
```

Das Kommando *delta* schreibt eine Änderung in eine SCCS-Datei zurück, wenn die Textdatei mit *get* erzeugt wurde.

```
$ delta s.liste
3 unchanged
1 delete
1 insert
```

delta gibt an, wieviel Veränderungen in der Datei vorgenommen wurden. *delta* erwartet die Existenz der Datei *p.liste*.

Das Kommando *prs*

```
prs [option] s.datei
```

Das Kommando *prs* schreibt Informationen über Teile einer SCCS-Datei (abhängig von den Optionen) auf den Bildschirm.

-d(spez)   Gewünschte Informationen werden spezifiziert.

-rSID   Informationen über Versionen.

Grenzen

Wird eine gewünschte Version aus der SCCS-Datei herausgelöst, werden alle alten Versionen durchlaufen. Gibt es viele Versionen und viele Änderungen, so dauert diese Prozedur recht lange. Es ist also günstiger, eine neue SCCS-Datei anzulegen, wenn die Änderungen zwischen zwei Versionen sehr groß sind oder wenn sehr viele Versionen vorhanden sind.

**Befehls-
übersicht**

Der Referenzteil umfaßt alle Befehle von UNIX System V. Neben der korrekten Syntax zur Befehlseingabe finden Sie hier verständliche und übersichtliche Beschreibungen zu den Einsatzgebieten der einzelnen Kommandos. Querverweise machen Sie auf ähnliche oder entgegengesetzte Anweisungen aufmerksam. Neben der Befehlsstruktur erfahren Sie alles über optionale Parameter und Argumente.

Jeder Befehl wird durch kommentierte und leicht verständliche Beispiele vervollständigt; für den täglichen Einsatz von UNIX also ein unentbehrliches Nachschlagewerk.
Ein Literaturverzeichnis verweist Sie auf weitere Informationen zum Thema UNIX. Über den Index am Schluß des Buches können Sie gezielt auf einzelne Begriffe und Termini zugreifen.

Teil IV

Teil IV

Befehle

    20 Befehlsübersicht   659

20 Befehlsübersicht

Die vorliegende Befehlsübersicht umfaßt die Befehle von UNIX System V, die übersetzt und in leicht verständliche Beschreibungen umgearbeitet worden sind. Die Syntax der einzelnen Befehle wird in besonders übersichtlicher Form dargestellt. In der Überschrift jedes Befehls finden Sie neben dem Kommando selbst die ausgeschriebene Form der Mnemonics sowie eine Übersetzung derselben, soweit dies sinnvoll ist. Daran schließt sich jeweils ein weiterer Absatz an, in dem Sie auf einen Blick den Namen des Befehls, die Optionen und die Argumente wiederfinden. Vervollständigt wird die Übersicht mit zahlreichen Beispielen zu jedem Kommando.

ar   archiver

Name	Optionen	Argumente
ar	Schlüssel [Zusatz] [Position]	Archivdatei [File(s)]

Mit *ar* werden Bibliotheken (Archiv oder Library) angelegt und gepflegt. In einer solchen Bibliothek werden gleichartige Dateien zusammengefaßt, wobei die Möglichkeit besteht, Dateien zu löschen oder hinzuzufügen. Welche Bearbeitungen vorgenommen werden sollen, wird über den Schlüssel festgelegt. Der Schlüssel kann durch weitere Zusätze und Positionsangaben ergänzt sein (☞ Beispiele). Meist wird *ar* verwendet, um Programme (compiliert) und Objektmodule in Bibliotheken zu verwalten.

Auf diese Module kann z. B. der Linker (*ld*) bei der Erstellung eines neuen Programms zugreifen. Die von *ar* erzeugte Bibliothek enthält zusätzlich einen Kopfteil und ein Inhaltsverzeichnis, die zusammen Aufschluß über den genauen Inhalt der Bibliothek geben. Gemäß Konvention beginnt der Name einer Bibliothek mit *lib* und endet mit *.a* .

Schlüsselzeichen

d   Löscht die nachfolgend angegebenen Files aus der Bibliothek (2. Beispiel).

r   Fügt neue Dateien in die Bibliothek ein oder ersetzt bereits bestehende (3. Beispiel).

	q	Hängt die genannten Dateien am Ende des Archivs an. Hierbei wird nicht geprüft, ob eine gleichnamige Datei innerhalb der Bibliothek bereits existiert (1. Beispiel). Es kann mehrere Dateien mit gleichem Namen in der Archivdatei geben!
	t	Zeigt das Inhaltsverzeichnis des genannten Archivs an. Werden außer *t* noch zusätzlich Dateinamen angegeben, dann wird das Inhaltsverzeichnis nur nach diesen Namen durchsucht, und nur diese werden ausgegeben.
	p	Zeigt den Inhalt der bezeichneten Dateien auf dem Bildschirm.
	m	Transportiert die angegebenen Files an das Ende des Archivs.
	x	Die genannten Dateien werden aus dem Archiv geholt und im aktuellen Verzeichnis als Einzeldateien angelegt. Das Archiv wird hierbei nicht verändert.
Zusätze	v	(verbose) Zeigt an, welche Datei aktuell bearbeitet wird. In Verbindung mit *t* wird ein Longlisting der Files erzeugt. In Verbindung mit *x* wird jeder Name der Datei dargestellt, die aus dem Archiv geholt wird.
	u	(update) In Verbindung mit *r* werden nur solche Dateien innerhalb des Archivs ersetzt, die sich seit der letzten Archivierung verändert haben.
	a	(*a pos*) Positionsangabe. In Verbindung mit *r* oder *m* wird die aktuell in das Archiv einzufügende Datei hinter der im Argument *Position* (*pos*) angegebenen Datei eingefügt.
	i,b	(*i pos*) Positionsangabe. Wie a, wird jedoch vor der im Argument *Position* (*pos*) angegebenen Datei eingefügt.
	c	Unterdrückung der normalerweise erscheinenden Systemmeldung, wenn eine neue Archivdatei erzeugt wird.
	l	Die temporär erzeugten Dateien werden statt in */tmp* im aktuellen Verzeichnis angelegt.
	s	Die Symboltabelle der Bibliothek wird neu erstellt. Die Symboltabelle wird von *ar* angelegt, wenn mindestens eine Objektdatei im Archiv enthalten ist. Die Symboltabelle wird vom Linker benutzt.

Die Überarbeitung des Inhaltsverzeichnisses wird gestartet. Die Anwendung ist dann sinnvoll, wenn eine Bibliothek durch Kommandos wie *strip* verändert wurde, das symbolische Informationen aus einer Datei entfernt.

1. Anlegen eines Archivs übersetzter C-Programme Beispiele

   ```
   $ ar -qv libarchiv.a liste.o mail.o test.o
   ar: creating libarchiv.a
   q - liste.o
   q - mail.o
   q - test.o
   ```

   Das neu zu schaffende Archiv erhält den Namen *libarchiv.a* und enthält 3 Objektfiles. Der Aufbau des Namens in der Form *lib*.a* ist erforderlich, wenn ein Archiv von compilierten C-Funktionen erstellt werden soll, da der Linker einen Archivnamen in diesem Format erwartet.

   Mit der Option *q* werden die Dateien an die Bibliothek *libarchiv.a* angehängt, die Option *v* erzeugt eine Liste der bearbeiteten Dateien.

2. Löschen von Dateien aus einem Archiv

   ```
   $ ar -d libarchiv.a mail.o
   ```

   Aus der Bibliothek *libarchiv* wird die Datei *mail.o* entfernt.

3. Updaten eines Archivs

   ```
   $ ar -r libarchiv neu.o
   ```

   Die Datei *neu.o* wird durch die vorliegende Version ersetzt.

4. Inhalt eines Archivs

   ```
   $ ar -t libarchiv.a
   liste.o
   test.o
   neu.o
   ```

5. Herauslesen einer Datei aus dem Archiv

   ```
   $ ar -x libarchiv.a neu.o
   ```

   Der Inhalt der Archivdatei *neu.o* wird aus der Bibliothek heraus in die Datei *neu.o* im aktuellen Directory geschrieben, ohne daß das Archiv verändert wird.

☞ *cpio, tar*

at

Name	Option
at	[-fm]Zeit [Datum][+Inkrement]
at	[lr] job

Das *at*-Kommando ermöglicht die Ausführung eines oder mehrerer Programme zu einem vom User festzulegenden Zeitpunkt. Der User, der den Auftrag zur Ausführung erteilt, muß zur Zeit der tatsächlichen Ausführung nicht (mehr) eingeloggt sein. Das *at*-Kommando berücksichtigt notwendige Zugriffsberechtigungen für Dateien, Umgebungsvariablen, Einstellungen durch *umask* und *ulimit* und das aktuelle Directory für die auszuführende Task. So wird sichergestellt, daß die Ausführung der Programme auch wunschgemäß abläuft.

Die Befehlsfolge (jeweils ein Kommando pro Zeile) kann über die Tastatur eingegeben und mit einem [Strg]+[D] am Anfang einer Zeile abgeschlossen oder in Form eines Jobs (Lesen der Befehle aus einer Datei) aufgerufen werden.

Die Auswahl der Benutzer, die *at* benutzen dürfen, fällt in den Aufgabenbereich des Systemverwalters (Superusers). Die Namen der berechtigten User werden in */usr/lib/cron/at.allow* hinterlegt, oder anders herum, die Namen der nicht berechtigten Anwender in der Datei */usr/lib/cron/at.deny* (diese sollten natürlich nur vom Systemverwalter änderbar sein). Bei der Kontrolle sucht *at* zuerst die Datei *at.allow* und wertet sie aus. Existiert sie nicht, dann sucht *at* nach *at.deny* und richtet sich nach deren Inhalt. Existiert keine von beiden, dann ist die Ausführung des Befehls allein dem Systemverwalter erlaubt.

Optionen

-f script   *at* liest Kommandos aus der Datei *script*.

-l   Es wird eine Liste der Auftragsnummern ausgegeben, die *at* für die anstehenden Jobs erzeugt, und zwar aufgrund der abzuarbeitenden Liste im Scheduler von *at*.

-m   Ist der Auftrag abgearbeitet, so bekommt der User eine Mail.

-r job   Löscht den Auftrag mit der angegebenen Nummer aus der Warteschlange.

Zusätzliche Parameter

Zeit   Die Angabe des Zeitpunktes der Ausführung eines Auftrags erfolgt in Stunden und Minuten. Ist die Zeit ein- oder zweistellig angegeben (*9* oder *09*), dann wird vom System angenommen, daß es sich um Stunden handelt, bei vierstelliger Angabe (*1130*) wertet es die ersten beiden als Stunden und die letzten beiden als Minuten. Die beiden Teile können durch : getrennt werden (*11:30*). Hängt man bei der Zählweise *0-12* statt *0-24* die entsprechende Abkürzung *am* oder *pm* direkt an die Zeitangabe an (*1130am* oder *11:30am*), dann wertet das System diese Angabe aus. Die Zeitangabe kann aber auch in 24-Stunden-Zählweise erfolgen.

Weitere Angaben, die mit dem Parameter *Zeit* ausgewertet werden, sind:

midnight	Mitternacht
next	Wird vor Datum und nach Zeit gesetzt.
noon	12:00 mittags
now	Sofort, in Verbindung mit Inkrement.
zulu	Steht für Greenwich Mean Time.
nextday	Auftrag wird einen Tag später ausgeführt (der auf den aktuellen Tag folgende).
Datum	Auch hier gibt es verschiedene Darstellungsformen.

```
Monat, Tag           Jul 06
Monat, Tag, Jahr     Jul 06,1988
Wochentag            Monday
Relat. Tagesangabe   today, tomorrow, nextday, nextweek
```

Die üblichen Abkürzungen für Tage (in englischer Form) – bestehend aus 3 Buchstaben – werden erkannt. Die Angabe eines bereits vergangenen Monats wird für das nächste Jahr gewertet.

Inkrement Es handelt sich um eine Zahl, der die Angabe eines Zeitintervalls folgen muß: *minutes, hours, days, weeks, months* oder *years*. Die Sequenz *now + 1 hours* definiert, daß die Ausführung der genannten Befehle in 1 Stunde von jetzt an beginnen soll.

1. Ausführung von Befehlen am nächsten Tag um 14:30, wobei die Kommandos aus der Datei *liste* gelesen werden sollen:

   ```
   $ at 1430 tomorrow < liste
   ```

Beispiele

2. Umlenkung der Ausgabedaten in die Datei *logbuch*, Rest wie unter 1.

   ```
   $ at 14:30 tomorrow < liste > logbuch
   ```

3. Direkte Eingabe der Befehlsfolge beim Kommandoaufruf

   ```
   $ at 4pm Fri
   mail Klaus < nachricht
   ```
   Strg + D

   Der Inhalt der Datei *nachricht* wird am nächsten Freitag um 14:00 via UNIX Mail an den Benutzer Klaus geschickt.

☞ *batch, cron*

banner

Name   **Argumente**
banner   Zeichenkette(n)

banner gibt die angegebenen Zeichenketten, die durch Leerstellen getrennt werden, in Großbuchstaben auf Standard Output (laut Voreinstellung das Terminal) aus. Es wird normalerweise eine Zeichenkette (Trennzeichen ist die Leerstelle) pro Zeile dargestellt, es können jedoch mehrere in einer Zeile ausgegeben werden, wenn sie zwischen zwei " " stehen (s. u.).

Da das Ausgabeformat sehr groß gewählt ist, hängt die Zahl darstellbarer Zeichen von den Möglichkeiten des Ausgabegeräts ab. Auf einem Sichtgerät mit 80 Spalten sind maximal 10 Zeichen pro Zeile möglich.

Beispiele
1. Ausgabe eines Begrüßungsbanners

   ```
   $ banner "He Du" Frohes Schaffen
   ```

   Die beiden Worte zwischen den " " erscheinen gemeinsam in einer Zeile, die anderen in den folgenden Zeilen jeweils einzeln. Soll diese Meldung beim Einloggen erscheinen, dann muß die o. g. Kommandozeile in der Datei *.login* (*csh*) oder *.profile* (*sh*) stehen.

2. Wie 1., jedoch erfolgt die Ausgabe auf einem Drucker

   ```
   $ banner "He Du" Frohes Schaffen | lp
   ```

3. Ausgabe auf einem anderen Bildschirm (Port tty03)

   ```
   $ banner "He Du" Frohes Schaffen > /dev/tty03
   ```

   Die Nachricht kann dort nur ausgegeben werden, wenn das Zielterminal nicht mit *mesg no* verriegelt ist.

basename

Name
basename

Argumente
Zeichenkette[Suffix]

Jede Datei im System hat einen Eigennamen (Basename) und einen Pfadnamen, der ihre genaue Lage im Filesystem beschreibt. Wenn eine Datei z. B. */etc/ttytype* heißt, so kann man mit Hilfe von *basename* den Pfadnamen abtrennen, übrig bleibt *ttytype*. Die Angabe eines Suffix beim Kommandoaufruf bedeutet, daß dieser Teil des Dateinamens entfernt werden soll, falls er vorhanden ist. Die häufigste Anwendung von *basename* ist innerhalb von Scripts, wenn bereits existierende Dateinamen in anderer Form oder ohne führenden Pfad weiterverarbeitet werden sollen.

Den gegenteiligen Effekt erzeugt der Befehl *dirname*.

1. Typische Anwendung innerhalb eines Scripts   Beispiele

   ```
   VARIABLE=`basename $HOME/gunda/text`
   ```

   Auf diese Weise erhält VARIABLE den Wert *text*, ohne führenden Pfad ($HOME steht hier für das Homedirectory des Users *gunda*)

2. Das Suffix (*.c*) einer Datei wird entfernt

   ```
   $ basename /usr/test/source/program.c
   program
   ```

☞   *dirname*

batch Stapelverarbeitung

Name
batch

batch liest Kommandos von STDIN und führt diese zu einer Zeit aus, zu der die Anlage wenig belastet ist. Der Aufrufer muß zur Zeit der Ausführung nicht (mehr) eingeloggt sein. Die auszuführenden Kommandos stehen jeweils am Anfang einer Zeile, wobei pro Zeile ein Befehl eingetragen wird. Eine Eingabe von Tastatur wird mit [Strg]+[D] abgeschlossen. Auch *batch* kann wie *at* auszuführende Befehle mittels Umlenkung aus einer angegebenen Datei lesen. Im Gegensatz zum *at*-Kommando ist hier jedoch keine Zeitangabe zur Festlegung des Ausführungszeitpunktes möglich, da diese automatisch ermittelt wird.

batch berücksichtigt alle notwendigen Einstellungen des Systems (Zugriffsberechtigungen für Dateien und Directories, Umgebungsvariablen usw.) zum Zeitpunkt der Eingabe des Kommandos, damit bei seiner späteren Ausführung die gleichen Verhältnisse herrschen und keine unerwarteten Beschränkungen zu Behinderungen führen. Über die Dateien *at.allow* und *at.deny* im Verzeichnis */usr/lib/cron* wird gesteuert, welcher User *batch* benutzen darf.

Beispiele
1. Ausführung eines Befehls, wenn die Auslastung der Anlage gering ist.

   ```
   $ batch
   wc -l /etc/ttytype > ergebnis
   ```
   [Strg]+[D]

   Das Ergebnis der Zeilenzählung wird in der Datei *ergebnis* unter dem Verzeichnis abgespeichert, in dem man sich zum Zeitpunkt der Kommandoeingabe befand.

2. Lesen der abzuarbeitenden Kommandos aus einer Datei *liste*

   ```
   $ batch <liste
   ```

☞ *at, cron, sh*

cal   Calendar

Name
cal

Argumente
[[month]year]

cal zeigt einen kompletten Kalender für das angegebene Jahr. Ist kein Argument angegeben, so wird der aktuelle Monat ausgegeben. Ist ein bestimmter Monat des Jahres gewünscht, dann muß der Monatsname in Form einer Zahl zwischen 1 (01 oder 1) und 12 zusätzlich zum Jahr angegeben werden.

Beispiele

1. Kalender für das Jahr 1981

   $ cal 1981

   Abkürzungen sind nicht erlaubt. Die Eingabe von 81 bezieht sich auf das Jahr 81, nicht 1981.

2. Kalender für Mai 1982

   $ cal 5 1982

calendar

Name
calendar [-]

calendar ist eine Art Mini-Terminverwaltungssystem. Der Befehl *calendar* sucht eine Datei mit dem Namen *calendar* im aktuellen Verzeichnis des Anwenders. Existiert ein File dieses Namens, werden darin alle Zeilen gesucht und auf dem Bildschirm ausgegeben, die das Datum von heute oder morgen beinhalten.

Bei einer Abfrage am Freitag werden statt der Termine für Samstag (morgen) die Termine für Montag ausgegeben. Es wird nur die (amerikanische) Reihenfolge Monat-Tag erkannt, nicht die europäische, Tag-Monat. Folgende Syntax ist erlaubt: *11/30* oder *Nov 30* oder *november30*. Man sollte das Kommando in eine Datei schreiben, die beim Einloggen abgearbeitet wird, z. B. *.login* (C-Shell) oder *.profile* (Shell), damit man automatisch bei Arbeitsbeginn die aktuellen Termine erfährt.

calendar mit der Option – durchsucht das Home-Verzeichnis (nicht das aktuelle) nach einer Datei *calendar*. Die gefundenen Termine werden über Mail an den User geschickt.

Beispiel   Eine Termindatei mit dem Namen calender enthalte
die Einträge :
11/27 Essen Fa.KOMDATE, Konstanz, 14.00 Uhr
11/29 Zahnarzttermin Dr. Beussel
11/30 Mittagessen mit Hr. Scheufel, 12.00
12/01 Abteilungsfest, 12.30 Uhr

Wird *calendar* am 29.11. aufgerufen, dann erscheint auf dem Bildschirm der aktuelle Termin für heute und der für morgen. Alle späteren (und bereits verstrichenen) erscheinen nicht.

```
$ calendar
11/29 Zahnarzttermin Dr. Beussel
11/30 Mittagessen mit Hr. Scheufel, 12.00
```

cancel

Name	Option	Argumente
cancel	[-u user] [id] [drucker]	

Das Kommando *cancel* storniert Druckaufträge, die mit dem Kommando *lp* erteilt worden sind. Das *id*-Argument repräsentiert die Druckauftragsnummer (Request Id), die von dem *lp*-Kommando für jeden Druckauftrag eindeutig vergeben wird.

Möchte man einen Druckauftrag vorzeitig abbrechen, aus welchem Grund auch immer, so gibt man die Druckauftragsnummer *id* bei Aufruf von *cancel* an. Wird nur der Druckername *drucker* angegeben, so wird nur der Auftrag storniert, der augenblicklich auf dem genannten Drucker ausgegeben wird.

Optionen   u   (user) Alle Druckaufträge des Benutzers *user* werden abgebrochen. Wird zusätzlich ein Druckername angegeben, so werden nur die Aufträge an diesem Drucker abgebrochen.

1. Abbrechen des Druckauftrages unter Angabe der Auftragsnr. (id). **Beispiele**

    ```
    $ lp brief
    request id is laser-123 (1 file)
    $ cancel laser-123
    ```

    Bricht am Drucker *laser* den Druckauftrag mit der Auftragsnummer 123 ab.

2. Stornieren einer laufenden Druckausgabe.

    ```
    $ cancel laser
    laser-47 cancelled
    ```

Hiermit wird die aktuelle Ausgabe auf dem Drucker *laser* beendet.

Ist der Druckername oder die Druckauftragsnummer nicht bekannt, so ist es mit dem Kommando *lpstat* möglich, sich diese Werte anzeigen zu lassen. *lpstat -t* zeigt die aktuelle Liste aller Druckaufträge im System.

☞ *lp, lpstat*

cat

concatenate (aneinanderhängen)

Name	Optionen	Argumente
cat	[-estuv]	Datei(en)

Dieser Befehl liest die angegebenen Dateien und gibt ihren Inhalt in der gleichen Reihenfolge, wie die Dateien beim Kommandoaufruf stehen, nach Standard Out aus. Die Ausgabe kann natürlich umgelenkt werden, z. B. in eine andere Datei oder in eine Pipe.

-e	Stellt das Tabulatorzeichen als ^I dar (nur in Verbindung mit der Option -v möglich).	**Optionen**
-s	Unterdrückt die automatisch erzeugte Fehlermeldung des Systems, wenn beim Kommandoaufruf eine nicht existierende Datei angegeben wurde (z. B. beim Einlesen von Daten aus Dateien).	
-t	Stellt das Ende aller Zeilen als $ dar, geht nur in Verbindung mit -v.	
-u	Die Ausgabe erfolgt ungepuffert bis zum Ende der Datei (normalerweise gepuffert).	

cat

-v Stellt auch nicht druckbare Zeichen dar. Teilweise wird eine Ersatzdarstellung gewählt. ^H steht für [Strg]+[X], ^? steht für [Entf] (ASCII 127) usw. Tabulatorzeichen, Newlines und Form Feeds werden nicht dargestellt.

Zeichen, die aus der 8-Bit-Welt stammen (Tabellenplätze 128 bis 255, IBM-Zeichensatz), erscheinen mit einem führenden *M-* gefolgt von dem Character, den die unteren 7 Bit des 8-Bit-Codes in der ersten Hälfte der Tabelle (Plätze 0 bis 127) darstellen. Das 8. Bit wird duch *M-* ersetzt.

Verwenden Sie nie den Namen einer Datei in einem *cat-*Befehl als Quelle und Ziel gleichzeitig!

```
$ cat text1 text2 > text1
```

Dieses Kommando hat zur Folge, daß zuerst die Datei *text1* wegen des Redirect (>) gelöscht wird. Anschließend werden die Dateien von *cat* gelesen, der Inhalt von *text1* ist in unserem Beispiel aber schon verloren.

Beispiele
1. Schreiben eines Dateiinhalts in eine andere Datei (Kopieren einer Datei)

```
$ cat text1 > neudat
```

Ist die Datei *neudat* schon vorhanden, so wird sie zunächst gelöscht und anschließend mit dem Inhalt von *text1* beschrieben. Wird das >>-Zeichen benutzt, so werden die Daten aus *text1* an die Datei *neudat* angefügt, wenn diese bereits exisiert.

2. Aneinanderhängen mehrerer Dateien in einer neuen Datei

```
$ cat text1 text2 text3 > neudatei
```

3. Eröffnen einer neuen Datei; *cat* als einfacher Editor.

```
$ cat > neutext
text ⏎
[Strg]+[D]
```

Jede eingegebene Textzeile wird mit ⏎ abgeschlossen, die gesamte Eingabe mit [Strg]+[D] am Anfang einer Zeile.

☞ *pg*

cd   change directory (Wechsel des Verzeichnisses)

Name **Argumente**
cd [Pfadname]

Bringt den Benutzer in das Verzeichnis, das im Pfadnamen angegeben wurde. Der Pfadname ist optional. Wird er weggelassen, positioniert das System den User in sein Homedirectory zurück.

Der Suchweg von *cd* beschränkt sich bei fehlendem / am Anfang des Pfades (als Zeichen für die Suche ab der Root, absolute Angabe) normalerweise auf das aktuelle Verzeichnis. Über die Environmentvariable CDPATH können weitere Directories eingestellt werden, die beim Aufruf von *cd* mit durchsucht werden.

Eine neue Positionierung ist so ohne Kenntnis des Gesamtpfades möglich (gleicher Mechanismus wie bei der Kommandosuche unter verschiedenen Verzeichnissen laut Definition der Variablen PATH). CDPATH wird üblicherweise in der Datei *.profile* für die Shell (*.login* für die *csh*) gesetzt.

In den Beispielen besitzt der User das Homedirectory */home/rb* (Position 1).

Beispiele

1. Wechsel nach */home/neudir* von */home/rb* mit absoluter Pfadangabe (von root aus beschreibend)

   $ cd /home/neudir

   Der Standortwechsel kann auch mit relativem Pfadnamen durchgeführt werden:

   $ cd ../neudir

   Von dem augenblicklichen Dirctory */home/rb* aus verzweigt *cd* eine Ebene höher (.. steht für Parent Directory) und von dort auf *neudir*.

   In das Verzeichnis */usr/bin* wird von Standort 2 gewechselt (hier rel. Pfadangabe)

   $ cd ../../usr/bin

2. Wechsel vom aktuellen (Position 3) in das Verzeichnis *texte* unterhalb des Homedirectory (Position 4).

   $ cd $HOME/texte

Der in unseren Beispielen verwendete Verzeichnisbaum

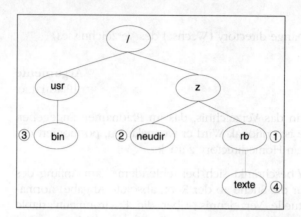

chgrp change group (Wechsel der Gruppe)

Name
chgrp

Argumente
[-hR] newgroup Datei(en)

Jede Datei ist einer Gruppe zugeordnet. Mitglieder dieser Gruppe haben entsprechend der Gruppenrechte Zugriff auf die Datei. Die Zuordnung einer Datei zu einer Gruppe kann mit dem Kommando *chgrp* geändert werden. Nach Ausführung des *chgrp*-Kommandos haben Mitglieder der neuen Gruppe Zugriff entsprechend der Gruppenrechte, die bisherige Gruppe unterliegt nun den »other«-Rechten.

Der normale Benutzer darf die Gruppenzugehörigkeit nur für seine eigenen Dateien (er ist owner) ändern. Der Superuser kann die Gruppenzugehörigkeit beliebiger Dateien ändern.

Wenn das Set-User-ID- oder Set-Group-ID-Bit gesetzt ist, dann löscht *chgrp* es, außer *chgrp* wurde vom Superuser ausgeführt. ID-Bits lassen den Anwender für die Ausführung eines so gekennzeichneten Programms für die Zeit der Ausführung in die Rolle des eigentlichen Eigentümers (mit allen seinen Rechten und Einschränkungen) bzw. der Gruppe schlüpfen.

Beim Anlegen einer Datei erhält diese automatisch die Gruppenzugehörigkeit des Erzeugers. Die Gruppe wird jedem User beim Einloggen durch den Eintrag in der Datei */etc/passwd* zugeordnet. Hat ein Anwender mehrere Gruppenzugehörigkeiten (Eintrag in /etc/group), dann kann er mittels *newprg* zwischen den einzelnen Gruppen wechseln.

Optionen

R   *chgrp* ändert rekursiv in allen Unterverzeichnissen die Gruppennummer. Symbolische Links werden abgearbeitet.

h   Ist die Datei ein symbolischer Link, so wird dessen Gruppenzugehörigkeit verändert. Ohne diese Option wird die Zugehörigkeit der Datei verändert, auf die der symbolische Link verweist.

Beispiele

1. Wechsel der Gruppenzugriffsrechte einer Datei

   ```
   $ ls -l datei
   -rwxrwxrwx 1 hans team 3269 Jul 13 09:45:13 datei
   $ chmod o-rwx datei ; ls -l
   -rwxrwx--- 1 hans team 3269 Jul 13 09:45:13 datei
   $ chgrp team2 datei ; ls -l
   -rwxrwx--- 1 hans team2 3269 Jul 13 09:45:13 datei
   ```

   Zuerst werden die Zugriffsrechte für alle (others) mittels *chmod* gesperrt und anschließend die Gruppe von *datei* geändert.

2. Ändern der Gruppe anhand der Gruppen-ID

   ```
   $ chgrp 130 datei
   ```

   Sämtliche Mitglieder der Gruppe mit der Nummer 130 (☞ */etc/group*) haben jetzt Zugriff auf *datei*.

3. Ändern der Gruppe eines ganzen Directories einschließlich Subdirectories

   ```
   $ find . -depth -exec chgrp neugruppe {}\;
   ```

   Das *find*-Kommando mit seinen Optionen erzeugt ein Listing des aktuellen Verzeichnisses und der darunterliegenden Verzeichnisse. Für jede gefundene Datei wird das Kommando *chgrp* ausgeführt, das die Datei der Gruppe *neugruppe* zuweist.

☞ *chmod, chown, ls, newgrp*

chmod   change mode (Ändern des Modus)

Name	Optionen	Argumente
chmod	[-R][ogua][+][-][=] [rwxslt]	Datei(en)
chmod	[-R] mode	Datei(en)

Dieser Befehl ändert die Zugriffsberechtigungen (Permission) von Dateien und Directories für die drei Klassen von Benutzern (Owner, Group, other).

In der ersten Form (symbolischer Mode) des *chmod*-Aufrufs wird angegeben, für wen (z. B. owner), wie (z. B. hinzufügen) und welche Rechte (z. B. Leserecht) geändert werden sollen.

Aus Sicht der Datei werden die Benutzer eines Systems in drei Klassen unterteilt. *chmod* benutzt für diese Klassen folgende Abkürzungen:

u   (user) User, dem die Datei gehört (Owner).

g   (group) Gruppe, der der Owner der Datei angehört.

o   (other) Alle anderen am System.

a   Änderungen sollen für alle Klassen vorgenommen werden.

Zur Beschreibung der Änderungen (wie wird verändert) stehen drei Operatoren zur Verfügung:

+   Es soll eine Permission hinzugefügt werden.

-           Es soll eine Permission gelöscht werden.

=   Absolute Festlegung der angegeben Permissions.

Für die einzelnen Benutzerklassen können die Zugriffsrechte und andere Attribute vergeben werden. In der folgenden Liste sind die Zugriffsrechte und ihre Symbole beschrieben:

r   (read) Leseberechtigung

w   (write) Schreibberechtigung

x   (execute) Ausführberechtigung

s   (set) Setze User-ID (mit *u*-Option) oder setze Group-ID (mit *g*-Option)

t   Sticky Bit (nur mit *u*-Option)

l	(lock) Während eines Zugriffs ist die so gekennzeichnete Datei für alle anderen Benutzer gesperrt (nicht, wenn *x*-Recht gesetzt ist).

Wird für eine ausführbare Datei das Set-User-ID-Bit gesetzt, dann haben alle, die dieses Programm ausführen, während der Laufzeit des Programms sämtliche Rechte des eigentlichen Besitzers der Datei (sie schlüpfen sozusagen in dessen Rolle). Der ausführende User bekommt als effektive UID die UID des Dateieigentümers.

Nach Beendigung des Programms geht alles wieder in den ursprünglichen Zustand über. Analoges gilt für das Set-Group-ID-Bit. Ist der Lock-Modus gesetzt (*l*-Option), ist die Datei während eines Zugriffs für alle anderen Benutzer gesperrt. Ist *lock* nicht eingeschaltet, können mehrere Benutzer gleichzeitig auf eine Datei zugreifen.

In der zweiten Form (absoluter Mode) von *chmod* werden die Zugriffsrechte als oktaler Wert (mode) absolut angegeben und gesetzt.

```
$ chmod mode datei (directory)
```

mode besteht aus 3 bis 4 Ziffern. Die Stellen 2 bis 4 bestimmen die Zugriffsrechte der drei Benutzerklassen, die erste Stelle hat eine Sonderbedeutung und kann entfallen, wenn sie den Wert 0 hat. Den einzelnen Zugriffsrechten (Leserecht für Gruppe,...) sind oktale Werte entsprechend der folgenden Tabelle zugeordnet. Die Zugriffsrechte für eine Datei ergeben sich aus der Addition der einzelnen Positionen.

4000	Set-User-ID wird gesetzt.
20#0	Set-Group-ID wird gesetzt, wenn an Stelle des # 7, 5, 3 oder 1 steht. Ist der Wert von # 6, 4, 2 oder 0, dann wird der Lockmodus für die Datei eingeschaltet. Dieses Bit wird ignoriert, wenn die Datei ein Verzeichnis ist.
1000	Sticky Bit wird gesetzt.
0400	Der Owner bekommt Leserecht.
0200	Der Owner bekommt Schreibrecht.
0100	Der Owner bekommt Ausführrecht.
0040	Die Gruppe bekommt Leserecht.
0020	Die Gruppe bekommt Schreibrecht.
0010	Die Gruppe bekommt Ausführrecht.

chmod

0004   other bekommt Leserecht.

0002   other bekommt Schreibrecht.

0001   other bekommt Ausführrecht.

Soll der Owner alle Rechte, die Gruppe Lese- und Ausführrecht und other nur Ausführrecht bekommen, so sieht die Addition folgendermaßen aus (führende Nullen brauchen nicht angegeben zu werden):

400 + 200 + 100 + 40 + 10 + 1 = 751

Der Befehl

```
$ chmod 751 datei
```

erzeugt diese Zugriffsrechte: *rwxr-x—x*.

Mit der Option *-R* ändert *chmod* rekursiv für die angegebenen Verzeichnisse und deren Unterverzeichnisse die Zugriffsrechte.

Beispiele

1. Für eine Datei sollen die Permissions von

   ```
   -rwxr--r--  1 dax     1200 Jan 5 16:15 gabi
   ```

   auf

   ```
   -rwxrwxrwx  1 dax     1200 Jan 5 16:15 gabi
   ```

   geändert werden. Das entsprechende Kommando muß folgendes Aussehen haben:

   ```
   $ chmod go+wx gabi
   ```

   Für Group (g) und Owner (o) wird jeweils die Schreib- (w) und Ausführberechtigung (x) hinzugefügt (+).

2. Das gleiche unter Verwendung des Oktalcodes

   ```
   $ chmod 0777 gabi
   ```

   Die gewünschten Zugriffsrechte werden dabei absolut angegeben. Die erste Null kann auch weggelassen werden.

3. Änderung des Set-UID-Bits zur Erlangung einer anderen Identität (hier Root) während der Ausführung des Programms

   ```
   $ ls -l hilf
   -rwxrwxrwx  1 root  other   634 Jan 13 10:34 hilf
   ```

```
$ chmod 4777 hilf
$ ls -l hilf
-rwSrwxrwx  1  root  other  634  Jan 13  10:34 hilf
```

4. Änderung eines ganzen Directories

   ```
   $ chmod g+w *
   ```

5. Änderung der Zugriffsrechte für Liste von Dateien

   ```
   $ chmod g+w `find . -newer test -print`
   ```

   oder

   ```
   $ find . -newer test -print | xargs chmod g+w
   ```

☞ *chgrp, chown, ls*

chown   change owner (Ändern des Besitzers)

Name
chown

Argumente
[-Rh] owner Datei(en)

Jeder Anwender, der eine Datei anlegt, wird automatisch als deren Eigentümer (Owner) eingetragen. Mit *chown* kann einer Datei ein neuer Besitzer zugeordnet werden, der dann sämtliche Rechte an der Datei übernimmt.

Der neue Besitzer (owner) kann mit seinem Loginnamen oder seiner Identifikationsnummer (☞ */etc/pass*wd) im Kommandoaufruf angegeben werden. Der Besitzerwechsel kann nur vom aktuellen Eigentümer einer Datei oder vom Superuser veranlaßt werden.

Wenn Set-User-ID oder Set-Group-ID-Bit (☞ *chmod*) gesetzt sind, werden sie von *chown* gelöscht, es sei denn, *chown* wurde vom Superuser aufgerufen.

Optionen

-R *chown* ändert rekursiv in allen Verzeichnissen und Unterverzeichnissen die Besitzrechte.

-h Ist die Datei ein symbolischer Link, so wird ihr Owner verändert. Ohne diese Option wird der Owner der referenzierten Datei verändert.

Beispiele	1.	Setze als neuen Besitzer *max* für eine existierende Datei ein

   $ chown max datei

   Max ist jetzt der neue Besitzer des Files *datei*. Die Kontrolle ist mit *ls -l* möglich.

   2. Ändere die Eigentümer aller mittels *find* gefundenen Dateien

   $ find . -print | xargs chown news

   Das *find*-Kommando liefert alle Namen der Dateien, die dann von *chown* bearbeitet werden.

☞ *chmod, chgrp*

cmp   compare (vergleichen)

Name	**Optionen**	**Argumente**
cmp	[-l][-s]	datei1 datei2

Vergleicht zwei Dateien und gibt den ersten Unterschied zwischen den Inhalten der beiden Dateien auf dem Bildschirm aus. Ist kein Unterschied feststellbar, erfolgt keine Ausgabe. *cmp* liefert folgenden Exit-Status: 2, wenn eine Datei fehlt, 1, wenn Unterschiede bemerkt wurden, 0, wenn nicht.

Diese Werte werden oft in Scripts als Bedingungen für Verzweigungen verwendet. Eine sinnvolle Anwendung innerhalb der Systemadministration ist der Test mit *cmp*, ob sich Dateien inhaltlich unterscheiden, damit Duplikate aus dem System entfernt werden können.

Optionen   -l   Ausgabe der Unterschiede. Die Positionen (Bytenummer), an denen sich die Dateien unterscheiden, werden dezimal, die Inhalte der Bytes werden oktal angegeben.

-s   Unterdrückung aller Meldungen. Anwendung dann, wenn nur mit dem *Exit Value* gearbeitet werden soll.

Beispiele   1.   Vergleich zweier Dateien

   $ cmp datei1 datei2
   datei1 datei2 differ: char 25, line 15

Der erste Unterschied taucht in Zeile 15 bei Zeichen 25 auf.

2. Gib alle Unterschiede zwischen zwei Dateien aus

```
$ cmp -l datei datei1
12  153  132
32   56   77
```

3. Anwendung in Shell-Scripts

```
cmp -s $1 datei1
if [ $? -eq 0 ]
then
     rm $1
fi
```

Der erste Dateiname wird aus dem übergebenen Parameter *$1* übernommen und mit *datei1* verglichen. Das Kommando *cmp* liefert *0* zurück, wenn der Vergleich ergibt, daß sich *$1* und *datei1* nicht unterscheiden. In diesem Fall wird *$1* mittels *rm* gelöscht.

col

Name
col

Optionen
[-bfpx]

Wenn ein Text (halbe) Zeilenvorschübe vorwärts oder rückwärts enthält, dann ist er oft nicht auf herkömmlichen Peripheriegeräten darstellbar. *col* filtert diese speziellen Steuersequenzen aus dem Text heraus und ermöglicht so eine Darstellung der Ausgabe, ohne daß sie an einigen Stellen unlesbar ist. Elf Steuersequenzen werden von *col* erkannt und unterdrückt.

col kann auch einfach als Testmittel verwendet werden, um festzustellen, ob eine Datei Sonderzeichen enthält.

Als reiner Filter liest *col* von Standard In und schreibt nach Standard Out. Daten aus einer Datei werden daher über eine Pipe oder eine Umlenkung (<) gelesen. Meist verwendet man *col* in Verbindung mit *nroff*.

Optionen

-b Es wird angenommen, daß das Ausgabegerät keine Backspace-Funktion (Löschen des Zeichens links vom Cursor)

col

darstellen kann. In diesem Fall, wenn mehrere Zeichen aufgrund von Backspaces auf der gleichen Stelle stehen würden, erscheint nur das zuletzt auf diese Position gebrachte Zeichen. Die Sequenz [m]+[←]+[_] würde auf dem Ausgabegerät als _ erscheinen.

-f Statt der Konvertierung von halben Zeilenvorschüben vorwärts in ganze Vorschübe, werden die halben unverändert an das Ausgabegerät weitergegeben.

-p Alle Steuersequenzen, einschließlich der unbekannten, werden ungefiltert an das Ausgabegerät weitergegeben.

-x Statt der Defaulteinstellung, mehrere Leerstellen in Folge durch einen Tabulatorsprung zu ersetzen, werden die Blanks einzeln unverändert ausgegeben.

Steuersequenzen

ASCII (oktal)	Zeichen
040	Leerstelle (SP)
010	Backspace (löschen links vom Cursor, BS)
011	Horizontaler Tabulator (HT oder ^I)
012	Neue Zeile (LF oder ^J)
013	Vertikaler Tabulator (VT oder ^K)
015	Return (CR oder ^M)
016	Textanfang (SO oder ^N) (Beginn eines alternativen Zeichensatzes)
017	Textende (SI oder ^O) (Ende eines alternativen Zeichensatzes)
<Esc>-7	Zeilenvorschub rückwärts
<Esc>-8	Halber Zeilenvorschub rückwärts
<Esc>-9	Halber Zeilenvorschub vorwärts
^	steht in der obigen Liste für [Strg].

Teilweise bestehen die Steuersequenzen aus mehr als einem Zeichen, meist mit führendem [Esc] (033 oktal).

Beispiele

1. Test, ob eine Datei Zeilenvorschübe rückwärts enthält

```
$ col < text10
```

2. Filtern eines mit *nroff* bearbeiteten Dokumentes via *col*

   ```
   $ nroff text10 | col | lp
   ```

   In diesem Fall steuern Pipes sowohl die Eingabe als auch die Ausgabe von *col*.

comm   common (gemeinsam)

Name	Optionen	Argumente
comm	[-123]	Datei1 Datei2

Das *comm*-Kommando untersucht zwei (z. B. mit *sort*) sortierte Dateien auf gleiche Zeilen hin. Als Ausgabe auf dem Bildschirm erscheint eine dreispaltige Tabelle. Die erste Spalte enthält die Zeilen, die nur in der ersten Datei vorkommen, die zweite Spalte die Zeilen, die nur in der zweiten enthalten sind und die dritte Spalte die gemeinsamen. Die Optionen lassen eine Veränderung der Ausgabe zu. Im Gegensatz zu den Befehlen *diff* und *cmp*, die auch Files miteinander vergleichen, ist der Einsatz von *comm* auf vorsortierte Textdateien beschränkt.

Optionen

-1   Spalte 1 wird unterdrückt

-2   Spalte 2 wird unterdrückt

-3   Spalte 3 wird unterdrückt

Kombinationen der einzelnen Optionen wie z. B. *-23* sind zulässig.

Beispiele

1. Vergleich zweier Dateien

   ```
   $ comm tier1 tier2
                   enten
   mücken
   elefanten
           mäuse
                   katzen
           hirsche
   ```

   Interpretation: *mücken* und *elefanten* sind nur in der ersten Datei (*tier1*) enthalten, nur in der zweiten Datei (*tier2*) sind *mäuse* und *hirsche* und in beiden Dateien sind *enten* und *katzen* enthalten.

2. Vergleich zweier Dateien, von denen eine unsortiert (*tier2*) und eine sortiert (*tier1*) ist:

   $ sort tier2 | comm tier1 -

☞ *cmp, diff, sort*

compress   Dateien komprimieren

Name	Optionen	Argumente
compress	[-cfv] [-b bit]	[datei]
uncompress	[-cv]	[datei]
zcat [datei]		

Mit dem *compress*-Kommando kann der Speicherbedarf für eine Datei verringert werden. Der Grad der Kompression kann bis zu 60% betragen und hängt u. a. von der Größe und der Art des Inhalts (Programmcode, Text) der Ausgangsdatei ab. Die komprimierte Datei wird mit der Extension *.Z* abgelegt, die Ausgangsdatei gelöscht. Komprimierte Dateien können mit *uncompress* in die Originalform gebracht werden. Im Namen dieser Datei fehlt die Extension *.Z*. Eine komprimierte Datei kann mit dem Kommando *zcat* nach *stdout* ausgegeben werden. Die komprimierte Datei wird dabei nicht verändert.

Optionen

- -c   Die Ausgabe von *compress* (*uncompress*) wird nach *stdout* gegeben. Es wird keine Datei angelegt.
- -f   Es wird auf jeden Fall eine *.Z*-Datei angelegt, auch wenn die Komprimierung keine Speicherplatzersparnis erbringt oder die *.Z*-Datei bereits existiert. Wichtig, wenn *compress* in Scripten benutzt werden soll.
- -V   (verbose) Die Platzersparnis wird in Prozenten angegeben.

Beispiel

```
$ ls -l
-rw-------  1 rb   komdate   6485 Sep 12 13:23 liste
$ compress liste
$ ls -l
-rw-------  1 rb   komdate   3295 Sep 12 13:24 liste.Z
```

☞ *pack*

cp   copy (kopieren)

Name	Optionen	Argumente
cp	[-ip]	quelle ziel
cp	[-ipr]	quell(en) zieldir

cp kopiert eine Datei in eine andere mit neuem Namen (oder gleichem, aber mit unterschiedlichem Pfad) oder mehrere Dateien in ein angegebenes Verzeichnis. Sämtliche Zugriffsberechtigungen bleiben erhalten. Ob das Ziel eine Datei oder ein Directory ist, stellt *cp* automatisch fest und versteht dann die Befehlssyntax entsprechend der ersten oder zweiten Variante (s. o.).

Die neuen Dateien erhalten die Zugriffsrechte der Originaldateien. Die neuen Dateien gehören demjenigen User, der *cp* ausführt (Gruppenzugehörigkeit wird auch übernommen). D. h., daß auf die Kopie nicht unbedingt die User zugreifen dürfen, die mit dem Original arbeiten können.

Die Daten der kopierten Datei sind nach dem Kopiervorgang zweimal im Dateisystem vorhanden. Jede Datei hat eine eigene Inode, und Änderungen am Datenbestand der einen sind in der anderen Datei nicht vorhanden. ☞ zum Unterschied *ln* oder *mv*.

Falls die Zieldatei bereits existiert, wird sie kommentarlos überschrieben, wenn nicht ein Schreibschutz besteht oder die Option *-i* benutzt wird.

- -i   (interaktiv) Wenn die Zieldatei vorhanden ist, verlangt *cp* eine Bestätigung, daß die Datei überschrieben werden darf. Bei Eingabe von *y* (yes) wird kopiert, sonst wird ein Überschreiben verhindert.
- -p   Änderungsdatum und Zugriffsrechte der Dateien werden mitkopiert.
- -r   (rekursiv) Wird als Quelle ein Verzeichnis angegeben, so kopiert *cp* rekursiv sämtliche Dateien und Unterverzeichnisse in das Zielverzeichnis.

Beispiele

1. Kopie einer Datei

    ```
    $ cp datei datei.kopie
    ```

    Der Inhalt der Originaldatei wird verdoppelt und unter dem neuen Namen im System abgelegt.

2. Kopieren mehrerer Dateien in ein Verzeichnis

   ```
   $ cp text1 text2 text3 text.dir
   ```

   Die Dateien *text1* bis *text3* werden unter gleichem Namen im Verzeichnis *text.dir* unterhalb des aktuellen Verzeichnisses abgelegt.

   Haben Dateien ähnliche Namen, so werden Ersetzungszeichen (Wildcards) verwendet:

   ```
   $ cp text* /tmp
   ```

   Alle Dateien im aktuellen Directory, die mit *text* beginnen und beliebig enden, werden unter gleichem Namen nach */tmp* kopiert.

3. Kopieren eines gesamten Verzeichnisses

   ```
   $ cp -r SOURCES /backup/SOURCE
   ```

   Alle Dateien unterhalb des Verzeichnisses *sources* (im aktuellen Verzeichnis) werden in das Verzeichnis */backup/source* kopiert.

4. Kopieren einer Datei in das aktuelle Verzeichnis

   ```
   $ cp /etc/group .
   ```

   Die Datei *group* wird unter gleichem Namen in das Verzeichnis kopiert, in dem sich der Anwender gerade befindet.

☞ *cat, ln, mv, rm*

cpio   copy in – copy out

Name	Optionen	Argumente
cpio	-o [aABcHLOv]	
cpio	-i [bBcdfHIkmrtusSv]	[muster]
cpio	-p [adlLmuvV]	directory

cpio ist ein vielseitiges Programm zur Ein-/Ausgabe von Dateien. Es ist ein Filter und arbeitet somit über *stdin* (Tastatur) und *stdout* (Bildschirm). Eine Umlenkung der Daten geschieht mit < bzw. >.

20 Befehlsübersicht

Es sind drei Anwendungsfälle zu unterscheiden:

1. cpio -o [opt]
   Ausgabe von Dateien auf *stdout* und Erstellung eines *cpio*-Archivs

2. cpio -i [opt] [muster]
   Lesen von Dateien von *stdin*

3. cpio -p [opt] dir
   Kopiert Dateien in ein Directory (*dir*)

Diese Fälle sollen näher beschrieben werden.

Liest Dateinamen von *stdin* (Tastatur) und schreibt den Inhalt der Dateien nach *stdout* (Bildschirm). Zur Datensicherung kann *stdout* auf ein Magnetband umgelenkt werden. Das Magnetband wird dabei als Raw-Device angesprochen, d. h. die Daten werden nicht zwischengepuffert. Mögliche Optionen sind *aABcHLOvV*.

1. Fall
cpio -o [opt]

In der Praxis werden die Dateinamen von einem anderen UNIX-Kommando an *cpio* geliefert:

```
$ ls | cpio -o > /dev/rmt0
```

Über *stdin* (daher |) werden dem *cpio* die Dateinamen im aktuellen Directory übergeben. Der Inhalt dieser Dateien wird mit > auf das Magnetband (in diesem Fall */dev/rmt0*) umgelenkt.

cpio fügt den Dateien Zusatzinformationen hinzu und erzeugt ein *cpio*-Archiv. Neben dem Dateiinhalt wird zusätzlich ein Dateiheader abgespeichert, der den Namen der Datei und eine Angabe über deren Größe enthält.

Die Namen der gesicherten Dateien werden mit relativem Pfadnamen oder mit absolutem Dateinamen gespeichert (Bsp. 1)

Liest Dateien aus einem Archiv (z. B. vom Magnetband), das vorher mit *cpio* erstellt wurde. Die Dateien werden entsprechend ihres Pfadnamens (relativ oder absolut) im Dateisystem abgelegt. Wird ein Suchmuster *string* angegeben, so werden nur die Dateien gelesen, deren Namen dem Muster entsprechen. Dabei gelten die Expansionsregeln der Shell. Damit die Ersetzungszeichen wie * etc. nicht von der Shell, sondern von *cpio* ausgewertet werden, muß das Muster in " " gesetzt werden. Mögliche Optionen sind *bBcdEfHIkmrRtusSv*.

2. Fall
cpio -i [opt]
[string]

```
$ cpio -i  < /dev/rmt0
```

Beispiel

liest alle Dateien vom Magnetband und kopiert sie in den Dateibaum.

685

3. Fall cpio -p [opt] dir	Liest von *stdin* Dateinamen und kopiert die Dateien in das angegebene Directory. Mögliche Optionen sind *adlLmRuvV*.
Beispiel	`$ ls	cpio -p /tmp/buch`
	Kopiert das aktuelle Directory in das Directory */tmp/buch*.
Optionen	Über eine der Optionen *i, o, p* wird die Basisfunktion des *cpio* ausgewählt, die durch folgende Optionen ergänzt werden kann:
A	Anfügen von Dateien an ein bestehendes Archiv. Dieses Archiv muß eine Datei sein oder auf einer Floppy oder Festplatte liegen. Erfordert die Option *O*.
a	Setzt das Zugriffsdatum auf das aktuelle Datum.
b	Die Anordnung der Bytes in einem Wort (4 Bytes) wird genau umgekehrt.
B	Ein-/Ausgabe wird in Blöcke von 5120 Byte zusammengefaßt. Nur sinnvoll, wenn Character Special Devices (Raw Devices) verwendet werden. Standard sind 512-Byte-Blöcke.
c	Die Zusatzinformation wird im ASCII-Format geschrieben (aus Portabilitätsgründen, ☞ Option *H*).
d	Directories werden erzeugt, wenn sie nicht existieren.
E	(*E datei*). *datei* enthält Dateinamen (einen pro Zeile), die aus einem Archiv extrahiert werden sollen.
f	Kopiert alle Dateien, die nicht dem Muster entsprechen.
I	(*I datei*). Von *datei* wird gelesen. Ist *datei* ein Raw Device (z. B. Magnetband), so kann am Bandende ein Folgeband eingelegt werden und die Rekonstruktion mit ⏎ fortgesetzt werden. Ersetzt die Redirection mit <.
H	(*H hdr*). *hdr* gibt das Format der Header-Information in einem *cpio*-Archiv an. Werte für *hdr* sind: *crc* (ASCII mit erweiterter Gerätenummer und Checksumme für jede Datei), *ustar* (IEEE Standard), *tar* (tar-Format und Header) und *odc* (ASCII-Header). *-Hodc* entspricht der bisherigen Option *-c*.
k	Ist der Datenträger teilweise beschädigt, so versucht *cpio* mit dieser Option, die fehlerfreien Dateien zu extrahieren. Läuft *cpio* auf einen Fehler, so wird nach dem nächsten korrekten Header gesucht.
l	erzeugt, wenn möglich, einen Link.

L	symbolische Links werden verfolgt.
m	Das alte Modifikationsdatum der Datei soll erhalten bleiben.
O	(*O device*) Daten werden auf das Gerät *device* umgeleitet. Ist *device* ein zeichenorientiertes Gerät, so kann am Bandende ein Folgeband eingelegt und mit ⏎ die Sicherung fortgesetzt werden.
R	(*R user-id*) *cpio* ersetzt die Besitzer- und Gruppenzugehörigkeit (UID und GID) der Datei entsprechend *user-id*. *user-id* muß in */etc/passwd* eingetragen sein. Diese Option kann nur vom Superuser benutzt werden.
r	Interaktiv können Dateien umbenannt werden. ⏎ bewirkt, daß die Datei nicht umbenannt wird.
S	Halbwörter werden innerhalb eines Wortes vertauscht, wobei 4-Byte-Wortlänge Voraussetzung ist.
s	Bytes innerhalb eines Halbworts werden vertauscht, wobei eine Wortlänge von 4 Byte vorausgesetzt wird.
t	Erzeugt ein Inhaltsverzeichnis des benutzten Archivs.
u	Normalerweise wird eine Datei durch eine ältere Version nicht ersetzt. Diese Option hebt die Beschränkung auf.
V	Für jede verarbeitete Datei wird ein . auf *stderr* ausgegeben.
v	(Verbose). Die Namen der behandelten Dateien werden auf dem Bildschirm angezeigt (über *stderr*).

Wird beim Schreiben oder Lesen auf ein Tape (allgemein ein Raw Device) das Bandende erreicht und nicht die Option *I* oder *O* genutzt, so gibt *cpio* die folgende Nachricht aus:

```
If you want to go on, type device/file name when ready
```

Nach Wechsel des Mediums muß der Gerätename (z. B. */dev/rmt0*) eingegeben und mit ⏎ bestätigt werden.

Kompatibilität

Damit *cpio*-Archive problemlos zwischen System V Release 3.2 und Release 4.0 ausgetauscht werden können, sollte unter Release 4.0 die Option *-Hodc* und unter Release 3.2 die Option *-c* genutzt werden.

Beispiele

1. Schreibe ein Directory auf Magnetband

   ```
   $ find /home/sw -print | cpio -o > /dev/rmt0
   ```

Schreibt den Dateibaum unter dem Directory */home/sw* auf das Magnetband. Die Dateinamen werden dabei absolut in den Dateiheader geschrieben.

```
$ cd /home/sw
$ find . -print | cpio -o > /dev/rmt0
```

Mit diesem Kommando werden die gleichen Dateien gesichert, allerdings wird der Pfadname relativ notiert.

2. Einlesen der Dateien vom Magnetband

```
$ cpio -id < /dev/rmt0
```

Ist die Umkehrung und liest die gesicherten Dateien wieder ein. Dabei wird der gesicherte Dateibaum unterhalb des Working Directory abgelegt. Die Option *d* ist notwendig, wenn nicht nur Dateien, sondern auch ganze Directories inklusive der Subdirectories gesichert wurden, damit diese – falls nötig – neu erzeugt werden.

3. Einlesen einer bestimmten Datei vom Magnetband

```
$ cpio -idv »max« < /dev/rmt1
```

Die Datei *max* wird von einem Magnetband eingelesen, das unter dem Device */dev/rmt1* ansprechbar ist (meist kann ein Kontroller bis zu maximal vier Laufwerke bedienen, die entsprechend unterschiedliche Namen haben).

4. Kopieren ganzer Directories innerhalb des Systems

```
$ cd /quelldir; find . -depth -print | cpio -pd      /zieldir
```

Zunächst wechselt man in das Verzeichnis, in dem die Quelldateien liegen, sucht sie dann mittels *find* und übergibt sie per Pipe an *cpio*, von dem sie an den Zielort kopiert werden. Die Verwendung von *-depth* bewirkt, daß zuerst die Subdirectories rekursiv durchlaufen und kopiert werden und zuletzt erst das eigentliche aktuelle Verzeichnis. Hilfreich ist diese Option, wenn der Anwender zwar Zugriff auf die Unterverzeichnisse, nicht aber das Schreibrecht für das Quelldirectory hat.

☞ *ar, tar, ls, find*

cron

Name
/etc/cron

Mit dem *cron*-Dienst können Kommandos regelmäßig zu vorbestimmten Zeitpunkten ausgeführt werden.

Der *cron*-Dienst besteht aus dem *cron*-Prozeß (*/etc/cron*), der im Hintergrund läuft (Dämonprozeß) und periodisch (etwa jede Minute) nach Aufträgen sucht, die zu bestimmten Zeiten abgearbeitet werden sollen. Ein Auftrag besteht aus einem Programm oder Shell-Script und einer Zeitangabe.

Die Aufträge sind in speziellen Dateien (für jeden Benutzer eine Datei) hinterlegt, die im Verzeichnis */usr/spool/cron/crontabs* abgelegt sind und vom *cron* periodisch durchsucht werden. Ist der Anwender zur Nutzung des *cron*-Dienstes berechtigt, kann er mit Hilfe des Befehls *crontab* seine eigene *crontab*-Datei in diesem Verzeichnis erzeugen. Die Nutzung des *cron*-Dienstes ist immer dann sinnvoll, wenn Aufgaben in regelmäßigen Abständen wiederholt werden müssen und keiner Aufsicht bedürfen (z. B. backup). Der Anwender muß zur Zeit der Ausführung nicht eingeloggt sein. Fehler, die während der Bearbeitung des *cron*-Auftrages auftreten (z. B. fehlende Zugriffsrechte), werden dem Anwender mittels UNIX-Mail mitgeteilt. Der Job wird abgebrochen. Ein fehlerfreier Durchlauf wird hingegen nicht extra gemeldet.

Beim Booten des Systems wird *cron* aus einem Start-Up-Script gestartet. Alle Vorgänge, die mit *cron* zusammenhängen, werden in einem Systemfile (wie in einem Logbuch) dokumentiert.

Im Unterschied zu *at* dient *cron* für Kommandos, die regelmäßig ausgeführt werden sollen, während *at* sie nur einmal startet.

☞ *at, crontab*

crontab

Name	Optionen	Argumente
crontab		[datei]
crontab	[-e][-l][-r][user]	[user]

Mit Hilfe von *crontab* werden vom Anwender Auftragsdateien erzeugt und verwaltet, die vom Dämonprozeß *cron* verarbeitet werden.

Die Datei muß so aufgebaut sein, daß in jeder Zeile ein Befehl und ein Zeitpunkt steht, zu dem das Kommando ausgeführt werden soll. *cron* liest diese *crontab*-Dateien periodisch und bringt die eingetragenen Kommandos zur Ausführung.

In der ersten Form kopiert *crontab* eine Datei (mit Zeitaufträgen) oder eine Eingabe von der Tastatur in die *crontab*-Tabelle des ausführenden Benutzers. Für jeden Anwender steht eine *crontab*-Datei zur Verfügung, die bei jedem erneuten Aufruf des Kommandos *crontab* überschrieben wird. Die Dateien sind im Verzeichnis */usr/spool/cron/crontabs* abgelegt. Sämtliche Meldungen werden dem User über die Mail-Funktion zugestellt, es sei denn, die Ausgabe wird in eine Datei umgelenkt.

Optionen

In der zweiten Form dient *crontab* zur Verwaltung des *cron*-Dienstes entsprechend der verwendeten Optionen.

-l   Erzeugt ein Listing des aktuellen *crontab*-Files.

-r   Löscht die aktuelle *crontab*-Datei.

-e   (e=edit) Eine Kopie der *crontab*-Datei kann mit einem Editor bearbeitet und anschließend als aktuelle *crontab*-Datei gespeichert werden. Der genutzte Editor wird über die Variable EDITOR festgelegt. Voreinstellung ist *vi*.

Der Superuser kann *crontab* mit einem Benutzernamen aufrufen. Dann wird die *crontab* des angewählten Benutzers bearbeitet.

Zeitfelder in der crontab-Datei

Die Zeilen der Datei, die mit *crontab* angelegt wird, müssen ein ganz bestimmtes Format haben. Sie bestehen aus sechs Feldern, die durch Leerstellen oder Tabulatorzeichen getrennt sind. Die ersten fünf Felder enthalten die Zeitangaben, im sechsten Feld steht das auszuführende Kommando. Die unten aufgeführten Felder repräsentieren von oben nach unten die Reihenfolge, die in einer Zeile von links nach rechts ausgewertet wird.

Feld	Darstellungsbereich
Minute	0 bis 59
Stunde	0 bis 23
Tag des Monats	0 bis 31
Monat	0 bis 12
Wochentag	0 bis 6, wobei 0 dem Sonntag zugeordnet ist

Folgende Einträge sind in diesen Feldern möglich:

- Jedes Feld kann eine ganze Zahl enthalten (s. o.).
- Ein * steht für alle zulässigen Werte in einem Feld (z. B. jede Minute).
- Ein Feld kann eine Bereichsangabe enthalten (z. B. 2-6).
- Eine Liste von Zahlen oder Bereichen, durch Komma getrennt (4,6 oder 3-7,9-11).

Sequenz	Bedeutung
0 1 * * *	Jeden Tag um 1.00 Uhr
0 5 * * 3	Jeden Mittwoch um 5.00 Uhr
0,30 9-15 * * 2	Jeden Dienstag alle 30 Minuten zwischen 9.00 und 15.00 Uhr

Beispiele für Feldeinträge

Die Angabe des Wochentages und des Monatstages wird getrennt bewertet, die Ausführung erfolgt für jede der beiden Angaben. Das Endezeichen für eine Kommandozeile ist ⏎ oder das %-Zeichen.

Um die angegebenen Kommandos auszuführen, ruft *cron* eine Shell mit einer Standardumgebung auf. Sind zur Ausführung des Kommandos spezielle Variablen oder Zugriffspfade notwendig, müssen diese aus der *crontab*-Datei gesetzt werden.

Die Zugriffsrechte auf *crontab* werden über bestimmte Dateien gesteuert, die der Superuser einrichtet. In der Datei */usr/lib/cron/cron.allow* stehen die Namen der User, die das Kommando benutzen dürfen. Nach dieser Datei wird bei Aufruf von *crontab* zuerst gesucht. Die Namen der Anwender, die *crontab* nicht benutzen dürfen, stehen in der Datei

csplit

	/usr/lib/cron/cron.deny. Ist keine der beiden Dateien vorhanden, dann hat lediglich der Superuser Zugriff auf diesen Befehl (☞ cron).
Beispiele	1. Erstellen einer neuen *crontab*-Datei mit dem Inhalt von *ts*

   $ crontab ts

   Der Inhalt der aktuellen *crontab*-Datei wird mit dem Inhalt des Files *ts* überschrieben.

   2. Löschen des *crontab*-Files

   $ crontab -r

   3. Inhalt des aktuellen *crontab*-Files anzeigen

   $ crontab -l

   ☞   *at, cron*

csplit

Name	**Optionen**	**Argumente**
csplit	[-sk][-fPrefix]	Datei(en) Trenner

Will man eine sehr große Datei in mehrere kleine zerlegen, dann hilft *csplit*. In der Kommandosyntax (s. o.) steht *Prefix* für einen Namen, der beim Anlegen der kleinen Dateien verwendet werden soll. *Datei* bezeichnet das File, das zerlegt werden soll, *Trenner* gibt an (z. B. als Zeilennummer oder Textstelle), an welcher Stelle die Datei zerlegt werden soll. Die genannte Trennstelle wird nicht in die aktuelle Datei, sondern als erste Zeile in die nachfolgende übernommen. Die Originaldatei wird bei diesen Vorgängen nicht verändert.

Ohne weitere Angabe versieht *csplit* die neuen Dateien mit Namen der Form *xx00, xx01* usw. 100 Unterdateien können maximal aus einem Original erzeugt werden. Viele kleine zu einer großen Datei zusammenfügen geschieht mit *cat*.

Optionen   -s   Aufgrund der Voreinstellung protokolliert *csplit* die Größe jeder erzeugten Datei in Zeichen. *-s* unterdrückt diese Ausgabe.

-k	Standardmäßig werden im Falle eines Fehlers bei der Erstellung der neuen Dateien (z. B. wenn ein Trenner nicht im Text zu finden ist) alle bereits angelegten Dateien gelöscht. Die *k*-Option verhindert dies.	
-fPrefix	So kann ein eigener Namensbeginn für die neuen Dateien (die trotzdem auf 00, 01, usw. enden) definiert werden. Per Default beginnen sie sonst mit *xx*.	
/ausdruck/	*csplit* schreibt von der aktuellen Zeile bis (ausschließlich) zu der Zeile, die den Ausdruck enthält, alle Zeilen in eine Datei. */ausdruck/+2* sagt, daß die Wirkung erst ab der zweiten Zeile nach dem Auftauchen von *ausdruck* gelten soll.	**Trennpunkte**
%ausdruck%	Diese Form wirkt genau entgegengesetzt wie */ausdruck/*, es wird nämlich alles, außer dem so beschriebenen Stück der Datei in eine neue kopiert.	
Nummer	Der Inhalt der neuen Datei geht von der aktuellen Zeile bis zu der mit der angebenen Zeilennummer (ausschließlich).	
/ausdruck/ {Zahl}	Wenn Dateiinhalte nach bestimmten Mustern organisiert sind, dann können immer wieder im Text auftauchende Strings als Trennzeichen benutzt werden. Die *Zahl* innerhalb der {} gibt an, wie oft der angebene *Ausdruck* im Rest der Datei (von der aktuellen Zeile an) als Trennzeichen bewertet werden soll.	

1. Teilen einer Datei aufgrund von Zeilennummern   Beispiele

   ```
   $ csplit -ftext original 50 100 150
   ```

   Die Datei *original* wird an den Zeilen 50, 100 und 150 (jeweils ausschließlich) getrennt und in neue Dateien mit den Namen (-f-Option) *text01*, *text02* und *text03* geschrieben.

2. Trennen einer Datei aufgrund von Textstrings

   ```
   $ csplit original /punkt1/ /punkt5/
   ```

   Die Datei *original* wird in drei Teile zerlegt, der erste enthält den Abschnitt bis zum ersten Auftreten einer Zeile (ausschließlich) mit String *punkt1*, die zweite beginnt mit dieser Zeile und reicht bis zu der Zeile, die vor der Zeile mit dem String *punkt5* steht. In der dritten Datei steht der Rest. Die neu angelegten Files erhalten Namen der Form *xx00*, *xx01* und *xx02*.

3. Anwendung von *csplit* auf Standard Input

```
$ sort liste | csplit - 50 100 150
```

Die eingelesenen Zeichen kommen von der Tastatur (Standard Input) und sollen nach der 50., 100. und der 150. Zeile in verschiedene Dateien getrennt werden.

☞ *cat*, *split*

cu   call up (aufrufen)

Name	**Optionen**	**Argumente**
cu	[-shdoent] [-l]	ziel

Mit *cu* wird eine Verbindung zu einem anderen Rechnersystem hergestellt. Auf dem Zielsystem muß nicht UNIX als Betriebssystem laufen. Die Kopplung kann über direkte Verbindungen, Modemverbindungen, ISDN oder LAN realisiert werden.

Der Anwender kann mittels *cu* als Remote Terminal an der anderen Anlage arbeiten. Darüber hinaus bietet *cu* die Möglichkeit des Dateitransfers. Innerhalb des Befehls werden eigene Steuerzeichen (s. u.) definiert und verwendet. Im Unterschied zu *uucp* unterliegt *cu* auf dem Zielsystem dem Accounting (Erfassung der Rechenzeiten der einzelnen Benutzer).

Über den Parameter *ziel* wird festgelegt, zu welchem System eine Verbindung aufgebaut werden soll. *ziel* kann dabei eine Rufnummer oder der Name eines Systems sein. Ist *ziel* eine Telefonnummer, so wird diese gewählt (*cu* benutzt die ACU=automatic call unit). Ist *ziel* keine Telefonnummer, nimmt *cu* an, daß es der Name eines Systems ist. *cu* baut dann eine Verbindung zu diesem System auf und benutzt dabei die Einträge in den UUCP-Dateien *Systems* und *Devices*. Alternativ kann mit der Option *-l* eine Schnittstelle angegeben werden, über die eine Verbindung aufgebaut werden soll.

Das *cu*-Kommando startet zwei Prozesse, von denen der eine Zeilen von Standard Input (Tastatur) liest und diese zum Zielsystem der Verbindung überträgt. Der andere Prozeß nimmt Zeilen vom entfernten System entgegen und gibt sie auf dem lokalen Bildschirm aus. In beiden Fällen werden Zeilen, die mit ~ beginnen, als Steueranweisungen für die

Anwendung gewertet und nicht als zu übertragende Zeichen. Die ~-Kommandos werden weiter unten noch beschrieben.

Optionen

-s Baud	Einstellung der Übertragungsgeschwindigkeit in Baud. Als Voreinstellung gilt *Any*, d. h. *cu* probiert die Gerätedefinitionen der Reihe nach aus und wählt die, die als erste die Leitungsspezifikation trifft. Mit der Option *-s* (ohne *-l*) wird hingegen eine bestimmte Geschwindigkeit vorgegeben, d. h. es kommt nur der Eintrag für diese Baudrate in Frage. Diese Option gilt nicht, wenn *ziel* ein Systemname ist.
-l Leitung	Zur Verbindung wird eine bestimmte Leitung benutzt, nämlich die angegebene. Die Angabe von */dev/ttyxx* (UNIX-Systeme) oder nur *ttyxx* legt die gewünschte Leitung fest. Handelt es sich um eine Wählverbindung, dann muß noch die Zielnummer mit angegeben werden. Diese Option kann in Verbindung mit *-s* benutzt werden, dann erfolgt eine Prüfung, ob die gewählte Kombination sinnvoll ist. Wenn nicht, erfolgt ein Abbruch mit entsprechender Fehlermeldung.
-h	Es gibt Anlagen, die die eingehenden Zeichen nicht als Echo zurückgeben, d. h. der lokale Bildschirm bleibt leer. Die Option *-h* schaltet für diesen Fall das lokale Echo ein.
-t	Jetzt kann ein ASCII-Terminal angewählt werden, das auf automatisches Antworten eingestellt ist. Das einfache [CR] wird als [CR][LF] ausgegeben. Diese Option gilt nur mit der Option *-l*.
-d	Ein Trace (Protokoll) der Verbindung wird ausgegeben.
-o	Die gesendeten Daten werden mit ungerader Parität versehen.
-e	Wie *-o*, jedoch gerade Parität.
-n	Die Eingabe der Telefonnummer des Zielsystems muß per Hand auf Anfrage des Systems erfolgen.

Die ~-Kommandos

~.	Zeichen zur Beendigung einer Verbindung.
~!	Es wird eine neue lokale Shell aus *cu* heraus gestartet, auf der UNIX-Kommandos abgearbeitet werden können.
~!Befehl	Der genannte Befehl wird auf der lokalen Anlage ausgeführt.
~$Befehl	Der genannte Befehl wird auf der lokalen Anlage ausgeführt, die Ausgabe erfolgt jedoch auf dem Remote System, wo sie als ausführbares Kommando verstanden wird.

~%cd	Lokaler Directory-Wechsel.
~%take quelldatei [zieldatei]	Die genannte *quelldatei* wird vom entfernten System auf das lokale kopiert. Wird *zieldatei* nicht angegeben, dann ist der Name der lokalen Datei gleich dem des Originals. Dieser Befehl benutzt auf der Gegenseite die Kommandos *echo* und *stty*. Wenn Tabulatoren kopiert werden sollen, ohne daß sie expandiert werden, dann muß mit *stty* auf der Zielseite der Modus *tabs* eingestellt werden.
~%put quelldatei [zieldatei]	Wie das vorherige Kommando, nur daß die Übertragung von der lokalen Anlage zur entfernten erfolgt. Dieses Kommando benutzt auf der Gegenanlage die Befehle *cat* und *stty*, es ist deshalb darauf zu achten, daß auf beiden Seiten die gleichen Zeichen als Abbruchbedingung definiert sind (Escape Character).
~%break	Das Zeichen *break* (Abbruch) wird auf die Zielanlage transportiert und dort ausgeführt.
~%nostop	Es wird durch dieses Kommando ständig zwischen Eingabekontrolle und keiner Eingabekontrolle hin- und hergeschaltet. Eine Anwendung empfiehlt sich, wenn die Zielanlage nicht erwartungsgemäß antwortet.
~%debug	Es wird zwischen Fehlersuchmodus (an und aus) hin- und hergeschaltet.
~t	Es erfolgt die Anzeige der Terminaleinstellung.
~l	Die Einstellung der entfernten Verbindungsleitung wird angezeigt

Beispiele

1. Aufruf einer direkten Verbindung über einen bestimmten Port

   $ cu -l tty23

   oder

   $ cu -l /dev/tty23

2. Wie 1, jedoch über eine Wählverbindung

   $ cu -l tty23 345612

   Soll bei einer Inhouse-Telefonanlage erst das Amt angewählt (0) und dann auf das Freizeichen gewartet (:) werden, ist gegenüber der obigen Kommandozeile eine Erweiterung der Rufnummer nötig. Es wird davon ausgegangen, daß das Amt mit einer 0 angewählt wird.

```
$ cu -l tty23 0:345612
```

3. Wie 1, jedoch mit voreingestellter Baudrate

   ```
   $ cu -s 1200 -l tty23
   ```

4. Kopieren von Dateien bei bestehender Verbindung

   ```
   $ ~put quelldatei zieldatei
   $ ~take quelldatei zieldatei
   $ Strg + D
   NO CARRIER
   ~.
   ```

☞ alle Befehle, die mit *uu* beginnen

cut   zerlegen

Name	Optionen	Argumente
cut	-cliste	[Datei(en)]
cut	-fliste [-dZeichen] [-s]	[Datei(en)]

Mit diesem Kommando kann eine Datei vertikal anhand ihrer Spalten zerlegt werden.

Optionen

-cliste   Die Zeichenfolge *liste* enthält die Nummern der Spalten (Zeichenposition), die aus den gesamten Dateiinhalten herausgefiltert und auf dem Bildschirm ausgegeben werden. Zwischen der Option *-c* und *liste* darf kein Leerzeichen stehen.

-fliste   Ein Feld ist eine Zeichenfolge, die durch den Delimiter begrenzt wird. Der Delimiter ist normalerweise das Leerzeichen. Mit der Option *-f* kann *cut* bestimmte Felder aus der Datei herausschneiden. *liste* enthält dabei die Nummern der Felder, die aus den genannten Dateien herausgefiltert werden.

-dzeichen   Mit *zeichen* wird definiert, welches Zeichen als Trennzeichen (delimiter) zwischen Feldern gewertet werden soll.

cut

    -s   Ohne diese Option werden Zeilen, die nicht das angegebene Trennzeichen enthalten, mit auf dem Bildschirm ausgegeben.

Beispiele

1. Herauslesen bestimmter Spalten aus Files

   ```
   $ cut -c1-13,23,24-29 datei1 datei2 datei3
   ```

   Liest die Spalten 1 bis 13, 23 und 24 bis 29 in allen Zeilen der Dateien *datei1*, *datei2* und *datei3* und gibt sie über Bildschirm aus.

2. Herauslesen bestimmter Felder, die durch Tabulatoren getrennt sind

   ```
   $ cut -f7,9 datei1
   ```

   Gibt die Felder 7 und 9 aller Zeilen des Dateiinhalts aus, wenn sie durch Tabulatoren getrennt sind.

3. Herauslesen bestimmter Felder, die durch : getrennt sind

   ```
   $ cut -f2,4 -d":" /etc/inittab
   ```

   Auf dem Bildschirm erscheinen die Felder 2 und 4, wobei als Feldbegrenzer der : gelten soll.

4. Verwendung innerhalb eines Scripts

   ```
   for INPUT in $@
   do
   if [ " `echo $INPUT | cut -c1 `" = "-" ]
   then case $INPUT in
       -1) starte_1; echo \n;;
       -2) starte_2; echo \n;;
       *) fehler;;
   esac
   fi
       done
   ```

   Für jeden Parameter der Kommandozeile wird mit *cut* das erste Zeichen herausgefiltert und mit »-« verglichen. *$@* enthält sämtliche Argumente der Kommandozeile.

☞ *join*

date Datum

Name	**Optionen**
date	[+Format]
date	[-a] mmddhhmm[yy]
	(Nur für Superuser)

Zeigt Uhrzeit und Datum an. Mit der zweiten Form wird das Datum gesetzt. Dabei bedeuten die Abkürzungen *mmddhhmmyy*:

(MonatMonatTagTagStundeStundeMinuteMinute[JahrJahr])   Beispiel

   0   5   1   2   0   8   3   0   9   0

In diesem Beispiel (ohne Leerschritte) wird die Systemzeit auf den 12. Mai 1990, 8.30 Uhr gesetzt. Es ist etwas gewöhnungsbedürftig, da es aus dem Amerikanischen stammt, wo Monat und Tag (für unser Empfinden) vertauscht sind.

Ohne Formatangaben gibt *date* ein Standardformat aus (Bsp. 1). Über Formatdescriptoren kann das Datum in fast beliebiger Form dargestellt werden. Das Format beginnt mit einem + und enthält Formatspezifikationen aus der nachfolgenden Liste. Buchstaben ohne führendes % werden als Text ausgegeben.

Formatdescriptoren

%a	Wochentage in Buchstaben (Sunday-Saturday).
%b	Monatsnamen abgekürzt (Jan – Dec). *b* liefert vollen Monatsnamen (January-December).
%d	Die Ausgabe des Monatstages erfolgt numerisch (01-31).
%D	Das Datum bekommt das Format mm/dd/yy.
%e	Tag im Monat.
%H	Stunden (00-23).
%I	Stunden (00-12).
%j	Tag des Jahres (001-365).
%M	Minuten (00-59).
%m	Die Ausgabe des Monatsnamens erfolgt numerisch (1-12).
%n	Fügt *Newline* (Zeichen für neue Zeile) ein.

date

	%p	Zeit aufgeteilt in AM (vor Mittag) und PM (nach Mittag).
	%S	Sekunden (00-59).
	%T	Zeit im Format HH:MM:SS.
	%t	Fügt ein Tabulatorzeichen ein.
	%w	Wochentage in numerischer Form (0-6), 0 ist Sonntag.
	%W	Nummer der Woche im Jahr
	%y	Ausgabe der letzten beiden Ziffern der Jahreszahl (00-99); *Y* liefert vierstellige Jahreszahl.

Intern richten sich die Uhren nach GMT (Greenwich Mean Time), d. h. sie müssen vom Anwender (Systemverwalter) selbst auf die lokale Zeit eingestellt werden.

Optionen   -a   Mit -a [-]sss kann die Uhr vor- oder nachgestellt werden.

Beispiele   1.   Das einfache *date*-Kommando

```
$ date
Sun May  29  20:45:27  PDT  1988
```

liefert die Felder: Tag der Woche, Monat, Tag im Monat, Uhrzeit mit Stunde:Minute:Sekunde, Zeitzone und Jahr.

2. Umformen der Datumsanzeige

```
$ date '+Datum = %d.%m.%y'
Datum = 28.05.88
```

3. Setzen des Datums durch den Superuser

```
$ date 0528210088
```

Gesetzt wird das Datum auf den May 28. 21.00 Uhr 1988

Wenn das Datum im Multiuser-Betrieb verändert wird, muß man die Auswirkungen auf Dienste wie *cron*, *at*, *mount* usw. beachten.

dd — Konvertiert und kopiert Dateien

dd kopiert Daten von einer angegebenen Quelldatei (oder einem Laufwerk) in eine Zieldatei (oder ein Laufwerk). Dabei können Konvertierungsparameter angegeben werden, mit denen die gelesenen Daten verändert werden. Beim Aufruf von *dd* müssen zumindest die Quell- und die Zieldatei angegeben werden. Dies geschieht mit den Optionen *if=* und *of=*. Weitere Parameter sind optional:

- **if=datei**   Aus der angegebenen Datei werden Daten gelesen. Wird keine Datei angegeben, so werden Daten von stdin gelesen.
- **of=datei**   In die angegebene Datei werden Daten geschrieben. Ist keine Datei angegeben, wird nach stdout geschrieben.
- **ibs=n**   Die Blockgröße für den Lesevorgang wird auf n Byte gesetzt.
- **obs=n**   Die Blockgröße für die Datenausgabe wird auf n Byte gesetzt.
- **bs=n**   Die Blockgröße für den Lese- und Schreibvorgang wird auf n Byte gesetzt.
- **skip=n**   *dd* überliest n Blöcke, bevor Daten gelesen (kopiert) werden.
- **count=n**   *dd* kopiert n Blöcke
- **conv=flag**   Die gelesenen Daten werden von *dd* konvertiert. Dabei sind folgende Flags möglich:
    - **ascii**   konvertiert ASCII nach EBCDIC.
    - **ebcdic**   konvertiert EBCDIC nach ASCII.
    - **block**   konvertiert Datensätze, die mit ⏎ abgeschlossen sind, in Datensätze mit fester Länge.
    - **unblock**   konvertiert Datensätze mit fester Länge in Datensätze, die mit ⏎ abgeschlossen sind.
    - **lcase**   wandelt in Kleinbuchstaben um.
    - **ucase**   wandelt in Großbuchstaben um.
    - **noerror**   *dd* beendet sich nicht, wenn ein Fehler auftritt (hilfreich bei beschädigten Datenträgern).

Bei Größenangaben muß die Anzahl von Bytes angegeben werden. Es kann ein k (=kilo) für 1024 Byte angegeben werden.

df   disc free (freie Platte)

Befehl	Optionen	Argumente
df	[-t]	[Filesystem(e)]

df gibt den freien Speicherplatz auf der Festplatte für die einzelnen Filesysteme in 512-Byte-Blöcken an und die Zahl der noch verfügbaren Inodes (Knotennummern). Inodes sind Tabellen, die Informationen wie Name, Größe, Lage einer Datei auf der Festplatte u. ä. enthalten). Filesysteme sind zusammengehörige Ansammlungen von Dateien und Directories, die in begrenzten Bereichen (Partitions) der Festplatte liegen. Es kann aber auch eine ganze zweite oder dritte Platte in einer Anlage als Filesystem deklariert werden.

Es gibt zwei Arten, wie die Filesysteme angesprochen werden können, nämlich über die im System hinterlegten Devicenamen (die je nach Hersteller etwas unterschiedlich sind oder über die den Filesystemen bei ihrer Einrichtung zugewiesenen Namen (z. B. */z* oder */usr*). Ist das Dateisystem über NFS gemounted (eingehängt), so kann auch der Resourcename angegeben werden. Das Kommando berücksichtigt nur Filesysteme, die gemountet (eingehängt) sind.

Optionen -t Es wird nicht nur der freie Speicherplatz, sondern auch der verbrauchte und der gesamte im System verfügbare Speicherplatz angezeigt.

Beispiel 1. Prüfung des Platzbedarfs eines bestimmten Filesystems

```
$ df -t /dev/root
/ (/dev/dsk/c0d0s1): 18344 blocks   3892 i-nodes
(48366 total blocks, 6038 i-nodes)
```

48366 Blocks ist der gesamte Platz für die Root, 6038 Inodes. Frei sind aktuell 18344 Blocks und 3892 Inodes.

☞ *du*

diff   differ (unterscheiden)

Name	**Optionen**	**Argumente**
diff	[-efbhi] [rs]	datei1 datei2

diff stellt den Unterschied zwischen zwei Textdateien fest, zeigt die Unterschiede auf dem Bildschirm und gibt an, mit welchen Editorfunktionen (hinzufügen, löschen und ändern) die Datei *datei1* in die Datei *datei2* abgeändert werden kann. Die Ausgabe besteht aus der Nummer der Zeile, die geändert werden muß, dem notwendigen Änderungskommando und dem Inhalt der Zeile. Schreibt man die angegebenen Kommandos in eine Datei, dann können diese vom Editor *ed* automatisch ausgeführt und damit aus der Datei *datei1* die Datei *datei2* erzeugt werden.

Ist einer der beiden Dateinamen ein -, dann werden die Zeichen für dieses Argument des Kommandos von Standard Input gelesen. Handelt es sich bei einem der beiden Namen um ein Directory, dann wird angenommen, daß darunter eine Datei mit dem Namen wie dem angegebenen liegt.

Die Beschreibung wird mit den 3 Kommandos Anfügen, Löschen und Ändern beschrieben. Die betroffenen Zeilen aus der ersten Datei werden mit einem <-Zeichen am Zeilenanfang gekennzeichnet und die betroffenen Zeilen aus der zweiten Datei mit einem >.

Anhängen wird mit dem Kommando *a* realisiert. Die Ausgabe hat folgenden Aufbau: **Anhängen**

```
n1an2,n3
< Zeile n1 aus datei1
---------------------
> Zeile n2 aus datei2
> ...
> Zeile n3 aus datei2
```

Damit aus der ersten Datei die zweite Datei entsteht, müssen die Zeilen *n2* bis *n3* hinter der Zeile *n1* eingefügt werden.

Löschen wird mit dem Kommando *d* (delete) realisiert. Die Ausgabe hat folgenden Aufbau: **Löschen**

```
n1,n2 d n3
< Zeile n1 aus datei1
< ...
< Zeile n2 aus datei1
```

```
----------------------
> Zeile n3 aus datei2
```

Die Zeilen *n1* bis *n2* der ersten Datei werden gelöscht.

Ändern   Die Funktion *ändern* wird über das Kommando *c* (change) realisiert:

```
n1,n2 c n3,n4
< Zeile n1 aus datei1
< ...
< Zeile n2 aus datei1
----------------------
> Zeile n3 aus datei2
> ...
> Zeile n4 aus datei2
```

Die Zeilen *n1* bis *n2* der ersten Datei werden durch die Zeilen *n3* bis *n4* der zweiten Datei ersetzt.

Optionen

-b   Alle Blanks, die den Rest einer Zeile füllen, werden ignoriert, d. h. sie werden für den Vergleich von Zeilen nicht ausgewertet.

-c   *diff* erzeugt eine erweiterte Ausgabe.

-e   Erstellt ein Script (im *ed*-Format), das alle nötigen Änderungsbefehle enthält, um mit Hilfe von *ed* den Inhalt von *datei1* dem von *datei2* anzugleichen. Die Anweisungen werden ausgegeben.

-f   Wie *-e*, jedoch um den Inhalt von *datei2* dem von *datei1* anzupassen. Die Ausgabe dieser Option ist nicht von *ed* verwertbar, da statt *d2* die Sequenz *2d* im Ausgabefile steht. Eine entsprechende Umwandlung ist aber möglich.

-h   Sucht nur die nötigen Änderungen heraus, um die Dateien inhaltlich anzugleichen, jedoch in einer Form, daß diese Option nicht in Verbindung mit *-e* und *-f* benutzt werden kann.

-i   *diff* ignoriert die Groß-/Kleinschreibung beim Vergleich.

-l   *diff* erzeugt langes Ausgabeformat und Aufbereitung durch *pr*.

-r   *diff* arbeitet rekursiv die Unterverzeichnisse ab (wenn *datei1* und *datei2* Verzeichnisse sind).

-s   *diff* gibt an, welche Dateien übereinstimmen (wenn Verzeichnisse verglichen werden).

-t	Tabulatoren werden expandiert.	
0	Keine Unterschiede festgestellt.	**Exit-Werte**
1	Unterschiede festgestellt.	
2	Fehler bei der Kommandoausführung.	

Zur Familie der Vergleichsbefehle gehören *comm*, *diff* und *cmp*. *comm* kann nur sortierte Files vergleichen, *diff* nur Textdateien, nur *cmp* kann beide Dateienarten vergleichen.

1. Feststellung der Unterschiede zwischen zwei Dateien   Beispiele

   ```
   $ cat datei1
   Diese Zeile muß geändert werden
   wenn alles gleich sein soll.
   alles zuviel
   $ cat datei2
   Diese Zeile muß verändert werden,
   wenn alles gleich sein soll.
   $ diff datei1 datei2
   1c1,2
   <Diese Zeile muß geändert werden
   ---
   >Diese Zeile muß geändert werden,
   >wenn alles einheitlich sein soll
   3d3
   <alles zuviel
   ```

   Um *datei1* in *datei2* zu verändern, muß in *datei1* Zeile 1 bis Zeile 1 (*1c1*) durch Zeile 1 aus *datei2* ersetzt werden. Danach muß Zeile 3 aus *datei1* gelöscht werden (*3d3*). Es gilt folgende Vereinbarung: < sind Zeilen aus *datei1*, > Zeilen aus *datei2*.

2. Erstellung eines Scripts für den *ed*

   ```
   $ diff -e datei1 datei2
   3d
   1c
   Diese Zeile muß geändert werden,
   wenn alles einheitlich sein soll
   .
   ```

   Die Anweisung für den *ed* lautet, lösche die dritte Zeile und ersetze Zeile 1 durch den angegebenen Text in *datei1*.

☞ *cmp, comm, ed*

dircmp   directory compare (Verzeichnis vergleichen)

Name	Optionen	Argumente
dircmp	[-d][-s]	Dir1 Dir2

Dieser Befehl prüft die Inhalte der angegebenen Verzeichnisse und gibt eine Liste der gleichen Einträge aus. Es erfolgt auch ein Hinweis, ob Dateien mit gleichem Namen auch den gleichen Inhalt haben.

Optionen

- -d Liegt unter beiden Directories eine Datei gleichen Namens, dann wird deren Inhalt nach den Kriterien des Kommandos ohne Optionen verglichen.
- -s Gibt die Namen der gleichen Dateien nicht aus.
- -wZahl Die Länge der Zeilen in der Ausgabe wird auf die angegebene Größe (*Zahl*) geändert. Die Voreinstellung ist 72 Zeichen pro Zeile.

☞ *diff*

dirname   directory *name* (Verzeichnisname)

Name	Argument
dirname	Pfadname

Argument ist ein Gesamtpfadname (Fullpathname), von dem alle Teile, die vor dem letzten / stehen, ausgegeben werden. Am häufigsten wird dieses Kommando in Scripts angewendet. Das Gegenstück zu diesem Befehl ist *basename*.

Beispiele

1.  ```
    $ dirname /home/rb/test/otto
    /home/rb/test
    ```

2. Beispiel für eine Anwendung innerhalb eines Scripts

    ```
    NAME=`dirname $WEG`
    ```

    Annahme ist, daß die Variable WEG einen Gesamtpfadnamen enthält, von dem nicht alles in der Variablen NAME weiterverwendet werden soll.

☞ *basename*
    ```

du disc used (benutzter Speicherplatz)

Befehl	Optionen	Argumente
du	[-ars]	Directories Datei(en)

Es wird der Platz in 512-Byte-Blöcken angegeben, den das bezeichnete Directory belegt. Bei Verwendung der Option *-a* kann auch der Platzbedarf einer Datei festgestellt werden. Wird kein Name beim Kommandoaufruf mitgegeben, dann wird der vom aktuellen Directory und den darunterliegenden Verzeichnissen geprüft.

Optionen

-a In diesem Fall können Directory- und Dateinamen angegeben werden, sonst nur Directories.

-r Diese Betriebsart erzeugt eine Meldung, wenn Dateien nicht geöffnet und somit nicht erfaßt werden können.

-s Es erfolgt nur die Ausgabe der benötigten Gesamtblockzahl des angegebenen Directories und nicht die Auflistung aller Einzelgrößen.

Beispiele

1. Nur Ausgabe der Gesamtblockzahl

   ```
   $ du -s mit
   262     ./mit
   ```

2. In diesem Beispiel braucht das Verzeichnis *dir* 28 Blöcke, das Directory insgesamt (mit den aufgeführten Unterverzeichnissen) 262 usw. Der letzte Eintrag ist der Platzbedarf des aktuellen Verzeichnisses.

   ```
   $ du
   28      ./dir
   4       ./dok
   4       ./mit/text1
   26      ./mit/text2
   262     ./mit
   140     ./probe
   450     .
   ```

☞ *df*

echo

Name	**Argumente**
echo	[Argument(e)]

Der Befehl *echo* gibt die angegebenen Argumente nach *stdout* aus. Damit ist eine Umlenkung in Dateien oder eine Pipe möglich. Jedes Argument wird vom nächsten bei der Ausgabe durch eine Leerstelle getrennt. Als letztes Zeichen einer Ausgabe kommt immer ein NL (Newline, neue Zeile). *Echo* kann in Scripts eingesetzt werden, um z. B. an bestimmten Stellen eine Ausgabe zu machen oder eine Nachricht an eine Datei anzuhängen.

Echo versteht einige bestimmte Sequenzen als Steuerbefehle:

- \b Backspace, eine Cursorposition nach links und Löschen des dortigen Zeichens.

- \c Bis zu diesem Zeichen werden sämtliche Argumente ausgegeben, die sonst übliche Newline wird unterdrückt und alle folgenden Argumente nicht ausgegeben. Häufig am Ende einer Zeichenkette eingesetzt, um ein NL zu unterdrücken:

    ```
    echo »bitte Eingabe: \c«
    ```

    Der Cursor bleibt hinter dem Pfeil stehen.

- \f Formfeed, es erfolgt bei der Ausgabe ein Seitenvorschub dort, wo diese Sequenz steht.

- \n Newline, positioniert den Cursor am Anfang der nächsten Zeile.

- \r Carriage Return, Wagenrücklauf, positioniert den Cursor am Anfang der aktuellen Zeile.

- \t Tab Character, Zeichen für einen Tabulatorsprung.

- \v Vertikaler Tabulatorsprung.

- \\ Backslash, eine versteckte Eingabe ist nötig, da sonst der einfache \ als Sonderzeichen gewertet wird und nicht in der Ausgabe erscheint. Alle Metacharacter (☞ Shell) müssen in dieser Art vor der Shell versteckt werden (oder in ' ' setzen).

\0n   In dieser Form können ASCII-Zeichen anhand ihrer Nummer direkt eingegeben werden. Hierbei kann *n* ein- bis dreistellig sein.

Beispiele

1. Ausgabe einer Nachricht

   ```
   $ echo Es ist     alles      in Ordnung     !
   Es ist alles in Ordnung !
   ```

   In dieser Form werden alle mehrfachen Leerzeichen, die hintereinander stehen, zu einem zusammengefaßt.

2. Ausgabe einer Nachricht ohne Zusammenfassung der Blanks

   ```
   $ echo 'Es ist     alles      in Ordnung     !'
   Es ist     alles      in Ordnung     !
   ```

   Wird die auszugebende Nachricht in Hochkommata gefaßt, bleibt ihre Struktur bei der Ausgabe erhalten.

3. Anhängen einer Nachricht an eine Datei aus einem Script

   ```
   echo $0 aufgerufen am 'date' >> /home/logbuch/logfile
   ```

   Der Name der eigenen Datei, in der diese Zeile steht, wird durch *$0* festgestellt (☞ Shell), das Kommando *date* wird wegen der Hochkommata ausgeführt und das Ergebnis an seiner Stelle eingesetzt. Durch die Umlenkung wird die gerade erstellte Zeile an die Datei *.../logfile* angehängt. Die Verwendung von > würde zum Überschreiben von *.../logfile* führen.

4. Gib den Inhalt einer bestimmten Umgebungsvariablen aus

   ```
   $ echo Rudolf\' Terminaleintrag ist $TERM
   Rudolf's Terminalneeintrag ist vt100
   ```

   Mit \ wird das Hochkomma vor der Shell versteckt, anschließend der Inhalt der Umgebungsvariablen $TERM eingesetzt und zuletzt alles ausgegeben.

ed

Name	Optionen	Argumente
ed	[-][-p string][-s]	Datei

Der *ed* ist ein zeilenorientierter Texteditor, der keine spezielle Terminalanpassung benötigt. Er bietet zwei unterschiedliche Betriebsarten: erstens den Kommandomodus, der die Tastatureingabe als Kommando interpretiert, zweitens den Textmodus, in dem die Tastatureingabe wirklich als Text verarbeitet wird. Es wird beim Editieren nicht mit der Originaldatei, sondern mit einer Kopie gearbeitet. Die so bearbeitete Kopie wird schließlich wieder zurück auf die Originaldatei geschrieben. Erst dann ist das Original wirklich verändert.

Optionen

- \- Es wird die Ausgabe über die Anzahl Zeichen, die bei den Kommandos *e*, *r* und *w* erscheint, unterdrückt, ebenso die Hinweiszeile, die vom *e*- bzw. *q*-Kommando erzeugt wird.

- -p string   Man kann hier als *string* ein Stichwort angeben, das dem User während der Arbeit mit *ed* anzeigt, ob er sich im Kommandomodus oder nicht befindet.

- -s   Unterdrücken der Ausgabe, wie unter »-«-Option beschrieben. Diese Option soll ein Beitrag zur einheitlichen Schreibweise in Standard UNIX sein (3.0).

Aufruf des Editors

Der Editor wird mit *ed* und dem Dateinamen als Argument aufgerufen.

```
$ ed neu_datei
?neu_datei
```

Wird eine Datei neu angelegt, so antwortet *ed* mit einem *?* und dem Dateinamen dahinter. Das *?* zeigt an, daß keine schon vorhandene Datei »geöffnet« wurde.

Soll eine bestehende Datei bearbeitet werden, und zwar unter Ausnutzung der Option *-p* (Editor-Prompt), sehen Aufruf und Antwort wie folgt aus:

```
$ ed -p 'kmd' alt_datei
235
kmd
```

Hier sieht man sofort, daß man sich im Kommandomodus (*kmd*) befindet und *alt_datei* 235 Zeichen beinhaltet. Nach dem Aufruf wird man auf die letzte Zeile der Datei positioniert.

Kommandos innerhalb des *ed* bestehen aus Zeilen- bzw. Adreßbeschreibungen und Aufträgen. Mit den Adreßkommandos werden einzelne oder mehrere Zeilen angezeigt. Es ist auch möglich, mit Zeilennummern oder Suchbegriffen zu arbeiten. Die Auftragskommandos hingegen sind für Einfügen, Anhängen, Löschen und Verrücken ganzer Zeilen sowie für Ersetzungen innerhalb einer Zeile zuständig.

ed-Kommandos

.	aktuelle Zeile
$	letzte Zeile
'c	Zeile, die über das *k*-Kommando mit dem Buchstaben *c* markiert wurde.
/Ausdruck/	Hier wird von der aktuellen Zeile aus vorwärts nach dem Zeichenmuster *Ausdruck* gesucht, und zwar so lange, bis ein gleicher Ausdruck gefunden wird. Bei erfolgloser Suche endet die Suche auf der Zeile, bei der sie auch begann. Bei Eingabe von // wird erneut nach dem zuletzt benutzten Ausdruck gesucht.
?Ausdruck?	Wie die zuvor beschriebene Funktion, nur mit Suchvorgang rückwärts.
+n	Springe n Zeilen von der aktuellen aus vorwärts.
+	Der Cursor springt eine Zeile vorwärts; ++ zwei Zeilen vorwärts usw.
-	Der Cursor springt eine Zeile rückwärts; – – zwei Zeilen rückwärts usw.
-n	Cursorsprung n Zeilen von der aktuellen aus rückwärts.
adr+n	Cursorsprung n Zeilen vorwärts, beginnend bei der Adresse, die in *adr* steht.
adr-n	Cursorsprung n Zeilen rückwärts, beginnend bei der Adresse, die in *adr* steht.

Adreßbeschreibung und Bedeutung

Eine Adreßangabe *von,bis* muß durch Komma getrennt sein, z. B. *1,10* stellt die Zeilen 1 bis 10 dar oder .,/bis/ stellt die Zeilen von der aktuellen bis zu der Zeile dar, die *bis* beinhaltet. Ersetzt man das Komma durch ein

Semikolon, z. B. /hier/;+5, so meint das: Stelle die erste Zeile, die *hier* beinhaltet, und die nächsten 5 dar.

In der nachfolgenden Kommandoliste sind die Adressen in eckigen Klammern geschrieben, z. B. *[.]* meint, das Kommando wird ab der aktuellen Zeile ausgeführt. Bei *[.,.]* soll angedeutet werden, daß dieses Kommando auch über mehrere Zeilen (*von/bis*) ausführbar ist. Die eckigen Klammern sind also kein Bestandteil der Adressen.

Kommandos und deren Auswirkungen		
	[.]a	Das Kommando *anhängen* schaltet in den Textmodus. Nun kann der gewünschte Text unter der aktuellen bzw. adressierten Zeile eingegeben werden. Ein Punkt am Anfang einer neuen Zeile schaltet wieder zurück in den Kommandomodus. Die maximale Zeilenlänge kann 256 Zeichen betragen.
	[.]c	Das *c*-Kommando schaltet in den Textmodus und ersetzt die aktuelle bzw. adressierte Zeile durch Texteingabe. Ein Punkt am Anfang einer neuen Zeile schaltet wieder zurück in den Kommandomodus.
	[.,.]d	Löscht die adressierten Zeilen. Die Zeile, die der zuletzt gelöschten folgt, wird dann aktuelle Zeile.
	e datei	Mit diesem Kommando kann aus dem Editor heraus eine neue Datei angezogen werden. Der Editor fragt dann durch ein *?* an, ob die aktuelle Datei zurückgeschrieben worden ist, falls Änderungen vorgenommen wurden. Bei nochmaliger Eingabe eines *e* wird schließlich die neue Datei geladen.
	E datei	Genauso wie unter *e*, jedoch erfolgt keine Nachfrage, ob die gerade bearbeitete Datei gesichert wurde.
	f datei	Wechseln des augenblicklichen Dateinamens in *datei*. Wird das Argument weggelassen, so wird der augenblicklich benutzte Dateiname angezeigt.
	h	Gibt eine kurze Fehlerbeschreibung aus, falls ein Fragezeichen (*?*) bei einer fehlerhaften Eingabe erscheint.
	H	Ist der Ein- bzw. Ausschalter für Fehlerausgaben. Ist normalerweise ausgeschaltet.
	[1,$]g/ausdr/ Kommandoliste	Das *global*-Kommando extrahiert zuerst alle Zeilen im angegebenen Aktionsbereich der Datei (1,$ = ganze Datei), die den Ausdruck *ausdr* beinhalten. Alle so gefundenen Zeilen werden dann entsprechend der

	Kommandoliste bearbeitet. Zum Beispiel *g/Otto/d* löscht alle Zeilen, die den Ausdruck *Otto* enthalten. Wird die Kommandoliste weggelassen, werden alle betroffenen Zeilen automatisch gelistet (*p*-Kommando). Die Kommandos *g*, *G*, *v* und *V* dürfen nicht in der Kommandoliste benutzt werden.
[1,$]G/ausdr/	Das Kommando *Global* funktioniert erst einmal wie oben unter *g* beschrieben, verlangt dann jedoch die Eingabe eines Kommandos für jede gefundene Zeile, die dem Ausdruck *ausdr* entspricht. Soll eine gefundene Zeile nicht bearbeitet, sondern übersprungen werden, so ist die Taste [Enter] zu drücken. Möchte man das *G*-Kommando vorzeitig beenden, kann die Taste ⌞Entf⌟ oder ⌞Pause⌟ gedrückt werden. Die Kommandos *a*, *c*, *i*, *g*, *G*, *v* und *V* sind hier nicht zugelassen.
[.]i	Das *i*-Kommando ist dem *a*-Kommando ähnlich. Der Text wird hier nur vor der aktuellen Zeile, anstatt hinter ihr eingefügt.
[.,+1]j	Verbindet die Zeilen im Adreßbereich zu einer einzigen Zeile. Dies geschieht, indem das dazwischenliegende Zeichen für »neue Zeile« gelöscht wird.
[.]k c	Markiere die adressierte Zeile mit einem kleinen Buchstaben, z. B. *c*, so daß man sie über diesen dann auch wieder ansprechen kann. Es können bis zu 26 Zeilen markiert werden.
[.,.]l	Listen aller adressierten Zeilen, und zwar mit sämtlichen nicht druckbaren Zeichen wie Sonder- und Steuerzeichen. Das *l* kann an verschiedene Kommandos angehängt werden. Ausgeschlossen hiervon sind die Kommandos: *e*, *E*, *f*, *r* und *w*.
[.,.]m adr	Verschiebe alle spezifizierten Zeilen hinter die Zeile, deren Adresse in *adr* steht.
[.,.]n	Listen aller adressierten Zeilen mit ihrer Numerierung, ansonsten wie *p*.
[.,.]p	Listet alle adressierten Zeilen. Die so zuletzt gelistete wird aktuelle Zeile. Das *p* kann an verschiedene Kommandos angehängt werden. Ausgeschlossen hiervon sind die Kommandos: *e*, *E*, *f*, *r* und *w*.

P	Schaltet den voreingestellten Prompt '*', der den Kommandomodus kennzeichnet, ein oder aus. ☞ auch *p*-Option.
q	Mit *q* wird der Editor verlassen. Wurden Änderungen an der Datei vorgenommen und ein *q* eingegeben, so fragt *ed* durch ein *?* an, ob man die Datei sichern möchte. Durch nochmalige Eingabe eines *q* wird der Editor dann ohne Sicherung verlassen.
Q	Verläßt den Editor, ohne vorher zu prüfen, ob eventuell Änderungen seit der letzten Sicherung gemacht worden sind.
[$]r datei	Das *r*-Kommando liest den Inhalt der selektierten Datei *datei* und hängt ihn hinter die angegebene Zeile (*$* = letzte Zeile).
[$]r ! Kommando	Funktioniert wie oben beschrieben, jedoch wird hier die Ausgabe eines Kommandos gelesen, z. B. *r !ls*.
[.,.]s/ausdr/ ersatz/ [.,.]s/ausdr/ ersatz/g [.,.]s/ausdr/ ersatz/n	Beim *s*-Kommando werden alle adressierten Zeilen auf das Vorkommen eines Ausdrucks *ausdr* hin durchsucht. Wird *g* weggelassen, so wird die Zeile nur einmal auf den Ausdruck *ausdr* hin durchsucht und durch den Ausdruck *ersatz* ersetzt. Das *g*-Suffix bewirkt, daß alle gefundenen *ausdr* einer Zeile durch *ersatz* ersetzt werden. Mit dem *n*-Suffix kann man bestimmen, wie oft der Ausdruck *ausdr* in einer Zeile ersetzt werden soll. *n* ist eine Zahl zwischen 1 und 512. Es dürfen alle Zeichen außer »Leerzeichen« und »neue Zeile« als Separator verwendet werden. Zum Beispiel: *s#alles#nichts#g* ist gleich *s/alles/nichts/g*. Das *&* Symbol kann genutzt werden, um den kompletten Ausdruck *ausdr* im Ausdruck *ersatz* zu wiederholen, wie z. B. *s/Hans/& Otto/g*. Hier werden alle *Hans* in *Hans Otto* ersetzt. Soll *&* selber als Ersetzer dienen, so gilt folgende Schreibweise: *\&*, z. B. *s/und/\&/* ersetzt *und* in *&*.
[.,.]t adr	Hängt eine Kopie der adressierten Zeilen hinter die Zeile, die in *adr* angegeben wurde. Die originalen Zeilen bleiben unverändert. Möchte man etwas vor die erste Zeile kopieren, so ist *adr* mit 0 anzugeben.

u		Das *undo*-Kommando erlaubt es einem, das zuletzt ausgeführte Kommando wieder rückgängig zu machen.
[1,$]v/ausdr/ Kommandoliste		Das *v*-Kommando arbeitet wie das *g*-Kommando, nur werden hier alle Zeilen, die nicht dem Ausdruck *ausdr* entsprechen, von der Kommandoliste bearbeitet.
[1,$]V/ausdr/		Das *V* arbeitet wie das *G*-Kommando, nur sind hier alle Zeilen, die nicht dem Ausdruck *ausdr* entsprechen, von der Ausführung betroffen.
[1,$]w datei		Mit dem *write*-Kommando wird die aktuell bearbeitete Datei gesichert. Bei erfolgreichem Abschließen des Kommandos erscheint eine Anzeige über die Anzahl Zeichen, die gespeichert wurden. Wird der Dateiname *datei* weggelassen, so wird der Name benutzt, mit dem sie auch geladen wurde.
[1,$]w !Kommando		Hier werden die spezifizierten Zeilen als Standardeingabe für das gewählte Kommando benutzt.
[$]=		Anzeige der Zeilennummer einer selektierten Zeile. Die Position der augenblicklichen Zeile wird hierbei nicht geändert.
!Kommando		Hier wird das nachstehende Kommando zur Interpretation an die Shell weitergeleitet. Zum Beispiel *!cat mausepaul* listet den Inhalt der Datei *mausepaul*. Die Ausgabe wird auf dem Bildschirm angezeigt, wobei das Ende durch ein ! markiert wird.
[.+1]		Hiermit wird die nächste Zeile angezeigt. Die Taste ⏎ bewirkt das gleiche.

Der *ed* unterstützt eine begrenzte Anzahl dieser Ausdrücke. Man versteht hierunter eine Konstruktion von gewöhnlichen Zeichen, die nur für sich selbst stehen, und speziellen Zeichen (Metazeichen), denen eine bestimmte Bedeutung zukommt.

Regular Expressions

Ein-Zeichen-Ausdrücke

.	Beschreibt alle Zeichen.
\	Hebt die Sonderbedeutung von Zeichen für die Shell auf, z. B. * erklärt das Sonderzeichen * wieder als normales Zeichen.
[liste]	Sucht alle Zeichen, die in der Liste aufgeführt sind. Bereiche werden durch einen Bindestrich gekennzeichnet, z. B. bei [*l-q*] werden alle Buchstaben zwischen *l* und *q* gesucht.

ed

[^list]	Hier wird nach allen Zeichen gesucht, die nicht in der Liste stehen.

Mehr-Zeichen-Ausdrücke

c*	Es wird nach keinem bis mehrmaligem Vorkommen des Zeichens *c* gesucht, z. B. *Wa*ge*, würde nach *Wge*, *Wage*, *Waage*, *Waaage* usw. suchen.
c\{m\}	Es wird nach m-maligem Vorkommen des Zeichens *c* gesucht, so würde z. B. *Wa\{2\}ge* nur nach *Waage* suchen.
c\{m,\}	Es wird nach m-maligem Vorkommen des Zeichens *c* gesucht, so würde z. B. *Wa\{2,\}ge* nur nach *Waage*, *Waaage* usw. suchen.
c\{m,n\}	Es wird nach m- bis n-maligem Vorkommen des Zeichens *c* gesucht, so würde z. B. *Wa\{1,2\}ge* nur nach *Wage* und *Waage* suchen.

Zuletzt sollen noch die Ausdrücke erwähnt werden, mit denen man den Anfang bzw. das Ende einer Zeile durchsuchen kann.

^ausdr	Hier wird jeweils nur das erste Wort einer Zeile nach dem Ausdruck *ausdr* durchsucht.
ausdr$	Hier wird jeweils nur das letzte Wort einer Zeile nach dem Ausdruck *ausdr* durchsucht.
^ausdr$	Die Kombination der beiden oben beschriebenen Ausdrücke sucht die ganze Zeile nach dem Ausdruck *ausdr* ab.

Beispiele

1. Anlegen einer Datei.

```
$ ed mars
?mars
Ich liebte ein Maedchen auf dem Mars,
das war's !
.
w
50
q
$
```

An der Zeile *?mars* erkennt man, daß es sich hier um eine neue Datei handelt.

2. Ändern einer vorhandenen Datei.

    ```
    $ ed mars
    50
    P
    *1,$p
    Ich liebte ein Maedchen auf dem Mars,
    das war's !
    *1s/Mae/Mä/p
    Ich liebte ein Mädchen auf dem Mars,
    *w
    49
    *q
    $
    ```

    Das *P*-Kommando bewirkt die Ausgabe eines *, der den Kommandomodus kennzeichnet. Danach wird die Datei gelistet, die erste Zeile geändert und mit *p*- wieder angezeigt.

☞ *red, vi, sed, grep*

egrep

Name	**Optionen**	**Argumente**
egrep	[-vclnbefi][Muster]	[Datei(en)]

egrep sucht nach einem angegebenen Zeichenmuster und gibt die Zeilen aus den durchsuchten Dateien, die das Muster enthalten, nach *stdout* aus. Beim Durchsuchen mehrerer Dateien wird jeweils der Name der Datei der Ausgabe vorangestellt, in der die Zeichenkette gefunden wurde. Wird kein Dateiname angegeben, dann liest *egrep* die Zeichen von *stdin*. Die Ausgabe der »Treffer« erfolgt nach *stdout*. Die Suche erfolgt immer zeilenweise. Die Suchmuster können aus einer Datei eingelesen werden, sie müssen nicht in der Kommandozeile angegeben sein.

Optionen

-v (verbose) Alle Zeilen, außer denen, die das gesuchte Muster enthalten, werden ausgegeben.

-b (block) Jeder Zeile der Ausgabe ist eine Zahl vorangestellt, die angibt, in welchem Block (512 Bytes/Block) das Muster in der Datei steht. Der erste Block hat die Nummer 0.

egrep

-c	(count) Die Zeilen, in denen das Muster steht, werden nur gezählt, aber nicht ausgegeben. Dabei wird für verschiedene Dateien getrennt gezählt.
-e Muster	Wie die Option *Muster* (☞ Befehlsaufruf), jedoch dürfen die *Muster* in diesem Fall auch mit einem Bindestrich beginnen. In Verbindung mit *-f* zulässig.
-fdat	Mit dieser Option werden die Suchmuster aus der genannten Datei *dat* gelesen. Jedes Suchmuster muß in dieser Datei auf einer eigenen Zeile stehen.
-h	Der Dateiname wird nicht ausgegeben, wenn mehrere Dateien durchsucht werden.
-i	Zwischen Groß- und Kleinschreibung wird nicht unterschieden.
-l	Es erfolgt nur die Ausgabe der Dateinamen, die das Muster enthalten.
-n	Gibt die Nummer der Zeile innerhalb einer Datei an, in der das Muster steht.
-v	Alle Zeilen, außer denen, die das gesuchte Muster enthalten, werden ausgegeben.

Muster (Full Regular Expressions)

egrep unterstützt als Muster die erweiterten regulären Ausdrücke (Full Regular Expression). Dabei gelten:

.	Steht für ein beliebiges Zeichen.
c	Steht für das Zeichen *c*.
\	Hebt die Sonderbedeutung von Zeichen für die Shell auf.
*	Hebt z. B. die Sonderbedeutung des * auf. Steht für das »normale« Zeichen *.
[...]	Sucht jeden Character, der in der Liste zwischen [ ] angegeben ist. Ein Bereich wird durch einen Bindestrich gekennzeichnet: [d-m] sucht alle Buchstaben zwischen *d* und *m*.
[^..]	Umkehrung des vorherigen. Es wird nach allem gesucht, was nicht in der Liste steht.
c*	Das Zeichen *c* darf 0 bis n Mal vorkommen. Für *c* kann auch ein beliebiger Ausdruck stehen. ».*« sucht eine beliebige Zeichenkette, die beliebig lang ist.
c+	Wie *, nur muß *c* oder der Ausdruck mindestens einmal vorkommen.

c?	*c* darf kein- oder einmal vorkommen.
	Oder-Verknüpfung, dient zur Verknüpfung verschiedener Suchmuster, z. B. bei gleichzeitigen Suchvorgängen, wenn die genaue Form des gesuchten Strings nicht bekannt ist.
( )	Teilt Muster in Gruppen.
^	Steht für den Anfang einer Zeile.
$	Steht für das Ende einer Zeile.

*, + und *?* werden dem vorhergehenden Zeichen (Ausdruck) zugeordnet, es sei denn, es werden Klammern ( ) gesetzt, die zeigen, daß das Zeichen zu einem längeren Ausdruck gehört. Sollen »(« und »)« als normale Zeichen angegeben werden, dann müssen sie mit »\(« und »\)« maskiert werden. Für weitere Ausdrücke ☞ *grep*.

Beispiele

1. Suche Zeilen in einer Datei, die den String *Holz* enthalten

   ```
   $ egrep Holz kunden
   ```

2. Gesuchte Zeichenkette soll am Zeilenanfang stehen

   ```
   $ egrep '^Holz' kunden
   ```

3. Gesucht werden Zeilen, die die Zeichenkette *Holz* oder *Beton* enthalten. Groß-/Kleinschreibung bei *Beton* (am Wortanfang) soll dabei keine Rolle spielen:

   ```
   $ egrep 'Holz | [Bb]eton' kunden
   ```

4. Suche nach Zeilen, die eine bestimmte Zeichenkette enthalten.

   ```
   $ egrep '3[a-m]*7' liste
   ```

   Alle Zeilen, die die Zeichenkombination 3, gefolgt von einer beliebig langen Buchstabenfolge, die aus Zeichen zwischen *a* und *m* besteht, gefolgt von einer 7. Das gesuchte Muster kann auch Bestandteil einer längeren Zeichenkette sein.

   ```
   $ egrep '[^2-9a-zA-Z].*alt'
   ```

   Gesucht wird nach Zeichenketten, die nicht mit einer Ziffer zwischen 2 und 9, nicht mit einem Klein- oder Großbuchstaben beginnen und die mit der Zeichenkette *alt* enden.

☞ *fgrep, grep*

expr expression (Ausdruck)

Name	**Argumente**
expr	[ausdruck]

Das Kommando *expr* wertet die übergebenen Ausdrücke aus und gibt das Ergebnis nach Standard Output. *expr* wird zumeist in Shell-Scripten eingesetzt und zur Durchführung von ganzzahligen Berechnungen oder zum Vergleich von Zeichenketten benutzt.

Ein Ausdruck besteht aus einem oder zwei Argumenten und einem Operator, der die Argumente miteinander verknüpft. Ein *expr*-Ausdruck hat damit die Form

```
arg1 operator arg2
```

In einem Argument können Daten vom Typ *Integer* oder *String* (Zeichenketten) stehen. Argumente sind von Operatoren immer durch eine Leerstelle zu trennen. Bestimmte Operatoren müssen mittels \ vor der Shell maskiert werden.

expr kennt eine Vielzahl von Operatoren, die im folgenden beschrieben sind:

Arithmetische Operatoren

Arithmetische Operationen werden von *expr* mit Integer-Größen ausgeführt.

arg1 * arg2 — *arg1* wird mit *arg2* multipliziert. Der Backslash maskiert den Metacharacter * vor der Shell.

arg1 / arg2 — *arg1* wird durch *arg2* dividiert, auf Basis einer Integer-Operation. Liegt der eigentliche Ergebniswert bei z. B. 4.9, dann wird nicht aufgerundet, sondern die Nachkommastelle einfach unterdrückt!

$ expr 25 / 6
4
arg1 % arg2 — Gibt den Modulus der Operation *arg1* dividiert durch *arg2* aus, d. h. den Rest, der nicht weiter geteilt wurde.

$ expr 25 % 6
1
arg1 + arg2 — Addition der beiden angegebenen Argumente.

arg1 ± arg2 — *arg1* und *arg2* werden subtrahiert (addiert).

arg1 : arg2		Die beiden Argumente werden miteinander verglichen. Es wird geprüft, ob das Argument *arg2* vollständig im ersten Argument enthalten ist, beginnend beim ersten Zeichen jeder Zeichenkette. Die Anzahl der übereinstimmenden Zeichen (beginnend beim ersten Zeichen) wird als Ergebnis geliefert.	**Zeichenketten-vergleich**
$ expr Katze : Kat 3		Es werden drei übereinstimmende Zeichen gefunden.	
$ expr Katze : 'K.*z' 4		Da in diesem Fall sämtliche Zeichen in .* stehen können, nimmt *expr* an, daß dort auch genau die gewünschte Form, nämlich *Katz* stehen könnte. Das Ergebnis ist deshalb 4.	

Wenn die Bedingung erfüllt ist, liefert *expr* eine 1, sonst 0.   **Vergleichs-operatoren**

arg1 = arg2	Prüft, ob die Argumente den gleichen Inhalt haben.	
arg1 \ >arg2	Prüft, ob *arg1* größer als *arg2* ist.	
arg1 \>= arg2	Prüft, ob *arg1* größer gleich *arg2* ist.	
arg1 \ <arg2	Prüft, ob *arg1* kleiner als *arg2* ist.	
arg1 \ <=arg2	Prüft, ob *arg1* kleiner gleich *arg2* ist.	
arg1 != arg2	Prüft, ob *arg1* ungleich *arg2* ist.	
arg1 \& arg2	logisches UND. Prüft, ob weder *arg1* noch *arg2* den Wert Null (leere Zeichenkette) noch 0 hat. Ist keins der beiden Argumente Null, dann wird der Inhalt von *arg1* angezeigt, sonst eine 0.	**Logische Operatoren**
arg1 | arg2	logisches ODER. Für den Fall, daß *arg1* Null ist, wird *arg2* angezeigt. Ist *arg1* aber ungleich Null und 0, dann wird sein Inhalt ausgegeben.	
0	Der geprüfte Ausdruck ist nicht Null oder 0.	**Exit-Werte**
1	Der geprüfte Ausdruck ist Null oder 0.	
2	Der Ausdruck ist ungültig.	

1. ODER-Verknüpfung   Beispiele

    $ DRUCKER=`expr $ZIELDR \| drucker5`

    Diese Konstruktion gibt der Variablen DRUCKER den Wert der Variablen $ZIELDR, falls sie belegt ist, sonst den Wert *drucker5*.

2. Zeichenkettenvergleich

```
$ expr Katze : tz
0
```

Diese Variante führt zu dem Ergebnis 0, da Teilstücke nicht erkannt werden.

false   falsch

Name
false

Dieses Kommando erzeugt einen Rückgabewert (Exit-Status), der von 0 verschieden ist. Rückgabewerte werden normalerweise von UNIX-Kommandos erzeugt. 0 heißt, sie wurden erfolgreich ausgeführt, ungleich 0, es traten Fehler auf. Mit *false* kann ein bestimmter Exit-Status erzeugt werden, falls dies nötig sein sollte (☞ *true*). *false* kann bei Tests von Programmen eingesetzt werden, wenn die Simulation eines Fehlerverhaltens viel zu aufwendig ist.

Beispiele
1.
```
$ false
$ echo $?
1
```

$? ist der Exit-Status der zuletzt ausgeführten Operation, der mit Hilfe von *echo* sichtbar gemacht wird.

2. Als Test in Shell-Scripts

```
if false
then
echo Die Abbruchbedingung wird erkannt
exit1

else
echo Die Abbruchbedingung wird nicht erkannt
if
```

☞ *true*

fgrep

Name	**Optionen**	**Argumente**
fgrep	[-vclnbf][muster]	[datei]

fgrep sucht in Dateien nach einem oder mehreren im Aufruf angegebenen Zeichenketten *muster* und gibt die Zeilen, die eines der Muster enthalten, nach *stdout* aus. Werden mehrere Dateien durchsucht, dann wird jeweils der Name der Datei mit ausgegeben, in der ein Muster gefunden wurde. Wird kein Dateiname angegeben, dann liest *fgrep* die Zeichen von Standard In.

Die Suche erfolgt zeilenweise, so daß nicht nach Begriffen gesucht werden kann, die länger als eine Zeile sind.

fgrep ist weitgehend identisch mit dem Kommando *grep*. Es gibt zwei wesentliche Unterschiede:

1. *fgrep* verarbeitet als Muster nur Zeichenketten, es kennt keine Sonderzeichen zur Bildung von Regular Expressions.

2. *fgrep* kann pro Aufruf mehrere Muster verarbeiten. Diese werden in der Kommandozeile angegeben oder aus einer Datei eingelesen. Jeder String muß dabei in einer eigenen Zeile stehen.

Optionen

-b Jeder Zeile der Ausgabe ist eine Zahl vorangestellt, die angibt, in welchem Block (512 Bytes/Block) das Muster in der Datei steht. Der erste Block hat die Nummer 0.

-c Die Zeilen, in denen das Muster steht, werden nur gezählt, aber nicht ausgegeben. Dabei wird für verschiedene Dateien getrennt gezählt.

-fdat Mit dieser Option werden die Suchmuster aus der genannten Datei *dat* gelesen. Jedes Suchmuster muß in dieser Datei auf einer eigenen Zeile stehen.

-h Der Dateiname wird nicht ausgegeben, wenn mehrere Dateien durchsucht werden.

-i Zwischen Groß- und Kleinschreibung wird nicht unterschieden.

-l Es erfolgt nur die Ausgabe der Dateinamen, die das Muster enthalten.

	-n	Gibt die Nummer der Zeile innerhalb einer Datei an, in der das Muster steht.
	-v	Alle Zeilen, außer denen, die das gesuchte Muster enthalten, werden ausgegeben.

Beispiele 1. Suche nach Zeilen, die einen Begriff aus einer Liste enthalten

```
$ cat adresse
7000 Stuttgart Willi Balduin
5000 Koeln Rainer Treppe
3500 Braunschweig Norbert Breitz
2000 Hamburg Reinhard Meier

$ fgrep 'Rein Rain' adresse
5000 Koeln Rainer Treppe
2000 Hamburg Reinhard Meier
```

Alle Zeilen, die ein oder mehrere Muster aus der Liste enthalten, werden protokolliert.

2. Einlesen der Suchmuster aus einer Datei

```
$ fgrep -f musterdatei textdatei
```

Mit diesem Kommando werden alle Suchmuster, die in *musterdatei* stehen, eingelesen und für den Suchvorgang in *textdatei* ausgewertet.

☞ *grep, egrep*

file   Datei

Name	**Optionen**	**Argumente**
file	[-c][-f datei][-m datei]	datei(en)

Dieser Befehl prüft, welchen Inhalt die angegebenen Dateien haben und gibt den Typ aus, z. B. ASCII File, Data, 386 executable o. ä. Scheint es sich um eine ASCII-Datei zu handeln, dann liest *file* die ersten 512 Bytes des Files ein und versucht die darin enthaltene Sprache zu interpretieren. Ist der Inhalt Programmcode, dann gibt *file* einen Hinweis, für welchen Prozessortyp er erzeugt wurde. Das Kommando benutzt die Datei */etc/magic*, um Dateien zu identifizieren, die irgendeine Art von Magic

Number haben. Eine Magic Number ist eine Konstante (numerische oder String), die den Dateityp beschreibt.

Optionen

-c Veranlaßt *file*, die Datei */etc/magic* (oder die mit *-m* bestimmte) auf Formatfehler hin zu untersuchen.

-f datei Sollen mehrere Dateien auf ihren Typ hin untersucht werden, so können die Namen in eine Datei geschrieben werden. Die *f*-Option liest die Namen der zu untersuchenden Files aus der angegebenen Datei und protokolliert die Testergebnisse unter Angabe des jeweiligen Dateinamens.

-h Ein symbolischer Link wird nicht abgearbeitet.

-m datei Statt aus */etc/magic* wird aus der angegebenen Datei die nötige Testinformation zur Bestimmung geholt.

Wird ein symbolischer Link geprüft, so wird der Link abgearbeitet und die referenzierte Datei geprüft (☞ *ln*). Wird mit der Option *h* verhindert.

☞ *find*

find finden

Name
find

Argumente
Pfadname Suchkriterium
Aktion

find sucht im angegebenen Directory rekursiv nach Files, die die gegebenen Suchkriterien erfüllen, und führt anschließend die gewünschte Aktion aus. Rekursiv bedeutet, daß auch alle Zweige, die unterhalb des angegebenen Verzeichnisses liegen, mit durchsucht werden. Es können mehrere Verzeichnisse angegeben werden.

In der folgenden Beschreibung steht der Buchstabe »n« für eine ganze Zahl. Steht die Zahl ohne + oder – davor, dann ist genau der Wert gesucht. Steht + davor, dann wird auch nach Werten, die größer sind, gesucht, entsprechend bei – auch nach kleineren. Die Suchkriterien werden wie Boolsche Ausdrücke behandelt und liefern den Wert *true* (wahr), wenn eine Datei die Bedingung erfüllt, sonst *false* (unwahr). Liefert das Kriterium *true*, so wird die Aktion ausgeführt.

Suchkriterien

-atime n	(Access Time) Sucht Files, auf die vor n Tagen zugegriffen wurde. Die letzte Zugriffszeit in Directories wird durch *find* selbst verändert. *Wahr*, wenn die Files vor n Tagen verändert wurden.
-ctime n	(Change Time) *Wahr*, wenn die Inode der Datei vor n Tagen (+/– = mehr/weniger) verändert wurde.
-depth	Immer *true*; veranlaßt, daß zuerst alle Subdirectories des bezeichneten Directories bearbeitet werden, bevor es selbst an die Reihe kommt.
-group name	Liefert den Wert *true*, wenn die angegebene Datei der bezeichneten Gruppe gehört. Wird *name* numerisch angegeben und ist nicht als *name* in /etc/group zu finden, dann wird diese Zahl als Group-ID verstanden.
-follow	Symbolische Links werden abgearbeitet.
-inum n	*True*, wenn die I-Node der akuellen Datei mit dem Wert von n übereinstimmt.
-local	*True*, wenn sich die gefundene Datei physikalisch auf dem lokalen System befindet (hilfreich im Network File System, NFS).
-links n	Sucht Dateien mit n Links (Verknüpfungen).
-mtime n	(Modify Time) Sucht Dateien, die vor n Tagen verändert wurden.
-mount	Immer *wahr*; begrenzt die Suche auf das Filesystem, das das bezeichnete Directory enthält.
-name datei	Sucht nach der genannten Datei. Es gilt die normale Shell-Syntax. Vorsicht bei »[,?,*«, sie müssen in Anführungszeichen versteckt werden!
-newer datei	*True*, wenn eine Datei vor kürzerer Zeit geändert wurde als die hier genannte *datei*.
-nouser	*Wahr*, wenn eine Datei einer Benutzerkennung gehört, die nicht in der Datei /etc/passwd eingetragen ist.
-perm O.zahl	(Permission) Liefert den Wert *true*, wenn die Zugriffsberechtigungen der angegebenen Datei mit denen in oktaler Schreibweise (*O.zahl*) übereinstimmen. Steht vor *O.zahl* ein –, dann wird die Zahl der signifikanten Flagbits erhöht (☞ Kommando *stat*) sein.
-prune	Es werden keine Dateien und Directories unterhalb der aktuellen Stufe durchsucht.

-size n [c]	*True*, wenn die Datei n mal 512 Byte Blocks lang ist. Wenn *c* auch angegeben ist, dann wird die Größe des Files in (n mal) Zeichen (Characters) geprüft.	
-type Zeichen	Liefert den Wert *true*, wenn der Dateityp mit dem in Zeichen angegebenen übereinstimmt. Zeichen darf *b* (Block Special File), *c* (Character Special File), *d* (Directory), *p* (Pipe oder Fifo), *f* (Regular File) und *@* (symbolic link) sein.	
-user name	Liefert den Wert *true*, wenn die angegebene Datei dem bezeichneten *user name* gehört. Wird *name* numerisch angegeben und ist nicht in */etc/passwd* zu finden, dann wird diese Zahl als User-ID verstanden.	
-cpio Device	Schreibt die gefundenen Dateien auf das genannte Gerät. Als Format werden hierbei 5120-Byte-Records verwendet (☞ *cpio*-Befehl). *-cpio /dev/rmt0* würde auf das Magnetband schreiben, das unter */dev/rmt0* innerhalb des Systems angeschlossen ist.	**Aktionen**
-exec Befehl \;	(Execute) Für alle »gefundenen« Dateien wird das Kommando ausgeführt. Die Klammern {}, innerhalb der *exec*-Sequenz eingesetzt, werden als Pfadname für die gefundene Datei interpretiert. Das Ende des Befehls muß durch \; gekennzeichnet werden.	
-exec *ls* -l {} \;	long listing von jeder gefundene Datei.	
-ok Befehl \;	Wie *-exec*, jedoch muß die tatsächliche Ausführung des Befehls mit *y* bestätigt werden.	
-print	Immer *true*, druckt den kompletten Pfadnamen der gefundenen Datei aus.	

Werden mehrere Kriterien durch Leerzeichen getrennt verwendet, so entsteht eine UND-Verknüpfung. Nur wenn alle Kriterien erfüllt sind, wird die Aktion ausgeführt. Werden 2 Kriterien mit *-o* verbunden, so entsteht eine ODER-Verknüpfung. Es muß nur 1 Kriterium wahr sein, damit die Aktion ausgeführt wird. Mehrere Kriterien können durch Klammern \(\) zusammengefaßt werden. Ein ! vor einem Kriterium führt zur Negierung der Aussage. Die Verknüpfungsoperatoren haben folgende Hierarchie: Klammern vor Negation vor UND vor ODER.

Verknüpfungen

1. Suchen einer Datei im Gesamtfilesystem

   ```
   $ find / -name passwd -print
   /etc/passw
   ```

   Es wird nach der Datei */etc/passwd* gesucht und der Gesamtpfadname ausgegeben.

Beispiele

2. Suchen der Datei *ttytype* im Bereich */etc*

   ```
   $ find /etc -name ttytype -print
   ```

   und Ausgabe des Pfadnamens.

3. Suchen nach einer Datei, deren Name nicht genau bekannt ist, oder nach mehreren Dateien mit ähnlichen Namen. Zur Ersetzung der nicht eindeutigen Namensteile können [ ], ? und * verwendet werden. Der so konstruierte Name muß in einfachen Hochkommata stehen.

   ```
   $ find /home/dax/ -name '*.c' -print
   /home/dax/out.c
   /home/dax/anfang.c
   ```

   So werden sämtliche Dateien im Directory */home/dax* gesucht, die auf ».c« enden.

4. Suche nach Files, auf die vor acht Tagen und mehr zugegriffen wurde, einschließlich Ausgabe der Pfadnamen.

   ```
   $ find /home/dax -atime +8 -print
   ```

5. Suche nach Files, die vor weniger als zehn Tagen verändert wurden, und Ausgabe der Pfadnamen.

   ```
   $ find /usr /home -mtime -10 -print
   ```

   Die Suche findet jetzt in zwei Directories statt, in */usr* und in */home*.

6. Löschen von Files, die seit mehr als 200 Tagen nicht benutzt wurden. Die Klammern {} ersetzen die Namen der gefundenen Files, die mittels *rm* gelöscht werden .

   ```
   $ find . -atime +200 -exec rm {} \;
   ```

   Der ».« beschreibt das aktuelle Directory als den Ort im System, wo die Aktion ausgeführt werden soll.

7. Wie 6, jedoch mit jeweiliger Abfrage vor dem Löschen des Files.

   ```
   $ find . -atime +200 -ok rm {} \;
   ```

   Folgende Anfrage erscheint für jedes gefundene File auf dem Bildschirm:

   ```
   <rm... ./dateiname> ?
   ```

   Die Frage »Soll tatsächlich gelöscht werden?« ist mit *y* zu beantworten, wenn es sich um die richtige Datei handelt, sonst muß mit *n* geantwortet werden.

8. Umkehrung des Suchkriteriums mit »!«

   ```
   $ find /home/dax/ ! -name '*.c' -print
   ```

   Jetzt wird nach Namen gesucht, die nicht auf ».c« enden. Die Umkehrung ist natürlich auf alle Suchkriterien anwendbar.

9. Suche nach Files, die größer als drei Blöcke und kleiner als fünf Blöcke sind, im Bereich /home/dax.

   ```
   $ find /home/dax -size +3 -size -5
   ```

10. Anwendung der »Oder«-Option (-o) bei der Suche nach einem nicht genau bekannten Dateinamen unterhalb von /usr/bin.

    ```
    $ find /usr/bin -name mail -o -name umail -print
    ```

11. Suche nach allen Files im aktuellen Directory, die in den letzten 30 bis 60 Tagen in irgendeiner Form benutzt wurden, und Transport derselben in ein Subdirectory mit dem Namen old.

    ```
    $ find . -atime +30 -atime -60 -exec mv {} ./old \;
    ```

12. Anwendung in der Datensicherung

    ```
    $ find /usr "/home/rb/ab*" -print -cpio /dev/rmt0
    ```

    Vom Directory /usr werden alle Dateien (auch der Unterverzeichnisse) via cpio auf das Magnetband (/dev/rmt0) geschrieben. Aus dem Verzeichnis /home/rb sollen dagegen nur solche Files gesichert werden, deren Namen mit ab beginnen, der Rest ist beliebig.

13. Datensicherung eines kompletten Filesystemastes

    ```
    $ find usr -print | cpio -oBcv /dev/rmt0
    ```

finger

Information über lokale/remote Benutzer

Name	Optionen	Argumente
finger	[-bfhilmpqsw]	username
finger	[-l]	[username]@hostname

Ohne Angabe von Optionen und Argumenten liefert das *finger*-Kommando eine Liste aller aktuell angemeldeten Benutzer, bestehend aus: Login-Name, voller Name, Terminal-Name, Idle-Zeit, login-Zeit und Standort falls bekannt. Idle-Zeit als einfache Zahl zählt in Minuten, durch ':' getrennt in Stunden und Minuten oder als Tage und Stunden, falls durch 'd' gekennzeichnet.

Wird das Kommando mit einem oder mehreren *username*-Argumenten aufgerufen, so wird für jeden einzeln aufgeführten *username* ausgegeben, ob er eingelogged ist oder nicht. Als *username* kann der Vor- oder Nachname oder der Account-Name angegeben werden. Befindet sich der Benutzer auf einem entfernten Rechner, so müssen der Benutzer und der Name des entfernten Rechners in der Form *username@hostname* angegeben werden. Die Information wird in mehreren Zeilen präsentiert und umfaßt zusätzlich zu der oben beschriebenen Liste noch folgende Angaben.

➣ das Homedirectory des Benutzers und seine Login-Shell
➣ die Login-Zeit des Benutzers sowie das Terminal oder der Host-Rechner, von welchem sich der Benutzer eingelogged hat.
➣ wann der Benutzer zum letzten Mal Mail (Post) bekam und wann er sie das letzte Mal las.
➣ den Plan, den der Benutzer in seinem Homedirectory in der Datei *.plan* hinterlegt hat.
➣ das Projekt an dem der Benutzer arbeitet, hinterlegt in seinem Homedirectory in der Datei *.project*.

Optionen

-*b* Ausgabeunterdrückung vom Homedirectory des Benutzers und seiner Shell im ausführlichen Format.

-*f* Ausgabeunterdrückung der Kopfzeile.

-*h* Ausgabeunterdrückung der *.project*-Datei im ausführlichen Format.

-*i* *idle*-Ausgabeformat. Ähnlich der Kurzausgabe, nur daß Login-Name, Terminal, Login-Time und Idle-Time angezeigt werden.

-*l* Erzwingt ein ausführliches Ausgabeformat.

-*m* Nur Information der angegebenen Argumente *username*.

-*p* Ausgabeunterdrückung der *.plan*-Datei im ausführlichen Format.

-*q* *quick*-Ausgabeformat. Ähnlich der Kurzausgabe, nur daß Login-Name, Terminal und Login-Time gezeigt werden.

-*s* Erzwingt ein Kurzausgabeformat.

-*w* Unterdrückt den vollen Namen im Kurzausgabeformat.

20 Befehlsübersicht

1. Information über den Rechner *Demo* im Netzwerk (Kurzformat)   Beispiele

   ```
   $ finger @Demo

   [Demo]
   Login  Name               TTY   Idle      When    Office
   aprol  Plt - Login         p0    4d       Fri     11:41
   root   0000-Admin(0000)    p1   12d       Wed     09:14
   ```

2. Information des lokalen Rechners (ausführlich)

   ```
   $ finger -l

   Login name: root     In real life:   0   000-Admin(0000)
   Directory: /
   On since Aug 14 12:00:28 on ttyp0 from pcwk
   Projekt: Test Informix Rev. 4.1
   Plan:
   Install Informix

   Login name: koech In real life: W.Koech
   Directory: /user2/koech
   On since Aug 17 09:44:53 on ttyp1 from pcwk
   2 minutes 14 seconds Idle Time
   No Plan.
   ```

Innerhalb eines TCP/IP-Netzwerks kann die Option *-l* auch remote genutzt werden!

fmt   Textformatierer

Name	**Optionen**	**Argumente**
fmt	[-cs]	[-w] [datei]

fmt ist ein einfacher Textformatierer. *fmt* fügt die gelesenen Zeilen für die Ausgabe zusammen und versucht diese so aufzufüllen, daß eine Zeilenlänge von 72 Zeichen erreicht wird. Werden mehrere Dateien als Argument angegeben, so werden die Dateien zusammengefügt. Ohne Dateinamen liest *fmt* von *stdin*.

731

Zeilen, die mit einem Punkt . (für *nroff*-Texte) oder mit der Zeichenkette *From:* (für *mail*) beginnen, werden nicht aufgefüllt. Einrückungen, Leerzeilen und Wortabstände werden von *fmt* nicht verändert.

fmt bietet eine praktische Möglichkeit, im Editor *vi* einen Text zu formatieren. Im *vi* wird folgendes Kommando abgesetzt:

```
!} fmt [opt]
```

Damit wird von der aktuellen Position bis zum Ende des Paragraphen der Text formatiert. *[opt]* können Optionen des *fmt* sein.

Optionen

-c — Die Einrückung der ersten beiden Zeilen eines Paragraphen wird erhalten. Alle nachfolgenden Zeilen werden entsprechend dem linken Rand der zweiten Zeile ausgerichtet.

-s — Zeilen werden nicht verbunden und aufgefüllt. Sind Zeilen zu lang, so werden sie getrennt. Dies ist z. B. bei der Formatierung von Quellcode nützlich.

-w — (*-w anz*). Die Länge der Ausgabezeilen ist *anz* Zeichen lang. Ohne Option werden 72 Zeichen angenommen.

☞ *pr, pg*

getopts get options (Optionen feststellen)

Name	Optionen	Argumente
getopts	optstring name	[argument(e)]

Die Aufgabe dieses Befehls ist es, die Syntax von Kommandozeilen auf ihre Zulässigkeit hin zu überprüfen. Es gibt eine einheitliche Form, wie Optionen in der Kommandozeile anzugeben sind.

getopts hilft dem Anwender, diesen Standard in Scripts zu realisieren. Dafür muß der Anwender die erlaubten Optionen dem Kommando *getopts* bekanntgeben (☞ *optstring*). Bei jedem Aufruf in einem Shell-Script prüft *getopts* eine Option aus der Kommandozeile. Ist die Option nicht in dem Optionsstring abgelegt, so liefert *getopts* einen Fehler.

Die Parameter von *getopts* im einzelnen:

optstring	Dieser Parameter enthält alle erlaubten Optionen. Jeder Buchstabe in diesem String wird als erlaubte Option des Shell-Scriptes betrachtet. Wird die Option mit einem Argument verwendet, so wird hinter den Buchstaben ein : gesetzt.
Name	Name einer Shell-Variablen, die bei jedem Aufruf von *getopts* mit der nächsten Option belegt wird.
argument	Optionale Argumentenliste, die von *getopts* analysiert werden soll. Ist sie nicht angegeben, so analysiert *getopts* die Positionsparameter.

Bei jedem Aufruf von *getopts* wird die nächste Option aus der Kommandozeile gelesen und im Falle der Gültigkeit an die Shell-Variable *name* (s. o. Kommandosyntax) übergeben. Wird unter den Optionen eine entdeckt, die ein zusätzliches Argument erwartet, dann wird dieses Argument an die Umgebungsvariable OPTARG übergeben. Ergibt die Prüfung, daß eine Option nicht gültig ist (oder ein Argument nicht angegeben wurde), so wird der Variablen *name* ein ? zugewiesen.

Über die Variable OPTIND steuert *getopts* die Abarbeitung der Optionen. Sie wird beim Aufruf des Scripts auf 1 gesetzt. Bei jeder Bearbeitung einer weiteren Option wird der Eintrag hochgezählt, so daß er immer auf die Nummer der nächsten zu bearbeitenden Option (Positionsparameternummer) verweist.

Stellt *getopts* fest, daß keine Variablen mehr zu prüfen sind, oder wird das Sonderargument -- gefunden, so beendet *getopts* seine Arbeit mit dem Exit-Status ungleich Null.

Anwendung von *getopts* in einem Script   Beispiel

Das folgende Script (Ausschnitt) erlaubt die Optionen *a*, *b* und *c*, wobei *c* ein Argument benötigt.

```
while getopts abc: x
do
case $x in
a | b)    FLAG=$x;;
c)        CARG=$OPTARG;;
\?) echo »usage: $= [-a] [-b] [-c arg]
          exit 2;;
esac
done
```

grep heraussuchen

Name	Optionen	Argumente
grep	[-vcihlnbs]	muster [Datei(en)]

grep sucht in den angegebenen Dateien nach einem Zeichenmuster und gibt die Zeilen, die das Muster enthalten, nach *stdout* aus. Das Muster kann mit Hilfe von bestimmten Zeichen diversen Anforderungen angepaßt werden. Werden mehrere Dateien durchsucht, dann wird jeweils der Name der Datei mit ausgegeben, in der die Zeichenkette gefunden wurde.

Wird kein Filename angegeben, dann liest *grep* die Zeichen von *stdin* (Tastatur) oder aber aus einer Pipe.

Die Suche erfolgt immer zeilenweise. Ist der gesuchte String länger als eine Zeile, dann erkennt *grep* ihn nicht! Enthält der Suchstring Zeichen, die für die Shell Sonderbedeutung haben, so muß *muster* in Hochkommata gesetzt werden.

Optionen

- -b   Jeder Zeile der Ausgabe ist eine Zahl vorangestellt, die angibt, in welchem Block (512 Bytes/Block) das Muster in der Datei steht. Der erste Block hat die Nummer 0.
- -c   Die Zeilen, in denen das Muster steht, werden nur gezählt, aber nicht ausgegeben. Dabei wird für verschiedene Dateien getrennt gezählt.
- -h   Werden mehrere Dateien durchsucht, so wird die Ausgabe des Dateinamens vor jeder Ausgabezeile unterdrückt.
- -i   *grep* unterscheidet beim Vergleich nicht zwischen Groß- und Kleinbuchstaben.
- -l   Es erfolgt nur die Ausgabe der Dateinamen, die das Muster enthalten.
- -n   Gibt die Nummer der Zeile innerhalb einer Datei an, in der das Muster steht.
- -s   Fehlermeldungen bzgl. nicht lesbarer oder nicht vorhandener Dateien werden nicht ausgegeben.
- -v   Alle Zeilen, die das gesuchte Muster nicht enthalten, werden ausgegeben.

Muster   Das Muster besteht aus einer Folge von Zeichen, sogenannten regulären Ausdrücken (Regular Expression RE). Folgende Zeichen haben dabei eine Sonderbedeutung:

.	Steht für ein beliebiges Zeichen.
\	Maskiert jeweils das folgende Sonderzeichen und hebt die Sonderbedeutung auf (werden dann als normale Zeichen bewertet). * ist dann der einfache *, ohne die sonstige Bedeutung. Damit *grep* nach einem * sucht, muß die Sonderbedeutung für die Shell (mit " ") und für *grep* (mit \) aufgehoben werden: grep "*" gibt Zeilen aus, die einen * enthalten.
[..]	Steht für genau eine Zeichenposition. Alle zugelassenen Zeichen werden zwischen den [ ] aufgelistet. Ein Bereich wird mit Bindestrich angegeben ([1-7] = alle Ziffern zwischen 1 und 7 können vorkommen).
[^..]	Wirkt genau umgekehrt wie [..], die genannten Zeichen sind nicht zugelassen.
*	In Verbindung mit dem Zeichen (Regular Expression) genutzt, das vor dem Stern steht. Es wird nach dem n-fachen Vorkommen (n=0,1,2,3,..) des Zeichens gesucht. *Wa*ge* steht für *Wge, Wage, Waage, Waaage,...* . ».*« steht für eine beliebige Zeichenkette beliebiger Länge.
^	Zeichen für den Anfang einer Zeile.
$	Zeichen für das Ende einer Zeile.
z\{m\}	*m* mal soll das Zeichen *z* signifikant sein, danach nicht mehr. Der Wert für *m* liegt zwischen 0 und 256.
z\{m,\}	Steht für: mindestens *m* mal soll das Zeichen *z* vorhanden sein. Der Bereich für *m* liegt zwischen 0 und 256.
z\{m,n\}	Das Auftreten des Zeichens *z* soll vom m-ten bis zum n-tenmal bewertet werden. *m* und *n* dürfen zwischen 0 und 256 liegen.
\(Ausdruck\)	Es wird der angegebene Ausdruck bewertet. Durch die Maskierung mit \ werden Subpatterns geschaffen, auf die mit der nächsten Option zugegriffen werden kann.

grep

\n Steht für den Unterausdruck der vorigen Form. *\(kuh\).*\1* ist das gleiche wie *kuh.*kuh*, da *\1* den Ausdruck *kuh* darstellt.

Beispiele
1. Suche Zeilen mit einem bestimmten Textstring

```
$ cat adresse
7000 Stuttgart Willi Balduin
5000 Koeln Reiner Treppe
3500 Braunschweig Norbert Breitz

$ grep Rei adresse
5000 Koeln Reiner Treppe
```

Sämtliche Zeilen von *adresse*, die *Rei* enthalten, werden angezeigt. Wird die Groß-/Kleinschreibung unterdrückt, so ergibt sich:

```
$ grep -i Rei adresse
5000 Koeln Reiner Treppe
3500 Braunschweig Norbert Breitz
```

Suche nach bestimmte Postleitzahlgebieten

```
$ grep '^[2-5][0-9][0-9][0-9]' adresse
5000 Koeln Reiner Treppe
3500 Braunschweig Norbert Breitz
```

2. Suche nach Dateien, die ein bestimmtes Wort enthalten

```
$ grep -l autostop text*
textdatei
textdatei1
textdatei2
```

Die aufgelisteten Files enthalten das gesuchte Muster.

3. Suche nach einem Satzstück

```
$ grep 'Alles in Ordnung' datei
Alles in Ordnung innerhalb der UNIX Welt
```

Werden die Hochkommata weggelassen, so werden die drei Teile als Suchkriterium (Alles) und als Dateinamen (in, Ordnung) betrachtet.

☞ *egrep, fgrep, ed*

hd — Dump, hexadezimal

Name	Optionen	Argumente
hd	[-format]	[-A] datei

hd gibt den Inhalt der angegebenen Dateien nach *stdout* aus. Ohne zusätzliche Option ist die Ausgabe in drei Felder unterteilt.

Am Anfang der Ausgabezeile steht die Adresse (Position relativ zum Anfang) der Zeichen. Im zweiten Feld wird der hexadezimale Wert der Zeichen dargestellt, und im dritten Feld werden die druckbaren Zeichen und für nicht druckbare Zeichen ein Punkt . ausgegeben.

Optionen

-format *format* gibt an, wie die Darstellung des Dateiinhaltes aufgebaut sein soll. Ein Format setzt sich dabei aus einer Feldangabe und der Form der Ausgabe (x=hexadezimal, d=dezimal oder o=oktal) zusammen. Feldangaben können sein:

a Die Adresse wird ausgegeben.

b Inhalt der Datei wird byteweise ausgegeben.

c Alle druckbaren Zeichen werden ausgegeben.

l Inhalt der Datei wird als long word (4 Byte) ausgegeben.

w 2 Byte werden in der Ausgabe zusammengefaßt.

-A Der Inhalt der Datei wird zeichenweise ausgegeben. Für nicht druckbare Zeichen wird ein Punkt . ausgegeben.

Die Standardausgabe entspricht damit der Formatanweisung

`-acx -A`

Beispiel

Von der Datei *liste* wird hexadezimaler Dump erzeugt.

```
$ cat liste
Dies ist [→] ein
test
$ hd liste
0000   64 69 65 73 20 69 73 74 09 65 69 6e 0a 74   dies ist.ein.t
000d   65 73 74 0a                                  est.
```

In der hexadezimalen Darstellung erscheinen die Sonderzeichen Tabulator (09 hex) und [CR] (0a hex).

☞ *od*

head Anfang einer Datei

Name	**Optionen**	**Argumente**
head	[-n]	[datei]

head schreibt die ersten Zeilen einer Datei nach *stdout*. Ist keine Datei angegeben, so wird von *stdin* gelesen.

-n Anzahl der auszugebenden Zeilen. Der Standardwert ist 10.

Werden mehrere Dateien angezeigt, so beginnt die Ausgabe jeder Datei mit:

== dateiname

Beispiel
```
$ head -20 datei1 datei2
== datei1
Text Zeile 1
bis
Text Zeile 20
== datei2
Text Zeile 1
bis
Text Zeile 20
```

Die ersten 20 Zeilen der Dateien *datei1* und *datei2* werden ausgegeben.

☞ *tail*

id identification (Identifizierung)

Name
id [-a]

Mit Hilfe von *id* kann der Anwender für den aktuellen Prozeß (i. a. die Shell) folgende Informationen erhalten: die eigene User-ID (UID), den Benutzernamen, die Group-ID (GID) und den Namen der Gruppe.

UID und GID sind jedem User in einem UNIX-System fest zugeordnet. Die Definition erfolgt in */etc/passwd* und */etc/group*.

Führt der User ein Programm (gehört User A) aus, bei dem das Set-User-ID-Bit gesetzt ist, nimmt er für diese Zeit die Identität des Besitzers (hier User A) an. Gleiches gilt für das Set-Group-ID-Bit. In dieser Situation werden von *id* auch die sogenannte effektive User-ID (ID des Users A) bzw. Group-ID angezeigt.

Wird mit *newgrp* die Gruppenzugehörigkeit oder mit *su* die Userkennung gewechselt, so werden mit *id* die neuen Werte angezeigt. ☞ auch *who* und *logname*, die sich auf die »login«-Werte beziehen.

-a	*id* gibt zusätzlich alle Gruppen an, zu denen der aktuelle Prozeß gehört. Außerdem werden alle Gruppen angegeben, zu denen der User gehört.	**Optionen**

☞ *logname, chmod, newgrp*

join   zusammenführen

Name	**Optionen**	**Argumente**
join	[-aejot]	Datei1 Datei2

Der Befehl dient dazu, Zeilen zweier Dateien, die ein gleiches Wort enthalten, miteinander zu verknüpfen und das Ergebnis auf Standard Output (Bildschirm) auszugeben. Normalerweise muß der gemeinsame Begriff an der ersten Stelle (erstes Feld) der entsprechenden Zeilen beider Dateien stehen. Bei der zusammengefaßten Ausgabe wird zuerst der gemeinsame Begriff ausgegeben, danach der restliche Zeileninhalt der ersten Datei und schließlich der Rest der zweiten Datei.

Als Trenner zwischen den Feldern werden laut Voreinstellung Leerzeichen, Tabulatoren oder Newlines gewertet, jedoch können andere Zeichen wie z. B. : oder ; o. ä. definiert werden. Ebenso wie andere Trennzeichen gewählt werden können, muß auch nicht das erste Feld einer Zeile als Auswahlkriterium genommen werden.

Verschiedene Optionen ermöglichen es, das Kommando an unterschiedliche Anforderungen anzupassen. Damit es kein unerwartetes Fehlverhalten gibt, sollten die beteiligten Dateien vorher mit *sort* so bearbeitet werden, daß reine ASCII-Sequenzen auszuwerten sind und der Unterschied zwischen Groß- und Kleinschreibung durch Umwandlung beseitigt worden ist. Wird ein Suchbegriff nur in einer Datei gefunden, dann erfolgt keine Ausgabe.

Optionen   Im folgenden taucht der Begriff *Zahl* auf. Er kann nur die Werte 1 oder 2 annehmen, je nachdem, ob *Datei1* oder *Datei2* gemeint sein soll.

-aZahl   Wird ein Suchfeld nur in einer Zeile der durch *Zahl* bezeichneten Datei (1 oder 2) gefunden und kein passendes Gegenstück in der anderen, dann wird diese zusätzlich zu denen ausgegeben, die die Joinfeld-Bedingung erfüllen.

-eString   Leere Ausgabefelder werden durch *String* ersetzt (sie können mit der Option *-o* erzeugt werden).

-jZahl feld   Als Joinfeld wird das durch *feld* bezeichnete Feld in der Datei, die *Zahl* bezeichnet, benutzt. Die Felder innerhalb einer Zeile werden von links nach rechts hochgezählt. Die Dateien müssen anhand des Joinfelds sortiert sein.

-o list   *list* beschreibt die Felder, die in der Ausgabe erscheinen sollen. Jeder Eintrag der Liste enthält die Filenummer und die Stelle innerhalb einer Zeile, an der das Feld steht (durch Punkt . getrennt).

-t Zeichen   Soll statt der oben beschriebenen Trenner ein anderes Zeichen verwendet werden, dann definiert man es mit *-t*.

Beispiele   Innerhalb der Beispiele wird von zwei Dateien mit folgenden Inhalten ausgegangen

```
$ cat pflanzen1
rettich möhre sellerie
rose nelke hibiskus
veilchen gras

$ cat pflanzen2
hafer roggen mais
rettich salat tulpe
rose palme gerste
```

1. Verbinden zweier Dateien aufgrund eines Joinfeldes.

```
$ join pflanzen1 pflanzen2
rettich möhre sellerie salat tulpe
rose nelke hibiskus palme gerste
```

Die Ausgabe wertet das erste Feld jeder Zeile als Joinfeld aus.

2. Darstellen bestimmter Felder

   ```
   $ join -o 1.2 2.2 pflanzen1 pflanzen2
   möhre salat
   nelke palme
   ```

☞ *paste, sort*

kill   abbrechen

Name	Optionen	Argumente
kill	[-Signal]	PID(s)
kill	-l	

Mit *kill* kann eine Anforderung (ein Signal) an einen UNIX-Prozeß geschickt werden. Der angesprochene Prozeß reagiert auf das Signal und wird in der Regel beendet.

PID ist dabei die Nummer, unter der ein laufender Prozeß im System geführt und verwaltet wird. Eine Liste der Prozeßnummern der aktiven Prozesse kann mit dem Kommando *ps* erzeugt werden.

Signal ist eine Nummer oder ein symbolischer Name. UNIX kennt eine Vielzahl von Signalen mit unterschiedlicher Bedeutung. Die Bedeutung ist weitgehend standardisiert. Eine Liste der Signale befindet sich in der Datei */usr/include/sys/signal.h*. Außerdem kann sie mit dem Kommando *kill -l* ausgegeben werden.

Jeder User kann nur Prozesse abbrechen, die er selbst gestartet hat, der Superuser kann beliebige Prozesse beenden.

Beim Aufruf von *kill* müssen eine Signalnummer und die PID angegeben werden. Wird keine Signalnummer angegeben, so wird das Signal 15 (SIGTERM) gesendet. Wird als PID eine 0 angegeben, so werden alle Prozesse eines Anwenders (einer Prozeßgruppe) inklusive der Loginshell beendet.

Hilfreich ist das *kill*-Kommando, wenn sich ein Hintergrundprozeß »aufgehängt« hat, d. h. sich nicht mehr wie gewünscht beendet, oder das Terminal »hängt«, also keine Eingabe mehr annimmt. In diesem Fall kann der Prozeß vom Nachbarterminal aus »gekillt« werden.

Signale führen zumeist zum Abbruch der Prozesse. Dabei wird von einigen Signalen ein Speicherabzug (Coredump) erzeugt, der zur Fehleranalyse genutzt werden kann. Vom Programmierer kann eine Signalbehandlung realisiert werden. Seine Programme können dann Signale ignorieren oder eine Fehlerroutine durchlaufen. Davon ausgeschlossen ist das Signal Nr. 9 (SIGKILL), das immer zu einem Prozeßabbruch führt. Auf der Shell kann eine Signalbehandlung mit dem Kommando *trap* durchgeführt werden.

Die meisten Signale werden vom Betriebssystem zur Meldung von Fehlern benutzt. Für den User wichtige Signale sind in der folgenden Liste aufgeführt:

1	SIGHUP	Beende den Prozeß, wenn der Besitzer sich ausloggt.
2	SIGINT	Zeichen für Interrupt (wie [Del] oder [Break]).
3	SIGQUIT	Beende den Prozeß und erzeuge einen Coredump.
9	SIGKILL	Kill, führt auf jeden Fall zum Abbruch.
15	SIGTERM	Signal zur Beendigung von Userprogrammen.

Beispiele

1. Beenden eines eigenen Prozesses

   ```
   $ kill 468
   ls: 468 killed
   ```

   Der selbst gestartete Prozeß kann unter Angabe seiner PID beendet werden. Das System gibt den Namen und die PID des abgebrochenen Prozesses aus.

2. Beenden eines Prozesses, der nicht auf die normalen Signale reagiert.

   ```
   $ kill -9 538
   ```

   Hier steht -9 dafür, daß der stärkste Abbruchbefehl abgesetzt wird.

3. Abbrechen aller eigenen Prozesse.

   ```
   $ kill 0
   ```

☞ *ps, sh*

ln
link (verbinden)

Name	Optionen	Argumente
ln	[-fs]	name1 name2
ln	[-fs]	name(n) ziel

Mit *ln* kann der Anwender einen zusätzlichen Namen (*name2*) für eine bereits existierende Datei (*name1*) vergeben. Er erzeugt einen Link. Über beide Namen kann nun auf die ursprüngliche Datei zugegriffen werden. Im Unterschied zu *cp* verweist aber der neue (Link-)Name auf die bisherigen Daten (Daten sind nur einmal gespeichert).

Mit *cp* wird ein neuer Dateiname erzeugt und eine Kopie der Daten angelegt; bei *ln* wird ein neuer Dateiname, aber keine Kopie der Daten erzeugt.

Wird daher eine Datei, für die ein Link besteht, unter einem Namen aufgerufen und verändert, so sind diese Änderungen auch bei dem Zugriff über den anderen Namen vorhanden.

Eine Datei wird vom Betriebssystem über die Inode (Dateikopf) verwaltet. Die Inode enthält sämtliche Informationen über die Datei und den Ablageort der Daten. Der Name einer Datei ist nur ein Verweis auf die Inode. Bei einem Link verweisen der neue und der alte Name auf die bisherige Inode; bei *cp* wird für die neue Datei eine neue Inode erzeugt.

Sind die Dateien einer Anlage in mehreren Partitionen untergebracht (unterschiedliche Filesysteme, die physikalisch getrennt sind), dann ist ein Link über diese Filesystemgrenzen hinweg nicht möglich, da in den einzelnen Filesystemen die Inodes lokal verwaltet werden.

Soll ein Verweis über Partitionsgrenzen vorgenommen werden, so muß ein symbolischer Link erzeugt werden. Symbolische Links können auch auf Directories verweisen.

Optionen

-f Bei der Einrichtung des Links wird nicht kontrolliert, ob der angegebene Name bereits existiert; er wird in jedem Fall installiert.

-s *ln* erzeugt einen symbolischen Link. Ein symbolischer Link ist eine Datei, die den (Pfad-) Namen der Datei enthält, auf die verzweigt wird.

Sind Links auf eine Datei vorhanden, so wird dies bei dem Kommando *ls -l* im Link-Counter (drittes Feld) angezeigt. Symbolische Links werden in dieser Anzeige durch ein *l* im Feld *Dateityp* gekennzeichnet.

Beispiele
1. Einrichten eines zusätzlichen Namens für eine Datei

   ```
   $ ln systemanalyse sa
   ```

   Der gleiche Dateiinhalt steht jetzt unter dem ursprünglichen Namen *systemanalyse* und unter dem neuen kurzen Linknamen *sa* zur Verfügung.

2. Linken mehrerer Files an ein anderes Directory

   ```
   $ ln /home/dokumente/briefe/ergebnis* /home/rb
   ```

   Alle Dateien, die unter */home/dokumente/briefe* liegen und mit der Zeichenkette *ergebnis* beginnen, stehen jetzt unter */home/rb* unter den gleichen Namen zur Verfügung.

☞ *rm, mv, cp*

logname   login name

Name
logname

logname gibt den Login-Namen des Aufrufers an. Dieser Befehl ist oft in Scripts sinnvoll einsetzbar.

Beispiele
1. Feststellen des eigenen Login-Namens

   ```
   $ logname
   mueller
   ```

2. Anwendung in Verbindung mit anderen Kommandos

   ```
   $ echo Ist `logname` noch wach ?
   Ist mueller noch wach ?
   ```

lpadmin

Name	**Optionen**	**Argumente**
lpadmin	[-cehimrv]	Parameter

lpadmin gehört nicht zum Umfang der UNIX-System-V-Standards, trotzdem ist es aus anschaulichen Gründen hier erwähnt. *lpadmin* dient zur Einrichtung und Verwaltung des Druckersystems. Drucker werden definiert, ihnen werden Treiber (Interface), Gerätedateien und Klassen zugeordnet. *lpadmin* kann nur vom Superuser und vom Benutzer *lp* gestartet werden. Dieses Kommando darf nicht gestartet werden, wenn der Scheduler aktiv ist. *lpadmin* hat drei Aufgabenbereiche:

1. Mit der Option *-d ziel* wird der Drucker mit dem Namen *ziel* als Standarddrucker eingetragen. Der Drucker *ziel* muß dabei dem System schon bekannt sein.

2. Ein Drucker kann aus dem Drucksystem entfernt (gelöscht) werden. Dazu wird *lpadmin* mit der Option *-x ziel* aufgerufen.

3. Um den Drucker in das System einzutragen, ihn umzubenennen, oder ihn einer Klasse zuzuordnen, wird die Option *-p drucker* benutzt.

Optionen

-cclass   Ein Drucker wird einer Klasse zugeordnet. *class* wird erzeugt, wenn sie noch nicht besteht.

-eprinter   Unter */usr/spool/lp/interface* kann der Druckertreiber des Druckers *printer* mit dieser Option auch für andere Drukker zugänglich gemacht werden. Auf diese Weise können mehrere Drucker mit einer Treibersoftware arbeiten.

-h   Der Drucker soll an einem festen Port angeschlossen sein und nicht ständig umgehängt werden.

-ineutp   Als neues Treiberprogramm (Interface) wird die Datei *neutp* benutzt. Es muß der gesamte Pfadname des Programms angegeben werden.

-morig   Das Treiberprogramm (Interface) zur Ansteuerung des Druckers wird ausgewählt. *orig* ist eine Datei, die als Prototyp (eine Vorlage) dient und in das Verzeichnis */usr/spool/lp/admins/lp/interfaces* kopiert und unter dem Namen des Druckers abgelegt wird. Vereinbarungsgemäß liegt der Prototyp unter */usr/spool/lp/model*. Es handelt sich dabei in der Regel um Shell-Scripte.

	-rclass	Löscht den Drucker aus der Klasse *class*. Ist der Drucker der letzte in der Klasse, so wird diese auch gelöscht.
	-vdevice	Der Drucker wird einer Gerätedatei (Special Device) und damit einem Port zugeordnet. Der LP-Verwalter *lp* muß Schreibrecht auf diese Datei haben.
	-pname	Der Name, unter dem der Drucker im System eingetragen wird, kann mit -p frei vergeben werden. Ist er nicht der Default-Drucker, wird ein Druckauftrag mit *lp -dname* an diesen Drucker abgesetzt.
Beispiel		`$ lpadmin -plaser -m/usr/spool/lp/model/laser.org -v/dev/plp`

Der Name für den Drucker innerhalb des Systems ist *laser*. Als Vorlage für das Interface (Treiber) dient die Datei */usr/spool/lp/model/laser.org*. Sie wird nach */usr/spool/lp/interface/laser* kopiert (*laser*=Name des Druckers). Als Anschluß für den Drucker wird das Device */dev/plp* (parallele Druckerschnittstelle) gewählt.

☞ *lp, lpstat*

lp
lineprinter (Zeilendrucker)

Name	Optionen	Argumente
lp	[-cdmnostw]	[Datei(en)]
lp	-i request	Optionen

Das *lp*-Kommando veranlaßt die Ausgabe einer oder mehrerer Dateien auf einen Drucker. Das Spooler-System unter UNIX System V kann mehrere Drucker verwalten. Jeder Drucker im System bekommt einen eigenen Namen, wobei ein Drucker als Standarddrucker definiert ist. Auf diesen erfolgt die Ausgabe des Druckauftrags, wenn kein anderer Drucker ausgewählt wurde (Option *d*). Die Druckaufträge werden in die Warteschlange (print queue) des ausgewählten Druckers eingehängt. Der Scheduler (ein Dämon-Prozeß) verwaltet die Warteschlangen für die verschiedenen Drucker und veranlaßt die Ausgabe der Dateien auf ihnen. Hat *lp* den Druckauftrag an den Scheduler übergeben, wird an den Benutzer eine Auftragsnummer (request-id) gesendet und auf dem Bildschirm angezeigt.

Optionen	-c	kopiert die zu druckende Datei nach */usr/spool/lp*, wenn *lp* aufgerufen wird. Wenn *-c* nicht gesetzt ist, wird nur ein Link auf die Datei erzeugt. Das kann zu dem Problem

	führen, daß eine Datei gelöscht wird, bevor der Ausdruck beginnt; ihr Inhalt ist verloren.
-d ziel	Der Spooler kann mehrere Drucker verwalten. Wird ein Auftrag nicht auf dem Standarddrucker ausgegeben, muß die Option *-d* benutzt werden. *ziel* ist dabei der Name des gewünschten Druckers. Die Namen werden vom Systemverwalter vergeben.
-i	In der zweiten Form (mit Option *i*) kann *lp* dazu genutzt werden, die Optionen eines Auftrages (z. B. Anzahl der Kopien) in der Warteschlange zu ändern. Wird der Auftrag gerade gedruckt, so wird er mit den neuen Optionen erneut gestartet.
-m	Der Benutzer erhält eine Nachricht (mail), wenn die Datei gedruckt wurde.
-n zahl	Druckt *zahl* Kopien.
-o option	Optionen sind Schlüsselbuchstaben oder -worte, mit denen der Drucker parametriert werden kann (Zeichensatz, Ausgabeformat usw.). Die Optionen werden vom Systemverwalter definiert und in der Drucker-Steuerdatei realisiert, d. h. sie werden beim Aufruf von *lp* -o... an das Interface (unter */usr/spool/lp/admins/lp/interfaces*) übergeben und von ihm ausgewertet.
-s	(silent mode) Unterdrückt die Ausgabe der Auftragsbestätigung (request-id).
-t titel	*titel* ist eine Zeichenkette, die an das Drucker-Interface als Parameter übergeben wird und (z. B. auf dem Deckblatt) ausgedruckt werden kann.
-w	Schreibt eine Nachricht auf das Terminal des Benutzers, nachdem die Dateien gedruckt wurden. Ist der Benutzer nicht angemeldet, wird eine Mail als Bestätigung für die erfolgreiche Ausführung des Druckauftrags verschickt.

1. Ausgabe einer Datei *liste* auf dem Standarddrucker   Beispiele

   ```
   $ lp liste
   request-id matrix-6 (1 file)
   ```

   matrix-6 ist die eindeutige Auftragsnummer des obigen Druckauftrags. *6* ist dabei die Anzahl der seit dem Hochfahren des Systems (Start des Schedulers) abgesetzten Druckaufträge, *matrix* der Name des Standarddruckers (☞ -d-Option des *lp*-Kommandos). Dieser Name ist bei der Einrichtung des Spooler-Systems frei wählbar.

2. Ausgabe einer Datei auf einem bestimmten Drucker

```
$ lp -dlaser liste1 liste2
request-id laser-21 (2 files)
```

Die Option -d bewirkt, daß die Ausgabe der Daten statt auf dem Standarddrucker auf dem angegebenen geschieht. *laser* ist der Name des ausgesuchten Zieldruckers, 21 die Anzahl der insgesamt seit dem letzten Start des Schedulers für diesen Drucker abgesetzten Druckaufträge.

3. *lp* kann auch über eine Pipe mit Daten versorgt werden

```
$ sort abteil1 abteil2 abteil3 | lp
request-id ma-27 (1 file)
```

4. Dateien werden zusammengefügt, sortiert und dann als eine Datei an *lp* übergeben

```
$ sort liste | lp datei1
request-id  ma-28 (2 file)
$ lp liste
request-id ma-29 (2 file)
$ rm liste
```

Werden die beiden letzten Kommandos direkt hintereinander gestartet, so kann die Datei *liste* in der Regel nicht mehr ausgedruckt werden, da sie gelöscht wurde, bevor der Spooler auf sie zugreift (hängt von der Auslastung des Systems und dem zeitlichen Abstand der beiden Kommandos ab). Die folgende Kommandosequenz löst dieses Problem, da von *lp* nun eine Kopie der Datei *liste* angelegt wird:

```
$ lp -c liste
$ rm liste
```

5. Arbeitet ein User hauptsächlich mit dem Drucker *laser* und nicht mit dem Standarddrucker *matrix*, so kann er mit der Variablen LPDEST *laser* zu seinem Standarddrucker erklären:

```
$ lp liste
request-id is matrix-20
$ LPDEST=laser
```

```
$ lp liste
request-id is laser-15
```

☞ *cancel*, *lpstat* und UNIX-Dienste wie Standard-I/O, Pipes, Umlenkung und *.profile*-Datei

lpstat lineprinter status (Zustand des Druckers)

Name	Optionen	Argumente
lpstat	[-acdoprRstuv]	[Auftrag]

lpstat liefert dem Benutzer den Status seiner Druckaufträge, die sich zur Zeit im Drucksystem befinden. Mit Optionen liefert *lpstat* Informationen über den aktuellen Status des gesamten Drucksystems.

Ein vom Benutzer gestarteter Druckauftrag wird in die Warteschlange des Druckers gehängt und zu einem späteren Zeitpunkt ausgegeben. Dieser Zeitpunkt hängt von der Auslastung der Drucker ab. Einen Überblick über den Abarbeitungsstatus seiner Dateien bekommt der Benutzer mit *lpstat*.

Den meisten Optionen kann eine Liste mit Namen folgen. *lpstat* liefert dann nur für diese Namen Informationen.

Optionen

-a [list]   Zeigt an, ob die in *list* angegebenen Drucker Druckaufträge annehmen können oder nicht. In *list* können Druckernamen und Namen von Druckerklassen stehen.

-c[list]   Die Namen der Druckerklassen und der zugehörigen Drucker werden ausgegeben.

-d   Liefert den Namen des Standarddruckers.

-o[list]   Liefert den Status aller Druckaufträge. *list* kann Druckernamen, Klassennamen und Auftragsnummern enthalten.

-p[list]   Liefert den Status der Drucker, die im System vorhanden sind. *list* ist eine Liste von Druckernamen. Ist sie angegeben, dann wird nur der Status der darin aufgeführten Drucker angezeigt.

-r   Liefert den Status des Schedulers.

-R   Liefert die Position des Druckauftrags in der Warteschlange.

-s   Liefert eingeschränkte Statusinformationen.

lpstat

	-t	Liefert die vollständige Statusinformation.
	-u[list]	Liefert nach Benutzern sortiert die Statusinformation über die Aufträge. *list* ist eine Liste von Benutzernamen.
	-v[list]	Liefert die Namen der Drucker und die Pfadnamen der zugeordneten Dateien. *list* enthält Druckernamen.

Beispiele
1. Stand der Druckaufträge des Benutzers *hans*

```
$ lpstat
matrix-7     hans on matrix
matrix-10    hans
```

Der Druckauftrag *matrix-7* wird gerade abgearbeitet, der Auftrag *matrix-10* steht noch zur Abarbeitung an. Ist ein Auftrag abgearbeitet, so taucht er nicht mehr in der Anzeige von *lpstat* auf. Der Benutzer bekommt keine Meldung geliefert, ob der Druckauftrag erfolgreich bearbeitet ist oder nicht.

2. Informationen über den aktuellen Zustand des Drucksystems

```
$ lpstat -t
scheduler is running
system default destination: matrix
device for laser: /dev/tty05
device for matrix: /dev/tty06
matrix accepting requests since Oct 5 8:14
printer matrix is idle.  enable since Oct 5 8:15
laser accepting requests since Nov 5 12:55
printer laser is idle.  enable since Dec 6 8:15
matrix-10    hans
```

Mit der Option *-t* können ausführliche Informationen über das gesamte Drucksystem angezeigt werden.

Ist der Scheduler aktiv (running), welche Drucker sind vorhanden, welchen Status haben sie, welche Druckaufträge müssen noch bearbeitet werden, usw.

Der Status eines Druckers ergibt sich durch die zu durchlaufenden Schritte bei der Einbindung in das System.

1. Drucker bekommt einen Namen und wird einer Schnittstelle zugeordnet.
2. Warteschlange wird eröffnet (mit dem Kommando *accept*). In diesem Zustand können Aufträge an den Drucker abgesetzt werden (accepting requests); diese werden aber noch nicht ausgedruckt.
3. Drucker wird freigegeben (enable). Aufträge aus der Warteschlange werden ausgegeben.

☞ *cancel, lp*

ls

list (auflisten)

Name	Optionen	Argumente
ls	[-abCcdFfgilmnoprRstux]	[Datei(en)]

ls listet den Inhalt des aktuellen Directories und gibt die Namen der Dateien in diesem Verzeichnis und (optional) weitere Informationen über die Dateien aus. Der Umfang der Informationen ist von den benutzten Optionen abhängig. Werden im Argument *datei* Dateinamen angegeben, so werden die Informationen über diese Dateien ausgegeben. Handelt es sich dabei um ein Directory, so wird dessen Inhalt gelistet. Die Dateinamen beim Aufruf von *ls* können relativ oder absolut angegeben werden. Werden Verzeichnisse gelistet, so erfolgt die Ausgabe in alphabetischer Reihenfolge.

Optionen

-a   Zeigt alle Dateien eines Directories, einschließlich der versteckten, deren Name mit einem ».« beginnt. Sie heißen Hidden Files.

-b   Zeigt nichtdruckbare Zeichen im Oktalcode in der Form *ddd*, wobei *d* eine Oktalzahl darstellt.

-C   Zeigt die Dateinamen in mehreren Spalten, innerhalb der Spalten von oben nach unten sortiert.

-c   Liste der Dateinamen, sortiert nach dem Bearbeitungsdatum.

-d   Wenn Argument ein Directory ist, so wird nicht dessen Inhalt gezeigt.

-F   Zeigt ausführbare Files mit einem »*« hinter dem Namen, Directories mit angehängtem »/« und symbolische Links mit einem @.

-f	Zeigt die Einträge eines Directories in der Folge, wie sie angelegt wurden.
-g	Wie *-l*, jedoch wird der Owner der Datei nicht angezeigt.
-i	Zeigt die Inode Number (Indexnummer) der Einträge im Verzeichnis in der ersten Spalte. Die Inodes dienen dem System zur internen Erkennung von Files.
-l	Zeigt eine ausführliche Beschreibung der Einträge. Dazu gehören Benutzerrechte, Anzahl der Links (Verweise), Name des Besitzers, die Größe in Bytes, der Termin der letzten Änderung und der Name selbst. Bei dieser Darstellung werden auch die Zugriffsrechte der Dateien angezeigt. Eine genaue Erklärung hierzu befindet sich bei dem Kommando *chmod*. Bei einem *special file* (Gerätedatei) wird anstelle der Größe die Major und Minor Device Number angegeben. Bei einem symbolischen Link wird der Dateiname gefolgt von einem Pfeil und dem referenzierten Dateinamen ausgegeben.
-L	Wenn die Datei ein symbolischer Link ist, wird die referenzierte Datei anstelle des symbolischen Links angezeigt.
-m	Zeigt die Dateinamen durch Kommata getrennt.
-n	Wie *-l*, jedoch sind Owner (Besitzer) und Group (Gruppen)-Name durch die systeminternen Identifizierungsnummern UID (User Identification = Benutzerkennung) und GID (Group Identification = Gruppenkennung) ersetzt.
-o	Wie *-l*, jedoch wird der Gruppenname nicht gezeigt.
-p	Zeigt die Directory-Namen mit angehängtem /.
-q	Nichtdruckbare Zeichen im Dateinamen werden durch *?* ersetzt.
-R	Zeigt auch die Einträge der Unterverzeichnisse des aktuellen oder angegebenen in rekursiver Form.
-r	Zeigt die Dateien in umgekehrter alphabetischer Sortierung.
-s	Zeigt die Dateigröße in Blöcken von 512 Byte.
-t	Zeigt die Namen nach dem Änderungsdatum sortiert.
-u	Zeigt die Namen nach der Zugriffszeit sortiert.
-x	Mehrspaltige Ausgabe der Namen, zeilenweise sortiert.

Die Bezeichnungen der Optionen können zwischen den UNIX-Systemen etwas variieren. Bitte lesen Sie gegebenenfalls im Manual nach. Für einige Optionen gibt es oft eigene Kommandos. So ist die Option *-C* häufig als Kommando *lc* verfügbar, die Option *-l* als Kommando *ll*. Die Ausgabe ohne Optionen entspricht oft der Ausgabe mit der Option *-C*.

1. Anzeige der Dateien im aktuellen Directory   Beispiele

    ```
    $ ls
    datei1
    datei2
    dirtelex
    prog1
    text1
    text2
    ```

2. Anzeige der Einträge des aktuellen Directories mit Angabe des Typs

    ```
    $ ls -F
    datei1  datei2@  dirtelex/  prog1*  text1  text2
    ```

    datei2 ist symbolischer Link, *dirtelex* ein Directory und *prog1* ein ausführbares Programm.

3. Anzeige der Dateinamen mit den zugehörigen Inodes des aktuellen Directories

    ```
    $ ls -i /usr/home/paul
    1850 Paul
    1311 anfang
    1287 mitte
    1463 schluss
    ```

☞ *chmod, ln*

mail Post

Name	Optionen	Argumente
mail	[-ostw]	Username(n)
mail	[-ehpqr] [-fDatei] [-FUsername(n)]	

mail verschickt die vom Anwender eingegebenen Nachrichten an die gewünschten Adressaten. Die erste Zeile beschreibt die Syntax zum Senden, die zweite die zum Bearbeiten der empfangenen Informationen. Jede Richtung hat ihre eigenen Optionen.

Die hier angegebene Beschreibung enthält Features aus den Releases UNIX System V, V 2.0 und V 3.0.

Senden -o Unterdrückt die Adressen-Optimierungs-Einrichtung. (3.0)

-s Es wird keine neue Leerzeile am Anfang der gesendeten Information eingefügt. (3.0)

-t Der Nachricht wird am Anfang eine Liste (Verteiler) aller Empfänger hinzugefügt.

-w Übergibt die Nachricht an einen anderen Systemdienst, der sie zu einem User auf einem entfernten Rechner weiterleitet. Mail wartet nicht auf die eigentliche Ausführung des Systemdienstes, sondern bearbeitet schon die nächsten Aufgaben. (3.0)

Empfangen -e Testet, ob Daten im Postfach liegen. Der Inhalt wird nicht angezeigt. Innerhalb von Programmen kann der Exit-Status des Kommandoaufrufs *mail -e* ausgewertet werden, dabei bedeutet 0, es gibt Post, 1, es gibt keine Post.

-h Die Nachrichten werden numeriert am Bildschirm ausgegeben. Die einzelnen Informationen sind durch Kopfzeilen getrennt. Die Kopfzeilen enthalten Angaben zu Absender, Datum und Länge der Mail. Nach der Ausgabe erscheint als Prompt »?«. (3.0)

-p Alle Einträge des Postfachs werden auf dem Bildschirm ausgegeben, ohne daß zwischendurch der Prompt (»?«) zur Eingabe weiterer Anweisungen durch den Anwender erscheint.

-q *mail* wird bei Verwendung dieser Option durch Eingabe eines Interrupts (Taste, Delete = Löschen) komplett been-

-r	Die Einträge des Postfachs werden in der Reihenfolge ausgegeben, wie sie abgeschickt worden sind.
-fDatei	Liest aus der angegebenen Datei statt aus dem üblichen Mailfile */usr/mail/<username>*
-F Loginname(n)	Ein leeres Postfach wird so eingerichtet, daß alle ankommenden Informationen gleich an die genannten User weitergeleitet werden. (3.0)

det. Normalerweise wird nur die gerade laufende Ausgabe einer Nachricht abgebrochen, nicht aber der Maildienst selbst. Es erscheint wieder der Prompt (»?«) von *mail*.

Zur Bearbeitung der empfangenen Nachrichten innerhalb der Mailfunktion gibt es eine Reihe von Kurzbefehlen, die (nur) nach dem Mailprompt «?« eingegeben werden können.

Bearbeiten empfangener Mail

⏎	Zeigt nächste Nachricht und legt die gerade gezeigte wieder zurück in das Postfach.
+	Zeigt den nächsten Brief.
-	Zeigt den Eintrag, der vor dem aktuellen liegt.
a	Zeigt Nachrichten, die während des Aufrufs der Mailfunktion eingetroffen sind. (3.0)
d	Löscht die gerade gezeigte Nachricht und gibt die nächste auf dem Bildschirm aus.
d n	Löscht den Eintrag mit der Nummer *n* und zeigt nicht die nächste Botschaft, sondern geht zum Prompt zurück. (3.0)
dq	Löscht die gerade gezeigte Nachricht und verläßt das Programm.
h	Es erscheint eine Liste der numerierten Kopfzeilen aller Postfacheinträge, einschließlich des aktuellen. (3.0)
h n	Ausgabe der Kopfzeile der Nachricht mit der Nummer *n*. (3.0)
ha	Zeigt die Kopfzeilen aller Briefe. (3.0)
hd	Listet die Kopfzeilen der Einträge, die während der augenblicklichen Sitzung mit einem Zeichen zum Löschen markiert wurden. (3.0)
m [Loginname (n)]	Die zuletzt gezeigte Mail wird an die genannten User weitergeschickt. Ist kein Name angegeben, dann kann, wie beim Aufruf der Mailfunktion zur Versendung einer Nachricht, Text eingegeben werden. Die Nachricht wird an den

mail

	Aufrufer der Mailfunktion geschickt. Anschließend ist man wieder auf der Kommandoebene von *mail*.
n	Zeigt die nächste Nachricht. (3.0)
Zahl	Zeigt den Eintrag mit der eingegebenen Kennzahl. (3.0)
p	Die aktuelle Nachricht wird noch einmal gezeigt.
q	Beendet die Mailfunktion und kehrt zur Shell zurück.
Strg+D	Wie *q*. (3.0)
r [Loginname (n)]	Antwortet dem Absender, schickt die Nachricht an die genannten Benutzer und löscht sie danach (3.0).
s [Datei]	Der Inhalt der zuletzt gezeigten Nachricht wird in der genannten Datei abgelegt. Ist kein Name angegeben worden, dann bringt das System den Eintrag in ein File mit dem Namen *mbox* im Homedirectory des Users.
u [Zahl]	Sollte man in einer Sitzung einen Brief irrtümlich zum Löschen freigegeben haben, dann läßt sich das mit dieser Option innerhalb der aktuellen Mailsitzung rückgängig machen. Nach dem Verlassen des *mail*-Programms geht das nicht mehr. Die Mail mit der betreffenden Zahl wird nicht gelöscht. Wird keine Zahl mitgegeben, dann wird die letzte Löschmarke rückgängig gemacht. (3.0)
w [Datei]	Wie *s*, allerdings wird die Kopfzeile der einzelnen Briefe entfernt.
x	Verlassen der Mailfunktion, der Inhalt des Postfachs bleibt unverändert.
y	Wie *s*. (3.0)
!Befehl	So kann ein Kommando auf der Shell ausgeführt werden, ohne die Mailfunktion zu verlassen.
?	Hilfsfunktion, zeigt sämtliche Kurzbefehle von *mail*.

Beschreibung Die verschickten Mails werden für alle User in dem Directory */usr/mail* in Files mit deren Login-Namen verwaltet. Jede Nachricht wird an die bereits existierende Datei angehängt. Möchte ein Benutzer seine Post lesen, dann greift *mail* auf dieses File zu und zeigt dessen Inhalt, der gemäß den Kommandos vom User verändert werden kann. Alle verschickten Mails werden mit einer Identifizierungszeile versehen, die als Kopfzeile eines Eintrages erscheint und Angaben über den Absender und die Sendedaten enthält. Wird versehentlich etwas an einen nicht existierenden User geschickt, so legt das System eine Datei mit dem Namen *dead.letter* (toter

Brief) im Homedirectory des Absenders an und legt dort die nicht zustellbare Nachricht ab. Es geht also nichts verloren, es sei denn, der Fehler wird zweimal hintereinander gemacht. Die Datei *dead.letter* wird nämlich neu angelegt oder, falls bereits existent, einfach überschrieben.

1. Senden einer Nachricht   Beispiele

    ```
    $ mail sibylle ⏎
        Text
        Text
        Text
        . ⏎
    $
    ```

    Nach dem Aufruf des Programms mit dem Namen des Adressaten und der Eingabe von ⏎, springt der Cursor auf den Anfang der nächsten Zeile (ohne Prompt). Jetzt kann der Text eingegeben werden, wobei zum Abschluß jeder Zeile ⏎ gedrückt werden soll. Das ist nicht zwingend, aber man setzt sich so nicht der Gefahr aus, Zeichenketten zu kreieren, die dem System zu lang sind und deshalb nur unvollständig bearbeitet werden können.

    Den Abschluß der Information bildet eine Zeile mit einem Punkt als erstes Zeichen und anschließend das Betätigen von ⏎ (das Ende kann aber auch einfach durch Strg+D am Anfang einer Zeile dem System mitgeteilt werden).

2. Senden einer Datei

    ```
    $ mail jo < Datei
    $
    ```

    Der Empfänger *jo* erhält den Inhalt der benannten Datei in sein Postfach.

☞   *mailx* und UNIX-Dienste wie Standard-I/O, Pipes, Umlenkung, *.mailrc*-Datei

mailx

Name	Optionen	Argumente
mailx	[Option(en)]	[Name(n)]

Das Argument *Name(n)* repräsentiert den Login-Namen der bzw. des Empfängers. Die Optionen stellen bestimmte Betriebsarten ein.

Das *mailx*-Kommando ermöglicht dem Anwender, auf dem elektronischen Postweg mit anderen Benutzern zu kommunizieren. Hierbei wird das gleiche Postlieferungssystem benutzt, das auch vom älteren Kommando *mail* verwendet wird, es ist jedoch wesentlich flexibler und leistungsstärker.

Hat der Anwender neue Post empfangen, übernimmt *mailx* das Listen, Aussuchen, Löschen, Aufbewahren und Beantworten der eingegangenen Nachrichten. Möchte ein Benutzer Post verschicken, so stehen ihm ebenso komfortable Möglichkeiten zur Verfügung. Das *mailx*-Programm unterstützt darüber hinaus noch eine große Anzahl von Environment-Variablen, mit denen man ein individuelles Verhalten der *mailx*-Kommandos für jeden Benutzer gestalten kann. Diese Variablen können in der Datei *.mailrc*, die im Homedirectory des Anwenders angelegt sein muß, gesetzt werden.

Die eingegangene Post wird in eine Standarddatei */usr/mail/loginname* gespeichert, genannt System-Postfach. Jeder Benutzer hat sein eigenes Postfach. Gelesene Post wird markiert und, falls nicht ausdrücklich anders entschieden, beim Verlassen von *mailx* in eine andere Datei gespeichert. Diese zweite Datei liegt normalerweise im eigenen Homedirectory und bekommt automatisch den Namen *mbox*. Gefällt dieser Name nicht, so hat jeder die Möglichkeit durch die Environment-Variable MBOX (in *.mailrc*), sich einen Namen seiner Wahl zu definieren, z. B. MBOX=postfach;export MBOX.

Optionen -e Testet, ohne daß eine Anzeige auf dem Bildschirm erscheint, ob Post vorhanden ist. Ist Post eingegangen, wird ein Exit-Status von Null zurückgeliefert. Diese Option findet logischerweise in Shell-Scripts ihre Anwendung.

-f Dateiname Liest Mitteilungen aus der angegebenen Datei *Dateiname*, anstatt aus dem Postfach. Ist das Argument *Dateiname* nicht angegeben, wird die Datei *mbox* bzw. die unter der Environment-Variablen MBOX angegebene Datei gelesen.

-F	Protokolliert die herausgehende Mitteilung in eine Datei und gibt ihr den Namen des Empfängers.
-h nummer	Diese Option ist nicht für den Normalverbraucher gedacht, sondern wird von der Mail-Software selbst verwendet. Sie beschreibt die Anzahl von Zwischenstationen über andere Systeme, die durchlaufen werden müssen, um gesendete Post an das Zielsystem durchzureichen.
-H	Zeigt nur die Überschriften der eingegangenen Post an.
-i	Ignoriert Interrupts.
-n	Initialisiert *mailx* nicht mit der System-.*mailrc*-Datei.
-N	Unterdrückt die Ausgabe aller Überschriften; geht sofort in den Kommandomodus.
-r adresse	Macht *adresse* der Netzwerk-Liefer-Software zugänglich und unterbindet die Ausführung von Tilde-Kommandos. Diese Option ist nicht für den Normalverbraucher gedacht, sondern wird von der Mail-Software selbst verwendet.
-s subjekt	Belegte das Subjekt (Überschriften)- Feld mit den Angaben aus *subjekt*. Werden Leerzeichen innerhalb der Subjekt-Strings-Angabenaufführung benutzt, muß das ganze *subjekt* in Anführungszeichen stehen.
-u user	Lese das Postfach des Benutzers *user*. Dies ist aber nur möglich, falls das Postfach keinen Leseschutz hat.
-U	Konvertiert *uucp*-Adressen in Standard-Internet-Adressen um.

Post senden

Möchte man Post innerhalb eines Systems verschicken, so braucht man nichts anderes zu tun, als nur den Login-Namen der betreffenden Zielperson dem *mailx*-Kommando mitzugeben:

```
$ mailx zieluser
```

Es ist natürlich auch möglich, die Post gleichzeitig an mehrere Personen zu schicken:

```
$ mailx sebastian timm rudolf
```

Nach dem Aufruf dieses Befehls wird man normalerweise aufgefordert, eine Subject-Beschreibung zu machen:

```
$ mailx sebastian timm rudolf
SUBJECT: Seminar MAILX
```

Soll die Nachricht ohne Angabe eines Kurztitels verschickt werden, so kann man durch Drücken der Taste ⏎ sofort zur eigentlichen Texteingabe übergehen. Der zur Texteingabe bereitgestellte Editor beschränkt sich auf einige wenige elementare Funktionen. Z. B. beginnt durch Drücken der ⏎-Taste eine neue Zeile, oder mit der ←-Taste wird der Text in der aktuellen Zeile gelöscht. Die Texteingabe wird mit einem EOF-(End of File-)Signal am Anfang einer neuen Zeile beendet. Dies ist normalerweise die Tastenkombination Strg + D . (☞ Beispiele weiter hinten.)

Selbstverständlich ist es auch möglich, komfortablere Editoren bzw. Textsysteme einzusetzen, deren Aufruf mittels einer Variablen definiert sein muß. ☞ hierzu die Beschreibung der Environment-Variablen und der Tilde-Escape-Kommandos.

Post lesen   Zum Lesen der aktuellen Post wird einfach das *mailx*-Kommando ohne weitere Angaben aufgerufen:

```
$ mailx
```

Ist Post für den Anwender vorhanden, so wird z. B. folgende Liste oder besser gesagt, ein Postinhaltsverzeichnis auf dem Bildschirm ausgegeben:

```
$ mailx
mailx version 2.14  2/9/86  Type ? for help
»usr/mail/wolfgang«: 2 messages 2 unread
        > N 1 rudolf  Fri May 20 12:20 11/56 Treffen
N 2 bernd Fri May 20 15:20 10/45
?
```

Das Postinhaltsverzeichnis bietet Informationen über den Poststatus wie gelesen, alt, nichtgelesen (*new, old, unread*) usw. Zusätzlich wird der Absender der Post, die Ankunftszeit, die Größe und der Kurztitel (Subjektfeld) angezeigt. Das Zeichen > zeigt auf die augenblicklich positionierte Post. Am Ende dieser Liste steht ein ? als Prompt, der anzeigt, daß man sich im Kommandomodus von *mailx* befindet. Nach dem Prompt kann man seine Post mit den über fünfzig zur Verfügung stehenden *mailx*-Kommandos bearbeiten.

Im allgemeinen haben diese Kommandos folgende Syntax:

[KOMMANDO]   [MITLST]   (ARGUMENT(E))

Wird kein Kommando, sondern nur eine Nummer aus der Liste angegeben, genügt das schon, um sich die so spezifizierte Postmitteilung auf dem

Bildschirm anzeigen zu lassen, da das entsprechende Ausgabe-Kommando mit *print* vorbelegt ist. In der optionalen Mitteilungsliste *mitlst* wird beschrieben, welche Post mit dem gewählten Kommando bearbeitet werden soll.

Jedes der folgenden Formate kann in *mitlst* genutzt werden:

n	*n* ist die Nummer in der Liste der vorliegenden Nachrichten, mit der eine Postmitteilung identifiziert wird.
.	Die augenblicklich ausgewählte Mitteilung.
^	Die erste ungelöschte Mitteilung.
$	Die letzte Mitteilung.
*	Alle Mitteilungen.
n-m	Alle Mitteilungen von *n* bis *m*.
user	Alle Mitteilungen vom Benutzer *user*.
/str	Alle Mitteilungen, die dem Inhalt von *str* in der Subject-Zeile entsprechen.
:d	Alle gelöschten Mitteilungen.
:n	Alle neuen Mitteilungen.
:o	Alle alten Mitteilungen.
:r	Alle gelesenen Mitteilungen.
:u	Alle nichtgelesenen Mitteilungen.

Es folgt eine Liste der Kommandos mit ihren signifikanten Abkürzungen in runden Klammern:

Zusammenfassung aller Kommandos

!kmd	Führt das angegebene Kommando *kmd* auf Shellebene aus und setzt nach seiner Ausführung wieder an der gleichen Stelle in *mailx* auf.
#	Nach diesem Zeichen kann Kommentar geschrieben werden.
=	Zeigt die aktuelle Mitteilungsnummer an.
?	Zeigt eine Zusammenfassung der *mailx*-Kommandos.
alias name(n)	(a) Etabliert *alias* als Repräsentanten aller aufgeführten Namen. Wird *alias* also als Postempfänger angegeben, so wird die Mitteilung an alle jene gesendet, die als *namen* aufgeführt wurden. Findet häufig in der *.mailrc*-Datei Verwendung.

cd [directory]	Wechselt zum angegebenen Directory. Wird kein Directory angegeben, wird nach $HOME gewechselt.
chdir [direc.]	(ch) wie *cd*.
copy [datei] copy [Mitlst] Datei	(co) Kopiert die selektierte Mitteilung zur angegebenen Datei, ohne diese als gesichert zu markieren. Ansonsten ist *copy* dem *save*-Kommando äquivalent. Ist keine Datei angegeben, wird die Datei *mbox* genommen, es sei denn, es wurde ein anderer Dateiname unter der Environment-Variablen MBOX spezifiziert.
Copy [Mitlst]	(C) Kopiert die selektierte Mitteilung in eine Datei, die automatisch den Namen des Senders erhält. Dieses Kommando verhält sich wie das *Save*-Kommando, nur wird die Mitteilung nicht als gesichert markiert.
delete [Mitlst]	(d) Löscht die selektierte Mitteilung aus dem System-Postfach. Ist die Environment-Variable *autoprint* gesetzt, so wird automatisch die darauffolgende Mitteilung angezeigt.
discard [header-field(s)]	(di) Unterdrückt die in *header-field* spezifizierten Überschriftteile bei Ausgabe der Mitteilungen auf dem Bildschirm.
dp [Mitlst]	Löschte die selektierte Mitteilung aus dem System-Postfach und zeigt dann die darauffolgende an.
dt	Wie *dp*.
echo string	(ec) Erzeugt ein Echo des angegebenen *strings* in gleicher Weise wie auch das *echo*-Kommando unter Shell. Findet z. B. in der Startup- Datei *.mailrc* häufig Verwendung.
edit [Mitlst]	(e) Editiert die selektierte Mitteilung. Mit der Environment-Variablen EDITOR kann man angeben, welcher Editor benutzt werden soll. Vorbelegung (zeilenorientierte) ist der *ed*-Editor.
exit	(ex) Beendet *mailx*, ohne eventuell gelesene Post in die Datei *mbox* bzw. die unter der MBOX-Variablen angegebenen Datei zu sichern.
file [Dateiname]	(fi) Verläßt die augenblickliche Datei und liest dafür die angegebene Datei *Dateiname*. Das kann z. B. *mbox* oder irgendeine andere Datei sein, in der man

zuvor Mitteilungen hinterlegt hat. Dieses Kommando ersetzt folgende Zeichen im Argument durch:

%	Aktuelles System-Postfach.
%user	System-Postfach des Benutzers *user*.
#	Die vorherige Datei.
&	Aktuelle *mbox*-Datei.

Die Form *%user* setzt natürlich die Leseberechtigung für das Postfach eines Benutzers voraus.

folder [Dateiname]
: (fold) Gleiche Bedeutung wie *file*.

folders
: Anzeige aller Dateinamen aus dem »Post-Directory«, das durch die Environment-Variable *folder* spezifiziert wurde.

followup [Mitlst]
: (fo) Beantworten der selektierten Mitteilung bei gleichzeitiger Aufzeichnung der Antwort in einer Datei, die nach dem Absender der Originalmitteilung benannt wird. Die Variable *record* wird überschrieben, falls sie gesetzt ist. Das Argument *Mitlst* darf in diesem Fall keine Aufzählungen beinhalten.

Followup [Mitlst]
: (F) Antwort auf die erste Mitteilung in *Mitlst* und Absendung an alle Autoren jener Mitteilungen, die danach in *Mitlst* aufgeführt sind. Die Subject-Zeile bezieht sich auf die erste Mitteilung in *Mitlst*. Diese Antwort wird ebenfalls in eine Datei aufgezeichnet, die nach dem Autor der ersten Mitteilung in *Mitlst* benannt wird.

from[Mitlst]
: (f) Anzeige der Mitteilungs-Überschriften aus den selektierten Mitteilungen in *Mitlst*.

group alias name(n)
: (g) wie *alias*.

headers [Mitlst]
: (h) Seitenweise Anzeige von Überschriften, bestehend aus den spezifizierten Mitteilungen in *Mitlst*. Die Anzahl Überschriften pro Seite kann mit der Environment-Variablen *screen* festgelegt werden.

help
: (hel) Anzeige einer Kommandoübersicht.

hold [Mitlst]
: (ho) Behält alle in *Mitlst* spezifizierten Mitteilungen im System-Postfach und kopiert sie nicht automatisch in die *mbox*.

mailx

if mode mail-kmd else mail-kmd endif	(i el en) *mode* ist hier entweder *s* für Senden oder *r* für Empfangen. Ist *mode* gleich *s* und *mailx* im Sendemodus, so wird das Kommando im if-Zweig, andernfalls das Kommando im else-Zweig (falls vorhanden) ausgeführt und umgekehrt. Nützlich in der Startup-Datei *.mailrc*.
ignore [header-field(s)]	(ig) wie *discard*.
list	(l) Listet alle verfügbaren Kommandos, ohne nähere Erläuterung.
mail name(n)	(m) Sendet eine Mitteilung an die genannten Benutzer.
mbox [Mitlst]	Sorgt dafür, daß die selektierten Mitteilungen vor dem normalen Verlassen von *mailx* in die Datei *mbox* transferiert werden. Mit der Environment-Variablen MBOX ist es möglich, die Namensvorbelegung von *mbox* beliebig zu ändern.
next [Mitlst]	(n) Springt zur nächsten Mitteilung, die dem Ausdruck in *Mitlst* entspricht. (☞ Erklärung in Mitteilungsliste Punkt *user* bzw. */str*).
pipe [Mitlst] [kmd]	(pi) Die Mitteilung *Mitlst* wird mittels Pipe an das entsprechende Kommando *kmd* übergeben, wie z. B.: pipe 3 wc -w Hier werden alle Worte der Mitteilung 3 gezählt. Wird das Kommandoargument weggelassen, so wird das Kommando ausgeführt, das man unter der Environment-Variablen *cmd* spezifiziert hat.
| [Mitlst] [kmd]	Wie *pipe*.
preserve [Mitlst]	(pre) Wie das *hold*-Kommando.
Print [Mitlst]	(P) Anzeige der selektierten Mitteilungen auf dem Bildschirm inklusive aller Überschriften. Setzt die eventuell vorher selektierten Möglichkeiten des *ignore*-Kommandos außer Kraft.
print [Mitlst]	(p) Anzeige der selektierten Mitteilungen auf dem Bildschirm. Um sich längere Mitteilungen seitenweise anzeigen zu lassen, hat man die Möglichkeit, die Environment-Variable *crt*, entsprechend der Anzahl

	Zeilen pro Seite bzw. Bildschirm, zu setzen. Diese werden dann an das Kommando weitergegeben, das in der PAGER Environment-Variablen angegeben ist. Vorbelegung für PAGER ist *pg*.
quit	(q) Beendet das *mailx*-Programm, wobei alle gelesenen Mitteilungen in die Datei *mbox* gesichert werden. Mitteilungen, die explizit oder automatisch in eine andere Datei übertragen wurden, werden aus dem System-Postfach gelöscht.
Reply [Mitlst]	(R) Sende eine Antwort an jeden Autor einer Mitteilung aus *Mitlst*, wobei die Subjektzeile von der ersten Mitteilung genommen wird. Falls die Environment-Variable *record* gesetzt ist, wird die Antwort in die angegebene Datei kopiert.
reply [Mitlst]	(r) Beantwortung der selektierten Mitteilung aus *Mitlst*, wobei die Subjektzeile dieser Mitteilung übernommen wird. Falls die Environment-Variable *record* gesetzt ist, wird die Antwort in die entsprechende Datei kopiert.
Respond [Mitlst]	(R) Wie *Reply*.
respond [Mitlst]	(r) Wie *reply*.
Save [Mitlst]	(S) Sichert die selektierten Mitteilungen aus *Mitlst* in eine Datei, die den Namen des Senders aus der ersten Mitteilung in *Mitlst* bekommt. Bei Netzwerkverknüpfungen wird der Präfix automatisch weggelassen.
save [Datei] save [Mitlst] Datei	(s) Sichert die selektierten Mitteilungen in die angegebene Datei. Alle gesicherten Mitteilungen werden automatisch aus dem Postfach gelöscht, es sei denn, die Environment-Variable *keepsave* ist gesetzt.
set set Name set Name = Wert	(se) Das *set*-Kommando, ohne Angabe von Argumenten, gibt eine Liste aller in *mailx* definierten Environment-Variablen aus. (☞ Beschreibung hierüber weiter hinten.) Die zweite Form wird benutzt, um die Variablen *true* oder *false* zu setzen. Mit der dritten Form kann man einer Variablen numerische Werte oder einen String zuweisen.
shell	(sh) Involviert den unter der Environment-Variablen SHELL spezifizierten interaktiven Kommandointerpreter. Mit einem ⌊Strg⌋+⌊D⌋ am Anfang einer neuen Zeile gelangt man wieder in das *mailx*-Programm zurück.

size [Mitlst]	(si) Größenanzeige in Anzahl Zeichen der selektierten Mitteilungen.
source Dateiname	(so) Interpretiert die Kommandos aus der angegebenen Datei und kehrt nach Beendigung in den *mailx*-Kommandomodus zurück. Ist sehr nützlich, um nach einer Modifikation der *.mailrc*-Datei diese auch wirksam werden zu lassen.
top [Mitlst]	(to) Anzeige der ersten fünf Zeilen von allen selektierten Mitteilungen. Gefällt einem diese Vorbelegung nicht, so kann man die Environment-Variable *toplines* wunschgemäß abändern (*.mailrc*)
touch [Mitlst]	(to) Es werden alle in *Mitlst* aufgeführten Mitteilungen beim normalen Verlassen von *mailx* in die *mbox* transferiert.
Type [Mitlst]	(T) Wie *Print*.
type [Mitlst]	(t) Wie *print*.
undelete [Mitlst]	(u) Versucht die selektierten Mitteilungen wiederherzustellen. Dieses funktioniert natürlich nur bei Mitteilungen, die in der aktuellen (noch nicht beendeten) *mailx*-Sitzung gelöscht worden sind. Die *autoprint* Environment-Variable, falls gesetzt, zeigt jeweils die zuletzt wiederhergestellte Mitteilung an.
unset Name(n)	(uns) Löscht alle aufgeführten Environment-Variablen.
version	(ve) Anzeige der aktuellen Version von *mailx*.
visual [Mitlst]	(vi) Edietirt die selektierten Mitteilungen mit dem Editor, der unter der Environment-Variablen VISUAL spezifiziert wurde. Vorbelegung ist der Bildschirmeditor *vi*.
write [Mitlst] Datei	(w) Schreibt die selektierten Mitteilungen in die angegebene Datei. Überschriften und angehängte Leerzeilen werden nicht übernommen, ansonsten wie *save*-Kommando.
xit	(x) Wie *exit*.
z [+/-]	Vor- und Rückwärtsblättern im Postinhaltsverzeichnis. Die Anzahl der Überschriften pro Seite kann mit der Environment-Variablen *screen* festgelegt werden.

Tilde-Escape-Kommandos

Die Tilde-Escape-Kommandos werden nur im *mailx*-Eingabemodus verwendet. Das ist der Fall, wenn man eine Mitteilung editiert. Damit *mailx* nun die Texteingabe von einem Kommando unterscheiden kann, wird eine Tilde (~) vor jedes eigentliche Kommando geschrieben, und zwar jeweils am Anfang einer neuen Zeile. Gefällt dem Anwender die Tilde (~) als Escape-Zeichen nicht, so hat man die Möglichkeit, sich ein anderes Zeichen unter der Environment-Variablen *escape* zu definieren.

Hier nun die Auflistung der Tilde-Escape-Kommandos und ihre Bedeutung:

~!kmd	Beauftragt den Kommandointerpreter (normalerweise sh), das Kommando *kmd* auszuführen und wieder in den Eingabemodus von *mailx* zurückzukehren.
~.	Beenden einer Mitteilung (Simuliert ein End Of File).
~:kmd ~_kmd	Ausführen eines *mailx*-Kommandos *kmd*. Ist nur möglich, wenn *mailx* über die Funktion Postlesen involviert wurde.
~?	Auflistung der Tilde-Escape-Kommandos.
~A	Fügt den Inhalt der *mailx*-Environment-Variablen *sign* in den Mitteilungstext ein.
~a	Funktioniert genauso wie ~A, nur wird hier die Environment-Variable *sign* verwendet.
~b Namen	Übernimmt die aufgeführten Namen in die »blind carbon copy«(Bcc)-Liste. Hiermit wird erreicht, daß keiner der Empfänger weiß, an wen außer ihm noch eine Kopie dieser Mitteilung gesendet wurde.
~c Namen	Übernimmt die aufgeführten Namen in die »carbon copy«-(Cc)-Liste. Hier weiß jeder Empfänger sofort, an wen außer ihm eine Durchschrift gesendet wurde.
~d	Überspielt den Mitteilungstext in die Datei *dead.letter* (☞ Beschreibung Environment-Variable DEAD weiter hinten). Es ist jederzeit möglich, sich den Text aus der Datei *dead.letter* wieder zurückzuholen.
~e	Benutzt den Editor, der mit der Environment-Variablen EDITOR spezifiziert wurde. Vorbelegung ist der *ed*-Editor.
~f [Mitlst]	Fügt die selektierte Nachricht, ohne Veränderung, in den Mitteilungstext ein. Ist nur möglich, wenn *mailx* über Postlesen involviert wurde.
~h	Anzeige oder Bearbeitung der folgenden Überschriftzeilen: *Subject*, *To*, *Cc* und *Bcc*.

mailx

~i Variable	Fügt den Inhalt der angegebenen Variablen zum Mitteilungstext. Zum Beispiel: *~a* ist äquivalent zu »*~i sign*«.
~m [Mitlst]	Funktioniert wie *~f*, nur wird hier der eingefügte Text um einen Tabstop nach rechts hin verschoben.
~p	Listen des Textes, der gerade bearbeitet wird.
~q	Verläßt den Eingabemodus, wobei ein Interrupt simuliert wird, der die begonnene Mitteilung abbricht und den bis dahin getippten Text in die Datei *dead.letter* sichert (☞ DEAD unter Environment-Variablen).
~r Datei ~ Datei	Liest die spezifizierte Datei in den Mitteilungstext ein.
~ !kmd	Führt das Systemkommando *kmd* aus und füge die Ausgabe zum Mitteilungstext.
~ str	Ersetzt die Subject-Zeile der Überschrift durch den Inhalt aus *str*.
~t Name(n)	Fügt die aufgezählten Namen in die *To*-Zeile der Überschrift.
~ v	Startet den Bildschirmeditor, den man unter der Environment-Variablen VISUAL spezifiziert hat. Vorbelegung ist der *vi*-Editor.
~w Datei	Schreibt die Mitteilung in die angegebene Datei. Die Überschrift wird nicht mitkopiert.
~x	Wie *~q*, jedoch wird die Mitteilung nicht in die Datei *dead.letter* gesichert.
~l kmd	Leitet den bis dahin bearbeiteten Mitteilungstext an das Kommando *kmd* weiter. Nachdem das Kommando erfolgreich durchlaufen ist, wird der Mitteilungstext durch die Ausgabe des Kommandos ersetzt.

Die Environment-Variablen

Wie schon anfangs erwähnt, kann man mit den Environment-Variablen das Verhalten von *mailx* benutzerspezifisch anpassen.

Zwei dieser Variablen werden aus der ganz normalen Shell-Environmentliste interpretiert und können nicht aus *mailx* heraus geändert werden:

HOME= Dir	Definiert das »Homedirectory« eines Benutzers.
MAILRC= Datei	Bezeichnet die Startup-Datei, die jedesmal beim Aufruf von *mailx* gelesen wird. Ohne diese Angabe wird die Datei *$HOME/.mailrc* benutzt.

Die restlichen Environment-Variablen bezeichnet man als interne Variablen. Sie können in der Startup-Datei (*.mailrc*) gezielt definiert, aber auch während einer *mailx*-Sitzung manipuliert werden:

addsopt	Ist so vorbelegt und spezifiziert, daß */bin/mail* genutzt wird, um Mitteilungen zu verarbeiten. Mit Angabe *noaddsopt* können auch andere Programme aufgerufen werden.
allnet	Behandelt alle Netzwerknamen mit gleichen Login-Namen als identisch. Das meint, daß *system1!rudi* und *system2!rudi* als ein und dieselbe Person behandelt werden. Ist nicht als Vorbelegung gesetzt.
append	Wird eine mailx-Sitzung mit *quit* beendet, so wird die gelesene Post ans Ende der *mbox*-Datei gespielt, anstatt an den Anfang. Als Vorbelegung ist *append* nicht gesetzt.
askcc	Gibt dem Anwender die Möglichkeit, eine Durchschriftenliste (Cc = carbon copy) jener Personen anzulegen, die diese Mitteilung erhalten sollen. Ist nicht vorbelegt.
asksub	Veranlaßt, daß man zuerst die Subject-Eingabezeile ausfüllen soll, wenn man Post versenden möchte (Vorbelegung).
autoprint	Zeigt jeweils die nächste Mitteilung nach einem *delete*- bzw. *undelete*-Kommando an. Wird nicht automatisch vorbelegt.
bang	Behandelt das Ausrufungszeichen (!) in einer Escape-Kommandozeile genauso wie der *vi*-Editor (Aufruf einer Shell). Standardmäßig nicht vorbelegt.
cmd=kmd	Hier kann man sich eine gewünschte Kommandovorbelegung für das *pipe*-Kommando eintragen.
crt= Anzahl	Mitteilungen, deren Zeilen *Anzahl* übersteigt, werden an das Kommando weitergeleitet, das unter der Variablen PAGER gefunden wird. *crt* ist nicht vorbelegt.
DEAD= Datei	Nicht zustellbare oder vorzeitig unterbrochene Mitteilungen werden in die angegebene Datei gespeichert. Die Vorbelegung hierbei ist *$HOME/dead.letter*.
debug	Diese Variable schaltet eine Diagnoseprotokollierung ein. Ist sie gesetzt, werden keine Mitteilungen geschickt. Per Vorbelegung ist *debug* abgeschaltet.

dot	Interpretiert einen Punkt am Anfang einer Zeile während einer Terminaleingabe als End Of File.
EDITOR= kmd	Hier kann man sich seinen Lieblingseditor »*kmd*« eintragen, der dann mit dem *edit-* oder *~e*-Kommando gestartet wird. Als Standard ist der *ed*-Editor vorbelegt.
escape=c	Ersetzt das ~ Zeichen durch ein »c« als Escape-Zeichen.
folder= Directory	Macht das Directory zum Standard-Directory, in das man seine Postmitteilungen sichert bzw. in dem man sie aufbewahrt. Dateinamen mit einem + als Präfix werden nun diesem Directory zugeordnet. Angenommen, es sei *folder=Post* und es wird folgendes *mailx*-Kommando abgesetzt: `s/Projektstatus+status` Dann werden alle Mitteilungen aus dem Systempostfach, in deren Subjectüberschrift das Wort *Projektstatus* vorkommt, nach *$HOME/Post/status* transferiert. Möchte man diese Konstruktion auch im *mailx*-Zeilenkommandomodus benutzen, so ist darauf zu achten, daß *folder* auch eine exportierte Shell-Variable ist (nicht vorbelegt).
header	Bewirkt die Ausgabe des Postinhaltsverzeichnisses, wenn *mailx* aufgerufen wird. Wird als Standard vorbelegt.
hold	Beläßt alle Mitteilungen, die gelesen wurden, im Systempostfach, anstatt sie in die *mbox*-Datei zu transferieren. *hold* ist nicht vorbelegt.
ignore	Ignoriert Interrupts während des Eingabemodus. Wird bei schlechten Postverbindungen genutzt. Ist nicht automatisch vorbelegt.
ignoreeof	Ignoriert das End Of File-Signal während der Bildschirmeingabe. Nutzt man diese Variable, so ist auch die Variable *dot* zu setzen, um mit einem Punkt bzw. mit ~. den Eingabemodus zu beenden.
keep	Ein geleertes Systempostfach wird auf Null komprimiert und verbleibt im Directory. Wird *keep* nicht gesetzt (ist standardmäßig gesetzt), werden leere Postfächer entfernt.

20 Befehlsübersicht

keepsave	Löscht die Mitteilung nicht aus dem Systempostfach, selbst wenn sie in eine andere Datei gesichert wurde (nicht vorbelegt).
LISTER= kmd	Das Kommando *kmd* (inklusive aller Optionen) wird genutzt, um die Dateien des folder-Directories zu listen, wenn man das Kommando *folder* benutzt. LISTER ist mit dem Kommando *ls* vorbelegt.
MBOX= Dateiname	In *Dateiname* werden alle die Mitteilungen automatisch gesichert, die gelesen worden sind. Das *exit*-Kommando setzt diesen Automatismus außer Kraft. Vorbelegung hier ist *$HOME/mbox*.
metoo	Wird *metoo* nicht gesetzt (Vorbelegung), ist der eigene Name von der Empfängerliste gestrichen, wenn man das *reply*-Kommando benutzt. Andernfalls verbleibt man in der Liste und bekommt somit eine Kopie seiner eigenen Antwort.
onehop	Steigert den Wirkungsgrad des *reply*-Kommandos in Netzwerken. Normalerweise liegt folgendes Verhalten vor: Angenommen, *system1!wok* verschickt Post an *system2!rb* und *system3!tim*. Benutzt *tim* nun das reply-Kommando, um zu antworten, so wird auch an beide eine Antwort geschickt, nämlich an *system1!wok* und an *system1!system2!rb*. An diesem Beispiel sieht man, daß *mail* sich immer auf die Adresse des ursprünglichen Senders bezieht. Wird *onehop* gesetzt, geht die zweite Antwort direkt nach *system2!rb*. Voraussetzung hierbei ist, daß die Rechner direkt miteinander gekoppelt sein müssen.
outfolder	Bewirkt, daß alle herausgehenden Mitteilungen, die aufgezeichnet werden sollen (☞ Kommandos *Save*, *Copy*, *Followup* und *followup*), in das Directory gespielt werden, das unter der *folder*-Variablen angegeben wurde, falls kein absoluter Pfadnamen angegeben wird. Standardmäßig nicht vorbelegt.
page	Es wird, im Zusammenhang mit dem *pipe*-Kommando, jeweils ein Seitenvorschub (Form Feed) nach jeder Mitteilung eingefügt. Ist nicht vorbelegt.
PAGER= kmd	Hier kann als *kmd* ein Kommando inklusive eventueller Optionen gewählt werden, das ein seitenweises

	Blättern am Bildschirm erlaubt. Die Vorbelegung bei dieser Variablen ist das Kommando *pg*.
prompt= str	Ersetzt den Kommandomodus-Prompt, der mit einem ? vorbelegt ist, durch den Inhalt in *str*.
quiet	Unterdrückt die Ausgabeüberschrift mit ihrer Versionsangabe, wenn *mailx* zum Lesen aufgerufen wird. Von Hause aus vorbelegt.
record= Name	Protokolliert alle herausgehenden Mitteilungen in die Datei *Name*. Ist nicht vorbelegt.
save	Werden Mitteilungen unterbrochen oder treten beim Senden Fehler auf, werden sie automatisch in eine Datei mit Namen *dead.letter* abgespeichert. ☞ hierzu Variable DEAD. Diese Variable ist Standard.
screen= Anzahl	Setzt die Anzahl Zeilen pro Bildschirm, die vom Kommando *headers* genutzt werden sollen.
sendmail= kmd	Kommando für die Auswahl eines bestimmten Postdienstes zum Verschicken der Nachrichten. Standardmäßig ist diese Variable mit dem Kommando *mail* vorbelegt.
sendwait	Diese Variable verhindert, falls gesetzt, daß der *mailx*-Prozeß im Hintergrund abläuft und man dann so ange warten muß, bis dieser fertig wird. Ist nicht vorbelegt.
SHELL= kmd	Hier kann man als *kmd* seinen bevorzugten Kommandointerpreter (Shell, C-Shell ...) einsetzen, der dann mit dem ! oder ~! genutzt wird. Vorbelegung hierbei ist *sh*.
showto	Zeigt den Namen des Empfängers statt den Namen des Senders bei der Ausgabe eines Postinhaltsverzeichnisses an, wenn man selber der Autor der Nachrichten war.
sign= str	Fügt den Inhalt von *str* in den Text der Mitteilung ein, wenn das Kommando ~a ausgeführt wird. Ist nicht vorbelegt.
Sign= str	Diese Variable arbeitet genauso wie *sign*, wird jedoch nur mit dem Kommando ~A ausgeführt.
toplines= Anzahl	Hier wird die Anzahl Zeilen bestimmt, die vom Kommando *top* ausgegeben werden sollen. Vorbelegung ist 5.

VISUAL= kmd   *kmd* repräsentiert hier einen Bildschirmeditor, der mit dem Kommando *~v* aufgerufen wird. Standardvorbelegung ist der *vi*-Editor.

1. Post verschicken.   Beispiele

   ```
   $ mailx   sebastian timm rudolf

   Subject:   PRÄSENTATION

   Mittwoch, den 20.01.90, findet im Besprechungs-
   zimmer ca. 10 Uhr eine Präsentation neuer
   Produkte statt.
   ```

   [Strg]+[D]

   ```
   $
   ```

   In der Subjectzeile wird der Kurztitel der Nachricht angegeben. [Strg]+[D] am Anfang einer neuen Zeile beendet die Texteingabe und sendet diese Mitteilung an die entsprechenden Personen.

2. Post empfangen.

   ```
   $ mailx
   mailx version 2.14  2/9/86  Type ? for help
   »usr/mail/wolfgang«: 2 messages 2 unread
      > N 1 rudolf   Fri May 19 12:20 11/96 Treffen
   N 2 timm     Fri May 19 15:20 03/85
   ? 1
   Message   1 :
   From rudolf Fri May 19  12:20:09 1989
   Date: Fri, 19 May 89  12:20:10  PST
   To: wolfgang
   Subject:  Treffen

   Hallo Wolfgang,
   Ich brauche unbedingt die aktuellen Projekt-
   unterlagen.
   TEXT TEXT TEXT
   TEXT TEXT TEXT
   TEXT TEXT TEXT

   ?
   ```

Zunächst einmal wird das gesamte Postinhaltsverzeichnis gelistet. Das Postfach enthält hier zwei neue Mitteilungen, die jeweils durch ein *N* in der zweiten Spalte jeder Mitteilung gekennzeichnet sind. Der Winkel zeigt immer auf die aktuelle Mitteilung. Hat der Sender die Subjectzeile genutzt, so wird diese in der letzten Spalte einer jeden Mitteilung mit angezeigt. Die Eingabe *1* in diesem Beispiel zeigt den Inhalt der ersten Mitteilung auf dem Bildschirm an.

3. Setzen von Environment-Variablen.

```
set append LISTER='ls -s'
```

Das Setzen der *append*-Variablen bewirkt, daß neue Mitteilungen ans Ende, anstatt an den Anfang der *mbox* gespielt werden. Ebenso wird die Vorbelegung der LISTER-Variablen um die Option *-s* erweitert und somit wird auch die Größe der einzelnen Dateien mit angezeigt. Diese Modifikationen lassen sich im *mailx*-Lesemodus durchführen und gelten nur während einer *mailx*-Sitzung. Möchte man, daß bestimmte Variablen immer gesetzt bleiben, so muß man deren gewünschte Belegung in der Datei *.mailrc* definieren.

4. Die *.mailrc*-Datei.

```
$ vi .mailrc
alias rudolf    ru
alias timm      ti
alias basti     ba
group team      rudolf timm basti
ignore date Cc
set keep crt=22 hold
set folder='post'
```

Beim Aufruf von *mailx* wird als erstes die Datei *.mailrc* (falls nicht mit der MAILRC-Shell-Variablen anders definiert) durchlaufen und alle hier definierten Variablen übernommen oder auch Kommandos ausgeführt. Folgende Kommandos dürfen hier nicht angegeben werden: *!, Copy, edit, followup, Followup, hold, mail, preserve, reply, Reply, shell* und *visual*.

Das *alias*- und *group*-Kommando sind Synonyme. Mit dem *alias*-Kommando wird in diesem Beispiel ein einfacher »Login« mit einem Namen assoziiert. Das *group*-Kommando wird benutzt, um mehrere verschiedene Namen mit einem Pseudonym anzusprechen.

Mit dem *ignore*-Kommando werden die aufgeführten Überschriftenspalten bei der Ausgabe unterdrückt.

set wird benutzt, um verschiedene Environment-Variablen vorzubelegen.

5. Gebrauch von *mailx* mit anderen Postdateien

   ```
   $ mailx -f postkasten
   ```

   Die *postkasten*-Datei ist die Datei, in der per Einstellung alle gelesenen Mitteilungen gespeichert werden. Die Option *-f* eröffnet dem Anwender die volle Nutzung von *mailx* für eine angegebene Datei, in diesem Beispiel *postkasten*, wie z. B. Mitteilungen zu lesen, zu löschen, sie zu beantworten oder sie in eine andere Datei zu transferieren und vieles mehr.

☞ *mail, pg, ed, vi, ls* und UNIX-Dienste wie Standard-I/O, Pipes, Umlenkung

make   machen

Name	Optionen	Argumente
make	[-fpiksrnbemtdq]	[Name(n)]

Mit diesem Befehl steuert man Guppen von Programmen, die in einer bestimmten Art und Weise miteinander verknüpft werden sollen. Diese Abhängigkeiten werden *make* mittels einer Beschreibungsdatei übergeben, die nach einer speziellen Syntax aufgebaut sein muß. Beim Aufruf von *make* werden als Argumente *Namen* angegeben, sogenannte Zieldateien, auf die die Wartungsbeschreibung und die inneren Regeln von *make* angewendet werden sollen. *make* dient auch zur Aktualisierung und Regenerierung dieser Gruppen. *make* führt die Befehle in *makedatei* aus, um die Ziele, die in *Name* beschrieben sind, auf den neuesten Stand zu bringen. Hinter *Name* verbirgt sich im allgemeinen ein Programm. Ist die Option *-f* nicht gesetzt, dann sucht *make* seine Wartungsbeschreibung in einer Datei, die einen der folgenden Namen trägt: *makefile, Makefile, s.makefile* oder *s.Makefile*. Diese Reihenfolge wird bei der Suche eingehalten.

Steht anstelle eines Dateinamens im Aufruf ein -, dann werden die Zeichen von Standard Input (Tastatur) gelesen. Es können mehrere

Argumente der Form – *makedatei* eingegeben werden. Mit *make* erfolgt ein Update der Zieldatei nur, wenn die benutzten Programme neueren Datums sind als die Zieldatei, auf die die Wartungsbeschreibung angewendet werden soll. Alle Dateien, die zur Erstellung des Zielfiles nötig sind, werden mit ihren Namen rekursiv zur Liste der Zieldateien hinzugefügt. Nicht vorhandene Dateien werden wie solche behandelt, deren Datum nicht neuer als das der Zieldatei ist.

Die Makedatei enthält eine Menge von Einträgen, die sämtliche Abhängigkeiten beschreiben. In der ersten Zeile eines Eintrags steht eine durch Blanks getrennte (nichtleere) Liste von Zieldateinamen, danach ein : und dann eine Liste von Dateien, die benutzt werden oder die einen Wert erwarten, bevor sie ausgeführt werden. In dieser zweiten Liste müssen keine Einträge stehen. Der Text, der nach einem ; steht und alle folgenden Zeilen, die mit einem Tabulatorsprung beginnen, werden als Shell-Kommandos betrachtet. Sie werden ausgeführt, um die Zieldatei auf den neuesten Stand zu bringen. Die erste Zeile, die nicht mit einem Tabulator oder einem # (Kommentarteile) beginnt, wird als Start einer neuen Abhängigkeits- oder Makrodefinition verstanden. Sind Shell-Kommandos länger als eine Zeile, dann muß als letztes Zeichen in der Zeile vor dem Newline ein \ stehen. Alle Ausgaben, die *make* erzeugt, werden direkt an die Shell übergeben. D. h.,

```
echo a\
b
```

ergibt

```
ab
```

wie in der Shell. # und Newline begrenzen Kommentare.

Alle Kommandozeilen werden nacheinander ausgeführt, wobei für die Ausführung jeweils eine neue Shell gestartet wird. Die ersten ein oder zwei Zeichen eines Befehls können folgende sein: -, @, -@ oder @-. Dabei bedeutet -, daß Fehler ignoriert werden, und @, daß die Ausgabe der Kommandos vor deren Ausführung unterbleibt. Die Ausgabe einer Zeile wird mit der Option -s, dem Eintrag .SILENT: oder dem Zeichen @ innerhalb der Initialisierungssequenz unterdrückt.

Optionen   -f makedatei   *makedatei* soll als Beschreibungsdatei benutzt werden, deren Inhalt zur Wartung der angegebenen Zieldokumente dient. Wird statt eines Namens ein – eingegeben, dann wird statt aus einer Datei von Standard Input gelesen.

-p		Ausgabe aller definierten Makros und Zielbeschreibungen.
-h		Abhängigkeiten in der aktuellen Beschreibungsdatei werden unterdrückt.
-i		Ignoriert Fehlermeldungen, die aufgerufene Programme zurückliefern. Im Normalfall beendet *make* beim Auftreten eines Fehlers seine Arbeit. Diese Betriebsart der Ignorierung schaltet sich auch ein, wenn in der Beschreibungsdatei ein Eintrag der Form *Zielname .IGNORE* steht oder die Sequenz der Initialisierungszeichen ein – enthält.
-k		Beenden der Arbeit mit dem aktuellen Eintrag und Weitermachen in solchen Verzweigungen, die nicht von diesem aktuellen Vorgang abhängen.
-s		Sämtliche Kommandozeilen werden vor ihrer Ausführung nicht auf dem Bildschirm gezeigt. Dieser Modus kann auch durch einen Eintrag der Form .SILENT in der Beschreibungsdatei eingeschaltet werden.
-r		Die vom Systemaufruf voreingestellten (inneren) Regeln sollen nicht benutzt werden.
-n		Sämtliche Kommandos zur Aktualisierung des Zieldokuments werden auf dem Bildschirm angezeigt, aber nicht ausgeführt. Steht jedoch innerhalb dieser Zeilen der String $(MAKE) (oder MAKE=make), wird dieser Befehl trotzdem ausgeführt (☞ MAKEFLAGS). Zeilen, die mit @ beginnen, erscheinen auch in der Ausgabe.
-b		Schaltet den Kompatibilitätsmodus für alte Makefiles ein, die mit älteren Versionen von *make* erstellt wurden.
-e		Die Einträge in Umgebungsvariablen werden statt gleichnamiger Makrodefinitionen in der Makedatei verwendet.
-m		Ausgabe eines Speicherinhalts, der Text, Daten und den Stack (Stapelspeicher) zeigt. Auf Systemen, die den System-Call *getu* nicht besitzen, wird diese Option nicht ausgeführt, sondern lediglich übergangen (No Operation).
-t		Das Erstellungsdatum der Zieldatei wird auf das aktuelle Systemdatum eingestellt. Der Inhalt bleibt unverändert.
-d		Debug(Fehlersuch)-Modus, dient zum Ausdruck genauer Information überprüfter Dateien und zur Bestimmung von deren Alter.
-q		Das Kommando *make* kontrolliert alle Zielfiles, ob sie das aktuelle Datum haben oder nicht, und liefert einen ent-

make

sprechenden Wert zurück. Null bedeutet, die Datei ist auf dem neuesten Stand, ein Wert ungleich Null, daß sie nicht aktualisiert wurde.

Sonder- .default Wenn eine Datei erstellt werden muß, aber dafür keine
optionen   expliziten Kommandos vorliegen, dann werden Voreinstellungen des Systems verwendet, sofern welche vorhanden sind.

.precious Von diesem File abhängige Zieldateien werden nicht gelöscht, wenn ein Quit oder Interrupt auftritt.

.silent ☞ Option -s.

.ignore ☞ Option -i.

.suffixes Abhängigkeitsliste für die inneren Regeln. Sie kann durch eine andere ersetzt werden, indem ein Leerstring als neue benannt wird (dann gibt es keine Abhängigkeiten), oder eine Liste neuer Abhängigkeiten angegeben wird. Als Voreinstellung gibt es folgende Abhängigkeiten:

.c .c~ .sh .sh~ .c.o .c~.o .c~.c .s.o .s~.o .y.o .y~.o .l.o .l~.o .y.c .y~.c .l.c .c.a .c~.a .s~.a .h~ .h

Die inneren Regeln können durch Marken überschrieben werden.

Einfachregeln .c: .c~: .sh: .sh~:

Wenn als Programmquelle nur eine Datei benutzt wird, kann mit ihrer Hilfe eine feste Umgebung für den Ablauf eines Makefiles eingestellt werden.

Mehrfachregeln Innerhalb des *make*-Mechanismus gibt es eine bestimmte Menge von voreingestellten Regeln, die durch feste Namen aufgerufen werden. Jede dieser Regeln hat innerhalb des Update-Vorgangs eine bestimmte Aufgabe. Die in ihnen verwendeten Endungen haben dieselbe Bedeutung wie in der normalen UNIX-Umgebung, z. B. kennzeichnet .c eine C-Programmquelle. Die Regeln lauten:

.c.o: .c~.o: .c~.c: .s.o: .s~.o: .y.o: .y~.o: .l.o: .l~.o: .y.c: .y~.c: .l.c: .c.a: .c~.a: .s~.a: .h~.h:

Die genannten Regeln arbeiten nach einem bestimmten Prinzip zusammen, und zwar werden in der untenstehenden Abbildungen die Verbindungslinien von links nach rechts und von unten nach oben durchlaufen. Das nächstliegende Objekt in Abarbeitungsrichtung wird dabei zum Zielobjekt umgewandelt (*datei.c* in *datei.o*).

Bei gleicher Entfernung zum nächsten Objekt entscheidet die Rangliste unter .SUFFIXES darüber, welche Regel als nächste bearbeitet wird.

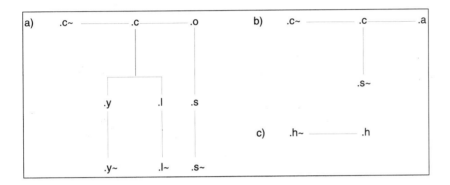

Regeln für make

Alle definierten Umgebungsvariablen werden von *make* ausgewertet und als Makrodefinitionen verstanden. Da diese Auswertung vor irgendeinem Ausführen einer Makedatei geschieht, überschreiben Einträge innerhalb dieser Dateien den Wert einer Umgebungsvariablen, wenn gleiche Namen auftreten. Die Option *-e* kehrt die Wirkungsweise um, d. h. der Wert der Umgebungsvariablen bleibt erhalten. Existiert eine Umgebungsvariable MAKEFLAGS, dann bewertet *make* dies so, als seien alle legalen Optionen außer *-f, -p* und *-d* gesetzt. Wird sie später im Verlauf einer Makedatei aufgerufen, obwohl sie nicht gesetzt ist, dann legt *make* sie an und belegt sie mit den aktuell verwendeten Optionen.

Auf diese Weise enthält MAKEFLAGS immer den aktuellen Stand der Eingabeoptionen. Zur Fehlersuche bei der Arbeit mit *make* ist dieser Mechanismus sehr praktisch, denn beim Aufruf von *make* mit der Option *-n* wird diese in MAKEFLAGS abgelegt und an alle weiteren Aufrufe von *$(MAKE)* übergeben. So kann man testen, was ausgeführt worden wäre, wenn man das Programm richtig gestartet hätte.

Umgebungs-variablen

Makros werden durch Einträge der Form *string1 = string2* definiert. *String2* ist alles hinter dem Gleichheitszeichen bis zum ersten Kommentarzeichen oder dem nicht maskierten (\) Zeilenende (Newline). Mit *$(string1 [:subst1=[subst2]])* kann erreicht werden, daß ab einem bestimmten Auftreten einer Variablen (*string1*) diese durch eine andere (*string2*) ersetzt wird.

Makros

Die eckigen Klammern signalisieren optionale Angaben: Wenn der Name des Makros nur aus einem Buchstaben besteht und keine Ersetzungssequenz angegeben ist, können sie weggelassen werden. Ist eine Substitution wie oben beschrieben definiert, dann wird sie an den entsprechenden Stellen ausgeführt.

Interne Makros

Es gibt bereits bei der Auslieferung sieben vom System vordefinierte Makros.

$* Wird nur von inneren Regeln erkannt, steht für den Namen der aktuellen Abhängigkeit ohne Endung.

$ Gilt nur für innere Regeln, steht für den Namen des gefundenen Objekts (mit Endung), das verändert werden soll.

$? Steht für die Liste der Objekte, die verglichen mit dem Zieldokument nicht das aktuelle Datum tragen. Gilt nur bei extra angegebenen Regeln.

$% Auswertung von Library (Bibliotheks)-Marken z. B. *libname*. Hier ist $% der Name (des Objekts) und $@ die Bezeichnung der Library, *lib*.

$@ Steht für den Namen der aktuellen Marke, gilt nur innerhalb der gerade bearbeiteten Abhängigkeitsbedingung, wenn diese explizit angegeben worden ist.

$(..D) Steht für den Directorypfad des Makronamens.

$(..F) Steht für den Dateinamen des internen Makros ohne Pfad.

Markendefinitionen

Nicht als Marken zugelassen sind: $*, $, $?, $%, und $@.

*, ?, [ ] Sie werden wie in der Bourne Shell expandiert.

$(Makro) Steht für Inhalt eines Makros.

Makrodefinitionen

Name	in innerer Regel
AS=as	.s.o, .s~.o, .s~.a
ASFLAGS=	☞ AS
CC=cc	.c, .c~, .c.o, .c~.o, .y.o, .y~.o, .l.o, .l~.o, .c.a, .c~.a
CFLAGS=-O	☞ CC
GET=	get.l~.o, .y~.c, .c~.a, .s~.a, .h~.h, .c~, .sh~,.c~.o, .c~.c, .s~.o, .y~.o

Name	in innerer Regel
GFLAGS=	.c~, .sh~, .c~.c, .s~.o, .y~.o, .y~.c, .c~.a, .s~.a, .h~.h
LEX=	lex.l.o, .l~.o, .l.c
LFLAGS=	.l.o, .l~.o
YACC=	yacc.y.o, .y~.o, .y.c, .y~.c
YFLAG=	.y.o, .y~.o, .y.c, .y~.c

Update von Library-Funktionen

Zur Ausführung dieses Auftrages erwartet *make* den Namen der Library und den Namen oder den Einsprungspunkt einer Objektdatei. Damit *make* erkennt, daß eine Library zu aktualisieren ist, muß der Objektname in Klammern stehen (lib (Objekt.o)). Falls nicht anders definiert, wendet *make* automatisch die inneren Regeln .c.a, .c~.a, und .s~.a an. Sie enden alle auf .a, zum Zeichen dafür, daß es sich um einen Eintrag in eine Library handelt.

lib (Objekt.o)   In einer Library mit Namen *lib* soll eine Objektdatei *Objekt.o* aktualisiert werden.

lib ((_Punkt))   In einer Library mit Namen *lib* soll die Objektdatei, die zum Einsprung *Punkt* gehört, aktualisiert werden.

make kann auch auf SCCS-Dateien angewendet werden. Voraussetzung ist in diesem Fall, daß die Dateinamen mit einer ~ (Tilde) enden.

```
Datei.c~
Datei.y~
Datei.s~
Datei.sh~
Datei.h~
```

Die Datei, aus der *make* liest, wird nach den obigen Regeln gesucht.

Aufbau einer Makedatei

Beispiel

```
pgm: a.o b.o
cc a.o b.o -o pgm
a.o: incl.h a.c
cc -c a.c
b.o: incl.h b.c
cc -c b.c
```

In diesem Beispiel ist *pgm* abhängig von zwei Files, nämlich *a.o* und *b.o*. Diese wiederum hängen beide von ihren Quelldateien *a.c* und *b.c* und der allgemeinen *Datei incl.h* ab.

man

Name	Optionen	Argumente
man	[-abdlprstTu] [Sektionen]	Datei

man gehört nicht zum UNIX-Standard. Wird außer dem Kommando nur ein Befehlsname ohne weitere Optionen angegeben, dann sucht *man* unter dem Pfad */usr/man* nach dem Eintrag. Die Ausführung des Befehls dauert etwas länger, da die gespeicherten Texte erst über einen Formatierer (*nroff/troff*) laufen, bevor sie auf dem Bildschirm erscheinen. Die Option *Sektionen* dient zur Eingabe der Abschnittsnummer im Manual, in dem der Befehl vorkommt. Die Zahl kann zwischen 1 und 8 liegen.

Optionen

-c   Filtert die *nroff*-Ausgabe über *col* (Column = Spalte).

-d   Durchsucht statt */usr/man* das angegebene Directory.

-s   Ausgabe der Manualseite im Format 6"x9".

-t   Wie *s*, jedoch im Format 8,5"x11".

-T4014   Ausgabe aufbereitet für Grafikbildschirm Tektronix 4014.

-Ttek   Wie -T4014.

-Tvp   Ausgabe aufbereitet für MH Versatec-Drucker.

-w   Zeigt nur die Pfadnamen der Kommandos, relativ zu */usr/man* oder zum aktuellen Directory (bei -*d*-Option).

-y   Benutzt nichtkomprimierte Makros.

Andere Optionen werden an die Textformatierer *nroff* und *troff* weitergeben. Defaultmäßig werden die Kommandobeschreibungen über *nroff* auf dem Terminal ausgegeben. Dabei wird die Umgebungsvariable zur Feststellung des Terminaltyps ausgewertet, und wenn sie nicht gesetzt ist, wird der Eintrag 450 für ein Dump Terminal benutzt. Die -*T*-Optionen des *mm*-Kommandos werden erkannt und dem der $TERM-Variablen überlagert. Der Aufruf *help term2* zeigt, welche Terminaltypen im System bekannt sind.

☞   *chmod*, *write*

mesg   message (Nachricht)

Name	**Optionen**
mesg	[y][n]

Mit diesem Befehl kann die Ausgabe von Diensten unterbunden werden, die normalerweise Nachrichten auf den Bildschirm eines Benutzers ausgeben, egal ob dieser sich in einer Editorsitzung befindet oder sonst irgend etwas tut.

Diese Meldungen werden oft als störend empfunden, da sie den aktuellen Bildschirminhalt zerstören. Ist man im Editor, dann wählt man einfach die Funktion *Bildschirm neu aufbauen* [Strg]+[L], und die Meldung ist wieder verschwunden. Hatte man jedoch Ergebnisse eines Programmlaufs auf dem Bildschirm, dann kann das Wiederherstellen des Bildschirmaufbaus problematisch werden.

mesg n   Verriegelt den Bildschirm für solche Ausgaben (z. B. *write*, *mail* u. ä.), die sofort an den Bildschirm adressiert sind. Natürlich wird nicht der ganze Maildienst abgeschaltet, sondern lediglich die Ausgabe der Systemnachricht »You have mail....«, die sonst sofort bei Eintreffen einer Mail auf dem Bildschirm des Empfängers ausgegeben wird.

mesg y   Öffnet den Bildschirm wieder.

Der Exit-Status dieses Befehls ist 0, wenn *y* gesetzt ist, 1 im Falle von n und 2, wenn ein Fehler auftritt. Soll der Bildschirm generell verriegelt werden, dann sollte man sich den o.g. Befehl in sein Loginfile schreiben (*.profile*, *.login* oder *.cshrc* im Homedirectory). Eine Nachricht des Superusers läßt sich mit dem *mesg*-Befehl nicht unterdrücken.

Bei *mesg* handelt es sich um einen komfortabel verpackten *chmod*-Befehl, der speziell auf das eigene *tty*-Device (*/dev/ttyxxx*) wirkt.

Vor der Benutzung von Diensten wie *write* u. ä. muß der Bildschirm wieder auf *mesg y* geschaltet werden, da sonst die Antwort der Gegenstelle nicht auf dem eigenen Terminal erscheint.

☞   *chmod, write*

mkdir make directory (Verzeichnis anlegen)

Name	Optionen	Argumente
mkdir	[-m Mode][-p]	Verzeichnis(se)

Erzeugung eines oder mehrerer Directories, unter denen Dateien angelegt werden können.

Sollen Unterverzeichnisse innerhalb des UNIX-Filesystems angelegt werden, muß der User im entsprechenden Directory Schreiberlaubnis haben.

Mit Hilfe des *mkdir*-Kommandos kann das Dateisystem nach eigenen Vorstellungen organisiert werden.

Bei der Neuanlage eines Verzeichnisses werden dort immer zwei Einträge automatisch gemacht, die man nur bei Aufruf des Listings (*ls -a*) zu sehen bekommt. Es steht hier der Punkt ».« für das aktuelle Directory selbst, und »..« für das darüberliegende Parent (Eltern)-Directory. In diesen beiden Files liegen Informationen für das System: Der Name des Users, der es angelegt hat, und die Inodenummer aller dort angelegten Files. Die Inodes für das Verzeichnis und das dazugehörige Elternverzeichnis stehen im Listing bei den ».«- und »..«-Einträgen. *Inode* steht für *Information Node* (Informationsknoten); es handelt sich dabei um eine Tabelle (Beschreibungsblock), in der die Beschreibungsdaten (Dateiheader für systeminterne Informationen) liegen, die das System braucht, um die Files zu identifizieren.

Optionen -m Mode   Stellt die Permissions (Zugriffsrechte) bei der Neuanlage von Verzeichnissen so ein, wie sie im Parameter *Mode* in oktaler Form vorgegeben werden. Die möglichen Kombinationen der Oktalwerte sind bei dem Befehl *chmod* beschrieben (3.0).

-p   Soll ein Directory über Verzeichnisse hinweg eingerichtet werden, die noch nicht existieren, z. B. wenn man eine Datei an einer bestimmten Stelle im System hinterlegen will, dann werden diese fehlenden Verzeichnisse bei der Ausführung des Kommandos angelegt.

Beispiele 1. Anlegen eines Subdirectories

    $ mkdir unter

Unterhalb des aktuellen Directories wird ein Verzeichnis mit dem Namen *unter* eingerichtet. Nach Ausführung des Befehls kann darin sofort gearbeitet werden.

2. Einrichten eines Directories unterhalb eines bereits bestehenden mit Angabe des absoluten Pfades (Fullpath)

   ```
   $ mkdir /home/klaus/neudir
   ```

   Unabhängig vom augenblicklichen Standort im System wird unter */home/klaus* ein Unterverzeichnis mit dem Namen *neudir* angelegt.

3. Erzeugung von fehlenden Zwischenverzeichnissen

   ```
   $ mkdir -p /home/1/2/3/testdir
   ```

   Wenn die Verzeichnisse *1*, *2* oder *3* noch nicht existieren, dann werden sie bei Ausführung des Befehls angelegt.

☞ *rmdir, rm*

mv

move (umbenennen, transportieren)

Name	Optionen	Argumente
mv	[-f][-i]	Altdatei Neudatei
mv	[-f] Directory	[-i] Datei(en)

Mit diesem Befehl kann der Name einer Datei geändert werden, ohne daß der Inhalt des Ursprungsfiles angefaßt wird.

Das Kommando kann in zwei Formen benutzt werden:

a. In der ersten Form wird der alte Name der Datei durch den neuen ersetzt. Es dürfen nur eine Altdatei und eine Neudatei angegeben werden. Existiert *Neudatei* bereits und ist kein Schreibschutz eingestellt, wird *Neudatei* mit dem Inhalt von *Altdatei* kommentarlos überschrieben. Ist *Altdatei* eine normale Datei und *Neudatei* ein Link auf ein anderes File mit Links, bleiben die ursprünglichen Links erhalten, und *Neudatei* wird neu angelegt.

b. In der zweiten Form wird die Datei (oder mehrere) mit dem gleichen Namen unter dem angegebenen Verzeichnis »angelegt«. Auch in diesem Fall wird die Datei nicht wirklich im System bewegt, sondern nur der neue Name mit dem zugehörigen Pfad intern dem ursprünglichen Dateiinhalt zugeordnet. Ist *Datei* bei dieser Aufrufvariante auch ein Verzeichnis (wie auch das Ziel), dann müssen beide Directories im gleichen physikalischen Filesystem liegen.

Existiert bereits ein File mit dem angegebenen neuen Namen, dann wird es kommentarlos überschrieben. Besteht ein Schreibschutz für die Zieldatei, fragt das System an, ob die bereits bestehende Datei überschrieben werden soll.

Optionen

-f Besteht für die bereits existierenden Zieldateien ein Schreibschutz, dann würde das System bei jeder Datei anfragen, ob die Zieldatei wirklich überschrieben werden soll. Mit Angabe der Option *-f* wird die Anfrage ignoriert und der alte Inhalt kommentarlos überschrieben.

-i Wie bei *rm* wartet *mv* auf eine Bestätigung mit *y* (für ja), bevor *mv* ausgeführt wird, und zwar immer dann, wenn das genannte Ziel bereits existiert und überschrieben würde (nicht nur bei Schreibschutz des Ziels).

Beispiele

1. Verlegen einer Datei unter ein anderes Directory unter Beibehaltung des Namens.

   ```
   $ mv text /home/elke
   ```

   Unabhängig davon, in welchem Directory man sich befand, lautet der neue Gesamtname der Datei nach Ausführung des Befehls

   ```
   /home/elke/text
   ```

2. Wie 1., jedoch erhält die Datei einen neuen Namen.

   ```
   $ mv text /home/elke/text.org
   ```

   Der Gesamtname lautet in diesem Fall

   ```
   /home/elke/text.org
   ```

3. Verlegung mehrerer Files in ein anderes Verzeichnis

   ```
   $ mv text1 text2 text3 /home/dokument
   ```

   So werden die Dateien *text1*, *text2* und *text3* nach */home/dokument* transportiert.

   ```
   $ cd /home/dokument; ls
   text1   text2   text3
   ```

☞ *cp, ln*

newgrp   new group (neue Gruppe)

Name	Optionen	Argumente
newgrp	[-]	[Gruppe]

Jeder Anwender gehört innerhalb des Systems zu einer bestimmten Gruppe, die gewisse Zugriffsrechte hat. Will man für kurze Zeit die Identität einer anderen Gruppe annehmen, um z. B. andere Dateien oder Programme benutzen zu können, dann ist dies mit *newgrp* möglich. Der Zielgruppenname muß in der Systemdatei */etc/group* eingetragen sein. Jeder User kann laut Eintrag in dieser Datei zu mehreren Gruppen gehören, zwischen denen er wechseln kann. Loggt man sich ein, wird man automatisch der Gruppe zugeordnet, die in der Datei */etc/passwd* eingetragen ist. Der Wechsel in die neue Gruppe geschieht durch *newgrp* in Verbindung mit dem Zielgruppennamen als Argument. Wird er weggelassen, erfolgt der Wechsel in die per */etc/passwd* voreingestellte Gruppe. Umgebungsvariablen, die in der Shell exportiert (globale) worden sind, bleiben in der neuen Gruppe erhalten. Variablen, die nicht exportiert wurden (lokal), erhalten ihren Defaultwert.

Option

–   Umgebungsvariablen werden auf ihren Defaultwert, den sie beim Einloggen haben, zurückgesetzt.

Beispiele

1. Wechsel zurück in die eigene Gruppe

   ```
   $ newgrp
   ```

   Es erfolgt der Wechsel zurück in die eigene Gruppe (die beim Login voreingestellt ist). Wäre die Option – angegeben, dann würden alle Umgebungsvariablen zurückgesetzt.

2. Wechsel in eine andere Gruppe

   ```
   $ newgrp kauf
   ```

   Der Aufrufer wird temporär Mitglied der Gruppe *kauf,* sofern er dort eingetragen ist, bis er sich ausloggt oder wieder wechselt.

3. Feststellen der eigenen Identität

   ```
   $ id
   uid = 1 (rb) gid = 100 (prisma)
   ```

   Der Aufrufer des Befehls hat den Login-Namen *rb* und gehört aktuell der Gruppe *prisma* an.

☞   *id, chmod*

news

Name	Optionen	Argumente
news	[-a][-n][-s]	[Datei(en)]

Dieser Befehl stellt fest, welche neuen Nachrichten im System hinterlegt wurden. Die Argumente des Kommandos stellen hier Dateien aus dem Directory *news* dar, das z. B. unter dem Namen */usr/news (/var/news, 4.0)* angesiedelt sein kann und wo entsprechende Dateien mit Nachrichten abgelegt sind. Bei Aufruf von *news* ohne Optionen werden sämtliche Nachrichten, die nach dem letzten *news*-Befehl dort abgelegt wurden, ausgegeben. Die Ausgabe beginnt mit der neuesten Datei. Alle Dateien werden mit einem Kopfteil versehen angezeigt. Beim Start von *news* entsteht im Homedirectory des Anwenders ein File mit Namen *.news_time*, in dem die Zeit des aktuellen Aufrufs hinterlegt wird. Existiert die Datei bereits, wird ihr Inhalt aktualisiert. Um die Bildschirmausgabe des Befehls zu steuern, kann [Strg]+[C] oder [Entf] eingegeben werden in diesem Fall bricht die Darstellung der aktuellen Nachrichtendatei ab und die der nächsten beginnt. Die zweifache Eingabe dieser Zeichen direkt hintereinander bricht *news* ganz ab.

Optionen

- -a   Es werden sämtliche Nachrichten, unabhängig vom Erstellungsdatum, angezeigt.
- -n   Ausgabe der Dateinamen aller hinterlegten Nachrichtenfiles, die noch nicht gelesen wurden (ohne Anzeige des Inhalts).
- -s   Die Anzahl der neuen, noch nicht gelesenen Nachrichten wird festgestellt und angezeigt.

Beispiele

1. Erstellen einer Nachricht

    ```
    $ cat > /vor/news/neu1
    Dies ist ein Text an den, der news aufruft
    [Strg]+[D]
    $
    ```

2. Lesen der neuesten Nachrichten

    ```
    $ news
    neu1 (root) Thu Aug 8 16:30:00 1993

        Dies ist ein Text an den, der news aufruft
    ```

```
an_alle  (root) Thu Aug   8 16:30:50  1993
Alle Kollegen sind herzlich zu einem Umtrunk
anläßlich des Geburtstags des Geschäftsführers
eingeladen.
Termin: 15/08/93 13.30
```

Die Kopfzeile über der eigentlichen Nachricht enthält den Namen der Datei, des Besitzers und das Erstellungsdatum.

3. Lesen eines bestimmten Nachrichtenfiles

   ```
   $ news an_alle
   ```

   Die Datei, in der spezielle Nachrichten erwartet werden, heißt *an_alle*.

4. Anzahl der vorliegenden Nachrichten, die noch nicht gelesen wurden.

   ```
   $ news -s
   3
   ```

☞ *.profile*-Datei

nl

number lines (Zeilen numerieren)

Name	**Optionen**	**Argumente**
nl	[-Optionen]	Datei

Das *nl*-Kommando liest von der angegebenen Datei oder von Standard-Eingabe, falls *Datei* nicht angegeben wurde. *nl* numeriert dann die Zeilen entsprechend den angegebenen Optionen und schickt sie nach Standard-Ausgabe (normalerweise der Bildschirm). Durch eine spezielle Schreibweise ist es möglich, den Text in »logische Seiten« zu unterteilen, die aus einer Überschrift, einem Rumpf und einer Fußzeile bestehen können.

Schreibweise	**Bedeutung**
\:\:\:	Anfang der Überschrift
\:\:	Anfang des Rumpfes
\:	Anfang der Fußzeile

Logische Seiten

Optionen   -b Gruppe   Spezifiziert, welche Zeilen des Rumpfes laut *Gruppe* numeriert werden sollen.

Gruppe hat folgende Bedeutung:

a	Numeriert alle Zeilen
t	Numeriert nur die Zeilen mit druckbarem Text
n	Numeriert keine Zeilen
p ausdr	Numeriert nur die Zeilen, die den Ausdruck *ausdr* beinhalten

Vorbelegung ist *-t*.

-h Gruppe   Spezifiziert, welche Zeilen in der Überschrift laut *Gruppe* numeriert werden sollen. Die Gruppenbelegung ist die gleiche wie unter *-b* beschrieben. Vorbelegung ist *n*.

-f Gruppe   Spezifiziert, welche Zeilen in der Fußzeile laut *Gruppe* numeriert werden sollen. Die Gruppenbelegung ist die gleiche wie unter *-b* beschrieben. Vorbelegung ist *n*.

-p   Beginnt nicht immer mit einer neuen Numerierung für jede »logische Seite«.

-v nstart   Gibt eine Startzahl *nstart* für die Zeilennumerierung der ersten Zeile an. Vorbelegung *nstart = 1*.

i inkn   Inkrementiert die Zeilennummer mit der Zahl *inkn*. Ohne Angabe ist das Inkrement = 1.

-s ausdr   Benutzt den Ausdruck *ausdr*, um die Zeilennummer vom Text zu separieren.

-w ngr   Benutzt die Zahl *ngr* für die Feldgröße in der Zeilennumerierung. Vorbelegung *ngr = 6*.

-n format   Benutzt die Angabe *format* für die Anzeige der Zeilennumerierung. Folgende Angaben sind möglich:

ln   linksbündig beginnend

rn   rechtsbündig beginnend, führende Nullen werden unterdrückt

rz   rechtsbündig beginnend, mit Ausgabe führender Nullen

Vorbelegung ist *rn*.

-l n   Zähle n Leerzeilen als eine Zeile. Dieses macht aber nur
                    Sinn, falls für die Option *-h*, *-b* oder *-f* unter Gruppe »a«
                    spezifiziert wurde.

-dxy   Wechseln des Parameters für die »logischen Seiten« von \:
                    in *xy*. Wird nur ein Zeichen, nämlich *x* geändert, so bleibt
                    das zweite erhalten (:). Es darf kein Leerzeichen zwischen
                    d und *xy* stehen.

Der Inhalt der in den folgenden Beispielen benutzten Datei ist: Beispiele

```
$ cat beispiel
\:\:\:
Überschrift eins
\:\:
Jetzt beginnt der Text

und geht hier weiter.
\:
Fußzeile von eins
\:\:\:
Überschrift zwei
\:\:
Textbeginn
\:
Fußzeile von zwei
```

Die Datei besteht aus zwei logischen Seiten.

1. Numerierung der Zeilen ohne Angabe einer Option

   ```
   $ nl beispiel
     Überschrift eins
   1 Jetzt beginnt der Text
   2 und geht hier weiter.
     Fußzeile von eins
     Überschrift zwei
   1 Textbeginn
     Fußzeile von zwei
   ```

   Man sieht, daß die Überschriften und die Fußzeilen nicht numeriert werden. Auf der zweiten logischen Seite wird erneut mit der Numerierung begonnen. Überschriften und Fußzeilen sind durch Leerzeilen getrennt.

2. Numerieren aller Zeilen

```
$ nl -ba -ht -ft beispiel
1  Überschrift eins
2  Jetzt beginnt der Text
3
4  und geht hier weiter.
5  Fußzeile von eins
1  Überschrift zwei
2  Textbeginn
3  Fußzeile von zwei
```

☞ *pr*

nohup   no hang up (nicht auflegen)

Name	**Optionen**	**Argumente**
nohup	Befehle	[Befehlsargument(e)]

Befehle, die nach dem Ausloggen eines Users weiterlaufen sollen, müssen in Verbindung mit *nohup* gestartet werden (üblicherweise im Hintergrund, d. h. mit »&« am Ende des Kommandos).

Normalerweise beendet das System alle Programme (Hang Up-Signal) eines Users, wenn er sich ausloggt. Sollten nach dem Abmelden vom System noch Meldungen erzeugt werden, können diese in eine gewünschte Datei umgelenkt werden, sonst legt *nohup* eine Datei mit dem Namen *nohup.out* im Homedirectory des Anwenders an und hinterlegt dort die Meldungen.

Beispiele
1. Start eines Programms im Hintergrund

   ```
   $ nohup wc /home/logbuch &
   ```

   Der Hintergrundprozeß zählt die Worte in der Datei */home/logbuch*. Das Ergebnis wird in die Datei *nohup.out* geschrieben, falls der Aufrufer bei Beendigung des Befehls bereits ausgeloggt ist.

2. Abarbeiten einer Kommandodatei

   ```
   $ nohup sh befehle &
   ```

   Bei *befehle* handelt es sich um ein Script, das aus Shell-Kommandos besteht.

Die Sequenz `nohup Befehl1; Befehl2`

> führt nur *Befehl1* in Verbindung mit *nohup* aus, *Befehl2* wird als neues Shellkommando bewertet.

Hingegen ist

`nohup (Befehl1; Befehl2)`

> syntaktisch falsch. Mehrere Befehle *müssen* daher aus einer Datei gelesen werden.

☞ *batch* und UNIX-Dienste wie Scripts, Prozesse

pack verdichten

Name	Optionen	Argumente
pack	[-][-f]	Datei(en)

Aus Gründen der Platzersparnis können Dateien komprimiert im Filesystem abgelegt werden. Ist der Komprimiervorgang erfolgreich verlaufen, legt *pack* eine Datei mit gleichem Namen an, die das Anhängsel *.z* trägt. Das Original ist verschwunden. Die Platzersparnis beträgt etwa 30 bis 35 Prozent. Soll die Datei wieder auf das ursprüngliche Format gebracht werden, übernimmt der Befehl *unpack* die Expansion.

Optionen

– Wirkt als Schalter innerhalb des Kommandoaufrufs. Es schaltet die Nachrichtenausgabe ein und aus, indem es vor den Dateinamen eingefügt wird. Das erste Mal schaltet es die Ausgabe ein, das zweite Mal aus usw.

-f Eine Komprimierung wird auch dann ausgeführt, wenn keine Platzersparnis feststellbar ist (sinnvoll, damit z. B. nur Dateien eines Typs in einem Directory stehen).

Gründe, die eine Kompression verhindern:

➤ Der Name der Originaldatei darf nicht zu lang sein, denn es werden durch *pack* noch zwei Buchstaben hinzugefügt.

➤ Hinter dem angegebenen Namen verbirgt sich ein Directory.

➤ Auf die Datei kann aufgrund von Linknamen von verschiedenen Seiten zugegriffen werden.

➤ Die Datei ist leer.

passwd

> Die Kompression würde keine Platzersparnis erzielen.
> Eine Zieldatei gleichen Namens existiert bereits.

Beispiele 1. Komprimieren einer Datei

```
$ pack langdatei
$ ls lang*
langdatei.z
```

2. Komprimierung mit Kommentar

```
$ pack -langdatei
pack: langdatei: 27% Compression
from 100 to 73 Bytes
Huffman Tree has 8 levels below root
8 distinct Bytes in input
dictionary overhead   = 9 bytes
effective entropy     = 2.27 bits/byte
asymptotic entropy    = 2.02 bits/byte
```

Huffman ist der Name des Erfinders dieses Codes.

☞ *pcat, unpack*

passwd   password (Paßwort)

Name
passwd [Loginname]
passwd [-l | -d] [-f][-n min] [-x max][-w warn] Loginname
passwd -s [-a]
passwd -s [name]

Jeder Benutzer eines Systems kann mit Hilfe dieses Kommandos sein eigenes Paßwort ändern. Der Vorgang ist dialoggesteuert. Meistens werden Paßwörter per Voreinstellung unter einer Länge von 6 Zeichen nicht angenommen. Hin und wieder gibt es auch die Vorschrift, daß eins der verwendeten Zeichen kein Buchstabe sein darf. Das eingegebene Paßwort wird innerhalb des Systems nicht mehr in der Datei */etc/passwd* abgelegt, sondern in */etc/shadow*, natürlich in verschlüsselter Form. Bei Änderung des Paßworts wird automatisch die mini- und maximale Lebensdauer im System geprüft. Ist ein Wert eingehalten worden, bricht das

Kommando mit einem Fehler ab. Ist die Prüfung der Lebensdauer eines Paßworts nicht eingeschaltet worden, greift das System auf die voreingestellten Werte minweek und maxweek ins */etc/default/passwd* zurück.

Ein neues Paßwort darf nicht gleich dem Login-Namen sein, nicht in umgekehrter Reihenfolge dem alten entsprechen und muß in mindestens 3 Zeichen anders sein.

Der Superuser und User mit gleichen Rechten können Paßwörter beliebiger Anwender löschen, womit das Paßwort nicht mehr existiert, oder ändern, ohne vorher nach dem aktuellen Paßwort gefragt zu werden. Erfolgt das Löschen mit der Opion *-d*, so erscheint keine Paßwortabfrage mehr auf dem Bildschirm. Der andere Weg ist, mit *passwd Loginname* das Wort durch Eingabe von zweimal ⏎ zu eliminieren, wobei die Paßwortabfrage beim Anmelden erscheint und mit ⏎ zu beantworten ist.

Jeder Benutzer kann *passwd* mit der Option *-s* aufrufen, um die Attribute für sein Paßwort angezeigt zu bekommen.

Loginname Status mm/dd/hh min max warn **Anzeigeform**

wobei

Status folgende Werte annehmen kann:

- *PS* für *passworded* (Paßwort vorhanden)
- *LK* für *locked*
- *NP* für *kein Paßwort*
- *mm/dd/hh* für den Zeitpunkt
- *min, max und warn* s. u.

-l	Verriegelt den Paßwort-Eintrag für *Loginname*.		**Optionen**
-d	Löscht das aktuelle Paßwort von *Loginname*. Es erfolgt keine Abfrage des Paßworts mehr.		
-n min	Setzt die Minimalzahl von Tagen, bevor ein Paßwort geändert werden darf. Ist *min* größer als *max*, darf der User sein Paßwort nicht ändern. *n* ist immer in Verbindung mit der Option *x* zu verwenden, außer wenn *max* auf *-1* gesetzt wird, d. h. die Alterskontrolle des Paßworts ist abgeschaltet.		
-x max	Setzt die Maximaldauer der Gültigkeit eines Paßworts, bevor es geändert werden muß. Ist *max -1*, wird keine Dauer geprüft, bei *max* gleich *0* muß der User beim		

passwd

nächsten Login sein Paßwort ändern, eine Dauer ist danach nicht mehr festgelegt (weder *min* noch *max*).

-w warn In *warn* steht die Anzahl der Tage, wann der Anwender vor dem Ablauf der Gültigkeit seines Paßworts eine entsprechende Warnung erhält.

-a Anzeige der Paßwort-Attribute für alle Einträge. Nur in Verbindung mit der Option *-s* gültig. Es muß kein Login-Name angegeben werden.

-f Erzwingt die Änderung des Paßworts beim nächsten Login.

Returnwerte	Bedeutung
0	Befehl erfolgreich ausgeführt
1	Permission denied
2	ungültige Kombination der Parameter
3	Fehler, *passwd*-Datei unverändert
4	Fehler, *passwd*-Datei nicht gefunden
5	*passwd*-File in Benutzung, neu versuchen
6	ungültiges Argument bei einer Option

Beispiel
```
$ passwd
 Changing password for rudolf
Old password:
New password:
Reenter new password:
$
```

Keine der eigenen Angaben ist auf dem Bildschirm zu sehen. Sind alle Eingaben richtig, wird das Programm, wie oben beschrieben, beendet, sonst gibt es eine Fehlermeldung.

Auf Anlagen, deren Betriebssystem neuesten Anforderungen entspricht, ist *passwd* zum Teil nicht mehr so einfach zu bedienen, da es Zeitlimits gibt (☞ Handbücher).

paste — mischen

Name	Optionen	Argumente
paste	[-dstring]	Datei(en)
paste	-s [-dstring]	Datei(en)

Dieses Kommando ermöglicht das Mischen von Zeilen mit gleicher Nummer, zweier verschiedener Files oder das Aneinanderhängen von bestimmten Zeilen innerhalb einer einzigen Datei.

In der ersten Betriebsart werden die Daten aus den Dateien eingelesen, und das Ergebnis wird auf dem Bildschirm ausgegeben, wenn der Ausgabestrom nicht in eine Datei umgelenkt wird. Wenn nicht anders angegeben, wird als Trennzeichen zwischen den Einträgen in einer Zeile ein Tabulatorzeichen eingesetzt.

Die zweite Betriebsart wird durch die Option *-s* eingestellt und fügt jede eingelesene Zeile an das Ende der aktuellen an, so daß eine einzige Zeile entsteht. Auch hier wird per Voreinstellung ein Tabulatorzeichen als Trennzeichen verwendet, und die Ausgabe erfolgt auf dem Bildschirm. Wird im Befehlsaufruf ein Bindestrich »-« an Stelle eines Filenamens verwendet, dann werden die Zeichen von der Tastatur so lange eingelesen, bis die Eingabe mit ⏎ beendet wird. Die Zeichen erscheinen in der Spalte der Ausgabe, in der der Bindestrich beim Kommandoaufruf steht (☞ Beispiel). Die gesamte Sitzung wird mit Strg + D abgeschlossen.

Mit *paste* können Dateien horizontal neu geordnet werden, während *cut* sie vertikal zerlegen kann.

Optionen

-dstring — Hier werden die Zeichen festgelegt, die bei der horizontalen Neuordnung der Zeilen als Trennzeichen statt des voreingestellten Tabulators verwendet werden sollen. Sind mehrere Zeichen in *string* hinterlegt, dann wird das erste als Trennzeichen für die erste Zusammenziehung verwendet, das zweite für die zweite und so weiter. Ist der Vorrat von *string* abgearbeitet, dann wird wieder von vorne begonnen, für den Fall, daß noch weitere Verknüpfungen (Joins) auszuführen sind.

Werden Zeichen angegeben, die in der Shell eine besondere Bedeutung haben, z. B. * oder Leerzeichen, dann müssen diese in Hochkommata stehen, damit sie nicht von der Shell als Sonderzeichen erkannt werden.

Es können Sonderzeichen in der folgenden Art angegeben werden:

» «	Leerzeichen
»*«	*
\n	neue Zeile
\t	Tabulator
\\	Backslash
\0	steht für kein Zeichen. Diese Zeichenfolge hat nicht die Bedeutung wie in C, wo sie einen ASCII-Wert von 0 erzeugt.

–s   Die Zeilen werden nicht parallel gemischt, sondern hintereinander gehängt. Es werden zuerst alle Zeilen der ersten Datei abgearbeitet, danach der Inhalt der nächsten. Das letzte Zeichen der Ausgabe ist immer *Newline*!

–   Kann anstatt eines Dateinamens zum Lesen von Standard Input (Tastatur) benutzt werden. Es erscheint KEIN Prompt.

Ähnliche Dienste, aber mit mehr Möglichkeiten, leisten die Kommandos *join* und *pr*, wobei jedoch teilweise eine andere Ausgabeform erscheint.

Beispiele   Als Grunddateien stehen die folgenden zur Verfügung:

```
$ cat namen1
Bernd
Thomas
Bruno
Alexander

$ cat namen2
Claudia
Astrid
Katharina
Angela

$ cat text1
sonntag
```

```
montag
dienstag
mittwoch
```

1. Mischen der drei Dateien

   ```
   $ paste -d"!" namen1 namen2 text1
   Bernd!Claudia!sonntag
   Thomas!Astrid!montag
   Bruno!Katharina!dienstag
   Alexander!Angela!mittwoch
   ```

   Die jeweils an gleicher Stelle stehenden Felder in den Zeilen der Files werden zu einer Zeile bei der Ausgabe zusammengefaßt und durch das selbst definierte Zeichen *!* in der neuen Zieldatei (hier Bildschirm) getrennt.

2. Mischen von Dateien mit der Tastatureingabe

   ```
   $ paste namen1 namen2 - text1
   ein1
   Bernd Claudia ein1 sonntag
   ein2
   Thomas Astrid ein2 montag
   eingabe
   Bruno Katharina eingabe dienstag
   test
   Alexander Angela test mittwoch
   ```

   Der Eintrag in die gemischte Ausgabe erfolgt in der 3. Spalte, da im Befehlsaufruf der Bindestrich als Zeichen für das Einlesen von der Tastatur als 3. Dateiname angegeben ist. Als Trennzeichen wurde per Defaulteinstellung der jeweils nächste Tabulator verwendet.

3. Aneinanderhängen der Dateiinhalte

   ```
   $ paste -s text1 namen2
   sonntag  montag  dienstag  mittwoch
   sonntag  montag  dienstag  mittwoch
            Claudia Astrid Katharina Angela
   ```

   Die einzelnen Zeilen der Datei werden jeweils hintereinander gehängt, wobei als Anfangspunkt für den Inhalt der folgenden Dateien (nach der ersten) der nächste freie Tabulator benutzt wird. Es wird zuerst der Inhalt der ersten Datei angegeben, dann beginnt das Mischen mit der zweiten Datei, indem zunächst nochmals die erste und dann die zweite Datei ausgegeben wird. Im Falle einer dritten Datei würden wieder die erste und zweite Datei ausgegeben und dann die dritte wie die zweite eingerückt.

4. Paarweises Mischen von Zeilen

```
$ paste -s -d'\t\n' text1
sonntag  montag
dienstag mittwoch
```

Als erstes Trennzeichen wird der nächste freie Tabulator eingesetzt, als zweites wird *Newline* (= neue Zeile) verwendet, danach wieder der Tabulator. Diese Abwechslung in der Darstellung der Trennzeichen bei der Ausgabe des zusammengezogenen Dateiinhalts findet so lange statt, bis keine Zeilen mehr in der Ursprungsdatei gefunden werden.

5. Auflistung des Verzeichnisinhalts in einer Zeile

```
$ ls | paste -d" " -
```

6. Auflistung des Verzeichnisinhalts in vier Spalten

```
$ ls | paste - - - -
```

☞ *cut, join, pr* und UNIX-Dienste wie Standard-I/O, Pipes, Umlenkung

pcat

Name   **Argumente**
pcat   Datei(en)

pcat ermöglicht es, Dateien, die in komprimierter, unlesbarer Form abgelegt sind, zu lesen. Der Name muß mit *.z* enden (Erzeugung mit dem *pack*-Befehl). Der Dateiinhalt wird nur für die Ausgabe mittels *pcat* einmalig expandiert, das Innere bleibt aber komprimiert. Die Datei kann nur mit dem Befehl *unpack* dauerhaft zurückverwandelt werden.

Beispiel   `$ pcat langdatei.z | lp`

Das Ende *.z* kann man weglassen. Im Beispiel wird die expandierte Ausgabe auf den Drucker weitergeleitet.

☞ *pack, unpack*

pg   pager (Seitenformatierer)

Name	Optionen	Argumente
pg	[-Zahl][-p String][-cefnrs] [+Zzahl][+/Muster/]	Datei(en)

Dieser Befehl zeigt den Inhalt einer Datei im Bildschirmseitenformat oder schreibt den Inhalt in eine andere Datei, wenn die Umlenkung (>) benutzt wird (☞ Beschreibung der Shell). Werden auf diese Weise mehrere kleine Dateien in einer großen zusammengefaßt, dann wird über die einzelnen Teile in der neuen Datei jeweils eine Kopfzeile mit dem ursprünglichen Dateinamen gesetzt.

Am Ende jeder Bildschirmseite erscheint der Prompt »:«, nach dem eins der weiter unten beschriebenen Kurzkommandos eingegeben werden kann. Mit einem Aufruf können mehrere Dateien angezogen werden, die nacheinander zu sehen sind. Das Ende einer Datei wird durch die Meldung *EOF* mitgeteilt. Damit die Ausgabe von Zeichen dem Bildschirmtyp angepaßt wird, prüft *pg* bei gesetzter Environment-Variable TERM den entsprechenden Eintrag in dem Definitionsfile im Directory */usr/lib/terminfo*. Dort liegen sämtliche Terminalbeschreibungen. Liegt kein Eintrag vor, dann nimmt das System automatisch den Dumb-Eintrag, der eine Minimalbeschreibung enthält, die von den meisten Terminals verstanden wird.

Der Befehl *pg* kann auch am Ende einer Pipe stehen, wo er lediglich als Filter zur Bildschirmausgabe dient.

`ls -l /etc | pg`   Beispiel

Eine sonst mehr als seitenlange Liste wird über *pg* auf Bildschirmseitenformat unterteilt und nur auf Bestätigung via Tastatur weitergeblättert. Auf Anlagen mit BSD UNIX gibt es einen Befehl mit dem Namen *more*, der ähnliches leistet.

Die Optionen werden beim Aufruf des Befehls mitgegeben, während die Kurzbefehle im *pg*-Programm selbst zur Anwendung kommen.

Optionen

↵	Blättert eine Bildschirmseite weiter.
-c	Vor der Ausgabe einer Bildschirmseite wird jeweils der Bildschirm gelöscht und der Cursor in die linke obere Ecke positioniert.

pg

-e	Die Ausgabe wird nicht am Ende jedes Files unterbrochen, wenn mehrere gezeigt werden sollen.
-f	Zeilen, die länger als die üblichen 80 Zeichen sind, werden nicht umgebrochen.
-n	Nach einem *pg*-Kurzbefehl ist ⏎ zu dessen Beendung mit dieser Option nicht mehr nötig.
-s	Meldungen und Prompt werden im sogenannten »Stand-out«-Modus ausgegeben. In den meisten Fällen ist dies die inverse Darstellung von Zeichen auf dem Bildschirm.
-r	In diesem Restricted Mode ist der Aufruf der Shell aus dem *pg* heraus nicht mehr möglich (4.0). Statt dessen erscheint eine Fehlermeldung.
-Zahl	Ändert die Zahl der Zeilen pro Bildschirmseite auf den angegebenen Wert. *Zahl* darf nur eine Integer-Größe sein. Der voreingestellte Wert für Terminals mit 24zeiliger Darstellung ist 23, die 24. enthält den »:«-Prompt des *pg*.
-p String	Statt des üblichen »:« wird jetzt als Prompt innerhalb des *pg* die Zeichenfolge verwendet, die in *String* angegeben ist. Wird in *String* die Sequenz *%d* verwendet, dann wird an dieser Stelle im Prompt die Nummer der aktuellen Bildschirmseite gezeigt.
+Zzahl	Die Ausgabe soll mit der Zeile beginnen, die in *Zzahl* angegeben ist.
+/Muster/	Die Ausgabe beginnt an der Stelle, wo die Zeichenfolge *Muster* zum ersten Mal in der Datei auftritt.

Befehle Die hier beschriebenen Befehle werden nach dem Prompt »:« von *pg* eingegeben. Was in der folgenden Kommandobeschreibung als *Ziel* bezeichnet wird, ist die Definition, ob zu Seiten vorwärts (+Anzahl) oder rückwärts (–Anzahl) geblättert werden soll oder zu bestimmten Zeilen (+Anzahll, –Anzahll). *Ziel* ist dem Term *+Anzahl, -Anzahl* oder *Anzahl* ohne Vorzeichen gleichzusetzen.

Beispiele

	3	gehe zu Seite 3 der Datei
	12l	gehe zu Zeile 12 der Datei
	+2	zwei Seiten vorwärts blättern
	+2l	zwei Zeilen vorwärts blättern
	-	eine Seite rückwärts blättern

[Ziel]⏎	Die in *Ziel* beschriebene Seite/Zeile wird gezeigt. Ist *Ziel* nicht angegeben, dann wird die nächste Seite des Files aus dem Speicher geholt.
[Ziel]l	Die Anzeige wird um die gewünschte Anzahl von Zeilen vorwärts oder rückwärts verschoben. Ist *Ziel* nicht angegeben, läuft der Bildschirminhalt um eine Zeile weiter. Sonst beginnt die Darstellung mit der bezeichneten Zeile.
[Ziel]d oder [Ziel]^D	Die Zahl in *Ziel* ist in diesem Fall nicht relevant, nur das Vorzeichen »^« entscheidet darüber, ob eine halbe Seite vorwärts oder rückwärts geblättert wird.
h	Zeigt eine Befehlsübersicht von *pg*.
q oder Q	Das *pg*-Programm wird beendet.
Zahl/ Zeichenkette/	In der aktuellen Datei wird nach der *Zeichenkette* gesucht, und zwar vorwärts. *Zahl* gibt an, ab dem wievielten Vorkommen der Zeichenkette der Inhalt des Files auf dem Bildschirm gezeigt werden soll. Der gerade angezeigte Teil der Datei wird dabei nicht mit durchsucht. Die interne Vorbelegung von *Zahl* ist *1* für den Fall, daß dieser Wert nicht angegeben wird.
Zahl? Zeichen-kette? oder Zahl^Zeichen-kette^	Es gilt in umgekehrter Richtung das gleiche wie oben. Es gibt hier zwei Schreibweisen, da nicht alle Terminals die Ersetzungszeichen richtig auswerten.
sDatei	Die eingehenden Zeichen werden in dem bezeichneten File abgelegt. Die Daten können hierbei auch aus einer Pipe stammen. Es wird nur die gerade bearbeitete Datei auf diese Weise gesichert, für folgende muß das Kommando erneut eingegeben werden.
. oder ^L	Der Bildschirm wird mit gleichem Inhalt noch einmal neu aufgebaut. Das ist sinnvoll, wenn mit *h* das Hilfsmenü aufgerufen wurde, das den Inhalt des Bildschirms überschrieben hat, und man nun wieder in der Datei lesen möchte.
$	Es wird vom Ende einer Datei der letzte mögliche Bildschirminhalt gezeigt. Ist die Datei zu kurz, wird auf dem Terminal entsprechend weniger angezeigt. Vorsicht bei Input aus einer Pipe.

	!Befehl	So können UNIX-Kommandos auf der Shell oder der Umgebung, die in der Environment-Variablen SHELL definiert ist, zur Ausführung gebracht werden (*Cshell, Kornshell, rsh*).
	[Strg]+[\] oder [Entf]	Bricht ein gerade laufendes *pg*-Kommando ab und führt zurück zum *pg*-Prompt »:«. Befindet man sich bereits bei der Eingabe dieses Befehls dort, dann wird *pg* beendet.
Befehle bei der Bearbeitung mehrerer Files in einem Aufruf	Zahln	Der Wert von *Zahl* muß eine positive Integerzahl sein; dann wird als nächstes der Inhalt der Datei gezeigt, die im Befehlsaufruf relativ zur aktuellen um die angegebenen Stellen weiter hinten aufgeführt ist (das Kommando selbst trägt die Nummer 0 und ist nicht aufrufbar). Der Defaultwert von *Zahl* ist *1*.
	Zahlp	Analog zum vorangehenden Befehl, nur in rückwärtiger Richtung. Auch hier ist die Vorbelegung *1*.
	Zahlw	Es wird der nächste Bildschirminhalt aus dem File angezeigt. Ist für *Zahl* ein Wert eingegeben worden, dann bestimmt er die Anzahl der Zeilen pro Bildschirmseite.

Beispiele
1. Aufruf mehrerer Dateien

   ```
   $ pg datei1 datei2
   ```

   Zuerst wird der Inhalt von *datei1* ausgegeben, immer die nächste Seite nach jedem Drücken von [↵]. Das Ende der Datei ist durch *EOF* gekennzeichnet. Nach [↵] wird mit der Anzeige von *datei2* begonnen.

2. Zusammenfassen mehrerer Dateien in einer einzigen

   ```
   $pg datei1 datei2 datei3 >neudatei
   ```

   Der Inhalt der drei ersten Dateien wird nacheinander in *neudatei* abgelegt, wobei der Anfang der ehemaligen Files jeweils durch eine Überschriftzeile gekennzeichnet wird.

   Die Überschriften werden von *pg* automatisch generiert.

3. Arbeiten mit mehreren Files in der Kommandoebene des *pg*

   ```
   $pg datei1 datei2 datei3
   : n
   ```

Beginne mit der Bearbeitung der nächsten Datei,
auch wenn die aktuelle noch nicht zuende ist.
: 2p
Beginne mit der Bearbeitung der vorletzten Datei,
vo der aktuellen aus gesehen.
: 23w
Die Ausgabe wird auf 23 Zeilen pro Bildschirmseite begrenzt.

4. Lesen der News im System

   $ news | pg -p »(Seite %d):«

   Die Ausgabe erfolgt jetzt seitenweise mit Angabe der Seitenzahl.

☞ *cat*, , *grep*, *more*, *ed* und UNIX-Dienste wie Standard-I/O, Pipes, Umlenkung

ping

Echoanfrage via ICMP/IP-Protokoll an Netzwerkrechner

Name	**Optionen**	**Argument**
ping	Rechnername	[Wartezeit]
/usr/sbin/ping	[-s][-lrRv]Rechnername [Paketgröße][Paketanzahl]	

Das Kommando *ping* sendet eine Echoanfrage mittels Datagramm *ECHO_REQUEST* des ICMP-Protokolls an einen anderen Rechner im Netzwerk und erwartet ein ICMP *ECHO_RESPONSE* als Antwort. Im Erfolgsfall wird folgende Meldung ausgegeben: <Rechnername> *is alive* (Rechner aktiv). Anderenfalls wird nach Ablauf der <Wartezeit> die Meldung *no answer from* <Rechnername> (Rechner antwortet nicht) ausgegeben. Die Voreinstellung der Wartezeit ist ca. 20 Sekunden.

Das Argument <Rechnername> bei diesem Kommando kann entweder der Name des Zielrechners sein oder seine Internetadresse in Standardform.

Bei Angabe der *-s*-Option im zweiten Falle sendet *ping* ein Datagramm pro Sekunde und gibt, pro empfangener ECHO_RESPONSE-Antwort, eine Ausgabezeile aus. Geht keine Antwort ein, so wird keine Ausgabe erzeugt. Es werden aber Umlaufzeiten und Paketverluststatistiken errechnet, die nach Programmende (SIGINT), Wartezeitüberschreitung oder

Erreichen der Paketanzahl ausgegeben werden. Die Standardgröße eines Datagrammpakets beträgt 64 Bytes, kann aber durch die Option *Paketgröße* verändert werden. Bei Angabe der *Paketanzahl* sendet *ping* auch nur die Anzahl von Anfragen.

Wird *ping* genutzt, um Fehler im Netzwerk zu lokalisieren, so sollte man zuerst den lokalen Rechner mit diesem Kommando testen, um sicherzustellen, daß die eigene Netzwerkschnittstelle richtig funktioniert.

Optionen

-l   Beliebiger Quellenleitweg. Bedingt durch diese Option im IP-Kopf, wird das Paket zu dem angegebenen Rechner und zurück gesendet. Wird zusammen mit der Option *-R* verwendet.

-r   Umgehung der normalen Leitwegtabellen und direktes Senden an einen Rechner, der im Netzwerk angeschlossen ist. Befindet sich der Rechner nicht in einem direkt angeschlossenen Netz, wird ein Fehler zurückgegeben.

-R   Aufzeichnung des Leitwegs. Die IP-Option zum Aufzeichnen wird gesetzt, wodurch der Leitweg des Pakets im IP-Kopf gespeichert wird. Die Aufzeichnung des Leitwegs wird nur ausgegeben, wenn die Optionen *-v* und *-l* angegeben werden.

-v   **Ausführliche Ausgabe aller empfangenen ICMP-Pakete,** die sich von ECHO_RESPONSE unterscheiden.

Beispiel

```
$ /usr/sbin/ping -s mcsk1
 PING mcsk1: 60 data bytes
64 bytes from 130.30.7.99: seq=0. time=0. ms
64 bytes from 130.30.7.99: seq=1. time=0. ms
----mcsk1 PING Statistics----
2 packets transmitted, 2 packets received, 0% packet loss
round-trip (ms) min/avg/max = 0/0/0
```

pr   print (drucken)

Name	Optionen	Argumente
pr	[[-Spzahl][-wWeite] [-a]][-eck][-ick] [-drtfp][+Szahl][-nck] [-ooffset][-lLänge] [-sTrenner][-hKopf][-F]	[Dateiname(n)]
pr	[[-m][-wWeite]][-eck][-ick] [-drtfp][+Szahl][-nck] [-ooffset][-lLänge] [-sTrenner][-hKopf][-F]	[Datei1 Datei2 ...]

Dieser Befehl formatiert den Inhalt der bezeichneten Dateien anhand der gewählten Optionen. Werden keine Optionen mitgegeben, dann erfolgt die Ausgabe in Seiten mit 66 Zeilen, die einen Kopfteil mit zwei Leerzeilen, einer Überschriftenzeile und nochmals zwei Leerzeilen enthalten.

Der eigentliche Textteil ist 56 Zeilen lang, gefolgt von fünf weiteren Leerzeilen. Wird beim Aufruf kein Dateiname mitgegeben, dann werden die Zeichen von der Tastatur zur Verarbeitung eingelesen, bis [Strg]+[D] am Anfang einer Zeile eingegeben wird.

Optionen

+[Szahl] Die Ausgabe beginnt mit der durch *Szahl* bezeichneten Seite. Wird *Szahl* nicht angegeben, ist die Vorbelegung 1.

-[Spzahl] Hier bestimmt der Wert von *Spzahl* die Anzahl der Spalten bei der Ausgabe von *pr*. Dabei wird der Inhalt der Datei, beginnend in der ersten Spalte einer Bildschirmseite, von oben nach unten eingefüllt, bis das Ende des Bildschirms erreicht ist. Dann wird in der nächsten Spalte weitergemacht, bis der Bildschirm voll ist, und es beginnt eine neue Seite. Die Zahl der Spalten pro Seite richtet sich nach dem Wert von *Spzahl* und der Bildschirmbreite (einige können statt der üblichen 80 Zeichen auch 132 in einer Zeile darstellen). In Verbindung mit dieser Option müssen auch *-e* und *-i* verwendet werden. Die Option *-m* darf nicht gleichzeitig benutzt werden.

-a Organisiert die Aufteilung der eingelesenen Zeilen auf die vorhandenen Spalten, und zwar so, daß die erste Zeile in die erste Spalte umgesetzt wird, die zweite Zeile in die zweite Spalte usw., bis alle der mit *Spzahl* eingerichteten Spalten

	voll sind. Dann beginnt die nächste Bildschirmseite. Sie sollte nur in Verbindung mit *Spzahl* angewendet werden.
-d	Die Ausgabe erfolgt mit doppelten Leerstellen.
-e[c][k]	Steuert die Tabulatorsprünge im eingelesenen Datenstrom. Auf diese Weise können Tabulatorzeichen in einem Text durch eine bestimmte Zahl von Leerstellen ersetzt werden, d. h. der Cursor wird zwar an die gleiche Stelle wie vorher bewegt, aber jetzt aufgrund der Leerstellen. *c* muß ein Integerwert sein und *k* ein Character. Wird Zahl weggelassen, dann ist die Voreinstellung für den Beginn der Spalten in einer Zeile *1,9,17,25,33,41,49,57,65,73* usw. Ist ein Wert angegeben, berechnen sich die Tabulatorpositionen nach der Formel *k+1,2*k+1,3*k+1* etc. Handelt es sich bei *c* um einen Buchstaben, dann wird bei dessen Auftreten im Dateneingangsstrom so verfahren, als wäre ein Tabulatorzeichen gefunden worden. *k* kann weggelassen werden.
-f	Ein Form-Feed-Zeichen wird als Beginn einer neuen Seite interpretiert (Default ist eine Reihe von Line Feeds). Hält an, bevor die Ausgabe der ersten Seite erfolgt, wenn die Ausgabe auf einem Terminal erfolgt.
-h Kopf	In der Kopfzeile, die *pr* kreiert, wird statt des eigentlichen Dateinamens der Inhalt von *Kopf* eingetragen; nicht bei den Optionen *-t* oder *-l* (Länge kleiner 10).
-i[c][k]	Macht genau das Umgekehrte wie die *-e*-Option.
-l[Länge]	Setzt die Seitenlänge gemäß dem Inhalt von *Länge* fest. Die Voreinstellung ist 66 Zeilen pro Seite. Ist die Zeilenzahl so gewählt, daß Kopf- und Fußteil nicht mehr komplett ausgegeben werden können, werden sie bei der Ausgabe unterdrückt.
-m	Mischt die genannten Dateien in nebeneinanderstehenden Spalten, und zwar so, daß immer die Zeilen mit der gleichen Nummer aus allen Files in der Bildschirmausgabe in der gleichen Zeile stehen. Jede eingelesene Datei belegt in der gemischten Ausgabe eine eigene Spalte. Maximale Zahl der zu mischenden Dateien ist 8.
-n[c][k]	Die Ausgabe erfolgt in numerierten Zeilen, mit der Regel: *c* gibt an, wie viele Stellen die Numerierung haben soll, die Vorbelegung ist 5. Der Inhalt von *k* ist in diesem Fall keine Zahl und wird benutzt, um die Zeilennumerierung vom Text zu trennen.

Ist *c* nicht gesetzt, dann wird der Tabulator für diesen Zweck verwendet. Die erste *k+1*-Position jeder Spalte in der Ausgabe ist für die Numerierung reserviert, außer wenn die Option *-m* verwendet wurde, dann wird jede Zeile nur einmal am Anfang numeriert.

-o[offset]   Legt fest, um wie viele Zeichen die Zeilen bei der Ausgabe vom linken Rand entfernt sein sollen. Der Defaultwert ist 0.

-p   Bei der Ausgabe auf einem Terminal wird vor der Anzeige der nächsten Bildschirmseite jeweils eine Bestätigung via Tastatur durch Drücken von ⏎ erwartet.

-r   Unterdrückt Meldungen über Files, die nicht geöffnet werden konnten.

-s[Trenner]   Statt einer bestimmten Zahl von Leerzeichen werden die Spalten der Ausgabe lediglich durch den einzelnen Character, der in *Trenner* steht, getrennt, d. h. die starre Spaltenteilung mit festen Anfangspunkten geht verloren. Die Spalten sind auf Anhieb nicht mehr zu erkennen. Als Vorbelegung ist der Tabulatorsprung eingesetzt.

-F   Umbrechen der Zeilen der Eingabedatei auf 80 Zeilen oder weniger bei mehrspaltiger Darstellung.

-t   Der übliche fünfzeilige Kopfteil sowie der Fußteil werden unterdrückt. Dafür entfällt auch das Auffüllen der letzten Seite mit Leerzeilen bis zum Ende des voreingestellten Formats.

Beispiele

1. Formatierung mit *pr*

   ```
   $ pr test
   folgender Aufbau:
   (2 Leerzeilen)
   Jan 23 15:45 1988 test Page 1
   (2 Leerzeilen)
   Dies ist ein Test des Printbefehls...
   (56 Zeilen mit dem Dateiinhalt)
   (5 Leerzeilen)
   ```

2. Ausgabe einer mit *pr* formatierten Datei auf den Drucker

   Hier dienen die ausgegebenen Daten des Befehls dem nachfolgenden *lp* als Eingabedaten.

   ```
   $ pr test | lp
   ```

In diesem Beispiel wird zuerst die Formatierung der Datei *test* wie oben beschrieben vorgenommen und anschließend an den eigentlichen Druckbefehl *lp* weitergegeben.

3. Mischen von Dateien mit *pr*

   Will man z. B. die Dateien *name*, *datum* und *anzahl*, die einen dem Namen entsprechenden Inhalt haben sollen, spaltenweise mischen, dann macht man das mit

   ```
   $ pr -m name datum anzahl
   Jan   23  16:30  1988  Page 1
   Kramer          12.07.87           205
   Salfner         23.01.88            15
   Schäfer         12.10.87           370
   Janssen         06.01.88            95
   ```

   Dabei wird simultan aus jeder Datei eine Zeile gelesen und in einer bestimmten Spalte der Gesamtausgabe eingetragen.

   In der ersten Spalte der Ausgabe erscheinen die Namen, in der zweiten die Daten und in der dritten die Anzahl. Der Name der Dateien wird in der von *pr* erzeugten Überschriftenzeile jetzt nicht mehr angegeben.

4. Ausgabe von *Datei1* und *Datei2* als dreispaltige Anzeige mit verdoppelten Leerstellen und dem Kopf *Dateiliste*

   ```
   $ pr -3dh »Dateiliste« Datei1 Datei2
   ```

5. Gleichzeitige Ausgabe von *Datei1* und *Datei2* als zweispaltiges Listing ohne Kopf und Fuß mit Zeilennumerierung

   ```
   $ pr -t -n Datei1 | pr -t -m -n Datei2 -
   ```

 Geht dDer Standard-Output auf ein Special File */dev/tty**, dann werden andere Ausgaben dorthin so lange verzögert, bis *pr* fertig ist. So wird z. B. die Vermischung des Ausgabestroms mit Fehlermeldungen vermieden.

☞ *cat*, *more*, *pg*, *join*, *paste* und UNIX-Dienste wie Standard-I/O, Pipes, Umlenkung und Filter

ps

process status (Zustand protokollieren)

Name
ps

Optionen
[Option(en)]

ps steht für process status. Da UNIX ein Multi-User- und Multi-Tasking-Betriebssystem ist, werden normalerweise auch verschiedene Programme (Tasks) gleichzeitig ausgeführt und bedient. Jede dieser Tasks bezeichnet man als einen »aktiven Prozeß«. Um hier den Überblick zu behalten, weist das Betriebssystem jedem Prozeß eine Prozeßidentifikationsnummer, kurz PID genannt, zu. Das *ps*-Kommando erstattet Bericht über diese Prozesse. Ohne Angabe einer Option berichtet *ps* nur über die Prozesse, die mit dem eigenen Bildschirm verknüpft sind. In der Bildschirmausgabe werden die PID, die Portnummer (an der das Terminal angeschlossen ist), die kumulativ verbrauchte Zeit und der Kommandoname angezeigt.

Optionen

- -e   Informationsausgabe über alle Prozesse, auch jener, die nicht unmittelbar mit dem eigenen Bildschirm verknüpft sind, bzw. nicht dem Aufrufer des Befehls gehören.

- -d   Informationsausgabe aller Prozesse, mit Ausnahme aller »process group leaders«. (☞ Beschreibung *Prozesse* weiter unten.)

- -a   Informationsausgabe aller Prozesse, mit Ausnahme aller »process group leaders« (☞ Beschreibung *Prozesse* weiter unten) und jener, die nicht unmittelbar mit dem eigenen Bildschirm verknüpft sind.

- -j   Ausgabe der Session-ID und der Prozeßgruppen-ID.

- -f   Erzeugt eine detaillierte (full) Prozeßliste. (☞ Formatbeschreibung der Liste weiter hinten.)

- -l   Erzeugt eine erweiterte detaillierte (long) Liste. (☞ Formatbeschreibung der Liste weiter hinten.)

- -t termlist   Beschränkt die Ausgabe auf die Prozesse, die an den in *termlist* genannten Ports laufen. Der Inhalt der *termlist* kann z. B. so aussehen: *tty12* oder *co*. Beginnt ein Name mit *tty*, so braucht nur die Nummer dahinter angegeben zu werden, in diesem Beispiel die *12*, *ps -t12* wäre die richtige Syntax.

- -p proclist   Beschränkt die Ausgabe auf die Prozesse, deren PIDs in *proclist* aufgeführt sind.

-u uidlist	Beschränkt die Ausgabe auf die Prozesse, deren UIDs (Benutzeridentifikationsnummern) oder Login-Namen in *uidlist* aufgeführt sind.
-g grplist	Beschränkt die Ausgabe auf die Prozesse, deren »process group leaders« (als PIDs) in *grplist* aufgeführt sind.
-s sesslist	Ausgabe sämtlicher Informationen zu allen Session Leaders, deren Namen in *sesslist* stehen (4.0).

Prozesse

Alle Prozesse werden durch eine Prozeßidentifikation (PID) im Gesamtsystem gekennzeichnet. Einige Prozesse starten wiederum andere Prozesse, wie z. B. das *init*-Systemprogramm, das jedem Benutzer nach dem Einloggen eine Shell (*sh*) zur Verfügung stellt (sofern dieses in */etc/inittab* so definiert ist). In einem solchen Falle wird der initiierende Prozeß *parent*- oder Eltern-Prozeß genannt, während der andere als *child*- oder Kind-Prozeß bezeichnet wird. Somit produzieren die meisten Kommandos, die über die Tastatur eingegeben werden, einen »Kindprozeß«, wobei die Shell als Initiator der »Elternprozeß« ist.

Das System faßt einige Prozesse in Gruppen zusammen, wie z. B. die *login Shell* und alle jene Prozesse, die daraus hervorgehen. Die Eltern (parent) dieser Gruppe, in diesem Falle die Shell, werden dann als *process group leader* bezeichnet.

Formatbeschreibung der Tabellen

Die Ausgabetabelle des *ps*-Kommandos, ohne Angabe einer Option, gibt folgende Spalten als Überschrift aus:

PID TTY TIME COMMAND

PID	Ist, wie bereits erwähnt, die Prozeßidentifikationsnummer.
TTY	Ist der Bildschirmport, von dem aus der Prozeß erzeugt wurde.
TIME	Ist die kumulativ verbrauchte Zeit in Minuten und Sekunden eines Prozesses.
COMMAND	Ist schlechthin der Name des Kommandos.

Eine umfangreichere Tabelle wird durch die Option *-f* erzeugt, deren Überschrift aus folgenden Spalten besteht:

UID PID PPID C STIME TTY TIME COMMAND

UID	Ist der »login«-Name des Prozeßeigentümers (User identifikation).
PPID	Ist die PID des Parent- bzw. des Elternprozesses.

C   Aufstellung der Prozessorausnutzung; nicht bei der Option
         -c.

STIME   Ist die Startzeit des Kommandos in Stunden, Minuten und
         Sekunden.

Der Rest dieser Überschrift hat die gleiche Bedeutung wie schon weiter oben beschrieben.

Nun zur Beschreibung der Überschrift der detaillierten Tabelle, wie sie von der Option -l ausgegeben wird:

F S UID PID PPID C PRI NI ADDR SZ WCHAN

gefolgt von TTY TIME CMD, wie schon beschrieben.

F   Steht für *Flag* und zeigt die möglichen Prozeßzustände an:

00	Prozeß beendet, Prozeßtabelleneintrag jetzt wieder frei
01	Systemprozeß, immer im Primary Memory
02	Parent-Prozeß ist steuernder Prozeß
04	Parent-Prozeß hat den aktuellen gestoppt, ist im Memory und wartet z. B. auf Ein-, bzw. Ausgaben
08	Prozeß befindet sich gerade im Primary Mode
10	Prozeß befindet sich gerade im Primary Mode und ist im Zustand locked, bis ihn ein entsprechendes Ereignis beendet
20	Herleitung von einem anderen Prozeß

S   Repräsentiert den Status wie folgt:

O	Prozeß läuft auf dem Prozessor
R	lauffähiger Prozeß i.d. Warteschlange
S	ruhender Prozeß, wartet auf Endeereignis
T	durch Signal des Parent beendeter Prozeß
Z	Zombie-Status: gestoppter Prozeß, Parent-Prozeß wartet nicht mehr

ps

I	intermediate, Prozeß wird erzeugt
X	SXBRK-Status, Prozeß wartet auf mehr Speicher

UID   Ist die Benutzer-Identifikationsnummer des Prozeßeigentümers.

PRI   Ist ein Prioritätswert, je kleiner die Zahl, je höher die Priorität. Nicht in Verbindung mit der Option -c.

NI   Mit Hilfe des *NI*-Wertes wird die Priorität berechnet (☞ *nice*-Befehl). Nicht mit Option -c.

ADDR   Ist die Memory-Adresse eines Prozesses.

SZ   Anzahl benutzter Memory-Blöcke eines Prozesses.

WCHAN   Ist die Memory-Adresse, auf der ein Prozeß verharrt bzw. ruht, bis ein bestimmtes Ereignis den Prozeß wieder aktiviert. Wenn *WCHAN* nur ein Leerzeichen enthält, ist der Prozeß aktiv.

Beispiele

1. Ansehen der eigenen Prozesse.

```
$ ps
PID     TTY     TIME        COMMAND
34      02      0:07        sh
281     02      0:04        ps
```

Hier gibt es nur zwei Prozesse, nämlich die »login Shell« *sh* und das *ps*-Kommando selber.

2. Eine umfangreichere Liste sieht so aus:

```
$ ps -f
UID   PID   PPID   C    STIME      TTY   TIME    COMMAND
tom   36    1      0    12:55:11   02    0:06    -sh
greg  285   36     85   14:37:06   02    0:05    ps -f
```

Hier sieht man, daß *sh* der Eltern-Prozeß vom Prozeß *ps* ist.

3. Liste sämtlicher Prozesse

```
$ ps -e
PID         TTY         TIME        COMMAND
0           ?           105:22      swapper
1           ?           0:01        init
```

```
33       co       0:04       sh
34       02       0:05       sh
20       ?        0:03       update
25       ?        0:00       lpsched
29       ?        0:01       cron
36       03       0:01       getty
37       04       0:01       getty
273      02       0:47       vi
288      co       0:06       ps
```

In diesem Beispiel ist *co* die Konsole. Die Prozesse, die mit einem *?* gekennzeichnet sind, gehören zu keinem Bildschirm (sind also von keinem Benutzer gestartet worden, sondern meist beim Booten des Systems automatisch angelaufen).

Man muß sich darüber im klaren sein, daß das *ps*-Kommando immer nur eine Augenblickaufnahme der Prozeßereignisse ist, da die Prozesse ja kontinuierlich weiterlaufen.

☞   *kill, nice, sh* und UNIX-Dienste wie Prozesse

pwd

Print working directory
(gib das aktuelle Verzeichnis aus)

Name
pwd

Zeigt den Pfad zum aktuellen Directory im System an. *pwd* kann in Scripts verwendet werden, um eine Startposition innerhalb des Dateisystems, z. B. in einer Variablen, zu hinterlegen (directory=‛pwd‛).

Man sollte während der Arbeit im Filesystem häufig prüfen, wo man sich wirklich befindet, damit nicht versehentlich Dateien im falschen Directory gesucht oder gelöscht werden.

```
$ pwd
/usr/spool/lp/model
```
Beispiel

☞   *cd*

rcp

remote copy (entfernt kopieren)

Name	Optionen	Argumente
rcp	[-p]	Datei1 Datei2
rcp	[-pr]	Datei(en) Directory

Das *rcp*-Kommando kopiert Dateien zwischen Rechnern. Jedes Datei- oder Directory-Argument ist entweder der Name einer Datei am entfernten Rechner (remote host) in der Form:

hostname: pfad

oder eine lokale Datei (enthält der Dateiname ein »:«, so muß ein »/« vorangestellt werden). Wird der Dateiname nicht als ganzer Pfad angegeben, so wird er relativ zum eigenen Homedirectory von *hostname* (remote host) interpretiert. Der Pfad für den entfernten Rechner muß geklammert werden (gültig sind \, « oder '), damit die Metazeichen auf dem entfernten Rechner richtig interpretiert werden können. Es werden keine Passwörter von *rcp* verlangt. Der gegenwärtig lokale Benutzername muß auf dem entfernten Rechner existieren, und die Kommandoausführung von *rsh* (remote shell) muß erlaubt sein. Zu beachten ist, daß man mit *rcp* zwischen zwei entfernten Rechnern Dateien kopieren kann, ohne diese auf dem lokalen Rechner zwischenzuspeichern, und zwar in folgender Form:

Benutzername @hostname: Datei

Das *rcp*-Kommando unterstützt auch »Internet domain addressing« für einen entferntgelegenen Rechner wie folgt:

Benutzername @host. Gebiet:Datei

Also, Beschreibung eines Benutzernamens, den Rechnernamen und das Gebiet (Land), in dem der Rechner zu finden ist. Wird der Dateiname nicht mit vollem Pfadnamen angegeben, so wird er relativ zum Homedirectory des Benutzers *Benutzername* auf dem entfernten Rechner interpretiert.

Der Zielrechner kann auch in der Form *hostname.Benutzername:Datei* angegeben werden, um Zielrechner zu unterstützen, auf denen noch eine ältere Version des *rcp*-Kommandos läuft.

Optionen -p Versucht, jeder Kopie die gleiche Modifikationszeit, Zugriffszeit und Modi der Orginaldatei zu geben.

-r Werden mehrere Dateien angegeben oder eventuell ein Directory, so muß der Zielort ein Directory sein.

rcp entdeckt nicht alle Fälle, in denen das Ziel einer Kopie vielleicht eine Datei war, obwohl nur die Angabe eines Directories legal gewesen wäre.

Will man vom eigenen Rechner aus Kopien zwischen zwei entfernten Rechnern tätigen, so muß man hierfür die Berechtigung zur Kommandoausführung der anderen Rechner haben.

rlogin   remote login (entfernt einloggen)

Name	Optionen	Argumente
rlogin	[-8] [-ex] [-l Benutzername]	Rechnername

Mit dem *rlogin*-Kommando kann man sich vom eigenen Terminal aus in einen anderen namentlich bekannten Rechner einloggen.

Die Rechnernamen sind in der Datei */etc/hosts* eingetragen. Jeder Rechner hat einen offiziellen Namen und optional einen oder mehrere Spitznamen. Im entfernten Rechner (remote host) kann man in der Datei */etc/hosts.eqiv* eine Liste aller vertrauten Rechnernamen hinterlegen. Das hat den Vorteil, daß alle Benutzer mit gleichen Benutzernamen auf dem lokalen und dem entfernten Rechner beim Ausführen des *rlogin*-Kommandos nicht nach ihrem Passwort gefragt werden. Jeder einzelne Benutzer hat aber auch die Möglichkeit, sich eine eigene entsprechende Liste in seinem Homedirectory mit Namen *.rhosts* anzulegen.

Diese Datei beinhaltet dann in jeder Zeile einen Rechnernamen und den Benutzernamen, die durch ein Leerzeichen getrennt sein müssen. Ein solcher Eintrag in der *.rhosts*-Datei bewirkt, daß dieser Benutzer mit Namen *Benutzername*, der auf dem Rechner *Rechnername* eingeloggt ist, ebenfalls ein *rlogin* absetzen kann, ohne nach einem Passwort gefragt zu werden. Will man sich remote einloggen und ist im Zielrechner nicht bekannt, weder Rechnername in */etc/hosts.eqiv* oder Rechnername und Benutzername in irgendeiner *.rhosts*-Datei eines Benutzers, so wird ein Passwort angefragt.

Optionen

-8   Transferiert Acht-Bit über das Netz anstatt Sieben-Bit.

-ex   Spezifizierung eines anderen Escape-Zeichens, x, um die Verbindung zu beenden.

-lBenutzername   Benutzt den Namen *Benutzername* zum einloggen in den Remote-Rechner. Wird diese Option ausgelassen, so wird der eigene lokale Benutzername für das Remote-Einloggen genommen.

rm   remove (entfernen)

Name	Optionen	Argumente
rm	[-f][-i]	Datei(en)
rm -r [-f][-i]	Directory(ies)	[Datei(en)]

Dieser Befehl löscht den Eintrag eines oder mehrerer Files aus einem Verzeichnis. War einer der Namen der letzte Link auf eine Datei (☞ *ln*), dann ist der Inhalt unwiderruflich verloren. Voraussetzung für das Löschen von Dateien ist die Schreibberechtigung des Users für das Directory, in dem sie stehen. Die Permissions der Files selber spielen keine Rolle. Liegt keine Schreibberechtigung vor, dann gibt das System den Namen auf dem Bildschirm aus, gefolgt von der Einstellung der Permissions im Oktalcode, einem Fragezeichen und einem Doppelpunkt. Danach liest die Shell von Standard Input (Tastatur) die nächsten eingegebenen Zeichen bis zum ⏎ . Beginnt die Eingabe mit *y* (der Reset ist beliebig), dann wird der Löschbefehl ausgeführt.

Optionen   -f   Alle Dateien werden unabhängig von der Einstellung ihrer Permissions gelöscht. Es erfolgt keine Systemanfrage (s. o.). In einem schreibgeschützten Verzeichnis werden jedoch keine Dateien gelöscht.

-r   Ohne diese Option werden keine Directories gelöscht. Ist sie jedoch angegeben, dann bewirkt sie rekursives Löschen eines Directoryinhalts und anschließend des Directories selbst. Bei schreibgeschützten Dateien jedoch fragt das System nach, ob wirklich gelöscht werden soll. *-f* schaltet diese Abfrage aus. Ein schreibgeschütztes, nicht leeres Verzeichnis kann *rm* nicht löschen, auch nicht, wenn *-f* gesetzt ist. Stößt *rm* auf symbolische Links, werden sie mit dieser Option nicht aufgehoben.

-i   (Interactive) Vor jedem Löschen eines Files erfolgt die Anforderung eines *y* (yes) zur Bestätigung. In Verbindung mit *-r* erfolgt eine entsprechende Anfrage für jedes Verzeichnis.

Verwenden Sie die möglichen Ersetzungszeichen nur mit größter Vorsicht !! $ rm -r * führt zum totalen Datenverlust im aktuellen Verzeichnis und allen darunterliegenden Ästen.

☞ *ln, rmdir, chmod*

rmail restricted mail (eingeschränkter Maildienst)

Name	Optionen	Argumente
rmail	[-t]	Username(n)
rmail	[-ostw]	Username(n)

Die erste Form wird von Release UNIX System V 2.0, die zweite von V 3.0 benutzt. *rmail* (restricted mail) steht für eingeschränkten Postdienst.

Das *rmail*-Kommando ist eine abgespeckte Form des /bin/mail-Programms. Bei *rmail* wurde lediglich der Zweig zum Lesen und Bearbeiten der Post weggelassen.

-o   Unterdrückt die Adressen-Optimierungs-Einrichtung. (3.0)   **Optionen**

-s   Es wird keine neue Leerzeile am Anfang der gesendeten Information eingefügt. (3.0)

-t   Der Nachricht wird am Anfang eine Liste (Verteiler) aller Empfänger hinzugefügt.

-w   Übergibt die Nachricht an einen anderen Systemdienst, der sie zu einem User auf einem entfernten Rechner weiterleitet. *Rmail* wartet nicht auf die eigentliche Ausführung des Systemdienstes, sondern bearbeitet schon die nächsten Aufgaben. (3.0)

☞ *mail*, alle Befehle, die mit *uu* anfangen

rmdir remove directory (Verzeichnis entfernen)

Name	Optionen	Argumente
rmdir	[-p][-s]	Directory(ies)

Löscht das angegebene Directory, das leer sein muß. Leer heißt, es dürfen auch keine Dateien dort stehen, deren Name mit einem ».« beginnt, z. B. *.login* oder *.cshrc*, und die deshalb bei einem normalen Listing nicht erscheinen (sog. Hidden Files, ☞ *ls*).

Meldet das System, daß ein Verzeichnis nicht leer ist, kann ersatzweise der Befehl *rm -r* verwendet werden, der ein Directory und seine Files löscht.

Dieser Befehl ist jedoch nur nach genauer Prüfung zu verwenden!

Optionen

-p   Löscht die angegebenen Directories einschließlich Parent Directories (..), wenn diese leer sind. Es erscheint eine Liste der gelöschten Verzeichnisse.(3.0)

-s   Die Ausgabe der Namen der gelöschten Directories wird unterdrückt.(3.0)

Beispiele

1. Löschen eines leeren Verzeichnisses

   $ ls -a /home/rb/altdir

   Das Directory ist leer, es kann also gelöscht werden.

   $ rmdir /home/rb/altdir

2. Löschen eines nicht leeren Directories

   $ rm /home/rb/altdir/*

   oder

   $ rm -r /home/rb/altdir

   Dies würde das Verzeichnis jedoch mit löschen.

   Zuerst werden alle Dateien dort gelöscht, dann das Verzeichnis selbst.

   $ rmdir /home/rb/altdir

   Der * bezeichnet in diesem Fall alle Dateien außer denen, die mit einem ».« beginnen.

☞   *rm*

rsh   restricted shell (eingeschränkte Shell)

Name
rsh

rsh steht für restricted shell = eingeschränkte, restriktive Shell. Die eingeschränkte Shell verhält sich rein äußerlich betrachtet genauso wie die reguläre Shell. Sie ist jedoch so abgespeckt, daß einige wesentliche Funktionen nicht mehr ausführbar sind:

- kein Verlassen des Directories (*cd*)
- kein Ändern der Shell-Variablen PATH
- keine Ausgabeumleitung (und >)
- keine Nutzung von Kommandos, die einen »/« beinhalten

Diese Einschränkungen werden erst wirksam, wenn nach dem »login« das .PROFILE durchlaufen wird.

Auf Berkley UNIX Systemen gibt es ein *rsh*-Kommando, das für Remote Shell im Netzwerkbetrieb steht.

Beispiel

```
$ cat .profile
PATH=/usr/rbin:$HOME/bin
export PATH
SHELL=/bin/rsh
export SHELL
cd /usr/restrikt/restdir
$ ls /usr/rbin
cat
echo
red
rmail
write

$ ls /usr/restrikt/bin
adventure
backgammon
schach
```

So sieht hier die eingeschränkte Umgebung für den Benutzer restrikt aus. Er kann nur die Kommandos ausführen, die in seinen beiden Directories

/usr/rbin und /usr/restrikt/bin zu finden sind. Somit ist es ihm auch nicht
möglich, sein ihm zugewiesenes Directory /usr/restrikt/restdir mit dem
Kommando cd zu verlassen.

Die Kommandos in /usr/rbin sind einfache Kopien (oder Links) aus den
Directories /bin und /usr/bin.

Es ist darauf zu achten, daß der eingeschränkte Anwender, hier der
Benutzer *restrikt*, nicht der Besitzer der Datei *.profile* in seinem Homedirectory ist, und die Zugriffsrechte es ihm verbieten, die Datei *.profile* zu
ändern. Andernfalls sind alle Bemühungen um Restriktionen sinnlos.

☞   *sh, rsh*

ruptime   Statusanzeige der lokalen Rechner

Name   **Optionen**
ruptime   [-alrtu]

ruptime gibt eine Statuszeile für jeden Rechner im lokalen Netzwerk aus.
Diese Information wird über einen internen Systemdienst der einzelnen
Rechner im Netzwerk einmal in der Minute gesammelt.

Rechner, für die keine Statusinformation innerhalb von 5 Minuten empfangen wurde, werden als ausgeschaltet betrachtet.

Normalerweise ist das Listing nach Rechnernamen sortiert, kann aber
durch Auswahl verschiedener Optionen verändert werden.

Optionen   -a   Zählt auch die Benutzer, die über eine Stunde oder mehr
                      nicht mehr mit dem Rechner korrespondiert haben.

               -l   Anzeige sortiert nach durchschnittlicher Last.

               -r   Umkehrung der Sortierreihenfolge.

               -t   Anzeige sortiert nach Laufzeit.

               -u   Anzeige sortiert nach Anzahl der Benutzer.

Beispiel
```
$ ruptime -a
Demo up 14+20:58, 3 users, load 0.00, 0.00, 0.00
deltabox down 35+01:35
hkm up 6+02:58, 2 users, load 0.00, 0.00, 0.00
```

rwho

Wer ist in den lokalen Rechnern eingeloggt?

Name
rwho

Optionen
[-a]

Das *rwho*-Kommando erzeugt eine ähnlichen Augabe wie *who*, jedoch für alle Rechner eines lokalen Netzwerkes. Meldet sich ein Rechner innerhalb von 5 Minuten nicht, geht *rwho* davon aus, daß dieser Rechner abgeschaltet ist, und meldet somit die zuletzt bekannten eingeloggten Benutzer dieses Rechners nicht.

Hat ein Benutzer innerhalb einer Minute oder mehr nicht mit dem Rechner korrespondiert, so wird diese Zeit (idle time) von *rwho* angezeigt. Korrespondiert ein Benutzer innerhalb einer Stunde oder mehr nicht mit dem Rechner, so wird er in der Ausgabeliste von *rwho* ausgelassen, es sei denn, die *-a*-Option wurde selektiert.

Ausgabeliste von *rwho*

Beispiel

```
$ rwho -a
koech   hkm:ttyp6   Aug 18 13:23  1:20
root    Demo:console Aug 18 17:20   :45
root    Demo:ttyp1  Aug  5 09:14 99:59
root    Demo:ttyp5  Aug 19 13:14   :45
rw      hkm:ttyp1   Aug 19 11:32   :18
```

script

Script – Mitschreiben

Name
script [-a]

Optionen
[Datei]

script schreibt alle Eingaben an einem Terminal (auch die dort erscheinenden Ausgaben, z. B. Prompt), sobald es gestartet wurde, in eine Datei mit. Entweder wird das Protokoll in die angegebene Datei geschrieben, mit der Option *-a* an eine genannte Datei angehängt oder per default in der Datei *typescript* abgelegt.

Bei Eingabe der Sequenz [Strg]+[D] beendet *script* seine Arbeit.

sed   stream editor (Durchlaufeditor)

Name	Optionen	Argumente
sed	[-n][-e Script][-f Scriptdatei]	[Datei(en)]

sed ist ein streamorientierter Editor, d. h. er liest zeilenweise Daten aus Files oder von Standard Input (Tastatur) und führt für jede Zeile die angegebenen Änderungen durch. Das Ergebnis der Bearbeitung wird nach Standard Output (Bildschirm) oder in eine Datei geschrieben (mittels Umlenkung). Die Editieranweisungen können über die Tastatur eingegeben oder aus einer Datei (Option *-f*) gelesen werden oder beides (Optionen *-f* und *-e*). Die Editieranweisungen sind ähnlich denen, die auch der *ed* verwendet. Normalerweise beinhaltet ein Befehl eine Adresse, einen Adreßbereich (Zeilennummern) oder einen String, anhand dessen die Stellen, die zu verändern sind, im Quelltext identifiziert werden. Bei allen Aktionen bleiben die Originaldateien unverändert.

Optionen

-n   Die Ausgabe nach Standard Output erfolgt nicht. Mit Hilfe des internen *sed*-Kommandos *p* können jedoch bestimmte Zeilen protokolliert werden.

-e Script   Die Kommandozeilen werden als Script angegeben. Gibt es nur eine Kommandodatei, die benutzt werden soll, und die Option *-f* wird nicht zusätzlich zu *-e* aufgerufen, dann kann auch *-e* entfallen. Oft ist es sinnvoll, Script in Hochkommata zu verstecken, damit die Shell nicht die Eingaben der Kommandozeilen verwechselt. *-e* kann in Verbindung mit mehreren Kommandozeilen Scripts verwendet werden (☞ Beispiel 4). Die Einbindung erfolgt so, daß auf jede Textzeile zunächst die Editieranweisungen des ersten Scripts angewendet werden, danach auf die editierten Zeilen das zweite Script und so weiter.

-f Scriptdatei   Die Editieranweisungen werden der Scriptdatei entnommen. Es können hier auch mehrere Scriptdateien angegeben werden. Die Editieranweisungen werden dann in der Reihenfolge ausgeführt, wie die Scriptdateien aufgelistet sind (☞ Beispiel 4).

Ein *Script* ist eine Folge von Ausgabebefehlen, von denen jeweils einer pro Zeile eingetragen wird. Der Unterschied zwischen Kommandozeilen-Script (oder einfach Script) und Scriptdatei liegt darin, daß erstere sofort beim Aufruf von *sed* angegeben werden müssen, da sie nicht gespeichert sind. Im

Gegensatz dazu liegen Kommandos in *Scriptdatei* und können beliebig abgerufen werden. Bei der Ausführung von *sed* wird jeweils eine Zeile des Eingabetextes in einen Puffer geladen, und anschließend werden alle Editieranweisungen, die in dieser Zeile eine Stelle finden, an der sie etwas ändern sollen, darauf angewendet. Es wird jeweils eine Anweisung sofort ausgeführt, bevor die nächste ausgewertet wird. Das hat zur Folge, daß Zeilen, die laut Original verändert werden müßten, nach Ausführung einer Editieranweisung bereits so verändert sind, daß sie vom nachfolgenden Änderungsbefehl nicht mehr erkannt werden. Nach Ausführung aller Änderungen wird die Zeile aus dem Puffer nach Standard Output gegeben.

Dieser Kreislauf wird im Falle mehrerer Scripts in der Form verändert, daß nicht nur alle Editieranweisungen des ersten Scripts auf die aktuelle Zeile im Puffer angewendet werden, sondern die Einträge aller Scripts. Danach erfolgt die Ausgabe auf Standard Output. Während dieses Kreislaufs können gezielt Änderungsstände in andere Puffer (mit Hilfe von h, H und x) ausgelagert werden, bevor mit der Anwendung weiterer Editierkommandos fortgefahren wird.

Editieranweisungen

Die *sed*-Befehle bestehen im allgemeinen aus einer Adresse und dem auszuführenden Kommando. Aufgrund der Adresse werden die Zeilen ausgewählt und die Editieranweisung auf sie angewendet. Hierbei gilt auch wieder die Aussage, daß die Adressen auf den Pufferinhalt bezogen werden, d. h, wenn dieser bereits von einem vorhergehenden Editierkommando so verändert wurde, daß das nachfolgende die angegebene Adreßstruktur nicht mehr erkennt, dann wird die gewünschte Änderung nicht ausgeführt.

Es gibt vier Formen für die Adressen:

- keine Adresse
- numerische Adresse (Dezimalzahl)
- spezielle Adresse ($)
- Kontextadresse (/regulärer Ausdruck/)

Gibt es keine Adresse innerhalb einer Befehlszeile, dann werden die Editieranweisungen auf alle eingelesenen Zeilen im Puffer angewendet.

Eine dezimale Adresse innerhalb einer Editieranweisung wird als Nummer der eingelesenen Zeile verstanden. Wird aus mehr als einer Datei gelesen, so sind die Zeilen aller Dateien fortlaufend numeriert! Sämtliche Änderungen (auch Löschen von ganzen Teilen) haben keinen Einfluß auf die Numerierung der Zeilen, da diese sich am Original orientiert und nicht an der Ausgabe. Die spezielle Adresse *$* steht für die letzte Zeile von Standard Input. Bei mehreren Quelldateien ist die insgesamt zuletzt eingelesene Zeile gemeint.

Eine Kontextadresse besteht aus einem regulären Ausdruck, umgeben von zwei /. /*offen*/ steht für den String »offen« an beliebiger Stelle in einer Quellzeile. Wird eine solche Zeile gefunden, dann werden die angegebenen Editieranweisungen auf sie angewendet. Für den Fall, daß nach einem / gesucht werden soll, kann die Kontextadresse mit anderen Begrenzungszeichen aufgebaut werden. \! am Anfang einer Adresse würde zunächst ! als neuen Delimiter definieren, der dann den String einschließt.

Beispiel `\!/etc/inittab!`

! schließt jetzt, nach vorheriger Definition, den Suchbegriff */etc/inittab* ein. Es gilt auch hier die Shell-Regel, daß \ die Sonderbedeutung eines nachfolgenden Zeichens aufhebt, dies würde jedoch zu umständlichen Konstruktionen wie /\/etc\/inittab/ führen.

Die Sequenz \n dient zur Erkennung von Newline-Zeichen, die innerhalb eines Pufferinhalts stehen. Hiermit sind allerdings nicht die Zeilenende-Zeichen gemeint, die bereits beim Einlesen der Quellzeile den Schluß markieren, sondern die, die aufgrund von Editieranweisungen während der Bearbeitung hinzugefügt werden. Ein Punkt steht für ein beliebiges Zeichen innerhalb des Puffers, außer dem Zeilenende-Zeichen aus der Quellzeile.

Es können mehrere Adressen von einem Kommando verwendet werden, die durch ein Komma getrennt sein müssen. Sie stellen die Grenzen eines Bereichs dar, auf den die Editieranweisung angewendet werden soll. Liegt jedoch die zweite Adresse (z. B. aufgrund verschiedener Adreßtypen) vor der ersten, dann wird lediglich eine einzige Zeile bearbeitet, nämlich die, die in der ersten Adresse beschrieben wird.

Sollen Editieranweisungen auf Stellen angewendet werden, die von den Adressen genau nicht getroffen werden, dann geschieht dies mit Hilfe von ! (s. u. Negierung).

Editier-kommandos

Es gibt einen wesentlichen Unterschied zwischen den Kommandos innerhalb des *sed*. Die einen (*s* und *G*) verändern den Pufferinhalt und damit auch die Ausgabe. Andere (*a* und *c*) geben neuen Text aus, lassen den Puffer aber unverändert. Dieser Unterschied kann innerhalb einer Folge von Editieranweisungen interessant sein. Zwei Befehle (*b und t*) erlauben es, zu bestimmten Stellen zu springen, die mit dem Befehl :

geschaffen wurden. Gibt man bei einem *r*- oder *w*-Befehl einen Dateinamen an, dann muß er als letzter in einer Kommandozeile stehen und mittels Blank vom vorhergehenden Teil abgesetzt sein. Bereits vor der Ausführung eines Kommandos wird jeweils die Ausgabedatei angelegt. Es ist nicht zulässig, mehr als zehn unterschiedliche Ausgabedateien anzugeben.

Die Kommandos haben unterschiedliche Möglichkeiten bei der Verarbeitung mehrerer Adressen. Einige können keine Adresse verwalten, andere keine oder eine und die letzte Gruppe keine, eine oder einen Bereich, der durch zwei Adressen begrenzt wird. Die für jede Funktion maximal mögliche Anzahl von Adressen ist vorweg in Klammern angegeben. Diese Zahl ist bei der Anwendung des Befehls nicht mit anzugeben. Da die Angabe optional ist, steht sie in Klammern, z. B. [1Adr].

Das Argument *Text* kann aus einer oder mehreren Zeilen bestehen, die bis auf die letzte mit einem \ abgeschlossen werden. \ wird wie ein \ innerhalb einer Zeichenkette des *s*-Befehls verstanden, d. h., es wird benutzt, damit Blanks und Tabulatorzeichen am Anfang einer Zeile nicht verlorengehen. Diese werden in *Scriptdatei* sonst automatisch vom Zeilenanfang entfernt.

[1Adr]a\ text	Die Sequenz *text* erscheint in der Ausgabe, bevor die nächste Zeile der Quelldatei zur Bearbeitung eingelesen wird. Nachfolgende Editierkommandos haben keinen Einfluß auf *text*, aber auf den Inhalt des Puffers.
[2Adr]b Marke	Es erfolgt ein Sprung (branch) an die Stelle, an der der Befehl :, gefolgt von *Marke* steht. *Marke* darf aus bis zu 8 Zeichen bestehen. Fehlt die Angabe *Marke*, dann ist das Ende von *Script* gemeint.
[2Adr]c\ text	Löscht den Puffer. Gibt es keine oder eine Adresse, dann wird sofort oder dort, wo die Adresse wirkt, Text in die Ausgabe gebracht. Liegen zwei Adressen vor, erfolgt die Ausgabe nach der zweiten Adresse. Danach beginnt ein neuer Durchlauf.
[2Adr]d	Löscht den Puffer und beginnt den nächsten Durchlauf.
[2Adr]D	Löscht den Puffer vom Anfang bis zum ersten \n (Zeilenende-Zeichen) und startet den nächsten Durchlauf. Der Unterschied zu *d* liegt nur in der Bearbeitung von \n Zeichen, die während der Bear-

	beitung im Pufferinhalt zusätzlich zu den ursprünglichen eingefügt wurden (☞ N-Befehl).
[2Adr]g	Ersetzt den Inhalt des Puffers durch den Inhalt des zusätzlichen Puffers (☞ *h* und *H*).
[2Adr]G	Hängt den Inhalt des Zusatzspeichers an den des Puffers an (☞ *h* und *H*).
[2Adr]h	Überschreibt den Inhalt des Zusatzspeichers mit dem des Puffers.
[2Adr]H	Hängt den Inhalt des Puffers an den aktuellen des Zusatzspeichers an.
[1Adr]i\ text	Fügt *text* in den Standard Output ein, und zwar vor dem Inhalt des Puffers, falls dieser auch ausgegeben wird.
[2Adr]l	Der aktuelle Pufferinhalt wird nach Standard Output gegeben. Nicht darstellbare Zeichen erscheinen als zweistelliger ASCII-Code. Zeilen, die über die darstellbare Länge hinausgehen, werden auf zwei oder mehr Zeilen verteilt.
[2Adr]n	Übergibt den Inhalt des Puffers nach Standard Output und ersetzt ihn durch die nächste eingelesene Quellzeile.
[2Adr]N	Fügt die nächste eingelesene Zeile einschließlich Zeilenende-Zeichen an den aktuellen Pufferinhalt an. Die aktuelle Zeilennummer wird hochgezählt. Durch das Zeilenende-Zeichen sind alter Pufferinhalt und hinzugefügter neuer Teil getrennt.
[2Adr]p	Der Inhalt des Puffers wird nach Standard Output kopiert (print).
[2Adr]P	Der Inhalt des Puffers bis zum ersten nachträglich eingefügten Zeilenende-Zeichen wird nach Standard Output kopiert.
[1Adr]q	Verzweigung an das Ende aller noch anstehenden Befehle, ohne einen neuen Durchlauf zu starten (neue Zeilen einzulesen).
[2Adr]r Datei	Die komplette angegebene *Datei* wird nach Standard Output geschickt, bevor eine neue Zeile eingelesen wird. Zwischen *r* und *Datei* muß genau ein Blank stehen, und *Datei* muß als letzter Eintrag in der Zeile stehen.

[2Adr]s/reg. Ausdruck /Zeichenkette/ [Optionen]	Der reguläre *Ausdruck* wird im Puffer durch die angegebene *Zeichenkette* ersetzt. Für dieses Kommando existiert ein Flag, das die Art der Ersetzung beeinflußt:

n	Ersetzt den angegebenen regulären Ausdruck n Mal (n=1 bis 512).
g	Ersetzt den angegebenen regulären Ausdruck global im ganzen Text.
p	Ausgabe des Pufferinhalts, wenn eine Ersetzung erfolgte.
w Datei	Nach durchgeführter Substitution wird der Pufferinhalt an die genannte Datei angehängt.

[2Adr]t Marke	Sprung zu dem Befehl : mit dem Argument *Marke*, wenn nach dem letzten Lesen der Eingabezeile oder der letzten Ausführung eines *t*-Befehls eine Ersetzung erfolgt ist. *Marke* darf aus bis zu 8 Zeichen bestehen. Wird *Marke* weggelassen, erfolgt der Sprung zum Ende der Editieranweisungen. Dieser Befehl bietet die Möglichkeit, ein Script zu schreiben, dessen Ausführungen genau vom vorkommenden Text abhängig gemacht werden können.
[2Adr]w Datei	Der Inhalt des Puffers wird an die genannte Datei angehängt. Zwischen *w* und *Datei* muß genau ein Blank stehen, und *Datei* muß der letzte Eintrag in der Komandozeile sein. Bis zu zehn Aufrufe mit *w* sind innerhalb eines Editierscripts erlaubt.
[2Adr]x	Tauscht die Inhalte von Puffer und Zusatzspeicher aus (exchange).
[2Adr]y/Zeichenkette1/ Zeichenkette2/	Alle in der Eingabe vorkommenden Zeichen vom Typ *Zeichenkette1* werden durch die entsprechenden aus *Zeichenkette2* ersetzt. Die beiden Zeichenketten müssen gleich lang sein. Eine Anweisung *y/salz/hund* führt dazu, daß jedes *s* durch ein *h*, jedes *a* durch ein *u* ersetzt wird, usw.
[2Adr]! Befehl	Negation der Auswertung aufgrund der Adresse: Alle Zeilen, die nicht durch *Adresse* erfaßt werden, fallen

unter die Änderung, der Rest bleibt unverändert. Es können mehrere Befehle zusammen angegeben werden, wenn sie alle innerhalb von zwei geschweiften Klammern { } stehen. Das ! muß zwischen der Adresse und dem Befehl stehen.

[0Adr]: Marke So wird lediglich eine Sprungmarke definiert, die für die Befehle *b* und *t* gedacht ist. Es wird nichts geändert.

[1]= Die aktuelle Zeilennummer wird in einer eigenen Zeile in Standard Output angezeigt.

[2Adr] {Befehle} Wird ein Pufferinhalt aufgrund der Adresse ausgewählt, dann werden alle Kommandos innerhalb von { } darauf angewendet. Vorschrift ist, daß jedes Kommando in einer eigenen Zeile steht, dies gilt auch für die schließende Klammer }. Beispiel für einen Eintrag:

```
/adresse/{p
s/adresse/Adresse/g
}
```

Wird *adresse* gefunden, erscheint der aktuelle Inhalt des Puffers in Standard Output, *adresse* wird durch *Adresse* im gesamten Puffer ersetzt, und alle Ersetzungen werden an Standard Output übergeben.

[0] Ein Befehl ohne Inhalt wird ignoriert.

[0Adr]# Taucht innerhalb von *Scriptdatei* (s. o.) an erster Stelle einer Zeile ein # auf, dann wird die Zeile als Kommentar gewertet. Steht hinter # ein *n*, wird die Ausgabe auf Standard Output unterdrückt. *Scriptdatei* muß mindestens eine Zeile enthalten, die keine Kommentarzeile ist.

Beispiele

1. Ersetzen einer Zeichenkette durch eine andere

```
$ sed s/haus/Haus/g hausbau
$ sed s/haus/Haus/g hausbau > neudatei
```

Im ersten Fall wird in der Datei *hausbau* jeder Eintrag *haus* durch *Haus* ersetzt, und das Ergebnis wird auf dem Bildschirm ausgegeben. Im zweiten Fall wird das Ergebnis in *neudatei* abgelegt.

2. Betrieb im Kommandozeilen-Modus

   ```
   $ sed 's/haus/Haus/g
   > s/strasse/Strasse/g
   > 15q' hausbau
   ```

   Innerhalb der " werden mehrere Ersetzungsanweisungen festgelegt, die alle auf dieselbe Datei (*hausbau*) angewendet werden. Der Eintrag *15q* bedeutet, daß die Bearbeitung der Datei *hausbau* nach den ersten 15 Zeilen beendet wird. Das Zeichen ist der Prompt der Shell, wenn die Kommandos über die Länge einer Zeile hinausgehen. Unter Verwendung der Option *-e* kann obiges Kommando auch anders aufgebaut sein:

   ```
   $ sed -e s/haus/Haus/g -e s/strasse/Strasse/g
   hausbau
   ```

3. Lesen aus einer Scriptdatei

   ```
   $ sed -f editierbef hausbau
   ```

   Die Einträge in *editierbef* werden eingelesen und auf *hausbau* angewendet. In *editierbef* könnte z. B. stehen:

   ```
   s/haus/Haus/g
   s/strasse/Strasse/g
   15q
   ```

4. Mischen von direkten Kommandozeilen und Scripts

   ```
   $ sed -f editierbef -e s/haus/Haus/g -e s
   strasse/Strasse/g
   hausbau > neubau
   ```

   Zuerst werden die Kommandos aus *editierbef* auf den Puffer angewendet und anschließend die mit *-e* definierten Befehle. Steht zuerst der *-e*-Bereich im Befehlsaufruf, dann wird er zuerst auf den Puffer angewendet und danach die *-f*-Kommandos aus *editierbef*.

☞ *ed, vi*

sleep schlafen

Name **Argument**
sleep Zeit

Das Argument *Zeit* wird hier als Angabe in Sekunden bewertet. Das *sleep*-Kommando verzögert die Ausführung beliebiger Aktionen, um die im Argument *Zeit* angegebenen Sekunden. Dieses Kommando wird häufig genutzt, um Kommandos verzögert auszuführen oder in einer Schleife, die zeitlich verzögert durchlaufen wird, eine Task periodisch zu starten.

Beispiele
1. Verzögerte Ausführung eines Kommandos

   ```
   $ (sleep 1800; echo  Es ist Zeit zu gehen) &
   ```

   Die Klammerung bewirkt eine Zusammenfassung beider Kommandos, und das &-Zeichen veranlaßt, daß alles im Hintergrund ausgeführt wird, um so den Bildschirm für andere Dinge frei zu haben. Das *sleep*-Kommando veranlaßt das System, 1800 Sekunden zu warten, bevor das *echo*-Kommando die angegebene Nachricht ausführt.

2. Periodisch verzögerte Ausführung eines Kommandos.

   ```
   while true
   do
   date
   echo Die Zeit verstreicht, also gib Gas
   sleep 600
   done &
   ```

   Durch die *while*-Schleife wird diese geistreiche und gehaltvolle Nachricht alle 10 Minuten erneut ausgegeben.

 Die Zeitangabe muß kleiner als 2.147.483.647 Sekunden sein (es dürfte nicht allzu schwierig sein, diese Regel einzuhalten).

☞ *sh, true, false*

sort   sortieren

Name	Optionen	Parameter
sort	[-cmu][-oZiel][-ykmem] [-zrescz][-dfiMnr] [-btx][+pos1[-pos2222]]	[Datei(en)]

sort dient zum Umstrukturieren von Dateien. *sort* ordnet die Zeilen aller angeführten Dateien entsprechend der Wahl der Optionen und gibt das Ergebnis auf dem Bildschirm (Standard Out) aus. Ist kein Dateiname angegeben, sondern –, werden alle Zeichen von Standard In (der Tastatur) gelesen. Vergleiche werden aufgrund von Optionen ausgeführt und auf jede eingelesene Zeile angewendet. Die Voreinstellung veranlaßt eine Sortierung der eingelesenen Zeilen in alphabetischer Reihenfolge.

Die Ausgabe kann in eine Datei erfolgen (Redirection) oder in eine Pipe, wo sie als Eingabe des folgenden Befehls benutzt wird.

Geordnet werden kann nach verschiedenen Kriterien, z. B. numerischen, reversen, alphabetischen, ganzen Zeilen oder bestimmten Teilen innerhalb von Zeilen.

Optionen, die die Art des Sortierens einstellen

-c   (check) Prüft, ob die eingelesene Datei entsprechend den eingestellten Optionen sortiert wurde. Die Ausgabe erfolgt erst, wenn die Arbeit von *sort* erfolgreich ausgeführt wurde. Wird ein Fehler festgestellt, unterdrückt das System die Ausgabe, und es erscheint eine Fehlermeldung.

-m   *Sort* soll die angegebenen Dateien nur mischen, sortiert sind sie bereits.

-u   Beinhalten mehrere Zeilen den gleichen Sortierschlüssel, dann wird lediglich eine davon aufgelistet, alle anderen unterdrückt.

-o Ziel   Die Ausgabe erfolgt in die Datei *Ziel* statt auf Standard Out. Ziel darf auch eine der Dateien sein, aus denen eingelesen wurde. Zwischen der Option und *Ziel* dürfen Blanks stehen.

-ykmem   Die Leistung von *sort* hängt wesentlich davon ab, wieviel Platz im Hauptspeicher ihm zur Nutzung reserviert ist. Allerdings ist das Sortieren einer kleinen Datei in einem großen Hauptspeicherbereich Verschwendung, weshalb sich die Angabe eines kleinen Bereichs zur Reservierung für *sort* empfiehlt. Die Angabe einer Größe in Kilobyte hat zur Folge, daß *sort* zunächst mit der vorgegebenen Größe zu arbeiten beginnt, so lange, bis es an die untere oder obere Grenze stößt. Dann werden die vom System vorgegebenen Werte automatisch übernommen.

-y0   Bedeutet, daß auf jeden Fall mit minimalem Hauptspeicherplatz gearbeitet wird.

-y   Ohne eine Zahl -*y* führt zur Wahl des maximal möglichen Platzes.

-zrescz   Die Größe der längsten gelesenen Zeile wird während des Sortierens festgestellt, so daß in einem evtl. nachfolgenden *merger* entsprechend passender Speicher reseviert werden kann. Wird dieser Dienst nicht in Anspruch genommen, bricht *sort* die Arbeit sofort ab, wenn eine Zeile zur Bearbeitung auftaucht, die länger als der reservierte Default-Buffer ist.

Optionen, die die Default-Sortierung verändern

-d   Signifikante Zeichen zum Sortieren sind nur noch Buchstaben, Zahlen und Blanks (Leerstellen und Tabs).

-f   Alle Buchstaben werden einheitlich als Großbuchstaben ausgewertet. Abc, ABC und abc werden gleich als ABC bewertet.

-i   Alle Zeichen außerhalb des darstellbaren ASCII-Definitionsbereiches (in der Tabelle die Positionen 46-176) werden ignoriert.

-M   Die ersten drei Buchstaben (ohne Blanks dazwischen) jedes Feldes werden als Großbuchstaben bewertet, um eine Sortierung nach Monatsnamen durchzuführen. »March« wird umgeformt in den auszuwertenden Teil MAR, die eigentliche Information bleibt jedoch für die Ausgabe erhalten. In der Reihenfolge kommt JAN (Januar) zuerst, DEC (December) zuletzt. -*M* schließt die Option -*b* ein (s. u.).

-n   Startet eine numerische Sortierung. Die Zahlen müssen an der ersten Stelle der zu vergleichenden Felder stehen. Die niedrigsten Werte kommen in der Auflistung zuerst. So kommt z. B. 2457 vor 7, da nur die erste Stelle bewertet wird. Ein numerisches Feld kann aus Minuszeichen, 0 oder mehr Zahlen (auch mit Dezimalpunkten) bestehen. -*n* beinhaltet die Option -*b* (s. u.).

-r   Umkehrung der Reihenfolge der angegebenen Sortierkriterien.

Solange Optionen, die Sortierkriterien einschalten, vor einschränkenden Sortierspezifikationen (die als nächste beschrieben werden) im Kommandoaufruf stehen, werden sie auf alle diese nachfolgenden Spezifikationen angewendet.

Werden Sortierkriterien einem bestimmten Sortierschlüssel (Spezifikation) zugeordnet, dann gelten diese Sortierkriterien, auch wenn global andere Einstellungen vorhanden sind, für diesen Sortierschlüssel.

Ein normaler Sortiervorgang (Defaulteinstellung) liest immer ganze Zeilen aus den zu sortierenden Dateien ein, vergleicht jeweils den ersten Buchstaben und benutzt diesen als Sortierkriterium. Sind mehrere Zeilen mit gleichem erstem Buchstaben vorhanden, dann wird jeweils der zweite verglichen, wenn auch diese gleich sind, die jeweils dritten usw., bis eine Unterscheidung und damit eine Sortierung möglich ist.

Bei einer eingeschränkten Sortierung wird jede eingelesene Zeile in Felder unterteilt, wobei per Defaulteinstellung eine Leerstelle oder ein Tabulator als Trennzeichen gewertet werden.

Die Zeile *Dies dient nur zur Übung* besteht demzufolge aus fünf Feldern, die durch Blanks begrenzt werden. Stehen mehrere Leerstellen zwischen zwei Einträgen innerhalb einer Zeile, dann wird das erste Blank als Trennzeichen gewertet und alle folgenden dem nächsten Feld zugeordnet. Es steht eine Möglichkeit zur Verfügung, zu definieren, welche Felder zum Sortieren benutzt werden sollen.

+Pos1
[-Pos2]   Definiert, an welcher Position in einer Zeile die Zeichenkette, die zum Sortieren ausgewertet werden soll, steht. *+Pos1* definiert den Beginn der Zeichenkette, *-Pos2* das Ende. Fehlt *-Pos2*, dann wird automatisch das Zeilenende statt dessen eingesetzt. Die Positionsbeschreibung kann aus bis zu 2 Zahlen bestehen, die durch Punkt getrennt sind. Die erste Zahl gibt an, wie viele Felder übersprungen werden sollen, die Zahl nach dem Punkt, wie viele Zeichen im nächsten Feld, bevor das Kriterium angewendet wird. *+1.4* bedeutet, das erste Wort soll ganz übersprungen werden und im zweiten Wort die ersten vier Zeichen. D. h.: ausgewertet wird jeweils das 5. Zeichen des 2. Wortes einer eingelesenen Zeile. Sollen nur ganze Felder nicht bewertet werden, dann ist die Angabe einer Zahl hinter dem Punkt nicht nötig. Analog besagt *-5.3* daß die Bewertung für die Sortierung bis zum 3. Buchstaben des 6. Wortes einschließlich gelten soll (das 5. Wort wird komplett einbezogen).

sort

Zwei Optionen gehören zu den eingeschränkten Spezifikationen.	-tZeichen	Als Trennzeichen zwischen den Feldern einer Zeile soll nur das angegebene Zeichen gewertet werden (nicht Blanks).
	-b	Führende Blanks werden so unterdrückt, wenn Start- und Endposition bestimmt werden.

sort erwartet, daß alle Zeilen einer Datei, auch die letzte, mit Newline abgeschlossen sind.

Beispiele

1. alphabetisches Sortieren

   ```
   $ cat namen2
   Claudia
   Astrid
   Katharina
   Angela

   $ sort namen2
   Angela
   Astrid
   Claudia
   Katharina
   ```

2. Sortieren nach unterschiedlichen Kriterien im Falle von Gleichheit des 1. gewählten Feldes.

   ```
   $ sort +2 -3 +5 -6 datei
   ```

   Diese Suche hat folgenden Sinn: Zunächst werden die eingelesenen Zeilen aufgrund des Feldes 3 (überspringe die beiden ersten Felder und gehe zum Ende von Feld 3) sortiert. Werden Zeilen festgestellt, die sich eindeutig im Inhalt des Feldes 3 unterscheiden, dann wird der nächste im Befehl angegebene Bereich zur Sortierung benutzt, nämlich Feld 6 (überspringe die ersten fünf Felder und gehe zum Ende von Feld 6).

3. Sortieren in umgekehrter Reihenfolge und Ausgabe in eine Datei, Sortierkriterium ist das erste Zeichen des zweiten Feldes.

   ```
   $ sort -r -o zieldatei +1.0 -1.2 quelle_1 quelle_2
   ```

4. Drucke die Datei */etc/passwd* sortiert nach IDs, wobei : als Trennzeichen (für das dritte Feld) ausgewertet wird.

```
$ sort -t: +2 -3 /etc/passwd
```

5. Kontrolle, ob eine Datei bereits sortiert ist.

```
$ sort -c datei
```

☞ *uniq, join, comm* und UNIX-Dienste wie Standard-I/O, Pipes, Umlenkung

spell   Rechtschreibung

Name	Optionen	Argumente
spell	[-vbx +sp_datei]	[Datei(en)]

Das *spell*-Kommando vergleicht alle Wörter der angegebenen Datei(en) mit einem internen Wörterbuch. Alle eventuell gefundenen orthographischen Fehler werden dann auf dem Bildschirm aufgelistet. Wird kein Dateiname angegeben, liest *spell* von Standard Input, sprich von der Tastatur.

Optionen

-v   Auflisten aller Wortabweichungen, wenn möglich, mit plausiblen Herleitungen, z. B. durch Anzeigen der Vor- und Nachsilben eines vorhandenen Stammwortes.

-b   (British Spelling) Es wird nur die Rechtschreibung von englischen Texten geprüft.

-x   Mit der Option *-x* werden alle plausiblen Stammwörter aufgelistet und zwar mit einem Gleichheitszeichen (=) vor jedem Wort.

+sp_datei   Diese Option bietet die Möglichkeit, das interne Wörterbuch zu ergänzen, z. B. um Personennamen oder Fachausdrücke, die über den üblichen Wortschatz hinausgehen. Diese müssen dann in der *sp_datei* alphabetisch sortiert, ein Wort pro Zeile, zu finden sein.

Bis jetzt funktioniert dies leider nur für englische Texte!

split teilen

Name	Optionen	Argumente
split	[-n]	[Datei [ziel]]

Dieser Befehl zerlegt die angegebene Datei in kleinere, gleichgroße Stücke. Ist kein Dateiname im Kommando aufgeführt (oder durch »-« ersetzt), werden die Zeichen von Standard Input gelesen. Mit der Option *-n* können Blöcke von n Zeilen festgelegt werden, die in jeweils eine Teildatei geschrieben werden sollen. Ist *ziel* definiert, dann beginnen alle Namen der Teildateien mit *ziel*: *zielaa*, *zielab*, *zielac* usw. Die Namen sind sonst laut Voreinstellung von der Form *xaa*, *xab* bis *xaz*. Soll das Original lediglich in beliebige ungleiche Stücke zerteilt werden, kann *csplit* benutzt werden.

Option -n Die Originaldatei wird in Stücke von n Zeilen zerlegt.

Beispiel

```
$ split -12 /etc/ttytype tt
```

Die Datei */etc/ttytype* wird in Stücke zu je 12 Zeilen zerlegt, die alle Namen der Form *ttaa*, *ttab*, *tac* usw. tragen.

☞ *bfs, csplit*

strings Zeichenketten

Name	Optionen	Argumente
strings	[-a][-o][-n Zahl oder -Zahl]	[Datei]

Dieser Befehl sucht nach ASCII-Zeichenketten in Binärfiles. Eine Suchsequenz besteht aus vier oder mehr druckbaren ASCII-Zeichen und endet mit Newline oder dem NUL-Zeichen.

Option

-a Überall in der angegebenen Datei wird nach der Zeichenkette gesucht. Ist *-a* nicht angegeben, sucht der Befehl nur im initialisierten Datenteil von Objektdateien.

-o Setzt jedem gefundenen String seinen Offset innerhalb der untersuchten Datei voran.

-n Zahl Setzt die minimale Länge der Suchsequenz auf *Zahl* statt der voreingestellten *4*.

☞ *od*

stty set terminal type (Terminaltyp einstellen)

Name	Optionen	Argumente
stty	[-a][-g]	[Parameter]
		[Portname]

Es gibt weltweit die verschiedensten Terminaltypen von Exoten bis zu standardähnlichen, die alle an ein UNIX-System angeschlossen werden und den Rahmen ihrer Möglichkeiten ausschöpfen sollen. Mit *stty* kann man sowohl die aktuelle Einstellung eines Ports, an dem ein bestimmtes Terminal angeschlossen ist, prüfen als auch die Einstellung dieser Schnittstelle vornehmen. *stty* ist das Gegenstück zu den sogenannten Setup-Menus, mit denen die (intelligenteren) Terminals selbst eingestellt werden können. Teilweise widersprechen sich die Parameter in ihrer Funktion, d. h. man sollte sie nicht gleichzeitig in einem *stty*-Aufruf verwenden. Es bleibt allerdings dem Anwender überlassen, solche Fehler zu vermeiden, da vom System aus alle denkbaren Kombinationen ohne Prüfung zugelassen werden.

Optionen

-a Gibt alle aktuell gesetzten Parameter aus.

-g Es wird eine Liste der eingestellten Parameter der aktuellen Schnittstelle in einer bestimmten Form erzeugt, die dann zur Einstellung eines anderen Ports verwendet werden kann.

Terminal Flags

Die hier behandelten Paramter lassen sich in sechs Gruppen aufteilen, die alle für bestimmte Anwendungsbereiche vorgesehen sind.

1. Kontrollmodus

Name	Bedeutung
parenb (-parenb)	Schaltet die Paritätsgenerierung und -prüfung ein (aus). Ist eine Paritätsprüfung eingestellt, wird jedem übertragenen Byte ein zusätzliches Bit mitgegeben, das reine Kontrollfunktion hat und keine Nutzdaten enthält (☞ Paritätsprüfung).
parext (-parext)	Schaltet die erweiterte Paritätsgenerierung für markierte und leere Parität (4.0) ein (aus).
parodd (-parodd)	Auswahl der ungeraden (-geraden) Parität für die Fehlerprüfung.

cs5 cs6 cs7 cs8	Hiermit wird die gewünschte Anzahl der Bits pro übertragenem Zeichen eingestellt. 5, 6, 7 und 8 stellen die Anzahl ein. In dieser Einstellung ist das Paritätsbit nicht berücksichtigt, d. h. es wird zusätzlich übertragen.
0	Die aktuelle Verbindung soll sofort beendet werden.
110 300 600 1200 1800 2400 4800 9600 19200 38400	Die Verbindung zum Terminal wird auf eine bestimmte Baudrate eingestellt. Diese muß am Terminal auch eingestellt sein, sonst werden nur Hieroglyphen oder gar nichts auf dem Bildschirm erscheinen. Zu beachten ist, daß nicht alle Schnittstellen unbedingt jede Geschwindigkeit unterstützen.
ispeed 0 110 300 600 1200 1800 2400 4800 9600 19200 38400	Setzt die Eingangsübertragungsgeschwindigkeit der Schnittstelle auf die angegebene Baudrate (nicht alle werden von jeder Schnittstelle unterstützt). Ist die Eingangsbaudrate auf 0 gesetzt, gilt der aktuelle Wert als Ausgangsbaudrate (*ospeed*).
ospeed 0 110 300 600 1200 1800 2400 4800 9600 19200 38400	Setzt die Ausgangsübertragungsgeschwindigkeit der Schnittstelle auf die angegebene Baudrate (nicht alle werden von jeder Schnittstelle unterstützt). Ist die Ausgangsbaudrate auf 0 gesetzt, wird die Verbindung sofort beendet.
hupcl (-hupcl)	Die Verbindung wird beendet (nicht beendet), sobald der letzte Prozeß, der die Leitung benutzt, abgearbeitet ist.
hup (-hup)	Wie *hupcl* (*-hupcl*).
cstopb (-cstopb)	Beim Senden werden pro Zeichen zwei (ein) Stopbit(s) mitgeschickt. Terminals verwenden normalerweise immer ein Stopbit bei der Übertragung.
cread (-cread)	Der Empfänger wird aktiviert (deaktiviert). Wird der Empfänger deaktiviert, kann er keine Zeichen empfangen, bis er wieder aktiviert wird.
clocal (-clocal)	Ist das Peripheriegerät direkt, d. h. ohne Modems (mit Modems) mit der seriellen Schnittstelle verbunden, dann sollte dieses Flag (nicht) gesetzt werden.
loblk (-loblk)	Die Ausgabe von allen anderen Shells als der aktuellen (*shl*) auf diesen Port wird (nicht) unterdrückt.

Hierunter versteht man die Einstellung des Bearbeitungsmodus für Zeichen, die auf der Tastatur eingegeben werden. Das System behandelt die von dort eingehenden Zeichen gemäß Einstellung der Schnittstelle.

Eingabe Betriebsarten

Bis auf zwei Ausnahmen fangen sie deshalb alle mit *i* wie *Input* an.

ignbrk (-ignbrk)	Wenn die Break-Taste gedrückt wird, ignoriert das System die normale Abbruchbedeutung dieses Signals (nicht). Es wird nicht weitergegeben (weitergegeben).
brkint (-brkint)	Nach dem Betätigen der Break-Taste wird ein (kein) Interrupt-Signal gesendet. Das Flag *ignbrk* sollte in diesem Fall nicht gesetzt sein.
ignpar (-ignpar)	Falls Zeichen mit Paritätsfehler erkannt werden, wirft das System diese (nicht) weg.
parmrk (-parmrk)	Zeichen mit Paritätsfehler werden (nicht) gekennzeichnet in Form eines Prefixes, das aus zwei Zeichen besteht.
inpck (-inpck)	Die Paritätsprüfung bei der Eingabe wird aktiviert (deaktiviert).
istrip (-istrip)	Die eingehenden Zeichen ohne Paritätsfehler werden (nicht) auf 7 Bit gekürzt, d. h. der Inhalt des 8. Bits wird nicht beachtet. Das 8. Bit wird nur beim Einsatz von Nicht-ASCII-Zeichensätzen benötigt. Mit der Version 3.0 des UNIX-System V werden allerdings die nationalen Zeichensätze unterstützt, was eine grundsätzliche Erweiterung auf 8 Bits bei der Übertragung von Zeichen nötig macht.
inlcr (-inlcr)	Eingehende Newline-Zeichen werden (nicht) in [CR] umgewandelt.
igncr (-igncr)	Bei den eingehenden Zeichen werden alle [CR] (im ASCII-Format) ignoriert (nicht ignoriert).
icrnl (-icrnl)	Eingehende ASCII-[CR] werden (nicht) in Newline umgewandelt.
iuclc (-iuclc)	Die eingehenden Großbuchstaben werden (nicht) in Kleinbuchstaben umgewandelt.
ixon (-ixon)	Dem Benutzer wird eine (keine) Möglichkeit eingeräumt, die Bildschirmausgabe anzuhalten ([Strg]+[S]) und weiterlaufen zu lassen ([Strg]+[Q]). Die beim Anschluß von seriellen Peri-

	ixany (-ixany)	pheriegeräten übliche (automatische) XON/XOFF-Steuerung kann so von Hand erzeugt werden.
		Alle (nur bestimmte) Eingabezeichen führen zum Weiterlaufen der Bildschirmausgabe, nicht nur (Strg + Q) (☞ *ixon*).
	ixoff (-ixoff)	Die Möglichkeit der Stop-/ Startkontrolle wird eingeschaltet (abgeschaltet). Ein Stopzeichen erzeugt das System, wenn der Eingangspuffer fast voll ist, ein Startzeichen, wenn er fast leer ist.
	imaxbel (-imaxbel)	Die Tastaturklingel ertönt (nicht), wenn die Eingabezeile zu lang ist.
Ausgabe Betriebsarten	opost (-opost)	Eine Nachbearbeitung ausgehender Zeichen wird (nicht) gemäß der angegebenen Ausgabemodi (weitere o...-Einträge) bearbeitet, wie es in der Liste der Ausgabe-Flags eingestellt wird.
	olcuc (-olcuc)	Bei der Ausgabe werden Klein- (nicht) in Großbuchstaben konvertiert.
	onlcr (-onlcr)	Bei der Ausgabe werden Newlines (nicht) durch *CR/Newlines* ersetzt. *CR* steht für Carriage Return innerhalb des ASCII-Codes.
	ocrnl (-ocrnl)	Bei der Ausgabe wird *CR* (ASCII) (nicht) durch Newline ersetzt.
	onocr (-onocr)	Bei der Ausgabe werden keine (alle) Zeilen, die nur ein *CR* am Anfang beinhalten, übertragen.
	onlret (-onlret)	Bei der Ausgabe wird (nicht) statt eines Newline *CR/Newline* ausgegeben. Dadurch erscheint der Cursor in der ersten Spalte der nächsten Zeile (der Cursor wird an gleicher Stelle eine Zeile tiefer ausgegeben).

Die nächste Gruppe beinhaltet Steuerungen, die alle dazu dienen, Peripheriegeräten, die Daten nur langsamer verarbeiten können, als die Schnittstelle sie ausgibt, Pausen einzuräumen.

	ofill (-ofill)	Es wird keine (eine) Verzögerungszeit bis zum nächsten Senden von Daten abgewartet, statt dessen werden bestimmte (keine) Pausezeichen gesendet, die mit *ofdel* definierbar sind.
	ofdel (-ofdel)	Das ASCII-Füllzeichen statt einer Verzögerungszeit ist [Del] (NUL).

cr0 cr1 cr2 cr3	Damit auch langsame Peripheriegeräte noch die ausgegebenen Zeichen verarbeiten können, ohne sich zu »verschlucken«, können verschiedene Verzögerungsstufen eingestellt werden. *cr0* bedeutet keine Verzögerung, *cr3* die größtmögliche.
nl0 nl	Speziell für die Ausgabe von Newline hat man im System eine eigene Verzögerung eingerichtet, da diese Funktion relativ viel Zeit braucht. *nl0* steht für keine, *nl* für eine Verzögerung.
tab0 tab1 tab2 tab3	Diese Größe stellt die Verzögerungszeit für horizontale Tabulatorsprünge ein. Die Dauer steigt von 0 (*tab0*) stetig an bis zu *tab3*, der schließlich den Tabulatorsprung auf einzelne Leerstellen expandiert.
bs0 bs1	Die ⟵-Taste (löscht Zeichen links von der aktuellen Cursorposition) wird hier eingestellt. *bs0* bedeutet keine Verzögerung, *bs1* eine kleine.
vt0 vt1	Stellt die Verzögerungszeit für vertikale Tabulatorsprünge ein. *vt0* steht für keine Verzögerung.
ff0 ff1	Stellt die Verzögerungszeit für Form Feeds (Seitenvorschub) ein. *ff0* steht für keine Verzögerung.

Lokale Modi

isig (-isig)	Bei jedem eingehenden Zeichen wird (nicht) untersucht, ob es sich um ein spezielles Steuerzeichen wie INTR, QUIT oder SWTCH handelt, und die so beschriebene Funktion wird ausgeführt.
icanon	Schaltet kanonischen Eingang ein, d. h. eingehende Zeichen werden aufgrund von bestimmten Codes wie *EOF*, *eol* (Option von *stty*) oder *Newline* in Zeilen aufgeteilt. Dieser Modus kontrolliert auch die Vorgänge, wenn ein Programm Zeichen von der Tastatur lesen soll. Die eingehenden Daten werden immer so lange zwischengepuffert, bis eine Zeile als vollständig erkannt wird. Das läßt zu, daß eine Zeile editiert wird, bevor sie im System weiterläuft.
-icanon	In diesem Fall wird die Kontrolle von den Werten der Variablen *min* und *time* gesteuert. Die Kombinationen beider Werte haben eine bestimmte Bedeutung.
time (zu icanon)	Als Zeitintervalle werden 0,1 Sekunden vorgegeben, die in Verbindung mit *icanon* einstellbar sind. *time* ist eine Zahl, trotzdem setzt man diesen Wert wie bei den speziellen Kontrollzeichen (s. u.).

min (zu icanon)	*min* legt fest, wie viele Zeichen mindestens angekommen sein müssen, bevor ein anforderndes Programm sie übergeben bekommt. Der Wert von *min* wird wie bei den speziellen Zeichen eingestellt (s. u.).
time 0 und min 0	*time* dient hier als Zeitüberwachung für den Abstand, in dem 2 Zeichen empfangen werden. *time* wird nach dem Empfang des ersten Zeichens gesetzt und bei den darauffolgenden zurückgesetzt. Sollte die Anzahl Zeichen, die in *min* steht, erreicht sein, bevor die Zeitüberwachung sich wieder einschaltet, werden alle Daten an das anfordernde Programm übergeben. Setzt die Zeitüberwachung vorher wieder ein, erhält das anfordernde Programm nur die bis zu diesem Zeitpunkt eingegangenen Zeichen.
time = 0 und min 0	Die Zeitüberwachung ist ausgeschaltet. Ein Lesevorgang eines anfordernden Programms wird bearbeitet, sobald die in *min* bestimmte Anzahl von Zeichen empfangen wurde.
time 0 und min 0	Der Lesevorgang eines anfordernden Programms erhält ein Zeichen, sofort wenn es ankommt. Die Zeitüberwachung bearbeitet den Lesevorgang des anfordernden Programms, gibt aber keine Zeichen aus.
time und min = 0	Die empfangenen Zeichen erhält das anfordernde Programm sofort.
xcase	Für die Arbeit an Terminals, auf denen man Zeichen nicht in Kleinbuchstaben darstellen kann, wird dieser Modus (ab-) eingeschaltet. Kleinbuchstaben werden als normale Großbuchstaben dargestellt (z. B. Eingabe *a* wird zu Ausgabe *A*), Großbuchstaben kennzeichnet man durch einen vorangestellten \. Zusätzlich zu *xcase* muß *icanon* gesetzt sein.
echo (-echo)	Zeichen, die von der Tastatur kommen, empfängt der Rechner und sendet sie zurück an das Terminal, wo sie auf dem Bildschirm erscheinen. Bei Terminals, die das Echo intern erzeugen, darf *echo* nicht gesetzt sein, da sonst alle Zeichen doppelt auf dem Bildschirm erscheinen (*-echo*).
echoe	Im normalen Betrieb wird die Sequenz für Zeichenlöschen als Backspace vom System zurückgeliefert, was dazu führt, daß der Cursor zwar nach links wandert,

	aber die tatsächlich gelöschten Zeichen nicht aus der Darstellung verschwinden. Mit *echoe* kommt als Echo vom System die Sequenz *Backspace-Blank-Backspace*, was den Effekt hat, daß ein Zeichen erst gelöscht (Backspace), dann mit einem Leerzeichen (Blank) in der Bildschirmausgabe überschrieben und schließlich der Cursor richtig positioniert wird (Backspace). *icanon* muß für diesen Betrieb auch gesetzt sein.	
-echoe	Das Zeichen *BS* (Backspace) wird normal als Echo vom System zurückgeliefert.	
echok (-echok)	Die Eingabe *Lösche Zeile*, normalerweise Entf, wird als Echo (nicht) um *Newline* erweitert. Der Prompt steht wieder am Anfang einer Eingabezeile. *icanon* muß gesetzt sein.	
echonl (-echonl)	*Newline* wird (nicht) als Echo zurückgeliefert, auch wenn *echo* nicht gesetzt ist. *icanon* muß gesetzt sein.	
noflsh (-noflsh)	Nach einem INTR-, QUIT- oder SWTCH-Signal werden alle eingegebenen Zeichen, auch die, die nicht von einem aktiven Programm angefordert werden, beachtet (mißachtet).	
stwrap (-stwrap)	Abschalten (Einschalten) des automatischen Abschneidens von Zeilen mit mehr als 79 Zeichen auf einer synchronen Leitung.	
tostop (-tostop)	Sendet (nicht) SIGTTOU, wenn Hintergrundprozesse auf das Terminal schreiben.	
echoctl (-echoctl)	Das Echo der Kontrollzeichen soll (nicht) in der Form ^*char* und Löschen (Entf) als ^? erfolgen.	
rtsxoff (-rtsxoff)	Einschalten (Abschalten) der Aktivierung der RTS-Hardwareflußkontrolle durch Input.	**Hardware-flußkontroll-zeichen**
ctsxon (-ctsxon)	Einschalten (Abschalten) der Aktivierung der CTS-Hardwareflußkontrolle durch Output.	
dtrxoff (-dtrxoff)	Einschalten (Abschalten) der Aktivierung der DTR-Hardwareflußkontrolle durch Output.	
cdxon (-cdxon)	Einschalten (Abschalten) der Aktivierung der CD-Hardwareflußkontrolle durch Output.	

Clock Modes (Auszug)

xcibrg   Übernimmt den Sendetakt vom internen Baudraten-Generator.

rcibrg   Übernimmt den Empfangstakt vom internen Baudraten-Generator.

Weitere Einträge bitte im Originalhandbuch nachlesen.

Spezielle Kontrollzeichen

UNIX hat einigen Zeichenfolgen besondere Bedeutung zugewiesen. Sie rufen *Built In*-Kommandos auf (s. u.). Da diese Zeichenfolgen hin und wieder mit Sequenzen von Anwendungsprogrammen kollidieren und dadurch zur Konfusion führen, gibt es die Möglichkeit, diese *Built In*-Kommandos nach eigenem Wunsch mit anderen Zeichenfolgen zu belegen. Zur Änderung ist folgende Syntax nötig:

Name   **Zeichen**

Name ist der Name des Kontrollzeichens (s. u.) und *Zeichen* die Sequenz, die statt der Vorbelegung genommen werden soll.

intr   Dieses Interrupt-Signal erzeugt üblicherweise die [Entf]-Taste. Es wird an alle von diesem Terminal aus gestarteten Prozesse geschickt. Sofern nicht von der Shell mit *trap* geschützt, werden die Prozesse beendet. Für den Fall, daß *brkint* gesetzt ist, erzeugt auch die [Pause]-Taste dieses Interrupt-Signal.

quit   Normalerweise ruft man diesen, einem Interrupt ähnlichen, Abbruch eines Prozesses mit [Strg]+[\] auf. In dessen Verlauf wird eine Core-Datei erzeugt, in der steht, an welcher Stelle der Abbruch erzwungen wurde. Die Datei *core* ist nur mit Hilfe eines UNIX-Debuggers auszuwerten.

erase   Das links vom Cursor stehende Zeichen wird gelöscht. Löschen über den Zeilenanfang hinaus ist nicht möglich. Diese Funktion liegt üblicherweise unter der [←]-Taste oder kann mit [#] ausgeführt werden.

kill   Die gesamte Zeile wird aufgrund dieses Steuerzeichens gelöscht. Diese Funktion ist üblicherweise durch @ oder [Strg]+[U] definiert.

eof   End Of File, erzeugt ein File-Ende-Zeichen, das sich hinter dem Code [Strg] verbirgt. Wenn es am Anfang einer Zeile eingegeben wird, bedeutet es oft gleichzeitig das Ende der Eingabe. Nach seiner Eingabe werden alle gepufferten Zeichen an das anfordernde Programm übergeben, ohne auf *Newline* zu warten.

eol	Dies ist ein zusätzliches Zeichen für das Zeilenende, nach dem ein Zeilenvorschub erfolgt. *eol* ist normalerweise nicht gesetzt.
swtch	Hiermit definiert man das Zeichen, das innerhalb des Shell-Layers bewirkt, daß man von einem Layer zurück nach *shl* gelangt. Die eingestellte Sequenz ist ⌜Strg⌝+⌜Z⌝.
evenp	Die gerade Paritätsprüfung wird eingeschaltet (*parenb*) und gleichzeitig die Anzahl der Bits pro übertragenem Zeichen auf 7 Bit (*cs 7*) gesetzt.
parity	Wie *evenp*.
parodd	Die Paritätsprüfung wird eingeschaltet (*parenb*), zusätzlich ungerade Parität gewählt (*parodd*) und die Zahl der Bits pro Wort auf 7 eingestellt (*cs 7*).
-parity	Die Paritätsprüfung (mit *parenb* eingestellt) wird abgeschaltet und die Zahl der Bits pro Wort auf 8 gesetzt (*cs8*).
-evenp	Wie *-parity*.
-oddp	Wie *-parity*.
raw	Die so eingestellte Betriebsart berücksichtigt keine Sonderzeichen, Editierkommandos und ähnliches bei der Ausgabe.
-raw	Entgegengesetzte Wirkung von *raw*.
cooked	Entgegengesetzte Wirkung von *raw*.
nl	Hebt die Modi auf, die durch *incrnl* und *onlcr* eingestellt waren.
-nl	Setzt *incrnl* und *onlcr* und setzt *inclr*, *igncr*, *ocrnl* und *onlret* zurück.
lcase	Setzt *xcase*, *iuclc* und *olcuc*.
LCASE	Wie *lcase*.
-lcase	Setzt *xcase*, *iuclc* und *olcuc* zurück.
-LCASE	Wie *-lcase*.
tabs	Tabulatoren erscheinen in der Ausgabe als Sprünge.
-tabs	Bei der Ausgabe werden Tabulatoren durch die entsprechende Anzahl Leerstellen ersetzt.
tabs8	Wie *-tabs*.
ek	Setzt *erase* und *kill* auf die Voreinstellungen # und @ zurück.

Steuerzeichen mit Mehrfachfunktion

	sane	Hilft oft, wenn das Terminal durch Steuerzeichen so verstellt wurde, daß es nicht mehr reagiert. In diesem Fall wirkt oft die Eingabe von »*stty sane* [LF]« (Linefeed, nicht [CR]!).
Spezielle Modi für Video-Monitore (INTEL Systeme)	mono	Als Consol-Bildschirm wird ein Monochromschirm erwartet. Geht auch, wenn ein EGA-Schirm im Monochrom-Modus angeschlossen ist.
	color	Als Consol-Bildschirm wird ein Colorschirm mit CGA- oder EGA-Darstellung erwartet.
	enhanced	Erwartet einen EGA-Monitor.
	pro	Eintrag für VGA-Monitor als Console-Bildschirm.
Kontrollsequenzen für Consol-Monitore	B40x25	Wahl des 40-Spalten- und 25-Zeilen-Textmodus in Schwarzweiß-Darstellung.
	C40x25	Wie *B40x25*, jedoch in Farbe.
	B80x25	Wie *B40x25*, jedoch 80 Spalten.

usw. (Weitere Modi bitte im Handbuch des Systems nachlesen).

Beispiele

1. Ausgabe einer vom System eingestellten Auswahl der aktuellen Parameter des eigenen Terminalports

   ```
   $ stty
   speed 9600 baud; evenp hupcl
   irnl onlcr echo echok
   ```

2. Ausgabe aller Parameter des eigenen Terminalports

   ```
   $ stty -a
   ```

   Es erscheint eine wesentlich längere Liste als bei 1. Darin enthalten sind u. a. sämtliche Abbruchsequenzen.

3. Ausgabe der Parameter eines bestimmten anderen Ports

   ```
   $ stty -a < /dev/tty05
   ```

4. Ändern der eigenen Terminalschnittstelle

   ```
   $ stty -parenb -opost cs7
   ```

5. Ändern einer beliebigen Terminalschnittstelle (als Superuser)

   ```
   $ stty -parenb -opost cs7 1200 </dev/tty05
   ```

   Es muß das <-Zeichen verwendet werden! Diese Funktion kann oft nur vom Superuser ausgeführt werden. 1200 steht für die Änderung der Baudrate auf 1200 Baud.

6. Rücksetzen einer Schnittstelle auf die Default-Werte

   `$ stty sane`

7. Sichern der Schnittstellenparametrierung in einer Datei

   `$ stty -g > sicher`

8. Wiedereinlesen der gesicherten Parametrierung für den eigenen Port

   `` $ stty `cat sicher` ``

9. Einstellung eines anderen Ports mit Parametrierungsfile

   `` $ stty `cat sicher` < /dev/tty12 ``

   Obwohl die Umlenkung »falsch herum« ist (☞ 5. Beispiel), wird auf Port *tty12* die Parametrierung wirken, die aus der Datei *sicher* gelesen wird.

su   switch user (Benutzerwechsel)

Name	Optionen	Argumente
su	[-][Benutzername]	[Argument(e)]

Mit diesem Befehl kann ein Anwender die Identität eines anderen Anwenders annehmen, ohne sich vorher ausloggen zu müssen. Ist kein Benutzername angegeben, nimmt das System automatisch an, man wolle die Identität des Superusers annehmen und fragt nach dessen Paßwort. Wenn kein Paßwort hinterlegt ist, gelangt man sofort in eine neue Shell unter der neuen Identität.

Bei dem Wechsel werden auch die echte und die effektive *User-ID* des neuen Users angenommen (☞ *id*-Befehl). Übernommen wird allerdings das Environment des ursprünglichen Anwenders, sofern es sich um globale Variablen handelt.

Eine Ausnahme bei der Übernahme kann evtl. die Variable PATH bilden, die für *root* per Voreinstellung auf */sbin:/usr/sbin:/usr/bin:/etc (4.0)*. Ein Ausloggen mit [Strg]+[D] führt zurück in die anfängliche Shell. Sinnvoll ist ein Wechsel, wenn es darum geht, die Zugriffsrechte eines anderen Anwenders zu bekommen oder bei der Zeiterfassung auf eine andere Rechnung zu arbeiten (☞ *acct*).

Option - Beim Wechsel in die neue Identität erhält man die gleichen Umgebungsvariablen zugeteilt, die der richtige Anwender bei seinem normalen Login eingestellt bekommt. Dies funktioniert aber nur, wenn die Login-Shell des neuen Users die Shell ist, nicht C-Shell o.ä. Der Eintrag in */etc/passwd* ist entscheidend (wichtig z. B. für Suchpfade). Bei diesem Vorgang wird zunächst die Datei */etc/profile* und danach *.profile* im neuen Homedirectory abgearbeitet.

Beispiele 1. Wechsel der Identität (ID)

```
$ su horst
password:
```

Das eingegebene Paßwort erscheint nicht auf dem Bildschirm.

2. Ausführung eines Kommandos unter temporär anderer User-ID

```
$ su - luis -c »cat /usr/luis/brief«
```

Der Befehl bewirkt, daß für die Ausführung des *cat*-Kommandos innerhalb der Hochkommata Identität und Environment des Anwenders *luis* übernommen werden.

☞ *sh, id, env, login*

sum   Summe

Name	Optionen	Argumente
sum	[-r]	Datei

Mit diesem Befehl lassen sich Dateien nach Transfers auf ihre Vollständigkeit hin untersuchen, indem man Quelle und Ziel miteinander vergleicht. *sum* berechnet eine Checksum (Prüfsumme) für die angegebene Datei und die Zahl der Blöcke (512 Byte), die sie belegt. Innerhalb der UNIX-Systeme und -Derivate wird der gleiche Algorithmus zur Berechnung verwendet, so daß man sich auf das Ergebnis immer verlassen kann.

Option -r Benutzt einen anderen Algorithmus als den vom System voreingestellten.

Beispiel
```
$ sum sys.h
132567   3
```

Die Prüfsumme ist 132567, die Zahl der belegten 512 Byte-Blöcke ist 3.

☞ *wc*

sync   Synchronisation

Name
sync

Mit diesem Befehl wird veranlaßt, daß der Superblock auf der Festplatte auf den neuesten Stand gebracht wird. Wichtig ist dies immer dann, wenn das System angehalten werden soll, z. B. ohne daß ein ordnungsgemäßer Shutdown möglich ist. *Sync* sorgt dafür, daß sämtliche Buffer, deren Inhalte den aktuellen Systemzustand beschreiben und die noch nicht auf die Platte geschrieben wurden, sofort dorthin gerettet werden. Dieses Kommando ist wichtig zur Erhaltung der Systemintegrität.

Das Kommando wirkt nur lokal, nicht aber über ein Netzwerk. Änderungen, die in einer Netzwerkdatei auf einem anderen Rechner gemacht wurden, können nicht mit *sync* gesichert werden.

tabs   tab stops (Tabulatormarken)

Name   **Optionen**
tabs   [tabspec][+mn][-Ttype]

In der Gruppe *tabspec* werden die Tabulatoreinstellungen für die Ausgabe gesetzt. Es gibt drei Möglichkeiten, das zu tun:

1. Willkürliches Setzen des Tabulators, bis zu 40 Positionen.
2. Setzen eines sich wiederholenden Tabulators, wobei der Zwischenraum frei wählbar ist.
3. Anwählen eines serienmäßigen Tabulators, der die Formate von verschiedenen Programmiersprachen berücksichtigt.

Tabspec-Optionen

n1,n2,...   *n1, n2* usw. repräsentieren hier die Spaltennummern, in der die Stops gesetzt werden. Die erste Spalte beginnt immer mit 1, auch wenn verschiedene Terminals bei 0 anfangen.

Die Nummern müssen durch Kommata getrennt werden. Alle Nummern, außer der ersten, können ein + als Präfix haben, das die vorangegangenen Nummern inkrementiert, z. B. *tabs 6,16,20,28* ist gleich *tabs 6,+10,+4,+8*.

tabs

	-n	Setzt alle n Spalten einen Stop, beginnend mit der Spalte 1+n. Bei n=5 wäre das : 6, 11, 16, 21 usw.
	-a	Setzt Stops in Spalte 1, 10, 16, 36 und 72. Assembler, IBM System/370, Format 1.
	-a2	Setzt Stops in Spalte 1, 10, 16, 40 und 72. Assembler, IBM System/370, Format 2.
	-c	Setzt Stops in Spalte 1, 8, 12, 16, 20 und 55. Anwendung bei COBOL, übliches Format.
	-2c	Setzt Stops in Spalte 1, 6, 10, 14 und 49. Anwendung bei COBOL, kompaktes Format.
	-3c	Setzt Stops in Spalte 1, 6, 10, 14, 18, 22, 26, 30, 34, 38, 42, 46, 50, 54, 58, 62 und 67. Anwendung bei COBOL, aufgebohrtes kompaktes Format.
	-f	Setzt Stops in Spalte 1, 7, 11, 15, 19 und 23. Anwendung bei FORTRAN.
	-p	Setzt Stops in Spalte 1, 5, 9, 13, 17, 21, 25, 29, 33, 37, 41, 45, 49, 53, 57 und 61. Anwendung bei PL/I.
	-s	Setzt Stops in Spalte 1, 10 und 55. Anwendung bei SNOBAL.
	-s	Setzt Stops in Spalte 1, 12, 20 und 44. Anwendung bei UNIVAC 1100 Assembler.
Seitenrand-Option	+mn	Diese Option kann von einigen Terminals genutzt werden. Sie verrückt alle Stops um n Spalten und nimmt dann Spalte *n+1* als linken Seitenrand. Wird *n* weggelassen, so wird ein Wert von 10 vorgegeben.
Terminal Type-Option	-Ttype	Unter *type* wird hier der Systemname des Terminals verstanden. Ohne Angabe dieser Option wird automatisch die Environment-Variable angezogen.

Beispiele

1. Setze Stops auf Spalte 5, 8, 11 und 25

   $ tabs 5,8,11,25

2. Setze Stops für FORTRAN.

   $ tabs -f

☞ *pr*

tail   Ende

Name	**Optionen**	**Argumente**
tail	[+-[Zahl[lbc][f]]]	[Datei]

Laut Voreinstellung gibt *tail* die letzten 10 Zeilen einer Datei nach Standard Output (Bildschirm oder bei Umlenkung in eine Datei) aus. Die Ausgabe des Inhalts einer Datei kann gezielt eingestellt werden. Ist keine Datei angegeben, liest *tail* Zeichen von der Tastatur. Eine sehr wichtige Anwendung ist die Darstellung von Einträgen auf dem Bildschirm, die zyklisch an eine Datei angehängt werden (Option *-f*). Da bei Angaben, die vom Ende eines Files an zählen, der betroffene Inhalt einer Datei in einen Puffer geladen wird, ist die Länge des auswählbaren Teils begrenzt.

Optionen

-Zahl   Gemäß dem Wert von *Zahl* beginnt die Ausgabe des Dateiinhalts mit der so festgelegten Zeile vom Ende der Datei rückwärts gezählt. Defaultwert ist 10.

+Zahl   *Zahl* Zeilen vom Anfang der Datei beginnt die Ausgabe des Inhalts. Defaultwert ist 10.

l   Die Zählung legt Zeilen zugrunde (vom Ende her). *l* ist die Voreinstellung, wenn weder *l*, *b* noch *c* angegeben wird.

b   Die Zählung legt Blöcke zugrunde.

c   Die Zählung legt Zeichen zugrunde.

f   *tail* wird in eine Endlosschleife gesetzt, die bewirkt, daß *tail* ca. jede Sekunde prüft, ob Zeilen an die genannte Datei angehängt wurden. Wenn ja, erscheinen sie auf dem Bildschirm (Standard Output). Auf diese Weise können Ergebnisse von Vorgängen, die in einer Datei abgelegt werden, zur gleichzeitigen Protokollierung verwendet werden. Diesen Zustand von *tail* kann man nur mittels *kill* (Hintergrundprozeß) oder Strg + D beenden.

Beispiele

1. Ende einer Datei laut Voreinstellung

```
$ tail /etc/ttytype
vt100   tty20
vt100   tty21
vt100   tty22
vt100   tty23
vt100   tty24
```

```
          vt100    tty25
          vt100    tty26
          vt100    tty27
          vt100    tty28
          vt100    tty29
```

2. Ausgabe der letzten 20 Zeilen einer Datei

    ```
    $ tail -20 /etc/ttytype
    vt100    tty10
    vt100    tty11
    vt100    tty12
    vt100    tty13
    vt100    tty14
    vt100    tty15
    vt100    tty16
    vt100    tty17
    vt100    tty18
    vt100    tty19
    vt100    tty20
    vt100    tty21
    vt100    tty22
    vt100    tty23
    vt100    tty24
    vt100    tty25
    vt100    tty26
    vt100    tty27
    vt100    tty28
    vt100    tty29
    ```

3. Ausgabe des Dateiinhalts ab der 25. Zeile

    ```
    $ tail +25l /etc/ttytype
    ```

4. Protokollierung mit Hilfe von *tail*

    ```
    $ tail -f /etc/x25/x25.log
    ```

    Bei jeder X25-Verbindung, die aufgebaut wird, schreibt das System eine Zeile hinten in die Datei */etc/x25/x25.log*, die wegen der Option *-f* nach der nächsten Prüfung des Dateiinhalts durch *tail* auf dem Bildschirm ausgegeben wird.

☞   *cat*, *head*, *more*, *pg* und UNIX-Dienste wie Standard-I/O, Pipes, Umlenkung

tar tape file archiver

Name	Optionen	Argumente
tar	-[r][t][x][u][c][vwfblmoL]	[device][blocksize] [dateinamen]

tar (im Verzeichnis */usr/sbin* bei 4.0) schreibt die angegebenen Dateien auf ein Magnetband oder liest Dateien von einem Magnetband. Die Optionen steuern die Arbeitsweise von *tar*. Wird ein Directory angegeben, so wird die gesamte Dateistruktur unterhalb dieses Directory rekursiv durchlaufen und verarbeitet (auf Band schreiben/vom Band lesen). Welches Bandlaufwerk von *tar* angesprochen wird, ist im Falle eines einzigen Laufwerks intern festgelegt.

```
$ tar tv
```

würde das Inhaltsverzeichnis des Bands (Diskette) im einzigen Laufwerk des Systems zeigen. Sind jedoch mehrere Laufwerke (Diskette/Streamer) installiert, die von *tar* bedient werden können, ist die Angabe des Ziellaufwerks über den zusätzlichen Parameter *f* und den Filenamen des Laufwerks in der Form

```
$ tar xvf /dev/rmt0
```

nötig. Bei UNIX-Systemen, die auf INTEL-Prozessoren basieren, ist üblicherweise ein Diskettenlaufwerk voreingestellt und der Streamer z. B. über einen Namen wie */dev/tape* anzusprechen. Mit *tar* können aber nicht nur Dateien zwischen Filesystem und Magnetband hin- und hertransportiert werden, sondern es können auch ganze Directories mit ihren Unterverzweigungen innerhalb eines Filesystems verlagert werden, wobei alle Zugriffsdaten erhalten bleiben.

Die möglichen Optionen bestehen aus zwei Gruppen.

Optionen

Von den Optionen der ersten Gruppe kann immer nur jeweils eine benutzt werden:

r replace – ersetzen. Die angegebenen Dateien werden ersetzt und an das Ende des Magnetbandes geschrieben, wobei der vorherige Inhalt des Bandes erhalten bleibt. Die Optionen *c* und *u* beinhalten diese Funktion.

x extract – herausholen. Die angegebenen Dateien werden vom Band gelesen und in das Dateisystem kopiert. Ist der

Dateiname ein Directory, so wird dieses Directory rekursiv vom Band kopiert. Dabei werden die Zugriffsrechte mit vom Band übernommen. Existiert die Datei, werden die bestehenden Zugriffsrechte nicht verändert. Wird kein Dateiname angegeben, installiert *tar* ALLE DATEIEN vom Band im Filesystem. Es ist sehr hilfreich, vor dem Einspielen der Daten mit den Optionen -*tv* die genaue Schreibweise der Pfade (relativ/absolut) auf dem Band zu kontrollieren, da es sonst dazu kommen kann, daß der *tar* nichts findet. Sollten mehrere Dateien mit gleichem Namen auf einem Datenträger sein, überschreibt der letzte alle vorhergehenden.

t   table – Inhaltsverzeichnis. Erzeugt ein Inhaltsverzeichnis des Bandes auf dem Bildschirm.

u   update – aktualisieren. Die Dateien werden auf das Band geschrieben (angefügt), wenn sie noch nicht vorhanden sind oder seit dem letzten Bespielen des Bandes verändert wurden. *u* enthält die Option *r*.

c   create – erzeugen. Ein neues Archiv wird erzeugt. Das Band wird von vorn neu beschrieben.

Die gerade beschriebenen Grundfunktionen von *tar* können durch weitere Optionen (auch mehrere) näher spezifiziert werden. Dies sind im einzelnen:

v   verbose – mit Kommentar. *tar* gibt ausführliche Informationen aus, u. a. Dateiname und Typ der Datei, bei allen Aktivitäten.

w   what. Jetzt gibt *tar* jede Aktion, die ausgeführt werden soll, zunächst auf dem Bildschirm aus und wartet dann auf eine Bestätigung. Sobald *y* am Anfang eines Wortes und anschließend [Return] eingegeben wird, erfolgt die Ausführung. Jede andere Eingabe versteht *tar* als nein.

f name   file. Statt auf das voreingestellte Device z. B. */dev/rmt0* (Magnetband Streamer) erfolgt die Ausgabe/das Einlesen von *tar* auf die/von der in *name* genannte(n) Datei. Steht anstelle von *name* ein »-«, dann liest *tar* von Standard Input oder schreibt nach Standard Output und nicht in eine Datei.

b   block – Block. Gibt den Blockungsfaktor beim Schreiben auf den Datenträger an. Dieser kann Werte zwischen 1 und

20 annehmen. Standardwert ist 1. Normalerweise wird die Blockgröße von *tar* in Verbindung mit den Optionen *t* und *x* automatisch erkannt. Die Blockgröße sollte bei Arbeiten mit normalen Datenträgern und Block Special Devices nicht verändert werden. Ausnahmen bilden sogenannte Raw Archives (☞ *f* Option).

l   link – Verbindung. Diese Option fordert *tar* auf, ggf. eine Meldung auszugeben, wenn nicht alle Links der zu sichernden Dateien auflösbar sind. Im Normalfall ohne *l* erscheint keine Fehlermeldung.

m   modification – Änderung. Das Modifikationsdatum der Datei soll nicht mit zurückgeschrieben werden.

o   ownership – Eigentum. Beim Zurückspielen von Dateien in das System bekommen diese Dateien die User- und Gruppen-ID des Anwenders, der das *tar*-Kommando ausführt, statt derer, die tatsächlich auf dem Datenträger hinterlegt sind.

L   symbolic links. Symbolische Links werden nur bei Angabe dieser Option im System verfolgt. Es kann ohne diese Option passieren, daß zwar der angegebene Dateiname als symbolischer Link gesichert wird, nicht aber die Originaldatei, auf die sich der Link bezieht.

Das Ergebnis ist dann, daß lediglich der gesamte Pfadname auf dem Datenträger richtig steht, nicht aber die Daten, die in der Originaldatei stehen (4.0).

Beispiele

Bei den folgenden Beispielen ist unter dem Begriff Archiv i. a. das Magnetband zu verstehen.

1. Dateien und Directories auf Magnetband sichern

   ```
   $ tar c datei1 datei2 dir.text
   ```

   datei1, *datei2* und das Verzeichnis *dir.text* werden per Voreinstellung auf das intern definierte Laufwerk gespielt, ohne Bildschirmausgabe (*v*-Option).

2. Einlesen der Daten aus dem *tar*-Archiv

   ```
   $ tar x
   ```

   Sämtliche Daten werden vom voreingestellten Datenträger eingelesen, ohne Anzeige der Namen (*v*-Option).

```
$ tar xvf /dev/fd0 biber.txt
```

Es wird nur die Datei (oder das Directory) *biber.txt* aus dem Archiv geholt, unter dem Gerätenamen */dev/fd0*, Standard für das erste Diskettenlaufwerk am System.

3. Anhängen von Daten an einen Datenträger, der noch nicht voll ist

```
$ tar r biber.txt
```

Am Ende des bereits bestehenden Archivs wird die Datei *biber.txt* angehängt.

4. Update eines Archivs

```
$ tar u dir.text
```

Aus dem Verzeichnis *dir.text* werden nur die Dateien und Subdirectories in das Archiv übernommen, die nach der letzten Archivierung angelegt oder verändert wurden.

5. Inhaltverzeichnis des Archivs

```
$ tar tv > inhalt
```

In diesem Fall wird das Inhaltsverzeichnis in die Datei *inhalt* gelegt. Normalerweise erfolgt die Ausgabe auf dem Bildschirm, ohne daß sie seitenweise unterbrochen wird.

```
$ tar tv | pg
```

Mit dieser Pipe ist eine seitenweise Ausgabe möglich.

6. Umkopieren von Directories

```
$ (cd quelldir; tar cf - .) | (cd zieldir; tar xf - )
```

Zunächst verzweigt das Kommando auf das Quelldirectory, kopiert alle Dateien und Unterverzeichnisse nach Standard Output (-), wechselt in das Zielverzeichnis (*cd*) und legt dort alle Daten ab.

7. Kopieren eines ganzen Astes des Filesystems in eine Datei *hilf*.

```
$ cd quelldirectory
 $ tar cvf hilf .
```

Der ganze Dateibaum unterhalb des aktuellen Verzeichnisses (.) wird von *tar* in die Datei *hilf* kopiert.

8. Arbeiten mit einer extra definierten Blockgröße

   $ tar -cvb 20 /etc

   tar schreibt per Voreinstellung nach */dev/rmt0*, benutzt dabei die Blockgröße von 20K und sichert alles unterhalb des Verzeichnisses */etc*.

9. Angabe eines speziellen Devices (hier Floppy) beim Einspielen

   $ tar xvf /dev/dsk/c0q15dt bibertext

   Die Option *f* signalisiert, daß das Kommando eine speziell angegebene Gerätedatei enthält, hier */dev/dsk/c0q15dt*, aus der die Daten *bibertext* gelesen werden sollen. Üblicherweise steht die Option *f* als letzte im Optionsblock und danach direkt der Dateiname der Gerätedatei, über die Floppy oder Streamer angesprochen werden. Für Diskettenlaufwerke hat sich der Name */dev/fd0* (Laufwerk A, Format wird automatisch erkannt) oder */dev/fd1* für Laufwerk B durchgesetzt (INTEL-Welt).

☞ *cpio*, *ar* und UNIX-Dienste wie Standard-I/O, Pipes, Umlenkung

tee

Name	Optionen	Argumente
tee	[-i][-a]	[Datei(en)]

Das Kommando *tee* bietet dem Anwender die Möglichkeit, Daten gleichzeitig in eine Datei zu schreiben und nach Standard Output auszugeben. Die eingehenden Zeichen werden von Standard Input (Tastatur oder Pipe) gelesen.

Optionen

-i Interrupts (z. B. [Strg]+[D] oder [Entf]) werden ignoriert.

-a Die Ausgabedaten werden an eine bezeichnete Datei angehängt, statt deren Inhalt zu überschreiben.

Beispiele

1. Ausgabe einer Datei in eine andere Datei und auf den Bildschirm

   $ cat /etc/ttytype | tee ziel

   Eine Ausgabe erfolgt auf dem Bildschirm, die andere in die Datei *ziel*. Die Bildschirmausgabe kann auch noch umgelenkt werden.

```
$ cat /etc/ttytype | tee ziel | lp
```

Die letzte Ausgabe erfolgt jetzt auf den Druckerspooler und nicht auf den Bildschirm.

2. Kopien in mehrere Dateien gleichzeitig

```
$ cat /etc/ttytype | tee ziel1 ziel2 ziel3
```

Neben der Ausgabe auf Standard Output liegt der Inhalt von */etc/ttytype* nach Ausführung des Befehls zusätzlich in den drei Dateien *ziel1*, *ziel2* und *ziel3*.

☞ UNIX-Dienste wie Standard-I/O, Pipes, Umlenkung

telnet
Benutzerschnittstelle zu einem entfernten System via TELNET – Protokoll

Name   **Argumente**
telnet   [Rechnername [port]]

Das *telnet*-Kommando kommuniziert mit anderen Rechnern über das TELNET-Protokoll. Wird *telnet* ohne Argument ausgeführt, so erscheint die Ausgabe »telnet«, und man ist im Kommando-Modus. In diesem Zustand können alle Kommandos genutzt und ausgeführt werden, die unterhalb beschrieben sind. Die Ausführung des *telnet*-Befehls unter Angabe von Argumenten, führt ein *open*-Kommando mit den angegebenen Parametern durch. Ist eine Verbindung einmal aufgebaut, so wechselt *telnet* in den Eingabe-Modus. Das bedeutet, daß jeder eingegebene Text zum Zielrechner gesendet wird. Während einer Verbindung mit einem anderen Rechner ist es möglich, wieder in den Kommando-Modus zu gelangen, durch Eingabe des *telnet*-Escape-Zeichens (Voreinstellung ist ^]).

Telnet Kommandos

Die folgenden Kommandos sind verfügbar. Anstelle der vollen Kommandonamen können eindeutige Abkürzungen verwendet werden.

open Rechnername [port]   Öffnet eine Verbindung zum Rechner *Rechnername*. Wird kein *port* spezifiziert, so versucht *telnet* einen *telnet*-Server auf dem voreingestellten Port zu selektieren. Statt des Rechnernamens kann auch die Internetadresse in Standardform angegeben werden.

close   Schließt jede offene *telnet*-Sitzung und beendet *telnet*.

quit	Dasselbe wie *close*.
z	Suspendiert *telnet*. Dieses Kommando greift nur, wenn der Benutzer eine Shell nutzt, die »job control« unterstützt.
mode type	*type* ist entweder *line* (sendet Zeile für Zeile) oder *character* (sendet Zeichen für Zeichen).
status	Anzeige des aktuellen *telnet*-Status.
display [argumente]	Anzeige aller oder einiger *set*- und *toggle*- Werte.
? [Kommando]	Hilfefunktion. Ohne Angabe von Argumenten listet *telnet* eine Zusammenfassung aller Kommandos. Wird ein *Kommando* angegeben, so wird auch nur die Information für dieses eine gelistet.
send argumente	Sendet eine oder mehrere Spezialzeichensequenzen zum Zielrechner. Hier die folgende Auflistung von Argumenten, die spezifiziert werden können (es können mehrere Argumente zur gleichen Zeit angegeben werden):

escape	Sendet das aktuelle Escape-Zeichen (Voreinstellung ^]).
synch	Sendet eine TELNET SYNCH-Sequenz. Bewirkt ein Verwerfen aller vorangegangenen Eingaben auf dem Zielrechner.
brk	Sendet eine TELNET BRK-Sequenz (Break-=Unterbrechen).
ip	Sendet eine TELNET IP-Sequenz (IP=Interrupt Process), die den aktuell laufenden Prozeß auf dem Zielrechner abbricht.
ao	Sendet eine TELNET AO-Sequenz (AO=Abort Output). Alle Ausgaben des Zielrechners werden sofort zum Terminal des Benutzers geleitet.
ayt	Sendet eine TELNET AYT-Sequenz (AYT=Are You There).
ec	Sendet eine TELNET EC-Sequenz (EC=Erase Character). Es wird das zuletzt eingegebene Zeichen gelöscht.

telnet

	el	Sendet eine TELNET EL-Sequenz (EL=Erase Line). Löscht die aktuell eingegebene Zeile.
	ga	Sendet eine TELNET GA-Sequenz (GA=Go Ahead). Ohne größere Bedeutung für den Zielrechner.
	nop	Sendet eine TELNET NOP (NO=No Operation)-Sequenz.
	?	Hilfefunktion für die *send*-Kommandos.
set argument value		Setzen einer der unten aufgelisteten Variablen auf den spezifizierten Wert *value*. Ein speziell mit *off* angegebener Wert *value* schaltet die Funktion, die mit der Variablen assoziiert ist, aus. Der Zustand der einzelnen Variablen kann mit dem *display*-Kommando angezeigt werden.
	echo	Ist der Wert (Voreinstellung ^E), mit dem im Zeilen-Modus lokales Echo für die eingegebenen Zeichen geschaltet wird oder aber für die Zeicheneingabe eines Passwort das Echo unterdrückt.
	escape	Ist das *telnet escape*-Zeichen (Voreinstellung ^]), mit dem man in den *telnet*-Kommando-Modus schaltet.
	interrupt	Ist *telnet* im *localchars*-Mode (☞ *toggle localchars*) und wurde ein Interrupt-Zeichen ausgeführt, so wird die TELNET IP-Sequenz (☞ *send/ip*) zum Zielrechner gesendet.
	quit	Ist *telnet* im *localchars*-Mode (siehe *toggle localchars*) und wurde ein *quit*-Zeichen ausgeführt, so wird die TELNET BRK-Sequenz (☞ *send/brk*) zum Zielrechner gesendet.
	flushoutput	Ist *telnet* im *localchars*-Mode (☞ *toggle localchars*) und wurde ein *flushoutput*-Zeichen ausgeführt, so wird die TELNET AO-Sequenz (☞ *send/ao*) zum Zielrechner gesendet.
	erase	Ist telnet im *localchars*-Mode (☞ *toggle localchars*) und arbeitet in der Zeichen-für-Zeichen-Ausgabe, so wird das eingegebene

		erase-Zeichen mit einer TELNET EC-Sequenz (☞ *send/ec*) zum Zielrechner gesendet.
	kill	Ist telnet im *localchars*-Mode (☞ *toggle localchars*) und arbeitet in der Zeichen-für-Zeichen-Ausgabe, so wird das eingegebene *kill*-Zeichen mit einer TELNET EL-Sequenz (☞ *send/el*) zum Zielrechner gesendet.
	eof	Arbeitet *telnet* in der Zeile für Zeilenausgabe und wurde ein *eof*-Zeichen am Anfang einer Zeile eingegeben, so wird dieses zum Zielrechner transferiert.
toggle argumente ...		Schaltet (zwischen TRUE und FALSE) die unten aufgeführten Variablen, die regeln, wie *telnet* auf Ereignisse reagiert. Es kann mehr als ein Argument angegeben werden. Der Zustand dieser Variablen kann mit dem *display*-Kommando angezeigt werden. Gültige Argumente sind:
	autoflush	Sind beide, *autoflush* und *localchars*, TRUE, und werden dann *ao-*, *intr-* oder *quit*-Zeichen erkannt (und in TELNET-Sequenzen gewandelt), verweigert *telnet* jegliche Anzeige von Daten auf dem Benutzerterminal, bis vom Zielrechner bestätigt wurde (unter Verwendung der TELNET-Timing Mark-Option), daß er diese TELNET-Sequenzen verarbeitet hat. Die Voreinstellung ist TRUE, falls vom Benutzer kein *stty noflsh* abgesetzt wurde.
	autosynch	Sind beide, *autosynch* und *localchars*, TRUE, und werden dann entweder *intr-* oder *quit*-Zeichen eingegeben, wird die daraus resultierende TELNET-Sequenz gesendet, gefolgt von einer TELNET SYNCH-Sequenz. Diese Prozedur bewirkt, daß das Zielsystem alle vorangegangenen Eingaben verwirft, bis beide TELNET-Sequenzen gelesen worden sind. Voreinstellung hier ist FALSE.

crmod	Wenn crmod geschaltet ist, werden die empfangenen ⏎-Zeichen vom Zielrechners in ein ⏎- gefolgt von einem *line feed*-Zeichen gewandelt. Voreinstellung hier ist FALSE.
debug	Schaltet Socket Level Debugging (dient zur Fehlersuche auf Socket-Ebene und ist nur für den Super-User nützlich) ein. Voreinstellung hier ist FALSE.
local-chars	Falls TRUE, so werden die lokal erkannten *flush-*, *quitt-*, *interrupt-*, *erase-* und *kill*-Zeichen in die entsprechenden TELNET-Kontrollsequenzen gewandelt (als da wären *ao*, *brk*, *ip*, *ec* und *el*; ☞ *send*). Voreinstellung ist TRUE im Zeilen-Modus und FALSE im Zeichen-Modus.
netdata	Schaltet eine Anzeige aller Netzwerkdaten (Hexadezimale Darstellung). Voreinstellung ist FALSE.
options	Anzeige einiger interner TELNET-Protokollvorgänge. Voreinstellung hier ist FALSE.
?	Anzeige aller legalen *toggle*-Kommandos.

test

Name	**Argumente**
test	Ausdruck
oder nur	[Ausdruck]

Der Kommandoname *test* kann weggelassen werden, dann muß aber die Prüfung, durch *Ausdruck* beschrieben, in eckigen Klammern stehen und durch Leerzeichen abgegrenzt sein wie alle signifikanten Teile der Syntax (s. u.). Die eckigen Klammern sind für die Shell gleichbedeutend mit dem Befehlsnamen *test*. Das *test*-Kommando überprüft den angegebenen Ausdruck auf *true* oder *false* (Ausdruck erfüllt oder wahr = *true*, Ausdruck nicht erfüllt oder falsch = *false*). Ist der Ausdruck *true*, wird eine Null als Rückgabewert geliefert, andernfalls (*false*), ist der Rückgabewert ungleich Null.

20 Befehlsübersicht

Das *test*-Kommando wird gerne in Shell-Prozeduren verwendet, um Dateien auf ihre Zugriffsrechte hin zu untersuchen oder aber den Inhalt von Variablen zu testen. Mit dem von *test* gelieferten Rückgabewert können *while*-Loops, *until*-Loops oder *if*-Statements sinnvoll genutzt werden.

Die grundlegenden Konstruktionen der Ausdrücke, die bei *test* verwendet werden, gliedern sich in drei Kategorien:

- Testen von Dateien
- Testen von Reihen bzw. Strings
- Testen von Zahlenwerten.

-k Datei	true, falls »sticky bit« gesetzt ist.	**Testen von Dateien**
-r Datei	true, falls *Datei* existiert und lesbar ist.	
-w Datei	true, falls *Datei* existiert und vom Prozeß beschreibbar ist.	
-x Datei	true, falls *Datei* existiert und ausführbar ist.	
-s Datei	true, falls die *Datei* nicht leer (Länge 0) ist.	
-f Datei	true, falls eine normale *Datei* vorliegt.	
-d Datei	true, falls *Datei* existiert und ein Directory ist.	
-h Datei	true, falls *Datei* existiert und ein symbolischer Link ist (4.0).	
-c Datei	true, falls *Datei* existiert und eine Special-Character-Datei ist. (Ist eine Datei, die z. B. eine Bildschirmein- bzw. -ausgabe abwickelt.)	
-b Datei	true, falls *Datei* existiert und eine Special-Block-Datei ist. (Ist eine Datei, die z. B. für ein Magnetband Ein- bzw. Ausgabe blockweise und nicht zeichenweise abwickelt.)	
-p Datei	true, falls *Datei* existiert und eine Named Pipe ist.	
-u Datei	true, falls *Datei* existiert und das Set-User-ID-Bit gesetzt ist (☞ *chmod*).	
-g Datei	true, falls *Datei* existiert und das Set-Group-ID-Bit gesetzt ist (☞ *chmod*).	
-t [filedes]	true, wenn die offene Datei, deren File-Descriptor-Nummer *filedes* ist, mit einem Terminal Device verbunden ist (z. B. */dev/tty12*). *Filedes* ist per default *1*.	
-z str	true, falls die Länge von *str* Null ist.	**Testen von Reihen bzw. Strings**
-n str	true, falls die Länge von *str* ungleich Null ist.	
str1 = str2	true, falls *str1* identisch *str2* ist. Das = muß von Leerzeichen (Blanks) umgeben sein.	

test

	str1 != str2	true, falls *str1* ungleich *str2* ist. Das *!=* muß von Leerzeichen (Blanks) umgeben sein.
Testen von Zahlenwerten	str	true, falls *str* nicht der NULL-String ist.
	n1 -eq n2	true, falls die Zahlen *n1* und *n2* algebraisch gleich sind.
	n1 -ne n2	true, falls die Zahlen *n1* und *n2* algebraisch ungleich sind.
	n1 -lt n2	true, falls die Zahl *n1* algebraisch kleiner ist als *n2*.
	n1 -le n2	true, falls die Zahl *n1* algebraisch kleiner oder gleich *n2* ist.
	n1 -ge n2	true, falls die Zahl *n1* algebraisch größer oder gleich *n2* ist.
	n1 -gt n2	true, falls die Zahl *n1* algebraisch größer ist als *n2*.

Es gibt folgende logische Verknüpfungen:

	!	Steht für eine Negation
	-a	Steht für ein logisches (binäres) UND
	-o	Steht für ein logisches (binäres) ODER
	(expr)	Kammern für die gruppenweise Zusammenfassung, die auch von der Shell erkannt und deshalb in " " stehen müssen.

Beispiele   1. Feststellen, ob eine bestimmte Datei gelesen werden kann.

```
if test -r info
then
    cat info
else
    echo Diese Datei ist nicht lesbar
fi
```

Bei *true* wird der *then*-Zweig durchlaufen und die Datei *info* gelistet. Im anderen Falle, nämlich bei *false,* wird die Meldung *Diese Datei ist nicht lesbar* ausgegeben.

2. Die alternative Schreibweise von *test*, Ersatzdarstellung durch [...].

```
if [ "$name" = wolfgang ]
then
    echo "Würdest du gerne 6 richtige haben?"
fi
```

☞   *find, sh*

touch   berühren

Name	Optionen	Argumente
touch	[-amc][mmtthhmm[yy]]	Datei(en)

Mittels *touch* werden Zugriffs- und Änderungszeiten von Dateien auf einen anderen Stand gebracht, per Default auf den neuesten. Existiert die angegebene Datei nicht, wird sie mit der Länge Null angelegt, versehen mit den aktuellen Daten wie Zugriffszeit, Owner-Zugriffsrechte usw. Als Rückgabewert liefert *touch* die Zahl der Dateien, deren Zeiteintrag nicht erfolgreich geändert werden konnte.

Optionen

-a Nur die Zugriffszeit wird auf den aktuellen Stand gebracht.

-m Nur die Zeit der letzten Änderung wird aktualisiert.

-c Das Kommando erzeugt keine neue Datei, wenn die genannte noch nicht existiert.

Beispiele

1. Anlegen einer Datei mit *touch*

   ```
   $ ls
   $ touch liste
   $ ls
   liste
   ```

2. Es soll nur die letzte Änderungszeit der Datei *liste* verändert werden

   ```
   $ touch -m liste
   ```

☞ *ls*

tr   translate – übersetze

Name	Optionen	Argumente
tr	[-cds]	[String1 [String2]]

Das *tr*-Kommando kopiert Zeichen von Standardeingabe nach Standardausgabe, wobei angegebene Zeichen ersetzt, bzw. gelöscht werden können. Da *tr* keine Vorkehrungen bietet, sofort von Dateien zu lesen oder Dateien zu beschreiben, müssen Pipes oder Redirections (Umlenkungen) benutzt werden, um Standardein- und -ausgabe mit Dateien zu verbinden. In *String1* stehen diejenigen Zeichen, die gegen die Zeichen aus *String2* ersetzt werden sollen. Es wird also das erste Zeichen in *String1* durch das erste Zeichen aus *String2* usw. ersetzt. Auf diese Art und Weise ist es leicht möglich, Texte zu manipulieren, z. B. Klein- in Großschreibung umzuwandeln.

Optionen

-d   Löschen aller Zeichen im Text, die in *String1* definiert wurden, bei der Ausgabe.

-s   Erscheint ein Zeichen, das in *String2* aufgeführt wurde, im Text mehrfach hintereinander, so wird dieses nur einmal an die Ausgabe durchgereicht.

-c   Bildet das Komplement zu allen Zeichen, die in *String1* aufgeführt worden sind, sofern sie ASCII-Zeichen (oktal 001 bis 377) darstellen.

Sollen Bereiche bearbeitet werden, kann dies mit der in der Shell üblichen Beschreibung z. B. [a-z] für alle ASCII-Zeichen von a bis z geschehen. Desgleichen gilt \ vor einem Zeichen als Aufhebung der Sonderbedeutung dieses Zeichens.

Beispiele

1. Ersetze Klein- durch Großbuchstaben beim Lesen der Datei *info*.

```
$ tr "[a -z]" "[A-Z]" < info
DAS UNIX BETRIEBSSYSTEM WURDE VON KEN THOMPSON
UND DENNIS RITCHIE IN DEN SPÄTEN 60ER JAHREN AUS
DER WIEGE GEHOBEN.
```

2. Unterdrücke alle mehrfachen Leerzeichen bei der Ausgabe der Beispieldatei *leerzeichen*.

```
$ cat leerzeichen
Dies  ist   ein   Beispiel    einer
Datei,  in   der   viele
Leerzeichen  vorhanden  sind   .
$ tr -s " " " " < leerzeichen
Dies ist ein Beispiel einer
Datei, in der viele
Leerzeichen vorhanden sind.
```

3. Es soll ein Text zu einer Liste konvertiert werden, die nur ein Wort pro Zeile enthält.

```
$ tr -cs "[A-Z][a-z]" "[\012*]" < text
```

Die Option *-c* bewirkt, daß alles, außer Buchstaben, durch ASCII Code-012 (neue Zeile) ersetzt wird. *-s* sorgt dafür, daß immer nur eine »neue Zeile« ausgegeben wird.

ASCII NUL wird in *String1* und *String2* nicht bearbeitet, sondern automatisch herausgelöscht.

true   wahr

Name
true

Dieses Kommando erzeugt einen Rückgabewert (Exit-Status) von Null. Rückgabewerte werden normalerweise von allen UNIX-Kommandos erzeugt. Null heißt, sie wurden erfolgreich ausgeführt, ungleich Null, es traten Fehler auf. Man kann *true* z. B. zum Test in Shell-Prozeduren einsetzen, um ganz gezielt bestimmte Programmzweige zu durchlaufen.

Konstruktion einer Endlosschleife!   Beispiel

```
while true
 do
 echo Sei auf der Hut !
 sleep 600
 done &
```

Dieses Beispiel gibt alle 600 Sekunden »Sei auf der Hut« aus. Das *&* bewirkt, daß die Prozedur im Hintergrund läuft.

☞   *false, sh*

tty

terminal type

Name	Optionen
tty	[-l][-s]

Der Name des Terminalports, an dem der Anwender gerade arbeitet, kann mit *tty* festgestellt werden. Meist ist der vorausgehende Pfad */dev*, da in fast allen Systemen dort die Gerätedateien abgelegt sind.

Optionen

-l Falls der Anwender mit einer aktiven synchronen Verbindung arbeitet, wird die entsprechende Leitungsnummer angezeigt. (3.0)

-s Der Pfadname des Terminals erscheint nicht in der Ausgabe. Sinnvoll, wenn nur der Exit-Status auszuwerten ist. Rückgabewerte nach Ausführung des *tty*-Befehls:

  0 Standard Input ist ein Terminal.

  1 Fehler.

  2 Die gewählten Optionen sind ungültig.

Beispiele

1. Feststellen des eigenen Terminals

   ```
   $ tty
   /dev/tty02
   ```

2. Ist Standard Input ein Terminal?

   ```
   $ tty -s
   $ echo $?
   0
   ```

   Mit *$?* wird der Exit-Status des letzten Befehls angezeigt, hier *tty -s*. Der Wert 0 zeigt, daß Standard Input ein Terminal ist.

Fehlermeldungen

not on an active synchronous line kommt, wenn Standard Input kein synchrones Terminal ist und *-l* angegeben wurde.

not a tty kommt, wenn Standard Input kein Terminal ist und *-s* nicht angegeben wurde.

☞ *sh*

umask

Name
umask

Optionen
[Zahl]

Der Befehl *umask* stellt die Zugriffsberechtigungen beim Anlegen einer Datei ein. Normalerweise werden Lese-, Schreib- und Ausführberechtigung für alle drei Klassen von Anwendern (Owner, Group und Other) eingerichtet. Die Einstellung wird aufgrund der dreistelligen Oktalzahl (Zahl 000) vorgenommen, wobei jeweils eine zur Einstellung von Lese-/Schreib-/Ausführungsrecht für eine der drei Systemgruppen Owner, Group und Other benutzt wird. Die mit *umask* angegebenen Werte gelten aber nicht so, wie sie eingegeben werden, sondern sie werden von den 777 Werten für die Dreiergruppe abgezogen. Der Anwender kann zu jeder Zeit die systemvergebene Voreinstellung nach seinen Wünschen ändern.

1   Oktalwert für Ausführberechtigung.

2   Oktalwert für Schreibberechtigung.

4   Oktalwert für Leseberechtigung.

6   ist demzufolge eine Zusammenfassung der Oktalwerte 2 (Schreibberechtigung) und 4 (Leseberechtigung). *0666* würde diese Kombination für alle Klassen (Owner, Group und Other) einführen.

umask wird von der Shell erkannt und ausgeführt. Der Befehl kann in die Dateien *.login* oder *.profile* eingetragen werden und wirkt so bei jedem Einloggen.

Beispiele

1. Feststellen, wie die Permissions eingestellt werden

   ```
   $ umask
   0022
   ```

   Die Eingabe von *umask* allein bewirkt, daß die aktuelle Vorbelegung der Permissioneinstellung erscheint, hier *0022*. Diese Kombination bedeutet, daß eine neu angelegte Datei außer der Schreibberechtigung für Group (Gruppe) und Other (restliche User) sämtliche Zugriffsrechte erhält, was statt 777 für alle Rechte daher 755 (☞ *chmod*) entspricht.

2. Ändern der eigenen Permission-Maske

   ```
   $ ls
   $ touch test
   ```

```
$ ls -l
-rwxr-xr-x   1  mia tester   0   Sep 8 19:30        test
$ umask 0044
$ touch test1
$ ls -l
-rwxr-xr-x   1  mia tester   0   Sep 8  9:30        test
-rwx-wx-wx   1  mia tester   0   Sep 8 19:31        test1
```

Man sieht, daß die Permissions bei den beiden Dateien nach der Änderung mit *umask* unterschiedlich sind.

☞ *sh, chmod*

uname

Name   **Optionen**
uname   [-snrvmap]

Das *uname*-Kommando zeigt den Namen des aktuellen Systems an, je nach Wahl der Option in langer oder kurzer Ausführung.

Optionen

-s Zeigt den System-Namen. Dies ist auch die Vorbelegung, falls keine Option angegeben wurde.

-n Anzeige des *Node Name* (Knotenname). Dies ist normalerweise der Name, unter dem das System im (Kommunikations-)Netzwerk eingetragen ist und über den es angesprochen wird.

-r Anzeige der Release des Betriebssystems.

-v Anzeige der Version des Betriebssystems.

-m Namensanzeige des Hardware-Prozessors, z. B. i486.

-a Anzeige, als wären alle aufgezählten Optionen gesetzt.

-p Zeigt den Prozessortyp des lokalen Systems an (4.0).

-S Diese Option erlaubt dem Superuser, bis zum nächsten Neustart der Anlage deren Knotennamen zu ändern, z. B. *uname -S bounix3*.

Beispiele

1. Was haben wir für ein System?

   ```
   $uname
   UNIX
   $
   ```

2. Zeige alle möglichen Informationen über das System an.

   ```
   $ uname -a
   sysname=UNIX
   nodename=
   release=4.1
   version=SysV
   machine=i80486
   $
   ```

   UNIX wird in diesem Beispiel auf einem 80486-Prozessor gefahren, mit der Ausgabenummer 4.1 eines System »V« und ist mit keinem Kommunikations-Netzwerk gekoppelt. Diese Ausgabe erfolgt auf anderen Systemen auch seriell in einer Zeile, jedoch ohne Zuweisung mittels = -Zeichen wie im obigen Beispiel.

   ```
   $ uname -a
   UNIX   UNIX 5.4.1   SystemV...80286
   ```

uniq   gleich

Name	Optionen	Argumente
uniq	[-udc][+n][-n]	[Datei1[Datei2]]

Das *uniq*-Kommando vergleicht aufeinanderfolgende Zeilen der *Datei1*. Damit die gleichen Zeilen gefunden werden können, sollte der Befehl *sort* zunächst auf die Originaldatei angewendet werden. Sind zwei oder mehr Zeilen identisch, werden alle bis auf die erste entfernt. Der so gefilterte Text liegt dann in *Datei2*. Ohne Angabe von Dateien (*Datei1,Datei2*) werden Standardein- (Input, meist Tastatur) und -ausgabe (Output) benutzt. Wird nur ein Dateiname angegeben, so wird dieser als Standardeingabe genommen. Das Ergebnis geht nach Standardausgabe (gewöhnlich der Bildschirm).

Optionen   -u   Nur Ausgabe von Zeilen, die sich nicht wiederholen.

-d   Ausgabe derjenigen Zeilen, die sich wiederholen. Ohne Angabe irgendeiner Option wird das *uniq*-Kommando mit der Standardvorbelegung *-ud* gestartet.

-c   Wirkt wie die Standardvorbelegung, nur mit einer Nummer am Anfang jeder Zeile, die anzeigt, wie häufig diese Zeile in der Eingabedatei (*Datei1*) vorkommt.

-n   Ignoriert die ersten n Felder einer Zeile beim Vergleich, so als würde die Zeile erst mit dem Feld *n+1* beginnen. Ein Feld meint hier eine Ansammlung von Zeichen ohne Zwischenräume.

+n   Ignoriert die ersten n Zeichen in einer Zeile beim Vergleich.

Beispiele   1.   Ignoriere das erste Feld beim Vergleich.

```
$ cat namen
Hans Meier
Otto Meier
Hans Schäfer
Klaus Schäfer
$ uniq -1 namen
Hans Meier
Hans Schäfer
$
```

2. Numeriere doppelte Zeilen.

```
$ cat vornamen
Hans
Otto
Hans
Klaus
Willi
$ sort vornamen | uniq -c
2 Hans
1 Klaus
1 Otto
1 Willi
$
```

Das *sort*-Kommando wird hier benötigt, damit doppelte Zeilen immer aneinandergrenzen.

3. Liste aller doppelten Zeilen.

   ```
   $ sort vornamen | uniq -d
   Hans
   $
   ```

☞ *sort*

unpack   expandieren

Name
unpack

Argumente
Dateien

Das Kommando *unpack* (3.0) wird benötigt, um Dateien, die mit dem Kommando *pack* komprimiert worden sind, wieder in ihren Originalzustand zu versetzen, zu expandieren. Die Kompression wird durchgeführt, um Plattenplatz zu sparen. Nach der Bearbeitung einer Datei mit *unpack* ist die komprimierte Fassung, die durch das Suffix *.z* gekennzeichnet war, nicht mehr vorhanden. Die Dateien erhalten alle ihren ursprünglichen Namen zurück. Die Zugriffsrechte der betroffenen Dateien werden hiervon nicht betroffen.

Unter folgenden Umständen wird das *unpack*-Kommando nicht ausgeführt :

➢ Die Dateien wurden nicht mit *pack* erstellt.

➢ Eine Zieldatei gleichen Namens existiert bereits.

➢ Die Datei(en) können nicht geöffnet werden.

```
$ unpack langdatei.z namen
```
Beispiel

Das *unpack*-Kommando interpretiert die Datei *namen* als *namen.z*, somit ist es nicht notwendig, das Suffix mit anzugeben wie bei *langdatei.z*.

☞ *pack, pcat*

uucp unix to unix copy

Name	Optionen	Argumente
uucp	[Optionen]	Quelldatei(en)
		Bestimmungsort

Das *uucp*-Kommando (Kurzform für UNIX to UNIX copy) erlaubt dem Anwender, Dateien zwischen UNIX-Systemen zu transferieren. *uucp* ist kein interaktives Kommando, d. h. nach dem Absetzen des Kommandos kann mit anderen Arbeiten begonnen werden, ohne auf die weitere Ausführung zu warten. Wird nämlich ein Transfer gestartet, so wickelt ein Hintergrundprozeß namens *uucico* den eigentlichen Austausch der Daten ab. Dazu aktiviert er auf der Zielseite einen gleichnamigen Prozeß, mit dem er kommuniziert.

Die *Quelldatei* ist normalerweise (muß aber nicht) auf dem eigenen System, und der *Bestimmungsort* ist die Datei oder das Directory auf dem anderen System. Die Schreibweise des Bestimmungsortes ist wie folgt: *Systemname!Dateiname* oder *Systemname!Directory*. Hier nun z. B. ein Transfer einer Datei namens *daten* in das Verzeichnis */usr/tmp* des Systems *system1*:

```
$ uucp daten system1!/usr/tmp
$
```

Es wird hier die Datei *daten* zum Rechner *system1* kopiert und unter */usr/tmp/daten* abgelegt.

Somit ist es auch möglich, den Benutzern von anderen Rechnern direkt Dateien unter ihr Homedirectory zu kopieren, wie z. B.:

```
$ uucp daten system1!/usr/rosa/daten
$
```

Dem Benutzer *rosa* wird nun die Datei *daten* gesendet. Eine etwas kürzere Schreibweise sieht so aus:

```
$ uucp daten system1!~rosa/daten
$
```

uucp ersetzt *~rosa* durch *rosas* Homedirectory, in diesem Falle */usr/rosa*. Diese Schreibweise hat den Vorteil, daß man nur den Benutzernamen kennen muß, statt den »full path«-Namen. Möchte man diese Art der Datenübertragung aus Sicherheitsgründen nicht, bietet *uucp* die Möglichkeit, alle ein- und ausgehenden Datentransfers auf ein einziges, öffentliches (public) Directory mit dem Namen */usr/spool/uucppublic*, zu beschränken. Ein Datentransfer an den Benutzer *timm* sieht dann wie folgt aus:

```
$ uucp daten system1!~/timm/daten
$
```

Hierbei ist ~/ oder ~*uucp* eine Kurzschreibweise für */usr/spool/uucppublic* und wird entsprechend von *uucp* expandiert. Es ist natürlich genauso gut möglich, sich Dateien aus anderen Rechnern zu kopieren. Das kann z. B. so aussehen:

```
$ uucp system1!/usr/karl/daten daten
$
```

Nun wird die Datei *daten* des Benutzers *karl* vom Rechner *system1* in das Directory kopiert, in dem man sich gerade befindet. Wurde der Dateitransfer von einem der beiden Systeme eingeschränkt, so wird die Datei nicht übertragen. Der sicherste Weg, Dateien zu kopieren, ist der über das *uucppublic*-Directory der beiden Systeme.

```
$ uucp system1!~/timm/daten ~/basti/daten
$
```

Optionen

-c	Transferiert eine lokale Datei, ohne vorher eine Kopie im *uucp spool*-Directory anzulegen (ist Vorbelegung). Das spool-Directory kann genutzt werden, um temporäre Dateien zu speichern, die gesendet werden sollen.	
-C	Kopierte zuerst alle Dateien ins spool-Directory und benutzt die Kopie zum Transfer.	
-d	Kreierte, falls nötig, Directories für die kopierten Dateien; ist z. B. der Bestimmungsort ~/timm/post und ist das darüberliegende Directory *timm* nicht vorhanden, so wird es angelegt (ist Vorbelegung).	
-f	Diese Option verhindert, daß ein Directory kreiert wird. Dies hat zur Folge, daß die Datei nur dann transferiert werden kann, wenn schon ein entsprechendes Directory vorhanden ist.	
-j	Kontrollausgabe der *job*-Nummer. Wird z. B. benötigt, um mit *uustat* einen Transfer vorzeitig zu beenden.	

	-m	Ist die Übertragung beendet, so wird der Sender über *mail* davon in Kenntnis gesetzt.
	-n logname	Hiermit wird der Empfänger *logname* des anderen Systems darüber informiert, daß ihm eine Datei gesendet wurde.
	-r	Der *job* wird hierbei nur in eine Warteschlange eingereiht, und der Transfer wird erst bei der nächsten Aktivierung von *uucico* vollzogen.
	-g prio	Diese Option erlaubt es dem Benutzer, den *job* mit einer bestimmten Priorität zu versehen. *prio* ist entweder ein einzelner Buchstabe oder eine Zahl. Je geringer der ASCII-Wert von *prio*, je eher wird der *job* transferiert. (3.0)
	-s datei	Schreibt den Transferstatus in die Datei *datei*, wobei *datei* als »full pathname« angegeben werden muß. (3.0)
	-x[0-9]	Erzeugt eine Ausgabe zur Fehlersuche (debugging) auf Standardausgabe. Je größer die Zahl, um so detaillierter die Information. (3.0)

Beispiele 1. Sende eine Datei zu einem anderen Rechner.

```
$ cp post /usr/spool/uucppublic
$ uucp ~uucp/post system1!~/sabine/
```

Hier soll der Transfer nur auf das Directory *uucppublic* beschränkt werden. Deshalb muß die Datei *post* erst dorthin kopiert werden. Nun kann die Datei *post* via *uucp* zum *system1* geschickt und dort unter */usr/spool/uucppublic/sabine/post* abgelegt werden.

2. Informiere Sender und Empfänger über die erfolgreiche Übertragung.

```
$ uucp -m -nhans hallo system1!~/Hans/
```

Die Option *-m* informiert den Sender, die Option *-n* den Empfänger. Die Datei *hallo* muß im aktuellen Directory stehen.

uuname

Name
uuname

Optionen
[-c][-l]

Das *uuname*-Kommando listet alle Namen der UNIX-Systeme, die mit dem eigenen (lokalen) UNIX-Rechner verbunden sind, via UUCP-Paket auf (Kommandos wie z. B. *mail, mailx* und *uux* sind ebenfalls Bestandteile aus diesem Paket). Das *uuname*-Kommando ist eine nützliche Gedankenstütze beim Umgang mit dem *uucp*-Kommando, um so die erforderlichen Systemnamen der Koppelpartner zu erfahren.

Optionen

-c Liste aller Systemnamen, die mit dem Kommando *cu* angesprochen werden können. Ohne Angabe einer Option werden alle die Systemnamen der Rechner ausgegeben, die mit den Kommandos *uucp* bzw. *uuto* angesprochen werden können.

-l Ausgabe des eigenen Sytemnamens.

Beispiele

1. Anzeige des eigenen Systemnamens.

   ```
   $ uuname -l
   CTmini
   ```

2. Anzeige all jener Systemnamen, die vom eigenen Rechner aus angesprochen werden können.

   ```
   $ uuname
   hp70
   maxivax
   well
   classic
   ```

uupick

Name
uupick

Optionen
[-s Systemname]

Das Gegenstück von *uuto* ist das *uupick*-Kommando. Mit ihm können die Dateien weiterverarbeitet werden, die mit *uuto* gesendet wurden. *uupick* ist ein interaktives Kommando und kennt die folgenden Befehle:

Befehle	Aktionen
\<E\>	Sucht den nächsten Eintrag.
d	Löscht den aktuellen Eintrag.
m[dir]	Transferiert den Eintrag zum Directory *dir*. Ohne Angabe eines Directorys wird das genommen, in dem man sich gerade befindet.
a[dir]	Transferiert alle Dateien eines Absenders zum angegebenen Directory *dir*. Wird keine Directoryangabe gemacht, so wird das Directory genommen, in dem man sich gerade befindet.
p	Listet den Inhalt der Datei auf Standardausgabe.
q	Beendet das *uupick*-Kommando.
EOF	Verhält sich wie *q*. (Steht für *End-Of-File* und generiert ein Strg + D).
!kmd	Veranlaßt die Shell, das Kommando *kmd* auszuführen.
*	Anzeige einer Kurzübersicht der einzelnen Befehle für *uupick*.

Optionen

-s name   Zeigt nur die Dateien an, die vom Rechnersystem mit *name* gesendet wurden.

Beispiel

1. Annehmen und Löschen einer empfangenen Datei

```
$ uupick
from system unix1: file Hallo
? m
from system unix1: file unwichtig
? d
$
```

In diesem Beispiel wird die Datei *Hallo* in das aktuelle Directory transferiert und die Datei *unwichtig* gelöscht.

uustat

Name
uustat

Optionen
[Option(en)]

Mit dem *uustat*-Kommando kann man z. B. prüfen, ob ein Job, der einen Datentransfer abwickelt, schon das System verlassen hat. Ebenso ist es möglich, vorzeitig einen Job zu beenden oder sich nur einen Zustandsbericht der anstehenden *uucp*-Aktionen anzeigen zu lassen.

-q	Ausgabe einer Liste aller eingetragenen Jobs für alle verbundenen Rechnersysteme, die Statusinformationen, Zeit, Datum und andere Kontrolleinträge beinhaltet.
-k jobn	Beseitigt (*kill*) den *uucp*-Auftrag mit der Nummer *jobn*. Die Nummer *jobn* wird mit der Option *-j* des *uucp* oder mit den Optionen *-q*, *-s* oder *-u* des *uustat*-Kommandos ausgegeben. Außer der Root kann nur der Benutzer selber seinen Auftrag liquidieren.
-r jobn	Erneuert die Nummer *jobn*. Normalerweise sorgt ein Programm (*uuclean*) dafür, daß die alten Aufträge entfernt werden. Diese Option ersetzt ganz einfach die Bearbeitungszeit durch die aktuelle Zeit und sorgt somit für eine erneute Bearbeitung.
-s system	Zeigt die Zustandsberichte aller *uucp*-Aufträge, die mit dem anderen Rechnersystem *system* kommunizieren.
-u user	Zustandsbericht aller *uucp*-Aufträge, die zum Benutzer *user* gehören. Wird in Release 3 nicht mehr unterstützt.
-a	Ausgabe aller eingetragenen Aufträge (3.0).
-m	Statusliste aller zugreifbaren Rechnersysteme (3.0).

Die Optionen *-q*, *-k* und *-r* dürfen nicht gleichzeitig verwendet werden, da sie sich gegenseitig ausschließen.

Optionen

Beispiele

1. Prüfliste der eigenen Aufträge.

   ```
   $ uustat
   0123 tomm system1 10/05-09:31 10/05-09:33 JOB
                                            IS QUEUED
   ```

```
0124 tomm system2 10/05-09:32 10/05-09:33 JOB
                                           IS QUEUED
$
```

Dieses Beispiel zeigt zwei Aufträge, die aus folgenden Elementen bestehen:

a. *0123* bzw. *0124* sind die Auftragsnummern, die an die zu versendenden Jobs vergeben wurden.

b. *tomm* ist der Login-Name jener Person, von der die Aufträge aufgegeben wurden.

c. *system1* bzw. *system2* repräsentieren die Namen der Empfängersysteme.

d. *10/05-09:31* bzw. *:32* ist Datum und Zeit, mit denen die Aufträge in die Sendeliste eingetragen wurden.

e. *10/05-09:33* stellt Datum und Zeit der Ausgabeliste von *uustat* selbst dar.

f. Der letzte Teil dieser Liste gibt Auskunft, in welchem Zustand sich die Aufträge befinden. In diesem Beispiel wurden die Aufträge in die Sendeliste eingetragen, aber noch nicht gesendet.

2. Liquidieren eines Auftrages.

   `$ uustat -k 0123`

   Hiermit wurde der Auftrag *0123*, der im Beispiel 1 als eingetragen ausgewiesen ist, gelöscht.

uuto

Name	**Optionen**	**Argumente**
uuto	[-mp]	Quelldatei(en)
		Bestimmungsort

Das *uuto*-Kommando erlaubt es dem Anwender, eine oder mehrere Dateien in ein öffentliches (public) Directory eines anderen Rechnersystems zu senden. Das Format ist wie oben beschrieben, wobei *Quelldateien* Files des eigenen Rechnersystems bezeichnen.

Der Bestimmungsort setzt sich aus dem Systemnamen und dem Login-Namen des Empfängers zusammen.

-m	Informiert den Absender einer Datei über *mail*, daß die Datei ihren Bestimmungsort erreicht hat.	**Optionen**
-p	Erzeugt vor dem Senden eine Kopie im Spool-Directory.	

Das Gegenstück von *uuto* ist das Kommando *uupick*. Mit ihm kann man die Dateien weiterverarbeiten, die mit *uuto* gesendet wurden.

Es werden folgende Informationen in diesen Beispielen angenommen.

Beispiele

```
Eigener »login Name« = tam
 Eigener Systemname = sys1
 Empfänger »login Name«= bas
 Empfänger Sytemname = sys2
 Name der Sendedatei = Hallo
```

1. Senden der Datei *Hallo* zum Benutzer *bas* auf dem Rechnersystem *sys2*.

   ```
   $ uuto Hallo sys2!bas
   $
   ```

   Der Prompt in der zweiten Zeile zeigt an, daß die Datei *Hallo* zum Transfer an einen Hintergrundprozeß abgegeben wurde.

2. Möchte man wissen, ob ein Transfer erfolgreich war, so ist die Option *m* zu benutzen.

   ```
   $ uuto -m Hallo sys2!bas
   $
   ```

   Diese Option veranlaßt *mail*, dem Sender eine Nachricht zu hinterlegen, die z. B. so aussehen kann:

   ```
   $ mail
   From uucp Thur Apr15 12:20 1989
   file /sys1/tam/Hallo, system sys1
   copy succeeded
   ?
   ```

883

uux

Name	Optionen	Argumente
uux	[Option(en)]	Kommando-Auflistung

Kommando-Auflistung steht hier für eine Kombination aus benutzten Kommandos, Dateien und Rechnersystemen.

Das *uux*-Kommando kann Dateien von verschiedenen Rechnersystemen sammeln, ein Kommando auf einem angegebenen Computer ausführen und Standardausgabe auf eine Datei eines nächsten Computers schicken.

Die *Kommando-Auflistung*, die von *uux* genutzt wird, gleicht der gewöhnlicher Kommandos, bis auf eine Ausnahme, daß jedes Kommando und jede Datei mit einem Präfix *Systemname!* gekennzeichnet ist. An ihm läßt sich erkennen, auf welchem Computer das Kommando auszuführen, bzw. welche Datei auf welchem Rechner zu finden ist. Wird der Systemname nicht angegeben, kennzeichnet das nackte ! den lokalen Rechner. (☞ *uuname*-Kommando, um die dem Rechner bekannten Systemnamen zu erfahren).

Die Verwendung des Zeichens ~ (Tilde), wie auch schon unter *uucp* erwähnt, ist eine Kurzschreibweise für das Homedirectory eines Benutzers. ~/ oder ~uucp repräsentiert das von *uux* und *uucp* benutzte öffentliche (public) Directory.

Beispiel
```
$ uux »system1!sort system1!~/aliste \
!~/bliste system1!~/liste«
```

Hier werden die Datei *aliste* im öffentlichen Directory der Anlage mit Namen *system1* und die Datei *bliste* im öffentlichen Directory des lokalen Rechners sortiert und zusammengefaßt, und zwar unter Ausnutzung des *sort*-Kommandos auf dem Rechner *system1*. Die Ausgabe wird nun in die Datei *liste* des öffentlichen Directories des Rechners *system1* geleitet.

Der \ erweitert die Kommandoeingabe auf die nächste Zeile. Zeichen, die für die Shell eine ganz bestimmte Bedeutung haben, wie z. B. *, \, ?, ..., müssen in Anführungszeichen stehen (für die Shell maskiert werden), oder man setzt die ganze Kommando-Auflistung einfachheitshalber in Anführungszeichen, was den gleichen Effekt hat. Das *uux*-Kommando hat Beschränkungen:

1. Jede Seite kann sich die Kommandos aussuchen, die von *uux* benutzt werden sollen. Ist die Ausführung eines Kommandos auf einer Gegenseite verboten, wird man über den Postdienst (*mail*) davon in Kenntnis gesetzt.

2. Jede Seite kann sich aussuchen, zu welchen Directories der Zugang frei ist.

3. Metazeichen wie * oder die Umlenkungen < und > können nicht genutzt werden.

4. Eine Pipe kann nicht genutzt werden, um Kommandos über verschiedene Systeme hinweg zu verbinden, wie z. B.

   $ uux »system1!pr system1!~/liste | sys2!lp«

   Es müssen alle nachfolgenden Kommandos auf demselben System ausgeführt werden, auf dem auch das erste Kommando ausgeführt wurde.

   Bei manchen Kommandos ist es möglich, als Option eine Ausgabedatei anzugeben. Hierbei ist dann folgende Schreibweise zu verwenden:

   $ uux »sys1!sort -o \(!~/lese\) sys2!~/liste«

   Es wird auf dem Rechner *sys1* die Datei *liste* vom Rechner *sys2* sortiert und im lokalen Rechner der Datei *lese* abgelegt.

Optionen

–	Bewirkt, daß *uux* Standard-Eingabe als Argument der Kommando-Auflistung interpretiert, von dem Zeichen gelesen werden.
-j	Anzeige der »Job-Identifikaton« auf Standardausgabe. Diese Information kann vom Kommando *uustat* genutzt werden.
-n	Keine Benachrichtigung des Benutzers bei einem Fehlversuch.
-a name	Identifiziert den Benutzer über seinen Namen *name*, anstatt anhand seiner Jobnummer (3.0).
-b	Ist der Exit-Status des *uux*-Kommandos nicht Null, wird die originale Standardeingabe zurückgeliefert (3.0).
-c	Transferiert eine lokale Datei, ohne vorher eine Kopie im Spool-Directory anzulegen (ist Vorbelegung). (3.0)

-C	Legt zuerst eine Kopie im Spool-Directory an und benutze diese zum Transfer (3.0).
g prio	Die Option erlaubt es, den Job mit einer Priorität zu versehen. *prio* ist entweder ein einzelner Buchstabe oder eine Zahl. Je geringer der ASCII-Wert von *prio*, je eher wird der Job transferiert (3.0).
-p	Gleiche Funktion wie die »—«-Option. Wurde nur eingeführt, um unter UNIX einheitliche Kommandoformate zu bieten (3.0).
-r	Der Job wird hierbei nur in eine Warteschlange eingereiht, aber nicht gestartet (3.0).
-s datei	Erzeugt einen Statusreport des Tranfers in die Datei *datei* (3.0).
-x[0-9]	Erzeugt eine Ausgabe zur Fehlersuche (debugging) auf Standardausgabe. Je größer die Zahl, desto detaillierter die Information (3.0).
-z	Unterrichtet den Benutzer bei Erfolg (3.0).

Beispiel   Pipe-Information zu einem *uux*-Kommando.

```
$ pr post | uux - system1!rmail wolf
```

Die Option »—« bewirkt, daß *uux* die Ausgabe des *pr*-Kommandos als Standardeingabe für die Kommando-Auflistung interpretiert, in diesem Fall *system1!rmail wolf*. So gelangt der Inhalt, der von dem *pr*-Kommando bearbeiteten Datei *post* zu dem Benutzer *wolf* auf dem Rechner *system1*.

vi   visual editor

vi ist der Editor der Softwareentwickler und Spezialisten im System. Im Gegensatz zu den beiden anderen Editoren arbeitet der *vi* mit der gesamten Bildschirmseite und nicht mit einzelnen Zeilen. Er ist für alle Arbeiten geeignet, besonders für die Softwareentwicklung, da er keine besonderen Formatierungszeichen in die Files einfügt, wie es die meisten komfortableren Textsysteme tun. So entstehen unerwünschte Effekte, die zu mancher Verwirrung führen, sei es, daß ein Programm abgebrochen wird, oder sei es, daß es nicht wie erwartet abläuft. Im Kommandomodus können fast alle Befehle des *ed* ausgeführt werden. Wenn z. B. in einer

Datei ein Textstring überall durch einen anderen ersetzt werden soll, geschieht dies mit einem *ed*-Befehl. Der *ed* ist eine Untermenge des *vi*.

Wenn der Editor zur Bearbeitung einer bereits vorhandenen Datei aufgerufen wird, legt das System automatisch eine temporäre Kopie an, in der dann zunächst die gewünschten Änderungen vorgenommen werden, ohne die ursprüngliche Datei zu verändern. Erst bei entsprechendem Verlassen des Editors wird der Inhalt der Originaldatei überschrieben. Für den Fall, daß man versehentlich einen Fehler beim Editieren gemacht hat, gibt es die Möglichkeit, den Editor zu verlassen, ohne daß die vorgenommenen Änderungen in die Originaldatei übernommen werden. Sie werden einfach fortgeworfen.

Im Gegensatz zu »normalen« Textverarbeitungsprogrammen (engl.: Word Processor) kann man bei den UNIX-Editoren nicht immer sofort und überall Zeichen einfügen, und Änderungen, die in formatierten Texten vorgenommen werden, können nicht während der Editorsitzung neu formatiert angezeigt werden. Für eine erneute Formatierung ist eine zusätzliche Bearbeitung der Datei außerhalb des Editors mit den Befehlen *nroff* oder *troff* nötig.

Es gibt bei allen UNIX-eigenen Editoren zwei unterschiedliche Betriebsarten, zwischen denen bei der Bearbeitung einer Datei hin- und hergeschaltet werden muß:

a. den Kommandomodus: Hierin befindet man sich automatisch nach dem Aufruf des Editors. Diese Betriebsart erlaubt freies Bewegen im Text, Umsetzen von Textblöcken, Schreiben in andere Dateien, Löschen ganzer Passagen und sogar das Absetzen von UNIX-Kommandos, ohne daß man den Editor verlassen muß.

b. den Eingabemodus: Bevor man ihn einstellt, muß man sich entscheiden, ob man vorhandenen Text überschreiben oder neuen Text einfügen will. Zum Einschalten des einen oder des anderen Modus ist das jeweilige Kommando zu wählen. Beide Betriebsarten werden mit ⌈Esc⌉ beendet. Man befindet sich danach wieder im Kommandomodus des Editors.

Da den meisten Anwendern klar ist, welche Aufgaben ein Editor zu erfüllen hat, sollen die Funktionen des *vi* im folgenden tabellenartig beschrieben werden, damit dieser Teil später als Nachschlagewerk benutzt werden kann.

Wechsel der Modi beim Arbeiten mit dem vi-Editor

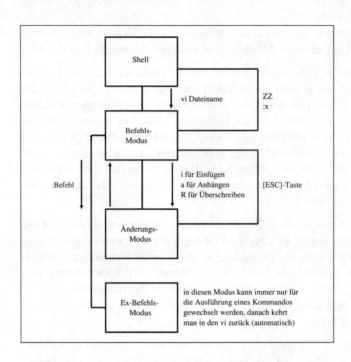

Aufrufarten des *vi*-Editors

Allgemeine Syntax

vi [-r] [-l] [-R] [-wn] [+Befehl] Datei

Optionen

-l   (lisp). Schaltet automatisch den LISP-Modus ein. Sinnvoll, wenn in dieser Sprache programmiert wird.

-r   (Recover – zurückholen). Ist das System in einer Editorsitzung ausgefallen, kann nach dem Neustart der Anlage die Bearbeitung an der Stelle fortgesetzt werden, an der man sich gerade befand, wenn man vom System eine entsprechende Mail erhält. Die Änderungen sind also nicht verlorengegangen, obwohl der aktuelle Stand nicht zurückgespeichert wurde.

vi -r Datei   Schreibt in diesem Fall den geretteten Text in die genannte Datei zurück.

vi -r   Erzeugt eine Liste der geretteten Dateien.

-R	(Read Only – nur lesen). Die Datei wird nur im Lesemodus aufgerufen, es können keine Änderungen durchgeführt werden.
-wn	(Window – Fenster). Die Größe des Bildschirminhalts wird auf n Zeilen eingestellt.
+Befehl	Die Befehle stammen aus dem Vorrat des Ex-Editors und werden abgearbeitet, bevor das eigentliche Editieren beginnt.
vi+n Datei	Der Inhalt der bezeichneten Datei wird ab Zeile n zur Bearbeitung auf dem Bildschirm gezeigt.
vi+Datei	Der Editor positioniert den Cursor am Ende der Datei so, daß sofort Zeichen dort angehängt werden können.
vi+/text Datei	Der Editor beginnt mit dem Cursor in der Zeile, in der zum ersten Mal der angegebene Textstring innerhalb der Datei steht.
vi	Der Editor wird ohne Dateinamen gestartet, d. h. der Inhalt des Puffers ist keinem festen Dateinamen zugeordnet. Das kann später gemacht werden (:*w Datei*).
vi Datei(en)	Es wird die bezeichnete Datei zur Bearbeitung in den Puffer geladen. Sind mehrere Namen angegeben worden, kann mit :*n* jeweils die nächste Datei geladen werden. Die Eingabe des Kommandos :*x* beendet die gesamte Sitzung, d. h. Dateien, die bis zu diesem Zeitpunkt noch nicht in Bearbeitung waren, werden nicht mehr aufgerufen.
vedit	Startet den Editor in der Betriebsart *verbose*, d. h. es wird in der letzten Zeile des Bildschirms angezeigt, ob man sich gerade im Einfüge- oder Überschreibmodus usw. befindet. Die restliche Syntax gilt wie bei *vi*-Aufrufen.

Spezielle Funktionen beim Aufruf des *vi*

Verlassen des Editors

Grundsätzlich muß durch Drücken der Esc -Taste zuerst der Editiermodus verlassen und in den Kommandomodus umgeschaltet werden, damit man einen Befehl zum Beenden des Editors eingeben kann (☞ Abbildung). Eine Bestätigung, daß man tatsächlich im Kommandomodus ist, stellt der Sprung des Cursors in die unterste Bildschirmzeile nach Eingabe von »:« dar. Jetzt kann ein Befehl eingegeben werden (☞ Liste der Befehle). Wenn man sich nicht sicher ist, ob man die Esc -Taste bereits gedrückt hatte, sollte man dies auf jeden Fall noch einmal tun, da eine mehrfache Eingabe nicht schadet. Die folgenden Zeichen werden sonst in die Datei übernommen und nicht als Befehl verstanden.

vi

Sämtliche Kommandos müssen mit ⏎ abgeschlossen werden, solange nicht anders beschrieben.

ZZ
: Der Inhalt des Puffers wird auf die Festplatte zurücktransportiert und die Originaldatei mit der neuen Version überschrieben. Die Editorsitzung wird beendet. Dieses Kommando muß nicht mit ⏎ abgeschlossen werden.

:wq
: (Write and Quit – schreiben und beenden). Der aktuelle Bearbeitungsstand der Datei wird abgespeichert und der Editor verlassen.

:w
: Der Inhalt des Puffers wird auf die Originaldatei zurückgeschrieben, und die Editorsitzung geht anschließend an der gleichen Stelle weiter.

:w>Datei
: Schreibt den Pufferinhalt in die genannte Datei.

:w>>Datei
: Hängt den Pufferinhalt an die genannte Datei an.

:x
: (Exit – verlassen). Wie ZZ.

:Q
: Auf diese Weise kann in den Ex-Editor umgeschaltet werden.

:q
: (Quit). Der Pufferinhalt wird nicht auf die Festplatte übernommen. Die alte Version bleibt erhalten. Wenn Änderungen gemacht wurden und dieser Befehl gewählt wurde, erscheint eine Fehlermeldung, da in diesem Fall ein Verlassen des Editors aus Sicherheitsgründen nicht möglich ist. Abhilfe schafft der folgende Befehl.

:q!
: (Quit(. Der Pufferinhalt mit den aktuellen Änderungen geht verloren, und die Editorsitzung wird beendet.

Cursorpositionierung

Eine Eigenart des *vi*-Editors ist, daß er teilweise die Kommandos, die er ausführt, nicht auf dem Bildschirm anzeigt. Der Anwender bekommt nur das Resultat zu sehen. Um die folgenden Befehle eingeben zu können, muß erst mit Esc in den *Kommandomodus* gewechselt werden.

mit	wohin
^	Erstes Zeichen der aktuellen Zeile
0	Erste Spalte der Zeile
$	Letztes Zeichen der aktuellen Zeile

Die Pfeiltasten reagieren wie dort bezeichnet. Gleicher Effekt ist mit den Tasten `K`, `J`, `L`, `H` zu erzielen (s. u.).

mit	wohin
`h`	1 Character nach links
n `h`	n Character nach links
`←`	Backspace (wie h)
`Strg`+`H`	wie h
`l`	1 Character nach rechts
n `l`	n Character nach rechts
`    `	Leertaste wie l. Zahl vor dem Leerzeichen führt zur n-maligen Anwendung dieser eingestellten Funkion.
`k`	Wenn möglich, in der gleichen Spalte eine Zeile aufwärts
n `k`	Wenn möglich, in der gleichen Spalte n Zeilen aufwärts
`j`	Wenn möglich, in der gleichen Spalte eine Zeile tiefer
n `j`	Wenn möglich, in der gleichen Spalte n Zeilen aufwärts
`b`	(Beginning –Anfang) Anfang des letzten Wortes
`B`	(Beginning) Anfang des letzten Wortes, dessen Delimiter ein Blank ist. Delimiter sind die Zeichen direkt vor und hinter dem Wort.
`e`	Wortende vorwärts
`w`	(word – Wort) Anfang des nächsten Wortes
`W`	(Word) Anfang des nächsten Wortes, mit Blank als Delimiter
`"`	Zurück zur letzten Position, die geändert wurde.
`n`	Gleiche Spalte in der nächsten Zeile
`p`	Gleiche Spalte in der vorangegangenen Zeile
(n) `G`	(go) Springt auf die n-te Zeile der Datei
`G`	Cursor wird in der letzten Zeile positioniert
`+`	Textanfang in der nächsten Zeile
`-`	Textanfang in der vorangegangenen Zeile
`↵`	wie +
`H`	(Home) Linke obere Ecke des Bildschirms
n `H`	n-te Zeile des Bildschirminhalts

`M`	(Middle – Mitte) Springt in die mittlere Zeile des Bildschirms.
`L`	(Last – letzte) Springt in die letzte Zeile des Bildschirms.
n `L`	(Line – Zeile) n-te Zeile über dem unteren Bildschirmrand.
`(`	Anfang des vorhergehenden Satzes; neue Zeile in Verbindung mit einer Zahl wird um die entsprechende Anzahl von Sätzen zurückgesprungen
`)`	Ende des aktuellen Satzes; neue Zeile in Verbindung mit einer Zahl wird um die entsprechende Anzahl von Sätzen vorwärts gesprungen
`{`	Anfang eines Absatzes, gekennzeichnet z. B. durch eine Leerzeile oder [[(s. u.). Die Angabe einer Zahl vorab bestimmt, um wie viele Absätze gesprungen wird.
`}`	Ende eines Absatzes, analog {
`[` `[`	Anfang eines Abschnitts, gekennzeichnet durch ^L oder {
`]` `]`	Ende eines Abschnitts, gekennzeichnet durch ^L oder }

Blättern auf dem Bildschirm

Bevor eines der nachstehenden Kommandos eingegeben wird, muß auf jeden Fall der Kommandomodus eingeschaltet sein. Drücken der `Esc`-Taste stellt den gewünschten Modus ein. Sollte es versehentlich doppelt eingegeben werden, ertönt die Tastaturglocke, sonst passiert nichts.

mit	wohin
`Strg`+`B`	Blättert in der Datei eine Bildschirmseite rückwärts. Wenn möglich wird eine zwei-zeilige Überlappung eingerichtet. Eine Zahl vor dem Kommando bestimmt, um wie viele Seiten geblättert werden soll.
`Strg`+`b`	Wie `Strg`+`B`
`Strg`+`D`	Der Dateiinhalt wird um eine halbe Bildschirmseite vorwärts weitergeblättert. Wird vor dem Kommando eine Zahl (n `Strg`+`D`) angegeben, dann scrollt der Bildschirm nur über diese Anzahl Zeilen. Die Einstellung wird für weitere `Strg`+`D`- und `Strg`+`U`-Kommandos in der aktiven Editorsitzung beibehalten.
`Strg`+`d`	Wie `Strg`+`D`.
`Strg`+`E`	Scrollt den Bildschirm um eine Seite vorwärts und läßt den Cursor an der gleichen Stelle, relativ zum Textinhalt der aktuellen Zeile.

Strg+F	Blättert in der Datei eine Bildschirmseite weiter. Eine zweizeilige Überlappung wird eingestellt, wenn es möglich ist. Eine Zahl vor dem Befehl bestimmt, wie viele Seiten vorwärts geblättert werden sollen.	
Strg+f	Wie Strg+F.	
Strg+J	Bewegt den Cursor in der gleichen Spalte eine Zeile tiefer. Eine Zahl vor dem Befehl bewirkt eine Bewegung über diese Anzahl Zeilen.	
Strg+M	Führt den Cursor zum ersten Zeichen der nächsten Zeile, das kein Leerzeichen ist.	
Strg+N	Wie Strg+J.	
Strg+U	Blättert den Dateiinhalt um eine halbe Bildschirmseite zurück.	
Strg+u	Wie Strg+U.	
Strg+Y	Schiebt den Bildschirminhalt um eine Zeile rückwärts.	
z +	Blättert um eine Bildschirmseite weiter.	
z -	Blättert eine Seite zurück.	
z .	Verschiebt den Dateiausschnitt so, daß der Cursor in der mittleren Zeile des Bildschirms steht.	
z	Die aktuelle Zeile mit dem Cursor wird die erste Zeile der Bildschirmausgabe.	
Strg+G	Ruft eine Statuszeile mit wichtigen Informationen über den aktuellen Bearbeitungsstand auf.	
n G	(Go) Auf die n-te Zeile der Datei.	
G	Cursor wird in der letzten Zeile positioniert.	

mit	wohin	
		Neuaufbau des Bildschirms
Strg+l	Es erfolgt ein Neuaufbau des Bildschirms.	
Strg+r	Löschen und Neuaufbau des Bildschirms.	
z	Neuaufbau und Neupositionierung des Bildschirms (Nur im Kommandomodus anwendbar).	

Voraussetzung dafür, daß die nachfolgenden Zeichen als Kommandos und nicht als Text verstanden werden, ist, daß zuvor die Esc-Taste gedrückt wurde. Der Modus, der durch die Kommandos eingeschaltet

Einfügen und Überschreiben von Zeichen

wird, läßt sich mit `Esc` wieder beenden (☞ Abbildung). Erst dann kann in einen anderen Modus gewechselt werden.

Wird eine Datei neu eröffnet, muß erst einmal der Texteingabemodus eingeschaltet werden, bevor überhaupt eine Eingabe möglich ist. Mit Einfügen ist hier sowohl Einfügen links von der aktuellen Cursorposition (i = insert, einfügen), rechts davon (a = append, anhängen) sowie das Hinzufügen ganzer Zeilen gemeint. Zum Einschalten der jeweiligen Betriebsart stehen die folgenden Kurzbefehle zur Verfügung:

Einfügen

`a` — Startet den Anhängemodus, d. h. die folgenden Zeichen werden rechts vom Cursor eingefügt.

`A` — Nachfolgende Zeichen werden am Zeilenende angehängt.

`$` `a` — Wie *A*.

`i` — Zeichen werden links vom Cursor eingefügt.

`I` — Zeichen werden am Anfang einer Zeile eingefügt.

`o` — Eröffnet eine neue Zeile unterhalb der aktuellen, positioniert den Cursor in der ersten Spalte, schaltet in den Einfügemodus und schreibt die folgenden Zeichen dort hinein.

`O` — Wie *o*, jedoch wird die neue Zeile oberhalb der aktuellen eingefügt.

`u` — Macht den letzten Befehl rückgängig.

`U` — Macht alle Änderungen der aktuellen Zeile rückgängig.

`.` — Wiederholt die gesamte letzte Änderung ab der Stelle, an der der Cursor gerade steht.

Befehle im Einfügemodus

Diese Kommandos können eingegeben werden, ohne daß der Anwender vorher den Einfügemodus verlassen muß.

`↵` — Eröffnet eine neue Zeile.

`←` — Löscht das letzte Zeichen, das eingegeben wurde.

`Strg`+`H` — Wie `←`.

`Strg`+`W` — Löscht das letzte Wort, das eingegeben wurde.

`Strg`+`X` — Löscht die Zeile, die zuletzt eingegeben wurde.

`\` — Hebt innerhalb von Texten die tatsächliche Wirkung der gerade beschriebenen Korrekturzeichen auf. Sie werden ohne Aufhebung vom Editor erkannt und ausgeführt.

`Strg`+`V`	Dient der Eingabe von Steuerzeichen, die als echte Controlsequenzen in die Datei eingefügt werden. Man kann diese Eingabe nicht durch ^ und den passenden Buchstaben nachahmen (^L), obwohl auf dem Bildschirm in beiden Fällen Identisches angezeigt wird.	
`Esc`	Beendet den Eingabemodus.	
`Entf`	Führt zum Abbruch des Eingabemodus.	
`Strg`+`D`	Schaltet automatisches Einrücken ein.	**Einrücken**
`0` `Strg`+`D`	Schaltet automatisches Einrücken aus.	
`Strg`+`D`	Für die aktuelle Zeile wird nicht automatisch eingerückt, hebt die Wirkung des vorhergehenden `Strg`+`D` für eine Zeile auf.	
`c`	Einschalten des Ersetzungsmodus, wobei ein mitlaufender $ auf dem Bildschirm das aktuelle Ende der Ersetzung markiert. In Verbindung mit dem Aufruf muß immer eine Bereichsangabe erfolgen, für die die Änderung gelten soll. Beenden der Betriebsart mit `Esc`.	**Überschreiben / Ersetzen**

	`c` `c`	Die aktuelle Zeile wird komplett durch den folgenden Text ersetzt.	Beispiele
	n `c` `c`	Wie `c` `c`, jedoch werden *n* Zeilen statt einer ersetzt.	
	`c` `$`	Die Ersetzung reicht von der aktuellen Position bis zum Zeilenende, auch wenn weniger Text eingegeben wird.	
	`c` `w`	Das Wort, in dem der Cursor sich gerade befindet, wird durch den nachfolgenden Text ersetzt.	
	`C`	Ersetzung bis zum Ende der Zeile.	

`r`	Nach diesem Kommando kann genau das Zeichen überschrieben werden, auf dem der Cursor steht, danach schaltet der Editor automatisch zurück in den Kommandomodus.	
`R`	Schaltet den permanenten Überschreibmodus ein. Ab der aktuellen Cursorposition kann Text überschrieben werden. Ende mit `Esc`.	
`s`	Ersetzt das Zeichen unter dem Cursor durch den nachfolgend eingegebenen Text, der durch `Esc` beendet wird.	

	n ⬚s⬚	Wie ⬚s⬚, jedoch werden die nächsten n Zeichen durch den Text überschrieben. Ende mit ⬚Esc⬚.
	⬚S⬚	Der nachfolgend eingegebene Text ersetzt die aktuelle Zeile, d. h. nach Abschluß der Eingabe mit ⬚Esc⬚ ist der alte Text gelöscht.
Änderungen rückgängig machen	⬚u⬚	Macht den letzten Befehl rückgängig.
	⬚U⬚	Macht alle Änderungen der aktuellen Zeile rückgängig.
Wiederholung der letzten Änderung an anderer Stelle	⬚.⬚	Wiederholt die gesamte letzte Änderung ab der Stelle, an der der Cursor gerade steht. Dies gilt sowohl für Lösch- als auch für Einfüge-/Änderungsvorgänge.

Die folgenden Befehle stammen aus dem Vorrat des *ed*, dessen Dienste zur Ausführung in Anspruch genommen werden.

Sie alle müssen mit ⬚↵⬚ abgeschlossen werden und gelten nur einmal, d. h. man befindet sich nach deren Abarbeitung wieder im Kommandomodus.

Sobald der »:« eingegeben wird, springt der Cursor in die linke untere Ecke des Bildschirms und zeigt dort den gesamten Befehl an, bis er abgeschickt wird.

Nach dem Ausführen des Kommandos springt der Cursor zurück in den Text, und zwar an die Stelle, wo er vor dem Befehlsaufruf stand.

Der: gehört eigentlich nicht zum Kommando.
Er ist hier nur mit angegeben, damit das Einschalten des Befehlsmodus nicht vergessen wird.

:s/alt/neu/	*alt* steht für den bisherigen Text, *neu* für das, was dort eingetragen werden soll. Die Ersetzung wird nur einmal und nur in der aktuellen Zeile ausgeführt. Tritt die zu ersetzende Stelle mehrfach in einer Zeile auf, dann wird sie nur beim ersten Mal verändert.
:1,$s/alt/neu/g	Der einzige Unterschied zum vorhergehenden Befehl ist der, daß die Änderung in der gesamten Datei ausgeführt wird.
:m,n,s/alt/neu	In den Zeilen *m* bis *n* wird die Zeichenkette *alt* durch *neu* ersetzt, aber in jeder Zeile nur einmal. Tritt in einer Zeile der gleiche String mehrfach auf, dann wird er nur beim ersten Mal ersetzt.

:ns/alt/neu/	Ersetzt in der n-ten Zeile den Text *alt* durch *neu*; jedoch nur einmal (s. o.).	
:s/alt/neu/g	Ersetzt in der aktuellen Zeile alle Texte *alt* durch *neu* (*g*=global).	
:gs/alt/neu/g	Ersetzt in der gesamten Datei alle Strings *alt* durch *neu*. Dieses Kommando ersetzt auch Teile von Worten, deshalb muß man sich seinen Einsatz genau überlegen.	
:s/alt//	Löscht den Text *alt* in der aktuellen Zeile, wo er das erste Mal auftritt. Sollen alle Stellen der aktuellen Zeile gelöscht werden, dann muß an das Kommando noch *g* angehängt werden.	
&	Wiederholt das letzte Ersetzungskommando (nur vom Typ :*s*...).	
`Strg`	Im Einfüge- oder Überschreibmodus wird die aktuelle Zeile an der Stelle aufgetrennt, an der sich der Cursor befindet. Der rechts vom Cursor stehende Teil der Zeile wird an den Anfang einer neu eröffneten Zeile unterhalb der aktuellen transportiert. Sämtlicher nachfolgender Text bleibt unverändert.	**Trennen, Zusammenziehen und Verschieben von Text und Zeilen**
`J`	Im Kommandomodus bewirkt dieser Befehl, daß die nachfolgende Zeile hinten an die aktuelle Zeile angehängt wird, egal an welcher Position sich der Cursor innerhalb der Zeile befindet.	
`>`	Schiebt den Text nach rechts.	
`<`	Schiebt den Text nach links.	
`d`	Ist der Indikator für einen Löschvorgang, jedoch gehört eine Angabe des Bereichs dazu, in dem gelöscht werden soll.	**Löschen von Zeichen**
	dd Löschen der gesamten aktuellen Zeile.	Beispiele
	ndd Löschen von n Zeilen ab der aktuellen.	
	dL Löschen von der aktuellen Position bis zum unteren Bildschirmende.	
	dw Löschen des Wortes, in dem der Cursor steht.	
	d) Löschen bis zum Ende eines Absatzes.	
	D Löschen ab der aktuellen Cursorposition bis zum Zeilenende.	

	⌞x⌟	Löscht das Zeichen unter dem Cursor.
	⌞X⌟	Löscht das Zeichen vor dem Cursor.
	⌞u⌟	Macht den letzten Befehl rückgängig.
	⌞U⌟	Macht alle Änderungen der aktuellen Zeile rückgängig.
	⌞.⌟	Wiederholt die gesamte letzte Änderung ab der Stelle, an der der Cursor gerade steht.
Suchen im Text	/Begriff	Nach diesem Kommando wird der Dateiinhalt vorwärts nach dem angegebenen Begriff durchsucht, wobei nach dem Erreichen des Dateiendes die Suche am Anfang fortgesetzt wird, bis die Datei einmal komplett untersucht worden ist. Ist die Suche erfolglos, erscheint ein entsprechender Kommentar. Sonderzeichen müssen im Suchbegriff durch ein vorangehendes \ als normale Zeichen deklariert werden.
	?Begriff	Wie /Begriff, jedoch wird die Datei rückwärts durchsucht.
	/	Das letzte Kommando zur Vorwärtssuche wird wiederholt.
	?	Das letzte Kommando zur Rückwärtssuche wird wiederholt.
	n	Das letzte Suchkommando wird wiederholt, unabhängig von der Richtung.
	fZeichen	Es wird in der aktuellen Zeile vorwärts nach dem Zeichen gesucht und der Cursor dort positioniert. Eine Zahl vor dem Kommando bestimmt, wie oft die Suche durchgeführt werden soll.
	FZeichen	Wie fZeichen, jedoch Suche rückwärts.
	tZeichen	Wie fZeichen, Cursor wird aber vor dem Zeichen positioniert.
	TZeichen	Wie fZeichen, Cursor wird aber vor dem Zeichen positioniert.
	;	Wiederholung des letzten f-, F-, t- oder T-Kommandos.
	,	Wiederholung des letzten f-, F-, t- oder T-Kommandos, wobei die Bewegungsrichtung invertiert wird.
	^	Steht in Suchbegriffen als Zeichen für den Zeilenanfang.
	$	Steht für das Zeilenende in Suchbegriffen oder für das Dateiende, wenn er ohne weitere Zeichen als Suchbegriff angegeben wird.

n|	Bringt den Cursor in die n-te Spalte. Es muß eine Zahl angegeben werden.	
[[	Sucht z. B. in C-Programmen nach der nächsten {-Klammer.	
]]	Sucht z. B. in C-Programmen nach der nächsten }-Klammer.	

Es gibt innerhalb des *vi*-Editors 27 Puffer, von denen 26 durch die Buchstaben des Alphabets bezeichnet werden und einer sozusagen automatisch ist.

Verdoppeln und Verschieben von Textblöcken

In diesen einen Speicher wird immer der gesamte zuletzt gelöschte Text (☞ die Kommandos im Abschnitt »Löschen von Zeichen«) geschrieben, der dann mit dem Kommando *u* (*undo* = rückgängig machen) wieder an die gleiche Stelle geschrieben, oder mit den *P*-Kommandos an anderer Stelle eingefügt werden kann.

Die Befehle müssen, außer wenn es extra erwähnt wird, nicht mit ⏎ abgeschlossen werden.

Befehle zur Nutzung des automatischen Puffers

y	Kopiert das Zeichen unter dem Cursor in den automatischen Puffer.
ny	Kopiert n+1 Zeichen in den automatischen Puffer.
yw	Kopiert ein Wort (in dem der Cursor steht) in den automatischen Puffer, das an anderer Stelle mit *p/P* hinter/vor dem Cursor eingefügt werden kann.
yy	Kopiert die aktuelle Zeile in den automatischen Puffer.
nyy	Kopiert inklusive der aktuellen Zeile insgesamt n Zeilen in den automatischen Puffer.
y]]	Wenn der Cursor auf einer geschweiften Klammer ({) steht, wird alles bis zur nächsten geschweiften Klammer (}) in den automatischen Puffer kopiert (sinnvoll für C-Programme).
Y	Wie *yy*.
Yp	Verdoppelt die aktuelle Zeile.
nYp	Verdoppelt n Zeilen und fügt sie unterhalb der aktuellen ein.
P	Fügt den Inhalt des automatischen Puffers oberhalb der aktuellen Zeile ein.
p	Wie *P*, jedoch unterhalb der aktuellen Zeile.

Die restlichen 26 Puffer sind durch die Buchstaben des Alphabets bezeichnet und lassen sich gezielt ansprechen. Sollte in einer Sitzung von einer Datei zur nächsten gewechselt werden, geht der Inhalt der Puffer nicht verloren, solange der Wechsel mit dem Kommando *:e Neudatei* vollzogen und nicht mit *:x* oder *:q* der Editor unterbrochen wird. Angesprochen werden die Puffer im Kommandomodus durch z. B. »*a*, »*b* usw.

»anyy	Kopiert n Zeilen in den Puffer a.
»bnw	Kopiert n Worte in den Puffer b.
»ap	Fügt den Inhalt des Puffers a unterhalb der aktuellen Zeile ein.
»bP	Fügt den Inhalt des Puffers b oberhalb der aktuellen Zeile ein.

Außer den gerade besprochenen Speichern gibt es 9 Register, in denen die letzten 9 Änderungen im Text gespeichert werden. Sie können mit dem Recover-Mechanismus wieder geladen werden. Bei einem Dateiwechsel, auch innerhalb einer Editorsitzung, geht ihr Inhalt verloren. Sie sind mit den Zahlen 1 bis 9 bezeichnet, wobei sich der zuletzt gelöschte String im Register mit der Nummer 1 befindet.

Beispiel — Als erste Zeichenkette wurde das Wort *Maus* aus der Datei gelöscht und vom System in das erste Register geladen. In den anderen steht bisher noch nichts, da der Editor gerade erst aufgerufen wurde.

Als nächstes wurde der Begriff *Hund* gelöscht, er wird in das Register 1 transportiert und der bisherige Inhalt an das nächsthöhere Register weitergereicht. Es wird bei jedem Löschvorgang der Eintrag der Register weitergeschoben, bis ein String beim neunten Mal das letzte Register erreicht hat.

Wird jetzt noch eine Stelle aus der Datei gelöscht, dann wird diese wieder in das erste Register geschoben, und alle Inhalte wandern in das nächsthöhere Register. Der Inhalt von Register 9 geht jetzt verloren und kann nicht mehr mit den unten beschriebenen Befehlen zurückgeholt werden.

»1p	Erzeugt eine neue Zeile unterhalb der aktuellen und schreibt dort den Inhalt des ersten Registers hinein, »*3p* würde entsprechend das dritte Register zurückholen.
»1pu	Mit dieser Kombination kann man die Registerinhalte auf dem Bildschirm anzeigen und anschließend wieder löschen lassen.

Der eigentliche Zweck dieser Kommandofolge wird erst durch die Eingabe eines . sichtbar. Mit jedem Punkt wird entweder der gerade gezeigte

Inhalt gelöscht oder der Registerzähler um eins erhöht und der Inhalt des nächsten Registers auf den Bildschirm geholt (☞ ».«-Kommando).

:e Datei	Aus der Editorsitzung heraus wird eine neue Datei geladen, allerdings nur, wenn die, die sich bereits im Arbeitsspeicher befindet und geändert wurde, vorher abgespeichert wurde (:w).	**Gleichzeitige Bearbeitung mehrerer Dateien**
	Sonst erscheint eine Fehlermeldung, oder ein Verlust der Änderungen wird bewußt durch die Verwendung des nachfolgend beschriebenen Befehls in Kauf genommen.	
:e!Datei	So wird auf jeden Fall die genannte Datei in den Arbeitsspeicher geladen, unter Verlust der Daten, die vorher darin standen.	
:e#	Es wird die Datei geladen, die zuletzt vor der aktuellen innerhalb der jetzigen Editorsitzung bearbeitet wurde.	
:e +Datei	Die genannte Datei wird geladen und der Cursor an deren Ende positioniert.	
:e +n Datei	Der Bildschirminhalt beginnt mit der Darstellung des Dateiinhalts in der n-ten Zeile.	
:e +/ Zeichenkette Datei	Der Bildschirminhalt wird um die Stelle der Datei konstruiert, an der die Zeichenkette steht.	
:e!	Das Original der aktuellen Datei wird erneut in den Arbeitsspeicher geladen, und alle in der bisherigen Sitzung gemachten Änderungen gehen verloren.	
:n	Es wird die nächste Datei, die beim Aufruf des Editors in der Kommandozeile angegeben war, geladen. Wurde die aktuell bearbeitete Datei verändert, aber nicht abgespeichert (:w), dann erscheint eine entsprechende Fehlermeldung.	
:n!	Die nächste Datei der Aufrufliste wird ohne weitere Kontrolle (keine Fehlermeldung) in den Arbeitsspeicher geladen, und der vorherige Inhalt geht verloren.	
:r Datei	Der Inhalt der genannten Datei wird unterhalb der aktuellen Zeile eingefügt.	
:w	Der Inhalt des Arbeitsspeichers wird auf die aktuell bearbeitete Datei zurückgeschrieben, ohne daß der Editor verlassen wird. Dies ist sinnvoll zur Abspeicherung von Änderungen während einer längeren Bearbeitung der Datei. Der Inhalt des Speichers bleibt unverändert.	**Zurückschreiben aus dem Arbeitsspeicher auf die Festplatte**

:w Datei	Der Inhalt des Arbeitsspeichers soll nicht in die Originaldatei, sondern in die genannte Datei geschrieben werden. Existiert diese Datei schon und beinhaltet Daten, dann erfolgt eine Fehlermeldung.
:w! Datei	Wie vorher, jedoch werden die Daten ohne Kontrolle in die genannte Datei geschrieben. Der alte Inhalt geht verloren.
:n,mw Datei	Die Zeilen der aktuellen Datei mit den Nummern von *n* bis *m* (*:se nu* zeigt die Zeilennumerierung) werden in die genannte Zieldatei geschrieben.
ZZ	Der Inhalt des Puffers wird auf die Festplatte zurücktransportiert und die Originaldatei mit der neuen Version überschrieben. Die Editorsitzung wird beendet.
:wq	(Write and Quit) Abspeichern des aktuellen Bearbeitungsstandes der Datei und Verlassen des Editors.
:x	wie ZZ

Direkter Aufruf von Shell-Kommandos

Es gibt die Möglichkeit, UNIX-Kommandos direkt aus dem Editor heraus abzusetzen, ohne die Sitzung zu unterbrechen. Dies ist sehr hilfreich, wenn man sich benötigte Daten nur anschauen will, ohne sie direkt in die aktuelle Datei zu übernehmen, oder wenn man Systeminformationen braucht.

:!Befehl	Der genannte Befehl wird ausgeführt und eine entsprechende Meldung auf dem Bildschirm ausgegeben (sie wird nicht in die Dateibearbeitung übernommen). Der Bildschirminhalt muß mit [Strg]+[L] anschließend erneuert werden.
:!!	Wiederholt das zuletzt eingegebene UNIX-Kommando.
:sh :csh	Beide starten eine neue (C-)Shell, in der ohne Einschränkung gearbeitet werden kann. Der Editor läuft im Hintergrund weiter, bis die neue Shell mit [Strg]+[D] oder [Strg]+[Z] beendet wird. Der Editor macht genau an der Stelle weiter, wo er vorübergehend verlassen wurde.
:r !Befehl	Diese Konstruktion bietet die Möglichkeit, das Ergebnis eines Shell-Kommandos in die Datei einzuarbeiten, und zwar an der Stelle, an der sich der Cursor gerade befindet.

| !Befehl | In dieser Form wirkt der angegebene Befehl auf den Inhalt des Arbeitsspeichers, den man gerade mit dem Editor bearbeitet. Die Ausgabe des Kommandos wird anstelle des bearbeiteten Ursprungstextes in die Datei eingefügt (nur im Puffer). |

Makrobefehle

Wenn im Speicher a ein Editorkommando hinterlegt wurde, dann wird dieses als Makro mit dem beschriebenen Aufruf ausgeführt.

@	Wiederholung des vorangegangenen Makrobefehls.
:map Macro Befehl	Dem genannten Makro wird ein Editorkommando zugewiesen. Wird nun hinter dem : der Name des Makros angegeben, dann wird das dahinter verborgene Editorkommando ausgeführt.
:umap Macro	Löscht das genannte Makro.
:ab Name Text	Textpassagen können durch frei definierbare Abkürzungen ersetzt werden. Befindet man sich im Einfügemodus, dann wird der Originaltext eingefügt, jedoch nur, wenn die Kurzbezeichnung alleine steht. Als Teil eines Wortes wird sie nicht erkannt.
:una	Löscht eine Abkürzung.

Zeichen mit besonderer Bedeutung

%	Hierunter versteht das System im Kommandomodus des Editors den Inhalt des Arbeitsspeichers der gerade bearbeiteten Datei (Beispiel: :!% %.org).
#	Wenn dieses Zeichen im Kommandomodus verwendet wird, ersetzt das System es durch den zuletzt in einem Kommando verwendeten Dateinamen.
#%	Wird angewandt, wenn zwischen zwei Dateien, die gleichzeitig bearbeitet werden, hin und her geschaltet werden soll.
~	Erscheint auf dem Bildschirm in den Zeilen, in denen sich in der Datei kein Text befindet. Es ist nur eine Auffüllung des Bildschirms.
	So werden auf dem Bildschirm Zeilen markiert, die im tatsächlichen Speicher nicht stehen. Der Fall tritt z. B. dann auf, wenn nach dem Löschen von Zeilen der Bildschirminhalt nicht neu generiert wird.

:l   Im Kommandomodus eingegeben bewirkt es, daß die aktuelle Zeile mit allen Sonderzeichen (z. B. $ für Zeilenende) dargestellt wird. Geht eine Zeile über 72 Zeichen hinaus, dann wird die Zeile aufgeteilt und der Umbruch am Zeilenende mit \ gekennzeichnet. Control-Zeichen werden in der Form ^*I* dargestellt, wobei das ^ für Strg steht. In diesem Fall handelt es sich um eine Control-Sequenz.

Einstellungsparameter für die Arbeitsweise des Editors

Die Einstellungen können sowohl beim Aufruf des Editors als auch im laufenden Betrieb vorgenommen werden. Beim Aufruf des Editors wird der Inhalt der Environment-Variablen EXINIT geprüft, und die darin hinterlegten Parameter werden für die Einstellung der gewünschten Arbeitsweise verwendet. Dieser Eintrag muß in der jeweils benutzereigenen Datei *$HOME/.login* (bei *csh*) oder *$HOME/.profile* (bei *sh*) stehen, die beim Einloggen gelesen wird.

Es ist darauf zu achten, daß in Dateien wie *.login* und *.cshrc*, die beim Start der C-Shell nacheinander abgearbeitet werden, nichts Gegensätzliches steht, da der letzte Eintrag für eine Variable übernommen wird.

Für die Shell lautet die Syntax zum Einschalten

```
EXINIT=»set nu list«;export EXINIT
```

und zum Ausschalten

```
EXINIT=»set nonu nolist«;export EXINIT
```

und für die C-Shell analog

```
setenv EXINIT »set nu list«
```

oder

```
setenv EXINIT »set nonu nolist«
```

Die Wirkung von *nu* und *list* ist weiter unten bei der Beschreibung der Optionen erklärt.

Im laufenden Betrieb muß mit *in* in den Kommandomodus gewechselt und ein Befehl mit folgender Syntax eingegeben werden:

```
:set <Option> [=Zeichen]
```

Der Zusatz *Zeichen* gilt für einige Parameter wie z. B. *ht*, *ts* usw., die eine wahlweise Änderung zulassen. Die Änderung gilt nur für die aktuelle Editorsitzung.

`:se <Option>?`

Zeigt, ob die genannte Option eingeschaltet ist.

`:se all`

Zeigt die Einstellung aller Optionen.

Die automatische Vorbelegung steht jeweils in Klammern. Das Rücksetzen einer Einstellung erfolgt, indem der Name des Parameters mit dem Vorsatz *no* versehen wird.

Optionen

Beispiel

se	(nolist) Macht die List-Darstellung auf dem Bildschirm rückgängig.
ai	(noai) Bei den Kommandos *a*, *c*, und *i* im Einfügemodus wird jede Zeile wie die vorangehende mit führenden Leerzeichen versehen. Es wird sozusagen ein linker Randausgleich durchgeführt.
ap	(noap) Es erfolgt ein Neuaufbau des Bildschirms, sobald eine Zeile gelöscht oder eingefügt wird.
aw	(noaw) Der Arbeitsspeicherinhalt wird auf die Originaldatei zurückgeschrieben, egal ob der Editor verlassen oder nur eine neue Datei zur Bearbeitung geladen wird.
bf	(nobf) Sämtliche Control-Zeichen werden aus der Datei entfernt.
dir	(dir=/tmp) Normalerweise wird die Arbeitskopie einer Datei in */tmp* angelegt. Mit dieser Option läßt sich ein anderes Directory wählen.
eb	(noeb) Treten Fehler in der Bedienung des Editors auf, ertönt zusätzlich zu den Meldungen auf dem Bildschirm ein akustisches Signal (^).
ht	(ht=8) Voreinstellung der Tabulatorabstände am Terminal.
ic	(noic) Bei der Textsuche entfällt die Unterscheidung von Groß- und Kleinbuchstaben.
lisp	(nolisp) Nach den Regeln der LISP-Sprache wird die Einrückung vorgenommen. Klammern werden nach den entsprechenden Vorschriften behandelt.

list	(nolist) Der Dateiinhalt wird inklusive aller Sonderzeichen auf dem Bildschirm dargestellt. $ steht für Zeilenende, ^I für Tabulator.
magic	(nomagic) Sonderzeichen werden in ihrer Bedeutung berücksichtigt und nicht als reine Textzeichen gewertet.
mesg	(nomesg) In dieser Einstellung können auch Meldungen, die nicht vom Editor stammen, auf dem Bildschirm angezeigt werden. Hierunter fallen Meldungen des Superusers (*wall*) und der Maildienst mit seiner Eingangsnachricht. Wird *nomesg* gesetzt, dann werden sämtliche Meldungen, die nicht vom Editor selbst stammen, unterdrückt.
nu	(nonu) Der Dateiinhalt wird in numerierten Zeilen auf dem Bildschirm ausgegeben. Die Zeilen werden teilweise umgebrochen, da durch diese Darstellung weniger Platz pro Zeile zur Verfügung steht.
para	(para=IPLPPPQPP Llbp) Hiermit werden die Grenzen der Absätze definiert, die bei den Befehlen mit geschweiften Klammern ({ }) eingerichtet werden sollen.
prompt	(noprompt) Als Prompt bei Kommandos, die mit : aufgerufen werden, erscheint dieses Zeichen auf dem Bildschirm.
redraw	(noredraw) Immer wenn ein Zeichen eingegeben wird, erfolgt ein Neuaufbau der Zeile.
remap	(noremap) Makros werden rekursiv abgearbeitet.
report	(report=5) Werden durch ein Änderungskommando mehr als 5 Zeilen verändert, erscheint eine entsprechende Mitteilung auf dem Bildschirm.
scroll	(scroll=1/2) Definiert den Scrollbereich für die Scrollbefehle.
sections	(sections=SHNHH HU) Definition der Grenzen bei den Kommandos [[und]].
sh	(sh=/bin/sh) Der Pfadeintrag bestimmt, welche Shell beim entsprechenden !-Kommando gestartet wird. C-Shell, *rsh* usw. können auch dort eingetragen werden
sw	(sw=8) Stellt die Schrittweite des Tabulators ein. Dieser Eintrag steuert auch den Sprung des Cursors bei den <- und >-Befehlen, wenn diese nicht mit einer vorangehenden Zahl eingegeben werden (z. B. 5<), die dann als Richtwert benutzt wird. Die Definition gilt auch bei dem Parameter *ai* und den [Strg]+[D]-Kommandos im Einfügemodus.

sm	(nosm) Dienst für das Editieren von Programmen. Bei der Eingabe von Klammern des Typs) oder } wird die als zugehörig erkannte, öffnende Klammer für ca. 1 Sekunde hell unterlegt.
ts	(ts=8) Legt die Position der Tabulatoren in einer Zeile fest.
term	(TERM) Der Inhalt der Shell-Variablen TERM wird zur Definition des Terminaltyps herangezogen. Unter dem Namen, der dort steht, wird der zugehörige Eintrag im Terminaldefinitionsfile /etc/termcap gesucht. Ist dort kein Eintrag zu finden, schaltet der Editor automatisch in einen Einzeilenmodus um, der keine spezielle Terminalanpassung braucht.
terse	(noterse) Die Fehlermeldungen erscheinen in Kurzform.
warn	(nowarn) Wurden die Änderungen in einer Datei nicht abgespeichert, bevor ein !-Befehl eingegeben wird, dann erscheint eine Fehlermeldung, und der Inhalt des Arbeitsspeichers wird nicht verändert.
window w300, w1200, w9600	(meist >= 1200) Hängt von der Baudrate ab. Stellt die Anzahl der Zeilen/Bildschirmseite auf 8, 16 oder die Zahl der im System und nicht im Editor definierten Bildschirmzeilen ein.
ws	(nows) Schaltet die Ringsuche über Dateianfang oder -ende hinweg ein. Gilt für /-und ?-Suchmodus.
wm	(wm=0) Startet ein akustisches Signal, wenn hinter der Spalte *wm* noch ein Zeichen eingefügt werden soll.
wa	(nowa) Schreibt auf Dateien ohne vorherige Prüfung zurück.

wait   warten

Name	**Argumente**
wait	[pid]

Das *wait*-Kommando eignet sich z. B. gut, um auf ein Resultat aus einem Hintergrundprozeß zu warten, das man zur weiteren Verarbeitung verwenden möchte. Das Argument ist die Prozeßidentifikationsnummer (PID) des Hintergrundprozesses, auf den gewartet werden soll. Hat man mehrere Hintergrundprozesse gestartet und gibt die PID nicht an, so wird gewartet, bis sich auch der letzte Hintergrundprozeß beendet hat.

Beispiel   `test wortdatei`

In dem Shell-Script *test* wird der Inhalt der Datei *wortdatei* geprüft und auf das Resultat des Hintergrundprozesses (*spell* ...) gewartet. Der Inhalt des Scripts *test* ist wie folgt:

```
spell $1 fehler &
 echo Dies ist die $1 Datei
 cat $1
 wait
 echo Hier die Liste mit falschen Wörtern
 cat fehler
```

Die Prozedur startet hier das *spell*-Programm im Hintergrund. Dann werden eine Nachricht und danach der Inhalt der Datei mit dem Argument *$1* ausgegeben und so lange gewartet, bis *spell* fertig wird. Nun kann die Datei *fehler* ausgegeben werden.

wall   write all (an alle schreiben)

Name
wall

Das *wall*-Kommando (bis 3.2) liest so lange von Standardeingabe, bis ein EOF-Signal (End-of-File), gewöhnlich ein [Strg]+[D] (^D), am Anfang einer Zeile gefunden wird. Dann wird der Text an alle am System angemeldeten (eingeloggten) Benutzer gesendet, und zwar mit folgender Überschrift:

`Broadcast Message from »login-name« ..............`

Das *wall*-Kommando wird gewöhnlich vom Superuser (Root) genutzt, um die Benutzer über bevorstehende Aktionen, wie z. B. das Abschalten des Systems, zu informieren. Nur die Root als Sender kann sich über einen durch den Benutzer für sein eigenes Terminal gesetzten »Schreibschutz« hinwegsetzen (☞ *mesg*).

Das *wall*-Kommando steht nicht in dem gebräuchlichen Kommando-Directory und muß deshalb mit dem gesamten Pfadnamen (*/etc/wall*) aufgerufen werden, falls für die User und die Root */etc* nicht im Pfad enthalten ist. Die Ausgabe der Nachricht erfolgt mitten in andere Bildschirmaktivitäten hinein, auch wenn man sich gerade in einer Editorsitzung befindet.

Oftmals geraten Anwender daraufhin in Panik, weil sie glauben, dieser zusätzliche Text stünde nun in der gerade bearbeiteten Datei. Dies ist aber nicht der Fall. Die Eingabe von ⟨Strg⟩+⟨L⟩ (*vi*-Editor) erzeugt einen neuen Bildschirmaufbau (Refresh), der die Nachricht nicht mehr enthält!

Nachricht an alle, die augenblicklich dem System bekannt sind (logged-in).   *Beispiel*

```
$/etc/wall
  Bitte sofort ausloggen, das System wird angehalten !
  Strg+D
$
Broadcast Message from wolfgang
  Bitte sofort ausloggen, das System wird angehalten !
```

Diese Nachricht wird auch beim Sender ausgegeben.

wc   word count (Worte zählen)

Name	Optionen	Argumente
wc	[-lwc]	Dateiname(n)

wc zählt Zeilen, Worte oder Zeichen der angegebenen Datei(en) oder Standard Input (bis ⟨Strg⟩+⟨D⟩ für *Ende Eingabe*) und bildet daraus eine Gesamtsumme der jeweils selektierten Option(en). Ohne Angabe einer Option wird das Kommando mit der Voreinstellung *-lwc* ausgeführt:

-l   zählt Zeilen   **Optionen**

-w   zählt Wörter

-c   zählt Zeichen

Unter dem Ausdruck *Wort* versteht man hier eine Ansammlung von Zeichen ohne Zwischenräume.

Beispiele 1. Zähle Zeilen, Wörter und Zeichen in der Datei *mausepaul*

```
$ wc mausepaul
    5      20      50 mausepaul
Anz.Zeilen  Anz.Wörter  Anz.Zeichen Datei
```

2. Zähle die Anzahl Einträge in einem Directory

```
$ ls | wc -l
32
```

Ohne Angabe eines Dateinamens liest *wc* von Standard Eingabe, welche in diesem Beispiel Ausgabe des Kommandos *ls* ist.

who   wer

Name	**Optionen**	**Argumente**
who	[-uTlHqpdbrtas]	[Datei(en)]

who zeigt in einer Liste (s. u.), wer augenblicklich am System arbeitet (*NAME*), auf welchem Port die Benutzer eingeloggt sind (*LINE*) und die Zeit, wann jemand sich am System angemeldet hat (*TIME*). Weitere Spalten erscheinen bei Aufruf von *who* mit den unten aufgeführten Optionen. Seine Informationen holt *who* aus der Datei */etc/utmp* bzw. */var/adm/wtmp* ab 4.0. Folgt dem Befehl beim Aufruf ein Dateiname, schaut das Kommando dort nach den benötigten Informationen statt in der Datei *utmp*.

Die Verwendung von *who am i* bringt die gewünschten Informationen über den User, der den Befehl aufruft.

Optionen -u   Liste der Benutzer, die aktuell eingeloggt sind. Es erscheint auch eine Spalte mit dem Titel *IDLE*, in der die Zeit seit der letzten Aktivität angezeigt wird. Steht dort ein Punkt, waren innerhalb der letzten Minute noch Daten zu diesem Benutzer unterwegs.

-T   Zu den Feldern der Liste wird eins hinzugefügt, in dem der aktuelle Zustand des Terminals protokolliert wird (☞ Ausgabeformat, Feld *STATE*), wobei + ansprechbar für jeden bedeutet (*write*), und – für verriegelt. ? steht für eine Verbindung, die fehlerhaft ist.

-l	Es werden alle Ports angezeigt, die initialisiert sind, auf denen zur Zeit aber niemand eingeloggt ist. Dort läuft der Getty-Prozeß, der auf dem Bildschirm das Login-Begrüßungsbild ausgibt. Der Zustand wird in der Ausgabe des *who*-Befehls im Feld *NAME* durch den Eintrag *LOGIN* dargestellt, das STATE-Feld ist in diesem Fall nicht in der Ausgabe enthalten.
-H	Über jeder Spalte werden Headings ausgegeben (3.2).
-q	Quickmodus von *who*; es werden nur die Namen der User und deren Anzahl angezeigt, sonst nichts (3.2).
-p	Diese Option gibt jeden anderen Prozeß mit an, der gerade aktiv ist und vorher von *init* aufgespannt (respawn) wurde. In NAME steht der Name des ausgeführten Programms, wie er in */sbin/inittab* gefunden wurde. In COMMENT steht die ID der Leitung, wie sie in */sbin/inittab* steht (4.0).
-d	Zeigt eine Liste der Prozesse, die beendet sind und noch nicht wieder neu durch *init* belebt (respawn, aufgespannt) wurden. Am Eintrag im Feld EXIT kann man eventuell anhand der dort stehenden Angaben wie z. B. *Exit Value* feststellen, warum ein Prozeß beendet wurde.
-b	Zeigt die Zeit, wann das System zum letzten Mal gebootet wurde.
-r	Zeigt den augenblicklichen Run Level des Init-Prozesses.
-t	Gibt den Zeitpunkt der letzten Änderung des Systemdatums durch *root* mit dem Befehl *date* an (4.0).
-a	Setzt alle möglichen Optionen und gibt alle Informationen aus (*/var/adm/*) utmp aus .
-s	Diese Option ist die Voreinstellung, in der Anzeige erscheinen nur die Felder NAME, LINE und TIME.
-n x	Mit dieser Option kann ein numerischer Wert *x* übernommen werden, der die Anzahl der dargestellten User pro Zeile angibt. Minimalwert für *x* ist 1. *-n* darf nur zusammen mit *-q* benutzt werden (4.0).

Felder des Ausgabeformats

NAME	Enthält den Login-Namen des Users.
STATE	Gibt an, ob ein Terminal Nachrichten empfangen kann (☞ Befehl *mesg*). + steht für ja, – für nein und ? für einen Leitungsfehler.

	LINE	Gibt den Namen des benutzten Terminalports an, so wie er im Directory /dev eingetragen ist.
	TIME	Anzeige der Loginzeit.
	ACTIVITY (idle)	Gibt in Stunden und Minuten an, wann die letzte Aktivität auf der betreffenden Leitung stattfand. Wurde noch innerhalb der letzten Minute auf der Leitung gearbeitet, steht dort ein Punkt. Sind seit der letzten Aktivität mehr als 24 Stunden vergangen, steht dort *old*.
	PID	Bezeichnet die Prozeß-Identifizierungsnummer der Login Shell des Benutzers.
	COMMENT	Hier stehen Informationen, die aus dem File /etc/inittab stammen, z. B. an welchem Port das Terminal angeschlossen ist und um welchen Typ es sich handelt.
	EXIT	Zeigt die Exit Values gestorbener Prozesse (☞ -d).
Beispiel		

```
$ who -HuT
NAME   LINE        TIME            IDLE PID  COMMENTS
root   - console   May 28 07:15    .    15
georg  + tty07     May 28 09:15    .    67   Empfang
gabi   + tty05     May 28 12:36    0:55 107
```

☞   *ps, write, login, mesg, init, inittab, utmp*

write   schreiben

Name   **Argumente**
write   Loginname [line]

write ermöglicht das Versenden von Nachrichten an Benutzer, deren Terminal nicht gesperrt ist (Eintrag im Loginfile: *mesg no*); der Superuser kann immer auf ein Terminal schreiben. Es wird immer eine Zeichenkette übertragen, wenn ⏎ gedrückt wird. Ein Protokoll für den Dialogverkehr existiert nicht. Die Sendeerlaubnis muß nach eigenen Regeln erteilt werden, z. B. wenn am Ende einer gesendeten Zeile ein bestimmtes Zeichen erscheint, ist die Meldung des anderen zu Ende, und er wartet auf Nachricht. Das Programm wird durch Eingabe von Strg+D (Zeichen für *Dateiende*) beendet. ☞ mesg-Kommando. Ist der Adressat auf mehreren Terminals angemeldet, erscheint die Meldung:

```
User is logged in on more than one place.
 You are connected to »terminal«.
 Other locations are: »terminal«
```

In diesem Fall kann über die Option *line* ein bestimmtes Terminal angesprochen werden, indem dort der Name des Terminalanschlusses eingegeben wird.

1. Eröffne Dialog mit dem Benutzer, dessen Login-Id *wolfgang* ist   Beispiele

    ```
    $ write wolfgang
    ```

    Eröffnet den Dialog mit dem Benutzer *wolfgang*. Jede danach eingegebene Zeile wird nach Abschluß mit ⏎ gesendet.

2. Eröffne den Dialog wie oben, jedoch an einem bestimmten Terminal (hier */dev/tty14*; 4.0)

    ```
    $ write wolfgang tty14
    ```

☞   *mesg, mail, who*

Anhang

21 Literaturverzeichnis 917

21 Literaturverzeichnis

UNIX System V/386 Release 4
User's Guide
User's Reference Manual
System Administrator's Guide
Network User's and Administrator's Guide
UNIX System Laboratories (AT&T)

Guide to the UNIX Desktop
UNIX SVR4.2
Chris Negus and Larry Schummer
UNIX Press

CTIX Operator's Manual
Volume 1
Convergent Technologies

UNIX System V 3.0 Primer
Revised Edition
M. Waite, S. Prata, D. Martin
The Wait Group, Howard W. Sams & Company

UNIX Bible
M. Waite, S. Prata
The Wait Group, Howard W. Sams & Company

System V
Interface Definition
AT&T

A Practical Guide To The UNIX System
Marc J. Snowbill
Benjamin/Cummings Publishing Company

XOPEN Portability Guide
XOPEN
Elsevier Science Publishers B.B. Amsterdam

The UNIX System
S. R. Bourne
Addison-Wesley Company

Index

!

! 360, 611
$ 233
$? 515
& 223, 233
&& 297
* 233
- 233
. 233
.. 233
.login 101
.logout 102, 355
.netrc 620
.profile 49, 101, 473
/dev 64, 485
/dev/pts 64
/dev/sxt 64
/dev/term 64
/dev/xt 64
/dtc/ttydefs 463
/etc/gettydefs 459
/etc/inittab 403, 458
/etc/mknod 488
/etc/passwd 471, 477
/etc/profile 472
/etc/termcap 468, 605
/etc/ttysrch 64
/etc/wtmp 471
/usr/hosts 606
/usr/sbin/lnttys 65
<+ 232, 247
? 233
@ 368, 370
\ 233, 238
| 232
|| 297
~ 233
CTRL Z 262

A

Abort Output 602
accept 404, 413
Account 33
Accouting 36
add 627
admin 651
Alias 330, 365, 387
Alias Mechanismus 317
Anfangsversion 647
Anwender-Software 29
Anwendungsebene 580
AO 602
API 582
append 611
Application Layer 580
Application Software 29
Argumente 209
argv 374, 384
Arithmetik 322, 370
ARPA 584
ARPANET 592
Array 321, 373
Array, awk 443
asynchron 529
Auftragsnummer 397
Ausführerlaubnis 74
Ausgabedatenstrom 219
awk 419

B

Backslash 211
backup 542
banner 101
Baumstruktur 37
Bedingungen 445
bell 611
Benutzernummer 530

Betrieb, dynamischer 564
Betrieb, statischer 564
Betriebsmittel 524
Betriebssystem 29
bfs 70
binary 611
Bindestrich 210
Blank 210
Block Devices 74, 485
bootpd 592, 637
bootptab 638
break 383, 443
bye 609, 612

C

C-Shell 355
cancel 397, 413
captoinfo 470
case Anweisung 291
cat 95
cd 53, 387
CDPATH 282, 348, 384
Character Devices 74, 485
chdir 387
child 384
chmod 73, 75, 243
Client/Server-Betrieb 631, 633
close 601, 612
COLUMNS 348
command not found 213
Command Tracking 259
compress 682
connect 633
continue 383, 387, 443
Cooked Mode 467
copy 612
cp 59, 78
cpio 543, 546
CPU 29
crmod 603
csh 101
ct 553
cu 553, 554

cut 88
cwd 384

D

DARPA 582
Data Link Layer 574
date 51
Dateideskriptor 223, 273
Datenschutz 541
DCE 629
dd 542
DDN 584
debug 613
delete 613
delta 648, 652
Demand Paging 38
demon 528
Descriptor 274
destination 627
Device Driver Interface 536
DFS 634
Dienstprogramme 30
dir 613
Directory 484
dirs 387
disable 413
Downloading 588
Druckertreiber 400
DTE 629
dtic 470
dump 543

E

echo 385, 387
ed 117
EDITOR 348
egrep 86
Eigentümer 74
Eingabemodus 119
elif 290
else 38
enable 413

Index

End-To-End-Verbindungsebenen 578
ENV 317, 348, 370, 387
Environment 251, 284
EOF 247
escape 603
EVA-Prinzip 214
eval 256, 310, 387
Event 359
Event Number 359
ex 118
exec 254, 311, 387
execute 74
execute-Status 242, 252
exit 299, 305, 311, 387, 443, 472
Exit Status 515
export 284
expr 303

F

fc 329, 346
FCEDIT 329, 349
Fehlermeldung 275
Fehlermeldungen 274
Fehlersuche 367
fg 262, 346
fgrep 86
fifo 69, 74, 226
FIFO-Filter 74
File 32
File Mapping 533
File System 493
File Transfer Program 592
File, Special 74
File-System, boot 70
File-System, BSD Fast 69
File-System, Network 69
File-System, special 69
File-System, System V 68
File-System, virtuelles 69
Files, Typen 73
Filter 217
find 78, 86
First In First Out 74
for 38, 443

for Schleife 293
form 614
Frames 574
fsync 205
ftp 592, 607, 608
Full Pathname 77
Full Pathnames 57
Funktionen 298, 342, 437

G

Gateway 586, 627, 630
Gerätedateien 37
Geräteunabhängigkeit 485
Gesamtpfadname 77
get 614, 647, 652
getopts 287
GID 472
glob 614
globale Variable 250
grep 85
Group 74
Group-ID 74
Gruppe 74

H

halbduplex 572
hash 258, 311, 346
Hash Mechanismus 257
Hash-Liste 257
head 88
Header 574
help 604, 615
here document 247
Hintergrundprozesse 35, 228, 358, 529
histchars 385
HISTFILE 326, 349
History 326, 346, 359, 366, 385
History Mechanismus 317
History-Mechanismus 359
HISTSIZE 349
HOME 282, 349, 385

Index

Homedirectories 72
Homedirectory 51

I

I/O Driver 576
if 38
if-Anweisung 289, 379
IFS 282, 349
ignoreof 385
index 437
Indexnummern 68
inetd 592
infocmp 470
init Prozeß 514
Inodes 68
int 437
Interface 33, 400
Internet Protocol 586
Interrupt 230
IP 586
IPX 640
ISO 573

J

Job Control 317
Job Control System 260
Jobnummer 231, 260
jobs 260, 346, 388

K

Kermit 553, 557
Kernel 30
kill 230, 346
Kindprozeß 512
Kommandodatei 67
Kommandoentschlüsseler 33
Kommandointerpreter 38, 207
Kommandomodus 119
Kommandoname 212
Kommandosubstitution 255

Kommandozeile 209
Kontrollstrukturen 377
Korn Shell 317
ksh 318

L

LAN 628
LANG 283
Layer 565
lcd 615
lchown 63
Leerzeichen 210
length 438
Leseerlaubnis 74
let 323, 346
level 644
limit 388
line 377, 378, 389
Line Edit Mode 327
LINES 349
Link, symbolischer 62
listen 633
ln 62, 81
Local Area Network 628
locking 74
log 438
login 389
Login Shell 208
logische Blockgröße 492
LOGNAME 283
logout 389, 472
lokale Variablen 250
lokalen Variablen 369
lost&found 493
lp 98, 396, 413
lpadmin 413
LPDEST 411
lpmove 413
lpsched 399, 405, 410, 413
lpshut 413
lpstat 398, 413
lpsystem 414
ls 209
lstat 63

Index

M

MAC 588
mail 102, 103, 105, 107, 109, 111, 113, 282, 349, 385
MAILCHECK 283, 349
MAILPATH 283, 349
mailx 109
Major Number 485
Maskierung 237
match 438
mdelete 615
mdir 616
Memory Management Unit 534
Memory, Parallel Access 533
Memory, Virtual 532
Messages 36
MEZ 51
mget 616
Minor Number 485
mkdir 55, 72, 616
mls 617
motd 101
mput 617
Multiplexing 574
Multitasking 34, 524
Multiuser 34, 524
mv 59, 80

N

Named Pipe 488
NDIS 639
netconfig 597
netstat 624
Network Layer 574, 575
Netze, heterogene 630
Netzkonzepte 39
Netzwerkebene 575
next 443
nfs 69, 583
nice 389
noclobber 385
Node Name 621
noglob 385

nohup 389
nonomatch 386
notify 386, 389

O

ODI 640
OLDPWD 350
onintr 519
open 604, 617
Open Data-Link Interface 640
Operating System 29
Operatoren 431
Optionen 209
options 604
Organisation, dezentrale 565
Organisation, zentrale 565
Others 74
Owner 74
Owner ID 74

P

Packet Driver 639
Paging, Demand 532
Paket Switched Network 587
Partition 31, 81
paste 89
PATH 212, 244, 252, 282, 350, 386
PDN 628
Peer 566
Permissions 67, 73
Pfade 212
Pfadname, absolut 76
Pfadname, relativ 76
Pfadnamen 57
pg 96
Physical Layer 573, 574
PID 512
Pipe 36, 224, 487
PMT 51
Portmonitor 461
Positionsparameter 375, 401
PPID 350, 512

pr 98
Präsentationsebene 580
Presentation Layer 580
print 346
Priorität 36, 525
proc 70
Programmiersprache 207
Prompt 208, 280, 386, 472, 618
Prototyping 38
Prozeß 35, 251, 511, 515
Prozeßidentifikation 512
Prozeßnummer 230, 512
Prozeßstruktur 513
prs 653
PS1 282, 350
PS2 282, 350
PS3 350
PS4 350
Public Data Networks 628
Punkt-zu-Punkt Verbindung 577
pushd 390
put 618
pwd 50, 311, 350

Q

quit 601, 604
quote 619

R

r 346
RANDOM 350
raw device 493
Raw Mode 467, 573
rcmd 591
rcp 591, 607, 608, 621
read 74, 302, 311, 347
readlink 63
readonly 311
recv 619
Redirect Input 221
Redirection 36, 273
Redirection-Mechanismus 218

redo 346
reentrant 39
REGIONS 532
Regular Expression 234, 419
rehash 259, 390
reject 413
release 644
Remote Command 591
Remote Copy 591
Remote File Sharing 69
Remote Login 591
remotehelp 619
rename 619
repeat-Schleife 382
Repeater 636
REPLY 350
Request ID 396
Request Nummer 358
restore 543
Restricted Shell 208
return 299, 311, 347
rfs 69, 583
rlogin 591, 600
rm 57, 59
rmdir 56
route 592, 627
Routing 576, 626
RPC 583, 635
rsh 268, 283
ruptime 592, 624
rwho 592, 624

S

s5 68
sac 461
sacadm 463
SAF 460
SCCS 643
Scheduler 396, 399, 528
Schleifen 293
Schreiberlaubnis 74
Scripts 30, 67
sed 118
select 343, 347

Semaphoren 36
Semikolon 211
Session Layer 579
set 277, 306, 339, 347, 368, 390
set-user-bit 530
setenv 368, 390
SHACCT 283, 350
Shell 30, 33, 101, 207, 283, 350, 386
Shell Layer 264
Shell Scripts 207
shift 312, 390
shmat 533
SIGKILL 519
Signal 230, 516
simplex 572
Sitzungsebene 579
slattach 627
SLIP 627
Sockets 586, 631
Softwareentwicklung 644
source 253, 390
specfs 69
split 439
Spooler 98
Spooler System 397
spreicherresident 74
sprintf 435
SPX 640
sqrt 439
Standardeingabe 273
Standardfehlerausgabe 223, 275
stat 205
statfs 205
status 386, 515, 604
statvfs 205
stderr 275
Sticky Bit 74
stty 466
Subdirectory 56
substr 439
Suchkriterien 91
Superuser 73
SVR 4.2 535
Swap 525, 532
Swap Bereich 528
swapper 514, 525

Swapping 74
switch-Anweisung 380
symbolischer Link 489
symlink 63
sync 205, 486
synchron 529
syntax error 213
system 439
Systemcalls 33

T

tail 87
tar 543
Tastenkombination 22
TCP 584, 586, 630
TCP/IP 39, 582
telnet 592, 599, 600, 601
TERM 282, 350, 605
termcap 465
Terminal 467
terminfo 465, 469
terminfo-Mechanismus 469
test 312, 347
tftp 592, 637
then 38
tic 470
Tilde 320, 376
time 347, 390
times 312
TLI 597, 633
TMOUT 351
trace 620
Tracking Mechanismus 333
Trailer 574
Transport Layer 576
Transport Layer Interface 633, 635
Transportebene 576
trap 312, 347, 516, 519, 520
ttymon 461
ttyname 64
type 312, 347, 620
typeset 325, 347

U

UDP 586, 632
ufs 68
UID 472
ulimit 312, 347, 390, 484
umask 312, 390
Umlenkung 36, 95
Umlenkung der Ausgabe 232
unalias 331, 347, 390
uncompress 682
unget 650
unhash 391
unset 313, 347, 391
unsetenv 370, 391
until 38
until-Schleife 295
user 620
User Equivalence 589, 606
Utilities 30, 38
uucico 556
uucp 554, 607
uugetty 459
uulog 554, 557
uuname 554
uupick 554
uustat 554, 557
uuto 554
uux 554, 557

V

Variablen 277, 368, 426
Verbinungen, virtuelle 585
verbose 386, 621
Verketten 95
Versionsnummer 644

VFS 32, 69
vi 118
Virtual Circuits 585
Virtual File-System 32
virtuelle Verbindung 562
virtuelles Terminal 599
VISUAL 351
vollduplex 572
Vordergrundprozeß 529
VT100 605

W

Wählleitung 562
wait 313, 391
WAN 628
whence 348
while 38, 442
while-Schleife 294, 382
who 50
Wide Area Network 628
Working Directory 280
write 74, 112

X

X.25 628
XDR 583

Z

zcat 682
Zugriffsberechtigungen 73
Zuweisungsoperator 279

PC Hardware

Verstehen •
Aufrüsten •
Optimieren
Das bhv Buch

Christoph Eiden
Heinz Fiebelmann
Mike Cramer

Was Sie schon immer über die Hardware Ihres PCs wissen wollten, finden Sie in diesem Buch. Ausgehend von einer ausführlichen Beschreibung einzelner Komponenten erfahren Sie alles über die Funktionsweise und die Einsatzgebiete Ihres Computers. Neben der Standardkonfiguration eines Rechners wird auch auf Sonderbereiche wie Multimedia, Netzwerke und Datenfernübertragung eingegangen. Einsteiger finden in dem Buch einen optimalen und leicht nachvollziehbaren Zugang zu ihrem Rechner; Fortgeschrittene können das Buch aufgrund der zahlreichen Tabellen und Abbildungen als Nachschlagewerk nutzen. Darüber hinaus bietet Ihnen das Buch wertvolle Praxistips zur Systemoptimierung sowie Entscheidungshilfen beim Kauf eines PCs. Im Vordergrund steht dabei die praktische Umsetzbarkeit von Optimierungsmethoden, die Sie selbst durchführen können.

Die CD

Alle wichtigen Aktionen zum Ein- und Ausbau von PC-Komponenten finden Sie als Videosequenzen auf der CD-ROM. Über eine leicht überschaubare Oberfläche können alle Videoclips sofort abgerufen werden. Alle Clips sind kommentiert und veranschaulichen die im Buch beschriebenen Praxistips. Hardware-Voraussetzungen: DoubleSpeed CD-ROM-Laufwerk, VGA-Grafikkarte, VGA-Monitor und eine Maus.

ISBN 3-89360-315-8

DM 79,00
öS 616

bhv Verlags GmbH • Postfach 30 01 62 • 41342 Korschenbroich • Tel.: 0 21 82 / 851-01 • Fax: 0 21 82 / 851-101

EXCEL 5.0
DAS BHV BUCH
HARALD FRATER

Mit diesem Buch überblicken sowohl Anfänger als auch Profis schnell alle Aspekte von MS Excel 5.0. Für Anfänger: Grundlagen über Einsatzgebiete und Funktionalität dieser mächtigen Tabellenkalkulation. Sie lernen, Excel zu bedienen, Daten einzugeben und gezielt Funktionen einzusetzen. Für den Fortgeschrittenen interessant sind die Neuigkeiten in Excel 5.0: Einsatz von Pivot-Tabellen, neue Add-Ins und vieles mehr. Power-Usern vermittelt dieses Buch Know-how über Visual Basic für Applikationen (VBA), Optimierung, Dateiformate und Deinstallation. Das Gesamtkonzept – Griffleiste, CD und die Kapitelstruktur – macht dieses Buch unentbehrlich für alle, die mehr wollen.

ELECTRONIC PUBLISHING

CD-ROM-Benutzer können auch digital auf das Buch zugreifen. Die ausgereifte EP-Retrieval-Oberfläche OptiSearch2 macht Suchvorgänge zum Kinderspiel. Sowohl Stichwort- als auch Volltextsuche werden in Sekunden ausgeführt.

Der Knüller: Über die eingestanzte Griffleiste finden Sie jeden Sinnabschnitt sofort – ohne umständliches Blättern!

DIE CD

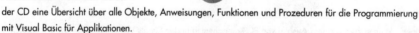

Neben Shareware finden Sie auf der CD eine Übersicht über alle Objekte, Anweisungen, Funktionen und Prozeduren für die Programmierung mit Visual Basic für Applikationen.
Extra: ein Working Model von CorelDRAW! 4.

DIE BUCHDISKETTE

Auf der Buchdiskette finden Sie nützliche Freeware- und Shareware-Tools wie z. B. eine Lohnsteuertabelle als Excel-Makro, ein Modem-Wählprogramm mit Makros etc.

DM	69,00
sFr	69,00
öS	538

ISBN 3-89360-309-3

bhv Verlags GmbH • Postfach 30 01 62 • 41342 Korschenbroich • Tel.: 0 21 82 / 851-01 • Fax: 0 21 82 / 851-101

WORD FÜR WINDOWS 6.0

DAS BHV BUCH
SYLVIA BÖHMER
MARTIN BÖHMER

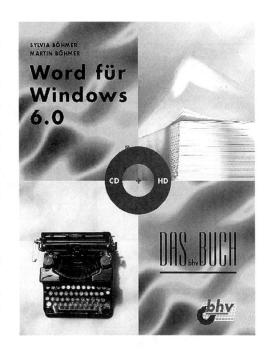

Mit diesem Buch überblicken Sie schnell alle Anwendungsgebiete von WinWord 6.0. Anfänger finden wichtiges Know-how über Textverarbeitung, Desktop Publishing & Co. Von der Oberfläche bis hin zum effizienten Einsatz der Word-Möglichkeiten werden alle wichtigen Themen behandelt. Fortgeschrittene erhalten eine verständliche Einführung in die WordBasic-Programmierung. Power-User werden die Informationen über die WIN.INI-Datei und die Möglichkeiten der Deinstallation nützlich finden. Das Gesamtkonzept – Griffleiste, CD und die Kapitelstruktur – macht dieses Buch unentbehrlich für alle, die mehr wollen.

ELECTRONIC PUBLISHING

CD-ROM-Benutzer können auch digital auf das Buch zugreifen. Die ausgereifte EP-Retrieval-Oberfläche OptiSearch2 macht Suchvorgänge zum Kinderspiel. Sowohl Stichwort- als auch Volltextsuche werden in Sekunden ausgeführt.

Der Knüller: Über die eingestanzte Griffleiste finden Sie jeden Sinnabschnitt sofort – ohne umständliches Blättern!

DIE CD

Neben Tools, Beispielen und viel nützlicher Shareware finden Sie auf der CD als besonderes Extra ein Working Model von CorelDRAW! 4.

DIE BUCHDISKETTE

Auf der Buchdiskette finden Sie nützliche Tools wie einen Schreibmaschinentrainer, einen Bildkonvertierer etc.

DM	69,00
sFr	69,00
öS	538

ISBN 3-89360-312-3

bhv Verlags GmbH • Postfach 30 01 62 • 41342 Korschenbroich • Tel.: 0 21 82 / 851-01 • Fax: 0 21 82 / 851-101

DAS EINSTEIGERSEMINAR

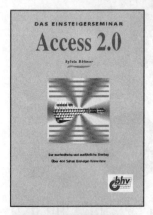

ISBN 3-89360-744-7

ISBN 3-89360-600-9

ISBN 3-89360-204-6

ISBN 3-89360-701-3

ISBN 3-89360-745-5

ISBN 3-89360-710-2

Das Einsteigerseminar

DM 19,80

- führt Sie informativ und mitreißend geschrieben in die Funktionsbereiche einer jeden Software ein.
- greift Ihre konkrete Anwendungssituation mit praktischen Beispielen auf.
- konzentriert Ihre Lernschritte auf die wesentlichen Programmteile.
- befähigt Sie zum sachkundigen Einsatz der Programmfunktionen für Ihre Aufgaben und Ziele.

bhv Verlags GmbH • Postfach 30 01 62 • 41342 Korschenbroich • Tel.: 0 21 82 / 851-01 • Fax: 0 21 82 / 851-101

DAS EINSTEIGERSEMINAR

ISBN 3-89360-749-8

ISBN 3-89360-622-X

ISBN 3-89360-756-0

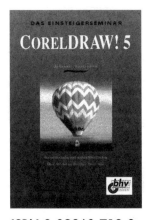

ISBN 3-89360-718-8

ISBN 3-89360-608-4

ISBN 3-89360-723-4

Das Einsteigerseminar

DM 19,80

+ führt Sie informativ und mitreißend geschrieben
  in die Funktionsbereiche einer jeden Software ein.
+ greift Ihre konkrete Anwendungssituation mit praktischen Beispielen auf.
+ konzentriert Ihre Lernschritte auf die wesentlichen Programmteile.
+ befähigt Sie zum sachkundigen Einsatz der Programmfunktionen für
  Ihre Aufgaben und Ziele.

bhv Verlags GmbH • Postfach 30 01 62 • 41342 Korschenbroich • Tel.: 0 21 82 / 851- 01 • Fax: 0 21 82 / 851-101 • BTX: *bhv#

DAS EINSTEIGERSEMINAR

ISBN 3-89360-631-9

ISBN 3-89360-055-8

ISBN 3-89360-717-X

ISBN 3-89360-617-3

ISBN 3-89360-107-4

ISBN 3-89360-917-2

Das Einsteigerseminar

DM 19,80

+ führt Sie informativ und mitreißend geschrieben in die Funktionsbereiche einer jeden Software ein.
+ greift Ihre konkrete Anwendungssituation mit praktischen Beispielen auf.
+ konzentriert Ihre Lernschritte auf die wesentlichen Programmteile.
+ befähigt Sie zum sachkundigen Einsatz der Programmfunktionen für Ihre Aufgaben und Ziele.

bhv Verlags GmbH • Postfach 30 01 62 • 41342 Korschenbroich • Tel.: 0 21 82 / 851- 01 • Fax: 0 21 82 / 851-101 • BTX: *bhv#

DAS EINSTEIGERSEMINAR

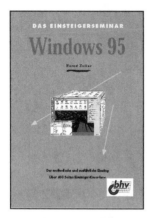

ISBN 3-89360-722-6

ISBN 3-89360-901-6

ISBN 3-89360-902-4

ISBN 3-89360-918-0

ISBN 3-89360-903-2

ISBN 3-89360-904-0

Das Einsteigerseminar

- ✢ führt Sie informativ und mitreißend geschrieben in die Funktionsbereiche einer jeden Software ein.
- ✢ greift Ihre konkrete Anwendungssituation mit praktischen Beispielen auf.
- ✢ konzentriert Ihre Lernschritte auf die wesentlichen Programmteile.
- ✢ befähigt Sie zum sachkundigen Einsatz der Programmfunktionen für Ihre Aufgaben und Ziele.

DM 19,80

bhv Verlags GmbH • Postfach 30 01 62 • 41342 Korschenbroich • Tel.: 0 21 82 / 851- 01 • Fax: 0 21 82 / 851-101 • BTX: *bhv#

CHIP SCHULUNG DIGITAL

ISBN 3-89360-350-6

ISBN 3-89360-351-4

ISBN 3-89360-352-2

ISBN 3-89360-355-7

ISBN 3-89360-353-0

ISBN 3-89360-354-9

Die CHIP Schulung DIGITAL – Das ist die multimediale Umsetzung eines der erfolgreichsten Schulungskonzepte, der CHIP Schulung: Lernen am und mit dem Computer. Dabei sind Basis- und Zusatzwissen didaktisch so klar strukturiert wie in der gedruckten Variante.

Lesen – Blättern Sie durch Ihre digitalen Schulungsunterlagen, und lesen Sie zunächst die Schritt-für-Schritt-Anleitung im Basiswissen. Hier lernen Sie die grundlegenden Techniken zur Erledigung einer bestimmten Aufgabe. Wenn Sie mehr über das entsprechende Thema wissen möchten, dann erhalten Sie weitere Hintergrundinformationen mit dem Zusatzwissen.

Anschauen – Die CHIP Schulung DIGITAL zeigt Ihnen anschließend per Simulation, wie die einzelnen Schritte in die Tat umgesetzt werden. Das hilft Ihnen, die Vorgehensweise besser zu verstehen, und festigt Ihre Kenntnisse. Hören Sie Erläuterungen, deren Umsetzungen Sie 'live' am Bildschirm verfolgen können.

Selbermachen – Abschließend führen Sie die Lernschritte unter akustischer Anleitung selbst im entsprechenden Programm durch und können so das Gelernte nochmals nachvollziehen.

CHIP Schulung DIGITAL - das Lernkozept für das nächste Jahrtausend!

29,80 DM
unverb. Preisempf.

bhv Verlags GmbH • Postfach 30 01 62 • 41342 Korschenbroich • Tel.: 0 21 82 / 851- 01 • Fax: 0 21 82 / 851-101 • BTX: *bhv#

DIE GRÜNE KUNST
Gartengestaltung und Pflanzenpflege

Gartenplaner

Ein blühender Garten oder ein grüner Balkon. Mit der kompetenten Anleitung und den richtigen Tips können Sie Ihren Garten zu einer blühenden Oase machen.

- am PC geplant – im Garten gepflanzt
- über 1200 Pflanzen im Katalog
- ca. 2000 Bilder & Abbildungen
- komfortable Filterfunktion
- individueller Pflegekalender
- Anleitung zu Auswahl, Standort oder Pflanzzeit

69,- unverb. Preisempf.

Lexikon

Im Lexikon erhalten Sie zu jeder Pflanze wichtige Informationen wie z. B. Blütezeit, Standort und Pflege. Zu jeder Pflanze erfahren Sie den richtigen Erdtyp, Lebenserwartung und Größe.

- Jede Pflanze mit Bild
- Blütezeit und Wachstumsphase
- Umschalten zur Filterfunktion
- Auch lateinische Pflanzennamen

Gartengestaltung und Pflanzenpflege
ISBN 3-89360-527-4
unverb. Preisempf.: DM 69,-

Filterfunktion

Mit der Filterfunktion bestimmen Sie die Pflanzen, die in Ihren Garten gehören. Sie können auswählen nach Bodenbeschaffenheit, Art der Bepflanzung, nach Pflanzentyp oder der Temperatur, Standort usw. Die Liste der Pflanzen wird aktualisiert und zeigt gleichzeitig Blütezeit und Grünphase.

- Bestimmung Erdtyp von Lehm- bis Kiesboden
- Lebensdauer der Pflanze
- Anzeige Blütezeit und Grünphase
- Auswahl nach Pflanzenarten (Bäume, Blumen usw.)
- Vom Steingarten bis zu den Heilkräutern

Zahlreiche Symbole und reichhaltige Pflanzenauswahl:
- Gebäude vom Wohnhaus bis zur Villa
- Auffahrten, Garagen und Fahrzeuge
- Swimming-pool, Pavillon, Grill und viele Extras
- Hecken und Zäune in jeder Form und Größe!

ERLEBEN SIE LINUX IN SEINER BESTEN FORM. TAUCHEN SIE EIN IN DIE FASZINIERENDE WELT EINES AUSGEREIFTEN 32BIT BETRIEBSSYSTEMS. VERWANDELN SIE IHREN PC IN EINE HOCHLEISTUNGSWORKSTATION DER EXTRAKLASSE, UND LASSEN SIE SICH ÜBERZEUGEN VON DEN VORTEILEN DIESER REVOLUTIONÄREN SOFTWARE. WELCOME TO THE FUTURE:

MIT DEN PRODUKTEN VON DELIX UND X-INSIDE.

DLD 3.ELF

Ein neues Zeitalter hat begonnen. Das neue ELF-Binärformat der DLD 3.ELF wird Ihrer Softwareentwicklung Beine machen. Die Transparenz von dynamischen Bibliotheken bei völliger Kompatibilität zum bisherigen a.out-Format macht die *DLD 3.ELF* zur professionellen Entwicklungsplattform ersten Ranges.

Wahlweise erhalten Sie die neue *DLD 3.ELF* auch mit eingebautem Sicherheitsfaktor: das professionelle *Perfect Backup* mit seiner menügeführten Oberfläche eröffnet durch seine leichte Bedienbarkeit und seinen Leistungsumfang neue Dimensionen im Bereich der Datensicherung unter Linux.

DREAM LINUX

Spitze in Preis und Leistung!

Das Dream Linux 3 CD-Set bietet die aktuelle Slackware 3.0 mit ELF-Support und massenweise Software zu einem sensationell günstigen Preis. Ein vollständig vorkonfiguriertes deutsches Benutzerprofil zum Einloggen und Starten, sowie die ausführliche Installationsanleitung gehören ebenso zum Leistungsumfang, wie z.B. eine aktuelle Sunsite-Spiegelung, neueste *User-* und *Hacker*-Kernel, GNU-Softwaresammlung, Tcl/Tk Softwaresammlung, Linux Dokumentation Project und vieles mehr.

ACCELERATED-X

Der Ultimative X-Server!

Accelerated-X von X-Inside ist ein High-Performance X-Server mit bisher unerreichter Grafikleistung. Die X-Server von X-Inside sind für eine Vielzahl von Betriebssystemen wie z.B. Linux, SCO, NetBSD, Solaris/X86 und andere verfügbar. Accelerated-X unterstützt auch Ihre Grafikkarte mit atemberaubender Geschwindigkeit. Dabei ist Accelerated-X ausgesprochen benutzerfreundlich.

Durch das modulare Konzept von Accelerated-X sind Server-Erweiterung wie z.B. Multiheaded Displays, PEX5.1, OpenGL etc. problemlos möglich.

MOTIF 2.0

Runtime- & Entwicklungs-System für Linux

Die Benutzeroberfläche von Motif ist der von OS/2 oder MS Windows nachempfunden, so daß auch Unix-Neulinge sich schnell zurecht finden. Hervorragende Netzwerk-Transparenz, erleichterte Softwareentwicklung, die Nutzung in verschiedenen Landessprachen und ein vereinfachter Datentransfer sind nur einige Bestandteile der vorliegenden Version von X-Inside.

Nähere Informationen erhalten Sie bei: delix Computer GmbH • Schloßstr.98 • 70176 Stuttgart
Tel.0711.62 10 27-0 • Fax.:0711.61 35 90 • WWW: http://www.delix.de • eMail: delix@delix.de